O Safári da Estrela Negra

Paul
Theroux

O Safári da Estrela Negra

Uma viagem através da África

Tradução
Paulo Afonso

Todos os direitos desta edição reservados à
EDITORA OBJETIVA LTDA.
Rua Cosme Velho, 103
Rio de Janeiro — RJ — CEP: 22241-090
Tel.: (21) 2199-7824 — Fax: (21) 2199-7825
www.objetiva.com.br

Título original
Dark Star Safari: Overland from Cairo to Cape Town

Capa
John Lee Murray, sobre design de Penguin Group UK

Imagem de capa
Peter Rudi Meyer

Revisão
Catharina Epprecht
Rita Godoy
Lilia Zanetti

Editoração eletrônica
Abreu's System Ltda.

CIP-BRASIL. CATALOGAÇÃO-NA-FONTE
SINDICATO NACIONAL DOS EDITORES DE LIVROS, RJ

T358s

Theroux, Paul

O safári da estrela negra : uma viagem através da África / Paul Theroux ; tradução Paulo Afonso. - Rio de Janeiro : Objetiva, 2009.

479p. ISBN 978-85-7302-955-0

Tradução de: *Dark star safari : overland from Cairo to Cape Town*

1. África - Descrições e viagem. I. Título.

09-3409.

CDD: 916.04329
CDU: 913(6)

Para minha mãe, Anne Dittami Theroux,
em seu 91º aniversário

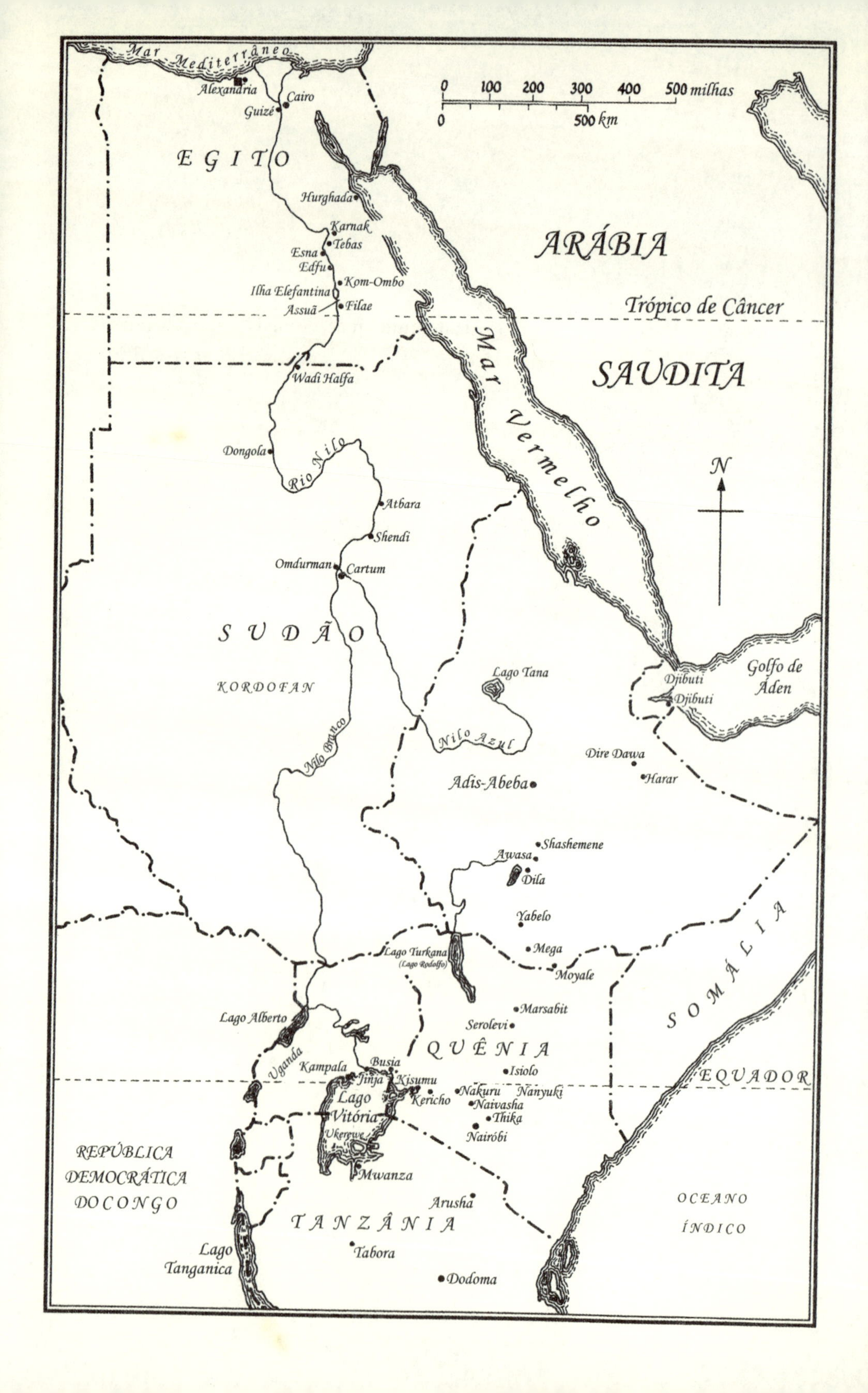
Mar Mediterrâneo
Alexandria
Cairo
Guizé
0 100 200 300 400 500 milhas
0 500 km
EGITO
Hurghada
Karnak
Tebas
Esna
Edfu
Kom-Ombo
Ilha Elefantina
Assuã
Filae
ARÁBIA
Trópico de Câncer
SAUDITA
Wadi Halfa
Mar Vermelho
Dongola
Rio Nilo
N
Atbara
Shendi
Omdurman
Cartum
SUDÃO
KORDOFAN
Lago Tana
Djibuti
Djibuti
Golfo de Áden
Nilo Branco
Nilo Azul
Dire Dawa
Harar
Adis-Abeba
Shashemene
Awasa
Dila
Yabelo
Mega
Lago Turkana
(Lago Rodolfo)
Moyale
SOMÁLIA
Marsabit
Lago Alberto
Serolevi
QUÊNIA
Uganda
Kampala
Busia
Isiolo
Jinja
Kisumu
EQUADOR
Lago Vitória
Kericho
Nakuru
Nanyuki
Naivasha
Thika
Nairóbi
Ukerewe
REPÚBLICA DEMOCRÁTICA DO CONGO
Mwanza
Arusha
OCEANO ÍNDICO
TANZÂNIA
Lago Tanganica
Tabora
Dodoma

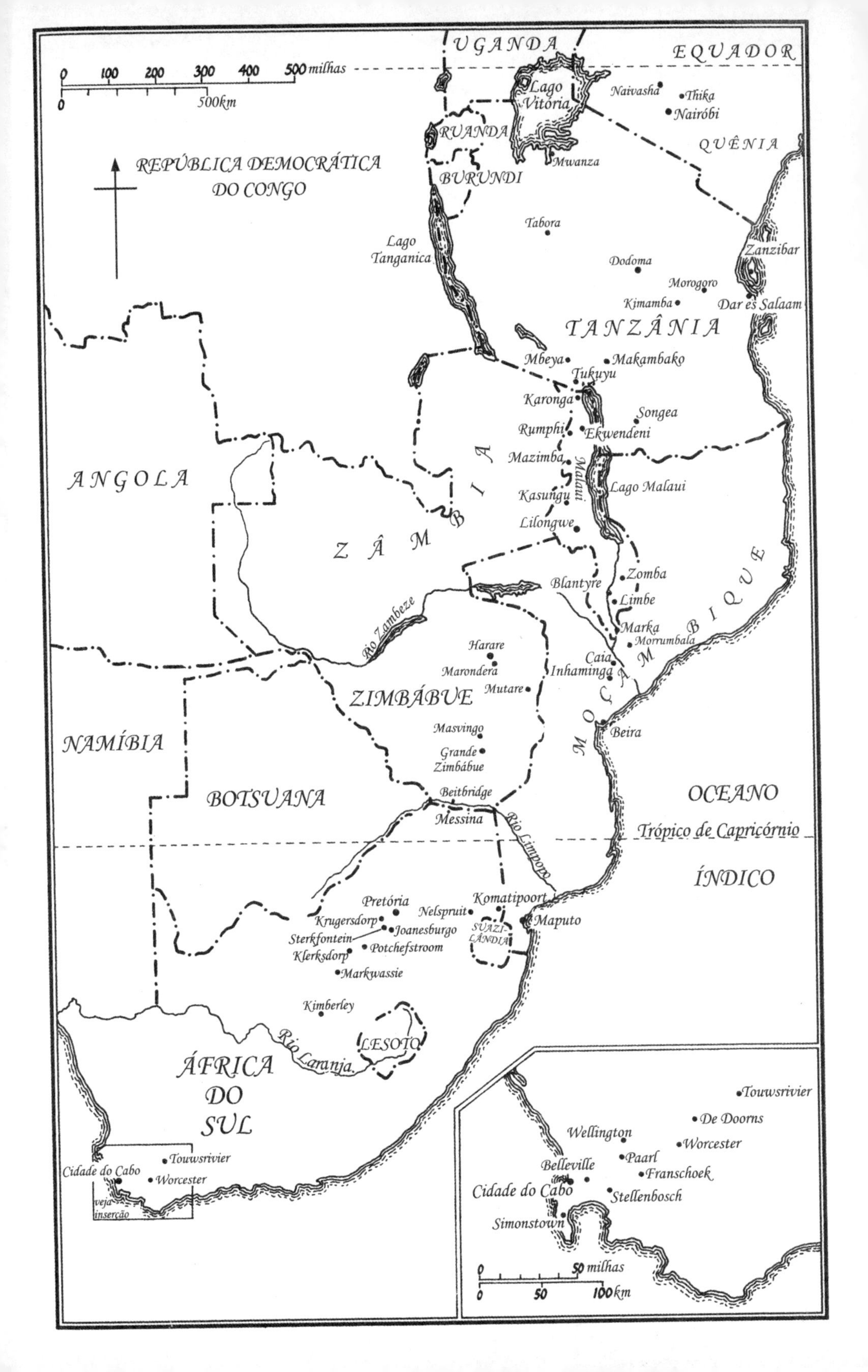

UGANDA
EQUADOR
0 100 200 300 400 500 milhas
0 500km
Lago Vitória
Naivasha
Thika
Nairóbi
RUANDA
QUÊNIA
REPÚBLICA DEMOCRÁTICA DO CONGO
Mwanza
BURUNDI
Tabora
Lago Tanganica
Zanzibar
Dodoma
Morogoro
Kimamba
Dar es Salaam
TANZÂNIA
Mbeya
Makambako
Tukuyu
Karonga
Songea
Rumphi
Ekwendeni
Mazimba
Malaui
ANGOLA
Lago Malaui
Kasungu
ZÂMBIA
Lilongwe
MOÇAMBIQUE
Zomba
Blantyre
Limbe
Rio Zambeze
Marka
Morrumbala
Harare
Caia
Marondera
Inhaminga
Mutare
ZIMBÁBUE
Beira
NAMÍBIA
Masvingo
Grande Zimbábue
BOTSUANA
Beitbridge
OCEANO
Messina
Rio Limpopo
Trópico de Capricórnio
ÍNDICO
Komatipoort
Pretória
Nelspruit
Krugersdorp
Maputo
Sterkfontein
Joanesburgo
SUAZILÂNDIA
Klerksdorp
Potchefstroom
Markwassie
Kimberley
Rio Laranja
LESOTO
ÁFRICA DO SUL
Touwsrivier
Cidade do Cabo
Worcester
veja inserção
Touwsrivier
De Doorns
Wellington
Worcester
Paarl
Belleville
Franschoek
Cidade do Cabo
Stellenbosch
Simonstown
0 50 milhas
0 50 100km

Grandes folhagens e trevas sem fim,
Que deus governa a África, que forma terá...
Que homem-nuvem avuncular de chifres aguçados?

WALLACE STEVENS, "O mais verde dos continentes"*

**Large-leaved and many-footed shadowing,*
What god rules over Africa, what shape
What avuncular cloud-man beamier than spears?

WALLACE STEVENS, "The Greenest Continent"

Sumário

1 *Caindo fora*

Todas as notícias da África são ruins. Mas me deixaram com vontade de ir lá, embora não pelos horrores, lugares perigosos ou relatos de massacres e terremotos que se leem nos jornais; eu queria ter o prazer de estar de volta à África. Sentindo que o lugar era tão grande que deveria abrigar muitas histórias não contadas, além de alguma esperança, comédia e doçura — sentindo que haveria na África mais do que miséria e terror —, decidi me reinserir no *bundu*, como chamávamos a mata, e perambular pelo território ancestral. Lá eu vivera e trabalhara feliz, há quase quarenta anos, no coração do mais verde dos continentes.

Saltando no tempo, estou escrevendo isto um ano mais tarde, recém-chegado da África, já tendo realizado meu longo safári. Eu estava errado em tanta coisa... Sofri atrasos, fui alvo de tiros, ouvi berros, fui roubado. Nada de massacres ou terremotos, mas um calor infernal, estradas em péssimo estado, trens em abandono, e é melhor nem falar dos telefones. Fazendeiros brancos, exasperados, diziam: "Ficou tudo de pernas para o ar!" A África está mais decrépita, materialmente, do que quando a conheci pela primeira vez — mais faminta, mais pobre, menos instruída, mais pessimista, mais corrupta. E não se consegue diferenciar políticos de curandeiros. Fiquei com a impressão de que os africanos, menos queridos do que nunca, são o povo a quem mais se mente no planeta — manipulados por seus governos, ludibriados por especialistas estrangeiros, iludidos por instituições de caridade e trapaceados de todas as formas. Ser um líder africano significava ser ladrão, mas os missionários roubaram a inocência das pessoas, e organizações beneficentes, que só beneficiavam a si mesmas, deram-lhes falsas esperanças, o que é pior. Os africanos, por sua vez, deixaram de se esforçar ou tentaram emigrar, imploraram, pleitearam, exigiram dinheiro e presentes, com uma noção de justiça rude e estranha. Não que a África seja um lugar só. É uma coleção de repúblicas heterogêneas e tribos decadentes, onde fiquei doente, fiquei retido, mas jamais fiquei entediado. Na verdade, minha viagem foi um prazer e uma revelação. Um parágrafo assim requer uma explicação — ou pelo menos um livro. Talvez este livro.

Como eu estava dizendo, naqueles velhos e tranquilos tempos em que lecionei no *bundu*, os indivíduos viviam em choças cobertas de palha, nos confins de estradas de argila vermelha, sem pavimentação. Tinham uma nova bandeira nacional, para substituir o pavilhão inglês e haviam acabado de obter direito ao voto. Alguns possuíam bicicletas e muitos falavam em comprar o primeiro par de sapatos. Tinham esperanças, assim como eu, um professor vivendo próximo a um povoado de casinholas de pau a pique, em meio a árvores empoeiradas e campos ressecados. As crianças brincavam soltando gritinhos; as mulheres — muitas com bebês amarrados às costas — capinavam roçados de milho e feijão; os homens, sentados à sombra, atordoavam-se com *chibuku*, a cerveja local, ou *kachasu*, o gim local. Esta era a ordem das coisas considerada natural na África: crianças brincando, mulheres trabalhando e homens ociosos.

Às vezes havia problemas: alguém atravessado por uma lança, brigas de bêbados, violência política — bandos de facínoras envergando a camiseta do partido no poder e promovendo desordens. Mas, de modo geral, a África que conheci era adorável e cheia de sol, um vazio verde e suave de árvores baixas, com as copas achatadas, mato fechado, grasnidos de pássaros, risos de crianças, estradas vermelhas, barrancos marrons, gretados e estorricados, que pareciam recém-saídos do forno, colinas azuladas, animais listrados e malhados, alguns com pelagem amarela e presas afiadas, seres humanos em todos os matizes, desde fazendeiros de faces rosadas, usando bermudas e meias até os joelhos, a indianos morenos e africanos de negros rostos reluzentes. Na ponta do espectro, algumas pessoas tão escuras que chegavam a ser violáceas. O som predominante na mata africana não era o barrido dos elefantes nem o rugido dos leões, mas o arrulho da rola-brava.

Depois que deixei a África, irromperam notícias de que as coisas iam mal: catástrofes, desmandos de tiranos, guerras tribais, pragas, enchentes, fome, comissários políticos mal-humorados e soldados adolescentes que mutilavam pessoas. "Mangas compridas?", brincavam, e decepavam as mãos. "Mangas curtas" — e amputavam o braço. Um milhão de pessoas morreu, a maioria tútsis, nos massacres de 1994, em Ruanda. As vermelhas estradas africanas não mudaram, mas ficaram lotadas de refugiados em fuga, maltrapilhos, carregando as trouxas.

Eram perseguidos por jornalistas. Pressionados pelos editores a alimentar um público faminto por provas de selvageria na terra, os repórteres se postavam ao lado de africanos famélicos, no último estertor, e transmitiam o noticiário da tevê para pessoas que assistiam horrorizadas enquanto devoravam salgadinhos, aboletadas em seus sofás.

— E esses — close em um moribundo —, esses são os *sortudos*.

A gente acaba pensando: "De onde ele tirou isso?" Alguma coisa fundamental mudou desde que estive lá? Eu queria descobrir. Meu plano era ir do Cairo à Cidade do Cabo, de cima para baixo, e ver o que estivesse no meio.

As notícias, naquele momento, eram tão horríveis quanto os boatos. Dizia-se que a África era um lugar em desespero, indescritível, violento, assolado por pragas, faminto, sem esperanças, morrendo aos poucos. *E esses são os sortudos*! Então pensei que, como tinha muito tempo e nenhuma urgência, poderia ligar os pontos, cruzar fronteiras e percorrer o interior, em vez de adejar de capital em capital e ser recebido por guias melífluos. Naquele momento, não tinha nenhum desejo de visitar as reservas de animais selvagens, embora achasse que, mais tarde, poderia ter. A palavra "safári", em suaíli, significa "jornada"; não tem nada a ver com animais. Alguém "em safári" está apenas ausente, inacessível, fora de alcance.

Estar fora de alcance, na África, era minha intenção. A vontade de desaparecer faz muita gente viajar. Se você estiver farto de ser mantido em compasso de espera, em casa ou no trabalho, viajar é o ideal: deixe que os outros esperem, para variar. Viajar é uma espécie de vingança por ter tido que aguardar na linha, por ter que deixar mensagens em secretárias eletrônicas, por desconhecer o número da extensão de alguém, por ter sido obrigado a esperar durante toda a vida profissional — os dissabores do escritor que trabalha em casa. Mas ter que esperar é também a condição humana.

Pensei: "Que outras pessoas expliquem onde estou." Imaginei o seguinte diálogo:

— Quando Paul vai voltar?

— Não sabemos.

— Onde ele está?

— Não temos certeza.

— Podemos entrar em contato com ele?

— Não.

Viajar pela mata africana pode ser também uma espécie de vingança contra celulares, aparelhos de fax, telefones e jornais diários, contra os aspectos mais assustadores da globalização, que permitem a qualquer um, se quiser, colocar as mãos insinuantes sobre você. Eu queria ficar inacessível. Kurtz, mesmo doente, tenta escapar da canoa de Marlow[1] e fugir para a selva, arrastando-se como um animal. Eu entendia isso.

---

[1] Kurtz e Marlow são personagens de *Coração das Trevas*, romance de Joseph Conrad ambientado na África. (N. do T.)

Eu iria para a África pela melhor das razões: o espírito da descoberta. E pela pior delas: para desaparecer simplesmente, dar o fora, com uma sugestão de *duvido que você me encontre.*

Ficar em casa se tornara rotina, e rotinas fazem o tempo voar. Eu era um alvo fácil em minha rotina previsível: as pessoas sabiam quando me telefonar, sabiam quando eu estaria em minha escrivaninha. Era como um emprego, um modo de vida que eu detestava. Eu estava farto de ser importunado ao telefone, de ouvir pedidos de favores, pedidos de dinheiro. Quando você fica em um lugar por muito tempo, as pessoas começam a impor seus prazos sobre você. "Preciso disso no dia 25", ou "Leia isso até sexta-feira", ou "Tente terminar isso no fim de semana", ou "Vamos ter uma audioconferência na quarta", *Telefone... mande um fax... mande um e-mail para mim... Você pode me encontrar a qualquer hora no celular — eis o número.*

Estar disponível a qualquer momento, no mundo da acessibilidade total, parecia-me puro horror. E me levou a procurar um lugar que não fosse acessível de forma nenhuma: sem telefones, nem aparelhos de fax, nem mesmo entregas pelo correio, o velho e maravilhoso mundo de estar fora de alcance. Em outras palavras, em viagem.

Tudo o que eu precisava fazer era me retirar. Adorei não ter que pedir licença. A verdade é que, na minha vida doméstica, as coisas também estavam se tornando previsíveis — o sr. Paul em casa todas as noites, quando a sra. Paul chega do trabalho. "Fiz um molho de espaguete... Grelhei um pedaço de atum... Estou lavando umas batatas..." O escritor de avental, transpirando sobre o molho bechamel, sempre ao alcance da campainha do telefone. Temos que atendê-la quando toca perto de nossos ouvidos.

Eu queria pular fora. As pessoas diziam: "Arranje um celular... Use o FedEx... Inscreva-se no Hotmail... Entre nos cybercafés... Visite o site que coloquei na rede..."

Eu dizia não, obrigado. Todo o significado da minha partida era escapar dessas coisas, ficar fora de alcance. A maior justificativa da viagem não era buscar o autoaperfeiçoamento, mas executar um ato de ilusionismo, desaparecer sem deixar vestígios. Como dizia Huck,[2] cair fora e ir para o mato.

A África é um dos últimos lugares da Terra onde alguém pode desaparecer. Eu queria isso. Que os outros esperassem. Tinham me feito esperar muitas vezes, durante muito tempo.

---

[2] Huck, abreviatura de Huckleberry Finn, personagem criado por Mark Twain. Trata-se de um garoto abandonado, esperto e aventureiro, que aparece em alguns livros do autor. (N. do T.)

Vou me mandar daqui, disse a mim mesmo.

Um aspecto mórbido da minha partida para a África foi que comecei a receber condolências. Diga que vai viajar para um lugar perigoso. Seus amigos telefonarão solidários, como se você tivesse contraído uma doença perigosa, que poderá se tornar fatal. Apesar disso, inesperadamente, achei as mensagens animadoras, uma prévia reconfortante de como seria o meu falecimento. Muitas lágrimas! Muita gente enlutada! Mas também, sem dúvida, muita gente se gabando solenemente: "Eu disse para ele não fazer isso. Fui uma das últimas pessoas a falar com ele."

Eu tinha chegado ao Baixo Egito e estava seguindo para o sul, com minha habitual disposição de viagem: curioso pelo pitoresco, consciente dos flagelos e preparado para o horror. Felicidade era inconcebível, pois, embora desejável, é assunto banal como tema de viagem. A África, portanto, parecia perfeita para uma longa jornada.

2 *A mãe do mundo*

A previsão do tempo era *poeira*. Estava impressa em um jornal do Cairo no dia frio de fevereiro em que cheguei, um dia de vento arenoso e céu empoeirado. A previsão do tempo para o dia seguinte era a mesma — nenhum prognóstico para a temperatura, nada a respeito do sol, nuvens ou chuva; apenas uma palavra: *poeira*. Era o tipo de boletim meteorológico que se poderia esperar no planeta Marte. No entanto, o Cairo (16 milhões de habitantes), uma cidade de ar poluído e tráfego assustador, foi transformado em um lugar habitável, até agradável, pela amabilidade de sua população e por seu rio grande, tranquilo, de águas turvas sob um céu turvo.

Turistas visitam o Egito há 2.500 anos — o primeiro viajante metódico foi Heródoto (cerca de 480-420 a.C.), que ficou fascinado com a geografia e as ruínas egípcias, ao coletar informações para sua *História*, cujo segundo volume é inteiramente dedicado ao Egito. Ele viajou até a Primeira Catarata, localizada em Assuã. Gregos e romanos, mais tarde, fizeram turismo no Egito, assaltando tumbas, roubando o que pudessem transportar e deixando grafites, visíveis ainda hoje. Ao longo de 2 mil anos, estruturas mais imponentes — sobretudo os obeliscos — foram também surrupiadas e transportadas para outros países, onde foram remontadas para a admiração geral. Embora os obeliscos fossem consagrados ao Deus Sol, ninguém tinha a menor ideia do que significavam. Os egípcios os chamavam de *tekhenu*; os gregos, de *obeliskos*, por serem parecidos com espetos de churrasco.

O primeiro obelisco roubado foi instalado em Roma no ano 10 a.C., seguido por mais uma dúzia. Felix Fabri, um monge alemão de Ulm, visitou o Egito em 1480, tomando notas durante a viagem. Um obelisco esboçado por ele, em Alexandria, está hoje no Central Park de Nova York. Com o mesmo espírito de pilhagem e caça a troféus, Mussolini subtraiu da Etiópia um obelisco do século IV, o Obelisco de Axum. Esse tesouro ergue-se agora em frente à Organização das Nações Unidas para Agricultura e Alimentação, em Roma, próximo às Termas de Caracala. Como as guerras que se alastravam pela Europa dificultavam as viagens, durante os séculos XVI e XVII, o Egito era visto como um refúgio seguro e pitoresco. O Egito representava o Oriente, o exotismo, a sensualidade e o paganismo. A egiptologia só começou de verdade no século XIX, quando a pedra de Rosetta foi decifrada e as ruínas finalmente revelaram o segredo de sua escrita. A descoberta desencadeou um furor por coisas egípcias. Viajantes, escritores e pintores convergiram para o vale do Nilo em busca de exotismo.

Mesmo então, as ruínas egípcias já eram ruínas há milhares de anos. Os egípcios propriamente ditos jamais saíram da região. Embora arabizados e islamizados, conquistados nominalmente por franceses, britânicos e turcos, e com suas terras transformadas em campos de batalha das guerras europeias, continuaram a plantar, pescar e viver em torno de suas tumbas e templos desmoronados. Eram abençoados pelo Nilo. Olhavam as ruínas mais ou menos como pedreiras, um grande suprimento de materiais de construção, canibalizados para a construção de novas casas e muros. Os soldados estrangeiros não eram diferentes, pois costumavam se aquartelar nos antigos santuários — qualquer templo inadequado para os cavaleiros franceses ou britânicos era requisitado para seus animais.

Apesar de tudo, enquanto o Egito era saqueado, pisoteado e admirado, os egípcios permaneceram egípcios. Na época dos faraós, os egípcios se habituaram a repelir, corromper ou escravizar qualquer um que se aventurasse em seus domínios. Mas, desde os tempos de Heródoto, recebem bem os estrangeiros, com um misto de zombaria, intimidação amigável, impertinência bem-humorada, efusividade e aquele tipo de camaradagem fingida que associo a quem tenta criar comigo intimidade suficiente para me bater a carteira.

— *Mista, mista! My fren', what country you come from? America Number One! My fren', you come with me... my house. You come. Mista!*

No Cairo, a linha entre importunar e ser hospitaleiro era tênue — muitas vezes nem existia. Apesar da profusão de pedintes, quase não havia roubos. Os egípcios pareciam espantosamente gentis. Era como se alguma repartição governamental os tivesse instruído a fazer brincadeiras, mas não: estavam apenas famintos. O desespero os tornava cordiais e criativos. Era óbvio que esperavam descolar uma grana, mas ao menos tinham a elegância de fazê-lo com um sorriso.

— Você não fala árabe hoje — disse Amir, o taxista — mas você fala árabe muito bom amanhã.

Todos eram tagarelas naquela cidade imensa e cosmopolita. Amir me ensinou a dizer "por favor", "obrigado" e "desculpe" em árabe. Eu já conhecia *inshallah*, que significa "se Deus quiser".

— Agora ensine "não, obrigado, não preciso."

Amir fez isso e, durante o trajeto, insistiu para que eu o contratasse no dia seguinte.

— Não, obrigado, não preciso — disse eu em árabe.

Ele riu, mas, claro, continuou insistindo.

— Meu nome é Guda. Como o queijo holandês — disse o taxista. — Isso não é limusine, não custa cem libras. Só carro, só táxi preto e branco. Mas limpo. Rápido. Motorista bonito.

E passou a corrida me importunando para que eu o contratasse pelo dia inteiro. Essa era a ideia no Cairo. Caso conseguissem sua atenção, não queriam perdê-la, pois, se você escapasse, teriam que passar o dia à procura de um passageiro. Os negócios iam de mal a pior. Mas eu via a tagarelice como uma antiga mercadoria, tal como as esfinges de gesso, as peças de xadrez e as selas de camelo vendidas aos turistas. A tagarelice era mais uma curiosidade artesanal, aprimorada ao longo dos séculos.

Nas cercanias das ruínas, pirâmides e pontos turísticos, as pessoas simplesmente matraqueavam, tentando fisgá-lo; e eram peritas nisso, como Mohammed Kaburia, gorducho, rosto oleoso, vestindo uma jaqueta de náilon fabricada na China. O sol se punha em Gizé. Eu queria ver as pirâmides e a esfinge sob a estranha luz poeirenta.

— Só vinte pelo cavalo; você vem, *my fren'*. Você vê esfinque! Eu levo você dentro de uma pirâmide e você vê as salas e toca na múmia.

Tirei do bolso vinte libras egípcias. Montamos nos cavalos e partimos, trotando em meio ao lixo amontoado junto às paredes ancestrais.

— Você paga depois. Ei, quantas esposas você tem? Eu tenho quatro: duas egípcias, duas inglesas. Dou muito trabalho a elas!

— Claro.

— Você é um cavalheiro. Vejo isso no seu rosto.

— Vinte libras, certo?

— Não, não, vinte dólares americanos. Vê esfinque. Toca na múmia! *My fren'* deixa. Ele me conhece. Talvez você compra retrato. Papiro. Caixa de madrepérola.

— Você disse vinte libras.

— Eu digo "vinte". Você me ouve dizer "vinte"? Usa cartão Visa! — inclinou-se para a frente e chicoteou meu pônei. — Faço cavalo galopar. Vejo você próxima semana. Eia!

Tirou do bolso um celular, martelou os botões com os dedos roliços, berrou alguma coisa no fone e então:

— Este é meu telefone. "Alô, alô!" Custa 2 mil. Cavalo é 5 mil. Árabe é 20 mil — talvez 30 mil. Dinheiro! Você me dá *bakshish*.

— Dinheiro, dinheiro.

— América: melhor país! Dinheiro da América: melhor dinheiro!

Enquanto a noite caía, ainda estávamos trotando, subindo e descendo ruelas enlameadas e cheias de lixo, enquanto homens e mulheres de túnica caminhavam majestosamente, apesar das poças, e crianças guinchavam na minha direção ao me verem passar em meu pônei.

— Você me dá dinheiro da América. Eu levo você dentro de pirâmide!

— Dinheiro, dinheiro, dinheiro, dinheiro. Por favor, pare de falar em dinheiro.

Mohammed uivou no celular, fincou os saltos na barriga do cavalo e o chicoteou nos flancos com as rédeas. Conduziu-me para o outro lado do muro que circundava a área das pirâmides de Gizé. Colada ao muro, havia uma favela, uma invasão de barracos improvisados. No Egito, todos os muros atraem cães, gatos e crianças barulhentas, além de indivíduos que os utilizam como depósitos de entulho, lixeiras, latrinas e mictórios.

Mohammed falava alucinadamente:

— América, país forte. País número um. Meu ami, *bakshish*! Você compra papiro... Toca na múmia... Tira retrato em pirâmide... Vê esfinque.

Verborreia, tudo por dinheiro.

E ainda assim, a despeito de suas brincadeiras, sua insistência e sua velhacaria, aquele passeio a cavalo, ao cair da noite em Gizé, foi deslumbrante — uma cavalgada por ruelas que fediam a lixo, com bacias de água suja, baldes de sujeira e penicos sendo esvaziados dos balcões acima, acompanhados de um guincho que poderia significar "água vai!". A fumaça dos fogos nos braseiros, o fedor das paredes mijadas, os grafites, as pilhas de terra, os cacos de tijolos, a lama endurecida, o bairro tão decrépito e deteriorado, tão pulverizado que parecia feito com farinha de trigo integral, assada há cinco mil anos, retornando agora à forma original, de pequenas migalhas. Apesar de tudo, adorei trotar à penumbra do crepúsculo, rompendo o ar impregnado com cheiro de comida, fumaça e lixo, atravessando as poças, ouvindo a gritaria do muezim, o latido dos cães, o alarido das crianças correndo atrás do meu pobre pônei — o adorável céu do entardecer vislumbrado através da nuvem de poeira, listrado de amarelo-claro e azul-cobalto. Então surgiu a pirâmide, menor do que eu esperava, tão parda, corrugada e geométrica que parecia um origami gigante, feito de papelão.

— Esfinque — disse ele, fazendo um sinal com os braços.

A palavra "esfinge", de origem grega, é de difícil pronúncia para os egípcios, além de incorreta — os imaginativos gregos associaram o monumento à sua própria criatura mítica, apropriando-se dele, tal como fizeram os árabes.

— Como vocês a chamam? — perguntei.

— O nome é Abu-el-Hul — disse Mohammed.

Mas isso não passa de um apelido árabe, que significa Pai do Terror. A criatura enigmática é Ra-Herakhty, a manifestação do sol nascente, com corpo de leão e os traços fisionômicos de Quéfren, que reinava no Egito durante sua construção, há 4.500 anos. *Sesheb ankh*, ou "imagem viva", é o antigo termo egípcio para a estátua.

Agarrando-me à sela, examinei na penumbra o rosto desgastado e sem nariz, repousando sobre as esfareladas patas dianteiras, como uma escultura de areia que tivesse apanhado chuva.

Como a esfinge é a encarnação da alvorada, está voltada para o leste e, portanto, o sol se punha na nuvem de poeira diretamente atrás dela. Não há como saber disso a partir de certas pinturas que a retrataram. As ruínas egípcias são tão encantadoras que inspiram o observador a desfocar a realidade, a ver muito mais do que está lá. É difícil encontrar uma pintura que retrate a esfinge como ela é, e mesmo um pintor aferrado a detalhes do Oriente Médio, como David Roberts, conferiu a ela uma expressão nostálgica e, para causar mais efeito, colocou-a de frente para o lado errado. Pintores precedentes a retrataram com lábios grossos e grandes olhos contemplativos. O pintor-viajante Vivant Denon lhe deu um rosto negroide e olhar intrigado.

"Nenhum desenho que eu tenha visto transmite uma ideia fiel da esfinge", escreveu Flaubert, o que provavelmente é verdade. Mas quando se deparou com ela, em 1849, ele repetiu o nome dado pelos árabes, Abu-el-Hul, o Pai do Terror, e anotou em seu diário: "Paramos diante da esfinge; ela nos encara com um olhar aterrador." Disse também que ela lembrava um cão "sem dono, de focinho achatado", e seu amigo, Maxime Du Camp, afirmou que o monumento parecia "um enorme cogumelo, quando visto de trás". A esfinge foi a única atração que Mark Twain poupou de zombarias em sua Grande Viagem. As páginas de *Innocents Abroad* (Inocentes no estrangeiro) referentes ao monumento são únicas nesse livro bem-humorado — e raras na obra de Twain, pelos voos descritivos em que o autor louva, até exalta, as qualidades da esfinge. "Tão triste, tão séria, tão nostálgica, tão paciente... Era MEMÓRIA RETROSPECTIVA lavrada em forma visível e tangível... [e]... nos revela algo do que sentiremos quando estivermos na presença de Deus."

Isso é fabulação de viajante — eu vi, você não viu, então tenho licença para exagerar. Twain nos conta sobre seu desejo de ver a esfinge, mas ao menos já tinha visto uma foto dela. Flaubert havia visto desenhos da esfinge, mas nunca uma fotografia — não havia nenhuma. Na verdade, Maxime Du Camp alegou ter sido o primeiro a tirar uma foto do monumento. Geoffrey Wall, em sua biografia de Flaubert, observou que os dois amigos foram provavelmente os últimos europeus a verem a esfinge desse modo, sem conhecê-la por fotos. Mas o fato de que a fotografia estraga o prazer visual dos lugares não é nada comparado ao modo como a internet e a era da informação destruíram o prazer da descoberta nas viagens.

A fabulação nas viagens está de acordo com a concepção de Jorge Luis Borges, lindamente expressa em seu poema "A felicidade" (*La Dicha*), onde ele diz que, em nossos encontros com o mundo, "tudo acontece pela primeira vez". Assim como "quem quer que abrace uma mulher é Adão" e "qualquer um que acenda um fósforo no escuro está inventando o fogo", quem quer que veja a esfinge pela primeira vez a vê como nova: "No deserto, vi a jovem esfinge que acabou de ser esculpida... Tudo acontece pela primeira vez, mas de um modo eterno".

As ruínas, em particular, favorecem a fabulação; por serem incompletas, nós as completamos em nossa imaginação. Mais tarde encontrei um sujeito narigudo, de roupas gastas, trinta e poucos anos, antiquado, desmazelado, um desses acadêmicos pálidos e balofos, como uma velha senil, que brandiu seu diploma de história da arte em minha direção e me disse, com pedantismo abjeto, "a esfinge é superestimada demais". Na verdade, a esfinge é um objeto perfeito para que a transformemos em algo nosso, em algo grandioso. Ou, no caso de Nigel, em algo sem valor.

Mohammed disse:

— Você me dá dinheiro. Eu mostro múmia a você. Você toca!

— Por favor, pare de falar em dinheiro.

Ele riu, matraqueou alguma coisa, que não ouvi, realmente não dei importância, estava rindo sozinho. Sentia uma grande felicidade — o cavalo, a luz, a degradação, as formas ancestrais, o riso das crianças — e isso se tornou uma das epifanias da minha vida de viajante.

Desmontei e, conduzindo o cavalo para perto da esfinge, fui abordado por uma mulher que, por meio de gestos, pediu-me que a ajudasse a levantar um pesado cesto de plástico. Ergui aquilo — era pesado, talvez uns 20 quilos. Montado em seu cavalo, Mohammed ria de mim. A mulher se abaixou para que eu colocasse o grande volume em sua cabeça. Não conseguia içar o cesto sozinha, mas podia facilmente carregá-lo na cabeça.

Ao cavalgarmos de volta às estrebarias, Mohammed começou a gritar mais alto que de costume.

— Olha! Olha! Veja aquele homem!

O homem estava em pé perto de uma parede, um jovem de túnica branca, com um turbante enrolado na cabeça.

— Ele não do Egito! Ele de Sudão! Eu sei, eu sei, porque seu rosto! Ele de lá!

Mohammed sacudiu o braço, indicando um lugar bem longe — ao sul, na direção do Sudão.

— Preto! — urrou ele, pois a pele negra era uma grande novidade no Baixo Egito; e saiu galopando. — Preto!

Viajando para o sul do Egito, eu entraria no Sudão. Mas não tinha um visto sudanês; para americanos, esses vistos dificilmente eram concedidos. Por um motivo compreensível. Com o pretexto de que o Sudão estava fabricando bombas antiamericanas (e algumas pessoas achavam que, para corrigir a imagem negativa criada pelo escândalo de Monica Lewinsky, era preciso parecer resoluto e presidencial, mesmo se isso significasse arriscar vidas e arrasar terras estrangeiras), o presidente Clinton ordenou ataques aéreos contra o Sudão. Em agosto de 1998, conseguiu destruir uma fábrica de produtos farmacêuticos nos arredores de Cartum. A cratera deixada pelo bombardeio estava no meu itinerário, já que, depois que as bombas foram jogadas, ninguém nos Estados Unidos voltou a se interessar pelo assunto. Apesar de ficarmos histéricos com a ideia de que alguém possa nos bombardear, as bombas que explodimos em outros lugares, em pequenos países longínquos, são apenas teatro, coisa de pouca relevância, mais uma exibição pública de nossa Casa Branca, a fábrica de eventos.

— Eu gostaria de visitar o lugar onde caíram as bombas — dizia eu ao embaixador sudanês, Salih Mashamun, em seu gabinete no Cairo. Tratava-se de um homem agradável e bem-educado, que fora embaixador no Vietnã. Ele era núbio, disse, do sul do Sudão, e fora criado falando núbio.

— O núbio se parece com o árabe?

— O núbio não tem nenhuma conexão com o árabe. É a legítima língua dos faraós.

Ele disse que considerava os núbios como os verdadeiros egípcios, e que os colonialistas tinham confundido as coisas quando impuseram uma fronteira entre o Egito e o Sudão. Falar com ele me deu vontade de ir à Núbia.

— Lá, *inshallah*, você encontrará pirâmides e ruínas mais importantes que as egípcias. A Núbia é a fonte da cultura egípcia. Você precisa conhecer Dongola e Meroe. O Alto Nilo. Os túmulos núbios.

Mas, primeiramente, eu precisaria de um visto. Fiz repetidas visitas à Embaixada do Sudão. O porteiro se tornou meu conhecido e, após três visitas, apenas acenava para que eu entrasse. Eu subia desacompanhado até o escritório do embaixador; quando enfiava minha cabeça pelo vão da porta, ele fazia um gesto para que eu entrasse, convidava-me a sentar e conversar, oferecia chá e me dizia que Cartum não tinha respondido ao meu pedido de visto.

— Mas talvez, *inshallah*, o visto seja concedido.

— Que devo fazer?

— Você pode requerer de novo. Ou procurar o sr. Qurashi. Ele é o cônsul.

O sr. Qurashi Saleh Ahmed era magro, obsequioso, tinha um sorriso afetado, trazia sempre um cigarro na mão e tinha um secretário com quem a toda hora gritava. O sr. Qurashi soprava fumaça no secretário e não respondia.

— Nenhum fax de Cartum.

— Quem sabe amanhã?

— *Inshallah*.

Nesse início de viagem, era útil ser lembrado dos significados conflitantes de *inshallah*, que são: "esperamos que sim" e "não conte com isso".

O sr. Qurashi disse:

— Você pode requerer de novo.

A inércia de um funcionário, em tais circunstâncias, dá margem a um pensamento: será que ele quer *bakshish*? Fiquei ali matutando se deveria lhe oferecer uma propina e como formularia a oferta.

Baixei a voz e perguntei ao sr. Qurashi:

— Posso fazer alguma coisa para acelerar o processo?

Ele não disse nada. Estava lendo uma carta com letras miúdas.

— Talvez eu possa pagar adiantado.

Ele não ficou tentado, aceitou meu novo requerimento e insistiu para que eu voltasse depois, pois os telefones não estavam funcionando bem.

— Mas serão consertados, *inshallah*.

Voltei no dia seguinte e no outro. Com o mesmo taxista, Guda ("como o queijo holandês", ouvi a piada todos os dias), que me disse:

— Em toda minha vida, nunca trouxe um americano a essa Embaixada. Por que você quer ir ao Sudão?

— Para ver as pirâmides. Para falar com as pessoas.

— Pirâmide pequena! Povo pobre!

Seguiram-se novas visitas, eu estava fazendo tudo o que podia para obter o visto; mas, em uma narrativa como esta, histórias de atrasos não são interessantes. O viajante que aguarda um visto permanece sentado em uma poltrona fedorenta no saguão da Embaixada, olhando o mapa do país, fotos coloridas

das atrações do país, o calendário empoeirado do país, o retrato emoldurado do chefe de Estado sorrindo sem sinceridade e a bandeira do país, a qual não lhe é familiar; funcionários mal-humorados, sons de telefones e murmúrios, o vaivém de secretários azafamados. É fácil, diante das circunstâncias, desistir de viajar, pois o prédio horrendo e a sala tenebrosa começam a se confundir com o próprio país.

Para passar o tempo durante a semana de espera, fui ao Museu do Cairo; visitei o vencedor do Prêmio Nobel, Naguib Mahfuz, a quem tinha visto pela última vez na Unidade de Terapia Intensiva do Hospital Militar, após ele ter sido esfaqueado por um fanático muçulmano (enforcado recentemente); fui a uma festa; consegui outros vistos, mais fáceis de se obter.

O Museu do Cairo estava repleto de imagens do interior africano, para onde eu me dirigia. Consolei-me percorrendo de cima a baixo os vastos salões e as exposições suntuosas, observando a África dos animais selvagens, das palmeiras majestosas e dos rostos núbios, com seus olhos de pálpebras enormes, realisticamente representados nos antigos entalhes, pinturas, baixos-relevos e esculturas do museu. Imagens de leões, guepardos, serpentes, águias e hipopótamos, em ouro, ébano e pedras preciosas, estavam por toda parte, não como ornamentos fortuitos, mas como ídolos: a deusa-serpente Wadjet, o chacal Anúbis, com orelhas de morcego, deus da mumificação, a deusa Sekhmet, com cabeça de leoa, veladamente erótica, homens com corpo de leão, gatos de alabastro, imensos falcões de ouro — até bigas e camas de ouro eram ornamentadas com temas africanos, vívidas imagens de hipopótamos e leopardos.

E ainda: pequenos hipopótamos esmaltados de azul, o escudo do rei Tut, feito com pele de guepardo, uma infinidade de gatos de pedra, esculpidos em posição ereta — divindades felinas. Para mim, aquilo era a caverna do tesouro africana, com mumificações fantásticas, o falcão Hórus mumificado, íbis sagradas mumificadas, múmias de peixes envoltas em bandagens, assim como um crocodilo, pois os crocodilos eram adorados no Alto Nilo, em Kom-Ombo, que eu pretendia visitar. A deusa da Alegria, Bastet, a gata, que a mumificação transformara em um ídolo esguio e diáfano. O sentimentalismo dos egípcios e seu entusiasmo pela preservação, além de alguma frivolidade, os levaram a mumificar animais de estimação, troféus de caça, peixes valiosos — tal como um caçador de alces contrata um taxidermista. Uma perca do Nilo mumificada, medindo um metro e meio, um cachorro mumificado, com a cauda na vertical, o esqueleto de um cavalo.

Lembrei-me de que, durante a época medieval, as múmias eram levadas à Europa para serem usadas como remédio (Montaigne menciona o fato em seu ensaio "Sobre os Canibais") e de que o lenço de Otelo,[1] tecido por uma egípcia, possuía propriedades mágicas, por ter sido "tingido com múmia".

Nada poderia ser mais estranho, para mim, do que o babuíno sentado, uma manifestação de Tot (deus das bibliotecas, deus-pássaro, coroado pela lua). Estava mumificado, mas se desfazendo, as bandagens da cabeça se soltando, uma pata estendida à mostra, ainda peluda e um pouco empoeirada, como um primata em uma casa mal-assombrada, arrastando as ataduras e espiando pelas aberturas entre as vendas, com aspecto hirsuto e vingativo.

Para quem estivesse planejando adorar alguma coisa, uma boa escolha seria a escultura em pedra, com 3 mil anos de idade, da deusa Tuéris, "A Grande" — associada à fertilidade e ao parto —, um hipopótamo-fêmea prenhe, que se agigantava ao meu lado em posição vertical, com uma grande barriga saliente, braços humanos e pernas traseiras de leão.

Essas maravilhas estavam próximas à Embaixada sudanesa e, movido pela vontade de ver outras delas, no Nilo e na Núbia, continuei importunando o embaixador Mashamun, em busca de um visto.

— Nada ainda, mas talvez em breve, *inshallah* — disse Sua Excelência. — Aceita um chá?

Ele era mais otimista do que muitos. Fui a uma festa oferecida por uma família hospitaleira, no asseado subúrbio de El Maadi e, no jantar, uma americana sentada à minha esquerda, ouvindo meus planos de viagem, disse:

— Nunca estive na África.

— Nunca estive na África também — disse um americano do outro lado da mesa.

— Mas aqui é a África — disse eu.

— Não, não. A África é... — a mulher fez um gesto como o de Mohammed ao apontar o rapaz núbio, que significava em algum lugar lá para baixo.

Talvez sem intenção maldosa, os convidados apenas me desencorajavam.

— Eu estive no Sudão — disse um homem. — Povo adorável. Mas as estradas são terríveis. Gostaria de saber como é que você vai fazer.

— Quando você esteve no Sudão?

— Ah, isso foi... — sacudiu a cabeça — foi há anos.

Um diplomata irlandês disse:

— Na semana passada, o representante de seu país, no Quênia, teve um encontro em Cartum com seis membros da oposição e, depois que ele foi embora, todos os seis foram presos.

---

[1] Protagonista de *Otelo, o Mouro de Veneza*, peça de Shakespeare. (N. do T.)

O americano que disse nunca ter estado na África disse:

— É melhor ficar longe de Zâmbia. Zâmbia é uma bagunça. As pessoas constroem muros altos em volta das casas. Você não pode nem andar nas ruas.

— Etiópia: está aí um lugar para você evitar. Ainda está em guerra com a Eritreia.

Um ugandense disse:

— Nem chegue perto de Uganda até dia 8 de março. Vai haver uma eleição nesse dia, e vai ser violenta.

— Você já ouviu as estatísticas sobre a aids no Quênia? A aids está acabando com comunidades inteiras.

— O Quênia é engraçado. Contrataram um cara para encontrar corrupção, o Richard Leakey. Ele descobriu um monte, mas, quando entregou o relatório, foi demitido.

— O problema das estradas na Tanzânia é que não existe nenhuma.

— O Congo também não tem estradas. Por isso é ingovernável. Seja lá como for, o Congo são seis países.

— O Sudão são dois países. O norte muçulmano. O sul cristão.

— Essas invasões de terra no Zimbábue são terríveis. Os fazendeiros brancos acordam de manhã e encontram centenas de africanos acampados nas suas terras, dizendo: "Agora isso aqui é nosso."

— Alguém leu aquele livro sobre os massacres em Ruanda? Vou lhe dizer uma coisa, fiquei tão deprimido que não consegui terminar.

— A Somália nem chega a ser um país. Não tem governo, só os tais chefes guerreiros, uns cinquenta, todos brigando como gangues de rua.

— Você soube da seca em Ogaden? Três anos sem chuva.

A sobremesa foi servida e seguiram-se outros comentários do mesmo tipo, acompanhados por gestos em direção ao sul, o coração do continente, grande e sem esperanças.

Um homem com sotaque eslavo afirmou que tinha me encontrado muitos anos antes. Foi bastante simpático, embora não conseguisse se lembrar de onde e quando isso tinha acontecido — talvez Uganda, disse ele, nos anos 1960. No momento de maior intimidade, ele me confidenciou:

— O colonialismo apenas desacelerou um processo inevitável. Esses países são como a África centenas de anos atrás.

Era um modo mal disfarçado de dizer que os africanos estavam revertendo à selvageria. Mas, em alguns aspectos, era verdade. Depois de um período ameno e promissor, a África descambara para um estereótipo de si mesma: gente morrendo de fome em uma terra devastada, governada por tiranos, boatos de atrocidades inomináveis, desespero e trevas.

Não exatamente trevas, mas um vazio, tão vazio e distante que qualquer coisa poderia lhe ser atribuída: roubos, anarquia, canibalismo, rebeliões, massacres, fome, violência, doenças, secessão. Não havia como contestar nada do que fosse dito; na verdade, a literatura existente, as notícias e a documentação pareciam corroborar a ideia de uma floresta selvagem. Para os convidados da festa, a África era o espaço vazio que tinha sido no século XIX, o espaço em branco no mapa, mencionado por Marlow no início de *Coração das Trevas*. Para Marlow, apenas os espaços vazios nos mapas são atraentes, e era a África, "o maior, o mais vazio, por assim dizer — que me atraía". Em seu amor pelos "emocionantes espaços em branco no papel", o jovem Marlow é uma réplica exata do jovem Conrad (o pequeno Jozef Korzeniowski).

Não fiquei desanimado com o que diziam aquelas pessoas, cuja ignorância era evidente. O pessimismo delas fazia com que a África me parecesse contraditória, desconhecida, merecedora de uma visita. O que estavam dizendo era o que todo mundo dizia o tempo todo: a África é mesmo horrível! Mas isso apenas confirmava que os contornos do mapa africano tinham esmaecido tanto que o papel ficara em branco. Marlow prossegue o relato dizendo que, quando partiu para o Congo, a África "havia deixado de ser um espaço vazio misterioso e fascinante — um borrão branco que atraía os sonhos gloriosos de um garoto. Tornara-se um lugar de trevas".

Brancura ofuscante e escuridão crepuscular resultam, até certo ponto, na mesma coisa: *terra incognita*. Havia, também, uma espécie de lógica poética. Em *Moby Dick*, a brancura representa a maldade. A imagem que eu levava comigo em minha viagem era a de uma região selvagem, sem qualquer forma de vida interessante, sem perspectivas, uma terra de desespero, repleta de predadores. Era como se eu estivesse sob a atração gravitacional de uma estrela negra.

Não fiquei desanimado. O objetivo do viajante é seguir rumo ao desconhecido. A melhor viagem é um salto no escuro. Se o destino fosse conhecido e hospitaleiro, qual seria o sentido de ir até lá?

Ainda no Baixo Egito, uma região árabe na extremidade oposta à Cidade do Cabo, tive diversos encontros fortuitos com a África Negra, lampejos tentadores da feitiçaria do grande continente, rostos africanos por vezes idênticos às máscaras africanas.

Perambulando entre meu hotel, à sombra da esfinge, e a Embaixada sudanesa, no centro do Cairo, indo ao museu, aos cafés, à universidade, onde eu adquiria livros e conferia fatos, à festa em El Maadi, aos saraus literários, eu encontrava os altos e esguios sudaneses, os mudos e atentos núbios, os grandes e belos animais — leões, elefantes, guepardos — entalhados em alto-relevo nos sarcófagos e em armações de leitos. Às vezes ouvia o rufar de tambores, um ritmo sincopado no ar noturno, ou sentia o aroma de cravos de Zanzibar, de café queniano, ou avistava caixotes quebrados em pilhas de entulho, com os dizeres: Chá — Uganda. Etíopes e africanos da costa ocidental apregoavam entalhes para turistas nos mercados do Cairo e, com a peregrinação a Meca prestes a começar, sendo o Cairo uma porta para Jidá e os lugares sagrados da Arábia Saudita, habituei-me a ver os indivíduos franzinos e desdenhosos do Djibuti e da Somália, os muçulmanos do Mali, do Tchad e do Níger, os hauçás nigerianos, gente dos fang e dos dogons, mulás malineses de Tombuctu — todos de túnica branca para a peregrinação. Representantes de toda a África se reuniam aqui, como se o Cairo fosse a capital poliglota de um vasto império negro, e eu estivesse vendo exemplares de todos os animais, de todos os tipos de alimento e de todos os rostos humanos.

O que me deixava tranquilo em meu cativeiro egípcio era a conveniência daquelas imagens africanas — um prólogo enquanto eu aguardava um visto sudanês. Na narrativa mental autoconsciente, que serve como um truque de memória para o escritor, ver aqueles traços e rostos constituía uma introdução perfeita, era como se fossem pequenos símbolos e floreados que se repetiriam de forma cada vez mais forte, à medida que a viagem avançasse e se aprofundasse, tornando-se mais densa, mais escura.

Para levantar o moral, sentir que estava fazendo alguma coisa e aproveitar o tempo no Cairo — Umm al Dunya, a Mãe do Mundo — decidi requerer outros vistos. Fui à Embaixada de Uganda, ainda com Guda no volante, totalmente perdido no distrito de Dokki.

— Nunca trouxe um americano a essa Embaixada!

Mas fui bem recebido no empoeirado gabinete do segundo-secretário, em Midan El Messaha. Stephen Mushana era um jovem de rosto redondo, fluente em árabe, após cinco anos no Cairo. Sua aldeia natal ficava em um vale profundo, no escarpado sudoeste de Uganda. Ele era um mukiga, membro da tribo bakiga, cujos costumes sempre me fascinaram: as danças frenéticas, as engenhosas lavouras em terraços, a Cerimônia da Urina — uma promessa poligâmica, realizada pelo noivo e seus irmãos, para assegurar que, caso a noiva fique viúva, terá direito a um novo marido, um dos irmãos sobreviventes.

— Meu irmão morreu — disse o cônsul de Uganda. — Mas eu não tive que me casar com a mulher dele.

Fez uma pausa, analisando até onde me daria informações.

— Bem, ela morreu logo em seguida.

— Sinto muito.

— A aids é terrível no meu país.

— Não existia quando eu morei lá.

— Talvez existisse, mas ninguém conhecia.

— Saí de lá há 36 anos.

— Eu tinha 2 anos!

Eu ouvia isso o tempo todo. A expectativa média de vida na África era tão curta que muitos diplomatas estavam na casa dos 30, alguns na dos 20, e não se lembravam de seu país como uma grande e plácida república, mas como um ninho de problemas. Eu nunca tinha visto aqueles lugares em guerra, mas alguns dos jovens tinham crescido em meio a guerras — havia combates em Uganda desde 1970.

— Deve ter sido bom naquela época.

— Muito bom. Muito calmo. — Rememorando o passado, aquilo me parecia a Idade de Ouro. Comecei a me lembrar de amigos e colegas.

— Você conhece Aggrey Awori?

Mushana disse:

— É um velho.

Awori tinha a minha idade, mas era olhado como um milagre de longevidade em um país assolado pela aids; formara-se em Harvard, classe de 1963, uma estrela do atletismo. Trinta anos atrás era um burocrata em ascensão, amigo e confidente do primeiro-ministro, Milton Obote — um nortista pomposo, com dentes separados, que depositara sua confiança em um general pateta chamado Idi Amin. Awori, na época poderoso, nacionalista e até certo ponto um flagelo, vinha de uma tribo cujo território cruzava a fronteira do Quênia. A política também cruzava a fronteira: o irmão de Awori era ministro no governo queniano.

— Awori é candidato à presidência.

— Ele tem chance?

Mushana deu de ombros.

— Museveni vai se reeleger.

— Eu tinha bons amigos, eram muito engraçados. Meu melhor amigo era um cara chamado Apolo Nsibambi. Nós dividíamos uma sala no Departamento de Extensão, em Makerere; então fui promovido, virei diretor em exercício, e chefe dele! Eu implicava com ele porque ele se intitulava "Doutor", era ph.D. em ciência política. Eu caçoava porque ele usava gravata, carregava uma pasta e era pedante. Fui ao casamento dele. Ele foi ao meu casamento. Aí perdemos completamente o contato. Gostaria de saber o que aconteceu com ele.

— O dr. Nsibambi é o primeiro-ministro de Uganda.

Bayna al-Qasrayn, Entre Dois Palácios, talvez seja a mais antiga rua habitada da populosa cidade do Cairo: um milênio de bosta de jumento, carrinhos de mascates, vendedores ambulantes, mulheres com véus, camelos se esbarrando, homens de mãos dadas, fumantes de narguilés, tudo em meio a mesquitas, palácios e um bazar com lojas de bugigangas, panelas e sacos de feijão.

Pela graciosa porta da mesquita, eu avistava os fiéis rezando, ajoelhados em postura de submissão, totalmente curvados, batendo com as testas no tapete, como um cão abraçando uma bola de futebol.

Raymond Stock, biógrafo de Naguib Mahfuz, era meu guia mais uma vez. Ele disse:

— Esses são os bens que foram a força vital e a glória da grande cidade de al-Qahirah, o Cairo, a Vitoriosa.

Certa tarde, por acaso, eu me deparara com Raymond no Hotel Semíramis. Estava sentado na companhia de um homenzarrão de bochechas rosadas, muito elegante em um terno risca de giz e gravata de seda, que combinava com um lenço no bolso do paletó.

— Este é o filho do quediva — disse Raymond, informando-me o nome do homem. — Ele é um príncipe!

O rosto do homenzarrão de bochechas rosadas ficou mais rosado e mais principesco à menção do seu *pedigree*. Era turco, não árabe, com uma pitada de esnobismo, pois os quedivas eram burlescamente anglófilos.

— A família dele governou o Egito!

O homenzarrão de bochechas rosadas afofou o lencinho de seda e fez um muxoxo. O último quediva, uma relíquia otomana, foi visto no Cairo em 1914, defenestrado pelos ingleses quando o Egito se tornou protetorado britânico.

— Paul é escritor — disse Raymond.

O enorme príncipe de bochechas vermelhas e terno risca de giz sorriu para minha jaqueta safári, calças largas e sapatos empoeirados.

— Acabei de chegar da Embaixada sudanesa — disse eu, explicando a poeira. — Está em reforma.

— Paul vai viajar para a África — disse Raymond.

— O pessoal fica falando isso, mas aqui não é a África?

As bochechas do príncipe ficavam cada vez mais rosadas de satisfação. Ele não falava muito, mas corava de um jeito que substituía a conversa. Terminada a refeição, deu umas pancadinhas nos lábios com o guardanapo e saiu, murmurando uma despedida em francês.

— Filho do quediva! — disse Raymond.

Eu tinha visto Raymond pela última vez havia seis anos, em minha viagem pelas margens do Mediterrâneo, narrada em meu livro *The Pillars of Hercules* (As colunas de Hércules), quando aportei em Alexandria, vindo de Istambul em um navio de cruzeiro, na companhia de 450 turcos, entre eles meus amáveis companheiros de mesa, Fikret, general Salih e Onan.

Na época, maio de 1994, Naguib Mahfuz estava na UTI, depois de ter sido esfaqueado no pescoço por um muçulmano fanático. Ninguém acreditava que Mahfuz se recuperaria, mas foi o que aconteceu; ele regressou do limiar da morte, com os ferimentos curados, uma lesão de nervo superada — e até voltou a escrever.

— Naguib-bey costuma circular pelo Cairo à noite. Ele tem uma espécie de salão — disse Raymond. — Posso lhe mostrar onde ele nasceu e foi criado.

Foi assim que aconteceu de estarmos descendo a Calçada do Palácio, no distrito de Gamaliyeh, que significa "Palácio da Beleza", um subúrbio barulhento e populoso. O nome incorreto fazia parte de seu charme, assim como chamar um deserto gelado de Groenlândia (Terra Verde) ou uma indenização por morte de "seguro de vida".

Mas eram as pessoas que nos interessavam, no momento, não as ruas e os becos cobertos de lixo.

Fomos até a Praça da Casa do Juiz, Midan Bayt al-Qadi — o coração daquele mundo complexo, compacto e quase fechado em si mesmo — onde observamos algumas árvores empoeiradas e mal-conservadas, chamadas corações-de-negro, ou *Albizia lebbek*, também conhecidas como "barbas do paxá", pelo aspecto hirsuto de suas flores, segundo me informou o escrupuloso Raymond Stock.

Na praça, passamos pela mesquita-escola Al-Mithqal ("A Cintilante" — uma espécie de berloque otomano) e seguimos pela Harat Qirmiz (Travessa Carmesim) até a casa número 8. Neste velho prédio, cheio de rachaduras, Mahfuz nasceu e foi batizado com o nome do médico que fez o parto, no dia 10 de dezembro de 1911. Ele cresceu na casa ("costumava olhar por aquela janela"), onde escreveu sobre suas primeiras paixões — por um revolucionário, por Charlie Chaplin e por uma garota das vizinhanças, a quem idolatrava.

"Harat Qirmiz tem um muro alto de pedra", escreveu Mahfuz em tradução de Raymond. [2]

Suas portas trancadas escondem segredos; não há como revelar seus mistérios sem transpô-las. Vemos então um refúgio para os pobres e pedintes, que se reúnem no local para cuidar de tarefas domésticas e necessidades diárias; vemos um paraíso com música e jardins, uma sala para os visitantes e um harém para as damas. Pela janelinha alta, perto do *qabw*, aparece às vezes um rosto luminoso como a lua: eu o vejo pela janela da minha pequena casa, que dá para o *harah*, e vagueio, apesar da minha meninice, pela magia de sua beleza. Ouço sua voz melodiosa, enquanto graceja com minha mãe, que passa pela travessa, e talvez seja isso o que imprimiu em minha alma o amor pelas canções. Fatimah, al Umri, o sonho desconhecido da minha infância.

Ele escreveu também sobre os *afreets*, os demônios, que espreitavam no túnel que liga a Praça da Casa do Juiz à Calçada do Palácio. Batendo palmas para dispersá-los, andamos com dificuldade pelo túnel e pela ruela, tão cheios de sujeira que ficamos mergulhados até os joelhos em despejos domésticos e lixo, mais demoníacos para mim do que qualquer *afreet*.

— Gostaria de ver Mahfuz de novo.

— Talvez ele apareça por aí hoje à noite.

O Cairo possui uma cultura literária bastante antiquada, com rodinhas e salões. As reuniões eram combinadas boca a boca, uma das características mais adoráveis da cidade. Raymond deu um telefonema e soube que, em determinada hora, Mahfuz estaria em determinado hotel, em determinado bairro próximo ao Nilo.

Chegamos ao local juntamente com Mahfuz, que era conduzido por dois homens corpulentos, um de cada lado. Ele foi guiado até um salão no segundo andar, pois está um tanto enfraquecido, quase cego e praticamente surdo. Mas embora macilento e diabético, parecia bem mais saudável do que na última vez em que eu o vira, estirado na UTI do Hospital Militar. Usava um pesado sobretudo para se proteger da friagem da noite no Cairo, em fevereiro, o que lhe dava um aspecto de chefe de estado.

— Estou me sentido melhor agora — disse ele, quando o cumprimentei pela recuperação.

Ele beijou Raymond, à moda egípcia, e tateou até encontrar minha mão, que apertou. Então sentou-se em um sofá de pelúcia vermelha para receber

---

[2] Para o inglês. (N. da E.)

as atenções dos discípulos — ele mesmo não dizia quase nada. Os homens se revezavam ao seu lado, gritando em seu ouvido esquerdo, ainda razoavelmente bom; por causa da surdez, pareciam declamar. Monologavam, dirigindo-se a Mahfuz e ao salão, em geral, debatiam, liam artigos que tinham publicado recentemente. Mahfuz simplesmente ouvia e fumava cigarros, impassível como uma esfinge.

Ele conduzia as reuniões como se fossem cerimônias *majlis*, um paxá em um divã — para levantar o moral, explicou Raymond. Ficara muito deprimido depois da agressão que sofrera e fazia um esforço deliberado para sair de casa, mostrando aos fanáticos que não estava fora de combate.

Um homem sentou-se ao lado de Mahfuz e leu, aos berros, um artigo que tinha escrito, chocalhando as páginas do jornal da manhã, enquanto Mahfuz fumava seu cigarro e olhava através das grossas lentes, com ar severo e concentrado. Sua expressão quase não se modificava enquanto ouvia, mas, ao responder, estampava um sorriso de triunfo zombeteiro, que revelava dentes irregulares.

Os Estados Unidos e a Grã-Bretanha tinham acabado de bombardear o Iraque, alegando que aviões iraquianos haviam disparado sobre seus aviões na "zona de exclusão aérea". A opinião da plateia de Mahfuz era que, embora o Iraque fosse um país hostil, declarar partes do país como zonas proibidas e atacá-lo de forma arbitrária, de modo a provocar uma reação, era apenas um pretexto para justificar um pesado bombardeio anglo-americano. Em outras palavras, o Iraque estava sendo bombardeado por se defender contra a humilhante invasão de seu espaço aéreo por aviões de combate inimigos. Eu me abstive de dizer que, chamando de blefe a ameaça americana, o Iraque tinha concordado por escrito com o estabelecimento da zona de exclusão aérea.

Refletindo sobre o bombardeio, Mahfuz murmurou uma frase em árabe, riu e acendeu outro cigarro.

Ele disse: "O ataque ao Iraque é como o ataque fortuito em *O Estrangeiro*, de Camus."

No romance, Mersault, estonteado pelo sol, atira em um árabe desconhecido, sem nenhum motivo plausível.

— Como sempre, a América está só tentando apaziguar Israel — disse um homem.

— Israel é parte da América — disse outro.

— Sim. Nós dizemos que Israel é o 51º estado da América — declarou uma mulher. — O que acha, sr. Theroux?

Eu respondi, e Raymond traduziu:

— Acho que Israel é a janela pela qual a América enxerga o Oriente Médio.

— Sim! Sim! — disse o homem sentado ao lado de Mahfuz.

— E é uma janela bem pequena — disse eu.

— Diga mais.

— A janela é pequena demais para que cada país seja visto com clareza. O Egito, por exemplo, é muito maior, mais pobre e mais inofensivo do que parece. Mas os israelenses insistem para que vejamos cada país pela janela deles, que, aliás, não é uma janela americana.

Enquanto tudo isso era traduzido para Mahfuz e os outros, senti que estava sendo arrastado para um debate político infrutífero. Fui estimulado a prosseguir, mas de que serviria?

— É guerra tribal — disse eu. — E quero ficar longe dela. Seja como for, o que Mahfuz pensa disso?

— Ninguém liga para o que eu penso — disse Mahfuz, e todo mundo riu, inclusive ele.

Outras pessoas chegaram, alguns escritores de Alexandria, um jornalista francês, uma mulher alemã e o escritor Ali Salem, um homem grande, com uma barriga de melão e uma careca que parecia um prolongamento de seu rosto comprido e satírico. Um homem se inclinou e me disse:

— Israel é o bebê da América.

Eu disse:

— Muitos países são bebês da América. Alguns são bons bebês, outros são bebês ruins.

— Nós não gostamos de lutar — disse ele. — Os egípcios querem paz.

— Senhoras e senhores — disse Ali Salem, desdobrando uma grande folha de jornal. Deu-lhe uma pancada com as costas da mão, e sentou-se ao lado de Mahfuz. — Vocês precisam ouvir esta pérola.

E começou a ler o artigo, ou melhor, a declamá-lo, esbugalhando os olhos e dando tapas na folha de jornal. Tratava-se de uma matéria de sua autoria sobre o julgamento de alguns fundamentalistas islâmicos que haviam atacado os romances de Mahfuz, por sua secularidade. Mahfuz, que fizera carreira ironizando e alfinetando os muçulmanos, apenas ouviu, com olhar perdido, segurando lateralmente o cigarro aceso, como se fosse um petisco.

Quando Ali Salem terminou, outro homem ocupou seu lugar, perto do ouvido bom de Mahfuz, onde começou a gritar bem alto. Mahfuz, imperturbável apesar do berreiro, continuou a fumar seu cigarro.

O homem fazia um discurso bombástico sobre a situação da literatura no mundo árabe, com um estardalhaço que dava uma impressão de autoparódia; mas era bem possível, e até provável, que ele não estivesse sendo irônico.

— O Prêmio Nobel de literatura foi dado a Naguib Mahfuz e, com isso, houve um reconhecimento da literatura tradicional. Quando deram o prêmio a García Márquez, muitos outros escritores latino-americanos se sentiram inspirados a escrever e publicar livros. Mas o que aconteceu no mundo árabe? Onde está a literatura árabe? Não aconteceu nada!

Mahfuz não pareceu impressionado ao ouvir seu nome gritado sem parar. Permaneceu impassível.

— Naguib Mahfuz recebeu o primeiro e último Prêmio Nobel para a literatura árabe. Fez isso por todos os árabes. Mas nenhum outro árabe vai ganhar o prêmio.

Enquanto acentuava a crítica, a voz do homem ficava estridente, fazendo o discurso parecer um ato de bufonaria.

— Por que o resto da literatura árabe não recebeu nenhum reconhecimento? — agora o homem estava me encarando. — É uma conspiração do Ocidente!

Eu tinha me tornado o Ocidente. Bem, enquanto isso mantivesse as pessoas falando, eu não me importava, pois nada revela melhor a mente de alguém do que a cólera. Mahfuz apenas deu de ombros. Parecia merecedor do prêmio que recebera: digno, prolífico, rebelde em seus pontos de vista, já que, em um país islâmico, recusara-se a transigir com a beatice, ou mesmo com a religião; mesmo assim era gentil, enfrentava a estrutura política e religiosa com graça e humor.

Houve outros ataques contra o Ocidente — ou seja, contra mim — mas quando me convidaram a retrucar, mudei o assunto para a Núbia. Mahfuz ambientara muitas histórias na época dos faraós, então eu quis saber a opinião dele — se ele achava, como alguns historiadores, que uma cultura complexa, proveniente da África Oriental e Central, tinha subido o Nilo através da Núbia e Cuche, para enriquecer o Egito.

Ele disse:

— Os egípcios conquistaram a Núbia; os núbios inverteram as coisas e conquistaram o Egito.

— Mas os núbios são o verdadeiro povo faraônico, como às vezes se alega?

— Todo mundo faz essa pergunta, principalmente os núbios.

A conversa e a gritaria prosseguiram, com todos fumando e falando ao mesmo tempo.

— A próxima guerra árabe-israelense vai ser diferente! — berrou alguém.

Eu me esgueirei para o bar, tomei uma cerveja e, quando voltei, as pessoas ainda estavam gritando; o círculo em torno de Mahfuz se transformara em uma pequena multidão. Eu tinha perdido meu assento. Três horas depois, ainda estavam discutindo. Mahfuz se submetia a isso cinco noites por semana, o que considerava um tônico.

— Ele quer saber para onde você vai — disse Raymond, quando apresentei minhas desculpas e me preparei para sair.

— Para a Núbia — disse eu.

Mahfuz disse alguma coisa em árabe, que me foi traduzida.

— Núbia é "O Lugar do Ouro". *Nub* significa "ouro".

Antes de tomar o trem para Assuã, e ainda à espera do visto sudanês, resolvi tirar um visto etíope para levantar o ânimo. Seria fácil, disseram-me, porque a Etiópia ainda estava em guerra com a província separatista da Eritreia, atualmente um estado soberano — mas um estado soberano juncado de cadáveres, baixas de guerra. Ninguém queria ir à Etiópia.

Alguns consulados têm uma atmosfera única — certo tipo de poeira, mobiliário velho e odores persistentes da culinária nacional. O consulado etíope no Cairo me deu a seguinte impressão: glória desvanecida, tetos elevados, sofás desgastados, assoalho não varrido, aromas da comida consumida nos feriados religiosos, o odor fermentado da *injera*[3] e de feijão condimentado, a espessa fragrância do café abissínio, lembrando nozes, a leve fedentina de ternos antiquados e gravatas enodoadas.

Fui calorosamente recebido pelo cônsul, o sr. Eshete Tilohun, já meio calvo aos 34 anos. Era um homem pequeno, de olhos fundos, com uma cabeça incomum — uma testa grande e saliente, que assentaria bem em um extraterrestre, ou em um gênio da matemática. Ele me informou que, por setenta dólares americanos, eu poderia obter um visto com validade para dois anos.

— Olhe! — gritou angustiado, levantando os olhos do meu passaporte.

Na parede oposta da sala, havia um grande mapa colorido da Etiópia e dos países vizinhos, no Chifre da África.

— Nenhuma saída para o mar — disse ele com voz queixosa. — Eritreia! Djibuti! Somália! E nós ficamos confinados. É por isso que somos pobres!

— E a guerra com a Eritreia?

---

[3] O pão etíope, parecido com pão árabe. (N. da E.)

— Não é culpa nossa — disse ele. — É aquela gente. Traga um eritreu aqui e vai ver a diferença cultural. Ah!

Ele tinha carimbado meu passaporte, mas não preenchera nenhum dos espaços. Sua caneta estava na posição adequada, mas ele continuava a reclamar, olhando para o mapa.

— Djibuti, tão pequeno! Os soldados do Derg acabaram com nosso país. Mengistu entregou o Djibuti. Os eritreus são encrenqueiros. Os somalis não passam de bandidos.

— Mas as coisas agora estão tranquilas?

— Muito tranquilas!

Quando enfatizava alguma coisa, seus olhos se esbugalhavam. Gostei da paixão dele. Parecia se importar com o fato de que eu queria ir à Etiópia. Ele ponderou:

— Claro que o imperador cometeu alguns erros. O país era atrasado.

— Atrasado em que sentido?

— Feudal — disse ele. Deu de ombros e prosseguiu: — Mas vá até Tana! Veja as igrejas! Vá a Gondar e Tigre. As mulheres de lá têm rostos tatuados. Bons cristãos, desde 34 d.C. eles são cristãos. Foram judeus por mais tempo. Vá ao sudoeste. Conheça os mursis. Eles andam nus. Qual o seu nome?

— Paul.

— Paul, os mursis são o último povo da terra que anda nu.

Questionei isso e lhe falei em detalhes sobre os campos naturalistas nos Estados Unidos e na Europa, sobre como naturalistas jogavam pingue-pongue de bunda de fora, ou comiam, batiam papo e nadavam inteiramente nus.

— Não! Eles andam nas ruas assim? — perguntou o sr. Tilohun.

— Só dentro dos campos naturalistas — disse eu.

— Que nem os mursis.

— Para eles não tem nada a ver com sexo. É saúde.

— Igualzinho aos mursis! Eles dizem: "Por que você usa essas roupas?"

O sr. Tilohun tentou se mostrar chocado e indignado, mas era possível notar que achava a ideia da nudez pública extravagantemente divertida.

— Um dos meus amigos tirou uma foto com uma mulher mursi. Ela não tinha roupa nenhuma!

Os olhos do sr. Tilohun resplandeceram quando ele pensou no amigo, vestido decentemente, em pé ao lado da mulher nua — que, a propósito, sendo mursi, poderia não estar usando um vestido, mas teria um disco do tamanho de um pires cravado no lábio inferior.

— Os mursis são africanos legítimos — disse o sr. Tilohun. — E há outros. Os oromos. Os galas. Os wolaytas.

— Mal posso esperar — disse eu, a sério.

A certa altura, comentando minha viagem e a estrada para o sul, o sr. Tilohun disse:

— Só existe uma estrada para o sul, na Etiópia. É a estrada para Johanesburgo. A estrada mais longa da África. É só seguir em frente.

O tempo não tinha mudado, nem a previsão do tempo. "Amanhã — Poeira" era o prognóstico, e foi o que aconteceu, mas de forma ainda mais assustadora que antes, uma nuvem de poeira alta e profunda, que se aproximava pelo oeste, como uma cordilheira em movimento, cinzenta e densa, cobrindo a cidade e obscurecendo o sol, que se transformou em um disco opaco. Era, de fato, uma tempestade de areia, com aparência de neblina, mas com textura arenosa, cobrindo tudo, as páginas do livro que eu lia, embaçando as janelas do Cairo, entrando em meus dentes.

Uma última visita aos sudaneses. O sr. Qurashi disse:

— Na semana que vem, *inshallah*.

Dez dias antes, quando cheguei ao Cairo, *inshallah* significava "se Deus quiser", "brevemente", "a qualquer momento" e "quando chegar a hora". Mais tarde, passou a significar "esperamos que sim" e "não conte com isso". Agora significava "é o que você pensa!", "não dá!" e "não tem jeito, porra!".

3 *Subindo e descendo o Nilo*

O *Philae*, um barco de cruzeiro fluvial, estava atracado de través em Assuã, no Nilo, prisioneiro das amarras ao sol de inverno — sim, *Coração das Trevas* começa mais ou menos dessa forma. De fato, eu suspeitava que talvez me dirigisse a um lugar escuro e, como em todas as viagens longas, imaginava que poderia morrer lá. A chuva da noite anterior havia refrescado o ar e transformado as margens do rio em uma pasta reluzente. Felás com lama até os joelhos seguravam varas de pescar, enquanto outros homens enlameados gritavam:

— Passeio de faluca! Passeio de faluca!

Um jovem de túnica branca encardida dirigiu-se a mim:

— Nós vamos. Faluca boa. Nós encontra banana da Núbia.

— Banana da Núbia?

— Banana grande — disse ele, com um gesto inconfundível, junto a uma parte da túnica encardida. — Você vem comigo, banana grande.

Continuou a se gabar até que eu disse:

— Ah, dá o fora.

Esse tipo de assédio era comum. Nos pontos turísticos do Egito, eu costumava observar visitantes de ambos os sexos deslizando a bordo de elegantes falucas, ao anoitecer, em direção às partes menos frequentadas das margens do Nilo, onde, à sombra de enormes samambaias, encontravam as bananas da Núbia.

Tinham me orientado a embarcar no *Philae* ao meio-dia, para melhor apreciar o panorama rio abaixo, até Luxor, onde o barco encerraria a viagem. Eu planejava ir em frente, por terra, através da África, na mais longa viagem de minha vida, cruzando a fronteira em Wadi Halfa, na Alta Núbia, seguindo até Dongola e Cartum, Etiópia, Quênia, Uganda, penetrando a fundo no sul, até Malaui, via Zomba e Limbe, onde eu vivera há tantos anos, para verificar o acontecera com a África enquanto estive fora.

Eu chegara a Assuã, proveniente do Cairo, em um vagão-leito no trem noturno. O taxista tinha pedido cinquenta libras egípcias (cerca de 12 dólares). Ofereci trinta, presumindo que ele iria pechinchar, como todos faziam, mas ele ficou irritado, indignado, e mergulhou em um mutismo desdenhoso, sem regatear nada. Na estação, lotada de passageiros e carros, foi ridiculamente atencioso, fez mesuras para mim, insistiu em carregar minha sacola, abriu caminho na multidão, achou a plataforma correta do trem para Assuã e, até mesmo, o ponto exato em que o vagão-leito deveria parar. Então lhe estendi cinquenta libras pela atenção extra. Escrupulosamente, ele remexeu na carteira e me deu vinte libras de troco, agradecendo-me de um modo sarcástico. Tentei lhe devolver o dinheiro. Ele pôs uma das mãos no peito e, com a outra, afastou a gorjeta. Sentimentos feridos o tinham transformado em um modelo de virtude.

Mas eu ficara tão agradecido, por sua atenção e cortesia, que insisti. Aquilo acabou se tornando uma farsa burlesca, em que tentávamos manter as aparências, enquanto eu o seguia, insistindo para que aceitasse a gorjeta. Por fim, achei a fórmula correta, *Ashani ana* ("Por mim"), e lhe implorei que aceitasse; ele o fez, segurando o dinheiro como se fosse uma coisa reles e estivesse me fazendo um favor: um homem bastante esperto que me deu uma lição sobre o orgulho egípcio.

A estação Ramsés I, mais conhecida como Estação Ferroviária do Cairo, foi construída há cem anos, assim como todo o sistema ferroviário, que se estende de Alexandria, às margens do Mediterrâneo, até Assuã, no Alto Nilo, na extremidade norte do lago Nasser — a fronteira com o Sudão fica no lado sul. O projeto da estação é interessante. Já foi dito que representa o paradigma da aspiração dos arquitetos egípcios do século XIX: combinar a arquitetura clássica com a islâmica, o mourisco com o moderno, em resposta à intenção do quediva Ismail de criar um "Cairo europeu".

Reis, rainhas, príncipes, chefes de estado e generais têm embarcado e desembarcado no local. Um dos primeiros heróis de Naguib Mahfuz, o agitador Saad Zaghlul, ultranacionalista e antibritânico, escapou de uma tentativa de assassinato na Estação do Cairo, em 1924, ao retornar de um de seus numerosos exílios. Considerando-se o número de chegadas e partidas dramáticas na história do Egito, a estação ferroviária tem sido o ponto focal e o cenário de muitas despedidas e acolhidas turbulentas.

A melhor história que ouvi sobre a Estação Ferroviária do Cairo me foi contada por uma testemunha, e não envolve ninguém famoso, mas um homem na fila de passagens para a terceira classe, que enfrentava um atraso. Quando finalmente chegou ao guichê, impaciente e furioso, o indivíduo descarregou sua irritação no bilheteiro, dizendo:

— Sabe com quem está falando?

O bilheteiro o olhou de alto a baixo e disse sem pestanejar:

— Com esse terno surrado, uma melancia embaixo do braço e uma passagem de terceira classe para El Minya, quem poderia ser?

Era uma bênção estar no vagão-leito para Assuã, deixando para trás a cidade enorme, fustigada pela poeira, com seus engarrafamentos e prédios decrépitos. Às quinze para as oito de uma noite fria, sentei-me em minha cabine de primeira classe, que não custara caro. Ouvi os apitos de partida e logo estávamos atravessando o Cairo. Em minutos, chegamos a Gizé — as ruínas obliteradas pelo tráfego e pelas luzes brilhantes, cortiços e bazares; em menos de meia hora alcançamos campo aberto, pequenas casas de adobe quadradas, luzes fluorescentes refletidas no canal paralelo aos trilhos, o negrume dos campos à noite, o minarete iluminado de uma mesquita, às vezes um automóvel ou caminhão solitário e, em uma estrada remota, cerca de vinte homens de túnica branca, voltando das orações. No Cairo, não chamariam a atenção, seriam parte da multidão; aqui, com as túnicas que pareciam mais brancas na estrada escura, era como se fossem uma aparição mágica, a procissão fantasmagórica de um grupo de feiticeiros.

Fui até o corredor e abri a janela do trem, para observar melhor os homens de túnica. Um sujeito enorme, de rosto comprido e tranquilo, e um queixo liso, em forma de sacola, veio juntar-se a mim. Seu nome era Walter Frakes, de St. Louis, que achava sua cabine pequena, "mas de que adianta reclamar?" Viajava na companhia da esposa, Marylou, e de outro casal, Lenny e Marge Norris, também de St. Louis. Como eu, também se dirigiam a Assuã, de onde fariam um cruzeiro pelo rio.

— Se eu não arranjar uma cama decente no navio, vou ficar um caco — disse Walter Frakes. Apesar do tamanho, devia pesar uns 140 quilos, era um homem muito gentil, cordial e geralmente não era de reclamar. Apenas dizia, de manhã:

— Não preguei o olho. Bem que tentei. Mas acordava toda vez que o trem parava. Deve ter parado umas cem vezes. Droga.

Eu acordei algumas vezes, quando o trem desacelerava nos cruzamentos, ou nas estações maiores. Em certas ocasiões, havia luzes que piscavam, ou cães que latiam; afora isso, apenas o silêncio, a escuridão do vale do Nilo e um grande vazio: o imenso céu estrelado do deserto egípcio e a estrada para o sul, que corria paralela ao trem, a única estrada para o sul, como tinha dito o sr. Tilohun, *a estrada para Joanesburgo*.

À luz brilhante da alvorada, avistei uma placa com os dizeres: *Kom-Ombo — 8 km*, indicando a direção do gracioso templo dedicado a Hórus, o deus com cabeça de falcão, e Sobek, o deus-crocodilo. Outra placa dizia: *Macarrão Abu Simbel*, com a foto do viscoso produto em uma tigela vermelha.

Grupos de tamareiras, laranjeiras, casas baixas e quadradas, carroças com enormes pilhas de tomates, puxadas por jumentos, um que outro camelo, homens de túnicas brancas e barretes, garotos carregando ferramentas pelos campos, o rio largo e vagaroso, a terra plana e brilhante faiscando sob o céu azul. Este era o novo Egito, mas era também o antigo Egito. Eu contemplara muitas dessas imagens no museu do Cairo — as enxós e as picaretas que os garotos carregavam se pareciam muito com as que eu tinha observado. Os bois de sobrecenhos salientes, que eu vira cinzelados em ouro, ou lavrados em pedra, avistava eu agora à beira do rio; os mesmos cachorros com a cauda levantada e grandes orelhas, os mesmos gatos esguios e, se eu tivesse visto alguma cobra ou crocodilo, ambos teriam suas contrapartidas em ouro gravadas em alguma biga, ou talvez mumificadas e emboloradas numa vitrine de museu.

Alguns homens de barrete e túnica, sentados em grupos, comiam pães com formato idêntico ao dos pães que eu vira no museu, encontrados intactos, endurecidos e mofados em antigas tumbas; as mesmas favas recuperadas em criptas eram hoje vendidas em carrinhos de *foul*, um guisado típico da culinária egípcia. Ânforas, jarras e terrinas, semelhantes aos velhos artefatos que eu observara, podiam ser vistas agora nas mãos das mulheres que circulavam em frente às portas de seus casebres.

O Nilo estava próximo, cerca de 300 metros de largura, marrom-claro, nuvens de vapor na superfície, movendo-se lentamente através de campos verdejantes, alguns demarcados, outros divididos por pomares de tâmaras. Falcões planavam no alto, ao sabor das correntes de ar, falucas velejavam — era impossível olhar para as velas e não pensar em asas de gaivotas. E então, como um sinal de que estávamos nos aproximando de um lugar populoso, vimos uma sucessão de cemitérios, grandes outeiros de túmulos estorricados pelo sol; as lápides eram cubos altos, fincados no solo pedregoso, como se as encostas estivessem cobertas de catres, onde se deitavam os mortos. Assuã era depois da próxima colina.

Essa tranquila viagem de trem, do Cairo a Assuã, tinha me conduzido 800 quilômetros África adentro, até as margens do lago que fica na extremidade sul do Egito — o lago Nasser — na fronteira com o Sudão. Com um visto, eu poderia tomar a barca que partia da Grande Represa, todas as semanas, e levava trabalhadores a Wadi Halfa, na Núbia. Mas eu ainda não possuía um visto.

Assuã, o ponto de destino para os turistas que se dirigiam às ruínas, era sobretudo um bazar. Mas um bazar agradável, dividido meio a meio entre habitantes locais, que compravam melões, uvas, favas, café e condimentos, e turistas, que pechinchavam o preço de pirâmides, esfinges e rostos de Nefertiti, confeccionados em gesso, além de trabalhos em latão, com o rosto brilhante do rei Tut, tapetes coloridos, bengalas e camisetas. O kitsch egípcio destinado aos turistas é, a meu ver, o mais feio do mundo, embora algumas peças demonstrem ambições artísticas: dispendiosas urnas funerárias de malaquita, sarcófagos em tamanho reduzido, com múmias em miniatura, gatos e hipopótamos esculpidos em pedra.

Policiais fortemente armados estavam por toda parte. Havia uma razão para isso, principalmente aqui. Templos, ruínas e outros pontos turísticos eram alvos constantes de extremistas muçulmanos. Havia ataques dentro de trens. Muitos tiros eram disparados das margens dos trilhos contra os vagões de primeira classe, quando o trem de Assuã se dirigia para o sul — atirar na primeira classe era a melhor maneira de atingir um turista. Ocorriam sequestros, também, com resgates pagos. O Egito, principalmente o vale do Nilo, tinha fama de ser perigoso.

Havia detectores de metal nas entradas da maioria dos prédios, embora raramente utilizados; talvez fossem mais simbólicos do que práticos. Ou não funcionassem. O abastecimento de energia, com certeza, não era confiável e parecia faltar mão de obra. Os homens com rifles de assalto a tiracolo, destinados a tranquilizar os turistas, tinham simplesmente um aspecto sinistro e aumentavam a sensação de insegurança. Cambistas e vendedores de quinquilharias, persistentes, azucrinavam, perseguiam e puxavam as mangas das camisas. Havia bosta de jumento em todos os lugares, buzinas de carros tocando sem parar, música a todo o volume nas barracas de fitas e CDs, mendigos importunos, leprosos, além dos habituais aliciadores dos restaurantes e cafés, tentando fisgar os passantes. Os bazares, com sua multidão de desocupados e mascates, encontram sua analogia mais próxima nos shopping centers americanos — são igualmente divertidos, tanto um passatempo quanto uma recreação. A área de pedestres, a praça de alimentação, a concentração de lojas de um shopping têm sua contrapartida no bazar egípcio, que pode ser mais sujo, fedorento e barulhento, mas é muito mais barato e alegre.

Meu hotel ficava à beira do rio, perto da estação de trem. Com velas parecendo asas de gaivota, falucas deslizavam pelo Nilo; havia falcões lá no alto, corvos, ar respirável, céu claro e cerca de trezentos barcos atracados, preparados para os cruzeiros até Luxor. Mas os negócios andavam fracos — não havia atracadouros suficientes para os barcos, que se amontoavam em fileiras duplas e triplas. Era início de fevereiro, baixa estação, e os turistas estavam evitando os cruzeiros pelo Nilo, por associarem a violência entre Israel e Palestina ao plácido Egito.

Tomei o café da manhã, comprei alguns colares de âmbar no bazar e, sentado em um banco, à luz do sol, comecei a fazer as palavras cruzadas do *Al-Ahram* (edição em inglês).

Foi então, enquanto preenchia uma resposta (era *aa*, palavra havaiana para um tipo de rocha vulcânica), que fui abordado pelo jovem com a túnica encardida, que me disse:

— Vamos. Faluca boa. Nós encontra banana da Núbia.

Não faltava quem aceitasse. As mulheres jovens pilotadas por velejadores egípcios, sozinhas ou em pares, deviam saber que estavam fazendo uma coisa que nenhuma mulher egípcia faria, que estavam se colocando completamente à mercê daqueles jovens — daqueles jovens priápicos.

Enquanto observava as falucas manobrando na escuridão rumo a cópulas crepusculares, fui abordado por um grandalhão escuro.

— Eu sou núbio — disse ele. — Mohammed.

Outra abordagem direta, sem dúvida.

— Você já foi ao Japão?

— Sim, já fui, diversas vezes. — Uma abordagem indireta, então, pensei.

— Você gosta?

— Do Japão? Muita gente. Muito caro. Diferente de Assuã, sem muita gente. Bem barato.

— Sou guia turístico aqui há dez anos. De japoneses — disse ele. — Eu detesto os japoneses. O que eles têm na cabeça? O que há lá dentro? Eles são... — Não concluiu a frase. Hesitou, procurando as palavras. — Detesto ser guia deles. Existe alguma coisa errada com os japoneses.

— Talvez eles não sejam como você — disse eu, tentando acalmá-lo.

— Eles não se parecem comigo. Nem com você. Nem com ninguém.

— Você acha isso.

— Eu sei disso!

Para um núbio, como Mohammed, os japoneses eram esquisitos, impenetráveis, antiquados, inexplicáveis, usavam roupas estranhas e perfumes esdrúxulos; mais ou menos como um núbio poderia parecer a um japonês. Mas eu não estava ali para promover um entendimento entre as partes. O que me chamava a atenção era o fato de que havia muitos núbios em Assuã, desalojados e reinstalados para dar lugar à Grande Represa.

O Sudão ficava na outra margem do lago e o vínculo com a grande Núbia era evidente, sobretudo no vaivém de pessoas e na língua. Ninguém aqui me dizia o que eu sempre ouvia no Cairo: "Aqui não é a África." Aqui era a África, e Assuã estava cheia de núbios reassentados, cujos vilarejos tinham sido inundados pelo lago Nasser.

No mesmo dia, embarquei no *Philae*, um belo barco de cruzeiro fluvial, com capacidade para cerca de cem passageiros, quase lotado naquela excursão pelo Nilo, com muitos alemães, alguns britânicos e americanos, egípcios, holandeses e uma família indiana — dois adultos e um garoto pequeno, mal-educado, a única criança a bordo, que passou a viagem toda choramingando e entediado.

A maior parte das excursões turísticas não passa de história recreativa, um History Channel em três dimensões para justificar os enormes bufês gastronômicos, os fabulosos jantares e os drinques no convés superior: esta era a missão dos tripulantes do *Philae*. Eu estivera antes em dois cruzeiros turísticos — no luxuoso *Seabourn Spirit* ("Seu caviar será servido na sua suíte, senhor") e em uma boca-livre patrocinada pelo governo turco, no *MV Akdeniz*,[1] que me desembarcara na costa egípcia juntamente com 450 amáveis turcos, que relembravam o império otomano e suspiravam pelos tempos em que o quediva ainda detinha as rédeas do poder.

Ricaços com preguiça de ler adoram cruzeiros, pelos aspectos anedóticos da história e pelos bate-papos arqueológicos que, ao voltarem para casa, servirão para impressionar os amigos. O turista em um cruzeiro no Nilo é alguém prestes a se tornar um chato de carteirinha. O aprendizado é feito mediante perguntas no âmbito da egiptologia, que vão muito além da pronúncia correta de Ptah e Hatshepsut.

— Quer dizer que as pessoas comuns não eram autorizadas a entrar no templo?

E ainda:

— Qual deles é o Hórus?

A eterna pergunta dos turistas no Nilo:

— Puxa, como é que eles conseguiam levantar essas coisas?

Às vezes, as perguntas eram detalhadas:

— Quer dizer que existe mais de um Ptolomeu?

Cuja resposta era:

— Havia 15 Ptolomeu — e o Ptolomeu gênio da matemática não foi um deles.

Ou:

— Quantos séculos você disse?

E a resposta:

— Perto de trinta.

Quanto mais sem sentido a pergunta, mais detalhado era o interrogatório; obtida a resposta, o turista apenas meneava a cabeça.

---

[1] MV é a abreviatura, em inglês, para *motor vessel*, embarcação a motor. (N. do T.)

Uma mulher no *Philae*, por motivos que só ela conhecia, não parava de perguntar ao egiptólogo a bordo:

— Isso é *faraônico*?

A resposta poderia ser afirmativa, ou poderia estar contida no próprio objeto da pergunta, dois hieróglifos em um cartucho: *Per* e *Oni*, que significam Casa Grande, ou Estrutura Grande, ou Rei, ou Faraônico. Uma noite, em Assuã, fui de faluca até a Ilha Elefantina, enquanto a distância, com egípcios ao leme, outras falucas conduziam mulheres estrangeiras para lugares escuros. A ilha foi dada de presente a Horatio, lorde Kitchener, por este, de forma impiedosa, ter posto um fim à rebelião sudanesa, em um massacre conhecido como a Batalha de Omdurman, que também serviu para vingar, extemporaneamente, a decapitação do general Gordon pelo Mahdi. Kitchener transformou a Ilha Elefantina em um jardim botânico, que podia contemplar de sua mansão. Algumas das palmeiras, plumérias e arbustos exóticos ainda florescem lá. O mais extraordinário na ilha, hoje parte de Assuã, é que, da margem leste, vemos a cidade pela falésia e o bazar — enquanto, da margem oeste, só avistamos dunas de areia, longas e monumentais, que transmitem uma sensação de profundidade, pelo modo como se sucedem em fileiras varridas pelo vento, esculpidas como pistas de esqui ainda intocadas, com reflexos róseos e dourados ao sol poente.

O marujo da minha faluca me deixou na margem leste, ao escurecer, pouco abaixo da cidade, onde, nas proximidades do bazar, avistei um imã em um *gallabieh* branco em frente à sua mesquita. Estava escuro demais para que eu distinguisse os contornos daquele lugar de culto. Mas, quando cheguei perto, percebi que não se tratava de um imã, mas de um padre de batina branca — qual a diferença? Estava em pé à porta da igreja, respirando o ar da noite. Ao me ver, fez um gesto amistoso com a mão.

Seu nome era Benito Cruciani, de Macerata, na Itália, e chegara a Assuã proveniente do Sudão, onde tinha permanecido por nove anos, até ficar doente e ser aposentado.

— Eu estava em Darfur — disse ele —, uma área remota a oeste do Sudão. — Os africanos costumavam atirar pedras em mim. Mas quando eu disse "não sou americano, sou italiano", eles pararam.

Era um padre comboniano, da ordem fundada por Daniel Comboni, cujo lema, "África ou morte", revelou-se profético, pois ele alcançou as duas coisas de forma simultânea, morrendo no Sudão em 1881. A ideia de padre Comboni era "salvar a África através da África", um modo conciso de expressar uma intenção missionária. Na verdade, aqueles padres realizavam poucas conversões, ensinavam pelo exemplo e eram vigiados de perto pela Irmandade Islâmica, não tão vigorosa aqui quanto no Cairo, mas vigorosa de qualquer forma. Ou seja, os infiéis eram às vezes assassinados para servir de exemplo.

— Seu nome, Cruciani, soa como "cruz" em italiano — disse eu.

Sim, ele confirmou, era uma construção intencional. Cruciani era uma família florentina associada às cruzadas e, seis séculos depois, ele ainda era um cruzado (*crociato*), que promovia a palavra de Cristo em um intolerante bastião islâmico.

— Quero visitar o Sudão. Ainda estou aguardando meu visto. Tem algum conselho para mim?

— Você vai sozinho?

— Sim.

— Nós dizemos: "Montanha e mar — nunca viaje sozinho."

— É um provérbio?

— Nem tanto. É uma regra que você deveria seguir.

— Eu não tenho muita escolha.

— Então meu conselho é: reze — disse o padre Cruciani. Depois fez um gesto à italiana, acenando com uma das mãos. — Venha.

Entrou na igreja e, assim que fiz o mesmo, ouvi a voz retumbante de um muezim, convocando os fiéis para as orações:

— *Allahu akhbar!*

Com o chamado ainda reverberando na cripta, padre Cruciani me mostrou a efígie de Santa Teresa, uma imagem da santa em tamanho natural, dentro de uma caixa de vidro sob o altar. Enquanto olhávamos a imagem, quatro jovens de uniforme escolar azul e branco foram até ela e enfiaram algumas notas em uma fenda na caixa.

— É para passarem nas provas — disse o padre Cruciani com ar irônico.

Já do lado de fora, eu disse:

— Ninguém está muito otimista com o Sudão.

Ele disse:

— Povo maravilhoso. Péssimo governo. A história da África.

Em um cantinho do Templo de Ísis, em Filae, um templo recuperado e reconstruído ao sul de Assuã, havia um touro em pedra, a imagem do deus Hapi — ou Ápis — cercado por serpentes protetoras. Ápis era o touro sagrado de Mênfis, adorado como o deus do Nilo e, por conseguinte, da fertilidade. Nas imediações, com a cabeça adornada por uma espécie de pino de boliche, estava a imagem de Osíris, deus da terra, cujo renascimento era representado pelas enchentes do Nilo, do qual era a personificação. Suas feições tinham sido destruídas, bem como as de Hórus, o rosto de falcão obliterado pelo fanatismo dos primeiros cristãos. Nas paredes, uma infinidade de grafites da era napoleônica. Um cruzeiro pelas ruínas egípcias, ao longo do Nilo, é um desfile de obliterações e grafites. Há 150 anos, o jovem Gustave Flaubert lamentava o fato em uma carta à sua mãe. "Nos templos, lemos os nomes dos viajantes; ficamos espantados com tanta futilidade e estreiteza mental. Nunca escrevemos os nossos; alguns devem ter levado três dias para serem entalhados, tão profundamente estão gravados na pedra. Outros se repetem por toda parte — a persistência sublime da estupidez."

Rostos humanos raspados, imagens de deuses mutiladas, paredes escavadas e esburacadas. Mas, embora o contato com as ruínas seja uma experiência que inclui milênios de vandalismo, a prova da força e da glória dos monumentos é que ainda são belos, mesmo rachados, desfigurados e pichados.

Os altos obeliscos de granito rosa que vemos em Londres, Paris e no Central Park tiveram origem em uma antiga pedreira nas proximidades de Assuã, onde ainda se pode ver o famoso Obelisco Inacabado. Esse pilar de pedra, com mais de 24 metros de comprimento, claramente geométrico e simétrico, esculpido em uma saliência da pedra e parcialmente rachado, está tombado no chão, onde é admirado e pisoteado por admiradores embasbacados.

— Tudo feito à mão!

— Vai ver enjoaram de trabalhar nele.

— Puxa, como é que eles conseguiam levantar essas coisas?

Um egiptólogo estava dizendo:

— Então Osíris foi morto por seu irmão malvado, Seth, e cortado em 14 pedaços. Um dos pedaços foi comido por um peixe e Ísis o utilizou para reviver Osíris e gerar Hórus. Qual pedaço vocês acham que foi?

Seu olhar malicioso sugeria a resposta óbvia, mas um dos passageiros, falando em nome do grupo, perguntou:

— O rio aqui tem crocodilos?

Não, nenhum, foi a resposta, nem mesmo em Crocodilópolis, rio abaixo, embora um crocodilo tenha sido mantido e adorado no templo de lá, assim como o gato — a imagem da deusa da alegria e do amor — fora adorado no templo de Bast. Atualmente, os grandes crocodilos dormitavam às margens do Nilo Branco, no pantanoso Sudd, ao sul do Sudão, e rio acima, nas nascentes do Nilo, no lago Alberto e no lago Vitória. Os crocodilos daqui foram transformados em cintos e bolsas há muito tempo.

Enquanto aguardávamos o voo para Abu Simbel, 320 quilômetros ao sul, quase na fronteira com o Sudão — que acabou sendo cancelado —, visitamos a Represa Alta e o lago Nasser.

O aspecto mais agradável do cruzeiro pelo rio era a combinação de gastronomia com atrações turísticas, deslizar na correnteza e parar, de vez em quando, em alguma ruína trazida à luz. E o que eu mais gostava nas ruínas era o modo como tinham sido invadidas pelos barulhentos bazares. E não apenas vendedores de bugigangas, mas por jumentos, que pastavam entre as colunas, e cabras que circulavam pelas estradas. As barracas dos mascates ocupavam o primeiro plano; nas partes superiores e mais abrigadas dos templos, ainda eram nítidas, após milhares de anos, as cores da época ptolomaica. Kom-Ombo, onde o *Philae* fez sua primeira parada, era um exemplo típico — o bazar, as ruínas, os animais ruminando, a música alta, o santuário duplo de Hórus e do deus-crocodilo, representado por crocodilos mumificados dentro do templo. Kom-Ombo não se restringia aos templos, era uma pequena cidade, e seu nome significava "Pilha de Ouro", tanto um elogio quanto uma zombaria. Seus templos eram mais interessantes como parte da vida cotidiana do que como peças protegidas de museu. As restaurações, em vez de lhes conferir dignidade, tinham lhes dado um aspecto falso, como se fossem de imitação.

A cidade, com seu nome núbio, era antiga por si mesma.

— Quem vivia aqui antigamente?

— Muitas pessoas.

As paredes do templo de Kom-Ombo eram pura egiptologia, história e cultura em imagens. Como lembrete da sabedoria e habilidade dos egípcios, uma parede retratava instrumentos de medicina: alicates, fórceps, facas, ganchos, dispositivos de sucção, toda a parafernália para a realização de cirurgias sérias, talvez mais cirurgias do que as efetuadas atualmente no Hospital Geral de Kom-Ombo. O parto era ilustrado por um hieróglifo. Fiz um esboço do Olho de Hórus, que, simplificado, tornou-se o símbolo (Rx) da prescrição médica. Em outras paredes do templo, havia representações do mundo natural, abutres, patos, touros, falcões e, mais adiante, guerreiros, além de um panteão completo dos inimigos do Egito, inclusive uma inconfundível cabeça negroide, um guerreiro feroz, com os olhos de pálpebras enormes característicos dos núbios. Era maravilhoso poder contemplar os intrépidos rostos negros que nos encaravam das paredes daqueles templos antigos, como se fossem DNA em baixo-relevo, a prova do poder e da persistência dos africanos.

Continuamos a viagem no *Philae*, beliscando iguarias, saboreando bons vinhos, olhando de soslaio os casais em lua de mel e fugindo do irrequieto garotinho indiano. Chegamos a Edfu. "O templo de Edfu serve de latrina para a cidade inteira", anotou Flaubert no diário, em 1850. Mas hoje, desenterrado e limpo, tem fama de ser o templo mais bem preservado do Egito.

Até o final do século XIX, os templos eram torsos quebrados e caídos, entalhes danificados e pilares rombudos espalhados pelo vale do Alto Nilo. "Há sempre algum templo enterrado na areia quase até o topo, parcialmente visível, como um velho esqueleto remexido", escreveu Flaubert. O grande pintor David Roberts, que adorava as ruínas egípcias, declarou, em 1840, que as achava mais belas quando semienterradas e malcuidadas. Elas lhe lembravam as gravuras do Fórum de Roma, feitas por Piranesi.

Entendi o que ele queria dizer quando me deparei com uma ruína em um lugar ermo — imagem admirável, gracioso entalhe esquecido no deserto, um objeto de estudo muito mais impressionante do que um templo reconstruído, repleto de turistas de rosto esbraseado, reclamando de tudo. Flaubert sentia certo prazer em relatar como os templos estavam dilapidados, já que não estava à procura de ruínas; preferia as extravagâncias encontradas ao longo do Nilo, assim como a companhia de dançarinas ou prostitutas. Vinte e sete anos após a visita de Flaubert, outro viajante relatou que o templo de Edfu, com 2 mil anos de idade, estava sendo desenterrado e começava a reassumir seu antigo aspecto, como na época áurea de Edfu, quando eram realizados festivais comemorativos que reencenavam o momento em que Hórus vinga seu pai, Osíris, esfaqueando Seth, a divindade com corpo de hipopótamo.

Em uma nova interpretação desse quadro, alguns astrônomos consideram Hórus como a representação de uma estrela fracassada em nosso sistema solar. Essa estrela, conhecida como anã marrom, teria sido avistada pelos egípcios em seu periélio, a parte visível de sua órbita, quando girava em torno de nosso sol, além dos planetas conhecidos. Uma estrela fantasma com enorme densidade, invisível na imensidão do espaço, é apenas um dos aspectos da Teoria da Estrela Negra.

Os gregos aprenderam a fazer colunas ao estudarem a simetria de pilares egípcios, como os de Edfu. Se um templo estiver enterrado profundamente, o solo estiver seco e nenhum arqueólogo ou caçador de tesouros interferir, o próprio abandono será uma forma de conservação. O templo de Hórus parece estar inteiro, lembrando uma catedral, pela altura dos pilares. Alguns frisos ainda conservam as cores originais: o vermelho da pele humana, azulões, cobras verdes enroscadas no alto das paredes. O falcão Hórus, cujos olhos são o sol e a lua, monta guarda no pórtico principal, em pé, sob o halo do disco do deus-sol.

Algumas imagens foram desfiguradas. No passado, os turistas quebravam pedaços das esculturas egípcias para guardar como suvenires — Mark Twain descreve um americano arrancando um naco da esfinge. Mas em Edfu, desfigurar era a palavra exata, pois descrevia com perfeição o que ocorreu com os soldados, trabalhadores e mulheres retratados nas paredes. A consistência e a semelhança estilística são de tal ordem que constituem um novo estilo de esculpir, o estilo negativo, a arte da obliteração. Tão impressionante — e tão constante — quanto as imagens de deuses, seres humanos e animais era o vandalismo: cabeças humanas sem rosto, mãos e pés quebrados, pernas arrancadas, troncos serrados, qualquer representação do corpo removida, até as cabeças e as patas dos animais. Ornamentos para a cabeça, chapéus, mantos e roupas foram poupados, de modo que, em uma escultura especialmente bela, de um príncipe ricamente trajado, todos os adornos estão intactos, mas o rosto foi esburacado e as mãos, escalavradas.

"Isso foi feito pelos primeiros cristãos" era a explicação habitual. Mas os muçulmanos abominam as imagens, e o vandalismo pode ter sido obra do fanatismo islâmico. Egiptólogos muçulmanos negam isso e insistem em atribuir a culpa aos cristãos — especialmente os da Etiópia — pelas desfigurações espantosamente metódicas.

— Talvez não por raiva — disse Fawzi, um egiptólogo. — Talvez porque os cristãos tenham sido perseguidos. Talvez para apagar a história pré-cristã.

Mas ele reconhecia que ninguém sabia ao certo. O que mais me fascinava eram os cuidados tomados pelos desfiguradores. Eles não haviam destruído o templo ou derrubado as paredes com marretas. Tinham raspado os entalhes com um cuidado que beirava o respeito, e era forçoso concluir que não poderiam ter feito o trabalho dessa forma, removendo um pouco e deixando tanto, se não estivessem sentindo certa dose de terror.

Mas hoje não há como saber e, tal como os grafites napoleônicos, que adquiriram importância ao longo dos anos, as desfigurações se tornaram tão fascinantes quanto as esculturas inteiras, conferindo às imagens o aspecto estranho e misterioso de um cadáver mutilado na cena de um crime.

Sírios, asiáticos e núbios foram identificados nas paredes do templo e, enquanto o egiptólogo explicava as feições e os trajes característicos, alguns passageiros, reunidos no grupinho de turistas queixosos, começaram a ficar impacientes e a formular perguntas suplementares:

— Que Ptolomeu era esse?

Quando Fawzi terminou a explicação, veio a pergunta:

— E os judeus?

Acontece, disse Fawzi, que em toda a extensão do vale do Nilo, do delta ao Alto Egito, e até nas escuras pirâmides e templos da Núbia, não há nenhuma menção aos judeus, nada sobre os israelitas. Embora prisioneiros sejam mostrados, sua religião não é identificada; eram apenas uma massa indistinta de prisioneiros pagãos. Hipopótamos barrigudos, chacais com orelhas de morcego, núbios de lábios grossos e asiáticos de olhos apertados foram retratados ao longo dos milênios. Mas nenhum judeu. Dinastias inteiras de faraós estão representadas. Entretanto, não há o menor traço de Moisés em nenhuma parede egípcia.

Foi o que ele disse. Mas existiu um grupo de pessoas, cujo nome genérico, "os do outro lado" ou "os que atravessaram", aparece de vez em quando nos templos e túmulos egípcios, assim como em papiros. A palavra faraônica para essas pessoas era *apiru*, ou *habiru*, derivada do aramaico *ibri*, que significa "alguém que veio do outro lado". Não é grande o salto fonético de *habiru*, ou *ibri*, para hebreu, uma crua designação para pessoas que tinham atravessado uma extensão de água (assim como *wetback*, "costas molhadas", apelido aplicado nos Estados Unidos aos mexicanos que cruzam a fronteira), no caso o Mar Vermelho. E a palavra para "hebreu", em hebreu, é *ivri*.

Alguns desses imigrantes (*habiru*, em caracteres cuneiformes) eram contratados para o pesado trabalho de carregar pedras em projetos de construção no delta oriental. Eles são descritos pelo egiptólogo K.A. Kitchen, em sua biografia de Ramsés II, como "pessoas desalojadas e sem raízes, que vagavam até encontrar alguma ocupação, ou eram recrutadas... Misturados com os *apiru*, sem dúvida, estavam aqueles que aparecem na bíblia como hebreus, especificamente aqueles que faziam parte dos clãs de Israel". Essas pessoas viviam no delta oriental desde os tempos de Jacó e José, quando seus ancestrais, fugindo da fome, partiram para o Egito.

Isso só descobri mais tarde. Enquanto eu ouvia a explicação de Fawzi, com alguém comentando "acho tudo isso um enigma", uma mulher se aproximou de mim e me bateu no braço.

— Ei, que ideia bacana! — Ela era do Texas. Eu a vira no barco, andando de forma vacilante. Tinha feito uma cirurgia de quadril. Quadris novos são comuns nos barcos de cruzeiro e a substituição de quadris é assunto entreouvido entre os passageiros.

— O quê?

— A cadernetinha para anotar as coisas.

Fechei minha caderneta, que segurei como um sanduíche.

— E a canetinha.

Eu tinha feito o esboço de um hieróglifo, um homem agachado, com um chapéu em forma de tamborete, um joelho levantado, os braços arqueados e erguidos sobre a cabeça, em um gesto de espanto, como se dissesse: "Isso é incrível!" Essa imagem, encantadora, compacta e cômica, era o hieróglifo para "um milhão".

A mulher bateu no meu braço novamente, como uma espécie de cumprimento e, quando se afastou, capengando, escrevi *Ei, que ideia bacana...*

Alguns aspectos do Nilo turístico não devem ter mudado muito em uma centena de anos. Não há táxis em Edfu, apenas charretes puxadas por pôneis, cujos condutores brigavam entre si na competição pelos clientes, gritando, sacudindo os chicotes, manobrando as charretes para atritar as rodas. Havia alguma coisa ancestral, talvez intemporal, no modo como um condutor — meu Mustafá, por exemplo — virava-se para trás, enquanto o pônei trotava em direção ao templo, e me pedia mais dinheiro, de fato o dobro do preço, choramingando:

— Comida para meus bebês! Comida para meu cavalo! Me dá, por favor!

O trecho mais idílico do Nilo que eu vi, sereno como a paisagem bucólica de uma aquarela, fica entre Edfu e Esna. Mais tarde, toda vez que pensava no Egito, sempre me lembrava daquela cena, conforme surgiu para mim em uma tarde quente, quando eu me encontrava no convés do *Philae*. Oitenta quilômetros de fazendas e campos arados, casas de barro e mausoléus abobadados no alto das colinas; pescadores em barcos a remo, em meio à correnteza, jumentos e camelos nas margens, trotando entre as palmeiras. Os únicos sons eram o gorgolejar da marola produzida pelo barco, o lamento dos gafanhotos, o chapinhar dos remos dos pescadores. O céu estava azul e sem nuvens, a terra tinha a cor de biscoito assado, com a mesma textura áspera e seca, como se as colinas baixas e as margens do rio tivessem acabado de sair do forno. O rio era um espelho de tudo — o céu, os verdes profundos e bem irrigados, as margens, os barcos, os animais —, um reflexo transbordante de cada elemento, próximo ou distante, uma pintura ambiciosa de toda a plácida paisagem.

Esna fora sempre um ponto de paragem, mesmo quando o templo ainda estava enterrado "até o queixo", como escreveu um viajante da época vitoriana. O estado das ruínas não diminuía a popularidade do lugar. A vantagem de um templo quase totalmente enterrado era que o visitante podia desfrutar de uma visão privilegiada da parte superior dos enormes pilares: os grandes capitéis esculpidos, o teto decorado com folhas de papiros e samambaias, gafanhotos, o simbólico jardim com signos do zodíaco, o enorme escorpião e Khnum, o deus com cabeça de carneiro a quem o templo era dedicado.

O jovem e lascivo Flaubert — tinha apenas 27 anos — foi a Esna em busca de uma renomada cortesã, Kuchuk Hanem, "Pequena Princesa", e de sua famosa "Dança da Abelha". Esna, naquele tempo, era a cidade mais depravada do Egito, lotada de prostitutas que, por lei, tinham sido recolhidas no Cairo e deportadas para lá. Flaubert encontrou Kuchuk Hanem, que dançou nua para ele, em meio a músicos vendados.

A Dança da Abelha foi descrita como "basicamente um número cômico, em que a dançarina, atacada por uma abelha, tem que tirar toda a roupa". Mas o termo "abelha" é uma clara alusão, pois significa "clitóris" em árabe. Flaubert dormiu com a dançarina e registrou minuciosamente, em suas anotações de viagem, as particularidades de cada cópula, a temperatura de cada parte do corpo da mulher, seu próprio desempenho ("Eu me sentia como um tigre") e até os percevejos da cama, que ele adorou ("Gosto de um toque de pungência em tudo"). Ele anatomizou sua experiência egípcia em todos os sentidos da palavra, tornando-se um guia informal e um exemplo para mim.

Em Esna, Flaubert fez dois registros memoráveis em seu diário. No templo, enquanto um árabe mede para ele o comprimento de uma das colunas expostas, ele escreve: "Uma vaca amarela, à esquerda, enfiou a cabeça ali dentro..."

Sem aquela vaca amarela, nada vemos; com ela, a cena se torna vívida e completa. Ao deixar o quarto de Kuchuk, depois do encontro sexual, ele escreve: "Como seria lisonjeiro para o amor-próprio se, no momento de ir embora, eu tivesse certeza de que deixei uma lembrança, que ela pensará mais em mim do que nos outros que estiveram ali, que eu irei permanecer no coração dela!"

Mas isso é apenas um lamento, ele sabia que logo seria esquecido, pois admite mais tarde que, mesmo "tecendo uma estética em torno dela", a cortesã — vá lá, prostituta — não poderia estar pensando nele. E conclui: "Viajar nos faz ficar modestos — percebemos o lugar minúsculo que ocupamos no mundo."

Depois que o *Philae* atracou, desci e atravessei a cidadezinha até o enorme templo, agora totalmente exposto, que ficava em um grande fosso quadrado, como se tivesse sido escavado na terra. As pinturas com os signos do zodíaco eram lindas, as colunas imensas e intactas. É um templo do final da era romana, mas construído no estilo egípcio de mil anos antes; os maiores estragos foram feitos na fachada, perfurada a bala por soldados franceses, que nela praticaram tiro ao alvo, na década de 1840, disparando por puro prazer contra a magnífica construção.

Um bazar crescera em torno do templo, com ruelas estreitas, comerciantes aos berros, crianças e animais por toda parte.

Retornei ao *Philae*. Terminei de ler Flaubert e iniciei o *Coração das Trevas*, que ainda leria mais 12 vezes, antes de chegar à Cidade do Cabo. Refestelado no convés superior, percebi que o *Philae* não era o *Roi des Belges*, mas um desses navios — bem poucos, na minha experiência — que, se dependesse de mim, continuaria navegando, comigo a bordo, levando-me a Cartum, continuando para o sul através do Sudd, alcançando Uganda e os grandes lagos, inaugurando uma rota fluvial até o Zambeze.

— Está sozinho esta noite, senhor? — perguntou Ibrahim, o garçom, como fazia todas as noites, na hora do jantar.

Eu sorri:

— Sim, só eu e Joseph Conrad.

— Volta para o Cairo depois, senhor?

— Sim, para pegar o visto. Então vou para o sul. Para a Núbia. Sudão. Etiópia. E mais adiante, espero.

— Vai sozinho, senhor?

— *Inshallah*.

— Trabalho ou lazer, senhor?

— As duas coisas. Ou nenhuma delas.

— Muito bem, senhor. Uma aventura para o senhor.

Ibrahim era a essência da cortesia. Toda a equipe era, na verdade, cheia de mesuras. É fato que os tripulantes dos navios de cruzeiro são solícitos e simpáticos apenas para receberem gorjetas. Sorriem e brincam para serem recompensados. Eu sorrio; você me dá dinheiro.

A gorjeta me deixa perplexo, por não se tratar apenas de uma recompensa, mas de uma taxa de viagem, uma das mais insultantes. Ninguém escapa. Não importa se você está gastando milhares para ocupar a suíte presidencial do melhor hotel: o indivíduo de uniforme que o leva até o elevador pergunta como foi sua viagem, informa a previsão do tempo e carrega suas malas até a suíte, está esperando dinheiro em troca da atenção não solicitada. O porteiro que está do lado de fora, pavoneando-se em seus galões dourados, espera uma gorjeta por abrir a porta de um táxi, o barman espera um percentual de sua conta, assim como o garçom e as arrumadeiras, às vezes, deixam mensagens explícitas pedindo dinheiro, acompanhadas de um envelope. Que as pessoas esperem alguma coisa extra simplesmente por desempenharem suas funções é bastante ruim; mas pensar que todo sorriso tem um preço é ainda pior.

Apesar de tudo, os garçons do *Philae* tinham um jeito alegre, até festivo, de trabalhar, como se estivessem atuando em uma comédia egípcia. Em um país onde um professor ganha cinquenta dólares americanos por mês, é bem provável que precisassem das gorjetas para sobreviver.

Embora eu estivesse sozinho em minha mesa, havia mais uma centena de passageiros — sobretudo aqueles ricos e rechonchudos, de aspecto anfíbio, para quem viajar é um tipo de ócio dispendioso, passado na companhia de outros indolentes, aos quais relatam os detalhes das viagens anteriores. "Isso me lembra alguns lugares do Brasil", ou "Olha só, parece Malta". Eram americanos, britânicos, alemães, um punhado de sul-americanos e, claro, os melancólicos indianos com seu garoto barulhento. Os americanos a bordo podiam ser divididos em jovens amigos viajando alegremente, casais idosos e ranzinzas viajando sozinhos, e casais em lua de mel, três deles, os favoritos de todos.

Eu evitava zombarias, pois eram inofensivos, em geral, e a maioria se esforçava para ser agradável. Mas afora um casal em lua de mel que, de vez em quando, insistia para jantar em minha companhia, eu sempre comia sozinho. Quanto aos outros, quando tento me recordar deles, só os vejo comendo — os horários das refeições eram religiosamente cumpridos no navio — e nessas horas estavam no auge da animação. A mesa das louras alemãs de meia-idade, muito bem-vestidas; os quatro alemães, sempre lacônicos com o garçom — um deles se chamava Kurt; os jovens casais americanos, alarmados com as notícias de queda no mercado de ações; a mulher de feições duras e seu marido balofo, que pareciam, ambos, a meio caminho de uma mudança de sexo; o casal indiano e o garoto aborrecido e mal-educado.

Entre os alemães, o que mais me interessou foi o sexteto de louras de meia-idade, às vezes exuberantes como coristas, que viajavam na companhia de um médico levantino. Certo dia, quando estávamos tomando um drinque no convés superior, ele me disse:

— Minha especialidade é a cirurgia reconstrutiva.

Olhei para as mulheres, que estavam conversando e apanhando sol, na curiosa postura heliotrópica dos banhistas, voltadas para o sol, fazendo caretas e mudando de posição quase imperceptivelmente.

Fiquei impressionado com a semelhança que tinham entre si — narizes afilados, bochechas lisas, pálpebras esticadas, cabelos ralos e reluzentes — e percebi que o médico estava viajando com suas pacientes, todas tão bonitas que era ele, e não elas, quem merecia cumprimentos. Essa revelação singular me pareceu ótimo assunto para uma história. Por exemplo: o envolvimento de um jovem com uma mulher muito mais velha, que aparenta trinta anos e está viajando com seu cirurgião plástico. Para me tranquilizar com a ilusão de que estava trabalhando, comecei a escrever esta história. *Esta é minha única história. Agora que completei 60 anos, posso contá-la...* Com o passar dos dias e das semanas, a história foi ficando, alternadamente, cômica, memorialista e consoladoramente erótica.

Como era inevitável, havia no *Philae* um desses casais obsequiosos e intrometidos, que fazia as perguntas que o resto de nós não ousava fazer, por medo de revelar nossa ignorância. "Puxa, como é que eles conseguiam mover essas coisas?" e "isso é *faraônico*?" eram duas delas. Em busca de informações, a esposa interrogava as mulheres e o marido atormentava os homens.

— Você trabalha? — perguntou a esposa, em tom intimidador, a uma jovem em lua de mel, miúda e bonitinha, que parecia ser a mais tímida do grupo.

— Eu sou agente penitenciária — respondeu a recém-casada.

— Isso deve ser tão difícil! — foi a previsível réplica.

Quando a moça disse "Ah, não. Algumas das prisioneiras são maravilhosas", a conversa acabou.

O marido da intrometida, um velho bronco e irritante, que lembrava o Homem de Piltdown[2] com um boné de golfe, não parava de me dizer:

— Acho que agora vou ter que ler um dos seus livros.

Em tom amigável, implorei que não o fizesse. Uma coisa eu aprendi a respeito de viajar em grandes grupos: segurar a língua é geralmente uma boa ideia. Os tagarelas, sempre em busca de autopromoção, devem ser evitados, assim como os oportunistas, vendedores e evangélicos; os mais calados são, muitas vezes, os que merecem atenção. De qualquer forma, eu via os passageiros do navio como uma das atrações turísticas do Egito, assim como os gordos hipopótamos de pedra, os gatos mumificados e os impertinentes vendedores de bugigangas. Ocorreu-me que, depois do Egito, eu não veria muitos turistas.

Nenhum de nós sabia grande coisa de egiptologia, éramos confusos a respeito de datas. "Sou fraco em história", era um comentário tão comum quanto "como é que eles conseguiam mover essas coisas?"

Para mim, aquilo era um piquenique e eu desconfiava que seria o último, antes de mergulhar mais fundo na África. Era uma viagem tranquila e confortável, entre pessoas na maioria sociáveis. Se era verdade que não conhecíamos muito a história egípcia, os egípcios também não a conheciam. Seria bem ma-

---

[2] Fraude arqueológica "encontrada" no início do século XX em Piltdown, Inglaterra; na verdade a combinação de mandíbula de símio com um crânio humano. (N. do T.)

çante se algum historiador pedante estivesse no cruzeiro, corrigindo nossas impressões. Eu preferia ouvir as improvisações:

— Eles deviam usar essas coisas para subir no muro.

— Eu acho que eles tomavam banho nesse negócio.

— Parece uma espécie de pato.

— Isso é realmente *faraônico*.

Alguns países são perfeitos para os turistas. A Itália, por exemplo. Assim como o México e a Espanha. A Turquia também. O Egito, claro: bem grande. Não muito sujo. Comida boa. Povo gentil. Sol. Um monte de obras-primas. Ruínas por toda parte. Nomes familiares. Uma história longa e nebulosa. O guia fala "papiro", "hieróglifo", "Tutankhamon" ou "um dos Ptolomeus" e a gente diz "sei".

Mas o que guardamos na lembrança é o garçom gentil, o pateta falando ao celular em cima de um camelo, o velho mijando em um muro antigo, a aparência de uma bandeja com reluzentes romãs no mercado, os sacos de condimentos, a vaca amarela ruminando no templo ou, simplesmente, as cores, pois as cores do Egito são deslumbrantes. Edward Lear escreveu em seu diário sobre o Nilo, "o Egito, pelo menos, é um lugar onde se aprende o que são as cores".

O que eu estava fazendo? Progressos, a meu ver. Das margens do Mediterrâneo, através das Colunas de Hércules, pouco a pouco, ia penetrando cada vez mais fundo na África. Viajar é uma transição, tanto melhor quanto mais longe de casa, um novo começo. Eu detesto cair de paraquedas em algum lugar. Preciso ser capaz de estabelecer um elo entre um lugar e outro. Um dos problemas que tenho com as viagens, em geral, é a facilidade e a rapidez com que uma pessoa pode ser transportada do familiar para o estranho, o disparo que arremessa um escriturário de Nova York, por exemplo, bem no meio da África, para se embasbacar com os gorilas. Isso não passa de uma forma de se sentir estrangeiro. O outro modo de viajar, lentamente, cruzando fronteiras nacionais, passando pelas barreiras de arame farpado com minha mala e meu passaporte, é a melhor maneira de não esquecer que há uma relação entre o Aqui e o Ali, e que uma narrativa de viagem é a história do Ali e do Antes.

Close-up: eu, remando com força, suando como um escravo das galés. A câmera recua e revela que estou em um aparelho de remo. Uma tomada mais ampla: estou em uma sala de ginástica; mais ampla ainda: estou em um barco, o *Philae*, perto de uma janela. A câmera sobe, focaliza o lado de fora da janela e enquadra um homem em um barco a remo no Nilo, remando no mesmo ritmo que eu.

* * *

Fomos a Luxor, a Tebas, ao vale dos Reis — o sonho dos egiptólogos e dos turistas impacientes, pois, mesmo se você não souber nada, poderá se maravilhar com as belezas e ouvir os fatos recitados: que o sol nasce como um besouro — o escaravelho; torna-se o deus Rá ao meio-dia e reina até o cair da noite, quando se transforma no deus Áton. Ou poderá conhecer a Declaração dos Sem-Pecado, a Confissão Negativa, em que os faraós relacionam suas boas ações nas paredes dos túmulos. A imagem do sol resplandece em toda parte, sob forma de barcos solares, discos solares nas cabeças dos deuses, esferas sobre os pórticos. Os egípcios consideravam o sol tão poderoso que chamavam a si mesmos de "rebanho de Rá".

Mas minha recordação mais vívida são os grafites, o vandalismo, os nomes antigos cinzelados nas paredes dos túmulos, os nomes de soldados do Exército francês e de viajantes ingleses do século XIX, os coptas enlouquecidos, a desfiguração das imagens do iconoclasta Akhenaton, que decidiu ser monoteísta.

E o rangido das sandálias do velho professor alemão, na tumba de Amenkhopshef, quando se aproximou da caixa de vidro e se inclinou, dizendo:

— Ver a crrrian tsa.

Um punhado de ossinhos e um crânio quebrado.

— *Ser um* múmia.

De fato, era um feto mumificado.

Lembro-me da tumba de Nefertári, a esposa núbia de Ramsés III, mas não pelos muitos anos e os muitos milhões gastos com sua restauração, nem pela esbelta Nefertári, em seu roupão transparente e braços tatuados (um olho aberto em cada braço), jogando em um tabuleiro, nem pelas cores brilhantes, verdes, vermelhos, amarelos, negros de azeviche, as cegonhas, os escaravelhos, as najas.

O que eu me lembro: havia poucos ingressos e as visitas eram limitadas a dez minutos e, em meio a todas aquelas imagens, nas profundezas da tumba, o funcionário se aproximou de mim, murmurando:

— Você tem que ir embora agora! Não... está bem, fique mais três minutos — e estendeu a mão para receber *bakshish*.

Em Karnak, um grande complexo de cidade e templos, sem nada igual no mundo, com todas aquelas colunas, lembro-me, sobretudo, das imagens de abelhas melíferas — *Nesrut Bity* (Abelha Rainha) era o símbolo do rei do Alto e do Baixo Egito — pintadas em um suporte do telhado, e de como seus troncos e pernas tinham sido obliterados. Flaubert disse que Karnak parecia "uma moradia de gigantes, um lugar onde serviam homens inteiros em bandejas de ouro, assados *à la brochette*, como cotovias".

No templo mortuário de Medinet Habu, com 3 mil anos de idade, erigido para comemorar as vitórias de Ramsés III, observei alguns turistas espanhóis dando meia-volta para olhar uma parede, primeiramente chocados, depois fascinados, à medida que distinguiam as imagens de prisioneiros tendo as mãos e os pênis decepados — os turistas examinando a enorme pilha de pintos entalhada na parede do templo.

— Peeenes — murmurou um homem, em voz bem baixinha, juntando os joelhos.

Lembro-me dos templos de Ramsés, é claro, das estátuas que uivavam na planície, alarmando os gregos, e das melancólicas pernas sem tronco do colosso de Ramsés, que inspiraram Shelley a escrever "Ozymandias", um dos meus sonetos favoritos. Flaubert também acampou em Luxor.

Mas tão impressionante como qualquer outra coisa no Egito, em termos de obsessiva continuidade através dos séculos, era o calombo na testa dos muçulmanos devotos, provocado pelo bater de suas cabeças no chão das mesquitas — o *alamat el-salah*, "marca da oração", coloquialmente chamado de "uva-passa" *(zabibah)* no Egito. Foi aqui em Luxor, no ano de 1997, que fanáticos islâmicos surgiram subitamente em um templo e abriram fogo contra alguns ônibus de turistas. Uma atrocidade que matou 57 pessoas. Um mês depois que deixei o Nilo, seis turistas alemães foram tomados como reféns, também em Luxor. Disseram que o sequestrador era um lunático e os reféns foram libertados após uma semana, mas novos incidentes eram esperados.

Certo dia, no templo de Hatshepsut, um nome que eu só conseguia pronunciar devagar, sílaba a sílaba, peguei-me dizendo:

— Puxa, como eles conseguiam mover essas coisas? — Vi nisso um sinal de que já estava na hora de partir.

Por causa da ameaça terrorista, um comboio saía de Luxor para a costa todas as manhãs, trinta automóveis e ônibus, escoltados por velozes carros de polícia, aproximadamente 160 quilômetros através do Deserto Ocidental, até Port Safaga, e mais uns cinquenta até Hurghada, no mar Vermelho. Durante cerca de duas horas, o deserto era plano e pouco acidentado; então surgiam colinas baixas, que eram como pilhas de entulho e amontoados de pedra, seguidas por montanhas meio desmoronadas de pedregulhos marrons, em meio às quais corriam crianças beduínas de túnica escura, pastoreando cabras.

Na costa desolada do mar Vermelho, de águas profundamente azuis, espraiava-se a cidade de Hurghada, um *resort* russo com tudo o que isso implicava — hotéis baratos, turistas de *training*, comida horrível, salões de jogos deprimentes e prostitutas de ar carrancudo. Aqui e ali, romenos aproveitando o luxo, poloneses parcimoniosos e mochileiros desgarrados. Não havia nada senão o sol e, de alguma forma, a luz radiante fazia os decrépitos hotéis parecerem mais feios.

— Em 1980, isso aqui era um vilarejo beduíno — disse-me um morador local.

Eu tinha encontrado um bom hotel na duna mais ao sul do distrito, um lugar com o agradável nome de Sahl Hashish, o paradigma de um retiro luxuoso. Embora o lugar fosse árido, *hashish* quer dizer "verde" e *sahl*, "costa" (assim, a palavra "suaíli" significa "povo da costa").

— Aqui o senhor poderá relaxar — disse o gerente.

Pensei: não quero relaxar. Se quisesse, não teria vindo à África.

— O senhor poderá descansar.

Viajar, para mim, não tinha nada a ver com descanso e relaxamento. Era ação, empenho, movimento e os atrasos intrínsecos eram demoras decorrentes dos inevitáveis problemas a serem resolvidos antes do próximo passo; as esperas por ônibus e trens eram interrupções das quais se tentava tirar o melhor.

— O senhor pode sentar na praia. Pode nadar.

Para alguém que vivia metade do ano no Havaí, fazer tais coisas ali não parecia boa ideia. O mar Vermelho em fevereiro era gelado, a "areia" não passava de um eufemismo para cascalho e pedras pontiagudas, e o vento era forte o bastante para arrancar minhas roupas.

"Que tal um navio?", pensei. Telefonei para uma agência de viagens americana no Cairo. A agente, uma garota inglesa insegura, confusa com meu pedido, disse que não sabia nada a respeito de navios.

— Mas que tal um cruzeiro no Nilo? — perguntou ela.

— Já fiz isso.

— Ou o senhor poderia vir ao Cairo e conhecer dervixes de verdade.

— Existem dervixes em Hurghada.

Ela não podia ajudar: não tinha folhetos de navios, embora o mar Vermelho, com certeza, estivesse cheio deles. Fui até Port Safada. Não havia navios para o Djibuti, apenas um barco cheio de *hadjis* para Jidá, na fanática Arábia.

Quando retornei ao Sahl Hashish, o amável gerente percebeu minha agitação.

— Relaxe. Aproveite para se divertir.

— Eu quero viajar.

— Para onde? — Ele riu.

— Bem, vou acabar na Cidade do Cabo.

Isso o deixou intrigado. É sempre um erro tentar explicar planos de viagem. Quando são muito ambiciosos, parecem sem sentido. O melhor das viagens são os acontecimentos inesperados, não há como explicar improvisações. Certo dia, quando eu já estava farto de ser acalmado em Hurghada, alguém me disse, para piorar as coisas, que o feriado muçulmano de Eid al-Adha estava prestes a começar. Essa Festa do Sacrifício, com seis dias de duração, celebra o episódio bíblico em que o Senhor oferece um carneiro a Abraão, para substituir Isaac no altar do sacrifício (corresponde a Gênese, 22: 6-14). Seriam seis dias com tudo fechado. Em um impulso, decidi telefonar mais uma vez para os sudaneses.

— Seu visto foi aprovado — disse-me um homem chamado Adil.

Mas a fronteira estava fechada. Eu teria que tomar um avião para Cartum. Fui para a cidade comprar uma passagem. Comigo, na fila da Egyptair, estava um homem simpático e loquaz. Tinha a cabeça quadrada do egípcio urbano, bochechas gorduchas, olhos cinzentos e uma corpulência que dava a impressão de má postura. Seu nome era Ihab.

— Como o capitão do romance?[3]

— Que romance? Como Ihab, do Sagrado Corão. — Enxugou as mãos suadas na camisa, escurecendo a mancha que já estava lá. — Meu nome significar "presente".

— Você vem de Hurghada?

— Ninguém vir de Hurghada — disse ele. De fato, a cidade de veraneio tinha sido um vilarejo beduíno há vinte anos, mas os beduínos estavam sempre em movimento.

— Egito, então?

— Eu odiar Egito.

— Por quê?

— Eu contar você amanhã.

Amanhã?

Antes de partir para Cartum, telefonei para o cônsul-geral dos Estados Unidos na cidade, cujo nome me tinha sido informado. Como era a vida no Sudão?

— Eu não tenho permissão para viver aqui — disse ele. — Eu vivo no Cairo. Vou e volto de avião para Cartum. Volto para o Cairo hoje.

---

[3] Alusão ao capitão Ahab, personagem de *Moby Dick*, de Herman Melville. (N. do T)

— Estou pensando em viajar fora de Cartum.

— Eu não tenho permissão para viajar fora de Cartum, por motivo de segurança.

— Cidadãos americanos já foram incomodados no Sudão?

— Incomodados? Bem, um foi recolhido pela polícia de segurança há alguns meses e interrogado, ou melhor, torturado durante três dias.

— Que coisa horrível.

— Foi a única queixa que nós tivemos, mas é uma queixa bem séria, como você pode ver. Eu sou obrigado a lhe informar isso.

— Eles o soltaram?

— No início, não. Só depois que ele foi submetido a uma execução encenada.

— Uma coisa que eu gostaria de evitar — disse eu.

4 *Os dervixes de Omdurman*

Sentado ao meu lado enquanto entrávamos no espaço aéreo do Sudão, Ihab me dizia que francamente detestava aquele país. Eu estava lendo o guia de viagens para o Sudão, distribuído pelo Departamento de Estado dos Estados Unidos, um documento espantoso:

> Viajar em qualquer parte do Sudão, sobretudo fora de Cartum, é potencialmente arriscado (...) Viajantes [americanos] no Sudão sofrem atrasos e são detidos pelas forças de segurança, principalmente fora de Cartum (...) os motoristas locais são imprevisíveis (...) barreiras nas estradas (...) Além da guerra civil em andamento, chuvas torrenciais e águas do Nilo acima do nível normal têm provocado extensas inundações em todo o Sudão. As enchentes do Nilo atingiram Cartum (...) Doenças relacionadas à água, como a malária, febre tifoide e gastrenterite ameaçam muitos (...) O controle exercido pelo governo sudanês sobre a polícia é por vezes limitado (...)

Minha frase favorita era *além da guerra civil em andamento.* Olhei para o lado.

— O que você disse?

Sendo egípcio, Ihab zombava do Sudão de modo afetuoso, assim como caçoava do Egito. Sua maior objeção era simples: "Porque pessoas non livres!"

— Em América, pessoas podem beijar garota no rua, sem problema. Mas em Egito, em Sudão, eu beijo garota e polícia vem! Me leva — ao pensar no assunto, fez uma expressão de desgosto. — Eles me colocam em posição ruim!

— Por beijar uma garota?

— É ilegal. Mas não em América.

— Mas não se pode beijar estranhos — disse eu.

Ele não estava escutando. "Quero ir para Nova Jersey! Quero ser homem de Nova Jersey!"

Uma bela moça egípcia, que viajava com uma mulher mais velha, talvez sua mãe, estava sentada no outro lado do corredor.

— Mulher egípcia muito sexy — disse Ihab, em um sussurro confidencial, a boca cheia de saliva. Mudou de posição, virou o corpo em minha direção, para não ser ouvido pela mulher, e disse:

— Ela cortada.

Eu tinha uma boa ideia do que ele queria dizer, mas fingi não ter entendido, para forçá-lo a dar uma explicação. Foi o que ele fez, primeiramente com um gesto específico de mão, inserindo um polegar clitorídeo entre dois dedos labiais.

— Ela cortada aqui — disse, fazendo um movimento de cortar o polegar saliente, com a mão que estava livre.

— Doloroso — disse eu. E qual o sentido disso?

— Sem dor! Ela pequena, criança. Uma semana, um mês máximo, ela cortada.

A clitoridectomia infantil podia ser novidade para mim, mas era um assunto muito importante para as feministas do Ocidente, assim como para as mulheres do Egito. Fiz a pergunta óbvia: qual o sentido daquilo?

— Melhor para ela, faz ela mais sexy — disse Ihab. — Se ela cortada, gosta de sexo dia todo.

Essa opinião, ecoada por outros homens que encontrei na viagem, estava em desacordo com todas as evidências médicas, e era um pouco como dizer que o sexo seria mais divertido para um homem se suas bolas fossem extirpadas. Também ouvi o raciocínio oposto e mais plausível: aquilo embotava o prazer da mulher e a tornava mais fiel. Ihab ficou tão entusiasmado com o assunto que começou a levantar a voz. Tive medo de que a mulher ouvisse e ficasse ofendida.

— Uma mulher cortada assim, você toca ela — ele roçou minha perna com os nós dos dedos —, ela fica tão excitada.

— Quem diria.

— Mulher americana não. Mas em Egito, Síria, Jordânia, Arábia, mulher cortada fica tão excitada quando você toca alguma coisa. — Ele sorriu para mim. — Toca dedo. Toca pele.

Ele me mostrou a mão e fez de novo o gesto com os dedos.

— Quando você mexe nesse lugar — disse ele, exibindo o polegar —, ela fica doida.

Para que ninguém mais escutasse, ele encolheu-se todo e sussurrou no meu ouvido a palavra árabe para o procedimento, que era *khitan*.

E ao deixarmos o avião, enquanto as mulheres andavam à nossa frente, os olhos de Ihab se esbugalharam. Concentrado no segredo da moça, excitado e irrequieto, ele imaginava, em seu cérebro febril, o que não podia ver, enquanto dizia: "Mulher com *khitan*, ela mais sexy."

Vindo de Hurghada, ele devia saber algumas coisinhas a respeito de mulheres, principalmente as estrangeiras. No seu ramo de negócios, vendas e marketing, escutava muitas propostas sexuais por parte das turistas — como todos os egípcios. As visitantes os achavam atraentes. Bem, uma coisa posso assegurar: nas margens do Nilo, podiam-se ouvir os gritinhos de prazer soltados pelas europeias a bordo das falucas. De fato, o próprio termo "faluca" parece ter conotação sexual.

Ihab também ouvira propostas de casamento, de mulheres russas.

— Dê um exemplo.

— Uma mulher. Ela quer casar comigo. Mas eu casado já. Eu gosto minha esposa, gosto meus dois garotos. Então por que casar?

— Concordo.

— Mas minha esposa tão ciumenta.

— A minha também, às vezes.

— É? — Ele parecia um pouco chocado. — Sua? Minha? Então mulher são tudo igual?

— Acho que não.

Praticamente o primeiro indivíduo com quem me deparei em Cartum refutou tudo o que Ihab havia dito. Era um homenzinho magro chamado Harun Nasser, que encontrei no Hotel Acrópole. Visto de fora, o Acrópole era mais um prédio decadente em uma ruela empoeirada de uma cidade calorenta, com ruas cheias de rachaduras e buracos profundos. Mas o hotel tinha sido bem recomendado. Por dentro, o Acrópole era limpo e agradável, com pisos de mármore e quartos bem-arrumados, sob a direção de um grego gentil, chamado George Pagoulatos, cujo coração estava em sua Cefalônia ancestral, mas que tinha nascido em Cartum. Diga o que quer fazer no Sudão, propunha ele, e talvez eu consiga dar um jeito. Ele mantinha a palavra. Por causa de George, todos os jornalistas e funcionários de organizações assistenciais se hospedavam no Acrópole. Ele era o gerente obsequioso do hotel exótico no filme clássico e, durante a maior parte do tempo em que estive lá, a vida no Acrópole lembrava *Casablanca*, embora sem o álcool. Não por culpa de George: as leis da xariá baniram o álcool do Sudão. Restaurantes, propriamente ditos, não existiam em Cartum. Assim, as refeições eram feitas no salão de jantar do Acrópole, supervisionadas pela alegre esposa siciliana de George.

— Acredite em mim — disse Harun, a respeito da circuncisão feminina. — Posso lhe dizer, por experiência própria, que essas mulheres não sentem nada.

— Mas elas se submetem?

— Elas ficam lá, deitadas. Nem sabem o que está acontecendo. Você se sente um idiota, se for um homem. Se for mulher, não sei.

— O que elas ganham com isso?

— Nada — disse ele. — Bem, filhos.

— Mas os egípcios me parecem bastante alegres.

— Eles riem, sim — disse Nasser —, nossas vidas são horríveis, mas pelo menos sabemos rir.

— Eles parecem amáveis.

— Você acha que os egípcios são amáveis? — Ele me olhou como se eu tivesse perdido o juízo. — A amabilidade deles é falsa.

Harun era tão cético a respeito dos palestinos quanto a respeito dos israelenses. Não apreciava os iraquianos, mas também não gostava dos iranianos. "E os sauditas não passam de uma família grande e corrupta."

— Árabes — disse ele, mostrando os dentes amarelos em um sorriso cínico e sacudindo os ombros estreitos.

— Você é o quê?

— Eu sou católico — disse ele.

Ele era jordaniano, tinha um negócio em Amã, e não apreciava muito a família real jordaniana. Um grupo de pessoas tinha sua aprovação total: os sudaneses.

— Veja como eles se cumprimentam — disse ele. — Eles se abraçam, dão tapinhas nas costas entre si e se beijam. Os outros árabes não fazem isso. Os sudaneses gostam uns dos outros, são boas pessoas.

— Você já teve algum problema aqui?

— Nenhum.

Cartum, uma cidade de homens altos, com túnicas brancas e turbantes volumosos, ao estilo de Aladim, e mulheres altas, cobertas com véus, vestidos claros e luvas pretas, era uma cidade sem chuvas, ampla e pardacenta como os rios que nela se encontravam. As estruturas mais altas de Cartum eram os minaretes das numerosas mesquitas, que se erguiam como pontas de lápis. Os habitantes, descarnados e amortalhados, tinham uma aparência espectral, como acontece frequentemente em cidades muito claras, de sol ofuscante. Não havia sombras, exceto as oblíquas que os sudaneses projetavam. O aspecto fantasmagórico das pessoas era acentuado pelas túnicas e mantos, e até por suas cabeças, protegidas por embrulhos de pano contra o sol e o calor, nas quais nada sobressaía além de narizes proeminentes em rostos morenos.

A cidade ficava na confluência de dois grandes rios lamacentos, o Nilo Azul e o Nilo Branco, que atravessavam ribanceiras cortadas a prumo pelas correntezas, carregados com sedimentos provenientes do sul. As touceiras às margens de ambos os Nilos estavam entulhadas de trapos e sacos plásticos, capturados pelos galhos durante as enchentes. A leste, além de uma velha ponte de ferro construída pelos ingleses, estava Omdurman, onde há cerca de um século o general Gordon foi morto e decapitado pelo Mahdi, cujo bisneto, Sadig el Mahdi, ainda vivia na mansão da família, à beira do rio. O rio nesse ponto eram os dois Nilos, combinados em uma torrente de lama gorgolejante que fluía na direção do Cairo. A nordeste, no distrito industrial de Cartum Norte, ficava o local onde caíram os foguetes jogados por Clinton em 1998.

— Cinco foguetes, muito de repente — disse-me um estudante que estava em um grupo, apontando para o outro lado do rio.

Ao passar pelos três rapazes de cócoras, duas coisas me chamaram a atenção. Estavam falando inglês entre si e um deles segurava uma edição de bolso de *Lady Windermere's Fan*, publicada pela Penguin. Então eu disse olá e logo estávamos falando sobre o ataque de foguetes.

— A fábrica fazia produtos farmacêuticos, não armas. Mas estava vazia. Não havia plantão noturno às quintas-feiras. Nós acreditamos que os americanos sabiam disso.

Eram estudantes universitários, com vinte e poucos anos. De forma indireta, perguntei como se sentiam a respeito dos americanos, após os bombardeios.

— Nós gostamos dos americanos. Foi seu governo quem fez aquilo, não você.

Essa distinção entre política e povo foi mencionada muitas vezes por pessoas que encontrei na viagem. Os africanos, de modo geral, detestavam seus governos com tal intensidade, por não vê-los como representantes de si mesmos, que ficavam felizes em me conceder o benefício da dúvida.

— Nós queremos ser amigos — disse outro.

Esse era Hassan. Os outros eram Abd-allah e Saif-Din.

— *Saif* significa espada e *Din* é fé.

Fiz um gesto cortante com a mão.

— A Espada do Islã, quer dizer *jihad*?

— Sim, sim, exatamente!

— Este livro não tem muito disso — disse eu, dando umas batidinhas na capa de *Lady Windermere's Fan*.

— Estou lendo por causa do inglês. Para aprender melhor. Muito importante.

Hassan disse:

— Muito, muito importante.

— Crucial — disse eu.

Eles não conheciam a palavra. Nós nos sentamos à beira do Nilo, em frente à ilha Tuti. Eu lhes ensinei a diferença entre os termos "crucial" e "vital". É importante aprender inglês. É vital entendermos o que está acontecendo. É crucial agirmos rápido.

— Posso interromper o senhor? — perguntou Abd-allah. — O que acha do Afeganistão?

— É vital entendermos o que está acontecendo — disse eu. — É uma guerra tribal.

— O que os americanos acham de Israel e Palestina?

— Isso é guerra tribal, também.

Hassan disse:

— O senhor veja, se vocês matam afegãos e palestinos, eles têm famílias e filhos que sempre irão odiar e tentar matar os americanos.

Isso era incontestável, mas eu disse:

— Os militares do Sudão estão jogando bombas em cima dos dincas e do EPLS[1], no sul. Eles não irão odiar vocês para sempre?

Muçulmanos no norte, cristãos no sul, neste que é o maior país da África. Quarenta anos de guerra na região sul. Um sudanês repreender alguém por práticas terroristas é mexer em vespeiro. Acho que eles perceberam isso. Mudaram de assunto.

Saif-Din disse:

— Como podemos ir para a América?

— Posso trabalhar e estudar? — perguntou Abd-allah. — Arranjar um emprego para me sustentar enquanto estudo em uma universidade?

— Onde nós podemos trabalhar na América? — disse Hassan. — Que trabalho podemos fazer?

Eu lhes perguntei em que tipo de trabalho eram qualificados. Bem pouca coisa, responderam eles. Onde tinham estado? Só aqui, disseram. Tinham sido criados em Cartum. Nunca tinham saído de Cartum, nunca tinham visto seu país — o sul, rico em petróleo e pantanoso; o norte, deserto, com numerosos templos e as pirâmides de Cuche; a oeste as montanhas de Kordofan e o povo nuba. Mas não era incomum que aqueles estudantes quisessem viajar, ou emigrar. As cidades americanas estavam cheias de pessoas, oriundas de cidades africanas, que nunca tinham visto o interior de seus próprios países.

Em Cartum, eu jamais saberia que havia uma guerra no sul se não fosse pela presença de tantos sulistas — shilluks, dincas, nueres, os cristãos

---

[1] Exército Popular para Libertação do Sudão.

das tribos do sul, de estatura elevada, que vinham para o norte, tentando escapar aos conflitos. Alguns viviam em campos de refugiados e sobreviviam com alimentos distribuídos pelas diversas organizações assistencialistas que operavam em Cartum. Em meados da década de 1960, eu fora convidado pelos guerrilheiros sudaneses a escrever sobre as "áreas liberadas". Eu vivia em Uganda, país repleto de refugiados sudaneses, que falavam sobre aldeias incendiadas e áreas rurais arrasadas. Quarenta anos depois, parecia que nada tinha mudado.

— Regiões inteiras do sul estão desabitadas por causa das minas — contou-me, em Cartum, um especialista no assunto. — A gente vai lá e não vê ninguém.

Dezoito anos no Exército britânico tinham aprimorado os conhecimentos de Rae McGrath a respeito da remoção de minas terrestres. Após a aposentadoria, segundo Rae, quase todos os ex-soldados se mudavam para algum vilarejo inglês e iam dirigir o pub local. Geralmente se transformavam em bêbados, endividados com a cervejaria que os tinha financiado. Rae, ainda robusto aos 45 anos, utilizava as técnicas que tinha aprendido no Exército em prol da Landmine Action, uma organização dedicada à remoção daqueles artefatos nocivos, numerosos em muitas partes da África. Eram mecanismos simples, letais e duradouros: uma mina terrestre permanece perigosa por cerca de cinquenta anos.

— Estão principalmente na zona rural, porque os exércitos na África sempre lutam em áreas agrícolas — disse ele.

Tendo escrito um livro sobre a remoção de minas, ele era rápido nas respostas, e às vezes epigramático ("Procurar minas é um pouco como a jardinagem zen"). Não existem muitos livros, efetivamente, a respeito de minas terrestres e sua tecnologia simples e mortal. As minas são geralmente feitas de material plástico, o que as torna quase indetectáveis. Os cães conseguem farejar os explosivos — e por isso são úteis. Mas o método de Rae era sondar a terra, palmo a palmo, com uma vareta de metal enfiada no solo a um ângulo de trinta graus. Isso era perfeitamente seguro, segundo ele. É preciso ficar de pé sobre a mina para detoná-la.

Havia áreas no sul ainda cheias de minas, e ele estava sendo pressionado a encontrá-las e livrar-se delas, para que as pessoas pudessem ser reassentadas. Mas a remoção de minas era um negócio lento e, às vezes, a população local não ajudava.

— Uma mulher em Malakal me diz: "Ninguém foi explodido por uma mina aqui." Mas então um dos vizinhos disse que uma vaca tinha pisado numa mina e explodido. A mulher disse: "Ah, é. Minha vaca." Em uma guerra, explodir uma vaca não tem muita importância.

Rae ficaria no Sudão por um ou dois anos, lidando com as minas. No momento, estava em um quarto no último andar do Acrópole, cercado por retratos de sua família. Não estava sozinho em seu trabalho filantrópico. Duncan, da Save the Children, estava no hotel, assim como Issa, do Unicef, Rick (microcrédito, empréstimos à pequena empresa), o gordo ugandense da Unesco, a equipe holandesa, geralmente em conversas com o auxílio de mapas, e o bangladeshiano ("Mas agora sou americano") que estava "supervisionando alguns projetos das Nações Unidas".

Eram todos especialistas em ajuda humanitária e iam de idealistas abnegados a vigaristas preguiçosos, tirando proveito de uma crise. Em outros tempos, seriam homens de negócio, ou soldados, ou políticos em visita, ou acadêmicos. Mas estávamos na época da caridade na África, em que o negócio da filantropia estava acima de tudo, estudado com tanta atenção quanto a colheita de café ou o projeto para uma hidrelétrica. Uma complexa infraestrutura era dedicada a mazelas que tinham se tornado inerradicáveis: fome, desabrigo, pobreza, analfabetismo, aids, destruições provocadas pela guerra. Havia uma agência ou organização beneficente para lidar com qualquer problema africano, o que não gerava soluções. A filantropia e os programas de ajuda pareciam ter transformado os problemas da África em flagelos permanentes, maiores e mais complicados.

O calor em Cartum, com seus pontinhos no céu de falcões em rotação, me deixava sem fôlego. O sol no céu azul e sem nuvens ardia sobre os prédios caiados; as ruas ofuscavam meus olhos, pois eram cobertas de poeira branca — fina e brilhante como cal. Eu caminhava em câmera lenta, arrastando os sapatos pesados. Teria ficado feliz com um turbante e uma túnica branca, como o resto da população. Optei por sandálias e me encaminhei ao *souk* para comprar algumas, murmurando o pedido em árabe, para não esquecer: *Ana awiz shapath aleila* (Preciso de umas sandálias agora).

No caminho, observando as sandálias do pessoal, para verificar os estilos disponíveis, avistei um homem e uma mulher se dirigindo a uma mesquita — era sexta-feira. Ele segurava um Corão e ambos estavam vestidos de modo apropriado. Não havia dúvida de que eram marido e mulher, pois ela estava decorada com hena — um padrão rendilhado em preto e azul, pintado nos pés e tornozelos, privilégio da mulher casada.

Era muito atraente, alta, negra, esbelta, e usava um diáfano véu dourado, que abriu com um movimento de cabeça, oferecendo-me um vislumbre de seu rosto. O movimento sinuoso da túnica desenhava seu corpo, e ela calçava sapatos pretos, de salto alto. Um pedaço do manto se prendeu no salto fino e quando ela parou para soltá-lo, com a mão enluvada, levantando a túnica um pouco mais, pude ver que a filigrana de hena escura subia pela perna, delicadamente pintada, como se ela estivesse usando o mais sensual dos colantes franceses. Além do belo calçado e do pé exposto, a principal fascinação daquela adorável perna pintada era pertencer a uma mulher coberta por véu. O fetichismo explícito dos pés e a carne apenas vislumbrada deixavam seus encantos ocultos por conta da imaginação. Nada, para mim, poderia ser mais erótico.

Aquela visão fez o dia parecer mais quente. Comprei minhas sandálias — *souri*, disse o vendedor, sírias — e passei o resto do dia ocupado em amaciá-las.

Viajar é maravilhoso pelo modo como oferece acesso ao passado: os mercados da África nos mostram como vivíamos e como negociávamos. O mercado de Cartum era medieval, um ponto de encontro para mascates e viajantes, artistas de rua, espertalhões, janotas da cidade enfiados em ternos, os mais religiosos enfiados em túnicas, habitantes do sul — cujos costumes, se os conhecermos um pouco, tornam possível identificar suas tribos, os cortes nos rostos de uns, as tatuagens e escarificações em outros, os dentes inferiores arrancados e os discos inseridos nos lábios de outros mais. Eram muitos os moleques que se grudavam aos passantes, ou vendiam sabonetes e cigarros. O mercado de Cartum era o coração e a alma da cidade, como os mercados têm sido ao longo da história. A estação de ônibus ficava nas cercanias, bem como a rua dos mercadores de ouro e prata, a rua dos vendedores de sandálias (e bolsas e chinelos ilegais, feitos de pele de leopardo e de cobra), os carrinhos com vegetais, as barracas de carne e, no centro, a maior mesquita da cidade. Por causa dessa mesquita e do específico preceito corânico de "não repelir o pedinte" (95:10), todos os mendigos e aleijados da cidade se acotovelavam na disputa pelos fiéis que vinham fazer as orações.

Grupos de mulheres, cobertas por túnicas e véus, sentavam-se nas lojas dos ourives para escolher pendentes de ouro, braceletes da largura de punhos de camisa, colares entrelaçados e braceletes em formato de serpentes. O ouro era o único luxo. Algumas das lojas eram apenas pequenos cubículos, mas era possível identificá-las pelo tilintar do ouro, pelos espelhos e pelo ar-condicionado.

Mahmud Almansur vendia ouro e falava inglês razoavelmente bem.

— É porque eu vivo na cidade de Nova York — disse Mahmud.

— O que você está fazendo aqui?

— Só visitando minha família e isso — apontou desdenhosamente os objetos de ouro.

— Você não gosta do Sudão?

— Sudão é bom. Pessoas são gentis — coçou a cabeça raspada e deu um puxão na barba —, mas...

Sua história de emigração era interessante e, talvez, típica. Em 1985, com 25 anos, ele voou para a Cidade do México, com visto de turista, e desapareceu. Ressurgiu perto de Tijuana e pagou 500 dólares a um homem, para que este o transportasse até o outro lado da fronteira. Foi trancado em um caminhão frigorífico carregado de peixe — ficou em pé, atrás de caixas de peixe, juntamente com três mexicanos. Perto da fronteira, o motorista do caminhão lhes entregou luvas e chapéus, e abaixou bem o termostato. Quando os guardas americanos da fronteira abriram as portas do caminhão, o ar frio saiu em nuvens.

Mahmud foi deixado perto de San Diego, mas não ficou por lá. Naquele tempo, não era necessária nenhuma identificação para se adquirir uma passagem de avião. Ele voou para Atlanta, onde — tendo gasto todo o dinheiro — colheu pêssegos até a estação terminar. Então tomou um ônibus para a Virginia.

— Mais colheita. Colheita, colheita. Colho tudo.

Vivendo em alojamentos de trabalhadores itinerantes, comendo de maneira frugal, ele juntou dinheiro suficiente para ir até Nova York, onde conhecia alguns sudaneses. Continuou a fazer trabalhos humildes. Requereu um *green card* que lhe foi concedido e continuou a juntar dinheiro, até que ganhou a confiança de um homem, o qual, mediante uma gratificação, arranjou-lhe um emprego de motorista de táxi, que se tornou seu meio de vida.

— Sou casado com uma americana, negra americana — especificou ele. — Mas ela pensa, África: perigoso! Sudão: não seguro. Eu não ligo. Adoro Nova York. América é paraíso.

Em alguns meses, ele deveria deixar o Sudão para retornar ao Brooklyn. Disse que se sentia sufocado com as leis do Sudão — bem, isso era fácil de entender: embora fosse um trabalhador dedicado, não tinha o costume de respeitar leis, como muitos emigrantes que vão para os Estados Unidos. Mas era impressionante como, mesmo aqui no mercado, no tradicional *souk* de Cartum, havia quartos nos andares superiores onde homens e mulheres se reuniam. Quase todos os maiores cafés tinham uma escadaria que levava a um cômodo oculto por pesadas cortinas, um pouco abafado e escuro apesar dos ventiladores, onde rapazes e moças se sentavam em volta de mesas para cochichar.

Nada de beijos ou mãos dadas, mas qualquer um poderia perceber que os cochichos eram carregados de ternura, tudo furtivo o bastante para parecer agradável.

Grupos de homens também se encontravam nesses lugares. Em um desses estúdios, encontrei um médico e um advogado, que — sendo o Sudão — convidaram-me para tomar uma xícara de café com eles. O dr. Sheik ad Din era o médico, e seu amigo, o dr. Faiz Eisa, o advogado.

— Esse não é um país tão rigoroso como outros — disse o dr. Faiz. — Só existem cinco aspectos das leis da xariá aqui: contra o adultério, contra o álcool, contra o roubo, contra a difamação e traidores — declarar guerra contra seu próprio país. Isso é proibido.

— Mas as pessoas sabem se comportar — disse o dr. Sheik. — Como você pode ver.

— Não cortamos as mãos das pessoas — disse o dr. Faiz. — E não apedrejamos até a morte.

— Ei, isso é muito civilizado — disse eu.

No dia seguinte, andei até o Clube de Iatismo Nilo Azul, fundado no início da década de 1920. O clube britânico à beira do rio fora criado para a prática de esportes fluviais — iatismo, remo, canoagem — e exibia placas gravadas com os nomes dos vencedores das diversas competições: "1927 Troféu Nilo Azul — S. L. Milligan", "43-44 Corrida Feminina — Sra. W. L. Marjoribanks", e assim por diante.

A sede do clube era uma velha canhoneira de aço, chamada *Malik*, assentada em um fosso no alto de uma das margens. A *Malik* era a única canhoneira ainda existente, das três que participaram da Batalha de Omdurman. Chegara ao Nilo em 1898, em várias caixas, para ser montada em Cartum e utilizada nos ataques comandados por lorde Kitchener ("Nós o odiamos aqui", disse-me um sudanês). A *Malik* era comandada pelo sobrinho do general Gordon, um major conhecido pelo apelido de "Macaco", que chegara ao Sudão para vingar a morte do tio e profanar a tumba do Mahdi. Ao verem as canhoneiras, pesadas e difíceis de manobrar, os soldados as chamaram, ironicamente, de "Galgos do Gordon Macaco". As canhoneiras, no entanto, eram bem armadas — a *Malik* possuía um morteiro, duas metralhadoras Maxim e duas metralhadoras Nordenfeldt, além de um canhão. Essas armas foram utilizadas com efeitos devastadores em Omdurman, que não foi apenas uma batalha pelo controle do Sudão, mas também uma expedição punitiva contra os sudaneses, uma vingança pela morte de Gordon e pela expulsão dos ingleses 13 anos antes.

Da cabine de comando da *Malik*, que avançava lentamente rio acima, Gordon Macaco avistou a sepultura do Mahdi, a primeira visão que o Exército teve de Omdurman. Mais tarde, no calor da batalha, a *Malik* foi a canhoneira que, de forma decisiva, conseguiu deter os dervixes, que estavam levando a melhor contra o Camel Corps. No final, mais de 8 mil sudaneses foram mortos; os feridos foram fuzilados onde estavam. A crueldade dos britânicos chocou o jovem Winston Churchill, que se encontrava no Sudão, trabalhando como jornalista.

Ao terminar a batalha, a *Malik* foi escolhida para dar a salva de 21 tiros (com munição real, não havia balas de festim). Gordon Macaco, obedecendo às ordens de Kitchener, encarregou-se então de demolir o túmulo do Mahdi, desenterrando e profanando o corpo, que atirou no rio, não sem antes decepar a cabeça. Um historiador da batalha conta como lorde Kitchener "acalentou a ideia de montar o crânio em uma armação de prata, para usar como tinteiro ou caneca". Há quem acredite que ele fez isso, embora tenham me dito que a cabeça está enterrada em um cemitério de Wadi Halfa.

A *Malik* foi feita com placas de aço rebitadas, portanto era quase indestrutível. Mas estava em mau estado quando a visitei, com portinholas quebradas, amuradas empenadas, conveses imundos, cobertos de lixo, e cabines repletas de tábuas quebradas. Alguns veleiros e barcos a motor, de carga, estavam atracados no cais adjacente, mas, mesmo assim, esse clube — esse navio depredado — já tinha visto dias melhores. As fortalezas de barro construídas pelo Mahdi ainda se erguiam às margens do Nilo, em Omdurman, muito erodidas e aplanadas pelas enchentes, mas ainda exibindo buracos feitos por tiros de mosquete. Os sudaneses têm tanto orgulho de sua perícia militar que podem citar trechos de *Fuzzy-Wuzzy*,[2] escrito por Kipling em louvor aos guerreiros sudaneses: "O Fuzzy era o melhor guerreiro de todos" e "Nós o encharcamos de martínis e isso não foi justo".[3] Quando se tratava de cumprimentos dúbios, Kipling era um mestre. Ainda assim, os sudaneses sentem orgulho de:

> Este poema é para você, Fuzzy-Wuzzy, com seus cabelos de feno enfeixado —
> Seu grande mendigo negro — pois você destruiu o quadrado britânico![4]

Na casa do sucessor do Mahdi, em Omdurman, não existe nenhuma sala dedicada ao general Osman Abu Bakr Digna. Este velho de turbante, com

---

[2] "Fuzzy-Wuzzy" era como soldados britânicos chamavam os guerreiros sudaneses, cujos longos cabelos trançados lhes davam uma aparência peluda (*fuzzy*). *Wuzzy* provém da palavra árabe para guerreiro — *ghazī*. Fuzzy Wuzzy é também uma rima infantil inglesa, que fala de um urso. (N. do T.)

[3] *The Fuzzy was the finest o' the lot / We sloshed you with martinis an' it wasn't 'ardly fair.* (N. do T.)

[4] *An' 'ere's to you, Fuzzy-Wuzzy, with your 'ayrick 'ead of 'air — / You big black boundin' beggar — for you broke a British square!* (N. do T.)

ares de santo, foi o soldado que impressionou Kipling, pois lutou 19 batalhas contra os ingleses e se distinguiu por liderar ataques sucessivos que quebraram a formação de tropas conhecida como "quadrado". Ninguém antes, nem os indianos, nem os zulus, nem as tropas napoleônicas, tinha jamais alcançado tal façanha militar.

Mais tarde, naquele mesmo dia, acompanhado de um homem chamado Khalifa, um entusiasta de história, visitei o Museu de Cartum, cheio de estátuas dos tempos faraônicos — é óbvio que a fronteira do Egito é arbitrária e que os deuses e templos considerados egípcios se espalhavam pela África, ultrapassando a Núbia, indo na direção sul até Dongola, quase alcançando Cartum.

Khalifa disse:

— Os reis de Cuche foram expulsos do Egito pelas invasões assírias. Passaram a reinar em Meroe e em várias cidades na área de Dongola.

— A que distância fica Meroe?

— Você pode chegar lá em um dia.

Ele prosseguiu dizendo que, num período tão tardio quanto o século VI de nossa era, a estátua de Ísis fora transportada de Filae até o alto Nilo, para abençoar as colheitas.

Havia cristãos se intrometendo no vale do Nilo já naqueles tempos, disse Khalifa, enviados pelo Império Romano do Oriente para converter os núbios, que (para horror dos cristãos) ainda adoravam Ísis e Osíris. Pode-se dizer, portanto, que missionários cristãos já faziam peregrinações e proselitismo na África há mais de 1.400 anos — enfrentando resistência em lugares como o Sudão, islamizado no século XVI.

— O islã se difundiu no Sudão através dos sufis — disse Khalifa.

Eu tinha um conhecimento superficial do sufismo, a forma mística do islamismo. Khalifa me disse que havia muitos sufis no Sudão. A autoridade em sufismo no Sudão, Yusef Fadal Hasan, vivia em Cartum. Khalifa acrescentou que havia diversos tipos de devotos do sufismo, dependendo da mesquita — alguns dançavam e tocavam tambores; outros não tocavam tambores. Em algumas mesquitas os sufis executavam composições exclusivas.

— E há os dervixes — disse Khalifa.

Ao final de uma tarde muito quente, com o sol caindo em direção à nuvem de poeira erguida pelo dia, a esfera ficando maior e mais vermelha à medida que baixava, caminhávamos depressa entre túmulos baixos, cobertos de pedras, na vasta necrópole da mesquita de Hamad el Nil, em Omdurman. Queríamos ver os dervixes.

Eu podia ouvir os cânticos à medida que nos aproximávamos e, ao descortinarmos o espetáculo, percebi que jamais vira nada parecido. Alguns milhares de pessoas formavam um círculo no pátio de uma mesquita contígua ao cemitério — de algum modo, a quietude dos sepulcros ao lado contribuía para o frenesi que eu presenciava. No centro do círculo, havia homens batendo com os pés, alguns vestindo túnicas verdes, alguns de branco, outros com cintos e capuzes verdes; cerca de seis ou sete usavam túnicas multicoloridas, feitas de retalhos desiguais, capas vermelhas com gorros pontiagudos, e seguravam cajados. Alguns rodopiavam em uma só perna, outros dançavam ou giravam lentamente.

Perto da mesquita, estava o grupo de músicos, cerca de vinte, com tambores e címbalos, tocando alto e de forma sincopada, enquanto todos cantavam — dervixes, sacerdotes de túnicas verdes e brancas, e também a multidão.

— O único Deus é Alá! O único Deus é Alá!

Os homens que estavam no centro iniciaram uma procissão circular, conduzidos por um negro enorme, vestido de verde — turbante verde, túnica verde — rodeados pelos dervixes, que giravam, pulavam ou dançavam. Quase todos portavam algum tipo de cajado e alguns de seus movimentos lembravam o manejo de espadas.

As mulheres tinham sido relegadas a um canto, onde cantavam mais discretamente. Os milhares de espectadores que estavam observando dançavam em seus lugares, cantavam e executavam um movimento contínuo, como se puxassem uma corda invisível. Esse cabo de guerra em câmera lenta era, ao mesmo tempo, gracioso e estranho, e os rostos dos participantes brilhavam de suor, enquanto simulavam os movimentos.

Eu associei o clamor e os gritos a uma cerimônia religiosa carismática, os mesmos sorrisos aparvalhados, a mesma histeria. Uma cerimônia religiosa em todos os aspectos. Agora estavam cantando "Deus é grande", cada vez mais rápido, e os homens que andavam em círculo aceleraram o passo, levantando poeira.

Então percebi os sufis aleijados, homens com todos os tipos de deformidades nas pernas, desvios de coluna, muletas, bengalas, e havia dois que se arrastavam de quatro. Dentro do círculo sagrado, arremedavam passos de dança, oscilavam e tropeçavam, na cadência dos tambores e dos címbalos de latão, que tinham o som de tampas de panela.

De repente, a batida ficou mais lenta e pensei que a dança iria terminar, mas os trinta e tantos sacerdotes e dervixes mantiveram sua estranha trajetória circular, agora entoando um novo cântico.

— *Allah al haiyu*! *Allah al haiyu*! — Deus é vivo!

Os dervixes, de cabelos trançados, capuzes pontudos e extravagantes roupas de retalhos, lembravam bobos da corte, ou loucos — tinham até um ar de zombaria em seus movimentos. Enquanto continuavam a girar, um homem ultrapassou o perímetro da multidão, espalhando incenso com um turíbulo, direcionando a fina fumaça para os rostos brilhantes da multidão que cantava.

Agora — com o sol vermelho mais baixo, o cheiro de poeira e incenso, o pesado estrondo de pés, que me lembrou uma cerimônia de exorcismo em algum vilarejo, os aleijados rodopiantes, os sacerdotes em marcha, o rataplã dos tambores e o alarido que se transformou em uivo estridente — o ritmo se acelerou novamente, até atingir um frenesi.

Era essencialmente um cantochão, conforme pude perceber. Mas quando um dos dervixes começou a estalar um chicote de couro e a rodar, enquanto a multidão batia palmas e cantava — o pôr do sol na mesquita desenhando uma longa sombra no cemitério — nunca os tambores tocaram tão alto, nem os címbalos ressoaram com tanta insistência. Eu estava ao mesmo tempo perturbado e agitado, pois a multidão se tornara frenética em seu canto enlevado, "Deus é vivo". Existe um ponto em que a histeria se confunde com a fé.

Na condição de infiel, o único entre aqueles milhares, eu tinha motivos para estar alarmado.

— Eles não são políticos — disse Khalifa. — São sufis. Não incomodam ninguém. Eles dançam. São místicos. São boas pessoas.

Talvez. De qualquer forma, essa era a essência adorável e estranha que eu procurava na viagem — tanto desconcertante quanto familiar, ao sol poente, com a poeira levantada no ar por todos aqueles pés, dervixes e espectadores ao mesmo tempo. Cada qual era parte daquilo. Não se tratava de um espetáculo encenado para fotógrafos e turistas, e sim, de um rito semanal, realizado por puro prazer.

No vermelho sanguíneo e dourado do sol poente no deserto, tudo terminou em exaustão, os homens se abraçando, as mulheres espiando por entre os véus. Então todos se ajoelharam e rezaram, na crescente penumbra daquele lugar estranho, entre o rio e o deserto.

5 *A estrada de Osama até a Núbia*

Na primeira noite em que dormi no deserto, sufocando na tenda, louco por um drinque, deitado nu por causa do calor, um viajante numa terra antiga, olhei através do mosquiteiro e vi moscas amontoadas nas costuras, seus corpos irrequietos e flexíveis iluminados pela lua e pela cintilação das estrelas. Eu estava feliz, apesar das sinistras advertências: *viajar em qualquer parte do Sudão, sobretudo fora de Cartum, é potencialmente arriscado.*

"O simples prazer animal de viajar em uma região inexplorada e selvagem é enorme!", escreveu David Livingstone em circunstâncias semelhantes. De repente, as moscas desapareceram, assim como a lua, e o céu foi encoberto por uma camada de nuvens, cada vez mais densa e escura, até que a noite se tornou negra, sem estrelas, abafada pela calidez do ar imóvel. Estirado de costas em uma noite quente de verão, eu respirava com dificuldade, sentindo aquela estranha sensação de estar levitando, proveniente da nudez. Eu era apenas uma larva branca na vastidão de um deserto escuro.

Ouvi um som de tropel, não de um só animal, mas de uma infinidade de cascos minúsculos, como se um bando de gazelas estivesse se aproximando, tão suavemente que o som parecia mais um resfolegar do que batidas de patas no chão. Elas avançaram até onde eu estava e passaram sobre minha tenda, pisoteando o tecido frouxo.

Era chuva. *Chuva*! Sentei-me, sem parar de suar. Sim, e agora desabava com força, infiltrando-se pela tela e caindo sobre mim. Em segundos, eu estava encharcado. Eu tinha colocado minha sacola dentro da tenda, para não atrair as cobras, que eram numerosas aqui. Mas minha sacola estava molhada, minhas roupas dobradas também, e ainda estava chovendo.

Saí da tenda e avistei Ramadan, de cócoras, com as mãos sobre a cabeça. Quando me viu, gritou alguma coisa. Eu o enxergava mal. Não havia estrelas, nem lua, somente a chuva na escuridão, caindo sem parar.

Fiquei em pé sob a chuva, como um macaco, lambendo as gotas que me caíam nos lábios, pensando se deveria ou não ir para o caminhão. Estava nisso, quando a chuva parou e a lua apareceu, como uma torta mordida.

— Que foi isso?

— Nunca chove aqui — disse Ramadan.

— Isso era chuva.

— Só às vezes — disse Ramadan.

Apesar do temporal, a noite estava tão quente que, quando terminei de limpar a tenda e a sacola, já estava seco, assim como a tenda. Era meia--noite. Voltei a dormir. Algumas horas depois, ouvi o tropel se aproximar, o estrépito, o resfolegar, o tamborilar na tenda e, então, um novo aguaceiro desabou, tão violento quanto o anterior. Fiquei deitado e deixei a chuva cair em cima de mim. Quando parou, eu estava tão cansado que me virei e voltei a dormir, sobre a poça que se formara dentro da tenda e já começava a se evaporar.

A madrugada estava fria. Acordei espirrando e vesti as roupas, mas o sol reavivou o calor. Preparamos café, comemos alguns grapefruits que tínhamos comprado no dia anterior em um mercado e prosseguimos pela estrada na direção norte.

— Você sabe quem construiu esta estrada?

— Quem foi?

— Osama.

— Ele vivia em Cartum, não é?

— O governo do Sudão disse para ele ir embora.

Apesar da partida apressada, Osama bin Laden não era malfalado no Sudão.

— É um bom homem, um homem santo, nós achamos que ele não está errado — ouvi de alguns sudaneses, em Cartum, que me desafiaram a discordar deles. Foi o que fiz, dizendo:

— Osama decretou que todos os americanos são alvos legítimos e podem ser assassinados pelos *mujahedin*. Portanto, na condição de alvo, eu discordo de vocês.

Como se sabe agora, Osama foi para o Afeganistão no início da década de 1980, um multimilionário de 22 anos, e utilizou sua fortuna para armar os guerrilheiros que se opunham à invasão soviética do Afeganistão. Viera para o Sudão em 1992, depois que os sauditas revogaram sua cidadania e cancelaram seu passaporte. Com suas inúmeras esposas e filhos, vivia em Riyadh, um subúrbio elegante de Cartum, em um conjunto de casas de três andares cercado por muros altos. Iniciou seu negócio de construções com a estrada para Shendi e o aeroporto de Port Sudan, no mar Vermelho. Diziam que também realizava boas ações — distribuía dinheiro, prestava assistencialismo e dava conselhos — enquanto continuava a recrutar fanáticos muçulmanos para a Al Quaeda, a organização que fundara na década de 1980.

No Sudão, Osama financiara a resistência somali aos americanos em Mogadíscio, e nisso foi tão bem-sucedido e destrutivo quanto havia sido no Afeganistão. O governo sudanês o considerou *persona non grata* e resolveu expulsá-lo em maio de 1996. Ele retornou ao Afeganistão, com todo o séquito, e lá continuou a arquitetar planos, como os bombardeios das Embaixadas dos Estados Unidos em Nairóbi e Dar es Salaam, além de carnificinas mundo afora.

Oficialmente, tinha sido banido do Sudão, mas ainda estava nos pensamentos dos sudaneses: um homem magro, extraordinariamente alto — mesmo em um país de gente alta —, devoto, austero, distribuindo provérbios e esmolas, defendendo a fé, sua figura esquelética de quase 2 metros tremendo de ardor religioso, a encarnação viva da Espada do Islã. A Irmandade Islâmica era forte no Sudão, ainda que passiva com respeito à *jihad*, como forte também era a Al-Gama'ah el-Islamiya, muito mais atuante, que levara a cabo diversos assassinatos no Egito, inclusive de turistas.

Os jornais de Cartum imprimiam reminiscências a respeito de Osama. Até seu antigo mordomo, um egípcio chamado Mohammed el-Faki, contou, de forma sentimental, como seu patrão preferia sementes pretas de cominho fervidas em vez de chá, como gostava de suco de frutas e de carneiro *kabsa* em uma grande bandeja de arroz. Era abstêmio e respeitoso; costumava levar um terço na mão direita e, na esquerda, um cajado, que às vezes usava para dar bordoadas nos filhos.

— É uma boa estrada.

— A estrada de Osama — disse Ramadan. E riu. Disse também que estava pensando em ir ao Afeganistão para matar Osama e ganhar a recompensa multimilionária.

— Mas aí eu não poderia voltar ao Sudão. O povo do Sudão ficaria zangado comigo por eu ter matado esse homem.

Continuamos a dirigir. Ramadan, por vezes, girava o volante e saía da estrada de Osama, sem diminuir a velocidade, aos solavancos pelo terreno acidentado, e entrava 80 quilômetros deserto adentro, em busca de algum templo ou alguma estátua sem nariz ou braços, os restos de mais um Ozymandias arrogante.

Eu gostava do aspecto do deserto sudanês — de um castanho brilhante, cortado por uma infinidade de trilhas, vasto, despovoado, cheio de ruínas lindas, cordilheiras rochosas, extensos rios intermitentes, onde garças se alimentavam, e oásis com poços profundos.

— Não é tão quente quanto Cartum — alguém me disse no Acrópole. George me conseguira um caminhão e um motorista. O motorista trouxera uma tenda para mim. E para ele?

— Esse meu país! Essas minhas dunas! Essa minha areia! Eu durmo nas dunas de areia.

E realmente o fazia, sobre a areia pedregosa, sem trocar ou tirar a roupa, como um gato em um capacho. Seu nome era uma alusão ao Ramadã, o período de jejum islâmico, e sua terra natal era a região de Kordofan, a oeste, nas montanhas núbias.

Quando me encontrei com ele, em uma ruela de Cartum, a visão de cadeiras de plástico amarradas no caminhão me deixou tranquilo. Eram peças baratas, mas funcionais. Alguém que tivera a precaução de trazer cadeiras para acampar no deserto deveria ter incluído, com certeza, tudo mais que fosse necessário — avaliação que se mostrou correta, pois ele trouxera até um vidro de geleia, algumas latas de atum e um pernil de cabra, embora eu não tenha provado nada disso.

Começamos a viagem atravessando Cartum e cruzando a ponte para Cartum Norte, onde ele me mostrou, na área industrial, a fábrica de produtos farmacêuticos bombardeada em 1998: estava abandonada, pois o proprietário tinha um processo judicial em andamento. Então voltamos à estrada principal, a estrada de Osama para o norte, e logo estávamos no deserto, um deserto caracteristicamente sudanês — pedregoso e plano, mas coberto de colinas que pareciam enormes pilhas de pedras. Cerca de 50 quilômetros ao norte, chegamos a um pequeno povoado longe de tudo — pessoas em casebres miseráveis, expostas ao calor e ao vento —; não havia árvores nem arbustos, somente algumas cabras macilentas. Ramadan os chamava de *jaaliyeh*, um clã que se instalara ali na esperança de ser considerado um transtorno e mandado embora.

— Porque quando o governo quer que eles se mudem eles pedem dinheiro.

O governo sudanês se tornara conhecido por compensar as pessoas que tinha que reassentar.

Mais adiante, as pilhas de rochedos eram ainda maiores e algumas poderiam passar por montanhas, ou por esqueletos pedregosos de montanhas, enquanto outras eram perfeitamente piramidais. Aqui e ali, como uma miragem, uma faixa verde a oeste indicava o Nilo, que fluía para o norte. Eu achava que todas as povoações deveriam ser próximas ao Nilo, mas estava enganado. Alguns vilarejos ficavam a um dia de viagem do Nilo, em lombo de jumento, ou dois dias, contando ida e volta; as distâncias eram as mesmas até a cidade mais próxima, ou maiores, se percorridas a pé. Muitos sudaneses gostavam de morar em cidades de bom tamanho, com um mercado à beira do rio. Mas ainda eram mais numerosos, segundo me parecia, aqueles que preferiam viver em lugares ermos, amontoados em cabanas no meio de rochas, a uma boa distância de qualquer manancial.

Um pouco fora da estrada, paramos em Wadi ben Naggar, um vilarejo minúsculo, com rebanhos de cabras e pastores; era o lugar onde nascera Omer al Bashir, atual presidente do Sudão, que chegara ao poder após um golpe de Estado.

Um homem sem dentes, em um turbante esfarrapado, urrou alguma coisa para mim. Para neutralizar sua hostilidade, eu o brindei com a habitual saudação:

— *Salaam aleikum* — a paz esteja com você.

— Você é americano?

Ramadan estava traduzindo, mas entendi a palavra *ameriki*. Ramadan respondeu por mim. O homem usava uma túnica encardida, um turbante esfarrapado e tinha uma barba de cinco dias.

Entendi também o berro que ele deu em seguida.

— Bush *ma kwais* — Bush não presta.

— Como eu digo "eu não sei"?

— *Ana ma'arif.*

Sorri para o homem e disse:

— *Ana ma'arif.*

O homem riu e segurou o turbante, que desarrumou mais ainda.

— Clinton *shaytaan*.

Essa era bem clara: Clinton é satã.

— Um monte de americanos concordaria com você — disse eu.

Ele balançou a cabeça, sorriu aparvalhadamente e tagarelou um pouco: o que eu estava dizendo? Então declarou:

— Bush *blah-di-blah*.

— Ele está dizendo que você se parece com Bush.

— Acho que não — disse eu para Ramadan e para o homem, ainda praticando minha nova frase. — *Ana ma'arif.*

— Não com o Bush grande, mas com o Bush pequeno — traduziu Ramadan.

— Pergunte a ele se ele quer um Stim. — Era a versão local do 7-Up.

O homem disse que sim, de fato queria.

Dando-lhe um refrigerante, eu disse:

— Por favor, pare de falar em Bush.

Ele sorriu para mim — nenhuma pista do que pensava — e brindou, batendo as garrafas de Stim.

— Clinton é satã.

Deixando para trás aquele sujeito rude e barulhento, com seu sorriso hostil, saímos do vilarejo. Seguimos um pouco estrada acima e, saindo dela, dirigimos por cerca de 60 quilômetros sobre o cascalho compacto do deserto, entremeado por dunas de areia macia. Mais adiante, vislumbrei uma mancha verde e achei que seria uma clareira arborizada, mas foi um equívoco: a clareira nada mais era que um trecho quente do deserto, com alguns espinheiros e sinuosos rastros de cobras.

— Antigamente, havia uma escola aqui — disse Ramadan.

— Eu gostaria de vê-la.

O local estava em ruínas e abandonado, apenas um aglomerado de prédios vazios no deserto — talvez ideia de algum filantropo, um desses esforços bem-intencionados e mal orientados para desenvolver a África no estilo ocidental.

— O que aconteceu?

— Sem água, sem comida, sem professores... nada.

O vento soprava através das salas sem teto. O lugar parecia tão inútil e desmantelado quanto uma ruína cuchita, mas sem a mesma arte e graça. Alguns camelos de ar acabrunhado mancavam por ali, com as pernas dianteiras amarradas para que não fugissem.

Então avistei os estudantes em potencial: estavam ao lado do poço ajudando os mais velhos e dando água aos animais. A criança menor de todas — um menino de 8 ou 9 anos — estava correndo ao lado de um jumento, batendo em suas ancas com uma vara afiada. O jumento puxava uma corda por uma trilha batida e fiquei surpreso ao ver a distância que ele percorria, mais da metade de um campo de futebol, extraindo do poço uma corda enorme e esfiapada.

O poço era antigo e o lugar era antigo. Um complexo de templos da era meroítica, datando do primeiro século d.C., ainda estava de pé nas proximidades, e templos como esses, tão longe do Nilo, necessitariam de poços profundos e confiáveis para subsistir. Esse chegava a cerca de 50 metros de profundidade, com pouco mais de um metro de diâmetro. Fiquei espantado ao verificar a profundidade. Os homens jogavam baldes de pele de cabra nas profundezas e sacudiam a corda para incliná-los e enchê-los de água; então os içavam alguns centímetros e, verificando que estavam cheios, amarravam a corda no jumento, que era espicaçado com a vara pelo garoto. Não havia no lugar nenhum fragmento de roupa ou qualquer dispositivo que fosse mais moderno que o templo de Al Naggar ("O Carpinteiro"), do primeiro século d.C., localizado no outro lado da duna. A escola pode ter parecido uma boa ideia, mas nada aqui poderia ser mais supérfluo do que aquelas salas de aula.

— Então você é americano? — perguntou um dos homens, depois de informado por Ramadan.

— A paz esteja com você.

— E a paz esteja com você — respondeu ele.

— Bush não presta — disse outro homem; o árabe era bem simples.

— Eu não sei.

— Por que ele está dizendo que não sabe? — disse um dos homens à beira do poço.

Ramadan disse:

— Alguém no Sudão gosta do presidente Omer?

Sim, eles entenderam isso. Riram agastados e bateram com os pés no chão, para dar ênfase. Então pensei naquelas adoráveis linhas de Joyce: *Os movimentos que provocam as revoluções no mundo nascem dos sonhos e visões de um camponês na colina. Para ele, a terra não é um solo a ser explorado, mas a própria mãe.* Eles adoravam aquele poço. Explicaram-me como era fundo. Fora escavado há muitos anos. Às vezes, tinham que descer pela escuridão para recuperar um balde perdido, o que não era tarefa agradável.

— Há cobras no poço — um homem esclareceu. E respondeu à óbvia pergunta seguinte: — Sim, as cobras têm um metro de comprimento e são venenosas.

Perambulei por ali, observando as cabras, os camelos, os homens e as mulheres em sua faina, as crianças sob o sol, realizando tarefas úteis e intermináveis. Então me despedi.

— Diga ao Bush que precisamos de uma bomba de água — gritou um homem em árabe, o que Ramadan, obsequiosamente, traduziu.

Não, não era uma boa ideia: uma bomba precisa de gasolina, peças sobressalentes, manutenção. A geringonça iria acabar não lhes servindo para nada. Eles estavam melhor puxando água à maneira antiga, com jumentos, baldes e vasilhas de pele de cabra que, quando cheios, lembravam gordas cabras mortas.

Mas eu disse:

— Na próxima vez em que estiver com o presidente Bush, vou mencionar isso — o que, depois de traduzido, provocou um clamor de zombaria.

Há 2 mil anos, Al Naggar — hoje apenas ruínas assoladas pelas dunas do deserto — era uma cidade com cisternas, tanques, estradas, casas, uma agricultura sofisticada, alto grau de prosperidade, artesãos por toda parte, sacerdotes e devotos. Fora o centro de um culto ao deus-leão Apedemak, deus supremo dos meroenos, provavelmente por boas razões. Muitos leões devem ter vagado pelo Sudão central, naquela época — ainda há um bocado deles no sul — e é da natureza humana adorar o que teme.

Na forma e na ornamentação, o complexo de templos em Al Naggar era egípcio, semelhante a muitos outros encontrados pelo Nilo. Localizado no centro do Sudão, mais ao sul que a Núbia, era como uma cópia do templo em Edfu. As paredes tinham as mesmas figuras simbólicas do rei e da rainha, que seguravam pelos cabelos os inimigos capturados, com leões se preparando para devorá-los. Na ombreira de uma porta monumental, uma serpente enrodilhada, com cabeça de leão — Apedemak novamente — erguia-se de uma flor de lótus, símbolo da vida eterna. Na outra ombreira, o rei Natakamani era mostrado enquanto adorava o deus-leão.

Em cada superfície havia baixos-relevos com as figuras de Amon e Khnum — ambos com cabeça de carneiro —, diversas cabeças de leão lindamente esculpidas e alguns leões com patas estendidas, prestes a arrebatar os prisioneiros. A parede norte exibia símbolos de paz e prosperidade; a parede sul, imagens do caos e da guerra. Um crocodilo, com as mandíbulas firmemente atadas, simbolizava a paz; elefantes de combate, arrastando cativos, representavam a guerra.

No pavilhão principal do templo, havia antigos grafites ("Holroyd 1837") e cenas da época dos faraós, delicadamente entalhadas no arenito extraído das pedreiras próximas, que circundavam a antiga povoação. O lugar era conhecido pelo nome árabe: Musar-rawat al Sofra, "Desenhos Amarelos".

— Mas por que essas pessoas aqui? — perguntou Ramadan, incrédulo, referindo-se aos camponeses do poço. — Umas cabanas. Umas cabras. Dois dias de viagem até Shendi, em lombo de jumento, se quiserem comprar alguma coisa.

A pouco mais de um quilômetro, um punhado de sudaneses e seus jumentos trabalhavam, tirando água de outro poço — provavelmente contemporâneo das ruínas cuchitas. Mas o que parecia um local ermo fora um dia uma rota de comércio. Ainda existia no vale um caminho para o sul, por onde haviam sido transportados os tesouros do interior africano: madeira, mel, ouro e escravos. E marfim: dizia-se que muitas presas haviam sido desenterradas em antigos armazéns, naqueles sítios arqueológicos.

Acampamos na duna próxima ao templo, somente nós dois, como viajantes do século XIX que, por acaso, tivessem se deparado com ruínas antigas no deserto. Não havia cercas, placas, atividade comercial, vendedores de bugigangas, cartões-postais. Os alojamentos trancados dos arqueólogos alemães, que estavam catalogando as ruínas, ficavam na colina ao lado.

Quando começamos a cozinhar, surgiram alguns homens, que se acocoraram junto conosco e compartilharam nossa comida. Não se poderia culpá-los — no deserto inodoro, o aroma de *shish-kebab* deve ter aguçado apetites nos casebres a distância. Conversamos um pouco e, depois, sentei-me no escuro em uma cadeira de plástico. Naquele lugar tranquilo, ouvi as más notícias do mundo exterior, em meu rádio de ondas curtas.

Foi a noite em que Ramadan disse:

— Esse meu país! Esse meu deserto! Eu durmo aqui na areia!

Foi a noite em que as nuvens encobriram a lua; a noite quente e escura em que ouvi o estrépito de minúsculas patas, que se tornaram gotas de chuva, o prelúdio a um violento aguaceiro, e outro mais. De manhã, acordei espirrando, cercado pelos templos gloriosos, áureo-avermelhados ao sol nascente.

Passei parte do dia seguinte em outro templo, em uma colina próxima, um templo de Amon com uma rampa — uma passagem flanqueada por carneiros em repouso (uma dúzia no total, com os rostos quebrados). Khnum era o deus-carneiro, "Deus dos Reis e Rei dos Deuses". O rei e a rainha que construíram o templo eram mostrados em baixos-relevos, com cabeças de carneiro. Os nomes atribuídos pela egiptologia aos rostos erodidos de reis, divindades e animais são largamente baseados em conjeturas. Muita coisa é especulação. O Reino de Cuche, os períodos napatanos e meroenos duraram mil anos, até o século IV a.C. O que se sabe é insignificante comparado ao que não se sabe. A cerca de 400 metros estava o Grande Cercado. Era admirável, mas enigmático: leões, esculturas de elefantes, pés, pernas, torsos e pilares entalhados com a ordem implicitamente irônica: "Olhem minhas obras, ó Poderosos, e percam as esperanças!"

Seria um local de treinamento para elefantes de combate — como os representados no templo de Al Naggar? Alguns arqueólogos acreditam que sim. Outros acham que talvez fosse um centro religioso. Pode ter sido usado para rituais de coroação. Ou como um tipo de arena real: "O governante tinha que renovar publicamente suas demonstrações de poder para conservar o trono."

Mas, se os especialistas não sabem, por que eu deveria saber? Eu era apenas um nômade viajando para a Cidade do Cabo, vestindo uma camisa desbotada e calças largas, com os dedos dos pés bronzeados à mostra nas sandálias sírias; e resfriado por ter tomado chuva: um viajante em uma terra antiga.

A maior parte do meu contentamento era prazer animal: o isolamento da região, a grandiosidade das montanhas em forma de mesa e dos desfiladeiros rochosos que me circundavam, a luz do sol, os arbustos, os pálidos camelos a distância, o céu imenso, o vazio e silêncio total, pois as areias solitárias e planas se estendiam até bem longe, ao redor das ruínas colossais.

Nas províncias remotas do Sudão, os estrangeiros tinham que se apresentar à polícia de segurança no prazo de 24 horas a partir da chegada. Era a mesma polícia que tinha interrogado um americano durante dias, antes de encenar sua execução. A mesma polícia a respeito da qual o relatório do Departamento de Estado tinha alertado: *O controle exercido pelo governo sudanês sobre a polícia é por vezes limitado*. Era verdade, eu poderia ser interrogado quando me apresentasse; mas, se não o fizesse, as consequências poderiam ser desastrosas. Havia coisas piores do que uma execução encenada; uma execução real, por exemplo.

Shendi era a cidade mais próxima. Dirigimos até lá, através do deserto. O lugar era poeirento, cor de biscoito, um agrupamento de casinholas baixas e pequenas lojas, com as ruas tomadas por cabras e camelos. A maior casa da cidade, uma vila espalhafatosa, pertencia ao irmão do presidente. Observei algumas vans caindo aos pedaços, caminhões velhos e uma frota de táxis malconservados que, segundo Ramadan, eram de fabricação russa, calhambeques antigos chamados Volgas. Essa era a única cidade no Sudão onde se viam tais veículos, cujos motores tinham sido trocados por outros mais novos, japoneses, furtados de outros automóveis. Não havia árvores em lugar nenhum e eram poucos os lugares com sombra.

O escritório da polícia de segurança ficava nos limites da cidade, em uma ruela. O policial era um homem de ar severo e barrete, com um calombo de oração bem visível na testa, característica facial que eu interpretava como sinal de aviso. Ele estava na companhia de três outros homens que, ao estilo sudanês, se sentavam nas cadeiras com os pés enfiados por baixo do corpo. Olhavam para um pequeno televisor em preto e branco — aborrecimento à vista: o aparelho mostrava uma multidão ululante carregando cartazes, alguns em inglês. Eram palestinos furiosos. O som estava alto e, por conseguinte, as únicas vozes audíveis no escritório eram as dos indignados filisteus.

Foi um momento ruim, pois em meu passaporte havia dois carimbos israelenses, um do posto de Allenby Bridge, por onde eu entrara, proveniente da Jordânia, e outro de Haifa, por onde eu saíra de Israel, em uma barca. As instruções da Embaixada sudanesa diziam que qualquer passaporte "com marcas israelenses" deveria ser rejeitado. Mesmo assim, eu entregara meu passaporte e obtivera um visto. Se algum sudanês tinha reparado nas "marcas israelenses", não mencionara o assunto.

Mas um homem carrancudo na cidade de Shendi, em meio ao deserto, com um calombo de oração na testa, poderia encontrar as tais marcas e fazer objeções. Ele pegou meu passaporte, colocou-o na mesa, alisou-o com a palma da mão e começou a inspecioná-lo. Talvez os selos do Kiribati, Equador, Albânia, Malásia, Índia, Hong Kong, Gibraltar e Brasil o tenham fascinado. Alguns eram coloridos. De vez em quando, ele olhava para a televisão. Limpou a boca com a mão. Eu permaneci sentado, rigidamente, esperando o pior. Então, sem uma palavra, ele me devolveu o passaporte, dispensou-me e voltou sua atenção para a turba no Oriente Médio.

Andamos pelo mercado, escolhendo tomates e manjericão para o almoço.

— *Awaya* — gritavam as crianças às vezes.

E, com menos frequência, *aferingi*. Homem branco. Pois eu era uma novidade. Os únicos estrangeiros que eles viam eram alguns chineses que operavam a refinaria de petróleo estrada acima. O mercado estava cheio de frutas, vegetais, ervas e condimentos. Muitos grapefruits grandes, muitas bananas. Poucos compradores circulavam entre as barracas; assim, os vendedores empurravam melões contra o meu rosto e tentavam me vender cestos com limões, já que, como *awaya* — e, melhor ainda, um *masihi*, um cristão, seguidor do messias —, eu deveria estar com muitos dinares sudaneses.

Ramadan e eu fomos parar no atracadouro das barcas, onde bebemos um café de gosto marcante.

Não era bem um café, na verdade, mas uma infusão incomum chamada *jebana*, cascas de café maceradas na água, com açúcar e, segundo Ramadan, *dawa* — reconheci a palavra suaíli para medicamento — *zinjabil*, gengibre em pó. Tratava-se de um laço cultural com o Chifre de África, um dos muitos que possui o Sudão. Essa mesma bebida, no Iêmen e nos Emirados, recebe o nome de *qashar*.

A poucos quilômetros, rio acima, ficava o Palácio Real — quente, enlameado, decrépito, assolado por mosquitos, mas, pelo menos, com algumas árvores. Não consegui entender o lugar. Havia frisos com figuras de animais e deuses, e cartuchos com hieróglifos, mas não se conseguia obter nenhuma informação daquelas construções esfareladas, a não ser o fato evidente de que tinham sido, algum dia, uma cidade populosa, com muitos prédios e avenidas — e, talvez, uma terma romana. Os romanos teriam chegado até aqui?

Mohammed, o guarda e guia local, não era de muita utilidade.

— Americano? — perguntou ele em árabe, uma palavra inconfundível, acusando-me com um indicador torto e marrom.

— Americano — disse eu.

— Bush é satã.

— *Ana ma'arif* — disse eu.

— Clinton é satã — disse Mohammed.

— *Ana ma'arif.*

— Por que você diz que não sabe?

Eu apenas sorri para ele.

— Soldados americanos não bom. Matam gente!

Pisando em tijolos cuchitas, caminhamos de uns degraus quebrados até uma parede quebrada. Mohammed parecia cansado e aborrecido. Disse que tinha três filhas e nenhum filho. Não tinha dinheiro. Seu avô fora zelador e guia no local, assim como seu pai. Mas, se Mohammed sabia alguma coisa de ordem técnica ou histórica a respeito do lugar, não me revelou.

De repente, disse em inglês vacilante:

— Eu quero ir América.

— América *ma kwais* — disse eu, arremedando o que ele dissera.

— Sim, mas não ter trabalho aqui.

— Você quer trabalhar na América?

— Sim. Ganhar emprego. Ganhar dólares.

— Bush *shaytaan* — disse eu, provocando-o novamente.

— Como posso ir América? — perguntou Mohammed, chutando os tijolos antigos.

— *Ana ma'arif* — disse eu: não sei.

Nas cenas mais exóticas do século XIX, dedicadas ao orientalismo, os exploradores acampam ao pé de esplêndidas ruínas — a tenda sob a pata da esfinge, o abrigo de lona na base das pirâmides, a fogueira brilhando ao lado do Templo de Ísis. Idealmente, tudo é iluminado pela luz da lua, com alguns camelos imóveis por perto, luminosos à luz da lua. Ninguém por perto, apenas o seguinte quadro: excursionistas audaciosos, ruínas encantadoras, camelos de olhos grandes e um bom fogo.

Pois foi essa, exatamente, minha experiência naquela noite. Acampamos perto das pirâmides e me senti como os antigos viajantes devem ter se sentido — afortunado, humilde, arrebatado por estar sozinho em um lugar sagrado, meditando entre maravilhas. As pirâmides sudanesas, remanescentes dos sepultamentos no Reino de Cuche, eram numerosas — cerca de 35 delas em uma serra de arenito. Menores e mais íngremes que as de Gizé, pareciam, quando vistas de perto, uma série de saleiros em estilo art déco. Quando vistas a certa distância, lembravam uma fileira de colmilhos no maxilar de uma serra ossificada. Contra elas, amontoava-se a areia, intercalando marrom e dourado, deslumbrante ao sol poente e assumindo, tal como a neve, formatos improváveis.

Não havia tempo para olhar em volta; o sol estava se pondo. Cozinhamos algumas batatas que tínhamos comprado em Shendi e preparamos uma salada de tomate e pepinos. Armei minha tenda e Ramadan, o romântico ("A areia é meu travesseiro!"), escolheu uma depressão em uma duna. A noite estava clara, mas o vento apareceu, soprando areia sobre minha tenda e cobrindo Ramadan. A lua passou sobre nossas cabeças e, quando se escondeu a oeste, as estrelas brilharam com tanta força que a luz atravessou o náilon de minha tenda, enquanto o restante do céu, sem a brilhante poluição lunar, ficava ainda mais escuro.

O vento cessou de madrugada, quando esfriou tanto que tive que vestir uma jaqueta; naquela luz pura, sob um céu claro, as pirâmides eram despojadas e lisas, avultando entre o entulho de cascalho e os tijolos caídos. Quase todos os topos das pirâmides tinham sido destruídos. Muitas delas, agora blocos desmoronados, haviam sido dinamitadas e seus interiores, abertos e saqueados. No processo de decapitação das pirâmides, e isso era fácil de observar, as explosões tinham estilhaçado os tijolos.

O saqueador de túmulos que efetuou tal destruição foi um aventureiro italiano obscuro, caçador de tesouros, chamado Giuseppe Ferlini. Poucos fatos se conhecem a respeito desse homem, que vandalizou as pirâmides e os túmulos em 1834, embora seu nome seja famoso no deserto núbio. Ele nasceu em Bolonha em 1800, formou-se em medicina e, depois de um período na Albânia e no Egito, como soldado mercenário, navegou Nilo acima até Cartum. No caminho, visitou os lugares históricos mais conhecidos e se convenceu de que deveriam estar repletos de ouro. Os registros mostram que ele recebeu permissão de Ali Kurshid Pasha, antigo dirigente do Sudão, para fazer escavações em Meroe. Ali Kurshid era um traficante de escravos que, negociando com seres humanos (capturava dincas e zandes no sul, para vendê-los na costa), dificilmente teria escrúpulos em sacrificar uma mixórdia de pedras velhas e bronzes amassados.

Com uma turma numerosa de trabalhadores sudaneses, Ferlini começou a cavar; logo encontrou uma estátua de ouro. O troféu o estimulou a prosseguir. Embora tenha utilizado explosivos, que depredaram as pirâmides, deixou escapar alguns tesouros — temos certeza disso porque, quando os alemães iniciaram sua cuidadosa reconstrução dos monumentos, na década de 1960, encontraram uma estátua dourada de Hathor, um lindo bronze de Dionísio e alguns outros bronzes. Mas Ferlini deve ter achado diversos objetos semelhantes, que vendeu por "uma pequena fortuna", segundo um historiador. Ele deixou o Sudão logo após destruir os monumentos. Simplesmente desapareceu Nilo abaixo, com caixas de tesouros. Nunca escreveu nada. Viveu como um príncipe, na Itália, dos lucros obtidos com a pilhagem dos túmulos. "Ele nunca ofereceu nenhuma explicação sobre o que aconteceu com os tesouros."

O que ele levou? Potes, cadeiras, entalhes, pequenos ídolos de pedra negra, gatos mumificados, falcões de alabastro, o conteúdo das câmaras mortuárias, bronzes, estátuas de ouro, cabeças douradas de deuses e deusas. O que não levou, pela impossibilidade de remoção, foram os murais entalhados, procissões de reis com cabeça de leão, rainhas com belos ornatos de cabeça, elefantes, lótus, najas e touros sagrados. As reses, naqueles baixos-relevos de mil anos, tinham os mesmos chifres recurvos que são vistos hoje nos rebanhos dos dincas, ao sul do Sudão.

Eu estava perambulando de uma pirâmide explodida e reconstruída para outra, quando algumas crianças de um vilarejo próximo apareceram com bugigangas — amuletos e entalhes — que disseram ter desenterrado dos entulhos; trouxeram também algumas miniaturas das pirâmides, feitas de barro. Dei uma banana a cada uma delas e elas se foram.

Um agrupamento de pirâmides, datando de 295 a 250 a.C., erguia-se em uma serra ao sul, mais uma cidadela construída em arenito avermelhado, castigado pelo vento. Essa pedra desgastada formava parte da paisagem; a outra parte era constituída por areia amarela, ou cor de açúcar mascavo. Nenhuma árvore, nenhum verde, nada crescia ali, nem mesmo capim. Caminhei até aquelas pirâmides, examinei-as e fiz, em meu caderninho, esboços dos leões e dos touros.

Estava ocupado nisso, quando surgiram três sudaneses de túnica branca, que pareceram impressionados e contentes por eu estar me dando ao trabalho. Eram peregrinos de algum tipo, tendo como líder um velho chamado Kamal Mohammed Khier.

A título de introdução, ele disse:

— Eu não sou árabe. — Disse isso como desafio e bravata.

— Mas você fala árabe.

— Sim, mas não é minha língua. — Ao dizer isso, soou como Salih Mashamun, o diplomata sudanês que eu tinha encontrado no Cairo.

— Eu sou núbio. Eu falo núbio. Minha família é núbia. Eu sou de Dongola, na Núbia. Nós fomos reis neste país. Nós governamos o Egito. Nós construímos essas pirâmides.

Foi um discurso e tanto. A visita daquele orgulhoso filho da terra era perfeita para o local. Ele me apresentou aos outros, seu filho Hassan e outro homem, chamado Hamid.

— Esse homem, Hamid, é um núbio de verdade, também — disse Kamal. — Não um árabe.

Kamal olhou para as pirâmides e franziu a testa. Estava observando o estrago feito por Ferlini. Disse:

— Veja o estado delas. O governo não cuida delas. São coisas importantes.

Era verdade que o governo sudanês fazia muito pouco para preservar os antigos monumentos, mas quase todos já tinham sido adotados por alguma universidade estrangeira — alemã, britânica, americana — e estavam em processo de restauração. Em um complexo de templos a oeste das pirâmides, uma senhora inglesa que se dedicava à filantropia travava uma batalha solitária contra a negligência e a erosão; e um alemão idoso, chamado Hinkel, aparentemente um entusiasta que só dispunha de recursos próprios, visitava o lugar uma vez por ano, em seu projeto de longo prazo para remontar o Templo do Sol.

Acompanhei Kamal e os outros em torno das pirâmides. Eles me perguntaram como eu tinha ido parar ali. Eu apontei para minha pequena tenda na duna.

— Sim, aqui você está seguro — disse Kamal. — No Egito, não. Em outros países, as pessoas iriam perturbar você, isso e aquilo — fez um gesto de golpear a cabeça com a mão. — Mas aqui ninguém vai incomodar você. Você está seguro no Sudão. Nós somos seus amigos.

Ramadan e eu levantamos acampamento. Dirigindo pelas dunas e pela areia pedregosa, fomos até o Templo do Sol. Um velho correu até onde estávamos, saudou-nos e me fez assinar um livro de visitantes. Depois me mostrou o templo. Estava quase encoberto pela areia, mas isso era benéfico, pois preservava os entalhes dos frisos.

O velho sentou-se em uma rocha, dizendo que era o trono do sacerdote. Juntou as mãos e imitou o sacerdote saudando o deus-sol:

— Alá!

Para mexer com o velho, Ramadan disse que ele não sabia o que estava falando.

O velho riu.

— Não, mas Hinkel sabe!

— Quantos anos você tem?

— Cinquenta e seis ou cinquenta e sete — disse o homem sem muita certeza.

— Não. Muito mais velho! Sessenta e alguma coisa.

— Como vou saber? Eu não sei ler — disse o velho. Estava rindo, pois havia muito afeto na provocação de Ramadan.

Agora Ramadan estava rindo com ele.

— Onde você achou esse relógio tão bonito? — fez um gesto de que iria tomá-lo.

— Hinkel — disse o velho.

— Esse lugar está uma bagunça — disse Ramadan.

— Sim! — disse o velho.

— Você deveria arrumar isso!

— Isso não é meu. É do governo. Deixe o governo arrumar isso.

Depois disso, dirigimos na direção norte, até Atbara, no final da estrada pavimentada, onde não havia templos, mas uma fábrica de cimento, uma barca que atravessava o Nilo e a última ponte. Daquele ponto até a fronteira egípcia, o transporte era feito por barcas. A próxima cidade era Dongola e, depois, Wadi Halfa, na fronteira com o Egito. Acampamos à beira do Nilo, na orla do deserto núbio, e assim passei mais uma noite. Eu tinha visto poucos pescadores e perguntei a Ramadan qual o motivo. Ele me respondeu que os sudaneses do norte não eram grandes comedores de peixe. O peixe não se conservava no calor, se não fosse defumado; era considerado na região como pouco mais que um petisco. Carneiro, camelo e cabra eram mais saborosos.

No dia seguinte, ao ver pedaços de borracha na estrada, Ramadan virou a direção e entrou no deserto, para socorrer um carro que derrapara por causa de um pneu estourado. Os pneus não furavam nesse lugar quente: explodiam em uma massa de borracha rasgada.

Três homens estavam de pé ao lado do carro, no deserto quente e brilhante, os únicos destaques na paisagem. Ramadan conversou com eles e os homens explicaram seu dilema — que era óbvio: pneu estourado, nenhum estepe, nenhum tráfego na estrada; precisavam de um novo pneu. Assim, entraram no nosso caminhão e nós os conduzimos até uma loja de reparos em uma pequena cidade à beira da estrada. Esse longo desvio, de uma hora e meia, não era mais que uma cortesia normal, conforme o preceito marítimo de que um navio deve ajudar outro navio em dificuldades, por maiores que sejam os transtornos que isso venha a causar. O deserto se parece muito com o mar.

Os homens se mostraram gratos, sem serem efusivos. Saudaram-nos e fomos embora.

— Eles tinham um problema. Isso é o que nós fazemos. Nós ajudamos — disse Ramadan.

Compramos mais alimentos frescos — tomates, cebolas, limões, ervas, frutas e pão — e dirigimos na direção oeste, até uma série de montanhas altas, secas e pardacentas, compostas de rochas e cascalho. Ramadan encontrou um vale entre elas, onde havia um vilarejo cercado por campos férteis e verdejantes, irrigados com água do Nilo. As plantações eram de trigo, milho, sorgo e feijão. Dirigíamos sobre alguma coisa que não era bem uma estrada, era mais um carreiro de cabras, uma noção de atalho, uma ideia de trilha. Seguimos em frente, ouvindo os guinchos das crianças (*"Awaya!"* Homem branco!), até a Sexta Catarata.

As árvores eram mais grossas aqui, e o capim, mais longo e verde. Catarata, porém, não era um nome adequado. Tudo o que vi foi um conjunto de corredeiras lamacentas, em que um pequeno barco navegaria facilmente. Acampamos em um bosque, onde havia um conjunto de camas de cordas sob uma árvore. Comemos salada e pão, enquanto andorinhas, pardais e pintassilgos de peito amarelo voavam de galho em galho. Ramadan tomou um banho no rio. Eu ia fazer o mesmo, mas estava tão cansado que dormi numa das camas de cordas, à beira do rio, ao som das corredeiras agitadas.

Na manhã seguinte, em meio àquele lugar idílico, eu ouvia rádio — *o Japão atravessa a mais severa recessão de todos os tempos, com alto índice de desemprego. A economia mundial está caminhando para a maior recessão desde a Segunda Guerra Mundial* — e pensava: nada disso vai afetar em nada este vilarejo, pois um lugar assim é tão autossuficiente, tão à margem de tudo, que nada poderá mudá-lo.

Como que para enfatizar isso, um velho se aproximou de mim e começou a balbuciar alguma coisa.

Ramadan disse:

— Ele está lhe dizendo que tem três esposas. E 15 filhos.

Era um sujeito grisalho que andava por ali. Tinha descoberto que um fato como esse poderia chocar um estrangeiro, principalmente um *masihi*. E nos explicou seus arranjos conjugais. Cada esposa tinha um quarto separado. O homem alternava. Ele sorriu para mim.

— Diga que fico feliz por ele.

Outro indivíduo apareceu, agora um garotinho magro, aparentando uns 7 ou 8 anos.

Ramadan perguntou:

— Que idade ele tem?

Olhei mais de perto e vi um rosto pequeno e contraído, quase sem queixo; não era uma criança, parecia um anão.

— Ele tem 27 anos — disse Ramadan. — Seu nome é Abd-allah Magid.

Era minúsculo, tinha uma cabeça pequena, braços descarnados e o corpo de um garotinho; usava uma pequena túnica, com cerca de metade do tamanho de um saco de farinha. Mal chegava a 1,20 metro de altura e deveria pesar uns vinte e poucos quilos. Ramadan fez algumas perguntas, que Abd-allah Magid respondeu com uma estranha voz esganiçada. Apertou minha mão e então marchou como um soldado, para cima e para baixo, como lhe tinham ensinado, para ser engraçadinho e receber *bakshish*. Ramadan o tratou bem e lhe deu a metade de um grapefruit. Ao terminar a apresentação, revelou-se um sujeito doce e melancólico, cuja vida seria curta naquele clima rigoroso. Era o menor homem que eu já vira.

— Ele vive aqui. A mãe dele morreu no dia em que ele nasceu. Perguntei a ele por que ele não se casa.

Abd-allah Magid disse em árabe:

— As garotas não gostam de mim. Eu não posso me casar. O que poderia dar a elas?

Ramadan disse:

— Ele não tem nada.

O anão Abd-allah Magid, de quem os avós cuidavam, era amigável e gentil. Sentou-se à beira de uma cama de cordas e balançou as pernas. Era muito pequeno para trabalhar, muito fraco para fazer qualquer coisa. Mas ninguém o intimidava ou caçoava dele, como aconteceria em outras partes da África. Era óbvio, pelo comportamento cordial dos habitantes do lugar, que ele era tido como especial, único, talvez até abençoado.

— O critério é como você trata os mais fracos — disse-me um homem, quando voltei a Cartum. — A medida do comportamento civilizado é a compaixão.

Quem falou isso foi Sadig el Mahdi, bisneto de El Mahdi ("O Bem Guiado"), o homem que tinha liquidado Gordon. Eu não queria ter regressado à cidade. Ficaria feliz em passar mais uma semana acampado — o vento, as tempestades de areia, os aguaceiros durante a noite apenas tornavam a experiência mais vívida e memorável. Mas Sadig el Mahdi tinha me concedido uma entrevista em sua mansão, em Omdurman.

A oportunidade apareceu porque um funcionário do Secretariado para a Paz no Sudão, outro hóspede do Acrópole, tinha mencionado meu nome ao antigo primeiro-ministro. Segundo ele, o homem tinha achado meu nome familiar — vagamente familiar, eu desconfiava, mas isso era motivação suficiente, no hospitaleiro Sudão, para que alguém preparasse um bule de café *jebana*, espalhasse as almofadas pelo chão e estendesse à porta um tapete de boas-vindas.

— Ele é um bom homem, muito inteligente — disse-me um negociante no mercado de Cartum. — É o chefe do Partido Umma.

O amigo do negociante disse:

— O pai dele era Siddig. O avô era Abdelrahman. O bisavô... bem, você sabe.

O encontro estava marcado para as nove e meia da noite, um horário estranho, a meu ver. Eu geralmente já estava na cama por volta das nove ou dez horas: na África, o dia era para se andar por aí e a noite, para se recolher — os predadores caçavam durante a noite. Mas um sudanês me explicou que o horário tardio era um sinal de respeito, o último encontro do dia, uma conversa sem interrupções. Eu ainda estava cansado da viagem pelo interior, mas achei ótimo poder me encontrar com aquele homem eminente. Um táxi em mau estado veio me buscar às oito e meia. Quando não conseguiu dar a partida, Abd-allah, o motorista, começou a praguejar; e praguejou mais ainda quando, após conseguir dar a partida, ficamos presos em um engarrafamento na ponte do Nilo.

— O carro é velho. Foi fabricado pelos britânicos. Os britânicos! Ninguém sabe consertar nada aqui.

Poeira refletida pelo clarão dos faróis, buzinas altas e impacientes dos carros, o calor da noite, o cheiro de diesel. Durante todo o trajeto, Abd-allah reclamou da ineficiência e do abandono.

Disse que conhecia a casa. Entrou em algumas ruas laterais e, depois de algumas voltas, encontramos homens de roupas velhas, acocorados no meio da rua — membros da equipe de segurança, formando um tosco bloqueio. Abd-allah gritou-lhes alguma coisa. Acenaram para que passássemos e logo chegamos a um grande muro, com um arco iluminado. Abd-allah estacionou o carro e se arrastou até o assento traseiro, para dormir; eu fui escoltado através de uma porta estreita.

O jardim da casa era repleto de palmeiras e jasmins-da-noite. Passamos por uma mansão iluminada, entramos em um caminho de cascalho e chegamos a uma espécie de casa de verão, tão grande quanto um bangalô, mas inteiramente feita de vime, com as paredes abertas para o ar da noite. Alguns homens e mulheres se levantaram para me cumprimentar — a filha de Sadig, Rabah, e outra moça, Hamida, ambas muito bonitas e casadas. Como encarar alguém seria considerado rude, nessa cultura em que a modéstia é encorajada, juntei as mãos e lhes disse como estava grato de estar ali.

Tossindo, expliquei que tinha apanhado um resfriado no deserto.

— *Kafara* — disse o romancista Issa, uma expressão sudanesa de solidariedade equivalente a "Deus o abençoe". — Para apagar seus pecados e estabelecer uma relação melhor com Alá.

Nesse momento, com um movimento esvoaçante de túnicas beges, como um conspirador em um baile à fantasia, Sadig el Mahdi apareceu — alto, escuro, nariz aquilino, com uma barba à Van Dyke e turbante claro. Agitando as largas mangas da roupa, fez sinal para que nos sentássemos novamente. Ouvinte atento e grande conversador, era imponente e carismático. Seu modo de centralizar as atenções era fazer perguntas e ouvir as respostas; depois dizia o que pensava. Transmitia uma impressão de enorme força, senso de humor e certa ferocidade, que entendi como paixão.

— Você já está no Sudão há algum tempo — disse-me ele —, mas existem algumas coisas que você deve saber. Só alguns pontos, que eu gostaria de mencionar.

O Sudão, o maior país da África, era um microcosmo da África, segundo ele. Todas as raças africanas estavam representadas no Sudão, todas as religiões também; e três das maiores línguas africanas eram faladas aqui. O Sudão era a encruzilhada de todos os países da bacia do Nilo e fazia fronteira com oito países.

— A civilização sudanesa *precedeu* a civilização egípcia — disse Sadig. — Nossa história não é um ramo da egiptologia, mas uma coisa inteiramente diferente, a sudanologia, poderíamos dizer.

Perguntou-me o que eu tinha visto no norte. Falei sobre minha excursão e, especificamente, sobre como tinha ficado impressionado com Ramadan, meu motorista, que ajudara os homens na estrada, apesar dos transtornos que isso nos causara.

— Um estranho não é um estranho aqui. É alguém que você conhece. E isso, ajudar uma pessoa em necessidade, é cavalheirismo — disse ele.

— Isso mantém a sociedade unida, eu acho.

— Sim, a sociedade sudanesa é mais forte que o Estado — disse ele. — O povo sudanês derrubou dois regimes em levantes populares. E mesmo o regime atual está sendo carcomido.

— Como isso está acontecendo?

— Através dos laços sociais. Os laços sociais são mais fortes do que a política — disse ele. — Isso pode ser um fardo, mas nos ajuda. Se nós não tivéssemos laços sociais assim, já teríamos nos desintegrado.

Uma destituição por meios violentos não era o procedimento sudanês, explicou ele.

— Este país nunca teve assassinatos políticos. Nós temos um alto grau de tolerância, um alto grau de idealismo — mais do que o restante da África. No Sudão, os inimigos mantêm relações sociais![1]

O café foi servido; suco de frutas, bolos e biscoitos foram distribuídos. Um ventilador zumbia em um canto, mas o calor era opressivo, e o aroma proveniente do rio superava o dos jasmins no jardim.

— Nossos encontros mais sangrentos foram com estrangeiros — disse Sadig. — Mas aqui, como estrangeiro, você sempre receberá ajuda. Nós não temos sentimentos antiestrangeiros.

Era verdade, segundo ele, que o atual governo do Sudão tentara cultivar sentimentos antiestrangeiros — "uma visão de mundo muito islamizada" — mas tinha falhado.

— Essa agenda ideológica falhou — disse ele. — Mas os *slogans* têm feito sucesso por aqui. Nós já experimentamos todos os sistemas que existem: socialismo, democracia, regime islâmico, regime militar.

Eu perguntei:

— O que você acha do governo atual?

— O atual regime tem sido muito intolerante e repressivo. Essa natureza pouco representativa está muito visível agora. Mas nós tivemos bandidos no governo durante 80% de nossa existência como país independente.

Rindo, ele disse:

— Antes de 1996, eu mesmo fui preso! — Então ficou sério de novo e acrescentou: — Este governo decretou uma *jihad* e violou os direitos humanos no sul.

— O que vai acontecer com a guerra no sul?

— Nós temos um enorme potencial para efetuar mudanças por meios pacíficos — disse ele. — Nós, sudaneses, estamos cansados de guerras e de ditadores. Os sulistas não querem lutar. Estão fugindo da guerra. Até os padres combonianos denunciaram a guerra — disse ele, referindo-se aos padres italianos que mantinham missões no sul e no oeste. — Os sudaneses estão fartos da guerra.

Eu mencionei que vira as ruínas deixadas pelo bombardeio americano. E disse que gostaria de saber o que ele achava das relações com os Estados Unidos. Afinal de contas, apesar de termos no Sudão uma grande Embaixada e uma residência para o embaixador, não tínhamos embaixador, nem quadro de funcionários. As relações diplomáticas eram tênues, feitas aos sussurros por

---

[1] Paul Theroux esteve no Sudão e publicou o livro antes do agravamento do conflito de Darfur, em 2003. (N. da E.)

diplomatas provenientes do Cairo e de Nairóbi, que só permaneciam no país por um dia.

— Clinton tinha uma cegueira ideológica com referência ao Sudão — disse Sadig. — Ele quis incluir o país no Chifre da África para controlá-lo, usando o Chifre como trampolim.

— A Somália não é um trampolim adequado — disse eu.

A Somália era notoriamente um país fragmentado, dividido em clãs, que tínhamos tentado pacificar e controlar, mas do qual tivemos que sair após sofrermos as primeiras baixas, inflingidas por turbas ululantes, que odiavam os estrangeiros ainda mais do que uns aos outros. Era um país sem governo, sem chefe de estado, sem nenhuma das instituições que compõem uma sociedade, sem tribunais, polícia ou escolas; um país dominado por líderes guerrilheiros, chefes de clãs e, no interior, pouco mais que bandidos.

— Nós preferimos a ignorância de Bush ao raciocínio errado de Clinton e sua atitude de sabichão — disse Sadig.

A conversa se prolongou até depois da meia-noite — com os escritores falando sobre seus romances sudaneses favoritos; um deles, *Dongola*, de Idris Ali, fora traduzido pelo meu irmão Peter. Eles me falaram sobre viagens memoráveis que tinham feito pelo país — para o sul, para o oeste e, de trem, para o norte, até Wadi Halfa e o Egito. Contaram-me como as pessoas tinham sido gentis, como foram solidárias com eles e os respeitaram.

Foi quando Sadig disse:

— O critério é como você trata os mais fracos. A medida do comportamento civilizado é a compaixão.

Um pote de café, feito de barro, e uma cesta sudanesa foram oferecidos a mim, como presentes.

— Quando beber, você se lembrará de nós — disse Sadig.

Abd-allah, o taxista, reclamou durante todo o caminho de volta. Mas eu estava sorrindo, revitalizado pela conversa e enfeitiçado pelo Nilo, que fluía do coração da África, com a lua se refletindo em suas águas, cobrindo a superfície com poças de luz.

6 *A ferrovia do Djibuti até Harar*

Apenas dois trens circulavam semanalmente na linha entre a Etiópia e o Djibuti. Cruzando a planície pedregosa e as colinas baixas a leste de Adis-Abeba, chegavam à cidade etíope de Dire Dawa. De lá, por uma estrada nas montanhas, eu poderia alcançar a velha cidade murada de Harar. Harar era um lugar que eu sempre quisera conhecer — por sua associação com sir Richard Burton, o primeiro europeu a visitá-la, e com Arthur Rimbaud, o gênio precoce. Rimbaud fora comerciante na cidade durante dez anos, de forma intermitente, após desistir da poesia e da civilização. Apesar das lamúrias nas cartas que enviava para casa, ele gostava de Harar, por seu isolamento e rusticidade. Intimamente, apreciava os prazeres heterogêneos e inesperados da África — sua empoeirada afabilidade. Queria se livrar das falsidades urbanas, dos modismos, dos parasitas, dos indolentes e da impertinência de idiotas ambiciosos. "Estou cheio daqueles sujeitos", disse ele na África. Eu compartilhava de seu estado de espírito e louvava seus objetivos.

Hailé Salassié também tinha uma ligação íntima com Harar, por ter nascido lá e por ter sido governador da província de Harar, antes de ser tornar Ras Tafari Makonnen, Leão de Judá, Eleito de Deus, Poder da Trindade e *Negusa Negast* (Rei dos Reis). Em uma palavra: imperador. Sua carreira fora irregular. Rei dos etíopes, descendente da Rainha de Sabá, apelidado zombeteiramente de "Highly Salacious"[1] por Evelyn Waugh, era uma divindade para os rastafáris. Exilado na Inglaterra durante a ocupação italiana, regressou ao país como monarca absoluto, reverenciado pelos súditos durante trinta anos. Por fim, foi deposto pelo Derg (Comitê). Durante a minha estada em Harar, em 1975, o governo etíope revelou a causa da morte de Salassié, então com 83 anos; fora estrangulado pessoalmente pelo líder do Derg, Mengistu Hailé Mariam — que cometera o crime ostentando em um dos dedos o anel do imperador.

Famosa por suas hienas de mandíbulas protuberantes e por seu povo belo e vaidoso, Harar era, a meu ver, um dos pontos mais interessantes da África.

---

[1] "Highly Salacious" (Altamente Lascivo) é uma forma aproximada de como um falante de inglês pronunciaria Hailé Salassié. (N. do T.)

Pelo exotismo, pelo isolamento e pelo especial fanatismo de alguns habitantes, o capitão Burton tinha comparado Harar a Tombuctu, dizendo que, embora "intolerante e bárbara" — mas também única em suas línguas e costumes —, a cidade era "a contrapartida da mal-afamada Tombuctu, no leste da África". Agora, finalmente, eu estava próximo o bastante para chegar lá de trem.

— Talvez eu deva ir até a estação para comprar uma passagem de avião — disse eu, quando cheguei em Adis, vindo do Sudão, pois a fronteira estava fechada.

O gerente do hotel era um etíope magricela, de traços delicados, olhos esbugalhados, terno roto e as maneiras acolhedoras, até refinadas, de seus compatriotas, sempre polidos, embora um tanto melancólicos. Mas os sisudos etíopes parecem estar sempre amargurados, mesmo quando não estão.

Mas, para me tranquilizar, o gerente estava sorrindo.

— Não se preocupe. O trem não é um transporte popular.

Minha primeira impressão de Adis-Abeba: um povo ao mesmo tempo belo e maltrapilho, pobre e altivo, como aristocratas que acabaram de empenhar a prataria da família. A Etiópia é um país único na África negra, por ter seu próprio alfabeto, com sua própria história escrita e um forte sentido do passado. Os etíopes têm consciência de seus antigos laços culturais com a Índia, com o Egito e com o manancial religioso do Oriente Médio. Costumam afirmar que estão entre os primeiros cristãos. Enquanto nossos bárbaros ancestrais ainda corriam nus pela Europa, com as barrigas pintadas de azul, etíopes elaboradamente vestidos criavam gado, usavam a roda e defendiam sua civilização contra o assédio do islã, enquanto piedosamente observavam os Dez Mandamentos.

Adis-Abeba estava situada a cerca de 2.500 metros de altitude. Nascera de uma ideia do imperador, que ambicionava ter sua própria capital. Cidade ampla e relativamente nova, parecia um enorme vilarejo, com seus telhados enferrujados que se espalhavam pelas colinas. Tinha 100 anos de idade, mas seu aspecto de decrepitude era intemporal. Pouco atraente, vista a distância, revelava-se suja e decrépita, quando vista de perto, com um fedor horrível de gente suja e animais doentes. Todas as paredes tresandavam a urina, todas as ruelas estavam bloqueadas por lixo. Música alta, buzinas, fumaça de diesel e moleques impertinentes com histórias tristes e avisos alarmantes, como "aqui tem gente ruim".

Mas mesmo as melhores cidades africanas me pareciam formigueiros miseráveis e improvisados, que atraíam desesperados habitantes da mata para transformá-los em ladrões, ou vigaristas impiedosos. A vigarice é o meio de sobrevivência em uma cidade onde as gentilezas tribais não têm lugar e onde não existem sanções, exceto as aplicadas pela polícia — classe majoritariamente constituída, na África, por bandidos autorizados.

A Etiópia tinha acabado de encerrar sua guerra de fronteiras com a Eritreia. Por causa dos rumores sobre essa guerra e dos países vizinhos de má fama, Adis estava sem turistas estrangeiros. Hotéis vazios — o que era uma maravilha para mim, pois eu nunca fazia planos com antecedência; apenas aparecia no lugar e esperava pelo melhor.

Poucos etíopes tomam o trem para Dire Dawa e nenhum deles, com certeza, segue viagem até o Djibuti — um espinho fincado nos flancos da Etiópia, onde tem péssima reputação. Localizado na parte superior do Chifre da África, o Djibuti é uma antiga porta de entrada para o continente — e de saída também. Durante séculos, foi um porto para o tráfico de escravos; depois fez parte da Somalilândia francesa e, finalmente, tornou-se república independente, cujo território não vai muito além de um pântano aterrado e prédios estorricados de arquitetura francesa (secos, despojados, burocráticos), ou árabe (colunados, apainelados, severos). Seu calor opressivo não é em nada amenizado pelos ventos abrasadores do golfo de Áden. Soldados franceses, ainda aquartelados no país, ficaram conhecidos por seu entusiasmo pela prostituição infantil — e pelas drogas também.

— Meninas de 12 ou 13 anos! Que cena! — contou-me uma pessoa de agência humanitária. — Os soldados vão para essas boates horríveis e ficam bêbados. Você os vê cambaleando pelas ruas. Bebedeira e prostituição; drogas também.

Em uma viagem como a que eu empreendia, a ideia de testemunhar tanta depravação e desregramento era tentadora. Mas me decidi por Harar, pois queria viajar para o sul dentro de algumas semanas — para o Quênia e além.

O trem de Dire Dawa partiria cedo na manhã seguinte. Se eu o perdesse, teria que esperar três dias pelo próximo. Fui até a estação, comprei minha passagem e examinei o interior do trem: nem bom, nem ruim — a maioria dos trens na África parece estar a caminho de Auschwitz. Retornei no dia seguinte e subi a bordo. Além da hora de partida, não havia nenhum horário. Ninguém sabia dizer quando deveríamos chegar a Dire Dawa. "Amanhã", o melhor palpite, estava bom para mim.

Começamos a viagem com poucas pessoas e, mesmo mais tarde, depois das muitas estações espalhadas pelos cânions e colinas a oeste de Adis, ainda havia poucos passageiros. Em algumas estações, ficávamos estacionados por até uma hora. Duas vezes, depois de escurecer, o trem parou no meio do nada (mas pude ouvir o silvo do vento em galhos desfolhados) e não se moveu durante horas. Durante o dia, eu li *First Footsteps in East Africa: An Exploration of Harar* (Primeiros passos na África Oriental: explorando Harar), do capitão Burton. A noite caiu rapidamente. Dormi esticado em um banco de madeira, usando minha sacola como travesseiro, rangendo os dentes, odiando a viagem, desejando que aquilo acabasse logo e feliz por não estar indo até o Djibuti. Algum tempo depois do alvorecer, com o sol incidindo sobre o trem e o calor se tornando mais forte, chegamos a Dire Dawa.

— Parece meio vazia.

A cidade parecia abandonada: casas silenciosas, ruas desertas.

— É feriado.

Dire Dawa era geralmente tranquila, mas estava ainda mais tranquila no dia em que cheguei, em razão de um feriado etíope, que celebrava o 105º aniversário da Batalha de Adwa.

— Quando nós derrotamos Mussolini — disse-me um homem chamado Tesfaye.

Não fora bem assim, como li depois. A vitória de Adwa, doce lembrança para os etíopes e uma das primeiras batalhas anticoloniais, foi obtida em 1896, quando 20 mil soldados italianos, em marcha acelerada para o norte da Etiópia, partindo da Eritreia, depararam-se com 90 mil "etíopes ardorosos e sedentos de combate", comandados pelo imperador Menelik II e seu lugar-tenente, Ras Makonnen. Naquele triunfo sobre os invasores estrangeiros, os dois homens, que eram parentes distantes, desenvolveram entre si um relacionamento de pai e filho. Essa ligação garantiu a subida ao trono do filho mais velho de Ras Makonnen, chamado Ras Tafari — ou Hailé Salassié I.

Adwa foi crucial em outros aspectos. Em primeiro lugar, foi um massacre. Os italianos, tentando se agrupar para uma investida no terreno rochoso perto de Adwa, acabaram perdidos e desorientados. Em número superior a quatro por um, os etíopes os atacaram com lanças e flechas, matando mais de 15 mil soldados e ferindo, ou capturando, os que sobraram. Tinham rifles também — dos quais 2 mil eram Remingtons que, em 1887, Rimbaud vendera a Menelik, em Entotto. Embora não tenha vivido para ver o resultado, Arthur Rimbaud, ex-poeta, desempenhou um papel importante na histórica vitória africana. Em termos de nativos combatendo invasores, os guerreiros de Adwa estavam à altura dos dervixes sudaneses, que tinham destruído o quadrado britânico. A batalha ficou tão famosa que inspirou Marcus Garvey a fundar o movimento Volta à África, conhecido então como "etiopianismo". Essa consciência pan-africana também motivou as colônias britânicas, francesas e portuguesas a lutarem pela independência. A última campanha africana a vencer batalhas decisivas contra uma nação europeia tinha sido a de Aníbal.

A derrota e a humilhação italianas foram especialmente amargas, pois os fascistas, contagiados pelos devaneios de Mussolini, viam a si mesmos como novos legionários romanos, reconstruindo um grande império. O orgulho ferido despertou nos italianos uma vontade enorme de se vingar dos etíopes. Foram bem-sucedidos nesse propósito em 1935, quando invadiram a Etiópia muito mais bem armados. Munidos também de armas ilegais (gás venenoso), mataram dezenas de milhares de guerreiros etíopes, que combatiam com as mesmas armas que haviam utilizado quarenta anos antes.

O mundo inteiro se uniu para condenar a aventura italiana. Winston Churchill resumiu o sentimento em um discurso feito em Londres, em setembro de 1935, quando, como escreveu em *Memórias da Segunda Guerra Mundial,* Volume 1, tentou "transmitir um aviso a Mussolini, o qual creio que ele leu". O aviso era sonoro, bombástico e devastador:

> Lançar um exército de quase 250 mil homens, composto pela flor da juventude italiana, em uma costa desolada a mais de 3 mil quilômetros de casa, contra a vontade do mundo inteiro e sem o domínio dos mares, e depois iniciar uma série de campanhas contra o povo de uma região que nenhum conquistador, em 4 mil anos, jamais pensou em dominar, é correr um risco sem paralelos na história.

Mas essa loucura mortal foi exatamente o que os italianos perpetraram. O que Churchill não sabia — e pouca gente sabia — era que os italianos planejavam acelerar e simplificar a campanha com o uso de gás fosgênio. Em 1928, a Itália assinara o Protocolo de Genebra, que proibia o uso de gases venenosos nas guerras. Apesar disso, em 1935, Mussolini incitou seus generais a jogar fosgênio sobre os etíopes, para vencê-los "por quaisquer meios" *(qualsiasi mezzo).*

Os italianos começaram o ataque bombardeando Adwa — cenário de sua humilhação — e se dirigiram para o sul. Vinte e quatro aviões, cinco dos quais carregando bombas de gás, jogaram o venenoso fosgênio sobre as tropas etíopes no deserto de Ogaden. Quando histórias de autenticidade dúbia emergiram dos campos de batalha — como prisioneiros italianos sendo crucificados, decapitados e castrados pelos africanos —, mais bombas de gás foram atiradas. Mesmo atirando com balas dundum, notícia que indignou os italianos, os etíopes não tiveram chance. Hailé Salassié foi destronado e enviado para o exílio. Um vice-rei fascista foi instalado em Adis-Abeba. Vítor Emanuel, o rei italiano, agora autointitulado "imperador", mandou colocar duas pedras semipreciosas em sua coroa, simbolizando a Etiópia e a Albânia.

Adwa, a derrota italiana que provocara a segunda invasão, estava sendo celebrada em Dire Dawa; assim, os habitantes da pequena cidade não estavam trabalhando. De qualquer forma, mesmo nas melhores épocas, não tinham muito que fazer, além de colher café e mascar *qât*. A cidade estava deserta. Não havia nenhum desfile. Dire Dawa, "planície vazia" em amárico — um nome mais apropriado que o anterior, Nova Harar —, era uma cidade pequena, plana e quente, localizada em um trecho de vegetação rala, sob grandes colinas marrons. Construída com poeira e areia, tinha a idade da ferrovia: um século. Era o lugar de parada para quem se dirigia a Harar e — muito mais importante — o ponto de embarque para a colheita de *qât*, que vinha de Aweyde, a cerca de 30 quilômetros, pela íngreme estrada de Harar.

A economia informal, nessa área da Etiópia, é baseada no cultivo do *qât* (*catha edulis*) — pronuncia-se "tchat" ou "djat" — uma planta levemente narcótica que, no tamanho, cor e formato das folhas, lembra o loureiro. Outro grande produto agrícola da Etiópia, o café de qualidade, também é cultivado nas colinas em torno de Harar. Mas sua lucratividade não se compara à do *qât*. Esse arbusto entorpecente é tão valorizado nos Emirados Árabes e outros países não alcoólicos do Golfo Pérsico que o aeroporto de Dire Dawa está sempre ocupado com as idas e vindas de pequenos aviões de transporte. Para produzir maior efeito, as folhas de *qât* devem estar frescas quando mascadas.

Dire Dawa se parecia com as cidades ferroviárias que eu vira no Vietnã, tão comuns nas colônias francesas: baixa, quadrada, empoeirada, com casas de estuque — era o tipo de cidade às margens de ferrovias que os europeus construíam há cem anos. E esta, realmente, tinha pedigree europeu: fora concebida pelo engenheiro suíço Alfred Ilg — também conselheiro do imperador Menelik — juntamente com a estrada de ferro do Djibuti. Ilg, que fazia negócios com Rimbaud, acusou o expatriado de ter, secretamente, uma "disposição radiante".

Em 1902, Alfred Ilg planejou e supervisionou a construção de Dire Dawa, para que a cidade servisse de apoio à ferrovia do Djibuti. Quinze anos mais tarde, a linha foi estendida até Adis-Abeba. Dire Dawa era o conceito franco-suíço de como uma cidade africana respeitável deveria se parecer: casas de estuque amarelo, já rachado na maioria delas, com as ruas divididas geometricamente e algumas pracinhas — uma delas tinha uma estátua coberta de excrementos e outra, uma placa com dizeres patrióticos e um canhão empoeirado. As árvores de Dire Dawa tinham morrido na última seca, mas os troncos desfolhados e os galhos retorcidos ainda subsistiam.

Bem no meio da cidade, ficava o mercado, um importante centro de comércio, onde, mesmo durante o feriado nacional, algumas pessoas vendiam frutas e vegetais — bananas, limões, batatas, cenouras, folhas verdes e toda a produção das terras altas nas proximidades de Harar. Nada crescia no solo poeirento de Dire Dawa.

Andando pelo mercado, pensando em como poderia conseguir transporte até Harar, deparei-me com uma mulher grande e negra, em um vestido vermelho, vendendo maços de ervas. Para iniciar uma conversa, perguntei-lhe o que eram as ervas. Ela riu e respondeu:

— Não inglês! Gala!

— Não gala — disse eu.

Mas, quando eu já me virava para ir embora, ela disse:

— *Habla español?*

Espanhol não era uma língua que eu esperasse ouvir de uma mulher gala no nordeste da Etiópia, embora às vezes encontrasse etíopes, somalis ou sudaneses mais velhos que eram fluentes em italiano — resultado da educação em uma escola missionária ou do contato com algum pastor etnocêntrico, como o padre Cruciani, de Assuã.

— Você fala espanhol? — perguntei.

— Claro — disse ela, nessa língua. — Aprendi com os cubanos. Na época do Derg, havia muitos soldados cubanos aqui. Eu gostava deles e eles gostavam de mim. Nós tivemos bons momentos. Isso foi no outro governo. Os cubanos foram embora.

— Eles deixaram alguns filhos?

— Acho que sim! Eles gostavam muito de nós.

O episódio cubano ocorrera quando Mengistu Hailé Mariam assumiu o poder, em 1974, e criou um estado marxista. Além de matar Hailé Salassié e toda sua família, ele renomeou ruas e praças, erigindo também alguns obeliscos ridículos, com a estrela vermelha do socialismo. Dezenas de milhares de etíopes foram presos sem julgamento. Esse foi também o período em que a fome na Etiópia esteve em todos os noticiários. O nome Etiópia se tornou sinônimo de tirania e inanição. Instituições de caridade ocidentais doavam alimentos, por via aérea, mas os amigos oficiais da Etiópia eram Cuba e a União Soviética. A ajuda cubana incluía soldados, médicos e enfermeiras. Tudo o que se via no país, então, eram crianças raquíticas e adultos debilitados — *e esses são os sortudos.*

Após outra fome generalizada, em 1984-1985, sob pressão dos partidos de oposição, o Derg foi finalmente derrubado, em 1991. Mengistu tomou um avião para o Zimbábue, onde recebeu permissão para residir, com a condição de que mantivesse a boca fechada. A Etiópia saiu dos noticiários. Mas a vida continuou, as chuvas trouxeram novas colheitas e uma guerra foi declarada contra a província secessionista da Eritreia, guerra esta que terminou (de forma triunfante para a Eritreia) com um cessar-fogo. Poucas semanas depois, cheguei à estação de Dire Dawa, em uma manhã muito quente de fevereiro.

Com exceção de alguns rabiscos enganadores em um mapa rudimentar, eu não fazia ideia de onde ficava Harar, ou de como chegar lá; não sabia nada de amárico e não conhecia ninguém na região — nem em toda a Etiópia, na verdade. Eu sabia que Harar ficava a cerca de 2 mil metros de altitude, nas montanhas Chercher. Eu era o clássico viajante, chegando desnorteado e sozinho em um lugar remoto, tentando alimentar esperanças, mas pensando: "e agora?"

Parei vários etíopes para perguntar:

— Há algum ônibus para Harar?

Sorrindo, ao dar as más notícias, eles respondiam:

— Nenhum ônibus hoje.

Abrigando-me à sombra, pois o dia estava quente e o vento da planície abrasava meu rosto, avistei uma mulher com aparência de italiana, vestindo o hábito moderno das freiras (capuz marrom, vestido marrom, sapatos discretos). Carregava uma sacola e andava com o jeito concentrado de uma pessoa pontual determinada a não se atrasar para um encontro.

Mas sorriu e parou quando eu lhe disse alô.

— Com licença, irmã, você fala inglês?

— Sim.

— Poderia me informar o caminho para Harar?

Ela me avaliou com o olhar e disse:

— Você está sozinho?

— Sim — disse eu.

— Então está com sorte. Venha comigo, eu estou indo para Harar — disse ela. — Ah, aqui está meu motorista.

Salvo, pensei. Talvez porque fosse um dia auspicioso, pois minha mãe estava completando 90 anos. Em poucos minutos — agradecendo à minha incrível sorte e dando graças àquela samaritana — eu estava no banco traseiro de um Land-Rover, seguindo pelas ruelas de Dire Dawa até uma estrada sinuosa e esburacada que subia pelas colinas, tão poeirentas e fustigadas pelo vento que o ar e o céu pareciam alaranjados.

— Eu sou a irmã Alexandra — disse a freira. — De Malta.

Ela se revelou uma grande conversadora. Sentada de lado no banco da frente, dirigia-se ocasionalmente ao motorista, em amárico. Não me olhava, mas às vezes chamava minha atenção para algum aspecto curioso da vida etíope, como os pastores com seus rebanhos de cabras, ou as crianças brincando, com tanta satisfação que chegavam a se embolar, rolando para o meio da estrada e obrigando os carros — o nosso, por exemplo — a se desviar delas.

— Repare só, elas não têm medo. São totalmente livres aqui — disse a irmã Alexandra, acenando para as crianças brincalhonas.

Não parecia surpresa com meu desejo de visitar Harar. Quis saber se eu já tinha visitado Malta (já tinha, na viagem narrada em meu livro *The Pillars of Hercules*). No início, conversamos sobre assuntos banais, sobre a família dela, sua infância, seus estudos de direito, sua decisão de se tornar freira, seus instintos missionários; então entendi que ela estava dando voltas em torno de um tema ao qual retornava de tempos em tempos: "já fui amada".

Era bem mais jovem que eu, cerca de 40 anos, cheia daquela vivacidade maltesa, tão compulsiva que beira a histeria — eu tivera um vislumbre disso no modo como ela caminhava em Dire Dawa, com apaixonada determinação. Não era uma freira sem viço, era vigorosa e tinha uma história para contar.

— Eu tive um noivo, eu estava estudando para ser advogada — disse ela. — Sempre fui muito livre, meu pai me encorajava a acreditar na liberdade. Eu era feliz, estava para entrar de sócia no escritório de advocacia do meu irmão. Tinha uma aliança, já estava até de casamento marcado.

Crianças estavam deitadas no meio de uma curva fechada, naquela estrada de montanha, fazendo cócegas umas nas outras e rindo, completamente alheias aos carros que passavam em alta velocidade ao lado delas.

— Não, aqui é o playground delas! — disse a irmã Alexandra. Eu não tinha falado nada, mas ela tinha se antecipado à pergunta óbvia. Então disse: — Eu comecei a pensar em ser freira. Rezei pedindo uma orientação e quando fiz 20 anos, tomei a decisão.

— O que sua família achou?

— Ficaram chocados. Chocados!

A seu modo dramático, parecia se deliciar com a lembrança.

— E o seu noivo?

— Meu noivo queria que eu fosse a um médico na Itália, para ver se eu era doida. — Agora ela sorria. — Ou se tinha algum problema mental.

— Ele devia estar preocupado.

— Ele estava doente de preocupação e muito desapontado. O casamento foi cancelado, tudo foi desmarcado! Minha família... bem, você pode imaginar. Eles não entendiam. Só meu pai viu o que estava dentro do meu coração. Meu noivo estava desesperado. Eu o amava, mas tinha uma vocação. Antes que eu fizesse os votos finais, em Adis, ele voou até a Etiópia e implorou.

— Não conseguiu fazer você mudar de ideia?

— Ele não me fez mudar de ideia, não — disse a irmã Alexandra. — Mas me deu um anel.

Eu olhei para os dedos dela: nenhum anel. Isso era compreensível, pois uma freira tinha que virar as costas ao mundo material e secular para se tornar noiva de Cristo.

— Meu noivo foi embora. Durante nove anos, ele se lamentou — disse a irmã Alexandra.

Agora, estávamos entrando no coração das montanhas — bastante seco e pedregoso, frio, batido pelos ventos, casas marrons em forma de cubos, pessoas de túnica se deslocando sobre finas canelas, ou de cócoras sobre esteiras, vendendo vegetais murchos. Abri a janela e aspirei o ar fresco.

— Ele encontrou uma mulher e se casou com ela. Tiveram dois filhos. Eu nem mesmo entrei em contato com ele. Pensei nele, claro, pensei muito nele. Mas eu sabia que ele tinha a vida dele e eu tinha a minha. — Ela refletiu sobre isso. — Às vezes eu ouvia falar dele. Bem, Malta, você já esteve lá...

— É só uma ilha. Eu conheço um pouco as ilhas.

— Malta é um lugar pequeno. Nenhum segredo, muita falação — disse ela.

Tínhamos atingido uma altura suficiente, nas montanhas, para sentir frio. As pessoas estavam bem agasalhadas, com cachecóis, capas e capuzes, que o vento sacudia.

— Em maio último, eu recebi um telefonema, voz de mulher — continuou a irmã Alexandra. E, de forma melodramática, imitou a voz distante: — "Eu sei quem você é. Acho que você precisa saber que ele morreu. Obrigada por nos respeitar." Isso foi tudo.

A poeira levantada pelo vento revoluteou em torno de nós, açoitando o Land-Rover. Eu não sabia o que dizer acerca do homem que morrera, então perguntei se ele tinha ficado doente.

— Foi câncer de pulmão, ele nunca fumou nem bebeu. Tinha só 47 anos — disse a irmã Alexandra.

Não havia condolências que eu pudesse oferecer. Eu poderia ter dito: também perdi entes queridos, mas que consolo isso traria para alguém que sofre com a dor de uma perda? Apenas emiti alguns ruídos, mas, ao fazê-lo, percebi que ela estava argumentando.

— Não, não, ele não está morto — disse ela. — Ainda está vivo para mim. Eu vivo com a memória dele. Até falo com ele e ele me guia. Você pode imaginar como é importante ter sido amado?

— Bem, acho que posso — disse eu. — Há um ótimo poema sobre isso, de um poeta inglês. — Em parte recitei e em parte parafraseei os versos de Larkin em "Faith Healing" (A cura pela fé):

> Para as pessoas que lá estão
> Só com amor a vida faz sentido.
> Algumas pensam no amor que darão,
> Outras, no amor jamais recebido.[2]

— Eu soube há pouco tempo que a mulher vai se casar de novo — disse ela. — Ninguém conseguiu compreender nem amar aquele homem como eu. Por isso, ele ainda está vivo para mim.

— É verdade, parece que os mortos não morrem e as pessoas que nós amamos continuam a viver conosco — disse eu. — Ou talvez seja o modo de lidarmos com o sofrimento.

— Você é escritor? — disse ela. — Talvez você possa escrever essa história.

Disse a ela o que sempre digo às pessoas que me oferecem histórias: você deveria escrevê-la você mesma, pois há mais coisas nela do que aquilo que você me contou e, como você conhece todos os detalhes, essa é a sua história, não a minha.

Ela não fez objeções, disse que talvez fizesse isso e acrescentou:

— Eu sou meio poetisa. Já escrevi alguns poemas. — Sorriu aquele enigmático sorriso de *ele não está morto* e disse: — Mas eu sou uma freira. Se publicasse o que escrevi, iria parecer estranho, vindo de uma freira.

— Eu adoraria ler seus poemas — disse eu, imaginando alguma coisa sensual e enlevada, mais para John Donne do que para Thomas Merton, ambos os quais (por serem poetas e clérigos) mencionei a ela.

Se o estereótipo do missionário é o de uma pessoa forte, enfadonha e sorridente, dotada de muita paciência e nenhuma libido, e obcecada pela conversão, a irmã Alexandra era o oposto: tenaz, com certeza, mas também temperamental, obstinada, sem preconceitos e passional. Além de uma cozinheira

---

[2] *In everyone there sleeps / A sense of life lived according to love. / To some it means the difference they could make / By loving others, but across most it sweeps / As all they might have done had they been loved.* (N. do T.)

de alto nível, como descobri mais tarde. Era muito querida no convento e na escola, mas me ocorreu que teria sido excelente esposa e mãe maravilhosa. Ela jamais usava a palavra pecado. Talvez por isso fizesse tanto sucesso em Harar, a única mulher *faranji* na província.

— Todos os moradores daqui são tremendamente ricos — disse ela, quando passamos por Aweyde. — Não repare nas casas. Eles juntam dinheiro, não gastam com roupas e casas.

A cidade produtora de *qât* ocupava ambos os lados da estrada. Era suja e tinha um concorrido mercado, com apenas um produto à venda: os maços de folhas verdes. As montanhas estavam cobertas com elas, sebes e arbustos com aquelas folhas; todos cultivavam, vendiam e mascavam aquilo. As condições em Aweyde eram perfeitas para o cultivo. O preço local do maço era 1,20 dólar americano. Custava três vezes isso em Adis-Abeba; e muito mais no Iêmen, Oman e nos Emirados, para onde o produto era embarcado em Dire Dawa, a bordo de pequenos aviões. Os voos de *qât* eram mais confiáveis que os de passageiros, pois o material perdia potência com muita rapidez e, portanto, tinha que ser embarcado sem demora para os mascadores.

— A qualidade cai depois de um dia — disse-me um comerciante.

Harar não era muito mais longe. Pequenas casas começaram a se tornar numerosas, a estrada se alargou, surgiu um estádio, uma igreja, uma mesquita, mais mesquitas e, adiante, uma cidade murada, com os portões totalmente abertos.

Burton escreveu que muitos viajantes tentaram chegar a Harar, uma cidade proibida, mas em vão. "Um dirigente intolerante e um povo bárbaro ameaçavam matar os infiéis que se aventurassem dentro de seus muros; quando os francos chegaram, parecia que algum Merlin negro[3] tinha lido Declínio e Queda".[4] Ele prosseguiu dizendo que os mais mal-afamados eram os ingleses, porque "em Harar, a escravidão ainda existia e o velho dragão sabe muito bem o que esperar de São Jorge".

Existia também, entre os habitantes de Harar, uma superstição segundo a qual "a prosperidade da cidade dependia da expulsão de todos os viajantes que não fossem da fé muçulmana".

---

[3] O mago Merlin é uma figura lendária do folclore inglês. Seu sonho, segundo alguns escritores, era expulsar da Britannia os saxões e cristãos. (N. do T.)

[4] Alusão à *História do Declínio e Queda do Império Romano*, obra de Edward Gibbon, que muitos utilizavam para estabelecer paralelos com o Império Britânico. (N. do T.)

Burton partiu em 1854 e, depois de uma viagem movimentada que começou em Zayla (hoje Zeila, na costa somali, perto da fronteira com o Djibuti), avistou Harar no alto de uma colina. A cidade murada, uma "pilha de pedras", não era uma visão agradável. Ele atravessou então a porta leste e parlamentou com alguns funcionários da administração; foi finalmente admitido para uma audiência com o emir (que se intitulava sultão). Este lhe estendeu a mão "ossuda e amarelada como uma garra de milhafre" e o convidou a beijá-la. Burton se recusou, "sendo naturalmente avesso a executar tal operação na mão de uma pessoa que não fosse do sexo feminino".

Burton permaneceu em Harar por dez dias (não por sua vontade — durante seis dias tentou deixar a cidade). Minha estada foi ligeiramente menor, mas apenas porque eu me dirigia à Cidade do Cabo, por estradas, ferrovias, rios, o que fosse, e tinha meses de viagem pela frente. O povo da Etiópia ainda olhava Harar como um bastião do fanatismo e da pobreza rural, onde muçulmanos orgulhosos e beligerantes, belos hararis que jamais sonhariam em desposar uma mulher que não fosse harari, conviviam constrangidamente com os coptas. Alguns grupos de somalis famintos haviam se fixado na cidade, juntamente com guardadores de camelos, mendigos das montanhas e uma grande colônia de leprosos na parte de trás da cidade, para não mencionar as hienas, selvagens e famintas, pelas quais Harar era famosa. Tudo isso me interessava — as pessoas em Adis que tentavam me deixar preocupado, com relatos da selvageria harari, simplesmente despertavam minha curiosidade. Eu gostaria de ter permanecido em Harar por mais tempo.

Havia muitos mendigos, pois o período islâmico do *hadji* estava no final e a fé muçulmana determina aos seguidores que, em tais ocasiões, ajudem os pobres de forma generosa. As mesquitas eram ímãs para os pedintes e, num festival como aquele, havia multidões deles, estendendo as mãos macilentas e pedindo esmolas. Eu nunca tinha visto tanta gente desamparada.

A xenofobia descrita por Burton ainda era um traço característico da vida em Harar. Hararis só se casavam com hararis e não se misturavam socialmente com mais ninguém. Tinham aversão à simples presença de estrangeiros, em conformidade com a antiga crença de que estrangeiros traziam perigo e má sorte à cidade. Não era incomum que algum indivíduo — geralmente velho, desdentado e de aspecto selvagem — surgisse de algum umbral e berrasse na minha direção. Ao estabelecer contato visual com um harari, eu invariavelmente percebia desconfiança e hostilidade. Muitas vezes a pessoa parecia resmungar alguma coisa contra mim.

— Ah, as coisas que eles dizem para os *faranjis* — disse-me uma mulher etíope, revirando os olhos ao se lembrar dos comentários —, principalmente das mulheres *faranji*.

— Por exemplo?

— Eu não posso repetir essas coisas.

Um belga, funcionário de uma organização assistencialista, disse para mim:

— Algumas pessoas cospem em mim no mercado, sem razão nenhuma, só porque eu sou *faranji*.

Este mundo é interessante. Burton escreveu: "frequentemente eu ouvia os lanceiros de cabelo vermelho murmurar o agourento termo *faranj*"; e acrescentou que os beduínos "aplicam esse termo a todos, exceto a eles mesmos". Naquela época, mesmo os mercadores indianos eram chamados de *faranji*, se por acaso estivessem usando calças (*shalwar*).

A palavra *faranji* é derivada de "franco" — nome de uma tribo germânica que chegou à Europa ocidental nos séculos III e IV d.C. A denominação, do qual o termo "francês" é um cognato, tornou-se corrente durante as cruzadas, no século XII d.C., quando os europeus saquearam os lugares islâmicos sagrados em nome de Deus. No Levante e, mais tarde, em lugares tão distantes quanto o sudeste da Ásia, "franco" passou a significar qualquer ocidental. "Enormes multidões se reuniam para observar o estranho franco e seu comportamento" — registrou Edward Lear sobre si mesmo, no diário que escreveu na Albânia, em 1848. A palavra *afrangi*, uma forma de *faranji*, é tida como obsoleta no Egito, embora ainda seja usada ocasionalmente, sobretudo em combinações (um *kabinet afrangi* é um banheiro ocidental). Eu a ouvia de vez em quando no Sudão. O termo viajou para o leste — até a Índia e o sudeste da Ásia; na Tailândia, os estrangeiros de pele branca são conhecidos como *farangs* e, na Malásia, como *feringhi*.

Durante quase todo o tempo que passei em Harar, fui seguido por crianças que cantavam:

— *Faranji! Faranji! Faranji!*

Pessoas mais velhas às vezes gritavam a mesma coisa para mim e, às vezes, quando eu descia de carro lentamente pelas ruas, um harari com aspecto de maluco saía correndo de uma porta, ia até a janela do carro e cuspia, gritando a palavra no meu rosto.

Hospedei-me no Hotel Ras, orientado pela irmã Alexandra. Quinze dólares por pernoite incluíam café da manhã; havia culinária etíope ("comida nacional") no cardápio. O período copta da Quaresma estava em pleno andamento. Os coptas eram tão rigorosos na observância de seus feriados religiosos quanto os muçulmanos durante o Ramadã e o Eid — na verdade, pareciam competir uns com os outros no rigor da devoção. "Sou mais santo que você" era o subtexto das mortificações insensatas e dos severos rituais de jejum.

"Uma lúgubre mistura das mais absurdas ideias dos antigos sacerdotes cristãos e judeus, com sabor copta e tempero de abominações locais" — é a categórica descrição da Igreja Abissínia, feita por Vladimir Nabokov em uma de suas extensas anotações ao quarto volume de *Eugênio Onegin*, de Pushkin. O bisavô materno de Pushkin nascera na Abissínia, provavelmente em Tigre. Resumindo o progresso do cristianismo na região, Nabokov escreve:

> O Evangelho foi introduzido na região por volta de 327 d.C., por Frumentius (c. 290 — c. 350), nascido na Fenícia, que foi sagrado bispo de Aksum por Atanásio de Alexandria (...) Missionários jesuítas confrontaram os inomináveis perigos de uma terra mitológica, pelo santo prazer de distribuir as imagens de seus legítimos ídolos e de rebatizar as crianças nativas sob o pio disfarce da assistência médica. Nos dias de hoje, os russos têm ficado agradavelmente surpreendidos quando percebem um caráter greco-ortodoxo em antigas práticas eremíticas que ainda subsistem na Etiópia; e os nativos suspeitam dos missionários protestantes, que consideram pagãos, pela indiferença que demonstram com relação às imagens de santas e garotos com asas.

Na Quaresma, os coptas não ingerem leite, carne ou peixe; comem apenas "comida de jejum" — purê de vegetais — sobre uma camada de *injera*, um pão cinzento e esponjoso, feito de grãos fermentados, espalhados sobre uma grande travessa. "Como um crepe ou uma panqueca", diziam as pessoas. Mas não; aquilo é frio, úmido e borrachudo, mais parecido com uma toalha molhada do que com um crepe. Condimentos e molhos chamados *wot* eram colocados sobre a *injera*, a intervalos, juntamente com feijão, lentilhas, repolho, batatas, cenouras, tomates — tudo transformado em polpa. Nos meses sem jejum, peixe e carne podiam ser acrescentados. Em Harar, a *injera*, feita de painço, era doce e não fermentada, mas ainda tinha a aparência e o gosto de uma toalha de banho madura demais.

Eu estava tão satisfeito em Harar — hotel barato, clima bom, paisagem estranha, telefones avariados — que esbocei a história erótica que concebera no Nilo, sobre o jovem, a mulher mais velha e seu médico enigmático. Comecei a escrever para me consolar da solidão e para ajudar a passar o tempo.

Certa manhã, dei de cara com o sr. Nyali Tafara, no portão principal da cidade.

— Eu nasci e fui criado em Harar.

Ele estava desempregado. A maioria dos homens em Harar estava desempregada, segundo ele. Estivera diversas vezes em Adis, mas nunca pusera os olhos no Djibuti, uma viagem mais curta, seis horas pela ferrovia. Era cristão e estava em jejum severo. Disse-me que a história local era seu assunto favorito.

Harar fora o cenário de uma historiazinha estranha, que parecia extraída das *Ficções*, de Borges, e poderia receber o nome de "O Exilado".

Como a solidão é a condição humana, um exemplo claro do perfeito estranho é o homem branco na África negra, sozinho em seu posto, uma aberração. O paradigma seria o poeta famoso, vivendo na obscuridade em uma cidade murada, em meio a filisteus e negros analfabetos, cujo respeito tinha que conquistar. Era um homem de negócios solitário em uma sociedade de traficantes de escravos. Sua cabeça fervilhava com imagens surrealistas e réplicas cínicas, embora raramente falasse sua própria língua, a não ser em surdina.

Para os africanos, aquele excêntrico de terno roto era apenas mais um *faranji* doentio, perambulando pelo mercado malcheiroso, observando os leprosos que pediam esmolas na mesquita, as ruelas repletas de bosta de cabra, os pernis de camelo pendurados no açougue, cobertos de moscas.

Nem a mulher com cara de raposa, que ele tomou como amante, conhecia sua história. Não que ele conhecesse a dela: eram opostos, preto e branco, mas conviviam bem. Talvez o fato de viajar com ela (às vezes até o Áden) fosse prova de que a amasse. Ela foi fotografada por um aventureiro italiano e descreveu a vida que levava com o *faranji*, os silêncios dele, suas perguntas, seus mapas, seu esconderijo de moedas, as cartas que escrevia, sua paixão pela fotografia, seus livros, como detestava ser interrompido e falar sobre seu passado. Ela não sabia de onde ele era. Ele dizia que amava o deserto. Ela não sabia que, em selvagens poemas premonitórios, ele tinha previsto sua estranha existência.

O poeta que aos 19 anos escrevera "é necessário ser completamente moderno" estava, então, com quase 30 anos, prematuramente grisalho, preocupado em anotar a golpes de pena, no livro de registros da companhia, o peso das presas de elefantes e das sacas de café que seriam levadas até a costa em caravanas de camelos. Seus entusiasmos inesperados o distinguiam tanto quanto sua cor — e seu domínio do árabe, seus conhecimentos do Corão, suas habilidades como fotógrafo. Ele atravessou a perigosa região do Danakil e explorou o deserto de Ogaden, revelando seus intrincados caminhos e seus poucos oásis. Depois de uma viagem terrível, ele escreveu: "Estou acostumado com tudo. Não tenho medo de nada."

O preço dos rifles era assunto que o interessava. Os árabes em Harar jamais tinham ficado tão curiosos. *Faranjis* iam e vinham, mas aquele permaneceu na região por dez anos, de forma intermitente, vivendo em habitações modestas. Ele detestava a comida. Ninguém sabia o que se passava em seu coração, nem ouvia as ironias que murmurava, nem entendia seu talento para o sigilo. Ele negava ser rico e dizia que o tinham trapaceado, enquanto estalava as cédulas do reino e fazia tilintar grandes sacos de dólares Maria Theresa.

Emissários de Menelik o procuraram mais tarde e lhe encomendaram armas de fogo e munição — que ele trouxe da costa, em caravanas. Ele conhecia Makonnen, o pai de Hailé Salassié. O imperador negociou com ele pessoalmente e o ajudou a ficar rico.

O pior dia de sua vida foi assim: em uma visita a Áden, ele se confrontou com seu empregador, um francês que ele detestava. O homem estava exultante com uma notícia assombrosa. Um jornalista francês, em viagem, havia lhe dito que reconhecera o nome daquele seu empregado: fora um gênio precoce na França e era famoso como poeta decadente.

Essa revelação foi como uma brincadeira de mau gosto. O diligente, sério e até mal-humorado comerciante era o queridinho da Paris literária. Absinto, embriaguez, sodomia, verso livre! O sujeito o azucrinou, lembrando sua vida dupla. O carrancudo mercador de café era um poeta! Finalmente, o patrão tinha alguma coisa contra ele.

O exilado negou tudo. *Eu é outra pessoa*, escrevera ele certa vez, adorando o enigma. Mas, no exílio, jogos de palavras eram uma frivolidade. Finalmente, ele admitiu quem tinha sido; disse que aquele "absurdo" era um "caso encerrado".

Um homem vai até o fim do mundo para começar vida nova e pensa que conseguiu. Então o passado irrompe e o fugitivo disfarçado é reconhecido por um antigo inimigo. Ele fora feliz em seu anonimato, apenas um homem branco em uma região primitiva. Agora estava nu.

A história de Rimbaud em Harar.

Eu disse ao sr. Nyali Tafara:

— Eu quero ver a casa de Rimbaud.

— A casa de verdade ou a outra?

— Ambas.

O fato é que nenhuma das muitas casas ocupadas por Rimbaud em Harar ainda está de pé. A casa anunciada como sendo a de Rimbaud foi construída após sua morte, um velho casarão de três andares, quase todo em madeira, que pertenceu a um comerciante indiano; o estilo é rococó islâmico, com vitrais coloridos, persianas e amplas varandas. Como demonstrou Graham Robb, seu último e melhor biógrafo, a ironia e o escárnio que

Rimbaud dirigia a si mesmo, bem como seus embustes deliberados, criaram o mito de um Rimbaud arruinado, falido, fracassado, sem esperanças, um exilado descontente.

Na verdade, ele era um viajante engenhoso, comerciante imaginativo, consumado linguista (falava árabe e amárico) e explorador corajoso — o relato que fez sobre suas descobertas em Ogaden foi publicado pela Société de Géographie, em Paris. Tinha bons conhecimentos de botânica e etnografia. Gostava de viver em Harar. Era um homem de negócios astuto e, embora tenha desistido da poesia, planejava escrever um livro sobre a Abissínia. A posteridade, inflexível como sempre, interpretou de forma literal seu humor cáustico, seu sarcasmo e sua autoironia. A descrição que Robb faz dele é bastante apropriada: "um misantropo satisfeito".

Em um de seus autorretratos, zombando sombriamente da própria vida, Rimbaud escreveu para casa:

> Ainda fico muito entediado. De fato, nunca conheci ninguém que fique tão entediado quanto eu. De todo modo, é uma vida desgraçada, você não acha — nenhuma família, nenhuma atividade intelectual, perdido no meio de negros que tentam me explorar e tornam impossível concluir os negócios com rapidez? Forçado a falar o patoá deles, a comer sua comida nojenta e a sofrer milhares de aborrecimentos causados por sua indolência, falsidade e estupidez!
>
> E há uma coisa ainda mais triste — o medo de que eu mesmo me transforme em um idiota, preso aqui, longe de qualquer companhia inteligente.

Mas, embora negasse isso, ele era o feliz capitão de um barco bêbado. Como muitos de nós, gostava de valorizar o próprio sofrimento — reclamava até quando estava se divertindo, prosperava na adversidade e resmungava desonestamente sobre a selvageria, a comida ruim, o desconforto e a pobreza. Relatos de sua época comprovam que ele vivia bem em Harar, ganhava dinheiro e se sentia em casa na cidade.

Era impossível, para mim, imaginar Rimbaud naquela casa, embora várias instituições culturais da França tenham levantado dinheiro para beatificar sua suposta residência. No final do século XIX, o prédio abrigou uma escola francesa, em cujas salas de aula o jovem Hailé Salassié conjugou seus primeiros verbos irregulares.

O prédio era agora dedicado à memória de Arthur Rimbaud, patrono de todos nós, viajantes, que temos ecoado a pergunta irrespondível que, em Harar, ele foi o primeiro a formular: *O que estou fazendo aqui?*

Muitas das fotografias que estão na casa foram tiradas pelo próprio Rimbaud, na década de 1880, e são ainda mais evocativas por serem instantâneos despojados, como fotos de um proscrito — Rimbaud semicerrando os olhos sob a luz do sol, Rimbaud de terno branco, Rimbaud parecendo doente, cenas de casebres e multidões na década de 1880, muito parecidas com os casebres e a multidão que estou vendo pela janela esta manhã. Rimbaud enviou os instantâneos para a irmã e a mãe. Nesses retratos, ele não é mais o jovem anárquico, que procurava deliberadamente parecer um crápula (como afirmou), mas um francês zombeteiro na casa dos 30, que se refere à "água imunda que uso para me lavar" e escreve: "esta foto é só para você se lembrar do meu rosto".

Galhardetes com citações de "O Barco Bêbado" *(Le bateau ivre)*, que ele escreveu aos 16 anos, e "Uma Estação no Inferno" *(Une saison en enfer)* decoravam as paredes. Embora ele tenha abandonado a poesia aos 19 anos, de forma definitiva, ambos os poemas são apropriados à vida movimentada que levava em Áden e Harar.

"Eu estava à deriva em um rio que não podia controlar", escreveu ele em "O Barco Bêbado"; e depois, em outra estrofe: "Vi o que os homens apenas sonharam que viram." Em "Uma Estação no Inferno", na seção "Sangue Ruim", ele escreveu: "A melhor coisa é abandonar este continente, onde a loucura espreita... Entrarei no verdadeiro reino dos filhos de Cam."

Essas conjeturas precoces foram também prescientes, pois muitos etíopes são descritos como camitas e, na África, a vida de Rimbaud imitava sua arte. As imagens alucinadas dos melhores poemas de Rimbaud se transformaram nas impressionantes paisagens de sua vida no Iêmen e na Abissínia. Quando jovem, em Charleville, procurando o exotismo em sua imaginação, ele produzira uma poesia genial; na África, em busca do exótico, uniu-se a uma mulher abissínia, conduziu caravanas pelo deserto de Danakil, comerciou com o rei de Shoah e, em sua aventura mais heroica, foi o primeiro europeu a explorar e escrever sobre o então desconhecido território de Ogaden.

Outra casa, bem mais humilde que a do mercador indiano, era a verdadeira casa de Rimbaud, segundo Nyali. Ele me contou que seu pai e seu avô costumavam chamá-la de "casa de Rimbaud". Gaviões planavam sobre ela, assim como sobre toda a cidade. Ou, provavelmente não seriam gaviões, mas milhafres negros, os verdadeiros gaviões e falcões deveriam estar nos campos. Os céus de Harar estavam repletos de aves de rapina e suas ruas, à noite, ficavam cheias de hienas predadoras.

A casa "de verdade" ficava em uma das praças principais, perto do portão oeste da cidade, uma pequena construção de dois andares, em estuque, com um pórtico encimado por duas janelas pintadas de verde e uma inscrição grafada nos antigos caracteres amáricos: *Wossen Saget Bar*. Entrei na casa e me deparei com alguns hararis bêbados — ou talvez não fossem hararis, já que muçulmanos não bebem álcool. Mas bêbados, de qualquer forma. O lugar, de tetos baixos, era úmido e escuro.

Ao entrar, fui importunado por mendigos e, ao sair, alguns garotos sorridentes gritaram alguma coisa para mim. Afastando-me deles, fui atacado por um milhafre negro — ou melhor, um milhafre arremeteu para baixo e agarrou meu boné, arranhando meu couro cabeludo com suas garras. Os garotos gritaram de novo, rindo do meu susto, pois o gavião tinha me tornado alvo de suas bricadeiras.

— *Faranji!* — gritaram os garotos em amárico. (Em oromo, segundo Nyali, a palavra era *faranjo*).

Embora os garotos gostassem de gracejar, e os adultos às vezes berrassem na minha direção, eu recebia olhares curiosos de algumas mulheres aninhadas nos umbrais.

— Um dia, na escola, eu estava comendo — disse Nyali. — Um gavião desceu, tirou o pedaço de carne da minha mão e fez isso — arrancara parte do polegar, a cicatriz ainda era bem visível, depois de 25 anos.

De uma rua de pedras, que ficava em uma parte alta da cidade, Nyali apontou para o leste e disse:

— Lá é a Somália, aquelas colinas — colinas pardacentas no horizonte. — Aquela estrada é o caminho para Hargeissa. Os somalis trazem sal de lá.

As caravanas de sal, mencionadas por Burton, eram tão antigas quanto a cidade, mil anos de caravanas provenientes da costa.

— Trocam o sal por *qât* e levam para a Somália.

Mas havia outras mercadorias — os indianos vendiam tecidos e as armas de fogo eram sempre bem-vindas. Atualmente, havia tráfico de drogas e de marfim. Harar era um dos centros do comércio ilegal de marfim, na Etiópia.

Os mercados tinham aspecto medieval e estavam cheios de indivíduos das tribos do interior — oromos, hararis, também chamados de aderes, galas — todos identificáveis pelas cores de suas túnicas, penteados ou estilo dos adornos. Em sua maior parte eram mulheres, mulheres encantadoras. Burton já tinha reparado em sua beleza. A esposa de Rimbaud pertencia à tribo vizinha dos argobas — cujos membros se aglomeravam na praça do mercado, com jumentos, cabras e crianças. As barracas, cobertas com toldos, estavam abarrotadas de condimentos, feijão, cascas de café — para o preparo da forte bebida que eu provara no Sudão —, sal, tomates, pimentas, abóboras, melões, lindas cestas cobertas de couro, exclusivas de Harar, e mesas cobertas de contas. O condimento mais comum era o feno-grego (*abish*, em amárico, *hulbut*, em harari), um ingrediente típico da comida harari. Havia maços de *qât* e grandes bacias esmaltadas com tabaco a granel.

— *Tumbaco* é como nós chamamos isso — disse Nyali. — Ou *timbo*.

Pilhas de lenha eram vendidas pelo equivalente etíope a um dólar, o que parecia caro, já que as pilhas não eram grandes e cada uma deveria durar poucos dias. Carne de camelo também tinha preço elevado, mais de dois dólares o quilo, mas, para dourar a pílula, os açougueiros cortavam alguns pedaços da corcova e os acrescentavam ao pacote. A corcova do camelo é pura gordura, branca e cremosa como queijo.

— Os muçulmanos comem camelo, nós comemos cabra — disse Nyali.

Perto de uma mesquita chamada Sheik Abbas, Nyali me conduziu por uma passagem tão estreita que uma pessoa não poderia ultrapassar a outra sem espremê-la. Por este motivo, era conhecida como Travessa da Reconciliação (*Magera Wageri*).

— Deus envia para cá as pessoas que se desentendem. Elas se encontram e, quando uma tenta ultrapassar a outra, acabam se reconciliando.

Era uma bela história, mas havia valas de esgoto nas vielas e travessas estreitas ao lado das casas de estuque, outro aspecto medieval da cidade — escoadouros abertos onde o lixo se misturava com lama e dejetos, tornando necessário andar com cuidado. Burton também menciona isso: "As ruas são passagens estreitas (...) cobertas com gigantescas pilhas de entulho, sobre as quais repousam matilhas de cães sarnentos ou caolhos." Os europeus podem ficar chocados, mas a Europa, um dia, foi exatamente assim.

Nyali disse:

— Quando chover, o lixo vai embora.

— Quando vai chover aqui?

— Talvez em maio.

Estávamos no dia 4 de março.

Na manhã seguinte, às seis horas, fui acordado pelo ruído de sandálias se arrastando, um som de passos pesados. Olhei pela janela e vi milhares de pessoas andando depressa pelas ruas. Eram fiéis voltando do estádio, onde tinham se reunido para as orações que assinalam o fim do *hadji*, período que talvez explicasse por que os hararis tinham estado tão irritadiços. Eu sabia, por experiência, que rituais que exigem um longo período de preces e jejum tornam os crentes mal-humorados.

— Hoje vamos comer! — era o cumprimento em Harar para o dia de festa. Os habitantes da cidade estavam de bom humor, os homens vestindo túnicas imaculadas, as mulheres, lindos vestidos, xales, braceletes e brincos. Algumas pessoas tinham vindo do interior remoto, depois de cavalgarem duas ou três horas: rapazes falando alto e garotas tímidas, em grupos, passeando e olhando embasbacadas. Todos comiam, ou melhor, carregavam algum alimento — garotos apressados, com bandejas de pãezinhos pegajosos, uvas, pedaços de melão ou terrinas com guisado de carne.

Comida por toda parte. Lembrei-me da festa narrada em *Salammbô*, um romance de Flaubert que eu tinha lido no Nilo. "Antílopes com os chifres, pavões com as penas, carneiros inteiros cozidos em vinho doce, quartos de camelos e búfalos, porcos-espinhos em garum, gafanhotos fritos, arganazes em conserva (...) grandes nacos de gordura flutuavam em açafrão."

Sabendo que o Corão estava do lado deles, e se aproveitando dos bons sentimentos despertados por um dia de festa, os mendigos estavam sentindo-se confortáveis, implorando, importunando, exigindo. Eram velhos e jovens, cegos, aleijados, mulheres e crianças sem um dos membros, feridos de guerra, leprosos sem dedos, todos gritando por esmolas, como uma procissão de coletores de impostos, abrindo caminho pelas passagens estreitas da cidade, extorquindo tributos de quem encontrassem. Comecei a contá-los, mas, quando cheguei a cem, desisti.

Havia muitos leprosos reunidos no lado de fora do portão leste da muralha. Era o Portão Erar — os diversos nomes escrupulosamente anotados por Burton ainda estão em uso. Logo além do portão, havia um abrigo de leprosos chamado Gende Feron — Vila Feron — em homenagem ao médico francês que o organizara, na década de 1940, e cuidara dos doentes. Mas era óbvio que o lugar tinha sido estabelecido muito antes disso, como área para proscritos, talvez desde os tempos antigos, já que ficava próximo aos muros.

A vila dos leprosos tinha cerca de mil habitantes, velhos e incapacitados em sua maioria. Na África, as superstições no tocante aos leprosos — doentes de hanseníase — mantiveram essas pessoas à margem do contato social. A doença, não muito infecciosa, é facilmente tratada e inteiramente curável. Mas na Etiópia, por exemplo, falava-se mais na lepra do que na aids — e a Etiópia possui, talvez, a segunda ou terceira maior população de doentes com HIV da África, 8% deles (a África do Sul tem 10%), com cerca de um quarto de milhão de mortes provocadas pela doença no ano 2000. Embora houvesse numerosas prostitutas dentro dos muros de Harar, nenhuma delas se aventurava na vila dos leprosos, em frente ao Portão Leste.

Os casebres de pau a pique da vila eram feitos com madeira descartada. Em meio às cabras, que ficavam amarradas por perto, mulheres cozinhavam em fogueiras fumacentas. O lugar tinha uma parte nova — recente, pelo menos, apesar da aparência decrépita. Uma organização assistencialista alemã tinha construído uma série de casas de dois andares, com sacadas e escadarias, as únicas escadarias do gênero que vi em Harar. Muitas das habitações pareciam vazias; outras, mal-utilizadas e vandalizadas. Então perguntei sobre elas — tão novas e tão negligenciadas.

— As pessoas odeiam essas casas — disse-me um homem. — Para começar, ninguém quer morar nelas.

— Mas elas são novas. E são mais resistentes do que as cabanas de barro — disse eu, para espicaçá-lo, já que podia perceber por que as casas não serviam.

— São muito altas. Não há espaço. Eles não podem levar os seus jumentos e cabras para dentro.

— Por que eles precisam fazer isso?

— Para proteger os animais das hienas.

A presunção dos doadores é que os pobres, doentes ou famintos irão aceitar qualquer coisa que lhes for doada. Mas até os pobres podem ser exigentes, os enfermos podem ter prioridades e as vítimas da fome têm uma dieta tradicional. Os alemães construíram casas que não se pareciam com nenhuma outra em Harar — tinham proporções inadequadas e não levavam em consideração a segurança dos animais. Assim, foram rejeitadas pelos leprosos, que escolheram viver de forma mais segura, com maior privacidade e — segundo lhes pareceu — mais dignidade em suas velhas cabanas de argila à beira da estrada. As construções dos alemães — caras e novas, mas malcuidadas e mal utilizadas — eram o verdadeiro gueto em Harar.

Retornando à cidade, fui ver a casa em que vivera Hailé Salassié, quando fora governador. Era uma velha mansão, construída por um mercador indiano. Tinha sido elegante, outrora, mas agora estava em péssimo estado. Seu morador era um curandeiro tradicional, o xeique Haji Bushma. Ele estava sentado de pernas cruzadas em um tapete, mascando *qât*, em meio a uma nuvem formada por fumaça de incenso. Sua boca estava cheia de erva e seus lábios e língua brilhavam com uma espuma esverdeada.

— Eu curo asma, câncer, lepra, com a ajuda de Deus e alguns remédios — explicou.

Conversamos um pouco e ele me deu algumas folhas de *qât* — as primeiras que masquei. Tinham um gosto forte e ardido e, depois que as mastiguei por algum tempo, entorpeceram minhas papilas gustativas. Burton disse que a erva tinha as "singulares propriedades de avivar a imaginação, clarear as ideias, alegrar o coração, diminuir o sono e substituir a comida".

Também matava a conversa. Depois que o xeique Haji Bushma me explicou sua linha de trabalho, limitou-se a ficar sentado, mastigando como um ruminante, sorrindo-me às vezes e enfiando folhas de *qât* na boca, retirando-as do maço que tinha na mão.

Um dos garotos que o ajudavam me deu outro maço e eu continuei a mascar e a engolir. Tive que mascar durante dez ou quinze minutos para começar a ficar alto. Senti que isso era uma realização — tente tudo duas vezes, era meu lema — mas antes que pudesse me acostumar, o vão da porta foi obscurecido e percebi que o xeique Bushma estava recebendo um paciente. Dei-lhe um pouco de *bakshish* e saí.

No dia seguinte, fui ao convento-escola para visitar a irmã Alexandra, acompanhado de outras freiras e de uma funcionária da Cruz Vermelha, Christine Escurriola. A irmã Alexandra tinha preparado espaguete com molho de tomates colhidos em seu jardim, além de peixe grelhado e salada.

— Isso é para você variar da *injera* do Hotel Ras — disse ela.

O trabalho de Christine era visitar as diversas prisões da província, para se assegurar de que os prisioneiros não estavam sofrendo torturas ou maus-tratos. Muitos eram presos políticos.

— Alguns estão na prisão sem o menor motivo, talvez tenham inimigos na polícia — disse Christine. — Outros, até parece brincadeira: pegaram seis anos porque deram um copo de água para o soldado errado.

Quanto a choques culturais, ela disse que não sofrera nenhum na Etiópia. Isso só acontecera quando voltara para casa, na Suíça, ao ouvir as pessoas falarem em lavadoras elétricas e sapatos de crianças.

— E aqui as pessoas não têm nada — disse a irmã Alexandra.

Christine tinha sido funcionária da Cruz Vermelha na Colômbia, Índia, Iugoslávia e Kuwait.

— E gostaria de ir para o Iraque, na minha próxima missão.

Christine enfrentava as dificuldades com boa disposição. A falta de água ou eletricidade era comum em Harar. No interior, onde ela e seu grupo visitavam as prisões, os hotéis eram deprimentes e também faltava água. Muitas vezes só havia um leito disponível e as mulheres da Cruz Vermelha tinham que dormir juntas.

— Estou tentando imaginar a situação — disse eu. Mas enxergava o quadro com muita nitidez.

— Se uma pessoa estiver limpa e as outras estiverem sujas, isso é um problema — disse Christine. — Mas se todos estiverem sujos, não tem problema. Se ninguém se lavou, todos cheiram igual.

Mesmo sabendo que aquelas mulheres eram modelos de virtude, funcionárias da Cruz Vermelha preocupadas com os direitos humanos em remotas prisões da Etiópia, a revelacão de Christine recheou meu cérebro suscetível com as deliciosas imagens de três garotas desmazeladas, desgrenhadas e folgazãs, as Três Graças, com dedos pegajosos e rostos encardidos, acomodando-se em uma cama etíope, o quadro erótico de ninfas despenteadas ao cair da noite.

— É muito ruim estar sem abrigo durante a noite — disse ela. À noite, havia ladrões e bandidos em Harar.

— E — disse a irmã Alessandra, enchendo meu prato com mais uma porção de espaguete — as hienas, é claro.

Todos mencionavam as hienas em Harar. Burton as analisou em seu livro. "Esse animal (...) espreita nos campos durante toda a noite, segue os viajantes e devora o que encontrar, às vezes abatendo crianças e camelos; quando muito pressionado pela fome, ataca homens adultos." As pessoas ainda gostavam de falar sobre as hienas, pela singularidade e pela sensação de perigo que conferiam à cidade. Numa época em que a vida selvagem está desaparecendo, as hienas africanas prosperam, são caçadoras bem-sucedidas. A hienas de Harar eram incomuns, pois não temiam os humanos — na verdade, após escurecer, perseguiam quem andasse pela cidade.

Quando eu ainda estava em Harar, ouvi a história de um garotinho que brincava ao lado do pai, uma noite, e fora atacado por hienas. O garoto morreu no dia seguinte. Era um acontecimento considerado raro, pois os ataques de hienas nem sempre terminavam em morte. Mas, fora da cidade, cerca de 25 quilômetros a leste, em Babile, na estrada para Jijiga — na direção da Somália — os ataques eram ocorrências semanais. Os hararis afirmavam que não tinham medo das hienas. Muitos mascadores de *qât*, durante a noite, sentavam-se em esteiras no lado de fora das casas, enchiam as bocas de erva e se divertiam com as idas e vindas das hienas, também grandes mastigadoras.

Em uma conversa que tive com Abdul Hakim Mohammed, que era um príncipe, descendente direto do emir de Harar (suas filhas eram *gisti*, princesas), ele mencionou as hienas e os homens-hienas.

— Nós tivemos santos, *walia*, homens sagrados. Em um determinado dia, eles faziam mingau e colocavam do lado de fora, para as hienas. As hienas sabiam qual era o dia e, então, apareciam. Cada hiena tinha um nome. Eram muitas.

Mais tarde, descobri que o Dia do Mingau da Hiena era o sétimo dia do Muharram, durante o festival muçulmano de Al-Ashura. Predições para o futuro eram feitas com base em quanto mingau as hienas comiam.

Eu disse:

— Então Harar é famosa por suas hienas.

Ele disse:

— É mais famosa pela religião. Nós éramos como missionários, ensinando o Corão. — Ele pensou por um momento. — O que se escreve e o que se pensa é que nós somos xenófobos.

A tradição em Harar, segundo ele, era apaziguar as hienas. Esta era a tarefa autodesignada do homem-hiena da cidade, Yusof, que coletava ossos e pedaços de carne nos açougues, durante o dia; ao cair da noite, levava um saco com os restos para fora da cidade, juntamente com um banquinho, e alimentava as criaturas.

— Nós acreditamos que, se alimentarmos as hienas, elas não vão causar problemas na cidade — disse-me um harari.

Encontrei Yusof certa noite, perto do muro da cidade, sob uma árvore morta, observando os campos poeirentos ao longe. Um homem muito sério e taciturno. Tinha no colo um naco de carne de camelo e, ao lado, uma sacola manchada de sangue.

A distância, as hienas se agrupavam, trotando na característica posição curvada, regougando excitadamente. Ao se aproximarem, começaram a brigar umas com as outras, mordiscando-se no pescoço e nas costas. Eu tinha acabado de contar 11 delas, quando, em um campo adjacente, vi outra matilha se aproximando, oito ou dez hienas.

— Cada uma tem um nome — disse-me o taxista harari.

Uma hiena grande se aproximou silenciosamente de Yusof.

— Qual o nome dessa?

A pergunta foi transmitida a Yusof, que murmurou uma resposta e segurou o pedaço de carne em frente ao focinho da hiena, recusando-se a deixá-lo cair, forçando o animal a comer na sua mão. Foi o que fez a hiena, escancarando a boca, rosnando e arrancando a carne dos dedos de Yusof.

— O nome dela é "A Corredora".

As hienas se moviam em círculos, ainda disputando a supremacia. Yusof atirou a carne e os ossos a alguns metros, e elas começaram a lutar pela comida. Às vezes, ele espetava a carne em uma forquilha e as alimentava desse modo. De repente, colocou na boca um pedaço de carne crua e se curvou em direção aos animais.

Fora do círculo que as hienas haviam formado, dúzias de outras se reuniram, brigando entre si, rosnando, regougando e correndo, com aquele estranho movimento de pernas, como se estivessem mancando. As hienas que tinham conseguido alguma coisa para comer estavam mastigando e sua mastigação era bastante audível, pois comiam tudo, inclusive os ossos, triturando-os com estrépito.

— Se você me der dinheiro, eu acendo os faróis — disse o taxista.

De boa vontade, estendi-lhe algum dinheiro; fui recompensado com a visão de uma hiena de olhar selvagem, assustada e faminta, rangendo os dentes. Então, sob a luz brilhante dos faróis, o animal usou suas garras salientes para arrancar a peça de carne da boca de Yusof.

No dia seguinte, deixei Harar, com as crianças e alguns adultos gritando *"faranji"* para mim. Não levei a mal. Zombavam de mim, como zombariam de qualquer estrangeiro. Minha situação era certamente melhor que a da mulher harari que vi agachada em uma soleira, perto do portão principal da cidade, sendo espancada com um pesado bastão por um homem de barba grisalha, túnica e turbante. Enquanto o homem a golpeava por todo o corpo, usando o lado mais grosso do taco, ela berrava de dor. Outra mulher, acocorada nas proximidades, fez uma careta e se afastou, para não ser atingida por acidente. Ninguém mais prestou atenção. Quando terminou, o homem estava um tanto arquejante pelo esforço — espancar alguém com um pedaço de pau é trabalho pesado. A mulher continuava a gritar, curvada para baixo e segurando a cabeça, enquanto o homem ia embora, balançando o bastão, como um marido que acabou de cumprir seu dever.

Os homens são brutais no mundo inteiro: aquilo poderia ter acontecido em qualquer lugar. Mas os leprosos, hienas, presas de marfim, lixo, jumentos zurrando, valas abertas em ruelas de pedra, o gosto forte dos condimentos, o açougueiro coberto de sangue, que erguia o cutelo e cortava uma corcova peluda, revelando um queijo macio de gordura de camelo (e sorrindo ladinamente ao oferecê-lo como brinde), os lamentos das pessoas orando, o convite de uns olhos escuros para entrar em uma cabana escura, os gritos de "estrangeiro!", tudo isso explicava por que Rimbaud tinha sido feliz aqui. Ele gostava da África por ser tão antiEuropa, o antiOcidente que de fato é, às vezes de forma desafiadora, às vezes de forma preguiçosa. Eu gostava daqui pelas mesmas razões, porque nada havia de familiar. Estar na África era como estar em uma estrela negra.

7 *A estrada mais longa da África*

De volta a Adis, tentei planejar uma viagem por terra até a fronteira do Quênia — e além. Planejar não era difícil, só havia uma estrada. Mas, naqueles tempos de incerteza, as informações não eram confiáveis. Quanto mais afastadas de uma capital africana, piores se tornavam as estradas — todos sabiam disso. E quanto mais perguntas eu fazia, mais as respostas eram vagas. Em tais circunstâncias, o clichê *terra incognita* transformou-se em algo concreto e definido. A fronteira era longe; lugares distantes eram desconhecidos; o desconhecido era perigoso.

As cidades de fronteira, nos países africanos, eram lugares terríveis, verdadeiros acampamentos de marginais, refugiados e desabrigados, famosas pelos contrabandistas e propinas, notórias pelos atrasos, subornos, funcionários corruptos, policiais achacadores, cambistas impertinentes, enormes perigos e hóteis decrépitos. Um idioma diferente poderia ser encontrado no outro lado da fronteira, mas às vezes falava-se a mesma língua tribal em ambos os lados — com uma sórdida discussão de território, quando a linha fronteiriça dividia um só povo. A alfândega e os postos de imigração eram terríveis gargalos, geralmente às margens de um rio lamacento. As pessoas me diziam: não vá.

Havia alguns ônibus para as cidades de Dila e Mega, no sul, e transporte ocasional para a cidade fronteiriça de Moyale; mas Moyale, para os etíopes, era nos limites do mundo conhecido. Nenhum deles jamais fora ao Quênia — para que iriam lá? O norte do Quênia era apenas um deserto ressecado, estradas sulcadas, tribos briguentas e uma disputa de fronteiras entre os borenas, sempre com armas de fogo nas mãos. E o pior de tudo: somalis fortemente armados, conhecidos como *shiftas*, que circulavam pela região. Mencionar a palavra *shifta*, em qualquer itinerário, era o bastante para fazer qualquer viajante africano mudar de direção.

Houve, no passado, um projeto para transformar a estrada do Cairo à Cidade do Cabo — a mais longa da África (parte dela puramente teórica) — em uma grande ferrovia transcontinental. Além de sonhar com diamantes e conquistas, Cecil Rhodes acalentava a visão imperial de uma estrada de ferro que ligaria a África do Sul ao Egito, passando por Nairóbi, Adis-Abeba, Cartum e Núbia. "Nossas terras estão lá" diz a inscrição no pedestal de sua estátua em bronze que, na Cidade do Cabo, aponta para o norte. Durante sua vida — curta, ele morreu com 49 anos — foram construídos alguns trechos da linha férrea. Mais tarde, os trilhos alcançaram o cinturão do cobre, na Rodésia do Norte (atual Zâmbia), chegando à fronteira com o Congo. Os alemães construíram uma ferrovia que atravessava sua colônia, a África Oriental Alemã, mais tarde Tanganica Britânica e, depois, República da Tanzânia. Os tanzanianos, sob a liderança do desnorteado maoísta Julius Nyerere, foram presenteados com uma ferrovia na direção sul, de Dar es Salaam até Zâmbia, inteiramente construída por operários chineses enviados por Mao, que entoavam os Pensamentos do Grande Timoneiro enquanto martelavam rebites e fixavam trilhos. Isso aconteceu em 1967, no começo da Grande Revolução Cultural Proletária, encampada pela Tanzânia, de modo superficial e autodestrutivo.

Avançando em zigue-zagues e cruzando o lago Vitória numa barca, um viajante solitário, como eu, munido de uma sacola e um mapa, poderia viajar da Cidade do Cabo até Nairóbi por estradas de ferro. Mas ao norte de Nairóbi a estrada de asfalto dá lugar à lama, e os ônibus fazem ponto final em Isiolo. A partir daí, só há uma estrada pedregosa, hienas e os coloridos membros da tribo rendille, vestindo tangas e cobertos de braceletes, armados com lanças e sabres, ajeitando sem parar seus elaborados penteados. Tão logo a superfície da estrada se tornava impraticável, apareciam os bandidos, *shiftas* com fuzis AK-47 a tiracolo, clássicos bandoleiros de estrada. A estrada de Nairóbi até a fronteira tinha fama de ser a mais vazia da África. Era para onde eu me dirigia.

Ninguém dispunha de informações a respeito dessa estrada, em Adis, e não havia muita coisa sobre o sul da Etiópia. Algumas pessoas diziam que haviam visitado determinada cidade, no sul; quando eu fazia mais perguntas, ficavam confusas. Até os quenianos ficavam confusos.

As exigências para os vistos tinham mudado e eu precisaria de um. Dirigi-me então à embaixada queniana e ouvi de uma mulher quicuia mal-humorada, instalada atrás de escrivaninha, que eu teria que esperar três ou quatro dias pelo visto.

— Por que não posso obtê-lo hoje ou amanhã?

Em tom de reprimenda, ela me informou:

— O sr. Ochieng, o funcionário que cuida dos vistos, não pode ser *petubado*!

— Por que isso?

— Ele está ocupado.

— Mas eu também estou ocupado — disse eu, educadamente. — E quero visitar seu maravilhoso país.

— Você vai ter que esperar. — Ela pegou o telefone e agitou os dedos na minha direção, em um gesto de despedida.

Mas não fui embora. Cerquei alguns diplomatas e lhes perguntei sobre a estrada. Dos três funcionários da Embaixada queniana com quem conversei, nenhum viajara por terra de Adis a Nairóbi, cruzando a fronteira comum. Um queniano de terno pareceu insultado pela sugestão.

— Nós voamos — disse ele.

Uma mulher queniana confessou que não gostava dos etíopes.

— Eles são orgulhosos — disse ela. Queria dizer racista. Para irritar os outros africanos, os etíopes às vezes diziam:

— Nós não somos africanos.

Com tempo sobrando em Adis, resolvi dar uma volta pela cidade. Sem turistas no país, as lojas estavam cheias de mercadorias, tanto obras valiosas quanto falsificações. Velhas bíblias em amárico, com ilustrações feitas à mão, elaboradas por escribas e monges, cruzes de prata que lembravam chaves gigantescas, pinturas em tecidos roubados de igrejas, ícones, rosários, volumes do Corão, contas de âmbar, contas de vidro, pulseiras e braceletes, colheres de chifre ou de ferro, artefatos de madeira e couro de todas as tribos do país — como banquinhos trabalhados, jarras de leite, lanças, escudos e postes funerários dos *konsos*, representando os recém-falecidos, de cujas testas projetava-se um pênis entalhado. E mais: discos para os lábios, usados pelos mursis, bainhas para pênis e tapa-sexos, além de pequenos aventais de metal, usados pelas mulheres nueres em sinal de modéstia.

Um asiático, que estava gritando com uma mulher etíope, em uma loja de antiguidades, chamou minha atenção. A mulher, aparentemente, era a dona da loja, ou pelo menos trabalhava lá.

— Você me dá por 400 birr!

O homem tinha cara de lua e seu tom de voz era áspero e intimidador. Mas parecia bastante respeitável em sua camisa branca e gravata, o que tornava sua cólera ainda mais desconcertante.

— Não. Seiscentos birr. Último preço. — A mulher virou as costas.

Tremendo de raiva, o asiático disse:

— Não! Quatrocentos! Eu volto. Você me dá!

Ouvi com interesse, pois uma das coisas curiosas em uma viagem é ouvir dois falantes não nativos de inglês discutindo em inglês. A discussão se estendeu. À medida que o homem ficava mais enraivecido e incoerente, sua voz se tornava mais esganiçada, e suas bochechas começaram a apresentar um tom rosado. Finalmente, já sem palavras, foi-se embora em uma minivan, juntamente com outros asiáticos carrancudos.

Quatrocentos birr etíopes eram 47 dólares; seiscentos eram 72 dólares. A loja estava vazia. Eu disse à mulher:

— Eu lhe pago seiscentos. Parece razoável.

— É um bom preço. O melhor preço. Eu vendo alguma coisa para ele antes por quinhentos, mas era baixa qualidade. Esse máxima qualidade.

— O que é?

— Marfim. — Ela me olhou atentamente. — Você me paga seiscentos?

— Marfim novo ou velho?

— Novo! Presas! Grandes!

O comércio de marfim era ilegal, então insisti no assunto. Eu já ouvira que o marfim de elefantes caçados clandestinamente poderia ser obtido em grandes quantidades. Mas embora tivesse avistado pedaços do material, em algumas lojas, nunca vira as presas e não conhecia seu valor de mercado. Tinham me dito que esse tipo de comércio florescia em Harar e outros lugares; eu não sabia, porém, que era possível entrar em uma lojinha de Adis-Abeba e dizer simplesmente: por favor, vocês têm presas de elefantes?

— Quantas presas você tem? — perguntei eu.

— Quantas você quer?

— Digamos que poucas.

— Eu tenho muitas. Cinquenta, sessenta. Cada uma 10 quilos em média. Quando você compra?

Imaginando meia tonelada de marfim armazenado no subsolo, uma quantidade que satisfaria a cobiça do sr. Kurtz, eu disse:

— São elefantes etíopes?

— Etíopes. — Ela pronunciou *aitíopes*, a pronúncia local daquela palavra grega, que significava "os queimados".

O elefante etíope, *Loxodonta africana orleansi*, é uma espécie seriamente ameaçada de extinção — tão ameaçada que um santuário para elefantes fora estabelecido em Babile, perto de Harar, para proteger aquelas criaturas. Manter os elefantes confinados facilitava o trabalho dos caçadores clandestinos e o local (assim como o Quênia) era um manancial de marfim.

— Então quando você volta? Você volta hoje?

Eu pigarreei e disse:

— Tenho um pequeno problema. Vou enviar o marfim para os Estados Unidos e isso é ilegal.

— Nenhum problema. Você tem amigos?

— Que tipo de amigos?

— Amigos na Embaixada. Diplomatas. Eles compram — disse ela. — Aquele homem que você vê gritando? Ele é terceiro-secretário na Embaixada coreana.

— Então o pessoal das Embaixadas compra marfim?

— Sim. Chinês. Japonês. Eles compram.

— Entendo. Eles colocam o marfim na mala diplomática e enviam para casa?

— Sim. Ninguém olha.

— A Embaixada americana pode não querer embarcar 500 quilos de marfim na mala diplomática.

— Sim, você pergunta eles, pergunta eles — disse a mulher, já um pouco impaciente.

Apenas para matar a curiosidade, dei uma volta por Adis e procurei marfim em duas outras lojas. A única pergunta era: quanto você quer? Quatro anos antes, o preço era de 200 birr (23 dólares) por quilo. Atualmente, as presas estavam difíceis de encontrar e, como a procura era grande, o preço tinha subido. Chegaria o dia — e talvez não estivesse longe — em que os elefantes desapareceriam. Infelizmente, isso não aconteceria com os diplomatas desonestos, que lotam de contrabando as malas diplomáticas.

— Não, não creio que nós possamos ajudá-lo a remeter presas de elefantes para os Estados Unidos — disse o Diretor de Comunicação da Embaixada dos Estados Unidos, em Adis. Rindo contrafeito, ele escreveu um lembrete para alertar o Cites (sigla em inglês da Campanha para a Erradicação do Tráfico de Espécies Ameaçadas). Seu nome era Karl Nelson. Servira no Corpo de Paz, nas Filipinas, durante a primeira metade dos anos 1960; naquela mesma época, eu fazia trabalho voluntário no Malaui.

— Que tal o Malaui?

— Um paraíso.

— Eu também gostava das Filipinas — disse Karl. Ele fora professor, casara-se com uma filipina e ensinara na ilha de Yap, no Pacífico, durante 11 anos. Percorrera o mundo por uns tempos e, então, ingressara no serviço diplomático. Tinha exatamente a minha idade, e nossas vidas, de certa forma, eram paralelas. Ele disse:

— Eu ingressei tarde. Não fiz nada na vida.

Mas ele estava enganado: tinha uma família feliz, amava a esposa e criara cinco filhos, robustos e bem-sucedidos.

— Você disse que acabou de chegar do Sudão? — perguntou ele. — E sei que você já escreveu sobre a Índia e Cingapura.

— Eu passei três anos horríveis em Cingapura.

— Então vai gostar desta — disse ele. — Perguntaram a um sudanês, um indiano e um cingapurense: "Em sua opinião, qual o valor nutricional da carne?" O sudanês respondeu: "O que é valor nutricional?" O indiano respondeu: "O que é carne?" E o cingapurense respondeu: "O que é opinião?"

Eu ri, percebendo que estava na companhia de um homem que se expressava por meio de brincadeiras e anedotas. Em um debate político com um grupo de chatos, quando chegasse sua vez de falar, ele diria: "Bush entra em uma delicatéssen e diz: 'Vou querer um sanduíche.' O atendente pergunta: 'E o que o senhor vai querer no sanduíche?' Bush então diz..."[1] E daria seu recado. Suas brincadeiras tinham um propósito, mas eram gentis, geralmente apaziguadoras, destinadas a demonstrar o absurdo da proposta em discussão.

— Você vai até Nairóbi pela estrada? — disse ele e soltou sua risada ofegante. — Bem, claro que vai. Voar até lá seria simples demais para você. Você vai levar uma semana ou mais, passando um sufoco. Ótimo material para o seu livro.

— Minha ideia é chegar à fronteira. As fronteiras africanas são cheias de revelações. Você já foi até Moyale, na fronteira etíope?

— Não. Então, por favor, escreva seu livro para que eu possa ler sobre o assunto. — E acrescentou: — Você sabia que, em qualquer grupo de meia dúzia de etíopes, cinco deles já estiveram na cadeia?

— Isso é uma piada?

— É um convite — disse Karl. — Quero apresentar você a umas pessoas.

Almoçamos na casa dele, em uma ruela de Adis — um bangalô cercado por muros altos, com um jardim florido, casas de passarinhos e um pombal —, na companhia de cinco etíopes e duas médicas filipinas, que eram também freiras católicas e amigas da esposa de Karl, que se encontrava nas Filipinas. Estariam em Adis por alguns dias. Viviam em uma parte remota da Etiópia,

---

[1] Trata-se, provavelmente, do início de uma piada que se tornou popular nos Estados Unidos, durante a época em que o "mal da vaca louca" assolava a Inglaterra. Diz que o presidente Bush Jr., acompanhado da esposa, entra em uma lanchonete e pede um sanduíche. O atendente pergunta:

— E o que o senhor vai querer no sanduíche?

— Rosbife inglês — diz o presidente.

— Mas, sr. Presidente, e a vaca louca?

— Ela mesma pode fazer o pedido. (N. do T.)

onde havia uma grande população muçulmana. Sua missão era proporcionar tratamento médico às mulheres, tarefa altruísta e ingrata que, a julgar pela ausência de reclamações, elas desempenhavam com satisfação.

Uma das etíopes trabalhava na Embaixada havia muitos anos. Em tom resignado, ela disse:

— As mulheres não têm status aqui. Elas são desprezadas e espancadas.

Os quatro homens eram escritores, editores e jornalistas. Todos tinham estado na prisão. Um deles fora preso durante três regimes sucessivos, totalizando 12 anos.

— Estive até na prisão do imperador, o cárcere do palácio!

Era uma grande façanha, ter incomodado tanto Hailé Salassié quanto o Derg, os monarquistas e os marxistas. Outro tinha estado na prisão durante a maior parte do governo do Derg. Os restantes tinham a mesma história. Nenhum deles jamais tinha sido formalmente acusado ou levado a julgamento. Foram apenas jogados numa cela e deixados lá, para apodrecer.

Os etíopes se confundiam com o calendário gregoriano, adotado no Ocidente, porque seu calendário está quatro anos atrasado em relação ao ocidental (o judeu está 2 mil anos à frente e o muçulmano, 600 anos atrás). Quando perguntei a um etíope a data de uma ocorrência do passado, ele começou a contar nos dedos.

Segundo seus próprios cálculos, Nebiy Makonnen, um ex-prisioneiro, com cerca de 50 anos, tinha definhado na Prisão Central de 1977 a 1987 — dez anos, de qualquer forma.

— Foi por causa da política. Eu estava do lado errado.

Ele ria com a simples menção de acusações ou julgamento. Tinha sido apenas recolhido, certo dia, e atirado na cadeia, onde — e ele era um homem habituado a ler e escrever — não havia livros e nada com que escrever.

— Eu enlouqueceria na prisão — disse eu.

— Você aprenderia a ter paciência — disse ele.

— É verdade — disseram os outros ex-prisioneiros.

— Um dia, quando eu já estava lá há cerca de um ano, um homem foi trazido pelos guardas. Ele tinha sido revistado, mas, não sei como, ninguém reparou no livro que estava com ele. Era ... *E o Vento Levou*. Ficamos tão felizes! Éramos todos educados. Nós nos revezávamos para ler o livro. Havia 350 homens na minha seção. Tínhamos uma hora por dia, cada um, para ler o livro.

"Essa era a melhor parte do dia na Prisão Central: ler ... *E o Vento Levou*. Eu resolvi traduzir o livro. Eu não tinha papel, então alisei o papel aluminizado de maços de cigarros e usei o lado de trás, onde era possível escrever. Alguém contrabandeou uma caneta para dentro da cela. Eu escrevia com letra bem pequena. Como eu era o Supervisor de Passatempos, todas as noites lia um trecho da minha tradução para os outros prisioneiros.

"Mas eu ainda tinha que compartilhar o livro, só ficava com ele durante uma hora. A tradução levou dois anos. Foi escrita em 3 mil embalagens de cigarros. Eu dobrei uma por uma e coloquei tudo de volta em maços de cigarros e, quando os prisioneiros eram soltos, levavam as folhas para fora da cadeia, enfiavam nos bolsos das camisas."

Nebiy permaneceu na prisão durante sete anos. Quando foi solto, procurou as 3 mil folhas com sua tradução de *... E o Vento Levou*. Localizá-las e reuni--las levou dois anos de viagens e investigações. Finalmente, conseguiu publicar sua tradução do romance. Era a tradução que os etíopes liam.

— Qual é sua passagem favorita do livro?

— Não sei. Eu li o livro sem parar, durante seis anos. Já conheço tudo de cor.

No final de *A Handful of Dust* (Um punhado de poeira), romance de Evelyn Waugh, o prisioneiro Tony Last é condenado a ler toda a obra de Dickens — repetidas vezes — para o sr. Todd, seu enlouquecido captor. É uma coisa implausível e, portanto, divertida. Mas a história de Nebiy Makonnen era muito melhor — e ainda mais horrivelmente engraçada, por ser verdadeira. Seis anos olhando para Scarlett O'Hara em uma prisão etíope.

Depois disso, todas as vezes que encontrava algum etíope com mais de 30 anos, eu lhe perguntava se já tinha estado na prisão. A resposta era sempre sim.

Wubishet Dilnessahu tinha cumprido sete anos. Era um homem de negócios, atualmente, e vivia na Califórnia. Estava em Adis-Abeba por conta de uma ação judicial. Com 77 anos, de boa família, tinha sido o ministro de Hailé Salassié ligado a assuntos culturais. Encontrava-se com o imperador todos os dias. Não era obrigado a se ajoelhar, como alguém me dissera, mas tinha que mostrar deferência.

— Eu me curvava, é claro.

Depois que o Derg assumiu o controle, Hailé Salassié foi estrangulado — Wubishet disse que Mengistu, pessoalmente, estrangulara o imperador até a morte. Essa informação tinha acabado de ser revelada. Na época (1975), noticiou-se nos jornais que a causa da morte fora "falência do sistema circulatório". O corpo foi colocado em um buraco no Palácio Menelik, coberto depois com uma estrutura (possivelmente uma latrina). No início dos anos 1990, desenterraram o corpo e o colocaram em uma cripta no interior de uma igreja, em

Adis. Em novembro de 2000, finalmente, durante uma elaborada cerimônia, o imperador recebeu um funeral solene, na Catedral da Santíssima Trindade.

— Os russos disseram: "Nós matamos nosso rei. Se vocês matarem o seu, haverá menos problemas" — contou Wubishet.

Poucos dias depois da prisão do imperador, Wubishet foi posto a ferros, acusado de "ajudar o antigo regime", e levado até o Campo Militar da Quarta Divisão, onde o trancaram em um alojamento com mais 120 homens. Ele me mostrou a prisão, que ainda é uma prisão e naquela semana estava abarrotada de prisioneiros políticos — estudantes universitários presos recentemente durante uma passeata contra a política do governo. Centenas foram presos e muitos feridos. Quarenta deles foram mortos pela polícia, a porretadas e tiros.

— Está vendo aquele teto de zinco? Aquele prédio comprido à direita? Era a minha prisão — disse Wubishet. Havia oito prédios como aquele, parecidos com galinheiros, também cheios de prisioneiros. Ninguém fora acusado; não havia julgamentos. A maioria dos prisioneiros não fazia ideia do motivo de sua prisão. — Muitos dos jovens não sabiam ler nem escrever, então formamos uma escola de alfabetização. E ficamos esperando.

— Eles permitiam visitas de amigos ou da família?

Wubishet riu com aquele jeito desdenhoso dos etíopes, condicionados a serem cínicos depois de toda uma vida de catástrofes nacionais.

— Em sete anos, só vi minha famíla uma vez, por 15 minutos.

Os apartamentos reais, onde Wubishet trabalhara para o imperador, ainda estavam de pé. Fomos até lá de táxi. O Palácio Gannah Le'ul (Céu Principesco), a residência do imperador, construído na virada do século por Ras Makonnen, pai de Hailé Salassié, tinha sido ocupado alternadamente: por Makonnen; pelos vice-reis italianos, inclusive o conde de Aosta; pelo Exército italiano; por um usurpador efêmero (governou por três dias, em 1960); por Hailé Salassié; e agora pelos administradores da Universidade de Adis-Abeba. A ideia de transferir o prédio do palácio para a universidade, que precisava de espaço, tinha sido do próprio Wubishet. No início, ele se sentira inibido de sugerir a ideia ao imperador, mas finalmente abriu o coração. O imperador não disse nada.

— Mas ele me convocou uma noite e disse: "O.k." — Eu fiquei tão nervoso e excitado que não consegui dormir.

O prédio, embora decrépito, ainda tinha a aparência de uma residência real, com portas altas, acabamentos ornamentados e, na frente, duas estátuas barrocas. No adro, havia uma relíquia fascista, uma grotesca escadaria em cimento coberta de fungos — 15 degraus que representavam os anos transcorridos desde 1922, quando Mussolini entrara em Roma. A escultura ainda estava de pé, após 65 anos de guerras, monarquia, ditadura, socialismo, anarquia e asneiras políticas — uma escadaria política que conduzia a lugar nenhum.

Como Wubishet tinha trabalhado no gabinete de Hailé Salassié, perguntei-lhe o que sabia sobre o relacionamento do imperador com os rastafáris — palavra cunhada em homenagem ao nome de batismo do imperador: Ras Tafari.

— Eu sei da devoção que essas pessoas têm por ele, mas o imperador não gostava muito deles — disse Wubishet. — Por exemplo, o imperador nunca mencionava os rastafáris em suas conversas.

Wubishet disse que não sabia nada a respeito de Shashemene, a cidade rastafári ao sul de Adis; nem mesmo estava ciente do fato, comprovado, de que o imperador tinha doado terras aos rastafáris.

— É claro que o imperador era um homem orgulhoso e gostava de ser respeitado, mas ficava embaraçado pelo modo como eles o tratavam.

— Mas ele foi à Jamaica e se encontrou com eles — disse eu.

— Ele ficava muito embaraçado com eles. Eles se ajoelhavam! Pensavam que ele era Deus!

Wubishet sacudiu a mão, repudiando com um gesto todo o movimento rastafári.

— Veja você, os etíopes são cristãos — disse ele. — Nós não adoramos seres humanos. Mesmo simples etíopes não fariam isso. Eles iriam achar um absurdo.

— Mas você se curvava para o imperador — disse eu.

Gostei da resposta dele.

— Isso demonstra respeito. Não é adoração. Adoração é a testa batendo no chão. O imperador era um homem muito pequeno, eu tinha que me curvar até embaixo.

À medida que os dias passaram, Adis-Abeba não se tornou mais bonita, mas começou a me fascinar, por ser uma cidade onde as pessoas tinham vívidas histórias pessoais, como a prisão de Wubishet e a saga de Nebiy com ... *E o Vento Levou*. Havia muitas outras interessantes — por exemplo, a história da vingança de Ali.

Encontrei Ali por acaso. Ele tinha cumprido pena, uma história longa e horrível, segundo ele. Eu disse que tinha bastante tempo e estava ansioso para ouvi-la. Ali achava que poderia me ajudar a conseguir carona para a fronteira queniana — até Moyale, pelo menos — com uns negociantes que conhecia. Ele era corretor e faz-tudo, negociava com carros, cavalos, suvenires e até marfim.

— Escondendo bem o marfim, você consegue entrar com o material nos Estados Unidos.

Ele estivera nos Estados Unidos diversas vezes e possuía um visto de múltiplas entradas; mas não tinha nenhum desejo de viver lá. A América era muito cara, ele não gostava dos hábitos e, de qualquer forma, sua família toda vivia aqui.

Ali tinha olhos cinzentos, cara de esquilo e uma circunspecção que ora lhe dava um ar de cansaço, ora de astúcia. Fumava sem parar, repreendendo a si mesmo todas as vezes que acendia um cigarro. Tinha aquele faro empresarial capaz de detectar alguém com uma necessidade premente. Viu a urgência em mim — eu precisava de uma carona para o sul. Ele podia conseguir aquilo, é claro, conseguia qualquer coisa. A única pergunta era: quanto eu estaria disposto a pagar e quanto ele lucraria com o negócio?

Tinha tempo para perder e eu também.

— Esses quenianos! — Com a típica aversão de um homem de negócios à burocracia e aos atrasos inúteis, ele disse: — Eles poderiam carimbar logo o passaporte e pegar o seu dinheiro. Mas eles fazem você esperar.

Ele descobrira meu gosto pela comida etíope — "comida nacional", como todos a chamavam. E assim, ao longo de três ou quatro refeições em restaurantes etíopes de Adis — o mais agradável era um casarão caindo aos pedaços chamado Finfine —, ele me contou sua história de presidiário, diferente de todas as que eu tinha escutado e nem um pouco política.

Tudo começou com uma pergunta inocente feita por mim. Eu mencionara que, nessa longa viagem, sentia falta de minha família, da minha mulher e dos meus filhos. Sentindo-me sentimental, perguntei pela família dele.

Ali estremeceu e seu rosto ficou sombrio com alguma lembrança; sacudiu a cabeça e não disse nada — um momento constrangedor. Balbuciando, pouco à vontade, tentei mudar de assunto. Mas ele me interrompeu e disse:

— Sou divorciado.

Isso não me parecia tão mau, não havia estigma contra o divórcio no islã, pelo menos para um homem. No mundo muçulmano, se uma mulher era descartada, sua vida acabava; não haveria uma segunda chance. Um homem se limitava a ir embora e, geralmente, arranjava uma nova esposa.

— A pessoa em que eu mais confiava na vida, a única com quem eu me importava, mentiu para mim — disse Ali. — Eu acabei na cadeia, mas Deus me salvou, senão eu ainda estaria na cadeia hoje, ou talvez estivesse morto.

Tínhamos terminado a refeição e, sob uma árvore no jardim do Finfine, bebíamos o aromático café etíope. Talvez porque fosse a quarta ou quinta refeição que tomávamos juntos, ou por ele ter encontrado uns negociantes que iriam para o sul — e estivéssemos para fechar um negócio —, Ali sentiu-se confiante para me contar a história. Então, sem precisar de encorajamento, relatou-me o que, segundo ele, fora a pior coisa que já acontecera em sua vida.

— A primeira vez que ouvi sobre aquilo fiquei confuso — continuou ele. — Havia uma história de que a minha mulher tinha sido vista com outro homem. Fiz algumas perguntas. Ele era um coronel do Exército. Isso foi durante o Derg, quando o exército estava no poder. Os militares eram muito poderosos. Um negociante, como eu, não era nada. Só de ouvir que o homem era um soldado, eu pensei: "O quê?" Então resolvi perguntar diretamente a ela.

— Ela disse: "Não foi nada. Eu não fiz nada. Sim, eu estive com ele, mas ele me forçou. Ele era um soldado. O que eu podia fazer?"

— Eu tenho quatro filhos. Não quero que eles fiquem magoados, sabendo que aconteceu isso com a mãe deles, então eu não falei nada. Mas eu não estava satisfeito. Não estava gostando da história. Fiquei cismado. Então, um dia, eu precisei dirigir até Lalibela para comprar algumas coisas.

Lalibela, uma localidade remota, fica nas montanhas de Lasta, a quase 500 quilômetros ao norte de Adis. Lá se erguem as lindas igrejas coptas do século XII, escavadas em rocha vulcânica, que sempre aparecem nos cartazes turísticos da Etiópia. Uma ida a Lalibela significava uma viagem prolongada, de três ou quatro dias.

— Eu parti — disse Ali —, mas me encontrei com meu amigo Kamal e ele me informou que as mercadorias ainda não estavam prontas. Chato, não é? Então resolvi voltar para o sul, com Kamal, e pegar mais algumas coisas.

— Estávamos a cerca de 50 quilômetros de Adis, atravessando a cidade de Debre Zeyit, quando eu diminuí a marcha, por causa das cabras, dos carros e do trânsito pesado. Então, fora da estrada, avistei meu Peugeot marrom, estacionado perto de um prédio. Por que eu vi aquilo tão claramente? Acho que Deus queria que eu visse.

— Aquele é o meu carro.

— "Não é o seu carro", Kamal disse. "O que o seu carro estaria fazendo aqui?"

— O prédio era um hotel, não dos melhores, com uma cerca em volta e um estacionamento com vigia. Eu perguntei ao vigia: "Você viu uma mulher gorda nesse carro?"

Fiz força para não sorrir com a descrição que Ali fez da esposa.

— O vigia disse: "Não." Eu dei um dinheiro a ele. Ele disse: "Sim. Eles estão no quarto nove."

— Nós fomos até o quarto, eu, Kamal e o vigia. Eu bato na porta. Eu digo ao vigia o que ele tem que dizer. Ele diz: "Abram, por favor, é sobre o carro de vocês."

— A porta abre. Eu tinha puxado meu revólver. É, eu tinha um revólver, mas não tinha mostrado para o vigia. Entramos no quarto, Kamal e eu. Eles estão nus. Eu dou um soco no rosto da minha esposa, Kamal luta com o soldado e logo ele está no chão, gritando e chorando: "Não me mate! Não me mate!"

Ali sorriu pela primeira vez, lembrando-se de um detalhe. Como um coelho, repuxou nervosamente o lábio superior. E disse:

— O soldado estava encurralado, implorando pela vida, tremendo de medo. Ele estava totalmente pelado.

— Eu digo para ele e para minha esposa: "Levanta!" Eles estão sem roupas. Fiquei com um pouco de pena da minha esposa, o rosto dela estava sangrando do soco que eu dei e ela tenta cobrir o corpo. Ela está chorando e implorando. Eu dou a ela um vestido para se cobrir e então eu e Kamal amarramos as mãos deles. Assim.

Ficou de pé e demonstrou como tinha amarrado a mulher e o amante. Colocou-os de costas um para o outro e amarrou seus pulsos com nós apertados; depois os braços. Ficaram bem-amarrados. Com as mãos amarradas, a mulher não podia segurar o vestido e acabou ficando tão nua quanto o soldado.

— Nós empurramos eles para fora do quarto, até o estacionamento. Era difícil, para eles, andarem daquele jeito, iam devagar e as pessoas olhando. Todo mundo ria! Eu estava com meu revólver apontado para eles. As crianças se juntaram em volta, muitas crianças e uma multidão de pessoas.

"Fomos pelo acostamento da estrada, era uma estrada movimentada, ônibus, táxis, carros e muitas pessoas — todo mundo olhando para os dois pelados. Nós empurramos eles até uma pedra grande, achatada.

"Eu digo: 'Sentem-se aqui, não se mexam. Vou chamar a polícia.' Para as crianças e para as pessoas, eu digo: 'Não ajudem eles. Eles são maus. A polícia já vem. Se vocês ajudarem essas pessoas, vão ter problemas.'

"Mas todo mundo estava rindo e eu sabia que eles não iam ajudar. Eu não chamei a polícia. Fui embora, levando as roupas do homem. Era o uniforme dele e a identificação. Kamal dirigiu o Peugeot. Eu fui até a base militar e pedi para ver o general. Eu entrego as roupas do soldado e o resto para o general.

"'Isso foi o que o seu coronel fez.'

"Ele apertou minha mão! Ele me agradeceu. Ele disse: 'Você fez a coisa certa. O coronel merecia isso.'"

Eu quis saber o que tinha acontecido com a mulher e o amante. Ele gostou da pergunta.

— Eles ficaram na pedra ao lado da estrada até às seis e meia da noite, ficaram lá mais de seis horas. O pessoal rindo deles, uma multidão. Os dois pelados, o homem e a mulher.

"Então, quando já estava escurecendo, um caminhão do Exército passou pela estrada e viu aquilo. 'Coronel!' e coisa e tal. O caminhão parou, os soldados desamarraram eles, puseram os dois no caminhão, deram roupas para eles e levaram eles embora.

"Eu abandonei ela e deixei a casa. Eu digo: 'Esta é a casa dos meus filhos. Eles devem continuar a viver aqui. A casa pertence a eles.' Eu arranjei outro lugar para ficar. Só levei duas malas, toda a minha vida dentro delas. Nada mais. Eu fui embora e comecei de novo. Eu disse: 'Deus me salvou'."

Ele teria terminado? Ainda estava sombrio e reflexivo — e não tinha falado alguma coisa sobre prisão?

— Sim — disse ele —, três meses mais tarde, eu fui preso por "tentativa de assassinato", porque ameacei o soldado e apontei um revólver para ele. Fui levado a julgamento. Havia um juiz. Eu fiquei na cadeia por dois meses.

Foi o único ex-presidiário que conheci na Etiópia que, realmente, tinha sido acusado e julgado. E foi a pena de prisão mais curta de que ouvi falar.

— Então Deus me salvou de novo — disse Ali, de forma um pouco mais intensa. — Eu estava andando na rua, em Adis, e vi eles na rua, minha esposa e o soldado de mãos dadas.

"Eu decidi matar minha mulher. Fui até a casa do meu irmão, onde eu estava guardando o revólver, porque não tinha como trancar aquilo no lugar em que eu estava. Mas meu irmão não estava lá. Ele tinha saído e ninguém sabia da chave.

"Eu tentei achar a chave durante três dias. Eu queria o revólver, estava planejando como é que eu iria matar a mulher. Então meu irmão voltou com a chave, abriu o cofre e me deu o revólver."

Ficou massageando o couro cabeludo, relembrando, mas sem dizer nada. Perguntei:

— O que você fez?

— Nada. Veja bem, já tinha passado tempo. Eu disse: "E daí? Para que matar ela? Vou deixar ela viver. Vai ser pior para ela. Ela perdeu tudo." Deus me salvou.

Depois de ter desabafado me contando a história — e sem conhecer nada a meu respeito — ele disse que sentia que me conhecia bem, era como se nos conhecêssemos há muito tempo. Pude perceber que ele falava sério e estava emocionado com o sentimento.

Então lhe dei minha opinião: o tempo expõe a verdade; não cura feridas, mas os anos que passam nos oferecem uma perspectiva estratégica sobre a realidade das coisas. Acrescentei que não era nada divertido envelhecer. A compensação era que o tempo transformava nosso detector de bobagens em um instrumento altamente calibrado.

Ali disse:

— Hoje eu sei que ninguém é um modelo de virtude. As mulheres dormem com qualquer um. Por que elas jogam tudo fora? Por que elas fazem essas coisas?

— Porque os homens as levam a fazer essas coisas.

Mas ele ficava atônito ao pensar que uma mulher poderia se comportar tão mal; que não faria exatamente o que lhe diziam para fazer. Estranhava o fato de que um ser tão reles e menosprezado pudesse ter ideias próprias, imaginação e a capacidade de arquitetar estratagemas elaborados para enganar e obter prazer.

Por intermédio de Ali, conheci o velho Tadelle e o jovem Wolde, homem e garoto, que se dirigiam à região sul para adquirir lanças e escudos, contas e braceletes, jarras de leite da tribo borena, pulseiras de marfim dos oromos, entalhes dos konsos — todos os cestos e quinquilharias que conseguissem encontrar. Eram negociantes.

— Se você for com outras pessoas, pode ser roubado — disse Ali. — Há muitas pessoas ruins na estrada, pessoas ruins nos ônibus. Tadelle é um bom motorista e tem um veículo possante. Wolde é um bom garoto. Eles conhecem os lugares para ficar. Você vai ficar seguro.

Na África, quando alguém dizia que "há pessoas ruins lá", como acontecia muitas vezes, eu costumava escutar. Tinha certeza de que Ali ficara com parte do dinheiro que eu lhe dera para pagar aos negociantes; mas o preço era justo. E era um modo de percorrer o caminho até a fronteira do Quênia. No dia em que recebi meu visto queniano — quatro dias depois de requerê-lo —, partimos na direção sul, pela maior estrada da África.

As ruas esburacadas de Adis tinham me preparado para as estradas fora da cidade, em condições muito piores. Avançávamos por entre uma série de montes arredondados, povoados populosos, vales secos e, novamente, terras altas — Adis fica a cerca de 2.500 metros de altitude, eu sentia falta de ar depois de atravessar uma rua correndo, para escapar de um carro a toda. Em meio a cabras e jumentos, motonetas barulhentas e carros sovados, avistei um atleta magricela — de calções vermelho-brilhantes, agasalho amarelo e tênis Reebok — correndo rapidamente, ziguezagueando através do tráfego, um maratonista em treinamento. Era um entre muitos. Depois de Hailé Salassié, o etíope mais conhecido no mundo é Hailé Gabre Salassié (nenhum parentesco), medalha de ouro nos 10 mil metros, que nascera perto dali. As terras altas do centro-sul eram o lar de muitos corredores de longa distância, dotados de pernas excelentes e pulmões poderosos. A velocidade os tinha livrado da vida dura que teriam que enfrentar como agricultores e pastores, pois não há trabalho na região. Durante os últimos trinta anos, nada tem acontecido na Etiópia, além de colheitas incertas, guerra e terror político.

Tadelle disse que já percorrera aquela estrada muitas vezes. De fato, tinha estado no Quênia.

— Fale-me sobre o país.

De modo hesitante, pois seu inglês era rudimentar, Tadelle disse que tinha se esgueirado até o Quênia por duas vezes e visitado campos de refugiados. Seu maior desejo era deixar a Etiópia e emigrar.

— Quaquer lugar, eu vou para qualquer país!

Ele odiava a vida na Etiópia, dizia que nunca iria melhorar e que, em qualquer parte do mundo, a vida seria melhor. A América seria perfeita.

Mas os entrevistadores das Nações Unidas, que atuavam nos campos de Nairóbi e Mombaça, disseram que ele não era um autêntico refugiado.

— Eu digo: "Eu não gostar governo etíope. Eu odeio este, tudo este."

Mas eles o enviaram de volta à Etiópia.

— Eu vou de novo algum dia — disse Tadelle.

Cerca de três horas depois, ao sul de Adis, chegamos a Shashemene.

— Esse lugar ruim — disse Tadelle. — Lugar muito ruim. Ladrão demais. Eles são todos cupins.

— Vamos parar — disse eu. Shashemene estava nos meus planos.

Se a Etiópia era o lar espiritual dos rastafáris, Shashemene era sua capital — não Adis, embora Adis também estivesse cheia de negros com aparência não etíope, usando enormes gorros de tricô multicoloridos, nas cores vermelha, amarela e verde, adotadas pelos rastafáris, que eram também as da bandeira etíope. Hailé Salassié tinha doado alguns lotes de terra, em Shashemene, a esses devotos, de modo a satisfazer o desejo que tinham de retornar à África e lhes dar um lugar para se estabelecer. Os etíopes os consideravam ímpios e um tanto ridículos. Os muçulmanos os chamavam de infiéis e os coptas diziam que eram cristãos desencaminhados. Ninguém os levava a sério e muitos etíopes caçoavam deles, de seu africanismo artificial e de seu vestuário, braceletes de contas, colares de chifre e bolsas de tricô. As tranças eram estranhas para os etíopes, que não as viam como africanas, nem como o símbolo cultural pretendido pelos rastafáris, mas apenas como um penteado esdrúxulo.

Ao entrarmos nos arredores de Shashemene, avistei aquele penteado, aquelas cores e aqueles homens, todos muito magros, caminhando pela beira da estrada.

Tínhamos concordado que, incluído no preço que paguei pela passagem, teria direito de parar onde eu quisesse, desde que dentro do razoável. Nosso objetivo era alcançar a fronteira em três ou quatro dias. Ao entrarem na cidade, Tadelle e Wolde começaram a procurar um lugar para ficar, enquanto eu olhava em volta, tentando localizar algum rastafári com quem pudesse conversar.

Depois de uma sucessão de encontros e apresentações casuais, encontrei Gladstone Robinson, um dos pioneiros, virtualmente o primeiro rastafári a se estabelecer na Etiópia de forma definitiva. Tinha 71 anos e 11 filhos; o mais novo, de um ano, estava engatinhando para fora do casebre. Sua jovem esposa, sorridente e radiante — "Tem 23 anos, disse Gladstone" —, estava no final de outra gravidez; portanto, ele logo seria pai de uma dúzia de filhos.

Gladstone era amável, divertido e alerta. Com aspecto jovem, a despeito da idade, tinha o sorriso fácil e os silêncios de um músico de jazz. Era magro, mas elástico, com uma barba emaranhada e tranças grisalhas que saíam por baixo de seu gorro de lã. O casebre não era mais que um abrigo de cimento, com dois cômodos. O cômodo onde nos sentamos estava repleto de arquivos, papéis esparramados e, sobre a mesa, uma volumosa bolsa de papel; nas paredes, algumas fotos antigas e os inevitáveis retratos de Hailé Salassié e Bob Marley.

— Quer uma erva? Você fuma?

— Ah, sim, acenda um baseado para mim.

Ele riu e remexeu na bolsa. Carne de porco e leite são abominações para os rastafáris, mas a maconha é sagrada, o que talvez explique seu físico esbelto. De modo geral, era uma seita de homens magros, atordoados, e mulheres diligentes, de cabeça limpa.

Gladstone enrolou um bagulho para mim, habilmente, mas estava tão ocupado respondendo às minhas perguntas que não o acendeu.

— Meu pai era um *bado* — nascido em Barbados, explicou ele — e minha mãe era uma índia cherokee. Mas os rastafáris vêm de todos os lugares. Está vendo aquela foto?

Um instantâneo desfocado de um grupo de homens em um ambiente tropical, ombro a ombro, estava pendurado numa parede, dentro de uma moldura lascada.

— Aqueles são judeus negros de Monserrat. Eles chegaram nos anos 1980.

— Você disse judeus?

— Realmente, eu disse. Aliás, existem muitos judeus negros na América. Nós somos os verdadeiros israelitas, não aqueles assim chamados judeus, que estão em Israel. Esses não são os verdadeiros judeus. Os verdadeiros judeus são filhos de Salomão. Nós somos, na verdade, os *falashas*. Os *falashas* determinam a ancestralidade pelo pai, não pela mãe.

Eu vira *falashas* em Jerusalém. Esses judeus etíopes, cuja fé datava de tempos antigos, tinham emigrado para Israel, que consideravam como sua pátria e um refúgio. Constituíam um grupo melancólico, rejeitados pelos hassídicos e desdenhados pelos turistas. Trabalhadores não especializados, exceto como agricultores, raramente eram vistos nos *kibutzim*. Por ironia, os rastafáris das Antilhas estavam chegando à Etiópia ao mesmo tempo que os *falashas* partiam para Israel.

— Os altos sacerdotes *falashas* foram enviados a Salomão, juntamente com Menelik — disse Gladstone. — A chave é a Arca da Aliança, a Arca está em Axum. Quem tiver a Arca da Aliança tem a bênção de Deus. Nós dizemos que Jesus chegou como um carneiro para o sacrifício, mas Hailé Salassié chegou como um leão conquistador.

Gladstone estava me confundindo com fragmentos desconexos das escrituras e vagas alusões históricas.

— O que eu gostaria de saber é como vocês chegaram aqui — disse eu.

— Vou lhe contar como tudo começou — disse Gladstone. — Quando Hailé Salassié foi coroado, descreveu sua verdadeira linhagem, desde a Casa de Davi. O reinado dele foi aceito por 72 países.

— Qual a conexão com a Jamaica?

— Ele foi lá. As pessoas que rezam com mais fé são os jamaicanos e eles perceberam quem ele realmente era.

Virão os nobres do Egito, foi o que eles leram nos Salmos 68:31. *A Etiópia estenderá as mãos para Deus.*

Marcus Garvey, que iniciou o movimento Volta para a África, tinha vaticinado que um salvador iria aparecer, explicou Gladstone. Garvey era jamaicano, um orador talentoso e hábil organizador. Era também empresário, tinha fundado a Companhia de Navegação Estrela Negra. A Associação para o Progresso dos Negros Unidos, que Garvey criara em 1914, fora uma inspiração para os negros na América e no Caribe. "Etiópia, Terra de Nossos Pais" era o hino de Garvey. Garvey era Moisés e Hailé Salassié, o Messias — mesmo que não soubesse disso. Garvey acabou se tornando um crítico do imperador e de seu governo autocrático, mas nunca abandonou sua crença de que, para os negros do Ocidente, a Etiópia representava uma esperança e um lar.

Gladstone me mostrou uma cópia da *Africa Opinion*, edição de agosto de 1970, com um retrato de Marcus Garvey na capa e uma matéria sobre os pioneiros de Shashemene — o próprio Gladstone era mencionado no artigo.

— Eu fui presidente da Federação Mundial Etíope — disse ele. — Aqui está nossa Constituição.

Passou-me a fotocópia de um documento datilografado. Dei uma olhada no início.

Federação Mundial Etíope — 25 de agosto de 1937, cidade de Nova York. Nós, os Povos Negros do Mundo, de modo a efetivar nossa Unidade, Solidariedade, Liberdade, Autonomia e Autodeterminação, declaramos, por meio deste instrumento...

— Eu estive no Exército dos Estados Unidos, como farmacêutico — disse Gladstone, fechando a Constituição. — Durante a Guerra da Coreia, eu fiquei no Japão, no Dispensário Geral de Tóquio, com o Corpo Médico dos Estados Unidos. Mas eu sonhava com a África.

"Depois que ingressei na Federação Mundial Etíope, fui designado para cuidar da repatriação — disse ele. — Nós tínhamos três opções. Integração. Separação. Repatriação. Integração é viver em conjunto. Separação é a Nação do Islã, e talvez alguns estados do sul, que serão reservados aos negros, e alguns do norte, para os brancos. Repatriação era voltar para a África.

— Quando você veio aqui pela primeira vez? — perguntei.

— Sessenta e quatro — disse ele. Pegou um velho caderno escolar e o abriu numa página coberta com uma caligrafia esmerada. Colados na página oposta, havia alguns recortes de jornal amarelecidos.

Eu li:

16 de junho de 1964. Os dois delegados da Comissão para a Repatriação Africana, Gladstone Robinson e Noel Scott, partiram do terminal da BOAC, no aeroporto John F. Kennedy.

* * *

— Esse é o meu diário da viagem. Eu cheguei aqui com as primeiras 12 pessoas. Só restam quatro. O Irmão Wolfe. O Irmão Waugh. A Irmã Clark e eu, o Irmão Robinson.

No momento, havia cerca de cinquenta famílias rastafáris assentadas, com cento e poucas crianças. Muitas pessoas mantinham uma casa em Shashemene como um segundo lar — iam e vinham. Alguns negros vieram e não gostaram; para outros, o lugar era um refúgio, segundo Gladstone. Ele não parava de manusear os instantâneos: Gladstone em Adis-Abeba, na sua farmácia, Gladstone de jaleco, Gladstone de óculos, Gladstone de tranças, Gladstone com turistas, Gladstone de túnica, Gladstone de terno, Gladstone com alguns de seus muitos filhos.

— Minha filha, ela é tira em Nova York. Ela se formou na John Jay. Ela usa tranças. E foi à justiça quando disseram que ela tinha que cortar as tranças. Ela foi defendida pelos rastafáris, advogados rastafáris. Ela esteve aqui, em Shashemene.

— Você é feliz aqui, Gladstone?

— Eu sou feliz. A gente tem que voltar para casa, uma árvore cresce melhor no próprio solo. Cada uma dessas pessoas recebeu 10 hectares. Nem sabíamos o que fazer com tanta terra!

— O que você fez?

— Construí uma escola, plantei, abri umas farmácias. Eu estava indo bem.

— O Derg incomodou você?

— O Derg me fez fechar as portas. Tiraram minhas terras. Foi terrível. Eu trabalhei dois anos com médicos russos e cubanos no hospital daqui. Eles eram cirurgiões. Estava bom, mas um dia os soldados vieram e espancaram o médico etíope. Disseram que ele tinha armas.

— Você não ficou com medo?

— Claro que fiquei. Eu disse para mim mesmo: "Vou deixar o Tio Sam me sacanear, mas vou dar o fora daqui." Voltei para Nova York e fiquei lá até aquilo acabar.

Gladstone, o rastafári mais cordial que encontrei em Shashemene, apresentou-me a outros imigrantes da Jamaica. Disse que eu precisava entender que muitos negros antilhanos e americanos tinham vindo por outras razões que não o rastafarianismo.

— Nós temos as ordens de Bobo Shante e Nyabinghi, a Federação Mundial Etíope, os Independentes e as Doze Tribos.

Desmond e Patrick, ambos jamaicanos, eram membros das Doze Tribos. Desmond tinha 50 anos e aspecto selvagem, mas era comunicativo e acessível. Estava na Etiópia há 25 anos. Viera porque "aqui é um lugar de refúgio", e permanecera no país durante os piores anos do Derg, "quando Mengistu estava arrancando os jovens dos vilarejos para fazer com que eles lutassem".

Patrick era jovem, enérgico, bem-falante e aparentemente instruído. Usava uma jaqueta com as cores rastafáris. Enquanto Desmond, com sua boina e sua jaqueta de veludo esmolambada, sentia-se feliz em, simplesmente, colocar os pés para cima e fumar um baseado, Patrick — que não fumava maconha e estava apenas de visita — planejava um futuro no lugar, comprar uma casa e se mudar para lá com sua grande família.

— Eu vou e volto, mas lhe digo que aqui é minha casa. A Jamaica não é minha casa. Minhas raízes estão aqui. Eu sou africano — disse Patrick. — Nós fomos levados daqui como escravos, e agora estou de volta. Nós somos as Doze Tribos de Israel. — Ergueu um dedo fino para enfatizar sua opinião. — Mas não somos israelenses, que fazem distinções étnicas, vêm de qualquer lugar e fingem que são um povo do deserto. Nós realmente somos africanos. Não queremos favores especiais, só uma casa aqui.

— Qual o lugar de Hailé Salassié na sua teologia?

— Sua Majestade — disse Patrick, corrigindo-me — é um descendente direto da casa de Davi. Leia a Bíblia, está tudo lá, na versão abreviada. Rei dos Reis, Ras Tafari.

Os rastafáris dão muita importância aos títulos que Ras Tafari adotou quando se tornou imperador. Evelyn Waugh zombou de sua coroação em *Remote People* (Povos distantes), seu livro de viagens, mas o evento marcou o começo da transformação de Hailé Salassié em um símbolo de redenção para os negros da Jamaica e de outros lugares. O próprio imperador, ao que parece, reivindicava fortes laços com a Bíblia. No dia 25 do mês de *megabit* de 1922 (correspondente a 3 de abril de 1931), Ras Tafari distribuiu uma proclamação dizendo que Sua Majestade, o rei Tafari Makonnen, seria coroado imperador, com os títulos de Sua Majestade Imperial, Hailé Salassié Primeiro, Rei dos Reis, Leão Conquistador da Tribo de Judá, Eleito de Deus, Imperador da Etiópia.

Sua Majestade finalizou a proclamação conclamando: "Negociantes, negociai! Agricultores, arai! Eu os governarei pela lei e pelos costumes que me foram legados por meus pais."

Como Hailé Salassié se intitulou Leão de Judá e reivindicou Salomão como seu ancestral, inseriu-se dentro da Bíblia. A monarquia etíope remonta sua origem até Menelik Primeiro, filho da Rainha de Sabá e de Salomão. Os rastafáris dizem que tudo isso está em *Reis* e nas *Crônicas* da Bíblia. Bem, não exatamente. A única coisa clara nas escrituras é a visita da Rainha de Sabá a Salomão. Uma visita subsequente a Salomão e o nascimento de Menelik, filho da Rainha de Sabá, são narrados no épico etíope *Kebra Nagast* — descrito por Nicholas Clapp, em seu livro *Sabá*, onde relatou suas pesquisas, como "um documento que se alega ter sido descoberto na biblioteca da Catedral de Santa Sofia, em Constantinopla, no século III d.C.; mas é, provavelmente, uma compilação da história oral etíope, feita no século XIV d.C.". O livro de Clapp, amplamente respaldado por viagens e por uma impecável erudição, detém-se na história da fantasmagórica rainha, que adeja para dentro e para fora da Bíblia. Sua conclusão é que ela poderia ser qualquer uma dentre 11 figuras históricas ou mitológicas. E, a propósito, seu nome não era Sabá. Essa mulher enigmática era a rainha anônima de um país chamado Sheba, ou Sabá.

Patrick disse:

— Sua Majestade é um descendente espiritual, não um deus. Nós não o adoramos, mas achamos que Sua Majestade tem muitas das qualidades de Jesus.

— Por exemplo?

— Por exemplo, os italianos tentaram se apossar deste país muitas vezes. Eles foram terríveis, mas Sua Majestade não os condenou. Ele os perdoou. Ele era misericordioso. Essa é a misericórdia que está na Bíblia. Ele é o homem que foi previsto. Em que mês você nasceu?

Eu respondi que em abril. Ele disse:

— Existe uma tribo para cada mês. Abril é reuben. Muito importante para os olhos. O seu signo é prata.

Por que o fanatismo daquele homem me incomodava tanto? Parecia um bom sujeito. Disse-me, especificamente, que aceitava todos, "até os brancos", e que era músico.

— Algumas de nossas mensagens estão em nossa música.

Mas ele não escutava os outros, era um verdadeiro crente. Seu fanatismo me aborrecia somente por ser fanatismo. Fanáticos nunca escutam.

Desmond, mais velho e bem mais descontraído, era seu admirador. Disse que Patrick jejuava no sabá, lia a Bíblia e não fumava maconha.

— Ele é jovem, ele é puro.

— Leia a Bíblia — disse Patrick. — Um capítulo por dia afasta o diabo.

— Eu queimo fumo — disse Desmond. — Nós plantamos a erva, mas — fez um gesto com a mão — na moita, se é que você me entende, porque o governo não gosta disso e alguns etíopes criam caso com a gente.

Desmond me contou como foi sua conversão.

— Nós tínhamos um profeta na Jamaica, chamado Gyad — mas ele poderia estar dizendo "Deus" (*God*) à maneira jamaicana — que disse: "Sua Majestade vai sair de cena." Estas foram as palavras dele. Ele profetizou que Sua Majestade iria falecer. "Eu vim para cá logo depois disso, com minha mulher. Nós tínhamos quatro filhos. Então minha mulher não gostou daqui. Eu disse: 'Vai! Eu posso encontrar outra mulher, mas não posso encontrar outra Etiópia.' Arranjei uma esposa etíope e tive mais quatro filhos."

Vendo-me, corretamente, como um profundo cético, Patrick disse que eu deveria prestar mais atenção aos eventos mundiais. As catástrofes em todo o mundo eram sinais do final dos tempos.

— O Milênio veio e se foi — disse eu.

— O Milênio ainda não veio — disse ele. — O calendário etíope está sete anos e oito meses atrasado, então o milênio virá dentro de seis anos. Você vai ver. A terra já foi destruída pela água. Da próxima vez, vai ser o fogo. O vale do Rift será poupado; vai ser o lugar mais seguro do mundo quando o fogo vier. Você pode vir e ser um refugiado aqui. Traga a família.

Eu agradeci a ele e, voltando à rua principal, refleti sobre como a África, sendo tão vazia e incompleta, era o lugar ideal para que as pessoas criassem mitos particulares e se entregassem a fantasias de reparação e redenção — melodramas de sofrimento e poder em que se viam curando ferimentos, alimentando os famintos, cuidando de refugiados, dirigindo caros Land-Rovers e até vivenciando uma cosmologia de criação e destruição, reescrevendo a Bíblia como um épico africano de sobrevivência.

Naquela noite, em um abominável hotel em Shashemene, Tadelle parecia ressentido por termos tido que ficar e estava de mau humor. Olhou para alguns rastafáris, com seus gorros volumosos, que andavam por perto.

— Por que essas pessoas vêm aqui? — perguntou ele. — Onde é o país de Jamaica? Eles não têm trabalho lá?

No dia seguinte, viajando para o sul, disse-me que odiava a Etiópia. Odiava o Exército.

— Todos eles são cupins!

Onde será que tinha aprendido a expressão? Ele a usava muito. Os políticos eram cupins, os soldados eram cupins, os policiais eram cupins.

Ele queria tanto ir embora que não conseguia entender como alguém, por livre e espontânea vontade, podia querer morar na Etiópia. Ele estava dizendo isso enquanto atravessávamos a bela cidade de Awasa, às margens de um lago, onde paramos para almoçar. Fui observar as aves e vi algumas garças e calaus.

Durante a tarde, sempre no rumo sul, avistei montanhas, à frente, e uma planície vazia — tão verde quanto grama artificial —, uma promessa de mais lagos e mais montanhas adiante, com vales férteis repletos de plantações de abacaxi. Garotos vendiam a fruta à beira da estrada. Paramos e compramos oito, pelo equivalente a um dólar. Eu aprendi a palavra amárica para abacaxi: *ananas*, como em italiano. Então seguimos em frente, pela estrada sinuosa, até a cidade de Dila.

O final da tarde era a hora de parar. Viajar no lusco-fusco não era boa ideia; depois do anoitecer, era impensável. Cidade populosa, Dila ficava à beira da estrada, em uma área de cultivo de café; uma cidade-mercado nas montanhas de Mendebo. Não havia muita coisa no mercado, exceto pequenas pilhas de frutas poeirentas. As lojas não vendiam comida, somente sabão, camisas e produtos chineses — todos falsificados —, sabonetes famosos, roupas de grife, falsos *Nikes* e *Reeboks*.

Wolde seguia-me pelas vielas poeirentas da cidade, enquanto eu procurava um chapéu. A temperatura passava dos 30 graus, o céu estava sem nuvens e o sol era implacável. O calor, naquele lugar, perdurava até meia-noite. Mulheres oromas, de vestidos laranja e cobertas de contas, ficavam agachadas à beira da estrada, berrando na direção dos passantes, na minha direção, também, enquanto as crianças me azucrinavam pedindo dinheiro.

Uma palavra útil em amárico era *yellem*, que significava: "não há nada" ou, mais simplesmente, "esquece". Wolde ria com o efeito que aquilo causava nos oromos importunos.

Eu perguntei:

— Nós vamos ficar aqui?

Tadelle sorriu para se desculpar. O hotel, o Get Smart, era horrível, mas era o único lugar para ficar. E não éramos bem-vindos.

— Não temos quarto — disse o atendente.

— Você poderia verificar?

Com um espalhafato sem propósito, ele folheou as páginas de um desconjuntado caderno de exercícios, que era o registro de hóspedes.

— Nenhum quarto com água.

— Ótimo — "mais do que ótimo", pensei, pois a água era corrosiva.

Ele continuou a folhear as páginas.

— O.k., quarto com água, nos fundos.

O quarto era sujo e muito quente, bem pior que o de Shashemene. Tinha um cheiro repulsivo, mas um preço ótimo: o equivalente etíope a 2,50 dólares. Depois de beber três garrafas de cerveja e de escrever minhas anotações em uma mesa bamboleante, senti-me otimista e feliz, pois aqui estava eu, em uma pensão no sul da Etiópia, relativamente perto (420 quilômetros) da fronteira queniana. Com sorte, poderíamos chegar lá amanhã.

Um jovem japonês estava sentado entre alguns etíopes no salão de refeições do Get Smart, comendo comida etíope. Eu me juntei a ele, pedindo "comida de jejum" — era tudo o que havia, de qualquer forma. Sentei-me à mesa comum e começamos a rasgar pedaços de *injera*, a toalha de banho, para comer com vegetais amassados.

O homem era o sr. Daisuko Obayashi, enviado ao sul da Etiópia pela NEC, do Japão, uma companhia privada, para instalar um sistema de comunicações. Estava em Dila há dois meses. Não falava amárico e seu inglês era rudimentar. Vivera por dois anos na Tanzânia, mas preferia a Etiópia.

— Às vezes, as pessoas da Etiópia eles me pagam drinque, mas dois anos em Tanzânia ninguém me paga drinque.

Disse que não falava suaíli. Ao saber que eu vivia no Havaí, disse que não gostaria de visitar as ilhas.

— Pessoas do Japão demais lá.

Depois de dez minutos ouvindo aquela irritante conversa fiada, pensei: "O único falante de inglês em Dila — e é um bocó."

Ele disse:

— Em Tanzânia, eu vou em discoteca e garotas dizem que elas quer ter sexo comigo. Mas eu digo não por causa de aids. Quase três anos, nenhum sexo! Ha! Ha!

Talvez a castidade forçada explicasse seu mau humor. Voltei minha atenção para Tadelle e Wolde.

— O que vocês acham deste lugar?

— Confusão — disse Tadelle. Tadelle era de Tigre, assim como Mengistu, e sentia falta dos tempos do Derg, que os demais etíopes lamentavam, pelos anos de fome, falência, assassinatos em massa, terror e prisões arbitrárias. Mengistu tinha construído escolas e hospitais, explicou Tadelle, especialmente em Tigre.

— Eu acha Mengistu era bom. A Derg era bom. Sim, algumas pessoas foi morta. Mas era soldados e pessoas pequenas fez isso.

— Mas há democracia agora — disse eu, para alfinetá-lo: o atual governo perseguia qualquer grupo dissidente e transformara os policiais em cães de guarda.

— Democracia é mau. Governo é só cupins.

Naquela noite, deitado em meu quarto pequeno e quente no Get Smart, girei os botões do meu rádio de ondas curtas e, no escuro, escutei as notícias.

Wall Street estava com problemas: *A cotação da Dow Jones caiu novamente, pelo terceiro dia consecutivo... Ações das empresas de tecnologia no vermelho... O índice Nasdaq apresentou a maior baixa em cinco anos... Nenhum sinal de alta... Cresce o medo de uma recessão...*

Em Dila, isso não fazia diferença.

De manhã, pedi café ao atendente do Get Smart. Estávamos, afinal, em uma região produtora de café.

— Acabou.

— Tem alguma fruta? — A região também produzia frutas.

— Acabou.

— E Ambo? — Era a água mineral engarrafada da Etiópia.

O atendente do Get Smart sorriu: *acabou*.

Comemos alguns abacaxis que tínhamos trazido conosco e partimos na direção de Yabelo, Mega e a cidade fronteiriça de Moyale.

Contornando os buracos da estrada, ao sul de Dila, alcançamos vales extensos, alguns deles verdes e cultivados, outros não mais que tigelas de poeira. Assim chegamos à decrépita cidade de Agera Maryam.

— Eles têm comida aqui — disse Tadelle, dirigindo até uma construção murada.

Uma mulher de feições meigas e tristes nos serviu carne de cabra, com aspecto repulsivo, e macarrão frio. Comi um pouco do macarrão. Wolde devorou a cabra e Tadelle disse:

— Os pessoas aqui são ladrões. Eu devo olhar carro ou eles vai roubar de dentro.

A mesa de refeições estava coberta com um jornal etíope, de língua inglesa, onde havia uma notícia alarmante, dando conta de que a região sul estava sendo assolada por surtos de meningite. Não se especificava o tipo. A Etiópia, assim como o Sudão, está situada no "cinturão da meningite" africano. Existe até uma "estação da meningite" — justamente a época em que estávamos. Fiz uma anotação mental para comprar algumas latas de alimentos. Mas não havia latas. Tudo o que pude encontrar foram algumas caixas de biscoitos amolecidos, fabricados em Abu Dhabi.

Dirigimos por um amplo vale montanhoso, em uma estrada vazia, passando pela cidade de Yabelo. Os homens da região usavam a roupa tradicional, túnicas e contas, e carregavam lanças. As mulheres se arrastavam pelas trilhas, com pilhas de madeira na cabeça. Meninos bem jovens, com seus cajados, pastoreavam as cabras. O clima tinha se tornado mais quente, mais seco e, num lugar castigado pelo sol, um garoto pequeno se espremia contra uma árvore, para aproveitar uma pequena mancha de sombra.

— As mulheres muito bonitas aqui — disse Tadelle, diminuindo a marcha.

Mas só diminuíra a marcha por causa de um cadáver: 59 abutres-de-capuz cercavam uma hiena morta, na estrada, agitando as asas dentadas e rasgando a carne do animal, enquanto outras aves necrófagas, milhafres e marabus, mantinham distância. Nos campos ao redor, camelos selvagens — ou pelo menos à solta —, sem selas e sem arreios, marchavam na direção das colinas.

Era a região dos wolaytas, que viviam em cabanas apinhadas, cobertas por cascas de ovos de avestruz, um símbolo de fertilidade. Grupos dessas cabanas erguiam-se ao longo da estrada. As mulheres eram belas, com longas tranças e capas brilhantes, algumas delas carregadas com pesadas pilhas de lenha. Os homens aravam os campos, conduzindo bois cujas cangas lembravam ossinhos da sorte. Todos os garotos portavam lanças.

Embora seus nomes fossem grandes, no mapa, as cidades eram minúsculas. Mega era apenas um terreiro à beira da estrada. Não havia nada para comer, mas estar em meio a tanta gente com fome tinha acabado com meu apetite. Na Etiópia, eu comia somente uma refeição por dia, *injera* e a gororoba de vegetais; ou macarrão, uma ressaca da ocupação italiana.

Tadelle disse:

— Teve uma guerra aqui em 1983 — mas não havia sinais disso, exceto por alguns esqueletos de veículos nas colinas baixas e baldias. A guerra começara e terminara, pessoas morreram, a vida fora reiniciada e nada havia mudado: os mesmos arados, rebanhos de cabras, fogueiras e nádegas desnudas. A história da África.

Andei de loja em loja, tomando nota das mercadorias à venda — roupas chinesas baratas, panelas de alumínio, facas e bacias esmaltadas; nada de comida. Sendo o único *faranji* na cidade, eu atraía a atenção, e os garotos começaram a me seguir.

— Por favor, me dê um birr. Eu sou pobre, eu sou estudante.

Eles se revezavam. Eu dizia "não", para desencorajá-los de importunar os *faranjis*. Naquela noite escrevi no meu diário: *Isso é a coisa certa a fazer? Não sei.* Todo mundo pedia. Em todos os lugares aonde fui, do Cairo à Cidade do Cabo, as pessoas — na maioria crianças — estendiam as mãos: *Mista*. Antes de enxotar as crianças, dei a elas alguns dos biscoitos de Abu Dhabi.

Tadelle disse que estava muito quente para continuarmos. Ficaríamos em Mega por algumas horas e partiríamos para Moyale mais tarde. Sentamo-nos à sombra, Tadelle reclamando alegremente dos políticos etíopes ("Eles são cupins"). Algumas garotas de uma loja juntaram-se a nós, trazendo água engarrafada. Para matar o tempo, mostrei as lâminas do meu canivete suíço.

— Um mês de salário — disse Tadelle, quando respondi à sua pergunta sobre o preço do canivete. Cinquenta dólares, eu dissera. Mas muitos etíopes não tinham nenhum salário.

Comemos um pouco de abacaxi e as garotas pediram alguns pedaços.

— *Sebat birr* — disse eu, e elas riram, pois era o que elas tinham cobrado pela água engarrafada.

Adorei olhar para as garotas, enquanto se fartavam com a fruta, segurando a polpa com os dedos, o suco escorrendo dos lábios até o queixo.

Tadelle disse:

— Em vez do Quênia, vem com Wolde e eu e nós viaja junto. Nós ensina você amárico. Nós se diverte. Nós vamos em mata.

Em Tigrinya, explicou isso a Wolde, que sorriu e disse *isshi* — um enfático sim.

Fiquei tentado, era tudo o que eu queria, mas, sempre que olhava para o mapa da África, lembrava-me da viagem que programara para mim mesmo — de como seria longo o percurso até a Cidade do Cabo. Se Tadelle e Wolde fossem para o sul, eu iria com eles, mas iriam tomar o rumo oeste, até Konso, Jinka e o rio Omo, região de pessoas com os traseiros de fora e de encantadores ornamentos feitos à mão.

No último trecho até Moyale, um soldado que se postara no capim seco à beira da estrada — em uniforme de camuflagem e armado — sacudiu a arma em nossa direção. Tadelle parou e, após uma conversa lacônica, o soldado sentou-se no assento traseiro, junto com Wolde. Apenas um carona, mas um carona armado. Pela postura de Tadelle, eu podia dizer que ele tinha detestado o homem e estava pensando: cupim.

O soldado forneceu algumas informações, que não eram boas.

— Os oromos estavam lutando contra os somalis aqui, na semana passada — disse ele.

Mais perto de Moyale, o soldado murmurou alguma coisa e Tadelle diminuiu a marcha. Depois que o soldado saiu, Tadelle disse:

— Eu não confiar nesse homem.

Os somalis estavam por toda parte, mulheres com trouxas e homens conduzindo cabras.

— Algum problema aqui, Tadelle?

— Eles pessoas pobres — disse ele.

Chegáramos a uma região estéril, inóspita e sem árvores, onde avistamos alguns indivíduos com aparência de refugiados, carregando trouxas surradas. Outros tinham aspecto de aventureiros, vadios ou gatunos — os delinquentes destribalizados que costumam gravitar nas fronteiras nacionais. Estávamos próximos a uma ribanceira. Abaixo, havia um leito de rio seco e uma área aberta, uma terra de ninguém; mais além, o Quênia, que parecia ainda mais seco que a Etiópia.

— Eles são tudo ladrão e cupins; toma cuidado — disse Tadelle.

Enquanto ele procurava um lugar para estacionar, eu fazia algumas averiguações no posto de fronteira, uma construção de um andar, vazia, erguida em um lote de terreno baldio. Disseram-me que a fronteira estaria aberta às seis, na manhã seguinte. Não havia nenhuma informação sobre transportes no Quênia. Retornei ao veículo. Tadelle, encolerizado, disse que alguém tinha arrancado e roubado seu para-choque dianteiro.

Nesse momento, um Land-Rover passou por ali, ocupado por dois *faranjis*. Um slogan idealista, relativo à fome na África, estava pintado na lateral do veículo.

— Vocês poderiam me dar uma carona até o outro lado da fronteira?

— Isso aqui não é táxi — disse um dos homens, com sotaque do oeste da Inglaterra.

— Estou procurando por um lugar para ficar, do outro lado da fronteira.

— Nós não dirigimos uma casa de hóspedes — disse o outro, um londrino.

E se foram, deixando-me parado à beira da estrada. O incidente foi uma típica amostra do que seria minha experiência, na África, com prestadores de assistência humanitária — pedantes, imbecis e cabotinos, de modo geral, quando não rematados canalhas.

Retornei ao veículo de Tadelle e vi que Wolde estava chorando.

— O que houve com Wolde?

— Wolde está muito triste de ver você partir.

Wolde escondeu o rosto nas mãos e soluçou. Eu estava comovido e um pouco confuso. Ele não falava inglês, mas Tadelle tinha o costume de traduzir nossas conversas para ele. Assim, durante nossa longa jornada, Wolde participara de todas elas.

Encontramos um hotel, o pior até o momento, mas o melhor em Moyale. Era o Ysosadayo, três dólares de diária por um quarto no anexo dos fundos, infestado de mosquitos. Macarrão a um dólar, cerveja a cinquenta centavos. A eletricidade ia e vinha. O quarto, quente e abafado, cheirava a baratas e poeira; a cama era dura e fedorenta como um catre de prisão. Dei a Tadelle e Wolde dez dólares para cada um, em birr, e fui andar por Moyale, fazendo algumas perguntas. Levei uma hora para saber que, às sete da manhã, caminhões de gado partiam do lado queniano e se dirigiam a Marsabit, e que levavam oito horas para chegar lá; ou melhor, levavam dez horas; ou melhor, 12. Ou melhor, eram dois dias até Nairóbi, ou três; ou, se o caminhão quebrasse ("mas sempre quebram"), quatro dias.

A maior estrada da África prosseguia até o horizonte, entrando em uma região de colinas, descampada e calorenta, indo além do tubo de aço que servia como alfândega e barreira de imigração. Onde quer que eu andasse, era seguido e importunado com pedidos de dinheiro, com o jeito insolente daqueles que nada têm a perder. Mas os *faranjis* que apareciam por aqui eram, eles mesmos, vagabundos, e ninguém se mostrava surpreso quando eu dizia: *Yellem* — nada para você. Não havia água corrente em Moyale. O Ysosadayo tinha uma cisterna. As lojas se valiam de baldes. A atividade principal na longa estrada norte--sul era o transporte de água, feito por jumentos que rapazes e moças golpeavam nas ilhargas. Cada jumento carregava quatro latões de água, com 30 litros cada. Tinham que fazer um vaivém através da fronteira, pois a água provinha de um poço no lado queniano. Naquela terra de ninguém entre dois países, no anexo de um hotel, vivia um louco de cabelos emaranhados, vestindo trapos.

Wolde ainda estava triste quando o vi novamente, mas vestia uma camisa nova. Era um garoto gentil e obsequioso — não para obter gorjetas, realmente tinha bom coração. Eu lamentava bastante aquela separação, sentia que poderia ir longe com aqueles dois — nosso pequeno time. Eram bons companheiros de aventura e seriam sempre leais. Tadelle, o pessimista de meia-idade ("detesto esse país, são tudo cupins"), bom motorista, e Wolde, o jovem otimista, ansioso por agradar. Poderíamos ir até o fim do mundo — embora, provavelmente, já estivéssemos lá, pois não era uma descrição ruim de Moyale.

Tadelle comprara uma jaqueta, duas camisas, um par de sapatos e calças cáqui; e ainda tinha troco dos dez dólares. As roupas, que provinham do lado queniano, tinham sido contrabandeadas para o mercado de Moyale.

— Eu gosto roupas — disse Tadelle em tom sentimental. Vestia sua nova jaqueta, apesar do calor, ainda em torno dos 30 graus já bem depois do pôr do sol.

Ele e Wolde gostavam de usar as roupas novas em Moyale, o que os diferenciava bastante de qualquer pessoa na cidade.

O jantar — macarrão frio, cerveja morna — era uma coisa lúgubre. Wolde ainda fungava de tristeza, Tadelle, em voz baixa, fazia comentários pessimistas. Então as luzes se apagaram e reinou o silêncio.

Finalmente, na escuridão, Tadelle disse:

— Meu nome significar "presente".

— É um nome bonito.

— Teve um homem — disse ele. — Adão.

— Sim — disse eu.

— Ele teve filhos.

— Sim. Encontraram os ossos na Etiópia. — O esqueleto de Lucy: miúdo, de pernas arqueadas, parecido com um macaco. Eu o vira no museu.

— Conforme ar-condicionado — disse Tadelle, querendo dizer "as condições climáticas" —, os filhos eram cor diferente.

— Sim — disse eu.

— Eu sou preto, você é vermelho.

— Sim.

Na extremidade da mesa, Wolde começou a chorar de mansinho.

— Mas nós é irmãos.

Somente caminhões de gado iam para o sul, em um comboio espaçado, com cerca de dez veículos.

— Por causa dos *shiftas*.

O nome provinha de um clã somali de predadores e saqueadores sanguinários: os Mshifta. Mas *shifta* passou a significar qualquer bandido, no grande deserto que se estende da Somália ao Sudão e inclui o norte do Quênia. Os *shiftas* costumavam atacar povoações afastadas e emboscar, nas estradas, pessoas ou veículos isolados. Havia poucas estradas e muitos *shiftas*.

Os ônibus não operavam naquele trecho da estrada norte-sul. Não havia nomes de lugares no meu mapa, apenas Marsabit, no meio do deserto de Dida Galgalu — terra dos samburus —, a um dia de viagem para o sul. Eu estava tranquilo, já que os caminhões estavam cheios de reses, não de pessoas. Nessa parte do mundo, o gado era valioso, mas a vida humana, não. Quando o membro de uma tribo era baleado, ninguém se dava ao trabalho de registrar uma queixa. Dizia-se apenas: "Os borenas estão brigando", ou os oromos, os somalis ou os *shiftas*. Ninguém sabia o número de mortos. Mas, se algumas reses fossem abatidas, ou roubadas, seu número exato seria conhecido e lamentado.

Cada caminhão transportava vinte cabeças de gado. Paguei três dólares para viajar na cabine com o motorista, três mulheres, duas crianças e um garoto tuberculoso de 6 ou 7 anos, que surpreendi bebendo na minha garrafa d'água. As mulheres, uma das quais amamentando um bebê, usavam véus e, sendo casadas, tinham tatuagens de hena nos pés e nas mãos. Os encantadores padrões florais entrelaçados chamaram minha atenção, mesmo às sete da manhã daquele dia quente, dentro de uma cabine abafada.

— Não saia do seu assento, *bwana*, alguém vai sentar nele — disse o agenciador a quem eu pagara.

Era uma grande surpresa que, embora estivéssemos a menos de um quilômetro da fronteira, todos aqui falassem suaíli.

Após muita gritaria, discussão e uma briga — um sujeito fora posto para fora porque não pagara, e defendia sua dignidade dando tapas nos homens que o tinham expulsado —, seguimos pela péssima estrada em direção ao sul, em meio ao calor e à poeira. Os animais tremiam e, nas piores partes da estrada, alguns caíam, ficavam presos embaixo dos outros e eram pisoteados. Assim que nos afastamos da fronteira, a estrada se transformou em uma trilha sulcada e pedregosa. Havia três boiadeiros, no meio do gado, que investiam sobre os animais que caíam, torcendo suas caudas e golpeando seus focinhos com bastões, para obrigá-los a se levantar. As reses, destinadas ao matadouro de Nairóbi, constituíam uma visão melancólica, pois tinham o semblante benigno e olhos crédulos. Aparvalhadas e dóceis, eram levadas para o abate. Na ausência de caminhões frigoríficos, tinham que chegar vivas ao matadouro. Depois de mortas, seu sangue seria retirado pelo método *halal*, estipulado pela fé muçulmana.

O motorista, Mustafa, era um jovem irritadiço, que fumava sem parar e, aparentemente, só falava suaíli.

— *Wewe, muzungu* — dizia-me, quando queria minha atenção. "Você, homem branco". Uma expressão coloquial extremamente rude, mas ele estava acostumado a lidar com mochileiros bocós e sem dinheiro. Era evidente que odiava seu trabalho, e não se podia censurá-lo: a cabine lotada de gente, o caminhão repleto de animais, homens sentados nas traves mais altas da carroceria, agachados no teto e pendurados nas laterais, muitos deles mascando *qât*, para permanecerem calmos.

Eu tinha visto muitas estradas em mau estado na viagem, mas esta era espetacularmente ruim, pior que o chão batido do deserto sudanês. Tratava-se de uma trilha estreita, com buracos profundos que engoliam as rodas, além de sulcos íngremes, uma quantidade enorme deles, que surgiam subitamente, fazendo o caminhão pular e sacolejar. Mas o pior eram as rochas soltas. Quebradas e afiadas, eram tão grandes que faziam o caminhão perder o equilíbrio e mergulhar, quando passava por cima delas, jogando o gado ao chão. Ainda era de manhã cedo, mas o dia estava muito quente e não havia sombras. A terra se estendia à frente, branca e ofuscante como um deserto de sal. Estávamos andando a 16 quilômetros por hora e ainda tínhamos mais de 300 quilômetros para percorrer.

As crianças africanas raramente choram; é quase um milagre que consigam ser tão pacientes quanto os pais. Mas as que estavam na cabine berravam.

Por causa dos combates na área — os oromos tinham de fato atacado alguns postos de polícia, como o soldado dissera —, as barreiras eram frequentes. Em se tratando de barreiras africanas, constituíam uma oportunidade financeira para os homens armados que as controlavam; assim, cada parada era um ato de extorsão. Mustafa dava uma propina para os homens e seguia em frente, resmungando.

Eu sentia falta da agradável companhia de Tadelle e Wolde. Sentia ainda mais falta das estradas muito melhores e das folhagens da Etiópia, bem como da cortesia etíope. Mas me consolava com o pensamento de que conseguira fazer a transposição para o território queniano. Avançava para o sul, conforme os planos.

No meio da manhã, paramos à beira da estrada, ao lado de um conjunto de abrigos com tetos de zinco.

— *Chakula* — disse Mustafa. Comida.

Bandejas com carne de cabra gordurosa e porções do mingau grosso e acinzentado, que os quenianos chamam de *ugali*, foram colocadas sobre a mesa, em sujas tigelas esmaltadas. Os africanos, homens primeiro, precipitaram-se até a mesa manchada e a cercaram, enchendo a boca com nacos de comida. Comprei uma coca-cola para Mustafa, com o propósito de agradá-lo, e lhe perguntei quando chegaríamos a Marsabit.

Ele deu de ombros, tomou um gole de coca e disse:

— *Si jui* — sei lá.

Os outros africanos também se mostravam desinteressados e até insolentes. Ouvi muitos *wewe, muzungu*, e um homem que roía um osso apontou o dedo gorduroso na minha direção, dizendo:

— *Wewe, mzee.*

"Ei, velho." Poderia ser uma expressão de afeto ou respeito, como fora na época em que o título de Jomo Kenyatta era *Mzee*, enfatizando sua experiência e liderança. Mas ficou bem claro, para mim, que eu estava sendo chamado de velhote, em tom de zombaria.

— *Hapana mzee* — disse eu, em suaíli macarrônico. Mas suaíli macarrônico era o que aqueles nortistas falavam, pois eram borenas e samburus, na maior parte, moradores do deserto sem língua comum. O suaíli era gramatical e sutil somente na costa e em algumas cidades.

— *Mimi vijana* — disse o homem, insistindo na sua juventude.

Outro homem, sem dedos na mão direita, atacava um osso de cabra com a mão esquerda e dizia claramente, em sua língua borena, que estava comendo a melhor parte, o tutano, que estalou sobre a mesa — um montículo viscoso que comeu gulosamente, lambuzando os dedos.

Alguns dos outros caminhões do comboio também haviam parado no local. Soldados que viajavam com eles me perguntaram se havia algum problema (*shauri*).

— Está havendo guerra na Etiópia? Você viu?

Ignorantes do que se passava fora do país, viajando em uma estrada horrorosa num deserto superaquecido, no interior de uma província negligenciada em um dos países mais corruptos, desventurados e dominados pela criminalidade que havia na África, aquelas pessoas consideravam a ensolarada e maltrapilha — mas digna — Etiópia como zona de guerra.

Ao partirmos novamente, percebi que um dos soldados subiu na boleia do caminhão de Mustafa. Eu não sabia se deveria ficar preocupado ou aliviado com a presença do novo passageiro, que portava um rifle de alto calibre.

As povoações visíveis no deserto eram todas borenas, ou melhor, pertenciam a subtribos borenas: os mbujis, os lediles, os gabras. Eram homens bem-apessoados e mulheres atraentes, que viviam dispersos em meio a minguantes rebanhos de cabras. Pastoreavam as criaturas no vasto deserto, onde os pastos eram escassos. Não chovia há três anos e eles se viam forçados a comer os animais, sua única riqueza, antes que morressem de sede. Em um estabelecimento missionário, avistamos alguns lediles esqueléticos.

Havia pouca coisa para comer, além das cabras, a vida selvagem dificilmente sobrevivia por aqui. Vi alguns veados pequenos, chamados *dikdiks*, além, é claro, dos pássaros: milhafres, gaviões e pombos. Onde cresciam espinheiros, pássaros-tecelões escoaçavam em torno de ninhos numerosos.

A estrada se estendia até o horizonte distante — pedregosa e cheia de buracos —, passando por entre dois lagos. Os lagos eram magníficos, tremulantes à luz do sol, extensões planas de água que refletiam o céu, conferindo um frescor convidativo ao ambiente. Mas, é claro, não passavam de miragens; apenas a estrada pedregosa era real.

Avançávamos tão lentamente que, quando um pneu traseiro estourou, às duas da tarde, ouvi não só o estouro, feito um tiro de pistola, como também o assobio do ar escapando. Mustafa parou o carro e desceu, praguejando.

Era um pneu do meio — havia oito nos eixos traseiros, dois conjuntos de quatro, para suportar o peso do gado. Um pequeno macaco hidráulico enferrujado foi trazido e armado. Lentamente, o caminhão foi erguido e o pneu furado, submetido a um exame. Não se tratava apenas de um furo na câmara de ar, mas de uma rachadura no pneu — tão grande que o africano que o examinava conseguiu colocar o braço dentro dela.

Era uma ocorrência previsível naquele lugar, pelo menos para mim. Mas não para eles, ao que parecia, pois não tinham estepes. Tiraram um monte de objetos de um saco — embalagens, remendos, grandes pés de cabra, peças de ferro achatadas, tubos de cola e uma coisa que parecia um antigo fole de pé — e começaram a bater na roda, canhestramente, como se nunca tivessem feito esse tipo de conserto. Quando tentavam desalojar o pneu, os instrumentos de ferro se curvavam.

Enquanto o restante de nós aguardava, sob o intenso sol do deserto, eles se revezavam na tentativa de retirar o pneu. Sem sucesso. Não havia sombra, nem alívio para a luz cegante e o calor, embora alguns homens tenham se arrastado para baixo do caminhão levantado, onde cochilaram na semiescuridão.

Mustafa, que raramente falava e só o fazia em suaíli, deu sua opinião em inglês:

— Esse porra estrada ruim.

Pensei: isso não é bom — uma avaria em pleno deserto, num lugar onde ninguém se importa que eu morra ou fique vivo; preso no meio dos mecânicos mais incompetentes e sem recursos que já vi.

Depois de uma hora nessa situação, um caminhão carregado de reses passou roncando por nós, sem parar, obviamente sem ligar a mínima para o nosso problema. Mas isso me lembrou de que, supunha-se, estávamos viajando em comboio. Pensei também: eu deveria ter me safado daqui e ido com eles. Distanciei-me um pouco do grupo e vasculhei o horizonte, à procura de outro veículo. Depois de vinte minutos, ou perto disso, avistei nuvens de poeira se levantando — um caminhão.

Parei no meio da estrada e fiquei acenando. Era outro caminhão de gado; quando parou, subi até a cabine, repleta de mulheres e crianças, e pedi uma carona.

— Você pode vir, mas vai ter que viajar lá em cima.

Tirei minha sacola do caminhão de Mustafa e atirei-a na direção dos homens que viajavam na carroceria. Então subi correndo, pois o caminhão não tinha realmente parado, ainda rolava lentamente, passando pelo caminhão de Mustafa e seus desajeitados mecânicos, que remexiam nos remendos — um deles estava empurrando um enorme pedaço de borracha contra o buraco, numa tentativa de conserto. Era claro, para mim, que ainda estariam lá no dia seguinte, em meio a reses agonizantes, às voltas com o pneu furado.

Vi-os desaparecer na distância. Eu me equilibrava na armação sobre a cabine, segurando um cano, exposto ao vento quente e à poeira sufocante. Tinha que me segurar com força para ficar ereto. O caminhão oscilava, com a instabilidade provocada pela altura do centro de gravidade e pelo peso do gado.

Mas eu estava calmo, até feliz. Enrolei minha jaqueta em torno de mim, para me proteger da poeira, e observei as reses sofredoras. Fracas de sede, cambaleantes com o movimento do caminhão, caindo de joelhos e às vezes se estatelando no piso, eram golpeadas nos focinhos e tinham suas caudas torcidas. Eu podia ouvir seus mugidos de dor, acima do fragor das rodas na estrada.

Bem no interior do deserto, avistei caravanas de camelos, conduzidas pelos borenas. Puro pânico envolto em beleza — as mulheres de vestido amarelo caminhando à frente, os homens guiando os animais. Uma visão adorável, embora fosse uma questão de vida ou morte, que ilustrava a desesperada necessidade de água. Não havia chuvas, nem poços por perto. Para encher galões e latões com água, a caravana tinha que percorrer uma enorme distância. Os camelos estavam cobertos com pesados tonéis de latão, que pendiam até a altura de suas canelas.

A certa altura, a estrada deixou de ser reta — passou a serpentear por entre enormes elevações, pequenas demais para serem colinas, mas obstáculos de qualquer forma. Prosseguíamos muito devagar. Eu não conseguia enxergar à frente. Estava aliviado porque, como nos movíamos tão devagar, não tinha que me segurar com tanta força.

Então, ouvi um estrondo alto e pensei: "Oh, não, outro pneu estourado." Mas outro estrondo se seguiu. Os homens que estavam no alto mergulharam na massa de reses sofredoras.

Vislumbrei dois homens em túnicas poeirentas, os rostos ocultos por tiras de pano, atirando para o alto no meio da estrada.

Duas coisas aconteceram então. A primeira foi alarmante: o homem agachado ao meu lado — um soldado — levantou o rifle e começou a atirar nos homens, que fugiram rapidamente, escondendo-se atrás de um rochedo. A segunda: o caminhão acelerou a marcha, movendo-se tão depressa que se inclinou e escorregou pelo estreito desfiladeiro entre as colinas, como um iate descendo uma onda.

Naquele instante, eu me vi caindo das barras superiores do caminhão, junto com outros homens. Fiquei pendurado nas laterais de metal (pensando: "Será que isso é aço à prova de balas?"), acima das reses cambaleantes. O caminhão acelerou de 10 para 40 quilômetros por hora, uma aceleração não muito alta, talvez, mas que nos colocou além do alcance dos homens armados e demonstrou nossa resolução de escapar.

Os homens eram *shiftas*, clássicos bandoleiros de estrada, posicionados em um local perfeito. O caminhão diminuíra a marcha em um ponto localizado entre dois bons esconderijos. Os homens saíram de lá e atiraram para o alto, de modo a chamar nossa atenção. Talvez não estivessem contando que alguém atirasse neles; ou, mais provavelmente, ficaram surpresos quando o motorista acelerou e nos tirou de lá.

O soldado, agarrado às barras ao meu lado, sacudiu a cabeça e riu.

Eu perguntei:

— *Shiftas?*

— Sim — ele sorriu.

Eu disse:

— *Sitaki kufa* — Não quero morrer.

Ele respondeu em inglês:

— Eles não querem sua vida, *bwana*. Eles querem seus sapatos.

Muitas vezes, depois disso, em minhas andanças pela África, murmurei essas palavras, um resumo do subdesenvolvimento e do desespero em uma só frase. De que lhes serviria minha vida? De nada. Mas meus sapatos — ah, aí é diferente, eles valem alguma coisa, muito mais que meu relógio (tinham o sol), minha caneta (eram analfabetos) ou minha sacola (não tinham nada para colocar dentro dela). Aqueles homens precisavam de calçados, pois viviam caminhando.

Retomada a rota, o caminhão passou a andar mais depressa, com as reses tombando umas por cima das outras. Os vaqueiros maltrapilhos as controlavam com brutalidade. Logo chegamos a um posto do Exército e tivemos que parar. Os quatro soldados que controlavam o local faziam cera deliberadamente, pedindo para examinar meu passaporte (*Wewe, muzungu*) e sendo impertinentes.

Apesar disso, fiquei mais tranquilo, pois o posto era como uma barreira contra os bandidos. Os demais passageiros que viajavam na boleia pareciam pensar da mesma forma — e reassumiram seus lugares. A estrada melhorou e logo estávamos nos movendo rapidamente na direção das terras altas e das colinas à frente, onde o sol mergulhava. O verde já não era miragem, mas as folhagens naturais de Marsabit.

O caminhão parou no pequeno e sujo mercado da cidade. Ao descer, percebi que estava tremendo, com um pouco daquela alegria histérica que surge quando se escapa por pouco, a estonteante certeza de haver sobrevivido.

Perambulei por ali e descobri um lugar para ficar, o Jey-Jey, um hotel dirigido por um muçulmano afável, que também me chamava de *mzee*. Seria por causa do meu aniversário iminente que essa palavra me irritava tanto? Aluguei mais um quarto de três dólares. Tomei banho em um dos chuveiros comunais e fui até o mercado, onde bebi uma cerveja Tusker, conversei com alguns moradores locais e me gabei:

— Atiraram em mim!

Ninguém se mostrou surpreso ou impressionado. Todos deram de ombros.

— É a estrada *shifta*.

De volta ao Jey-Jey, encontrei um homem que tinha acabado de chegar, viera na retaguarda do comboio. Era um inglês e parecia exausto — suado, sujo, com a barba por fazer, irritado, de olhos vermelhos e às voltas com uma pesada sacola.

— Como estão as coisas?

— Atiraram na gente — gritou ele.

— Em nós também — disse eu —, lá onde a estrada passa entre duas elevações.

— Acho que estávamos bem atrás de vocês — disse ele, com forte sotaque de Lancashire. — Mas não levaram nada. Eu me joguei na porra do chão e os soldados lá em cima atiraram para matar.

O nome dele era Ben Barker, motorista de um caminhão que conduzia turistas em uma viagem pela África. Depois do jantar, encontramos seu irmão, Abel — um de seus mecânicos — e fomos tomar uma cerveja no mercado de Marsabit. Ben descreveu seu itinerário. Consertara um velho caminhão a diesel e partira de sua casa, em Grange-over-Sands, rumo ao Oriente. Atravessou a Turquia, a Síria, a Jordânia e o Egito, chegando ao Sudão pelo lago Nasser, em uma barcaça. Ele também se dirigia à Cidade do Cabo. Transportava sete mochileiros e, mediante uma pequena taxa, teria muito prazer em me levar até Nairóbi.

— Eu não me importo de dirigir — disse Ben. — A pior parte da viagem é quando o pessoal no caminhão começa a reclamar. "E por que não podemos ver os crocodilos?" "Por que estamos rodando hoje?" "Porra, não podemos parar um pouco?"

Ainda que paupérrima, Marsabit era um oásis se comparada às aldeias de pastores, onde os animais definhavam em consequência das sucessivas secas — ou de agricultores, cujas plantações tinham murchado e estavam cobertas de ervas daninhas. Tornara-se, assim, um refúgio para os prestadores de assistência humanitária, os "agentes da virtude", cujos elegantes Land-Rovers estavam estacionados no Jey-Jey.

O modelo fora estabelecido pelo sr. Kurtz, em *Coração das Trevas*: "Cada posto deveria ser como um farol na estrada, voltado para coisas melhores, um centro de comércio, é claro, mas também de humanização, melhoramentos e instrução." Isso, evidentemente, foi antes que a desilusão se instalasse e Kurtz se tornasse um cacique canibal.

Um projeto semelhante fora debatido cinquenta anos antes de Kurtz — em *Bleak House* (A casa desolada), de Dickens — pela sra. Jellyby, "devotada à questão da África, cuja obsessão, que sua angustiada família em Londres fazia questão de ignorar, era um projeto africano". Seus planos envolviam "o desenvolvimento da cultura do café — e dos nativos *também* — e o abençoado povoamento das margens dos rios africanos com nossa superabundante população... educando os nativos de Borrioboola-Gha, que habitam a margem esquerda do Níger".

Fiona e Rachel trabalhavam para uma instituição de caridade britânica. O que Kurtz idealizara para o Congo e a sra. Jellyby para o Níger, elas tentavam concretizar na região de Marsabit. Estavam na cidade, vindas do sul, em uma de suas visitas semanais. Tinham vinte e poucos anos e os rostos banhados de suor, em decorrência do calor e da longa viagem. Dispunham de um motorista e de um veículo que custava uma fortuna. Estaria eu imaginando coisas ou o logotipo pintado na lateral era mesmo um continente chorando, com o slogan: *Derrame Lágrimas pela África*?

— Teremos uma alimentação líquida amanhã — disse Fiona.

Raquel disse:

— Noventa crianças com peso inferior ao normal, algumas desnutridas, crianças de até 4 anos.

— O que é alimentação líquida?

— É mingau. Um composto nutritivo chamado Unimix: milho, soja, óleo, um pouco de açúcar e gordura animal. Os americanos chamam de mistura de soja e milho.

— Vocês vão até uma aldeia e põem Unimix num cocho para as pessoas comerem?

— Eu não colocaria dessa forma — disse Fiona.

Eu disse:

— Tínhamos um ditado: "Dê sementes às pessoas e deixe que elas cultivem o próprio alimento."

— Não tem chovido — disse Rachel.

— Talvez eles possam ser reassentados. Assim, poderiam encontrar trabalho. E se vocês parassem de alimentá-los, eles poderiam plantar.

— Nós salvamos vidas, não meios de vida — disse Fiona, e aquilo soou como uma frase de algum folheto escrito pela sra. Jellyby.

Eu disse:

— Conselhos sobre planejamento familiar, vocês poderiam fazer isso.

— Nós não discutimos planejamento familiar — disse Rachel. — Nós alimentamos crianças com menos de 5 anos e mães em fase de amamentação. Por que está me olhando assim?

— Não sei — disse eu. — É alguma coisa a respeito de "supervisionar uma alimentação líquida". Isso me soa como alguma coisa que se faria em uma reserva animal.

Elas se sentiram insultadas e eu me arrependi de ter dito aquilo daquela forma. Eram moças honestas e trabalhadoras, obviamente, e tinham vindo de longe para servir mingau a criancinhas de rosto cinzento em um deserto no norte do Quênia.

Eu disse:

— Em uma reserva animal, num ano ruim, os guardas espalham alguns fardos de alfafa por perto dos mananciais, para que os hipopótamos possam sobreviver durante o verão.

Elas apenas me olharam, magoadas por terem seu trabalho questionado.

Eu disse:

— E o que aconteceria se vocês simplesmente enviassem os alimentos?

— Os pais roubariam a comida e deixariam que as crianças morressem.

Em outras palavras, seleção natural. Por isso os samburus eram tão resistentes. Os mais fortes sobreviviam, crianças fracas pereciam. Crianças morriam o tempo todo na África e ainda assim, mesmo com a aids, o crescimento da população africana era o mais alto no mundo. Tinha acontecido a mesma coisa na Inglaterra vitoriana. Em *Judas, o Obscuro*, romance de Thomas Hardy, uma das crianças famintas do vilarejo, antes de matar os irmãos e se suicidar, escreve uma nota: *Porque nós era muitos.*

Fiona e Rachel eram bem-intencionadas e sinceras em sua missão. Mas uma coisa me fascinava: o fato de terem que lutar contra os pais das "crianças abaixo do peso", para que não tirassem a comida da boca dos filhos (e quem poderia culpá-los?). Ou seria uma dramatização excessiva da situação — pois era comum haver um toque de melodrama entre os prestadores de assistência humanitária. A caridade na África era, muitas vezes, uma forma de teatro.

— Quanto tempo vocês vão ficar fazendo isso?

— Eu vou embora na semana que vem — disse Fiona.

— Eu ainda vou ficar por um mês — disse Rachel.

— Depois que vocês forem embora, essas pessoas que vocês estão alimentando com Unimix podem ficar desamparadas.

— O projeto inteiro vai ser reavaliado dentro de alguns meses — disse Fiona, tornando-se burocrata.

Só para satisfazer minha curiosidade, visitei a escola de ensino médio de Marsabit, na manhã seguinte. Conheci o sr. Maina, que vivera a vida toda na cidade, com exceção dos anos em que esteve fora para obter a licenciatura. Ele negou categoricamente que qualquer pessoa na região estivesse sem comida. E enfatizou que havia mais comida do que nunca, em função da indiferença do governo pela agricultura comercial.

— Os fazendeiros no Quênia estão muito desmoralizados, porque não têm apoio do governo — disse o sr. Maina. — Em muitos lugares, os fazendeiros destruíram os pés de café e plantaram repolho e milho, para subsistência.

— Por que o governo não se importa?

— Por que eles se importariam? Recebem dinheiro do Banco Mundial, do FMI, da América, da Alemanha e do mundo inteiro.

Em resumo, o governo do Quênia tinha sua própria versão de Unimix, sob a forma de países doadores de dinheiro. Era fato comprovado que esse dinheiro ia parar nos bolsos dos políticos. O dr. Richard Leakey, um queniano branco, fora incumbido de dirigir uma comissão para descobrir corrupção no país. Após semanas, tendo encontrado corrupção aos montes, fora destituído do cargo. Agora lutava contra uma acusação de corrupção, dirigida contra ele pelo governo queniano.

Além de Ben e Abel, no caminhão de cruzeiro, havia Mick, de Yorkshire, mecânico-chefe que discretamente se gabava de ter a bordo um kit completo para solda, um motor sobressalente e um gerador. Os sete passageiros pagantes estavam bastante abalados, por terem sido alvo de tiros durante o ataque do *shiftas* no dia anterior. Jade, da Nova Zelândia, que era asmática, estava com sintomas de sufocamento, provocados pelo estresse — ou seriam resultantes da poeira que entrava no caminhão aberto? Outro passageiro, um canadense com cerca de 20 anos — imigrante da Ucrânia — deu-me as boas-vindas a bordo e me lançou um sorriso insano.

— É... Este é um bom dia para morrer — disse ele, enquando eu me içava a bordo. Ele sempre dizia isso, não tinha outro assunto de conversa. Mas não por ser uma vítima de estresse pós-traumático: era naturalmente chato.

E havia dois soldados: um sorridente, que nunca falava, e um conversador irritadiço, que não parou de resmungar desde que saímos de Marsabit. A visão de alguns samburus na estrada — vestindo togas brilhantes, enfeitados com brincos e contas, portando rifles e cajados — despertou sua fúria.

— São todos *shiftas* — disse o soldado chamado Andrew. — Aquele e aquele. Lá todos são. O governo do Quênia fornece armas para eles porque eles pedem. “Queremos proteger nosso gado.” Mas eles usam as armas para atacar as pessoas na estrada. Mataram quarenta nos últimos dois meses.

Estávamos no deserto, tão desolado, seco e vasto quanto no dia anterior. A estrada continuava ruim. Eu permanecia sentado na boleia do caminhão com os traumatizados mochileiros: a ofegante Jade; as garotas Rebecca e Laura, com fones nos ouvidos, escutando Tracy Chapman. A namorada de Mick, Judy (Mick estava na cabine com Ben); Abel, esticado em um banco; e o canadense, sorrindo para a estrada à frente, murmurando:

— Este é um bom dia para morrer.

Além dos samburus, os rendilles também habitavam a área. Os rendilles eram tão adornados e coloridos que costumavam aparecer em cartões-postais: *Guerreiros Quenianos em Roupas Tradicionais*. Usavam viseiras rígidas e ornamentadas. Mechas de cabelo firmemente entrelaçadas, lambuzadas de tinta ocre-avermelhada, pendiam atrás de suas cabeças. Viviam cobertos de gargantilhas, colares de contas vermelhas e brancas, braceletes, pulseiras e enfeites para os tornozelos. Parte de sua indumentária eram armas: clavas de arremesso em forma de maracas, enfiadas em seus cintos enfeitados, ao lado de facas em bainhas decoradas. Carregavam lanças e vestiam sarongues vermelho-brilhantes. Eram a ornamentação em pessoa e podiam ser identificados a um quilômetro de distância no deserto de Dida Galgalu. Talvez essa fosse a ideia.

Dois deles acenaram em nossa direção, na estrada erma. Nós lhes demos carona, mas seu suaíli era tão rudimentar que os soldados não conseguiram conversar com eles. Um deles disse:

— Laisamis.

Os soldados reconheceram a palavra como sendo o nome de uma missão, situada cerca de 50 quilômetros à frente. Os rendilles sentaram-se sem dizer nada, mas permitiram que Rebecca os fotografasse.

Laisamis, uma missão católica, era também uma povoação rendille no deserto. Não havia árvores, nem sombra. Mesmo assim, sendo dia de mercado, centenas de pessoas, alegremente vestidas, acocoravam-se na poeira, em meio a uma grande igreja, uma pequena escola, um poço artesiano e muitas choças dispersas, toscamente construídas. A ornamentação dos rendilles se restringia aos indivíduos; as choças eram pequenas elevações arredondadas, feitas de ramos e palha, habitadas por pessoas cobertas de plumas coloridas. Uma frase de Conrad me veio à mente: "Não havia alegria no brilho do sol."

Jade, a asmática, pediu para ficarmos um pouco em Laisamis, dizendo que estava com problemas para respirar. Parecia muito doente, os olhos fundos e avermelhados, o rosto pálido; nos piores ataques, seus lábios ficavam azuis. A traseira do caminhão, no calor e na poeira esvoaçante do deserto de Dida Galgalu, não me parecia o melhor lugar para uma asmática. Jade estava sofrendo, era claro, mas não se queixava. Enquanto Ben tentava fazer funcionar o nebulizador — dizendo que isso poderia demorar uma hora —, fui até uma moita de espinheiros, às margens do deserto, para observar as aves. Além de gaviões e abutres, havia um pássaro do tamanho de um melro, vermelho, preto e verde brilhante, um lindo passarinho com um lindo nome: Estorninho Soberbo.

Um policial queniano chamado Mark, que estava de folga, caminhou até onde estávamos e disse que precisava de uma carona. Ben concordou. Embora de roupas comuns, o homem portava a pistola — e outra arma seria útil naquela estrada, cheia de *shiftas* emboscados. Mark era um samburu.

— Depois que você circuncidado, você faz escolha: ou vai para a escola, ou cuida dos animais. Se você cuida dos animais, você se veste como esses homens. Nós chamamos eles de *limulis* — foi como ele escreveu, mas pronunciou *maulês*. — Meu irmão é um deles. Os rendilles copiaram isso de nós.

— Minha asma está aprontando de novo — disse Jade. Estava lutando para respirar, constrangida, e parecia péssima; mas contava, no caminhão, com um grupo de mulheres solidárias: Sarah, Laura, Judy e Rebecca, que a socorreram com remédios e borrifadores. O ataque dos *shiftas* estreitara seus laços de amizade. Sarah, que tinha 19 anos e estava para ingressar em uma universidade inglesa, havia chorado de medo depois do tiroteio.

No início da tarde, de novo na estrada, ouvimos um estrondo enorme, tão alto que nos atiramos ao chão. Os dois soldados empunharam os rifles e procuraram por *shiftas*, enquanto Ben continuou a dirigir. Mas não houve outros estrondos. Na verdade, o caminhão estava diminuindo a marcha.

— Um pneu estourou — disse Mick, colocando a cabeça para fora da cabine.

— Ontem nós pensamos que fosse um pneu — disse Judy. — Mas eram tiros.

Ninguém se arrependeu por ter pulado no chão. Serviu como treinamento de emergência.

— É... este é um bom dia para morrer — disse o canadense.

O caminhão claudicou por mais 6 quilômetros, até um aglomerado de choças, tão poucas que quase não chegavam a formar uma aldeia. O lugar se chamava Serolevi. Só existia porque havia uma barreira na estrada e, sendo um posto de controle militar, tinha um nome. Ficava no coração do território samburu, um deserto de moitas raquíticas, espinheiros mortos e pastores superadornados. Não havia sombras, nenhum lugar para sentar, apenas poeira e cascalho, um punhado de gente que parecia desorientada e alguns policiais indolentes.

Mick e Abel levantaram o caminhão, com o macaco hidráulico, e Ben ficou supervisionando. Trocaram o pneu em meia hora — uma velocidade que contrastava enormemente com a desastrada incompetência demonstrada por Mustafa e seus homens no dia anterior. Enquanto trabalhavam, dei uma volta pelo povoado e pensei: "Meu Deus, que lugar horrível." Havia uma loja — apenas um abrigo com uma prateleira e, na prateleira, blocos de sabão, arroz, farinha de milho, bolachas secas e gordura Kasuku Brand. *Kasuku* é a palavra suaíli para papagaio. Fiz então a previsível piada sobre gordura de papagaio; a dona da loja suspirou de tédio.

— Aquelas montanhas à frente — disse Ben, enquanto guardávamos as ferramentas. — Isiolo fica atrás delas.

Isiolo era nosso objetivo, a extremidade do deserto, uma cidade de tamanho respeitável, com alimentos e água.

— Archer's Post é antes dela — disse Andrew, o soldado. — É onde os *shiftas* atacam mais.

Era a coisa que eu mais detestava ouvir de um africano: há pessoas ruins à frente.

Perguntei se poderia viajar na cabine. Ben disse:

— Claro.

Partimos de novo, com Mick à janela e eu no meio. A estrada era tão acidentada, que os buracos largos e profundos faziam o caminhão saltar e deslizar. Mick e eu nos segurávamos, com os pés apoiados no painel.

Em um trecho particularmente ruim, o caminhão se ergueu e caiu pesadamente. O chassi martelou o chão com violência, emitindo um som como o de um martelo em uma bigorna. Alerta ao volante, Ben inclinou a cabeça e disse:

— Merda.

Mick perguntou:

— O quê?

— Está adernando. Porra. — Ben parou o caminhão e saiu para examinar o chassi; então deu a notícia: — Quebramos uma mola. Três chapas grandes. O chassi está apoiado no eixo. Merda. Porra. Eu estava com medo disso. Merda. — Engrenou o caminhão e começou a fazer uma volta. — Eu estava com medo disso desde que nós saímos do Cairo.

— Eu também — disse eu.

— Por que você não tomou o avião?

— Porque eu queria ver o que havia nesta estrada medonha.

— Mais de mil quilômetros de aporrinhação — disse Ben.

Mas Mick estava pensando sobre a mola quebrada. Disse:

— É preciso soldar a chapas. Talvez seja preciso acorrentar o caminhão ou coisa parecida.

Dirigimos de volta a Serolevi, o povoado que me deixara de coração apertado. Nossos soldados ficaram nervosos, até o que normalmente era calmo.

— Nós consertamos e vamos embora — disse o irritadiço.

Mas Ben nem se deu ao trabalho de responder. O estrago no caminhão era sério. Até eu podia ver que a mola estava quebrada e que o peso do caminhão ameaçava quebrar o eixo.

Mick levantou o caminhão com o macaco e preparou os instrumentos: gerador, equipamento de solda, caixa de aço, uma bandeja com chaves e peças sobressalentes, e chapas sobressalentes. Enquanto o sol baixava em direção ao horizonte, ele e Abel se revezaram tentando retirar as molas quebradas. Ao cair da noite, tinham feito poucos progressos.

Ben perguntou para mim:

— Você se incomoda de passar uma noite no deserto?

— Temos que partir agora — disse o soldado. — Essas pessoas vão tentar se aproveitar de nós.

Empurrando uma chapa da mola com um pé de cabra, imperturbável, Ben disse:

— Ah, sim.

Contando com os soldados, éramos 12. Logo estaríamos no escuro — e com fome também. Cansado de ficar sentado, eu disse que cuidaria do jantar. Havia galinhas correndo por ali e arroz na loja. A mulher mais simpática da aldeia era uma quicuia chamada Helen, que usava um vestido verde. Ela me disse:

— Eu sou missionária da Igreja do Evangelho Pleno. Estou trazendo Jesus para cá.

— Essas galinhas são suas?

Ela disse que eram e que, por 1.700 xelins, cerca de 20 dólares, mataria três delas e faria um ensopado de batatas com pão *chapatti* para todos.

Já estava escuro. Helen acendeu três fogueiras. No caminhão, o trabalho de soldagem tinha começado, com Mick apertando os olhos, pois a máscara de solda tinha quebrado. As fagulhas brilhantes atraíram pessoas de todas as partes de Serolevi, que se sentaram e ficaram observando a ação.

Ajudei Helen a descascar as batatas. Fiquei impressionado com suas habilidades culinárias e horrorizado com a desordem, pois ela trabalhava cercada por uma pilha de penas de galinha, aves evisceradas, cascas de batata, carvão em brasa e panelas com água fervente. Mas esta era a culinária em Serolevi: fogueiras fumarentas, panelas lascadas e carne chamuscada.

Pedi a um garotinho que fosse até a loja, para buscar uma garrafa de cerveja e sentei-me em um tronco, descascando batatas, tomando goladas de cerveja e sentindo uma obscura sensação de contentamento.

— Cerveja é ruim — disse Helen, dando umas risadinhas.

— A cerveja não é mencionada na Bíblia — disse eu. — Jesus bebia vinho. Também fazia vinho. Preferia vinho à água. Transformou água em vinho numa festa de casamento, em Canaã. Quem pediu foi sua própria mãe. Onde está escrito que o álcool é ruim?

— Nos *Gálatas*.

— Onde Paulo condena a embriaguês e as farras? — disse eu. — Helen, eu não chamaria de farra alcoólica uma garrafa de Tusker morna, bebida no lado de fora de uma choça de barro em território samburu.

Ela entendeu a brincadeira, estava rindo, mas disse:

— Você não tem salvação.

— Um homem perguntou a Jesus: "Amado mestre, como posso encontrar o Reino dos Céus?" Jesus disse: "Ame seu próximo. Obedeça aos Mandamentos."

— João diz que você deve nascer de novo. Você descasca bem — disse ela, recolhendo as batatas.

Era bondosa e rápida. Tinha apenas 32 anos — a expectativa média de vida no Quênia era pouco mais que 40. Não era casada.

— Você ainda não encontrou seu príncipe encantado.

— Jesus é meu príncipe encantado. — Ela estava sovando a massa agora, preparando os pães *chapattis*.

Sentindo-me afortunado, ri, bebi mais uma Tusker e pensei: adoro este lugar, adoro me sentar sob o arrebol rosado do crepúsculo, descascando batatas e conversando sobre a salvação. O calor do dia desaparecera, o ar estava fresco, havia crianças por toda parte, brincando alvoroçadas, mexendo umas com as outras, em meio às fogueiras flamejantes e ao vapor aromático de galinha e batatas.

Estávamos cercados pela escuridão; os únicos pontos de luz eram as fogueiras para cozinhar e o ofuscante arco azulado da tocha de acetileno. De repente, a tocha se apagou: o gerador estava sem gasolina. A soldagem não poderia ser terminada até que mais gasolina fosse trazida de Archer's Post. Poderíamos ficar retidos por mais alguns dias. Eu não me importava. Os outros acharam a ideia assustadora.

A terrível notícia pareceu provocar em Jade um sério ataque de asma. Ela disse que não conseguia respirar. Foi colocada em uma posição confortável pelos solícitos mochileiros. Pouco depois, um Land-Rover cheio de somalis de túnica chegou ao posto de controle. Jade pediu-lhes que a levassem com eles.

— Preciso ir para um hospital.

Eles a enfiaram na traseira do veículo, juntamente com Laura, e aceleraram rumo ao sul, em meio à escuridão.

O resto de nós jantou. O dirigente local, um jovem chamado Chefe George, veio nos fazer companhia, no que foi seguido por alguns homens que estavam por perto, parecendo famintos. Éramos 15, ao todo. Ajudei Helen a servir a comida.

Segurando uma colher torta, eu disse:

— Esta pode ser uma das raras ocasiões em que vocês foram servidos por um membro da Academia Americana de Artes e Letras.

Ouvindo a palavra "americano", Chefe George disse:

— Eu soube que alguns americanos são pobres. Nós não pensamos nos americanos como pobres. Soube, também, que alguns não falam inglês. Como pode acontecer isso na América?

Disse também que os pastores samburus conseguiam percorrer 60 quilômetros por dia e que as mulheres percorriam distâncias ainda maiores — e andavam mais rápido.

E acrescentou:

— As mulheres têm um ritmo melhor. Os homens andam depressa e têm que descansar. As mulheres não descansam.

Naquela noite, em uma plataforma acolchoada no caminhão aberto e levantado, eu deitei e cochilei. O ar seco estava totalmente parado e não tinha cheiro. Nenhuma água significava nenhum inseto. Silêncio, escuridão e ninguém se movendo. Uma lua quase cheia, que a poeira coloriu de um laranja profundo, apareceu mais tarde, derramando seu brilho sobre o deserto ao redor.

No dia seguinte, o mochileiro canadense me viu e disse:

— Este é um bom dia para morrer. — Olhou em volta, viu os espinheiros mortos, as crianças dispersas e nosso caminhão avariado. — É isso aí.

— Não concordo.

— Eu mereço um prêmio por ser o cara mais maluco no caminhão? — perguntou ele.

— Sim.

— Sabe onde estamos? Perdidos. Pois onde é que estamos afinal?

— No Safári Perdido.

— É... Parece que vamos ficar presos hoje também. Quer fumar um bagulho?

Tudo o que ele fazia era matraquear. Enquanto isso, Abel conseguira uma carona até Archer's Post e tinha ido comprar gasolina para o gerador. A noite fora amena, mas a luz do dia era um lembrete de que não havia sombra, nem nenhum lugar para sentar, com exceção do tronco em frente da choça de Helen. Estávamos no meio da manhã e nenhum veículo tinha passado em qualquer direção. A temperatura voltara à casa dos 30 graus.

O que eu presumira ser uma povoação improvisada perto de um posto do Exército era, na verdade, um vilarejo com centenas de samburus. Improvisado era o posto do Exército. O prédio da escola estava vazio, sem uso — "não há dinheiro para pagar professores" —, mas havia um bar, uma cabana com teto de zinco, onde os homens tomavam cerveja durante o dia, desde as oito da manhã, brigando por espaço na pequena mesa de sinuca. Ao lado do bar, fora afixado um cartaz em suaíli e inglês: *Ministério da Saúde, FNUP — Fundo das Nações Unidas para as Populações. Proteja seus amigos e a si mesmo. Use preservativo* (*tumi mpira*). *Retire aqui seu preservativo.* Mas o dispensador, em latão, estava vazio.

Rapazes adornados no tradicional estilo *limuli* — lanças, saias, contas — cuidavam das cabras nos campos próximos; crianças apareciam, de vez em quando, carregando baldes d'água. Pedi emprestada a Helen uma bacia de plástico e segui os carregadores de água até o poço, um cano perto da escola abandonada do qual escorria um filete d'água. Coloquei minha bacia por baixo e fiquei observando o lento gotejamento; calculei que levaria quase uma hora para encher um balde.

Quando consegui um ou 2 litros, fui até um campo e lavei o rosto, despejando a água restante sobre a cabeça, maravilhando-me com o calor do sol, que incidia em meu cabelo molhado. Então achei outro tronco para sentar e comecei a ler. Não me sentia muito incomodado, porque não tinha nenhum prazo para cumprir: ninguém estava me esperando. Acima de tudo, eu me sentia privilegiado, por estar em uma aldeia samburu, no meio do deserto norte-queniano, em perfeita segurança, conversando com a população local e observando um modo de vida que não se podia perceber da estrada.

Poucos veículos cruzaram o posto de controle naquele dia. O bispo de Marsabit, um italiano conversador chamado Padre Ravisi, passou por ali, parando brevemente para abraçar os moradores e brincar com eles em suaíli.

— Eu tive uma paróquia em Nova Jersey por vinte anos! — Agora sua paróquia era uma das maiores e mais selvagens da África.

A soldagem estava prosseguindo bem devagar. Ajoelhado, segurando um pedaço de vidro escuro em frente a um dos olhos, Mick dirigia a chama para uma placa. As únicas pessoas realmente incomodadas com o atraso eram os soldados. Percebi que suas reclamações tinham origem no medo: medo de partir tarde, medo de uma emboscada, medo da escuridão, que permitiria a aproximação dos *shiftas*.

Eu estava tagarelando com um policial no posto de controle, quando um Land-Rover branco — um veículo de prestadores de assistência, com o logotipo de uma instituição de caridade — fez uma parada. O homem e a mulher que estavam no interior apresentaram seus passaportes. Americanos.

— Vocês estão indo para o sul? — perguntei eu.

Disseram que sim e começaram a acelerar quando a barreira foi levantada.

— Estou com aquele caminhão grande — disse eu rapidamente. "Quebramos uma mola. Vocês poderiam me dar uma carona até Archer's Post ou Isiolo?"

— Não temos espaço — disse o homem, sem me olhar.

— Sim, vocês têm: todo o assento traseiro.

— Sinto muito.

O jipe estava se movendo, mas eu estava caminhando ao lado, com a mão pousada na janela aberta. Eu disse:

— Tudo bem, não me ajudem. Nós vamos consertar o caminhão. Mas a estrada até Isiolo é longa e vazia; se avistarmos vocês com o carro quebrado, ou com algum problema ao lado da estrada, que se fodam, vamos passar direto.

Isso o fez acelerar ainda mais, então deixei para lá. Depois que a poeira assentou, pude ouvir o chiado da tocha de acetileno operada por Mick, bêbados gritando no bar e crianças brincando. Encontrei no caminhão um livro sobre o IRA, *Killing Rage* (Ódio que mata), de Eamon Collins, antigo matador do IRA. Era um livro de memórias. Trazia relatos bastante autênticos de homicídios motivados por um tribalismo que não ficaria deslocado em território samburu. Após participar de diversos assassinatos, alguns com vítimas inocentes — homem errado, passantes desventurados —, Collins pulou fora e foi para um esconderijo, onde, cheio de remorsos, escreveu sua narrativa sobre a mesquinharia homicida.

Mark, o policial samburu que viajava conosco, disse-me que não se sentia bem viajando com soldados.

— Porque, se os *shiftas* virem soldados, sabem que vão ter que lutar — disse ele. — Eles vão atirar nos nossos pneus ou no radiador. Podem atirar no motorista. Atiraram em um na semana passada. Se eles estiverem mesmo com fome, vão atirar em nós.

— Eles não querem nossas vidas, querem nossos sapatos. Foi o que me disseram.

— Se você não der os sapatos a eles, eles tiram sua vida.

Isso era perturbador. Retidos em Serolevi, fôramos ultrapassados pelo comboio e tínhamos ficado para trás. Quando finalmente partíssemos, estaríamos sozinhos — um alvo grande e vagaroso em uma estrada vazia.

Embaixo de uma árvore, sem nada para fazer, perguntei a Mark sobre a circuncisão feminina entre os samburus.

— Sim, é a tradição, todo mundo faz isso: os borenas, os rendilles, os merus. Mas eu nunca vi isso, porque as mulheres circuncidam as mulheres e os homens circuncidam os homens — disse ele. — O clitóris é cortado fora. Completamente.

— Doloroso — disse eu.

— Claro que é doloroso. Não dão nenhum remédio a ela. Mas ela não deve mostrar que dói. Fica deitada lá. Não diz nada. Tudo é feito de um jeito que ela nunca vai sentir prazer com o sexo. O marido dela pode viajar e ela vai ser sempre fiel. Senão ela vai precisar de homens.

— Com que idade?

— Pode ser qualquer idade. Tem que ser antes de ela casar. Se ela vai se casar com 16 anos, então é com essa idade. Ou com 20.

— Mas ela pode fazer sexo antes disso.

— Claro que ela vai fazer sexo antes disso. Ela faz sexo desde bem nova. Mas — fez um gesto para se certificar de que eu estava entendendo — só com gente da mesma idade.

Ele explicou que não havia nenhuma sanção contra um garoto e uma garota de 12 anos que fizessem sexo, ou uma dupla de 14 ou 15 anos. Mas um homem mais velho era proibido de fazer sexo com uma menina nova, a menos que pretendesse se casar com ela. Dentro da mesma faixa etária, quase tudo era permitido.

— Mas existem riscos — disse Mark. — Se uma garota fica grávida e tem um filho, ela não vai encontrar ninguém para casar com ela. Um homem quer ter seu próprio filho. O pai da criança vai negar que é o pai, se não quiser casar. Ela pode ser a segunda mulher de um homem, ou então nem se casa, cria o filho sozinha.

— Ela fica marcada na aldeia?

— Sim, porque quando uma mulher é circuncidada e se casa, ela usa roupas diferentes, para mostrar a todo mundo que é uma mulher casada.

Fiquei tão deprimido com esse folclore e com o livro sobre o IRA que fui para a casa de Helen planejar outra refeição. Desta vez, não discuti a respeito da Bíblia. Em vez disso, deixei que Helen me ensinasse alguns hinos evangélicos em samburu. Helen bateu palmas e cantou alegremente:

Marango pa nana!
Shumata tengopai!
Na ti lytorian — ni!

(Este mundo não é meu lar!
Meu lar é o céu!
Onde Deus está!)

Com esse refrão, as pessoas se condicionavam a ignorar os anos de seca, as colheitas ruins, a escola abandonada, o poço avariado com seu fio d'água, o bar horrível cheio de bêbados, a clitoridectomia, as pavorosas estatísticas da aids no Quênia — tais coisas eram apenas soluços em um vale de lágrimas que levava ao céu.

A soldagem estava pronta. Mas em todas as viagens na África há um ponto, geralmente no final do dia, em que é mais aconselhável permanecer no esconderijo, junto com as outras presas, do que sair e tentar os predadores — a maioria dos quais caça à noite. Uma verdade que se aplica tanto à mata quanto a qualquer cidade africana. Assim, passamos outra noite em Serolevi e fizemos mais uma refeição sob a luz das estrelas. Bem cedo, na manhã seguinte, partimos para Isiolo, na extremidade do deserto.

Não chegamos lá. Em um trecho da estrada especialmente ruim, onde esperávamos ver *shiftas*, ouvimos um estrondo alto, e fomos ao chão mais uma vez. Mas era, de novo, um pneu estourado. Isso não nos deteve, mas nos retardou e, pelo modo como o veículo adernava, era óbvio que a mola soldada tinha perdido elasticidade e estava se apoiando no eixo. Continuamos a nos arrastar, com o chassi estalando.

Deixando de lado a ansiedade — era evidente que logo encalharíamos de novo: para que me preocupar? —, contemplei o cenário. Desde que eu tinha deixado o Cairo, nada fora tão belo quanto a paisagem deste deserto quase inabitado no norte queniano. Nominalmente, fazia parte do Quênia, mas era um lugar esquecido e sua aparência sobrenatural lhe dava um aspecto encantado.

Estávamos em um planalto e, embora o solo fosse quase todo plano e pedregoso, montanhas estupendas se erguiam a certa distância. Algumas eram enormes — cones de 1.500 a 2 mil metros de altura — montes de pedra altos e íngremes, lindamente regulares, com picos arredondados e bem pouca vegetação, diferente de tudo o que eu já vira antes, sugerindo a superfíce de outro planeta, a estrela negra da África.

Várias horas se passaram, enquanto rodávamos lentamente — veículo avariado em estrada ruim. Era uma estrada famosa por seus bandoleiros, mas estava tão quente, ao meio-dia, que nada se movia — nem mesmo *dikdiks* ou camelos. Durante a maior parte daquele dia, viajamos numa terra despovoada. O canadense matraqueou alguma coisa. Eu já sabia o que era, virei-me para o outro lado e contemplei as colinas.

Archer's Post era um pequeno borrão distante. Ao vê-lo, decidi que, se quebrássemos nesse vale, pegaria minha sacola e pediria carona para completar o trajeto. A distância poderia ser percorrida a pé. Mas isso não foi necessário. Com o caminhão adernando e o pneu estourado totalmente murcho, conseguimos chegar à rua principal — a única rua — de Archer's Post. Ben comunicou que haveria mais uma noite de conserto e lembrou que teriam que buscar a asmática Jade no hospital. O canadense riu — um chato declarado, com uma só frase no repertório. Então decidi dar o fora. Abandonaria o aconchego da excursão e me arriscaria no próximo ônibus para Isiolo, se houvesse um ônibus. Excursões em grupo não eram para mim.

— Tchau, cara — gritou Ben, acenando simbolicamente com o macaco.

Despedi-me de todos, coloquei minha sacola no ombro e me afastei do caminhão. Eu sempre vira anúncios em revistas turísticas, que proclamavam: "Viaje por terra pela África — Sinta o gosto da aventura." Agora eu sabia como era a aventura. Se você participa desse tipo de excursão, irá se transformar em carga humana, juntamente com um grupo de jovens — muitos de boa índole, alguns bastante idiotas — sentados na carroceria, com os fones de ouvido bem ajustados, comendo poeira e ouvindo gravações da Enya. Talvez você seja assaltado por *shiftas*, sem dúvida sofrerá atrasos por conta de pneus furados e raramente poderá se lavar. Mas ninguém vai perguntar: "Já chegamos?", porque ninguém, exceto o motorista, tem a menor ideia do percurso ou de suas dificuldades. Nós cruzamos o vasto deserto de Dida Galgalu e o norte da planície de Ngaso. Subimos até o planalto de Kaisut, ficamos retidos por dois dias em Serolevi, na Reserva Losai, e atravessamos o sopé de Olkanjo, uma montanha no deserto. Se você perguntasse a algum dos jovens onde tínhamos estado, a resposta poderia ser:

— Não foi lá que Kevin vomitou?

Ou:

— Não foi lá que Jade passou mal?

Ou ainda:

— Não foi lá que a estrada ficou horrível?

Depois de meses viajando de caminhão pela África, todos a bordo tinham o sorriso apático — e a expressão de avaria mental — de um fanático religioso.

— Pai, você já não está meio velho para isso? — perguntam meus filhos quando lhes relato alguma experiência que envolve a boleia de um caminhão. Respondo: Nem tanto. Não é o caminhão que faz com que eu me sinta velho, caminhões grandes e eficientes superam obstáculos que desmontam carros pequenos. São os passageiros que fazem com que eu me sinta não exatamente velho, ou antiquado, mas fora de lugar. Fiquei agradecido pelo transporte, grato a Ben e Mick pela engenhosidade e paciência que demonstraram. Mas fiquei também aliviado por partir, mesmo que a decisão tenha me obrigado a perambular pela rua principal de Archer's Post, uma cidade minúscula, empoeirada e longe de tudo.

Garotos adolescentes saíam de seus poleiros em frente às lojas e me seguiam, azucrinando-me, perguntando-me para onde eu ia, de onde eu vinha. Estavam acostumados com estrangeiros — a Reserva Animal de Samburu ficava a oeste da cidade. Assim que saíam do avião, os turistas eram colocados em micro-ônibus e despachados para cá, em suas caríssimas roupas safári, chapéus de cortiça e jaquetas cáqui. Usavam calças com 11 bolsos e camisas cujas mangas traziam reforços em couro.

Os garotos que me cercavam estavam se tornando inconvenientes (*"Wewe, muzungo"*). Eu já estava a ponto de gritar com eles, quando um jipe se aproximou. Levantei a mão para que parasse. Foi o que aconteceu: um milagre.

Salvo mais uma vez por uma freira, a irmã Matilda, que tinha um sotaque familiar.

— Sim, eu sou da Sardenha! Entre, podemos conversar!

Em meio a recordações da Itália, seguimos na direção sul, para Isiolo, uma hora de viagem, num veículo rápido como aquele. Mal avançamos, o ar se encheu do aroma pouco familiar de terra molhada de chuva. Os campos eram verdejantes e a estrada, em alguns lugares, lamacenta. Eu não via lama desde Adis-Abeba. Passamos por pastos, milharais, pequenas fazendas, vales arborizados e colinas com marcas de arado. Touceiras de mato ornavam as margens de pequenos riachos.

— Você teve algum problema na estrada? — perguntou a irmã Matilde.

— Uns *shiftas* atiraram em nós perto de Marsabit. Vários caminhões foram atacados. Isso não saiu nos jornais?

— Não! — ela riu. — Tiros? Isso não é novidade no Quênia!

Obviamente não era, pois a edição daquele dia do *Nation*, de Nairóbi, estava à venda em Isiolo. Ao entardecer, viajando para Nanyuki em um *matatu* — uma minivan com pneus carecas, lotada de quenianos suados —, pude ler as notícias do dia: "47 mortos em ataque na aldeia". Seiscentos membros da tribo pokot, por vingança, tinham incendiado 300 choças e roubado centenas de reses, matando professores, alunos, mulheres e crianças — até com 3 meses de idade. Havia a história de um menino de 14 anos, que fora morto em um fogo cruzado entre policiais e ladrões na cidade de Kisii. Outra história relatava o roubo à mão armada de 4 milhões de xelins: "A polícia recolheu cartuchos de AK-47 no local." Havia também uma história vívida e horripilante sobre um tumulto num jogo de futebol, além de novas informações sobre a epidemia de aids no Quênia.

Comparado a isso, vítimas de emboscadas na estrada de Marsabit não eram notícia e, de qualquer forma, o deserto entre a fronteira etíope e Nanyuki não existia na mente de muitos quenianos.

— O norte não é o Quênia — disse-me um africano em Nanyuki. — Não é a Somália nem a Etiópia. É outro país. O governo queniano não faz nada pelo lugar. É uma região governada por estrangeiros. As instituições de caridade, as organizações assistencialistas e as ONGs dirigem tudo por lá: escolas, hospitais, igrejas. Não nós.

Ele não estava encolerizado, nem sendo cínico, nem mostrando gratidão; falava, simplesmente, a pura verdade.

O Hotel Sportsman's Arms, em Nanyuki, estava sediando uma conferência sobre a saúde dos camelos. Soldados britânicos, de um posto próximo, jogavam sinuca e gritavam uns com os outros no bar da sobreloja, enquanto os africanos, no saguão, davam risadinhas nos telefones celulares. Dar risadinhas era tudo o que eu via os africanos fazerem nos celulares. Na rua perto do hotel, prostitutas de roupas justas andavam para cima e para baixo sobre sapatos de saltos pontudos — o calçado errado para uma rua lamacenta. Mas que diabo: era a civilização.

9 *Nairóbi e o vale do Rift*

No interior da África Oriental, com exceção dos alertas de praxe a respeito de *shiftas* famintos e armados, ninguém parecia dar muita importância à criminalidade. O roubo de gado, claro, era a exceção, mas isso não oferecia perigo para o tipo de viajante que eu era — um fugitivo empoeirado, com um caderno de notas e uma pequena sacola, modos evasivos e nenhuma urgência de tempo. Eu sabia quando estava fora da área rural e perto de algum vilarejo ou cidade: era quando os alertas contra criminosos se tornavam numerosos e específicos, sempre ilustrados com uma história horripilante. Nada era mais horripilante, nem mais vívido, que um alerta na África.

Quanto mais eu me aproximava de Nairóbi, mais veementes se tornavam os alertas. Ainda em Nanyuki, as pessoas começaram a me falar sobre os inúmeros perigos. Se quiserem roubar seu carro, não se oponha: uma mulher foi morta na semana passada, esfaqueada no olho por assaltantes. Entregue sua carteira aos ladrões sem hesitação: um homem foi retalhado ontem até a morte — literalmente desmembrado pelos bandidos, que deceparam seus membros com *pangas* (facões). Não se iluda pensando que os crimes só acontecem à noite: sete homens armados assaltaram uma loja de perfumes esta semana, ao meio-dia, na avenida Kenyatta, em Nairóbi. Mas se sair à noite, garantiram-me, você com certeza será assaltado.

— Há 100% de probabilidades de que isso aconteça, eu tenho 100% de certeza.

Não resista, dê-lhes o que quiserem e você viverá.

Eu ainda estava na fresca e verdejante Nanyuki, à sombra dos 5 mil metros do pico Batian, no monte Quênia, que fora agraciado com áreas nevadas e — maravilha no equador — alguns glaciares visíveis.

Um homem da tribo meru me disse:

— Espíritos vivem lá. A montanha é sagrada para nós. Vamos à montanha para rezar.

Mas até mesmo o monte Quênia estava sendo assaltado. Naquela mesma semana, políticos do governo queniano tinham decidido vender centenas de quilômetros da antiga floresta das encostas, uma área de preservação, para madeireiras e incorporadoras.

Viajei para Nairóbi em um táxi Peugeot superlotado, nove passageiros espremidos em bancos projetados para cinco. Passei todo o percurso, de duas horas, nos braços de um homem chamado Kamali. Tratava-se de um guia profissional. Tinha em sua sacola um livro sobre leões, escrito pela britânica Elizabeth Laird, com uma dedicatória manuscrita: *Para Kamali, que me contou histórias sobre leões das quais me lembrarei pelo resto da vida.*

"Kamali" era um apelido. Significava "macaco-verde", nome que lhe tinha sido aplicado por umas pessoas no oeste do Quênia, por sua esperteza e bom humor. Ele estava bem informado a respeito da região norte, do comportamento dos animais e das minúcias da organização de um safári.

O Quênia foi colocado no mapa por caçadores e por gente que escrevia sobre caçadas. O nome de Hemingway logo nos vem à mente, assim como o de Karen Blixen; mas, muito antes disso, houve o coronel Patterson, um aventureiro rocambolesco, que escreveu um livro chamado *Man-Eaters of Tsavo* (Os comedores de gente de Tsavo). O que todos esses livros sobre o Quênia têm em comum é a obsessão com os animais e um indolente sentimentalismo acerca de criados e homens armados. Nesses livros, não há crimes, nem política, nem agentes da virtude. O Quênia de Hemingway pode nunca ter existido — com o distanciamento no tempo, parece mais a fantasia particular de um escritor rico que gostava de provar sua masculinidade; e um safári de caça é um dos tipos mais agressivos de competição.

— Não se caça mais — disse Kamali. — Estou muito feliz.

Olhei pela janela, procurando alguma coisa familiar. No final dos anos 1960, eu passara anos indo e vindo entre Uganda e o Quênia, mas não vi nada que reconhecesse, exceto cartazes com nomes de lugares. Ficou claro para mim, no caminho para Nairóbi, que o Quênia que eu conhecera já não existia. Isso não me importava. Talvez a novidade tornasse a viagem mais memorável.

Nosso Peugeot superlotado estava a cem quilômetros por hora. Eu disse a Kamali:

— Você se importa de pedir ao motorista para andar mais devagar?

— *Pole-pole, bwana* — disse Kamali, inclinando-se para frente.

Insultado com a sugestão, o homem começou a andar ainda mais rápido e mais tresloucadamente. Como as estradas do Quênia estavam melhores que antes, as pessoas dirigiam mais depressa e havia mais acidentes fatais. "MUITOS MORTOS EM HORRÍVEL ACIDENTE DE ÔNIBUS" é manchete constante nos jornais do Quênia.

— Foi um erro. Eu não devia ter dito nada — disse Kamali.

As barreiras policiais — havia de oito a dez naquela estrada — não impediam o motorista de correr. O carro estava em más condições, obviamente, e superlotado. Quando parava nas barreiras, o policial nos encarava e lançava um olhar intimidador para o motorista; mas depois de nos deter por alguns minutos, acenava para que prosseguíssemos.

— Olhe as favelas — disse Kamali, enquanto entrávamos nos subúrbios de Nairóbi. — Elas me preocupam mais do que tudo.

Passávamos por Thika, antigamente uma área rural, descrita em tom afetuoso por Elspeth Huxley, que crescera ali. Tinha se transformado em um labirinto de casas improvisadas e ruas apinhadas, com moleques à espreita. Cheirava à decrepitude: esgotos, lixo e valas abertas — o fedor da África urbana.

Andando devagar, nosso carro foi cercado por crianças maltrapilhas pedindo dinheiro e tentando enfiar as mãos pelas janelas semiabertas.

— Tome cuidado com esses *totos* — disse Kamali. — Às vezes eles pegam as próprias fezes e passam em você, para fazer você dar alguma coisa.

Literalmente, *uma merda*.

O tráfego estava lento porque uma multidão corria pela estrada e os motoristas, curiosos, diminuíam a marcha para olhar melhor.

— Olha, veja o ladrão — disse Kamali.

Era uma cena da velha África: um homem nu correndo sozinho, sobre um barranco, e pulando em um córrego imundo, perseguido por uma turba.

— Eles tiraram a roupa dele. Ele está tentando fugir pela água suja.

Mas ele estava cercado. Havia gente nas duas margens do córrego, portando pedregulhos e pedaços de pau, e rindo excitadamente do homem — que de tão apavorado nem pensava em cobrir as partes íntimas; apenas corria, sacudindo os braços, patinhando no lodo repulsivo.

A multidão se atirou contra ele, agitando os porretes, e o tráfego começou a andar.

— Vão matar ele — disse Kamali.

Na minha memória, Nairóbi era uma tranquila cidade-mercado, com lojas baixas, casas avarandadas, duas ruas principais e salões de leilão, onde os fazendeiros vendiam as colheitas de café ou chá. Chegávamos à região costeira de trem, em uma viagem noturna. Com a equistossomose rondando lagos e rios, Mombaça, no litoral, era o único lugar seguro para nadarmos. Tomando o trem na direção oposta, íamos a Kampala, também em uma noite. A ferrovia atravessava as terras altas de Uganda, margeadas por fazendas.

As Terras Altas Brancas receberam um nome adequado: indianos e africanos eram proibidos, pelo governo colonial britânico, de praticar a agricultura comercial. Os indianos eram lojistas e os africanos, trabalhadores agrícolas — que viviam em aldeias e trabalhavam na terra. Os poucos turistas que apareciam eram tímidos viajantes, ou igualmente tímidos caçadores, conduzidos por guias brancos até uma distância segura dos animais selvagens. O Quênia adotava o velho sistema colonial, em que proprietários de terras e homens de negócio eram extorquidos por políticos gananciosos. Os demais quenianos eram pouco mais que lacaios ou escravos.

Pouco depois do Natal de 1963, a caminho de Niassalândia, onde trabalharia como professor do Corpo de Paz, vi Jomo Kenyatta na televisão queniana. Levemente embriagado, corpulento e de aspecto jovial, rapidamente desejou a todos um Feliz Ano-novo. Caminhei por uma rua sombreada até a biblioteca de Nairóbi. Duas mulheres inglesas estavam na recepção, carimbando cartões de controle. Na igreja anglicana, ali perto, uma mulher inglesa polia os metais. Entre os colonos brancos, circulavam histórias de escândalos e romances ardorosos. Eu encarava isso como bravata de província. Os ingleses também se vangloriavam de quão bêbados tinham ficado na noite anterior. Para beberrões como aqueles, bebedeiras eram o único assunto de conversa.

Ainda naquela época, percebi que estava em uma colônia inglesa que pouco mudara em cem anos. Nairóbi fora projetada como uma cidade inglesa do interior. Mas dispunha de tanta mão de obra barata que funcionava melhor.

O Quênia não explodiu com a independência. Nem mesmo mudou muito, a princípio, e só se modernizou de forma superficial. Foi simplesmente ficando maior, mais confuso e mais pobre — com mais invasores de terra, no interior, e mais favelas na cidade. Mais escolas, também, mas de baixa qualidade, incapazes de modificar a estrutura social. O poder estivera nas mãos de um pequeno grupo de homens de negócio e políticos, situação que não se alterou. Jomo Kenyatta morreu em 1978 e Daniel arap Moi se tornou presidente. Costumávamos zombar do lema que ele adotara: *"L'État c'est Moi"*. Mas a expressão descrevia precisamente o seu governo. Trinta anos mais tarde, Moi ainda era presidente, aliás um péssimo presidente.

A Nairóbi onde cheguei naquele táxi superlotado, ao final de uma longa viagem começada na Etiópia, era uma versão ainda reconhecível da pequena cidade-mercado em que eu estivera quase quarenta anos antes. Continuava a ser, no fundo, uma cidade provinciana, com as mesmas pessoas no comando. Mas se tornara imensa, perigosa e feia.

A pior área de Nairóbi, segundo a opinião geral, era o bairro que abrigava o terminal rodoviário, onde fui desembarcado: o mundo volúvel dos viajantes, visados por trombadinhas e acossados por camelôs que vendiam bebidas, alimentos e óculos escuros. O território ideal para batedores de carteira, por ser apinhado de gente e repleto de meninos de rua — que pedinchavam e se agarravam às roupas dos passantes —, além de cegos, leprosos e aleijados. Sob esse aspecto, era uma vizinhança antiquada. Lembrei-me novamente de que as cidades medievais eram todas assim. As cidades africanas recapitulam como eram as cidades europeias, cuja vivacidade heterogênea conferiu vigor às antigas histórias populares e à literatura inglesa. Um exemplo óbvio é a Londres de Dickens, uma cidade improvisada, habitada por parasitas, vigaristas e caipiras recém-chegados — como a Nairóbi de hoje. Os visitantes que vêm ao Quênia para observar os animais selvagens são arrancados do aeroporto e levados ao hotel. Portanto, não chegam a perceber a desesperança de Nairóbi, que não é um lado tenebroso, nem uma praga urbana, mas o estado de espírito do lugar.

Minha ideia era andar rápido, parecer ocupado e não me vestir como soldado ou turista — nada de roupa cáqui, nem câmera, nem bermudas, nem carteira, nem objetos de valor; apenas um relógio barato e troco, pois me encontrava em uma sociedade faminta, voraz e predadora. Deixei todos os meus pertences de valor na sacola, que fechei com um cadeado. As mulheres trabalhavam ou faziam trottoir, como prostitutas, mas homens e garotos ficavam parados, em grupos bem grandes, sem fazer nada, batendo papo uns com os outros, ou olhando fixo para os passantes, como que avaliando qual item usado por aquela pessoa valeria a pena roubar. Nos cruzamentos mais movimentados, com a fome estampada nos rostos magros, meninos de rua seguiam os passantes — pessoas obviamente recém-chegadas, mulheres sozinhas, velhos e estrangeiros —, ameaçando e implorando.

Mesmo as aves selvagens estavam no negócio. Os marabus, cegonhas com longas pernas, penas encardidas e baba escorrendo pelo bico, empoleiravam-se nas árvores das ruas principais, onde camelôs vendiam comida. Os vendedores faziam uma bagunça tão grande que as cegonhas tinham deixado de comer carniça nas reservas de animais selvagens, onde as sobras eram incertas, e se tornaram moradores permanentes, pairando sempre por perto, sem nenhum medo dos humanos, da mesma forma que os chamados "ursos mendigos", das florestas americanas, que reviram latas e tonéis de lixo.

Milhafres e gaviões arremetiam para baixo e escapavam com o lanche dos estudantes; o que deixavam cair, os ratos comiam. Imensos ratos sarnentos corriam pelos esgotos e valas de Nairóbi.

O desflorestamento, assombroso no Quênia, era também um resultado do desmate. Ouvindo o relato de minha viagem pelo deserto, um diplomata me disse:

— É verdade, não chove no norte há três anos. Mas de quem é a culpa? Cortaram as árvores para usar como combustível ou vender para madeireiras. Destruíram a bacia fluvial. E ainda estão fazendo isso.

Depois de fazer no meu diário algumas anotações a respeito de roubos, comprei o jornal de Nairóbi, que li sobre uma xícara de café, enquanto fazia as palavras cruzadas. O destaque era que os alemães de uma equipe de filmagem, que trabalhavam em locação, tinham perdido todas as câmeras e equipamentos de som — roubados do hotel onde estavam hospedados, em Nyeri.

— Dar es Salaam é melhor — disse-me um indiano chamado Shah. — Lá, as mulheres indianas usam braceletes de ouro. Aqui, não.

Mulheres confiantes o suficiente para andarem pelas ruas usando as joias eram um bom teste para o nível de segurança de uma cidade africana.

Shah me disse que seu pai tinha vindo para o Quênia nos anos 1940, em busca de trabalho. Tornou-se negociante de mercadorias usadas, comprando dos quenianos brancos e vendendo para os africanos.

— Ele comprava de tudo.

Na década de 1950, com o estado de emergência e o terrorismo dos Mau Mau, os quenianos brancos começaram a vender suas fazendas e a sair do Quênia — muitos deles foram para a África do Sul. O sr. Shah, pai, comprava o mobiliário deles, a prataria da família, molduras, sacolas de couro e tinteiros de cristal — "tudo o que fosse velho". O negociante de mercadorias usadas dos anos 1950 e 1960 tinha iniciado, sem perceber, um lucrativo comércio de antiguidades, que seu filho herdou. O filho precisava do negócio, pois retornar à Índia era impossível.

— Não conhecemos ninguém, não temos nada lá, até a casa da família foi derrubada — disse o sr. Shah, filho. — Não tenho mais família na Índia. Nunca vou lá. Meu irmão está na Austrália. Eu gostaria de ir para lá, mas minha loja está cheia de estoque.

Ele se preocupava com seus filhos, que estavam apavorados com as ruas de Nairóbi. Disse:

— Meu garoto tem 16 anos. Fica em casa o tempo todo. Tem medo de sair. Ele não sai sozinho. Não sabe como comprar as coisas mais simples. Quando ele precisa de sapatos, diz: "Pai, traga uns sapatos para mim". Mas, você sabe, ele tem que aprender a sair de debaixo do guarda-chuva. Para ele, é como estar preso em casa.

Um termo semelhante foi usado por outro indiano, em Nairóbi, que estava no Quênia há seis anos, dirigindo um restaurante. Ele me disse:

— Estou sozinho aqui. Minha família está na Índia. Se eles estivessem aqui, não poderiam sair. Eu vou à Índia uma vez por ano. Estou aqui para trabalhar. Eu não falo suaíli. Por que deveria manter minha família aqui, em prisão domiciliar?

Por causa das histórias de mutilações em Nairóbi, eu raramente saía após escurecer. Em vez de escrever as anotações durante as manhãs, fazia isso à noite, em meu quarto de hotel. Nas noites em que terminava o trabalho e tinha tempo sobrando, continuava a escrever minha história erótica, do velho que está para fazer aniversário e se lembra de seu ardoroso relacionamento com uma alemã mais velha. O cenário era um palacete decadente, na Sicília, em inícios da década de 1960. Literatura erótica pode ser considerada escapismo, mas é melhor que ser assaltado.

Até as pessoas mais cautelosas eram roubadas. Em setembro de 1998, depois que a Embaixada americana em Nairóbi foi explodida em um atentado, três agentes do FBI, enviados para recolher indícios, dirigiam pela avenida Kenyatta, uma das principais artérias da cidade. O carro deles colidiu com um táxi. Eles saíram para examinar o estrago e foram rapidamente cercados pela habitual multidão de meninos de rua, vagabundos, mendigos, larápios e oportunistas.

Sem que percebessem, foram aliviados de suas carteiras e pistolas. Batendo nos bolsos, encolerizados com o roubo, depararam-se com uma multidão sorridente. Os jornais do dia seguinte zombaram de sua inépcia.

O cinismo tinha sido coisa rara e malvista na época da independência, mas até os meus amigos quenianos mais antigos e mais idealistas eram cínicos. Um deles elogiava o líder da oposição, Mwai Kibaki.

— Ele é um fenômeno pouco comum no Quênia, porque chegou até onde está sendo moderado — disse meu amigo. — Ele é um dos pouquíssimos políticos no Quênia que não acham necessário matar gente para obter poder político.

Um aluno de um dos meus amigos africanos me disse:

— Você acha que são apenas os pobres que se tornam criminosos, mas não. Muitos dos colegas que se formaram comigo na universidade estão sem trabalho. Não há trabalho. Então eles se tornam ladrões. Garotos que tiravam boas notas! Um garoto que se formou em administração se envolveu em um roubo de carro. Outro tentou roubar um asiático rico, foi preso e agora está na cadeia!

— É isso o que chamam de "crime de colarinho-branco"?

— Não. Isso é roubo à mão armada. Muitos dos roubos são cometidos por pessoas instruídas.

— Muita gente neste país não tem nada — disse-me outro africano.

— Como as coisas vão melhorar?

— Algumas pessoas estão dizendo que a próxima eleição pode fazer as coisas melhorarem — disse ele. — Os países doadores dizem que a resposta é privatizar todas as indústrias e serviços. — Ele sorriu para mim. — Mas essa não é a resposta.

— Então qual é a resposta? — perguntei. Ele sorriu.

— Talvez não haja resposta.

Talvez não haja resposta. Os brancos — professores, diplomatas e agentes da virtude — adotavam as mesmíssimas ideias formuladas por seus congêneres dos anos 1960. Discutiam projetos de assistência, bolsas de estudo, planos agrícolas, campos de refugiados, programas alimentares de emergência, assistência técnica. Eram recém-chegados. Não percebiam que, durante quarenta anos, muita gente dissera as mesmas coisas e o resultado, depois de quatro décadas, foi um padrão de vida mais baixo, índice de analfabetismo maior, superpopulação e mais doenças.

Os estrangeiros que trabalhavam em projetos de desenvolvimento não permaneciam por muito tempo na região. Assim, jamais descobriam a real extensão de seu fracasso. Os africanos apenas os viam chegar e partir, o que explica seu fatalismo. *Talvez não haja respostas*, como disse meu amigo, com um sorriso.

A reputação do Quênia era tão ruim que alguns estrangeiros satirizavam o país, dizendo que tinha regredido e que era um reino canibal. Durante minha estada no Quênia, o prefeito de Toronto recebeu um convite para visitar Mombaça, onde teria oportunidade de discursar na Associação dos Comitês Olímpicos da África e de pedir apoio à candidatura de Toronto para sediar a Olimpíada de 2008. Recusando o convite, ele explicou:

— Para que diabo eu iria a um lugar como Mombaça? Já me vejo em um caldeirão de água fervendo, com todos aqueles nativos dançando em volta de mim.

Os alemães ainda passavam férias em Mombaça e Malindi, onde os gerentes de hotel costumavam falar alemão. Os turistas nunca deixaram de participar de safáris, observar animais era coisa popular; observadores de pássaros iam até o lago Baringo e viam mais pássaros em um só dia do que jamais veriam a vida inteira em seus países. Apesar da matança de elefantes, do contrabando de marfim, da caça ilegal de leões e leopardos, por suas valiosas garras e peles, ainda havia muitos animais selvagens nas reservas do Quênia. Isso se devia, em parte, à política anterior, levada a efeito pelo onipresente Richard Leakey, cuja proposta era que os caçadores clandestinos fossem abatidos, tão logo os guardas do parque os avistassem.

O Quênia turístico, previsível, programado — com seus embasbacados excursionistas em roupas de safári, a bordo de Land-Rovers — não me interessava. Os turistas bocejavam para os animais e os animais bocejavam de volta para os turistas. O Quênia dos grandes caçadores, dos memorialistas sentimentais, de Hemingway a Isak Dinesen, e dos mitomaníacos da atualidade, como Kuki Gallmann, autora de *I Dreamed of Africa* (Sonhei com a África), apenas me fazia rir. Se por um lado há obras com méritos próprios, como *A Fazenda Africana*, de Isak Dinesen, por outro lado existem relatos como *Elephants Arrive at Half-Past Five* (Os elefantes chegam às cinco e meia), de Ilka Chase. Quem lê livros como esse pode pensar que o Quênia era apenas fazendas, criados devotados e cômodos luxuosos, como os do acampamento de Gallmann. Sobre os ainda mais dispendiosos quartos do Mount Kenya Safari Club, nos arredores de Nayuki, um hóspede comentou que "são tão luxuosos que a gente se esquece de que está na selva", ignorando o fato de que Nanyuki não está na selva.

Observar animais selvagens no interior e consumir cerveja no litoral são coisas que estão a um mundo de distância da vida no Quênia. Mesmo quando vivi e trabalhei na África, eu via os excursionistas dos safáris como fantasistas, que visitavam as matas mais tranquilas em micro-ônibus zebrados, carregando grandes cestos de comidas finas. Essas pessoas não tinham o menor interesse pelas escolas onde eu ensinava. De vez em quando, uma pequena nota em um jornal informava que uma pessoa famosa viera caçar em Uganda, ou no Quênia. No final da década de 1960, um dos integrantes do gabinete de Nixon, Maurice Stans, visitou Uganda com um rifle poderoso, à procura do tímido e arisco bongo, um dos maiores antílopes que existem. O animal foi caçado com o uso de cães, o mesmo método adotado para a caça a veados de grande porte. Quando foi encurralado e, de cabeça baixa, tentava espetar os cães com seus chifres, levou um tiro na cabeça, ou no coração. Stans matou mais um ou dois exemplares. Hoje, não existem mais bongos em Uganda. Embora Maurice Stans esteja morto, sua espécie não está ameaçada de extinção, longe disso, enquanto o pobre bongo já foi quase eliminado da África.

— O Quênia é muito mais que animais selvagens — disse-me um africano certa noite, em uma festa em Nairóbi. Ele se apresentou como Wahome Mutahi e prosseguiu: — Eu diria que as pequenas coisas que as pessoas fazem aqui são mais significativas do que qualquer animal.

Wahome fora prisioneiro político.

— Fui torturado também — disse ele, sorrindo. — Minha história é muito longa para ser contada aqui.

Eu combinei um encontro com ele no dia seguinte.

Um dos muitos ex-prisioneiros africanos que encontrei na viagem, Wahome era jornalista e romancista, bastante lido na África Oriental. Tinha modos evasivos, um sorriso zombeteiro e sempre falava de si mesmo, e das contradições do Quênia, com divertido assombro. Seu estilo literário, da mesma forma, era contido e corajosamente irônico. Já na faixa dos cinquenta anos, quando o encontrei, tinha idade suficiente para ter testemunhado todas as loucuras e promessas falsas desde a época da independência. Ele era uma verdadeira espécie em extinção: um adversário inteligente do regime brutal, que conseguia viver e trabalhar em seu país.

— Existe menos debate, menos atividade intelectual do que na época em que você esteve aqui — disse ele, durante um almoço no Hotel New Stanley.

Eu havia me hospedado no New Stanley há 38 anos, quando o hotel ainda era novo e os caçadores brancos bebiam no Long Bar, no interior do hotel, e os turistas faziam algazarra no Thorn Tree Café, situado na parte externa. Naquela época, os predadores estavam na mata; atualmente, estavam nas ruas de Nairóbi e no governo do Quênia.

— Houve uma tentativa de golpe em 1982, mas falhou — disse Wahome. — Depois as atividades intelectuais foram reprimidas. Eu fui detido em agosto de 1986 e posto na cadeia.

— Você foi acusado formalmente? Passou por algum julgamento?

— Fui acusado de não comunicar um delito grave e considerado culpado de sedição. Disseram que meu crime foi conhecer gente que estava publicando material sedicioso, quer dizer, criticando o governo.

— Era verdade?

— Não, eu não conhecia ninguém. Eu era apenas um jornalista no *The Nation*, só escrevia.

— Mas você confessou?

— Sim — ele sorriu. — Mas não foi simples. — Ele pousou a faca e o garfo, e se inclinou para frente. — A polícia política foi à minha casa de noite, procurando por mim. Eu estava em um bar, naquela hora. Quando me contaram sobre a visita, eu desapareci por uns dias. Eles me encontraram depois no meu escritório, no *The Nation*, às dez horas de uma manhã de domingo, e me levaram para a Nyayo House, para ser interrogado.

Nyayo era uma palavra bonita. Significava "pegadas", em suaíli. Quando se tornou presidente, em 1978, Daniel arap Moi disse que seguiria as pegadas de Jomo Kenyatta. *Nyayo* se tornou sinônimo de tradição e respeito. Nyayo House era um prédio da polícia. Acima da calçada, tinha aspecto respeitável; mas atrocidades eram cometidas em seus porões, onde se encontravam o centro de interrogatórios, as celas e, como Wahome descobriu, as câmaras de tortura.

— Fiquei preso por trinta dias, mas os primeiros dias foram os piores. Eles me interrogaram em Nyayo. Eles diziam: "Nós prendemos você por um crime comum. Nós sabemos que você faz parte de um movimento organizado."

"Eu disse: 'Se vocês têm alguma prova contra mim, me levem ao tribunal.'

"Eles ficaram furiosos com isso. Pararam de falar comigo. Tiraram minhas roupas e me bateram — três homens com pedaços de pau. Eles exigiram que eu confessasse. Então me colocaram de pé na cela e jogaram água em mim. Minha cela tinha o tamanho de um colchão. Eles me enxarcaram, havia água por todo lado. Então eles trancaram a porta e me deixaram lá.

No romance de Wahome, *Three Days on the Cross* (Três dias na cruz), essa cena é descrita. O prisioneiro, Chipota, é espancado até ficar coberto de sangue; então uma mangueira, "como um canhão", é apontada para ele; a água jorra com tanta força que lhe tira o fôlego. Ele se vira de costas. A mangueira é apontada para o teto, para as paredes, e a cela fica inundada. A soleira da porta era alta, para que a água não pudesse sair. Chipota percebe que a cela tinha sido especificamente projetada para essa diabólica tortura da água.

Wahome disse:

— Eles me deixaram lá. Eu não podia distinguir o dia da noite. Eu estava nu e com muito frio, de pé na água e na escuridão. Havia água pingando do teto em cima de mim. Eu não sei quanto tempo se passou, talvez de 12 a 15 horas. A porta se abriu de repente e um homem disse: "*Una kitu ya kuambia wazee?*" — Você tem alguma coisa para dizer aos velhos?

Os velhos (*wazee*, plural de *mzee*) era outra palavra bonita para designar os torturadores.

— Eu disse que não. Eles me deixaram lá de novo, por um bom tempo e, então, a porta se abriu. A mesma pergunta: "*Una kitu...*" E eu disse que não. Cheguei a um ponto em que vivia num pesadelo. Eu tinha pesadelos o tempo todo, sonhava que estava voando e andando de bicicleta, mas sempre acabava me estatelando no chão. Sonhei com comida, mas eram sonhos de tortura. Tive alucinações. Eu via comida nas manchas do chão. Vi uma salsicha através da parede e tentei quebrar o cimento para chegar até ela.

Esses pesadelos são contados no romance. Mas a pior coisa, no livro, são os estupros, espancamentos e tombos violentos. Pesadelos ainda são melhores que a realidade da prisão. Sobre Chipota, Wahome escreveu: "Então houve um clarão e ele acordou do pesadelo para descobrir que ainda estava entre as paredes da cela... Gostaria que fosse possível voltar para o pesadelo."

Ansioso para retornar ao pesadelo era exatamente como tinha se sentido, disse-me ele. Estava desolado por acordar de um sonho ruim e se ver com água até os tornozelos, tremendo, mijando e cagando na água, incapaz de ficar de pé ou de se sentar.

Eu disse:

— Onde os quenianos aprenderam essa técnica de tortura?

— Talvez na Romênia. Eles eram nossos amigos, na época.

— E sua família? Eles sabiam onde você estava?

— Eles não faziam ideia. Eu tinha 35 anos, na época, e dois filhos. Eles não sabiam que eu estava no meio de Nairóbi, no escuro, em uma cela de tortura na Nyayo House. Depois de cinco ou seis dias, eu comecei a saber quando era dia, pelos barulhos acima de mim.

— Você não ficou tentado a confessar? — perguntei.

Novamente, ele sorriu seu sorriso enviesado e disse:

— Antes de ser preso, eu ficava pasmado ao ver tanta gente confessando crimes. Eu não entendia por que eles diziam que eram culpados, eu sabia que não eram, mas eles diziam que eram. Agora eu sabia. Eu estava no escuro, na água. Meus pés estavam apodrecendo. Eu estava a ponto de ter um colapso. Pensei em suicídio. Depois de uma semana, eles me puseram em uma cela seca. Devem ter pensado que eu estava morrendo.

Mas o interrogatório continuou. Ele foi vendado e levado ao 22º andar da Nyayo House, onde foi trancado em um quarto com seu interrogador, sempre o mesmo homem, sempre as mesmas perguntas:

— Quando você entrou para o MwaKenya? — O MwaKenya era um movimento clandestino contra o governo. — Quem recrutou você? Quais foram os livros que você leu?

Ele negou ser membro de qualquer movimento clandestino. Quando disse que tinha lido *A Mãe*, de Máximo Gorki, o interrogador ("ele era muito temperamental") gritou:

— Isso é um manual de recrutamento!

Isso se prolongou por cerca de uma hora; depois, ele foi devolvido à sua cela no porão. Mas sabia que estava perdendo as forças, estava à beira de um colapso, e ainda pensava em suicídio. Aquilo não era o limbo, garantiu-me, mas "um inferno de suspense".

Disse que sua época mais feliz foi quando teve uma chance para lavar os pratos dos prisioneiros.

— Foi meu melhor momento. Havia um espelho no recinto. Eu olhava para o meu rosto. O trabalho não demorava mais que cinco a dez minutos, mas eu adorava aquilo. Eu estava fazendo alguma coisa. Era ótimo.

Wahome percebeu que o suspense o estava enfraquecendo e preferiu cumprir uma pena específica a ficar sofrendo, sem saber quando seu confinamento iria terminar.

— Eu lhes disse isso. Eles me deram três opções, crimes para eu confessar. Eu escolhi a terceira: sedição. A sentença era menor. Então eles me fotografaram.

Ele fez uma pausa em sua terrível narrativa e balançou a cabeça, lembrando-se de um detalhe — um momento kafkiano em uma história kafkiana.

— Eu estava sorrindo quando eles tiraram meu retrato — disse ele, sorrindo também. — Eu estava feliz.

Ele foi levado ao tribunal durante a noite, para não atrair atenção. Sua família ainda não fazia ideia de onde ele estava. Ele não tinha advogado. Estava de algemas no banco dos réus.

— O promotor era Bernard Chunga — disse Wahome. — Você pode ver o nome dele nos jornais. Ele foi recompensado. Ele falava como se soubesse qual era o meu crime: "O acusado é um homem inteligente. Sabia que um crime estava sendo cometido e decidiu não denunciá-lo à autoridade competente", blá-blá-blá. O juiz, H.H. Buch, era um *muhindi*, um indiano. O julgamento levou cerca de sete minutos. Mas eu estava feliz! Recebi uma pena de 15 meses. Era uma coisa definida, não era mais tortura.

Ele disse que esse tipo de prisão era muito comum, no Quênia, no início dos anos 1990. No total, esteve em cinco prisões, todas em áreas rurais, lugares onde havia vilarejos próximos, animais selvagens, o Quênia colorido do turismo e dos cartões-postais, com sorridentes nativos enfeitados.

Ele ficou na solitária a maior parte do tempo, sem direito a papel e lápis. Encontrou uma cópia de *The Rainbow* (O arco-íris), romance de D.H. Lawrence e o leu mais de dez vezes.

— Engraçado é que eu não consigo me lembrar de nem uma palavra!

Ele achou outro livro: *Espanhol Fácil*. Nos curtos períodos de exercícios no pátio, ensinou um pouco de espanhol aos outros prisioneiros, mas os guardas desconfiaram dos cochichos e o livro foi confiscado. Ele passava o dia sonhando acordado. Contraiu malária, sofria um ataque de febre por semana.

Quando foi solto, voltou para casa e para seu emprego no jornal.

— Eu não tinha ódio das pessoas que me prenderam. Eu pensei: "Eles deviam se sentir envergonhados."

Ele não foi o único a ter uma experiência desse tipo, nem o único a escrever um livro a respeito. Muitos quenianos foram aprisionados com acusações forjadas e muitos escreveram relatos similares sobre detenção e tortura. Livros como *Detained* (Detido), de Ngugi wa Thiongo, ajudaram Wahome a se preparar. Mais tarde, ele leu *Darkness at Noon* (Trevas ao meio-dia), escrito em 1940 por Arthur Koestler, e adorou o romance, pela exatidão com que descreve as particularidades da vida na prisão.

— Continuei a escrever. O governo queria me destruir. Eu queria provar que eles estavam errados. A prisão foi uma espécie de batismo para mim, mas, para outros, sei que foi uma experiência horrível. Eles nunca se recuperaram. Ficaram traumatizados. Foram destruídos. Mas eu queria sobreviver. Foi difícil. Quando eu saí, meus amigos tinham medo de falar comigo.

— Mas os policiais e os interrogadores ainda devem estar por aí — disse eu.

— Sim — disse Wahome. Novamente, aquele sorriso irônico. — Poucos anos atrás, eu estava em um ônibus. Olhei para o outro lado do corredor e vi o homem que tinha me interrogado. "Quem recrutou você?". Era ele! Quando ele me viu, fingiu que estava dormindo.

— Você não ficou zangado?

— Não. Eu estava com medo. Fiquei paranoico. Saí do ônibus.

O torturador indo para casa de ônibus, andando pela cidade com outros passageiros, transformou-se em uma das imagens mais duradouras que tenho do Quênia urbano.

Wahome Mutahi, que eu via como herói, não como vítima, tornou-se meu amigo, meu *rafiki*. Caminhando por Nairóbi, ele falava sobre seu passado e sua família; mostrou-me as boas livrarias e os bons cafés, as ruas a serem evitadas e o que restava da velha cidade-mercado. Olhamos os destroços da Embaixada americana, explodida em 1998. A maior parte da área circundante, perto da estação ferroviária, ainda estava em ruínas. Wahome me aconselhou na compra de coisas que eu iria necessitar em minha jornada até a fronteira com Uganda, atravessando o oeste do Quênia. Em uma livraria, comprei para ele um exemplar do meu romance *A Costa do Mosquito* e ele comprou para mim um exemplar de seu livro sobre a prisão, que dedicou *Ao Bwana Theroux*. Dissemos *kwaheri* e prometemos manter contato.

Alguns dias mais tarde, lendo *The Nation*, vi o nome do promotor que acusara Wahome depois da confissão sob tortura. O juiz Bernard Chunga, agora distribuindo santidade, "apelava às organizações que cuidavam de adolescentes para que os tratassem de acordo com os padrões internacionais".

A magnanimidade era um tema recorrente nos discursos quenianos daquele mês, pois o embaixador americano, o sr. Carson, em severo discurso dirigido a homens de negócio do Quênia, tinha alertado que o país corria o risco de perder seu status de parceiro preferencial. Para ajudar as fracas economias africanas, o congresso dos Estados Unidos tinha aprovado a Lei de Oportunidades para o Desenvolvimento Africano, uma permissão para que os países da África, mediante um visto, pudessem vender mercadorias aos Estados Unidos, sem estarem sujeitos a cotas. A bondosa ideia tinha como objetivo encorajar as indústrias locais, mas tudo o que conseguiu foi aumentar a criminalidade local. No Quênia, o salvo-conduto transformou-se em um imenso embuste para ganhar dinheiro. Depois de pagar algumas propinas a algumas altas autoridades quenianas, industriais chineses e indianos afixaram em seus produtos o rótulo *Made in Kenya*, de modo a exportá-los para os Estados Unidos, usando o Quênia como ponte.

— Os sinais não são positivos — dissera o embaixador Carson, referindo-se às trapaças no setor têxtil.

Ele prosseguiu dizendo que, a menos que o Quênia refreasse a corrupção, respeitasse as leis e os direitos humanos e adotasse políticas econômicas sólidas, o status de parceiro preferencial dos Estados Unidos seria cancelado. As repreensões e as acusações proferidas por esse diplomata eram bem diferentes dos condescendentes ruídos acerca de negritude que os quenianos se acostumaram a ouvir dos embaixadores precedentes. Mas este era um Quênia diferente, uma Nairóbi diferente, corrupta e dominada pelo crime. Eu não tinha saudades do passado, mas sentia falta do interior, da mata simples e feliz.

Sair de Nairóbi era fácil. O serviço de trens até Kampala fora suspenso, mas diversos ônibus iam até a fronteira. Partiam de manhã cedo da área que era associada ao perigo — especialmente na escuridão da madrugada, quando se iniciava a viagem. Tinham me avisado: "Tome um táxi". Segui o conselho e tomei um táxi para percorrer os três quarteirões até a rodoviária. O motorista, chamado Bildad, continuou a me avisar dos perigos, enchendo-me de medo até que eu embarcasse no ônibus.

Ainda estava escuro quando saímos. Ao amanhecer, estávamos atravessando o grande vale do Rift, em meio a pequenas propriedades rurais. O vale

— que já fora uma curva ampla, verde e vazia, aprofundando-se a noroeste, onde cresciam florestas de espinheiros com copas achatadas, sob as quais pastavam antílopes e baualas — tinha sido desflorestado e desgastado por pastagens. Fora ocupado por pessoas ociosas e choças horrendas.

A cratera de Longonot, um vulcão escuro e extinto, lembrava-nos de que o vale do Rift era uma série de falhas geológicas, que se estendiam irregularmente do mar Morto até o vale do rio Shire, em Moçambique. O Rift formou-se em uma época de intenso vulcanismo, que abriu o coração da África com erupções enormes e rios de lava. Uma teoria controvertida sustenta que as duas diferentes áreas climáticas formadas pelo vale do Rift influenciaram a evolução humana: as florestas tropicais do oeste tornaram-se um lar para os macacos, enquanto os hominídeos tiveram que se adaptar aos espaços abertos da savana oriental. Os fosséis de hominídeos mais antigos do mundo, sem dúvida, foram encontrados a leste do Rift.

O monte Lengai, em Ruanda, ainda estava em erupção, desalojando aldeões. O Kilimanjaro jazia adormecido, assim como as montanhas da Lua, em Uganda, e a cratera de Ngorongoro, na Tanzânia, com 30 quilômetros de diâmetro. Algumas das gigantescas fendas abertas pelas erupções tinham se enchido de água e se transformaram no lago Vitória, lago Tanzânia, lago Malaui. A maior parte da paisagem — a elevada escarpa Mau, por exemplo, um pouco a oeste de Longonot — era o resultado da atividade dos primitivos vulcões e do deslocamento das placas tectônicas.

A cidade de Naivasha parecia bastante tranquila, bela e purpúrea, com seus pés de jacarandá em flor e um tapete de pétalas nas ruas. Como muitos lugares do Quênia, Naivasha tinha um passado obscuro e um presente quase igualmente obscuro. Todos em Nairóbi conheciam a história do padre Kaiser, um sacerdote católico de Minnesota, que trabalhava em uma igreja perto de Naivasha. Era missionário no Quênia havia mais de trinta anos, quando, alarmado com o crescente ódio tribal, começou a reunir informações sobre atos de violência que suspeitava terem inspiração política. Ninguém mais tinha um registro do gênero — nem a polícia e, certamente, nem o governo, que negava as acusações, negava até que a aids fosse um problema no Quênia. O padre Kaiser, na época desprezado como alarmista, constituía, na verdade, uma séria ameaça para a credibilidade do governo, pois seus arquivos sobre estupros e assassinatos não paravam de crescer.

Sabendo que a polícia ficaria indiferente, pois um político estava envolvido, duas jovens procuraram o padre Kaiser, desesperadas, e contaram que tinham sido estupradas por um ministro do governo. O ministro, bem conhecido, era membro do Kanu, o partido do governo — partido de Kenyatta, partido de Moi, o partido que tinha governado o Quênia por quarenta anos. E que ainda estava no poder.

O padre Kaiser procurou vários funcionários graduados e trouxe à baila o assunto dos estupros, assim como detalhes sobre outros crimes. No início, foi repelido e sofreu pressões para parar de divulgar os fatos. Quando prosseguiu, teve a permissão de trabalho cancelada e foi instado a deixar o país. Mas resistiu, chamando atenção para o alto índice de criminalidade e, especialmente, para as negativas do governo. Em agosto de 2000, o corpo do padre Kaiser foi encontrado à beira da estrada. Fora assassinado. No momento em que passei pela cena do crime, o assassino ainda não tinha sido encontrado, embora o homem acusado de estupro ainda se sentasse em sua cadeira ministerial, no gabinete de Moi.

— O Quênia tem um governo estável — insistiu a funcionária de uma prestigiosa agência especializada em safáris, baseada em Londres, quando, ao inquirir sobre as reservas de animais selvagens, levantei dúvidas quanto à segurança. Ela negou que o governo fosse corrupto e pouco confiável, e me forneceu informações. Não sobre a criminalidade, mas sobre os preços praticados pela companhia. — Devo dizer ao senhor que somos incrivelmente sofisticados. Nós ajustamos o safári ao cliente, projetamos cada safári de acordo com o conforto e os interesses de cada um.

"Autoritário" não é a mesma coisa que "estável", mas o cliente de safáris está interessado em animais selvagens, não em política. É possível, mediante a utilização de helicópteros, guardas armados e normas estritas, garantir a segurança de um cliente no Quênia. Desde que este não se afaste do itinerário programado.

Mencionei para um queniano branco que eu viera pela estrada, desde a fronteira etíope até Marsabit e Isiolo. Ele era durão, um homem que tinha viajado por todo o Quênia. Possuía um dos Land-Rovers mais possantes que eu já vira — o modelo mais recente, com um motor BMW. Ele nunca havia passado por aquela estrada. Disse:

— Ninguém passa por lá.

Os lagos alcalinos, rasos e corrosivos, perto de Naivasha e Nakuru, eram merecidamente famosos por seus flamingos. Os flamingos menores se aglomeravam no lago Nakuru, os maiores, no lago Natron. Avistei grandes manchas rosadas no lago Elmenteita, onde milhares daqueles pássaros se alimentavam nos baixios, com as cabeças abaixadas, balançando os graciosos pescoços, arrastando os bicos pela água e capturando o que podiam. Depois, cuspiam a água e conservavam o alimento.

Os turistas que viam esses pássaros adoráveis nada sabiam a respeito do padre Kaiser ou das sombrias forças que o tinham aniquilado.

Paramos em Nakuru para comer, beber e visitar os banheiros repulsivos. Antes uma pequena cidade-mercado, de clima agradável, Nakuru tornara-se uma enorme e caótica aglomeração de cabanas com teto de zinco. Surgira, também, uma nova comunidade, onde as casas de alto preço eram idênticas às que havia nos arredores de Nairóbi. Pertenciam, segundo me disseram, a administradores de médio escalão: africanos que trabalhavam em bancos, companhias de seguro, revendedoras de automóveis, firmas de importação e exportação, instituições estrangeiras de caridade e assistência. Em alguns armazéns da era colonial, ainda se viam velhos cartazes amarelados pelo sol, que anunciavam medicamentos e alimentos para o gado.

Camelôs — na maioria oriundos da costa, africanos de gorros e djelabas — carregavam bandejas com óculos escuros e relógios baratos, que ofereciam aos passantes. Bancas improvisadas ofereciam frutas, sorvetes, cachorro-quente e galinha frita.

Metade dos passageiros era composta de africanos, pequenas famílias com aspecto de ugandenses; a outra metade era de indianos, famílias maiores viajando na traseira, barulhentos, por estarem em grupo — homens reclamando, mulheres silenciosas, garotinhas soltando gritos esganiçados e garotos mal-educados, com bonés de beisebol. A mulher africana sentada à minha frente estava lendo *Seu Eu Sagrado*, de Wayne Dyer, no capítulo intitulado "Tome a Decisão de Ser Livre".

Em uma época anterior — nos anos 1960, por exemplo — passar por Nakuru, Kericho e Kisumu, para onde nos dirigíamos, teria sido um passeio no campo. Estradas estreitas e quase nenhum tráfego, africanos de bicicleta, gado pastando nas encostas, uma casa de fazenda, de vez em quando, uma ocasional manada de antílopes. Uma terra verde e vazia sob um céu imenso. Lugares que eram apenas pequenas cidades e paradas de ônibus se tornaram agora grandes povoados em expansão; a mata esparsamente povoada tornara-se populosa e desagradável.

Assim é o mundo, mas uma das peculiaridades africanas era que, tão logo as cidades cresciam, ficavam mais feias, mais caóticas e mais perigosas — efeito do mau planejamento, verbas insuficientes e roubo. Em todas as povoações, viam-se homens africanos de pé sob as árvores, reunidos à sombra. Não estavam à espera de ônibus, apenas matavam o tempo, pois não tinham emprego.

Deviam possuir hortas — como a maioria das pessoas —, mas o trabalho de plantar e capinar era feito, presumivelmente, pelas mulheres. No Quênia, sempre que eu via uma árvore com boa conformação, em algum vilarejo ou cidade, havia homens embaixo, à toa, com ar apático e distraído.

Mesmo nas cidades mais prósperas desta parte do Quênia, viam-se os cartazes brilhantes dos escritórios e armazéns das organizações de ajuda internacional, que distribuíam conselhos, alimentos e preservativos — as mercadorias das gangues da virtude. Isso acontecia em Kericho, onde as grandes plantações de chá suavizavam o verde das colinas e dos vales. Quem sabe tais lugares atraíssem os agentes da virtude por serem tão agradáveis para viver? Ou seria porque as comunicações eram melhores aqui do que na mata distante? Sempre que via alguma cidade com aspecto mais ordeiro e habitável, eu percebia sinais das organizações de caridade internacionais — Oxfam, Project Hope, Hunger Project, Food for Africa, SOS Children's Villages, Caritas e muitas outras com nomes piedosos e novos Land-Rovers, ou Land-Cruisers, estacionados em frente.

Como estávamos em uma região produtora de café, qualquer um desses veículos poderia pertencer à sra. Jellyby — a personagem satírica criada por Dickens — que tinha um Projeto Africano. Ela dissera: "No próximo ano, por esta época, esperamos contar com cem a 150 saudáveis famílias dedicadas ao cultivo de café e à educação dos nativos de Borrioboola-Gha."

Não é uma reclamação, mas apenas uma observação: ao ouvirem as histórias de horror acerca de africanos analfabetos e famintos, os americanos e europeus, em sua maioria, ficam indignados e perguntam: Por que ninguém faz nada a respeito disso? Mas, aparentemente, fazia-se muito — bem mais do que jamais imaginei. Já que o governo queniano se importava tão pouco com o bem-estar de seu povo, as preocupações com saúde e educação tinham sido encampadas por estrangeiros compadecidos. As organizações de caridade estavam bem estabelecidas. Entre uma loja de calçados e o estabelecimento de um indiano, encontraríamos a World Vision ou a Save the Children — 'Blurred Vision' e 'Shave the Children', para os cínicos. Essas agências começaram como organizações de assistência internacional, mas se tornaram instituições locais e permanentes.

Eu gostaria de saber — gostaria mesmo — por que todo o esforço era feito por estrangeiros, por que os próprios africanos não participavam dessa assistência a si mesmos. E já que eu fora um professor voluntário: por que, em quarenta anos, tão pouco progresso foi feito?

Existe uma biblioteca inteira de bons livros para descrever a inutilidade, na melhor das hipóteses, e o efeito prejudicial, na pior delas, dos esforços feitos pelas organizações de assistência internacional. Alguns dos livros são relatos pessoais, outros são científicos e eruditos. As conclusões são as mesmas.

"Assistencialismo não é socorro" e "assistencialismo não funciona" são duas das conclusões a que chegou Graham Hancock, em seu livro *The Lords of Poverty: The Power, Prestige and Corruption of the International Aid Business — 1989* (Os lordes da pobreza: poder, prestígio e corrupção nos negócios da assistência internacional — 1989), um relato bem pesquisado sobre dinheiro desperdiçado. Grande parte do desprezo de Hancock está reservada às dúbias atividades do Banco Mundial. "Projetos de assistencialismo são um fim em si mesmos", escreve Michael Maren em *The Road to Hell: The Ravaging Effects of Foreign Aid and International Charity — 1997* (A estrada para o inferno: os efeitos devastadores do auxílio externo e das organizações internacionais de caridade — 1997). Um dos alvos de Maren é a instituição de caridade Save the Children, que ele vê como uma inutilidade monumental. Ambos os autores escrevem a partir de experiências, pois passaram muitos anos trabalhando em projetos de assistencialismo em países do terceiro mundo.

Embora sejam mais condescendentes com os voluntários no socorro a vítimas de calamidades do que com os burocratas das instituições de caridade, ambos os escritores afirmam que todo assistencialismo serve a si mesmo; a fome em larga escala é bem-vinda como uma "oportunidade de crescimento" e o estímulo a doações para essas organizações é pouco mais que "pornografia da fome".

"Eis a regra de ouro que se pode aplicar sem susto no terceiro mundo", escreve o sr. Hancock. "Se um projeto é criado por estrangeiros, será, tipicamente, projetado por estrangeiros e implementado por estrangeiros, com equipamento estrangeiro adquirido em mercados estrangeiros."

O livro mais salutar e menos citado sobre o desenvolvimento da África é uma prova dessa regra de ouro. Trata-se de um estudo italiano intitulado *Guidelines for the Application of Labor-intensive Technologies — 1994* (Diretrizes para a aplicação de tecnologias com uso intensivo de mão de obra — 1994), uma obra revolucionária em sua simplicidade, que advoga a utilização de mão de obra africana para resolver problemas africanos. Após descrever as muitas vantagens sociais e econômicas de empregar as pessoas para trabalhar com as próprias mãos, construindo represas, estradas, sistemas de esgoto e canais, os autores, Sergio Polizzotti e Daniele Fanciullacci, discutem as restrições impostas pelos doadores. Entre elas: o maquinário deve ser comprado no país doador; as licitações são circunscritas às firmas do país doador; ou, ainda, o edital estabelece um prazo, o que "favorece os grandes contratos, com pesados gastos em equipamento". Poucos projetos na África contemplam o uso intensivo de mão de obra, pois grande parte dos doadores atende aos próprios interesses.

Passando por enormes rochedos lisos, grandes como casas de três andares, chegamos a Kisumu, às margens do golfo de Winam, no lago Vitória — um porto, um terminal ferroviário e uma estação de barcas. Mas o trem estava desativado e o transporte por barcas era tão irregular, pelo mau estado das embarcações, que acabava sendo inútil. Eu tinha pensado em permanecer aqui por alguns dias e, depois, tomaria uma barca para Uganda, mas isso estava fora de questão.

Kisumu, no momento, era apenas uma parada de ônibus. Em seu mercado, viam-se as habituais crianças vendendo latas de chá e caixas de leite, mulheres assando espigas de milho, pessoas vendendo pilhas de sapatos velhos e roupas de segunda mão. Nem mesmo os africanos achavam caras as roupas de segunda mão vendidas nesses mercados. Eram vestidos, camisetas, shorts, gravatas, suéteres e cobertores rotos, que tinham sido colocados em caixas e deixados na igreja para serem doados — ao Exército da Salvação, à Cobertores para a África ou às pessoas necessitadas. Mas, em vez disso, eram colocados em embrulhos separados: meias, sapatos, calças, blusas, camisetas, suéteres e assim por diante. Esses embrulhos eram vendidos a comerciantes, que os empilhavam em seus estandes e os revendiam.

Quando meus trajes ficaram em farrapos, também comprei roupas no mercado. Era meu modo de não ter aparência de turista nem de soldado. E gostei das minhas camisas de segunda mão, uma das quais era vermelho brilhante com os dizeres: *Encanadores de Primeira Classe.*

Passei o dia em Kisumu caminhando a esmo, pois o banco do ônibus tinha me dado cãimbras. Andei até o velho cais, onde não havia barcas, e até a estação ferroviária, onde não havia trens. Notei que o mercado estava cheio de mantimentos distribuídos por organizações de caridade. Nada fora fabricado no Quênia, exceto alguns potes de barro.

Deixando Kisumu à tarde, no ônibus que ia até a fronteira, vi diversas fábricas de caixões — a madeira verde recém-cortada, ainda avermelhada de umidade, homens serrando e colocando pregos nas longas caixas, todos trabalhando duro. Os caixões prontos ficavam empilhados ou em pé, montes deles. Foi a atividade mais próspera e atarefada que vi em todo o Quênia: os fabricantes de caixões e seu lúgubre produto, a imagem perfeita de um país que parecia ter contraído uma doença terminal.

Fiz uma anotação a respeito dos caixões e alguns esboços de suas formas e tamanhos. Anotei também que, viajando em alguns daqueles ônibus, olhando a África passar e descendo quando me aprouvesse, eu viajava em estado de grande felicidade, seguindo os gansos que voavam — neste dia específico, o ganso-do-Egito, *Alopochen aegyptiaca*, um nome bonito para um ganso selvagem.

10 *Velhos amigos no vale dos Morcegos*

No lado ugandense da fronteira, papiros frescos como alfaces cresciam à beira do lago, em tufos espessos e folhosos. As hastes compridas e graciosas se agitavam, e as cabeças emplumadas acenavam, enquanto meu ônibus seguia na direção oeste, em uma estrada secundária que partia da cidade fronteiriça de Busia. Eu nunca tinha visto papiros crescerem em lugar nenhum do Quênia, nem mesmo em Kisumu, às margens do lago Vitória. Mas, assim que entrei em Uganda, avistei diversas touceiras dessa planta de penacho, alta e delicada, nas terras pantanosas que margeavam o lago. Era como uma prova adicional de que Uganda é a nascente do Nilo. Rio abaixo, no Egito, onde os verdadeiros papiros não mais existem, eu vira imagens da graciosa erva aquática, destacadas em tinta brilhante nas paredes das tumbas faraônicas e no alto das colunas de Karnak. Tudo o que ligasse o Egito ao coração da África me interessava: papiros, lótus, crocodilos, hipopótamos, garças-de-crista, babuínos, leões, elefantes, marfim, imagens de escravos e até a água do rio.

— Como você chegou aqui? — eu costumava perguntar aos missionários veteranos e idosos, durante os anos 1960. Muitos respondiam: "Pelo Nilo."

O que significava: de barco e trem através do Egito; trem até Cartum; vapor de rodas de Cartum a Juba; e, então, 90 quilômetros de estrada até Uganda.

Eu viera em "galinheiros" — ônibus cheios de africanos e seus produtos, inclusive galinhas amarradas, além de bebês, tão envoltos em panos que pareciam mumificados. O galinheiro me deixou na fronteira queniana. Camelôs, cambistas e mendigos me cercaram e me seguiram, correndo, através da terra de ninguém, 800 metros pedregosos e quentes, sem nenhuma sombra, até serem detidos pela cerca de arame no lado ugandense e voltarem correndo. O modo como alguém corre revela alguma coisa de sua natureza — a revelação é maior quando a pessoa corre na sua direção do que quando se afasta de você.

No posto de controle ugandense, passei novamente pelas formalidades de praxe: uma multidão se empurrando para entrar em um pequeno abrigo e carimbar os passaportes; do lado de fora, mais cambistas e mendigos. Comprei um jornal e li sobre os atentados a bomba que tinham ocorrido em Kampala no dia anterior: "Violência Eleitoral". Já instalado em um ônibus ugandense, refleti que se alguém não cruza uma fronteira africana a pé, não entrou realmente no país, pois o aeroporto na capital não passa de um logro; a fronteira distante, que parece ser a periferia, é a verdadeira realidade do país.

Desde a fronteira, Uganda parecia ser um lugar mais organizado e mais bem governado que o Quênia. Era visivelmente mais verde e mais fértil, mais próspero, mais opulento, com arrozais bem-cuidados e bananeiras — todos os tipos de bananas. Os ugandenses dizem que existem sessenta variedades, pois as bananas são um dos principais alimentos aqui. Essa área verdejante no sudoeste de Uganda ficava numa baixada pantanosa, onde as águas do lago se infiltravam no interior.

As estradas — assim como as casas — estavam em melhores condições do que no lado queniano, um lembrete de que o Quênia tinha entrado em trajetória descendente, enquanto Uganda estava subindo. A cana-de-açúcar ainda era cultivada nos campos da região, como no passado, em propriedades que tinham pertencido a indianos. Considerando o preço do açúcar e de grande parte das outras mercadorias, isso era algo surpreendente. Era certo que os fazendeiros da África estavam recebendo menos pelas colheitas de café, chá, algodão, açúcar e tabaco — e em alguns lugares tinham retrocedido à agricultura de subsistência, deixando que as plantações comerciais morressem e plantando milho para seu próprio uso.

No final da tarde, meu ônibus passou pela cidade de Jinja, onde, nas cataratas de Owen, o lago Vitória flui na direção norte — o Nilo Vitória —, passando pelo lago Kyoga, pelas cataratas de Murchison e pelo lago Alberto, até chegar ao Nilo Alberto. Essa simples progressão deixou perplexos investigadores como Ptolomeu e os exploradores europeus da África, até a expedição de 1857-1858, quando Burton e Speke partiram da costa oriental para estudar a região dos lagos interioranos. Enquanto Burton permaneceu em seu leito, doente, no que é hoje Tabora, na Tanzânia, Speke viajou até a extremidade sul do grande lago, para dar uma olhada. Ele não fazia ideia do verdadeiro tamanho do lago, mas, pelo que lhe tinham dito os árabes, supôs que, na margem norte, deveriam existir escoadouros, que seriam as cabeceiras do Nilo. Burton duvidou dele e o censurou pela pressa, por estar muito impaciente para navegar no lago. Speke se defendeu, mas estava inseguro; de qualquer forma, era fraco de ânimo (cometeria suicídio mais tarde). Sua intuição, no entanto, estava correta: mais tarde ficou provado que o Nilo se originava no lago.

A paisagem familiar me proporcionou uma reconfortante sensação de volta ao lar, quase nostálgica. Eu ainda viajava em estado de contentamento, cauteloso como sempre, mas me sentindo relativamente seguro. Claro que eu era um *mzungu*, porém velho, vestindo roupas de segunda mão, usando um relógio barato e um chapéu desbotado. Meu casaco esporte estava bastante rasgado: ácido de bateria tinha aberto grandes buracos nele, em uma das minhas viagens de caminhão. Trapos, na África, são como camuflagens, e os meus me tornavam menos visível. De todo modo, os mercados africanos eram ótimos lugares para se encontrar remendeiros de roupas. Meu casaco poderia ser consertado em Kampala. Essa missão simples me deixou ainda mais feliz. Eu sentia aquela emoção rimbaudiana, provocada pela certeza de que ninguém no mundo sabia onde eu estava. Conseguira desaparecer com sucesso na mata sudoeste de Uganda, um lugar que eu conhecia muito bem. E adorava a sensação de estar sozinho num ônibus aos solavancos, sob um poente carmesim que se tornaria escuro dentro de trinta minutos, quando o cobertor da noite caísse sobre a mata.

Eu estava emocionado por estar aqui, o que era um retorno à juventude, ou ao início da minha maturidade. Eu estivera em Uganda, pela última vez, há 33 anos. Perguntei-me por que, na iminência de fazer aniversário, eu abrigara no fundo da mente um plano de retorno a um lugar específico, onde fora imensamente feliz. Na época, eu amava uma mulher que me amava, planejava me casar e meu primeiro livro estava para ser publicado. Eu sabia que era jovem, estimado e vivia a vida que havia escolhido.

Minha intenção era evitar uma festa de aniversário. Eu estava tão pouco à vontade com a minha idade que pedia sempre aos africanos que tentassem adivinhá-la, esperando — talvez já sabendo de antemão — que eles iriam dizer um número baixo. E sempre faziam isso. Havia poucos velhos na África — 40 anos era velhice, um homem de 50 estava às portas da morte, com 60 poderia morrer de hora para outra. Apesar da idade, eu era saudável, ágil e resistente, e considerava um prazer viajar na África. Eu não parecia velho aqui — não me sentia velho e não tinha aspecto de velho para os africanos. Era o lugar perfeito para estar, mais uma fantasia africana: uma aventura de rejuvenescimento.

— Você deve ter 40 e alguma coisa — dissera Kamal, em Adis. O número mais alto que obtive foi 52. Mal sabiam eles o quanto adulavam minha vaidade. Ninguém era presunçoso acerca de longevidade, na África, porque a noção de longevidade nem mesmo existia. Ninguém vivia muito e, assim, a idade não tinha importância; talvez isso explicasse o modo casual como os africanos encaravam o tempo. Na África, ninguém vivia o bastante para realizar nada substancial, ou para ver a realização de algum trabalho de valor. Duas gerações, no Ocidente, equivaliam a três gerações no tempo africano, comprimido em casamento precoce, criação de filhos precoce e morte precoce.

No sudoeste de Uganda, escrevi em meu diário: *Não quero ser jovem de novo. Estou feliz em ser o que sou. Tal satisfação é bastante útil em uma viagem tão longa e difícil quanto esta.*

Eu tinha levado anos para reunir determinação suficiente para voltar à África, já que, em qualquer viagem, o estado de espírito é fundamental. Aqui eu fora feliz e cheio de esperanças. Mas comecei a perceber que a África envelhecera como os próprios africanos envelhecem — velha aos 40 anos. A maioria dos quenianos e ugandenses que eu encontrara até o momento era muito jovem para se lembrar da independência. Eu adiara meu retorno por suspeitar que a África que havia conhecido se tornara anárquica e violenta. Isso parecia estar sendo confirmado, naquela semana, pelas manchetes dos jornais de Uganda — sobre as bombas ("granadas") que tinham explodido no mercado principal de Kampala. Duas pessoas tinham sido mortas e dez ficaram feridas. Violência pós-eleitoral era a explicação que se dava, responsabilizando-se a oposição. Mas esses distúrbios eram normais. Faziam parte da política, diziam os africanos. E eu era apenas um anônimo vestido com velhas roupas, sentado em um galinheiro, lendo sobre o assunto no jornal local.

O que as pessoas mais velhas sabem, e que eu levara quase sessenta anos para aprender, é que um rosto idoso engana. Eu não desejava ser o clássico chato, o velhinho com histórias antigas, mas agora eu sabia: os velhos não são tão frágeis quanto se pensa, ficam ofendidos ao serem considerados fracos. São cheios de ideias, capacidades ocultas e até energia sexual. Não se deixe enganar pelo cabelo ralo, feições enrugadas e ceticismo. O velho viajante sabe melhor que ninguém: em nossos corações somos jovens, e nos sentimos insultados ao sermos tratados como velhos e como fardos, pois sabemos que os anos nos tornaram mais fortes e, com certeza, mais espertos. Os anos não são uma desgraça — velhice é poder.

Jinja já fora repleta de lojas indianas, que vendiam roupas, artigos para cozinha e alimentos. Muitas lojas se especializavam em doces indianos — globos xaroposos de *gulabjamun* e *laddhu* amarelo e pegajoso. Agora não havia mais indianos, nem nenhuma loja de doces, ou *panwallahs*. Algumas das lojas tinham sido fechadas, outras eram dirigidas por africanos. Na estação de ônibus, em Jinja, encontrei um casal de jovens americanos nervosos, mochileiros de shorts, chapéus e protetor solar nos narizes. A garota comia granola e o rapaz estava com o polegar enfiado no *Guia da África Oriental*, do Lonely Planet — ambos bastante conspícuos.

O garoto me disse:

— Você não acha que estaremos mais seguros aqui, até que as coisas se acalmem em Kampala?

— Então você vai ficar em Jinja por muitos anos — disse eu. — As coisas não se acalmam em Kampala desde 1962. Entrem no ônibus, vocês vão ficar bem.

Mas não fizeram isso, decidiram permanecer. Se, como disseram, não iriam partir antes que as coisas se acalmassem em Kampala, ainda devem estar em Jinja.

Quando eu explicava aos africanos de onde viera e como viajara devagar, eles diziam:

— Então você deve ser aposentado.

— Não, não, não — dizia eu, reagindo emocionalmente, talvez porque desprezasse a palavra, que associava à rendição. — Estou viajando, estou trabalhando.

Também não era isso, não eram negócios, nem trabalho, nem aposentadoria — mas o sistema de vida que eu escolhera para passar o tempo.

Nas cercanias de Kampala, a mata era mais densa e as cidades mais definidas, com perímetros claros — subdivisões regulares, em vez dos acampamentos improvisados que se alastravam nas periferias das cidades do Quênia. Havia, em Uganda, sinais de que a população se orgulhava de suas casas: casebres e bangalôs eram pintados e cercados, possuíam hortas ou jardins. Entre as construções, solitárias ou em grupos, erguiam-se árvores nativas, muito altas, as últimas remanescentes de uma antiga floresta, um habitat que sustentara orquídeas pendentes e bandos de macacos. O que eu me lembrava com mais clareza, sobre a estrada de Jinja, era que, em alguns trechos, por motivos que ninguém sabia explicar, havia áreas de terra fofa, onde borboletas pousavam. Cerca de três metros de estrada, atapetados com borboletas brancas — tantas que se o motorista dirigisse com muita velocidade, os pneus perdiam aderência. Algumas pessoas perdiam a vida porque seus veículos derrapavam em borboletas.

Nos limites de Kampala, havia um campo de esportes, o Estádio Nacional Mandela. Na minha época, teria recebido o nome de Estádio Obote ou Estádio Amin. No Quênia, seria o Estádio Moi. Os políticos africanos, habitualmente, davam seus próprios nomes a estradas, escolas e estádios. E punham suas efígies no dinheiro: de frente, nas notas; de perfil, nas moedas. A saúde política de um país pode ser facilmente medida pelo dinheiro e pelos nomes das ruas. Nos piores lugares, vê-se um mesmo nome e um mesmo rosto em todos os lugares: o nome e o rosto do presidente vitalício.

Na semana anterior à minha chegada, houvera uma eleição em Uganda. Os pôsteres e galhardetes dos diferentes partidos ainda se destacavam nas lojas. Reconheci alguns dos candidatos. Pessoalmente, conhecia dois deles — eram fanfarrões ambiciosos já na minha época. O atual presidente, Yoweri Museveni tinha vencido e, embora um dos perdedores, um homem chamado Kizza Besigye, contestasse o resultado, havia um sentimento geral de que a eleição fora justa. Mas granadas ainda eram arremessadas em mercados e carros estavam sendo incendiados.

Quando finalmente cheguei a Kampala, dizia-se que o perdedor, Besigye, que contestava a eleição, fora até o aeroporto de Entebbe para tomar um avião até a África do Sul, onde faria uma palestra. Mas fora impedido de embarcar. Disseram-lhe que não poderia deixar o país enquanto as explosões estivessem sendo investigadas.

— Não estou feliz com o resultado da eleição — disse-me um ugandense. — Houve intimidação e fraude. Os resultados foram *bichupali* — uma palavra local, não suaíli, que significava "falsificação".

— O que você acha?

— Foi armação. Ninguém tem trabalho em Uganda. A verdade vai aparecer.

Ouvindo seu modo de falar, seu sotaque ugandense, senti-me em casa.

Quando estava com 20 anos e alguma coisa, passei noites tomando cerveja na varanda do Hotel Speke. Nunca fui hóspede lá — minha casa era no outro lado da cidade, perto do vale dos Morcegos. Agora, no meu regresso, fiz do Speke a minha casa em Kampala. Uma de suas muitas atrações eram os telefones, que não tinham sido renovados em quarenta anos; não havia como telefonar para os Estados Unidos, nem ninguém poderia telefonar para mim. Em um hotel de melhor categoria, enviei um fax a minha esposa, para tranquilizá-la. Ao lê-lo, ela pensou: pobre Paul, completamente sozinho.

Em meu caminho de volta ao Speke, naquela noite, percebi que estava andando em segurança numa cidade africana. Gostei disso; perambulações noturnas eram novidade. Andei durante uma hora. Visitei o mercado onde as granadas tinham explodido e fui a um restaurante indiano. Nenhum problema, montes de pessoas nas ruas.

Muitas delas estavam apanhando gafanhotos, que se juntavam sob os postes de luz. Eu me lembrava disso, a estação dos gafanhotos, quando as famílias sacudiam lençóis embaixo das lâmpadas, catavam os insetos e os colocavam em vidros, para levá-los para casa e fritá-los. Os gafanhotos surgiam com as chuvas.

— Nós gostamos dos *senenes* — disse-me um jovem africano, que caminhava com dois outros homens. Tínhamos parado para conversar.

— São gafanhotos-peregrinos, não?

— Não, não — disse ele, como se eu estivesse caluniando os bichos. — Não gafanhotos-peregrinos. Eles não fazem nenhum mal.

— Como vocês pegam os gafanhotos nas aldeias e nas matas?

— É difícil lá — disse um dos outros homens. — Não tem luz suficiente.

A iluminação urbana fora, portanto, um esplêndido presente do doador, mas nada tinha a ver com os carros — à noite, havia poucos carros nas ruas. A brilhante iluminação moderna, um projeto de assistencialismo multimilionário, permitiu que os ugandenses colhessem gafanhotos comestíveis durante a noite.

— São saborosos, não são?

— Muito saborosos! — disse o primeiro africano.

— Saborosos como?

— Melhores que formigas brancas.

Achei isso tão engraçado que dei uma gargalhada. Ele disse:

— Mas esse é o único alimento que pode ser comparado.

De fato, além de serem ambos insetos, a preparação era idêntica. Após terem asas e pernas retiradas, os gafanhotos, ou as formigas brancas, eram fritos em gordura e vendidos em porções nos mercados — uma iguaria com leve sabor de nozes.

Em meio à revoada de gafanhotos, coletores de gafanhotos, engraxates e passantes, havia uma multidão de prostitutas que, como os insetos, estavam por toda parte. Andavam pelas ruas, abrigavam-se sob as árvores, sentavam-se em muros baixos e se apoiavam nos carros. Eram muito jovens, em sua maioria, bem-vestidas e pareciam tímidas, até meigas. Mas, quando me aproximei, assoviaram para mim e fizeram sons de beijos, como os que se fazem para chamar gatos.

— Quer uma trepada?

Uma das mais novas me acompanhou e implorou para que eu fosse com ela. Mencionou uma pequena quantia em dinheiro. Tinha 17 anos, no máximo, e usava um vestido vermelho brilhante, com lantejoulas, e sapatos de salto alto — o tipo de garota que eu encontraria em uma festa da universidade 35 anos atrás, a filha de alguém, a namorada de alguém, talvez uma estudante de nível médio, animada e bonita. Falava um inglês razoavelmente bom. Eu poderia ter dito:

— Vamos dançar.

Mas eu disse não e, quando ela insistiu, aleguei que estava cansado; mas, na verdade, eu estava desconcertado.

— Amanhã, então — disse ela, remexendo em sua bolsa dispendiosa, da qual retirou um cartão.

— Telefone para o meu celular.

"Sob o ponto vista econômico, entrar na prostituição é uma decisão racional para uma mulher africana", escreve Michael Maren em *The Road to Hell*. "É uma das poucas portas abertas para que ela possa realmente ganhar dinheiro. A indústria do sexo é um dos poucos pontos em que a economia local se cruza com a economia internacional." Neste país, as pessoas vendiam muito mais do que ela jamais poderia vender e faziam grandes negócios. Como disse Stephen Dedalus:[1] "Não tema quem vende o corpo, mas quem tem o poder de comprar a alma."

Em minha própria opinião, as prostitutas funcionavam como acessório inevitável do negócio da ajuda humanitária, do qual eram seguidoras, em todos os sentidos da palavra. Elas seguiam os exércitos das organizações internacionais. Em qualquer país africano onde a economia internacional tivesse forte presença — em Adis, Nairóbi, Kampala, Lilongwe e Maputo — havia prostituição, geralmente meninas bonitas vestidas em estilo tipicamente ocidental, de modo a atrair os estrangeiros: banqueiros, especialistas em assistencialismo, burocratas das organizações de caridade. Não havia mistério nisso. Prostitutas seguem o dinheiro.

Naquela noite, em Kampala, como em muitas noites em meu longo safári, permaneci no quarto e adiantei a história, que se alongava, do jovem e da mulher mais velha na Sicília estival.

Kampala, na estação chuvosa, sempre fora adorável, pois era uma cidade pequena, de colinas arborizadas, com árvores em flor: tulipeiros, flamboyants e jacarandás. Muitas das árvores tinham sido cortadas para alargar as estradas que levavam aos novos edifícios; as restantes serviam de poleiros para os marabus — rapinantes e comedores de lixo. Essas cegonhas também andavam pelas ruas, revolvendo as lixeiras, plantavam-se nos meios-fios, ou desfilavam em grupos de duas ou três, parecendo africanos indignados.

Nos dias que se seguiram à minha chegada, deixei mensagens com alguns dos meus velhos amigos e colegas africanos. Então fui andar pelas ruas, tentando me orientar. Kampala já não era uma cidade de lojas indianas. As lojas ainda permaneciam lá, mas poucas eram dirigidas por indianos. Algumas ti-

[1] Personagem do romance *Ulisses*, de James Joyce. (N. do T.)

nham sido abandonadas, outras foram assumidas por africanos. A cidade estava muito maior, com novos edifícios — grandes, mas desgraciosos. Os prédios mais antigos não estavam conservados e tinham aparência decrépita, relíquias antigas de tempos passados. Tive a impressão de que os novos edifícios teriam o mesmo destino, iriam se deteriorar, mas não cairiam, permaneceriam de pé, desfigurados e inúteis, enquanto outros eram construídos. Isso me parecia um padrão das cidades africanas, a desnecessária obsolescência dos prédios. Nada era consertado ou mantido em bom estado, o conceito de administração e manutenção mal existia. Em Kampala, o grande e elegante Banco Grindlay's tinha se tornado um horror, o Teatro Nacional transformara-se em uma monstruosidade deteriorada e a estação de trens era malconservada. A cidade já não tinha um centro e, assim, parecia não ter propósito.

— Houve muita propina envolvida na construção desses edifícios novos — explicou-me um conhecedor de Uganda, que pediu para não ser identificado.

Nada é mais característico que uma sala de cinema — um tipo de arquitetura que anuncia a si mesma, com a grande marquise, a longa escadaria, o saguão aberto e a grande fachada, concebida para exibir cartazes de filmes. Em Kampala, o Odeon, o Delite, o Norman e o Neeta, onde eu tinha visto os primeiros filmes de James Bond, *O que É que Há, Gatinha?* e *Perdidos na Noite*, estavam fechados. Um novo conjunto multiplex tomara o lugar das antigas salas, mas era um prédio de fachadas planas, feito de plástico e alumínio — e já estava se deteriorando por falta de manutenção. Mas os velhos cinemas serviram para que eu me orientasse. Dentro da grande cidade dilapidada, havia outra menor e mais familiar.

Com tantas árvores cortadas, Kampala parecia mais desguarnecida e mais feia. Quando fui professor na universidade, a estrada que levava até lá era margeada com árvores — muito altas, com uma folhagem densa, que ficava ainda mais densa durante o dia, por causa dos morcegos. Era o distrito de Wandegeya, conhecido como vale dos Morcegos. O vale dos Morcegos ficava perto de onde eu tinha morado. Era uma localização que se poderia informar a um taxista:

— Leve-me ao vale dos Morcegos.

O estranho lugar era um marco, algo que tornava a área da universidade um pouco mais africana, pois a universidade era adjacente ao vale dos Morcegos.

Durante todo o dia, dezenas de milhares de pequenos morcegos se penduravam nos galhos daquelas árvores, chiando e guinchando, às vezes caindo ou voando para outro galho, enchendo o ar de estalidos e guinchos. Os recém--chegados os confundiam com pássaros e, quando eu apontava para as árvores, perguntavam:

— Pardais? — e sorriam.

Mas, quando eu dizia "Olhem mais de perto" e percebiam a enorme balbúrdia de morcegos, todas as árvores da estrada carregadas de morcegos, os recém-chegados estremeciam com repugnância.

Ao final da tarde, como que obedecendo a um sinal, os morcegos decolavam em grandes redemoinhos, como grandes nuvens de mosquitos ou moscas varejeiras, escurecendo o céu. Agora vazias, as árvores pareciam rendilhadas, com os últimos raios de sol atravessando o emaranhado de galhos, algo impossível durante o dia. Os morcegos, nenhum deles maior que a mão de um homem, dirigiam-se aos arredores da cidade, em busca de insetos. Ao raiar do dia, retornavam às árvores, despejando bosta e chilreando como pardais.

Caminhei pela estrada, olhando em volta. As árvores tinham desaparecido. Cabanas, barracos e abrigos haviam tomado seu lugar. Nenhuma árvore, nenhum morcego. O vale dos Morcegos deixara de existir.

Passei pelo balão de retorno, lotado de táxis ociosos e ladeado por lojas. Pequenas lojas, dirigidas por mulheres africanas, eram a economia visível atualmente. Dentro dos muros da Universidade de Makerere, havia uma mesquita pintada de verde. O gramado bem-cuidado de uma universidade era o último lugar em que se esperaria ver uma mesquita e um minarete. Mas lá estavam — um presente de Muammar Khadafi, segundo me disseram. Os africanos não recusavam nada. Uma estrada, um dormitório, uma barragem, uma ponte, um centro cultural, um dispensário — aceitavam tudo. Mas a aceitação não significava que as coisas eram necessárias, nem que seriam usadas ou conservadas. Até a mesquita, uma clara agressão à estética, estava se transformando em ruínas.

A Universidade de Makerere fora meu lugar de trabalho durante quatro anos, de 1965 a 1968. Depois que os expatriados voltaram para casa, eu dirigi o Departamento Externo. Em Kampala, tornei-me marido, pai e chefe de família — meu primeiro filho nasceu no Hospital de Mulago. Fui encorajado a escrever em Uganda, onde iniciei minha amizade de trinta anos com V.S. Naipaul, que fora enviado a Makerere com uma bolsa de estudos concedida pela Fundação Farfield. Tempos de inocência: alguns anos depois, a Farfield se revelou uma fachada para a CIA. Mas Uganda fez de mim o que sou.

Após uma série de agitações — sinais precoces da chegada do enlouquecido, monstruoso Idi Amin —, eu partira às pressas. E só voltara 33 anos depois, nesta tarde quente. Eu quisera retornar, pois a passagem do tempo é maravilhosa, vejo alguma coisa onírica, até profética, nos efeitos do tempo. O envelhecimento pode ser uma coisa fenomenal: o broto que se torna um grande carvalho, o enorme edifício que se converte em ruínas, um belo trabalho em ferro — como esta elegante cerca que delimita Makerere — enferrujado e quebrado. Os lugares podem adquirir um aspecto mal-assombrado ou podem nos maravilhar com sua modernidade.

Uganda tinha boa reputação, atualmente, mas nada do que vi no país me impressionou pela modernidade, tudo estava decaindo. Eu não lamentava isso, nem me impressionava o novo hospital doado pelos suecos, ou pelos japoneses, a nova escola fundada pelos canadenses, a clínica batista, o moinho de trigo onde havia o cartaz: *Um Presente do Povo Americano*. Eram apenas brindes de Natal, do tipo que para de funcionar quando as pilhas acabam; ou quando quebram e não são consertados. Os projetos se transformariam em ruínas, todos eles, porque traziam dentro de si as sementes da própria destruição. E quando deixassem de funcionar, ninguém lamentaria. Isso era o que acontecia na África: as coisas se esfarelavam.

As ruínas pareciam fazer parte do projeto. A ideia de estabelecer uma universidade no país fora do Gabinete Colonial Britânico. O lema de Makerere era *Pro Futuro Aedificamus* — construímos para o futuro. Que linda ideia! Trata-se, no entanto, de uma noção humanista ratificada no Ocidente, não uma tradição africana. Mudança, decadência e renovação constituem o ciclo africano: uma choça de barro é construída; a choça desmorona; uma nova choça é construída. Uganda tinha uma economia de subsistência — um sistema da mão para a boca, mas um modo de vida que permitia às pessoas atravessarem épocas terríveis. Quando a universidade foi fechada e se tornou uma ruína, sob Idi Amin, quando as estruturas de governo deixaram de existir, os mercados ficaram vazios, o combustível se tornou escasso e a anarquia tomou conta do país, foi a economia tradicional que manteve os ugandenses alimentados. Enquanto a universidade, uma estrutura inútil, transformava-se em ruínas, os ugandenses fugiram e se puseram a salvo em suas choças de barro, no antigo refúgio de suas aldeias.

O prédio de um andar onde eu trabalhara, o Centro de Instrução para Adultos, estava em mau estado e não tinha melhorado em nada durante três décadas. Agora abrigava a Faculdade de Direito.

— A maioria dos prédios que você está vendo foi construída nos últimos dez anos — disse-me um professor de direito. Era John Ntambirweke, um homem de 40 e tantos anos, segundo me pareceu, mas grande, forte, agradavelmente seguro e obstinado em suas opiniões. Adequadamente, ocupava meu antigo gabinete. Ele me guiou pelo campus — os velhos prédios mal-conservados superavam em número as novas construções reluzentes. Após todos os distúrbios políticos no país, a universidade ainda não se recuperara até o ponto em que estivera 33 anos antes.

Eu sentia falta das árvores. Por que me lembrava das árvores com mais clareza do que dos prédios? Enquanto passávamos pelo arruinado prédio principal e pelas janelas quebradas da biblioteca, perguntei a John Ntambirweke sobre a recente eleição.

— Uma eleição não é o único indicativo de democracia — disse ele, ao volante de seu carro, transpondo os obstáculos da maltratada torre de marfim. — A democracia é muito mais. Afinal de contas, os romanos tinham eleições. Roma era uma democracia? Precisamos de uma definição melhor. Precisamos de mais instituições, não uma, mas muitas, para que as pessoas possam ser livres.

— Elas são livres, não são? Mas estão famintas.

— As pessoas aqui precisam de espaço político — disse ele. Parecia um termo apropriado para os africanos, que estavam sempre amontoados. Ele continuou: — O que eu realmente não concordo é um homem inteligente como Nsibambi, o primeiro-ministro, dizer claramente que nós precisamos de um sistema monopartidário. Que nós, africanos, não somos ajuizados o bastante, ou maduros o bastante, para pensarmos por nós mesmos. Que nós estamos, de alguma forma, abaixo dos outros povos; que somos inferiores aos povos que possuem uma oposição verdadeira.

— Havia diversos partidos de oposição disputando as eleições. Eles perderam, certo? — perguntei.

— As eleições não provam nada.

— Alguns países da África nem mesmo têm eleições — disse eu.

— Nós precisamos delas, mas presisamos de mais do que isso — disse ele. — Eu estou muito desapontado com o nível dos debates políticos neste país.

— As pessoas em Uganda não estão dizendo isso desde 1962? Eu sempre ouvi isso.

— Está pior agora — disse ele. — Nós somos tratados como se não tivéssemos valor e fôssemos incapazes de fazer escolhas e distinções. Isso é insultante!

— O que as pessoas em Uganda dizem quando você menciona essas coisas? Ou você não menciona essas coisas?

— Eu faço isso o tempo todo. Eu escrevo. Eu falo no rádio. Eu estava dizendo essas coisas no rádio logo depois das eleições. Hoje em dia, nós somos livres para dizer qualquer coisa.

— Isso é ótimo — comentei.

— Mas não adianta nada — disse ele. — Eles apenas dizem: "Ah, lá vem ele de novo; é o John, reclamando como sempre."

— É melhor do que ser encarcerado, que era a resposta tradicional aqui.

— Ninguém vai me encarcerar por dizer essas coisas — disse ele, com ar de resignação, por suas opiniões serem tão ineficazes.

Ele me contou que, por falar demais, tivera que fugir do Quênia, depois da queda de Amin, quando Obote recuperou o poder. Percebendo que sua vida estava em perigo, fora para o Canadá, onde estudara e ensinara. Retornou a Uganda, com a subida do novo regime, e se tornou consultor de assuntos legais para a Comunidade da África Oriental, uma associação dedicada ao desenvolvimento do comércio e das comunicações, que fora reativada.

Tinha viajado pela maioria dos países da África. Suas opiniões a respeito dos outros países africanos também eram cáusticas.

— No Quênia, a história foi diferente — disse ele. — Eles tinham colonos brancos que eram durões e que estavam determinados a dominar. Mas aqui só tivemos uns poucos, aqueles plantadores de chá em torno de Fort Portal. Eram insignificantes. Estive olhando os registros. Se algum comissário distrital branco ofendesse um dos nossos reis, poderia ser imediatamente transferido. Os oficiais brancos tinham que aprender como conviver com os chefes e reis ugandenses. Essa política perdurou até a independência. Nós não fomos colonizados, em Uganda. Isso aqui era um protetorado. Nossos reis permaneceram até a independência.

— Isso é bom — disse eu —, mas se os chefes e reis tinham tanto poder, então talvez isso seja um problema em Uganda. A figura da autoridade se torna muito dominadora.

— Talvez. No Quênia foi diferente, e isso é uma coisa racial — disse ele. — Eu viajo muito com outros africanos. E noto que os quenianos, zimbabuanos e zambianos têm um modo estranho de lidar com os brancos. Eles se comportam de forma esquisita quando estão com os brancos.

— É mesmo?

Ele riu e disse:

— Sim. Quando estamos na Grã-Bretanha ou na América, esses outros africanos detectam, ou imaginam, leves reações que eu não vejo. Ficam muito pouco à vontade perto dos brancos, mas isso não acontece com os ugandenses.

Eu lhe disse que estava feliz por ouvi-lo dizer aquilo, pois era o que eu sentia em Uganda; era uma das razões pelas quais eu tinha gostado de viver aqui. As pessoas me olhavam diretamente nos olhos. Mas o racismo se alastrou pela retórica política e eu acabei sendo um *mzungu* da *Wazungu*-land, alguém para levar a culpa; assim, finalmente, achei fácil sair da África.

John e eu tínhamos chegado ao final do passeio pelo campus de Makerere. A despeito dos novos prédios, o lugar parecia fantasmagórico e decrépito. Música estrondeava através das janelas do dormitório, muitas das quais estavam quebradas. Minha velha casa se transformara em uma coisa horrenda, sem janelas, portas despedaçadas e paredes chamuscadas. As ruas do campus estavam cheias de buracos. A biblioteca — sempre um bom termômetro da saúde de uma universidade — estava em péssimas condições, sem conservação, com poucos usuários e muitas prateleiras vazias.

Eu disse:

— O primeiro-ministro que você mencionou, Apolo Nsibambi, era um amigo meu, nós ensinamos juntos.

— Ele mora perto daqui, a esposa dele trabalha na administração da universidade.

Depois de John Ntambirweke ter me deixado, fui até a casa de Apolo — um bangalô de estuque com um jardim bem-cuidado. Toquei a campainha e a porta foi aberta por uma criada, que me disse que o patrão não estava. Deixei uma nota dizendo *Lembra-se de mim?* e pedindo que ele me telefonasse.

Enviei notas e mensagens semelhantes a outros velhos amigos, que eram hoje conselheiros políticos, dirigentes, consultores e membros do parlamento. Vários tinham sido candidatos à presidência e a esposa de um deles tinha sido minha colega. Todo mundo os conhecia. Na África, todos conhecem os que têm a minha idade.

Voltei à universidade, fui até a biblioteca e dei uma olhada: os poucos livros que restavam nas prateleiras estavam empoeirados e rasgados. Presumi que muitos haviam sido roubados. Não havia livros novos. Do que fora a melhor biblioteca na África Oriental só sobrava hoje a casca. As árvores que a circundavam foram cortadas. Apenas o fato de terem sido bem construídos, muitos anos atrás, impedia os prédios de desmoronarem. Mas qualquer um podia perceber que o campus era uma desgraça.

Descendo pela colina gramada em direção aos alojamentos da faculdade, lembrei-me de que, bem naquele lugar, em meio a um dia quente de 1966, perto de um eucalipto de casca felpuda, eu dava uma caminhada na companhia de Vidia Naipaul, quando ele me disse que odiava viver aqui. Seu rosto tornou-se disforme com a fúria. Ele disse:

— Os fracos e oprimidos. Eles são terríveis, cara. Eles têm que ser chutados — chutou uma pedra, com bastante força. — Isso é a única coisa que os africanos entendem!

Naipaul vivia arengando em Uganda, mas não estava enfurecido, realmente, estava com medo. A fonte de sua raiva era a insegurança. Os africanos olhavam para ele e viam um *muhindi*, um indiano. Conforme o tempo passava, Naipaul se tornava mais estreitamente indiano, em suas atitudes e preconceitos. E tudo o que escreveu sobre a África foi influenciado pelo medo sentido por uma criança indiana solitária na negra Trinidad. O medo infantil que o acompanhou até a África transformou-se em terror nos meses que ele passou em Uganda — e horror em sua viagem ao Congo. Para disfarçar as emoções provocadas pela timidez, ele as transformou em desprezo, quando escreveu sobre a África. *Num País Livre* e *A Curva do Rio* são ataques velados contra os africanos e a África, desfechados por um estrangeiro que se sente fraco. Tolhido pelo medo que os trinitário-indianos têm da mata, ele nunca entendeu que a mata é benigna. A África o amedrontou tanto que ele a amaldiçoou, odiando-a, até que a maldição se transformou em um mantra de rejeição que os leitores ignorantes poderiam aplaudir: "A África não tem futuro."

Deixando Makerere em um táxi, mais tarde, perguntei ao motorista em quem ele tinha votado nas recentes eleições. Ele riu e disse:

— Essas eleições são só para impressionar os países doadores, para mostrar que estamos fazendo a coisa certa. Mas foi uma eleição montada, e nós, eleitores, não estamos impressionados.

Perguntei sobre o assunto a alguém bem-informado. Ele me disse que era verdade, um candidato tinha que dar dinheiro para os eleitores, se quisesse disputar uma eleição — o equivalente a um dólar para cada eleitor já servia, mas os candidatos mais bem-sucedidos distribuíam panelas, caçarolas, metros de pano e camisas ("não camisetas"). Os cabos eleitorais pediam bicicletas.

— Todas as eleições, em Uganda, envolvem doação de dinheiro e presentes.

Eu tinha tempo à vontade. Contratei um alfaiate que trabalhava embaixo de uma árvore para remendar minha esfarrapada jaqueta de lona. O resultado foi maravilhoso, um mosaico de remendos com um novo revestimento verde. Como favor para um amigo, fiz uma palestra para trinta estudandes na Faculdade de Inglês, muitos dos quais, tendo escrito poemas e histórias, disseram que gostariam de se tornar escritores em tempo integral.

Eu queria visitar a mata. Mas no dia em que planejei tomar um ônibus para Kibale, na província ocidental — com a intenção de observar os chimpanzés na reserva de primatas —, houve distúrbios na região. Uma notícia no jornal informou que uma pequena cidade, nas proximidades de Kibale, fora atacada a partir da mata. Onze pessoas tinham sido mortas ("retalhadas até a morte") e cinquenta carros foram queimados. O governo declarou que a oposição devia ter alguma coisa a ver com o ataque, mas a maioria das pessoas achava que fora obra de um grupo que se intitulava Força de Defesa da África, uma organização antigovernamental. Poucos dias mais tarde, uma van repleta de estudantes, numa excursão para observar animais no parque Murchison Falls, fora alvo de tiros, disparados por outro grupo antigoverno, o Exército de Resistência do Senhor. Dez estudantes foram mortos. Esse tipo de coisa parecia ser bastante comum, homens armados surgiam da mata e praticavam carnificinas. Então não fui.

Permaneci em Kampala, em busca do passado. Mesmo com granadas sendo atiradas no mercado central, ocasionalmente, a cidade ainda parecia tranquila.

— A economia está melhorando, está de volta ao que era em 1970 — disse-me um economista. Essa foi, mais ou menos, a época em que deixei o país.

O que mantinha Uganda unida, em grande parte, eram as igrejas e a tolerância religiosa. Havia uma considerável população muçulmana — minaretes se erguiam em todos os lugares, irradiando o lamento dos muezins. A Igreja de Uganda era anglicana, cuja bem frequentada catedral de tijolos vermelhos erguia-se em uma das colinas de Kampala. Seus sinos eram ouvidos todos os domingos. Um dos reis de Uganda, Mtesa I, não aprovava que seus súditos se convertessem ao catolicismo e os usou para fazer uma fogueira. O martírio deles e sua subsequente santidade deram um tremendo impulso ao catolicismo no país, mesmo antes da visita do papa.

— Devemos pregar a harmonia e a reconciliação — disse um padre em seu sermão dominical, amplificado para a calçada. Ele falava da eleição, de como os vencedores "estavam comemorando, enquanto outros estavam se lamentando". E terminou com um comovente "amai-vos uns aos outros".

Era uma noite amena e os transeuntes estavam ao alcance da voz. Meninos de rua e prostitutas andavam por ali. Garotas estudantes pediam dinheiro. Garotos vendiam jornais. Camelôs vendiam óculos escuros e isqueiros. Era impossível dizer se alguma daquelas pessoas entendera o que fora dito.

Por que havia tantas prostitutas nessa parte da cidade? No passado, permaneceriam em bares e casas noturnas. Mas agora estavam na rua, sentadas em muros baixos e encostadas em árvores. Tudo estava calmo e havia três hotéis na área. Presumi que havia clientes aqui, pessoal das organizações de assistência, burocratas em visita, estrangeiros. Mas as mulheres também abordavam carros dirigidos por africanos. Na minha época, poucos africanos possuíam carros; as prostitutas eram, portanto, um dos aspectos da nova economia.

Algumas estavam no café da varanda do Speke, avaliando os homens que passavam, com aquele olhar demorado e sorriso de intimidade comuns às prostitutas e vendedores de carros — o contato visual pegajoso. Tanto elas quanto eles tinham o mesmo estribilho: "O que eu posso fazer por você?", que significava: "O que você pode fazer por mim?"

O que aquelas mulheres queriam eram um drinque, para não chamarem tanto a atenção. Paguei-lhes cerveja e fiquei conhecendo três delas, que estavam sempre juntas, falando suaíli: Clementine, do Congo; Angelique, de Ruanda; e Fifi, de Burundi.

Fifi chegara em Kampala ainda na semana passada, proveniente de Bujumbura.

— Porque havia problemas — explicou ela. — Estão acontecendo muitas lutas em Burundi.

Ela tomara três ônibus e chegara a Ruanda via Kigali.

— Ruanda é... ah! — Angelique ergueu as mãos em desespero.

— Mas não era pior antes? — perguntei.

Eu estava pensando nas horripilantes descrições de massacres no livro *We Wish to Inform You that We Will All Be Killed Tomorrow with Our Families* (Desejamos informar a vocês que seremos todos mortos amanhã com nossas famílias). Mesmo que não se concordasse com a premissa histórica do autor, de que o colonialismo belga impusera distinções tribais e um sistema de classes sobre as sociedades watusi e bahutu, o livro era uma excelente — embora deprimente — reportagem.

— Muito pior antes — disse ela. — Quer dizer, minha família foi morta.

Ela era a mais jovem das três, mal passava dos 17 anos. A mais velha era Clementine, da província de Bukavu, no Congo. Sua ambição era ir para a América.

— *Ku fanya nini?* — perguntei, "para fazer o quê?" Falei em suaíli porque era um assunto delicado, considerando o tipo de trabalho que ela fazia.

— *Ku fanya une salon de coiffure* — disse ela, e explicou: — Eu sei arrumar cabelo muito bem. Olhe para o cabelo de Angelique. Tão bonito!

O suaíli, não o francês, era a língua comum entre elas. Falavam bem inglês, mas faziam as perguntas embaraçosas em suaíli.

— *Mimi na sakia njaa* — disse-me Fifi, fazendo beicinho: ela estava com fome.

Eu lhes comprei três pratos de batatas fritas. Claramente, o que elas queriam não era a chance de fazer sexo oral com um homem estranho, ou dez dólares por uma massagem, ou uma rapidinha no assento traseiro do carro de algum burocrata africano, mas um grande prato de batatas fritas e uma cerveja. E, talvez, uma passagem para a América. De qualquer forma, estavam esfomeadas ao extremo e não escondiam isso.

— Então você está viajando? — perguntou Clementine.

Eu disse que sim, tinha acabado de chegar do Quênia.

— Ouvimos falar que Nairóbi é muito perigosa.

Isso foi dito por uma congolesa que vivera em uma das regiões mais anárquicas do Congo Oriental — e viajara em meio aos massacres de Ruanda. Mencionei isso.

— Sim, mas existem lugares bons também — disse Clementine. — Vamos todos para o Congo e eu vou mostrar os lugares bons a vocês.

Planejamos a viagem para o Congo. Eu alugaria um Land-Rover e compraria alimentos e caixas de cerveja. Precisaríamos de presentes para dar às pessoas. Bons sapatos, capas de chuva, talvez alguns remédios e, claro, dinheiro — o melhor seriam dólares americanos. Iríamos para sudoeste, atravessaríamos Ruanda e entraríamos no Congo pela cidade fronteiriça de Goma. Então passearíamos pelo país, aonde as estradas nos levassem.

— As estradas são muito ruins, mas nós não nos importamos — disse Angelique.

— Nós vamos fazer massagens em você de graça. Três garotas, todas juntas. Que tal? — disse Clementine.

— Gosto muito disso.

— Vamos agora? — disse ela, apontando para o andar superior.

— *Wewe napenda wazee?* — perguntei. "Você gosta de homens velhos?"

Ela disse:

— Você não é velho. Talvez, o quê? Quarenta e alguma coisa?

Foi mais um comentário bem-vindo. Eu estava fascinado por elas — por suas viagens, sua resiliência e até por seu glamour. Essas garotas, com apertados vestidos de cetim, cabelos escovados para cima e sapatos de salto agulha, vinham das mais tenebrosas e perigosas aldeias do centro da África, e tinham reinventado a si mesmas como deusas do sexo. Mas eu só estava interessado em suas histórias. Embora a regra em Uganda fosse "sem preservativo, nada de sexo", elas trabalhavam em uma profissão arriscada, numa cidade assolada pela aids, competindo com centenas, talvez milhares de outras mulheres. Eu tinha que admirar a coragem delas. De vez em quando, eu ouvia comentários sobre grupos de mulheres americanas, ou europeias, que iam a Nairóbi e Kampala para encorajar as prostitutas a saírem das ruas, para retreiná-las, para "capacitá-las" — conforme explicavam as agentes da virtude. As prostitutas que encontrei teriam rido daquelas propostas.

— Então? — Clementine estava sorrindo. — Vamos para o seu quarto?

Mas fui para o quarto sozinho, garatujar umas coisas.

O passo seguinte da minha viagem era conseguir lugar em algum barco que cruzasse o lago Vitória. Em minhas idas e vindas, eu costumava encontrar Clementine, Angelique e Fifi no hotel. Geralmente parava para lhes pagar uma bebida ou um prato de comida. Perguntei-lhes o que gostavam de fazer e o que queriam para si mesmas. Trabalhar em salões de beleza estava em primeiro lugar entre suas ambições. Mas, acima de tudo, queriam dinheiro.

Clementine disse:

— Eu só quero um homem, alguém para olhar por mim. Se ele for bom para mim, eu vou ser boa para ele. Que tal você?

Mas, como sempre, fui dormir sozinho em minha cama estreita.

Repetidas visitas ao escritório das Ferrovias da África Oriental, que controlava o sistema de barcas, tinham me convencido de que, se perseverasse, eu poderia conseguir uma cabine em uma delas. Diversas barcas ligavam Port Bell, em Uganda, a Mwanza, na Tanzânia, uma cidade portuária no lado oposto do lago. Mas, nos últimos três meses, os passageiros tinham sido proibidos de viajar nas barcas que atravessavam o lago Vitória.

— Por que isso?

— Vírus do ebola — explicou o secretário do diretor. — Houve um surto em Uganda dois meses atrás e os tanzanianos tomaram providências.

Houvera, também, um trágico naufrágio. Em 1996, o *MV Bukoba* foi a pique na extremidade sul do lago e mais de mil passageiros se afogaram. Por causa da responsabilidade civil e do alto custo do seguro, poucos passageiros eram transportados através do lago nos dias de hoje. Tudo isso era novidade para mim. Quando essas restrições tinham sido divulgadas? O naufrágio do *Bukoba* era uma dessas catástrofes africanas que não era digna de menção na imprensa mundial.

— Será que eu devo escrever uma carta?

Pedi papel e me sentei no escritório para escrever uma carta ao diretor, suplicante e floreada. Depois de mais duas visitas, uma carta do diretor me aguardava, declarando que, se eu aceitasse a responsabilidade civil (vírus do ebola? naufrágio?), uma exceção poderia ser feita no meu caso. Eu poderia viajar em uma das barcas. Eles me diriam em qual delas eu poderia embarcar. Isso era um tanto indefinido; mas, tendo assegurado a permissão, senti que alcançara uma vitória.

— Como vou saber quando a barca vai partir?

— Você vai ter que vir aqui todos os dias para verificar.

— O primeiro-ministro deixou uma mensagem para o senhor, sr. Thorax — disse-me, certo dia, o recepcionista. Era Apolo Nsibambi, meu velho amigo e colega, que tinha subido na vida. Telefonei para ele e ele me disse para ir ao seu escritório no dia seguinte. Acrescentou que seria uma perda de tempo me informar o endereço.

— O escritório do primeiro-ministro! Todo mundo sabe onde fica o escritório do primeiro-ministro! Pergunte a qualquer motorista de táxi!

A mesma efusão — ele não tinha mudado. Desde o início, em 1966, quando ingressou no meu departamento como conferencista, eu o achara interessante. Ele acabara de chegar de Chicago, onde tinha se tornado ph.D. em ciências políticas. Quando o encontrei pela primeira vez, perguntei-lhe se tinha gostado de Chicago. Ele disse:

— Imensamente.

Alguns meses mais tarde, contou-me que tivera diversas altercações com a polícia de Chicago, em decorrência do que é hoje conhecido como "perfis raciais".

— Era sempre a mesma coisa. Eu estava indo para casa, tarde da noite, depois de ter estudado na biblioteca. Um carro da polícia parava no meio-fio e um policial branco dizia: "Vem cá, crioulo. Aonde é que você vai?"

— E o que você fazia? — perguntei.

— Eu dizia: "Policial, eu não sou um crioulo. Não me chame de crioulo. Eu sou ugandense, um africano. Sou estudante aqui e não estou fazendo nada de errado." — E então, com a voz se transformando em um guincho, ele acrescentou: — Eu não sou um crioulo!

Dizer que era africano, segundo ele, geralmente funcionava. Um policial até se desculpou, dizendo:

— Desculpe, a gente não sabia que você era africano, a gente pensou que você era um crioulo.

Apolo era mais do que um ugandense; era uma espécie de aristocrata, de uma família ilustre. Uma de suas avós fora princesa, e ele era parente do rei, o *kabaka*. O reino de Buganda, dirigido pelos *kabakas*, tinha séculos de idade e ainda era poderoso. O *kabaka* conhecido como rei Freddy foi derrubado em

1966 — de nossos gabinetes, no Centro de Instrução para Adultos, podíamos avistar a fumaça que se levantava do cerco, onde Idi Amin e seus homens disparavam no palácio. Naquela semana, o então herdeiro da coroa, Ronald Mutebi — o atual *kabaka* — escondeu-se na casa de Apolo.

— Eu decidi ser plebeu — disse-me Apolo. — Meus filhos são plebeus, livres para se casarem com quem quiserem.

A Eton[2] de Uganda é o King's College, em Budo. O avô de Apolo tinha sido reitor na escola e seu pai também; o próprio Apolo tinha sido reitor no King's. Seu pai, chamado Semyoni — uma versão de Simeon — fora também grande proprietário de terras. Em um acesso de fervor religioso, em 1922, como Tolstoi na velhice, renunciou à posse das terras, abandonou as crenças políticas e fundou um movimento religioso chamado Movimento Balokole.

Apolo chamava seus seguidores de "puristas espirituais".

— Eles acreditavam na prática do bem, no arrependimento e em serem "salvos". Não eram fundamentalistas. Era um movimento dentro da Igreja de Uganda.

Quando encontrei o pai de Apolo pela primeira vez, ele estava deitado em um sofá, com alguma indisposição, e suas primeiras palavras para mim foram:

— Você foi salvo?

Eu respondi que não sabia. Isso o fez rir. Depois, disse com ar severo:

— Então a resposta é não. Se você não sabe, é porque não foi salvo!

Apolo tinha exatamente a minha idade e se casara no mesmo ano em que eu. Tínhamos comparecido aos respectivos casamentos. Éramos contemporâneos em todos os aspectos. Eu parti, ele ficou. Idi Amin assumiu o poder: nove anos de horror. Apolo tivera quatro filhos. Durante os anos 1980, uma década de ajustes, Apolo fora conferencista na universidade; nos anos 1990, tornara-se ministro — de Serviços Públicos e Educação. Agora era primeiro-ministro. Era tão conhecido por suas reformas quanto por suas maneiras aristocráticas.

— Eu vi o Apolo em Nova York no ano passado — disse-me um amigo em comum. — Tinha alguém para carregar a pasta dele. Eu perguntei por quê. Ele respondeu: "Porque sou primeiro-ministro."

Apolo era também um famoso gozador; sua afetação e pomposidade tornavam sua zombaria muito mais devastadora. Ao ver-me, depois de trinta anos, suas primeiras palavras foram:

---

[2] Escola de segundo grau da Inglaterra, famosa pela qualidade do ensino. (N. do T.)

— Ah, Paul. Você está muito encrencado aqui em Uganda. Você transou com a minha prima! Por que você não casou com ela? Você foi vibrante! Vou multar você em dez mil xelins por não ter casado com ela. — Então fez um gesto muito indecente. — Você fez isso com ela.

— Eu nunca conheci sua prima, Apolo.

— Você também fez isso com ela — disse ele, abanando os braços e contorcendo o corpo. Era uma visão esdrúxula, pois era um homem corpulento, usando um terno risca de giz e uma gravata elegante, simulando uma pronúncia empolada.

— Nunca — disse eu.

— Foi você. Na verdade, ela gostava muito de europeus.

— Qual o nome dela?

— Você sabe o nome dela. Vai aparecer no processo de acusação, quando eu multar você. Ah, você andava tão ocupado nessa área.

— Que área?

— As damas — disse ele.

Nesse momento, soou a campainha do telefone; ele atendeu e, imediatamente, com a mesma voz empolada, começou a descompor a pessoa do outro lado da linha, dizendo:

— Explique-me por que esse homem escreveu uma carta idiota para mim... Mas você está incumbido de atender esse homem... O que me deixa ressentido é que me olham como um demolidor. Por favor, deixe-me terminar. Eu o desprezo e, na verdade, já tivemos um desentendimento antes... Eu quero ação: não quero mais ouvir que estou fazendo o seu trabalho por você.

Havia oito bandejas em sua escrivaninha, com os rótulos: *Muito Urgente, Urgente, Normal, Ministros, Presidente do Superior Tribunal, Porta-Voz, Vice-Presidente, Presidente*. Todas as bandejas estavam repletas de memorandos e papéis. A bandeja *Muito Urgente* estava abarrotada.

Apolo ainda estava berrando ao telefone.

— Ele distorceu deliberadamente o que eu disse. Por que ele personaliza o debate? Eu tinha dito: "Você é um bom homem, mas é autocrático e arrogante." Ele disse que eu sou igual! Impossível! O idiota escreveu "prejuízo". Eu tinha dito "juízo"... Não, não, não! Por que não dizer "essas pessoas criaram uma cultura do derrotismo"?

— Eu sou um primeiro-ministro tecnocrático — disse-me ele, depois de ter batido o telefone. — O que significa isso? Significa que, pode escrever isso, Paul, eu não atendo a pressões eleitoreiras.

Ele percebera que eu estava fazendo anotações, enquanto censurava a pessoa que estava no outro lado da linha. Sempre fora do tipo que gosta de monologar e, ao que parece, achou que suas palavras estavam sendo registradas, mesmo que em um caderno sobre os meus joelhos.

— Em nossa constituição, se você é presidente ou ministro, você é membro do parlamento *ex officio*, está no artigo 77.

Acho que eu tinha parado de escrever — e aquilo era importante? — porque ele disse:

— Paul, escreva isso: "Artigo 77". E considere a pressão que existe sobre um membro do parlamento. Pressão dos eleitores. Fazer pagamentos para eles.

— Que tipo de pagamento?

— Comprar caixões para eles, pagar prestações escolares, isso e aquilo! Eles alugam nosso tempo. Eles invadem nossas casas!

Ele andava de um lado para outro, como um estadista, em frente à sua mesa enorme, ao grande mapa de Uganda e às bandejas abarrotadas. Segurava uma das lapelas com a mão direita e, com a outra, gesticulava.

— Do modo como eu vejo, Paul, a crise no governo é porque os ministros estão sobrecarregados e trabalham sob pressão excessiva. Negócios parlamentares, trabalhos para os eleitores e assuntos de gabinete. Um dos problemas no parlamento é a frequência. Às vezes não temos quorum.

O telefone tocou de novo. Outro telefonema de um jornal.

— O seu repórter distorceu o que eu disse. Eu disse que o candidato "admitiu". Eu não agradeci a ninguém por ter admitido. Então, abro o jornal hoje e o que eu vejo na página cinco? "O primeiro-ministro louvou aqueles que aceitaram a derrota." Eu não fiz isso. Seu repórter cometeu muitos outros erros, no que se refere à Constituição.

Apolo relacionou as incorreções e desligou, fazendo um aceno aprovativo por eu estar tomando notas. Senti que, fazendo isso, eu o tornava mais tagarela. Mas talvez não, já que ele sempre fora tagarela.

— Eles ficam abismados com os meus conhecimentos sobre a constituição — disse ele. — Minha mulher diz: "O Apolo é inelegível." Provavelmente é verdade! Quando as pessoas fazem besteira, eu digo a elas que estão fazendo besteira!

Eu escrevi isso e o telefone tocou de novo — outro ministério. Apolo gritou com quem estava ao telefone.

— Minha resposta ao Ministério da Saúde é: eles precisam realmente de 9 bilhões de xelins para comprar remédios? Se é assim, por que nós chamamos esse departamento de "Microfinanças"? O que estou lhe dizendo é que o rei está nu em alguns aspectos... Sim, eu já falei com ele sobre isso... Por favor, me escute. Nós temos um ditado: "Quando você derruba alguém no chão, não precisa mordê-lo."

Antes que pudesse falar comigo novamente, recebeu outro telefonema, de alguém do próprio partido.

— Isso prova o que eu sempre disse — Apolo ficou exultante, depois de ouvir por alguns momentos. — Tradicionalmente, os bugandas perguntam para o chefe em quem devem votar. Pela primeira vez, a democratização alcançou o interior. Isso é bom, porque os bugandas têm ficado para trás. Eles precisam ser responsabilizados. Se o artigo 246 não for obedecido, nós vamos perecer.

Ele desligou e se voltou para mim novamente.

— Está vendo? Sou um primeiro-ministro tecnocrático — disse ele. — Eu dirijo o país de uma forma especializada.

— Apolo — disse eu —, o pessoal anda dizendo que isso está virando um sistema monopartidário. O que você tem a dizer a respeito?

— O nosso sistema não é monopartidário, mas um movimento único na África — respondeu ele. — Em um sistema monopartidário, você demite quem não segue a linha do partido. Em um movimento, você tenta encontrar um consenso.

— Como você consegue isso?

— Ah! As elites não sabem barganhar. Os britânicos chegaram a essa conclusão nos anos 1950 e eu posso confirmar isso.

— Em Buganda? — disse eu, pensando no reino, não no país.

— Em U-U-Uganda — disse ele. — Você se lembra do jeito como Obote dirigia o país?

— Obote era egoísta e irredutível — disse eu.

— Gostei da sua observação. Sim. Ele era isso. Museveni é muito mais confiante. Ele escuta. Quanto ao sistema multipartidário, o artigo 74 estabelece que, durante o quarto mandato do parlamento... Paul, isso é muito importante se você quiser citar nossa Constituição. Por favor, escreva isso. A cláusula 3 estabelece que, daqui a três anos, isso vai ocorrer. Mas a questão não é ser legalista. É melhor barganhar politicamente e alcançar um consenso sustentável.

Ele ainda andava de um para outro lado, espetando o dedo no mapa de Uganda. Atendeu mais telefonemas. Bebeu uma lata de coca-cola. Sua tia tinha morrido na França. Ele conseguiu que o corpo fosse transportado para Uganda.

— Sim, nós vamos identificá-lo. Sim, o funeral vai ser no dia 28. Sim, nós vamos chorar. — E desligou.

Como todo mundo, ele achava que a época de Idi Amin fora a pior que ele já tinha visto.

— Horrível demais para ser descrita em palavras — disse ele. — Os soldados levaram meu carro que já estava um bagaço. Parece que ficaram muito contentes de ver que um professor universitário estava vivendo tão mal.

Ele gracejou com as secretárias, atendeu a outro telefonema, bebeu duas cocas e sacudiu uma cópia da Constituição de Uganda, que ajudara a elaborar. Estava tão anotada e manuseada quanto um texto sagrado. Conversamos sobre a necessidade dos partidos políticos, a autoridade moral e a falta de debates públicos. O mesmo tipo de conversa que tivéramos em 1966, sobre algumas garrafas de cerveja, no Clube dos Funcionários da Makerere.

— Quem você quer encontrar? O que você quer? O que posso fazer por você? — disse ele. — Eu tenho que ir ao parlamento. Você está vendo como meu dia é ocupado!

Eu disse:

— Você se lembra daquela história que me contou, de quando você era estudante e estava em Chicago, e como a polícia chamava você de crioulo?

Ele riu e disse:

— Ah, sim. A polícia de Chicago era bem racista nos anos 1960. É uma cidade animada. De vez em quando, eu volto lá.

Então foi para o parlamento. Eu fui até o escritório da ferrovia.

— Nenhuma barca esta noite. Talvez amanhã.

Não havia nenhuma no dia seguinte, o que me deu tempo para visitar diversos outros amigos. Como Apolo, eram pilares da sociedade e ainda estavam casados com o mesmo cônjuge depois de trinta e tantos anos. Quatro deles tinham colocado no mundo 34 filhos. Estavam mais gordos, grisalhos e, como Apolo, eram grandes conversadores. Em termos africanos, tinham desafiado as probabilidades, pois estavam todos em torno dos 60 anos, a idade de um respeitável ancião, na África. Haviam sobrevivido e prosperado em um país que conhecera o regicídio, duas revoluções, um golpe de estado, aids e Idi Amin. Meus velhos amigos eram pessoas que tinham se realizado. A única mulher, Thelma Awori, era uma antiga embaixadora, casada com o candidato à presidência que ficara em terceiro lugar nas recentes eleições. Outro amigo, Jassy Kwesiga, dirigia um centro de estudos interdisciplinares. Um terceiro era conselheiro do presidente e tinha recusado um posto de embaixador.

— Eu não fui feito para ser embaixador; eu disse isso ao presidente, e é verdade.

Esse era Chango Machyo, que fora maoista nos anos 1960. Ainda era radical, o flagelo dos "imperialistas", "neocolonialistas" e da "burguesia negra".

— Você mencionou minha tribo em um de seus livros — disse Jassy Kwesiga, como forma de saudação.

Sim, os bachigas, do sudoeste de Uganda e seus curiosos ritos matrimoniais, que incluíam os irmãos do noivo e a noiva na Cerimônia da Urina. Eu não conseguia ouvir o nome da tribo sem pensar na mijação que caracterizava o sujo ritual.

Kwesiga passara muitos anos como conferencista da universidade. Sua esposa era reitora da universidade e seus filhos eram bem-sucedidos. Estava gordo e feliz. Trocamos lembranças sobre nossa juventude em Uganda, nos anos 1960, quando frequentávamos o White Nile Club, o Gardenia, o Susana, o New Life e o City Bar. Como muitos outros, ele sentia saudades dos velhos tempos, mais ordeiros, quando o país ainda estava intacto, antes de qualquer violência política, antes da aids — uma idade da inocência.

— Os anos 60 foram maravilhosos — disse ele. — Nós éramos a elite e não percebíamos isso. Os anos 70 foram um desastre, com Idi Amin. As pessoas desapareciam, por muitas razões. É um período para se esquecer. As coisas estão melhorando. A democracia é um processo. O processo é a democratização. O crescimento democrático tem moto próprio. O que você anda escrevendo, *bwana*?

— Nada ainda, só estou viajando.

— As pessoas lá fora só escrevem más notícias: desastres, vírus do ebola, aids, bombas. E fazem as perguntas erradas.

— O que deveriam perguntar?

— A pergunta deveria ser: "Como alguém conseguiu sobreviver?"

— Acho que sei a resposta — disse eu. — É uma economia de subsistência e a sobrevivência é uma das coisas que os africanos aprenderam.

— Sim. Anos e anos apenas resistindo — disse ele, em tom de pesar, quase de lamento. E continuou com o mesmo tom. — Eu tenho viajado, veja bem. Estive em Pequim, há alguns anos. Pensei que era uma cidade de pessoas pobres e miseráveis. Foi maravilhoso. Fiquei no 33º andar de um hotel espetacular, e a cidade era incrível. Como aconteceu isso?

Ele estava pensando em nosso colega, Chango Machyo, e suas cópias da *Peking Review* e da *China Reconstructs*. Através dessas publicações Chango vivenciara a Grande Revolução Cultural Proletária, de Mao. Toda a África socialista fizera o mesmo. Os chineses, nas revistas, plantavam arroz, colhiam feijão e fabricavam ferro fundido. Seu lema era: Sirva ao Povo. Usavam chinelos de pano, jaquetas azuis desbotadas e pareciam aparvalhados. Agora, eram um bilhão de sorridentes plutocratas de terno e gravata.

O que ele queria dizer era: por que os africanos não podem fazer a mesma coisa? Eu perguntei:

— Você gostaria de viver na China?

— Nunca — respondeu ele.

— Então o que você vê em Uganda é mais ou menos o que você queria.

Era uma reviravolta da sorte. A hoje próspera República Popular estava investindo na agricultura de Uganda, um grande produtor de algodão. Recentemente, na cidade nortista de Lira, uma fábrica chinesa fora instalada, para beneficiar algodão e produzir roupas — tanto para o mercado local quanto para exportação. Outras *joint ventures* estavam programadas. O que a China não conseguira realizar na África Oriental, através do maoismo, poderia conseguir agora, com o capitalismo.

Um sinal da confiança de Kwesiga em Uganda era ter encorajado seus cinco filhos a viverem e trabalharem aqui — alguns tinham se casado, nenhum deixara o país. Meu amigo Chango Machyo, o maoista, tinha nove filhos. Todos trabalhavam em Uganda. A prova da fé política era a orientação dos filhos. Um pai amoroso não os sacrificaria no altar de uma ideologia confusa, ou em nome de uma economia condenada.

Thelma era liberiana. Estudara nos Estados Unidos e se casara com um ugandense. Vivia e trabalhava em Uganda há 35 anos. Eu conhecia a filiação tribal dos demais. Apolo era um muganda, Kwesiga era muchiga e Chango, um musamia.

Chango tinha um escritório no complexo presidencial de Kololo Hill, alguns prédios de estuque enlameado, cercados por uma cerca alta. Seu título era o de comissário de política nacional, uma posição imprecisa; mas como Chango fora sempre um ideólogo, o presidente deve ter visto nele um mentor adequado. Parecia esgotado, doente e um pouco trôpego. Desculpou-se, dizendo que contraíra malária naquela semana e se sentia tonto. Eu disse que poderíamos nos encontrar em outro dia.

— Não. É bom ver você depois de tanto tempo. O que você acha do país agora?

— Mais gente. Menos árvores.

— É verdade. E nenhum indiano.

— Isso é bom?

— Muito bom. Eles nos exploravam e sugavam nosso sangue.

Nem a malária enfraquecia sua retórica maoista. Conversamos sobre o presidente, Yoweri Museveni. Chango disse:

— Você não se lembra dele? Era um dos nossos estudantes em Ntare, quando dávamos aqueles cursos de fim de semana.

Ntare era uma escola na cidade rural de Mbarara. Na década de 1960, os jovens palestrantes do Departamento Externo de Instrução para Adultos iam às regiões do interior e organizavam turmas de Inglês e Ciências Políticas. Tudo o que eu me lembrava acerca de Mbarara era um monte de estudantes da tribo banyankole, tomando notas durante as aulas, enquanto suas reses mugiam e nos olhavam pelas janelas.

— Eu também não me lembrava dele — disse Chango. — Mas ele se lembrava de mim. As coisas estavam tão ruins, no tempo de Amin, que eu fui para Nairóbi. Museveni estava lá. Ele me viu. "Sr. Machyo!" Eu disse: "Ei, o que você está fazendo?" Ele era um soldado. O nome dele vem do batalhão em que o pai serviu, o Sétimo. Ele disse que tinha um plano. Ele treinara com a Frelimo, em Moçambique. Eu fui para Dar es Salaam com ele, mas sentia falta da minha família. Então, depois de Amin, depois da anarquia, depois da guerra de guerrilhas contra Obote, Musseveni assumiu o poder. Mandou me buscar e me nomeou ministro da Água, depois ministro da Reabilitação; nós distribuíamos cobertores. Mais tarde, eu me tornei Comissário de Política Nacional.

— Você sempre foi um comissário político.

— Sim, e não mudei. Ainda digo as mesmas coisas.

— Neocolonialismo. Proletariado. Imperialismo. Burguesia negra. Sugadores de sangue.

— Isso existe no Quênia — disse Chango. — A burguesia africana herdou as fazendas dos colonos. Assumiram os hotéis dos brancos. Para lucrar muito. Esse tipo de africano não é bom para a África. No nível da burguesia, é uma luta pelo poder.

Eu lhe disse que, segundo me parecia, Uganda ainda estava se recuperando da anarquia dos tempos de Idi Amin. Chango disse que isso em parte era verdade. Como muitos outros, ele perdera o emprego na universidade e voltara ao seu vilarejo, perto da cidade de Mbale.

— A vida em Uganda era terrível na época de Amin — disse ele. — Sempre havia tiroteios. Durante anos, foi implantado um toque de recolher, das seis da noite às seis da manhã. Se você estivesse do lado de fora, poderia levar um tiro. As pessoas viviam com medo. Se você via um soldado, ficava preocupado, porque um soldado podia fazer qualquer coisa com você. Muitas pessoas foram levadas embora. Eu mesmo fui preso, mas me soltaram.

— Como você vivia?

— Eu não tinha nada, os tempos estavam ruins. Voltei ao meu antigo trabalho de agrimensor. Sim, eu sou um agrimensor treinado. Mas não havia trabalho.

— Você não estava mais seguro em Mbale do que estaria em Kampala?

— Não. Um dia, eu estava em um café em Mbale e um soldado entrou. As pessoas o cumprimentaram, mas eu tive uma sensação ruim. E saí dali. Assim que cheguei em casa, eu ouvi barulho de tiros, da direção do café. O que aconteceu foi o seguinte: dois homens vinham pela rua. O soldado falou: "Olhem isso." E matou os dois, sem nenhum motivo. Depois desse incidente, eu fui para Nairóbi.

Ouvindo isso, ocorreu-me que a conversa de que "essa é uma época para se esquecer" e "vamos olhar para o futuro" talvez fosse um erro. Os estudantes da universidade tinham me perguntado: "Como podemos nos tornar escritores conhecidos?" Mas a verdadeira pergunta deveria ter sido: "O que devemos escrever?" E a resposta era: sobre aqueles anos perdidos. Por causa da vergonha, da humilhação e da frustração, ninguém gostava de falar sobre a época de Amin; mas me parecia que o melhor uso que alguém poderia fazer de suas habilidades literárias seria compilar a história oral daqueles anos sinistros.

Thelma Awori, a liberiana, era uma velha amiga e colega. Também tinha uma história de horror. Seu marido, Aggrey, tinha sido diretor da Televisão Ugandense, em 1971, quando Amin estava no poder. Certo dia, os soldados foram ao seu gabinete. Um deles queria fuzilá-lo ali mesmo, mas outro disse:

— Aqui não. Vamos embora com ele.

Eles o levaram para fora e o encostaram em uma árvore. Um soldado mirou nele, mas, antes que pudesse atirar, Aggrey caiu no chão.

Um soldado que passava reconheceu Aggrey e disse para os outros:

— Não atirem nele.

Mas os outros insistiram e uma grande discussão foi iniciada.

— Vamos levá-lo até o Amin — disse um deles.

Amin decidiu a sorte de Aggrey, que acabou sendo solto. Fugiu do país e ficou ensinando em uma escola do Quênia até que fosse seguro voltar para casa. Não tivera sucesso em sua campanha para presidente, mas ainda era membro do parlamento.

— E nossos filhos estão aqui — disse Thelma. — Nós queremos que eles fiquem aqui. Nós dissemos: "Voltem e procurem se afirmar. Arranjem um emprego decente. Tentem ser parte do processo."

Eles tinham cinco filhos, quase todos educados nos Estados Unidos, como seus pais. Thelma formara-se em Radcliffe; Aggrey estudara em Harvard. Uma das filhas tinha um diploma de Wharton.

Thelma disse:

— Ela trabalhava em Wall Street. Aggrey insistiu para ela voltar. Ela ganha muito menos dinheiro e não consegue acreditar como as coisas são ineficientes aqui. Mas ela diz: "Se a gente não estivesse aqui, ninguém faria nada direito."

Todo mundo falava livremente sobre os problemas de Uganda — que, nesse ponto, não tinha mudado. Mas, mesmo em aparente recuperação, o país ainda vivia da assistência internacional. Mais da metade de seu orçamento provinha de países doadores. Em 1992, a aids atingira um recorde de 30% da população. Agora, depois de uma intensa campanha de educação, o percentual caíra para 10%. Mas a doença tinha matado grande parte de uma geração. Uganda era um país com dois milhões de órfãos.

— Eu sou pago para ser otimista — disse-me um diplomata americano em Kampala, pouco antes que eu partisse. — Quer dizer, temos que ser otimistas para trabalhar em lugares como esse. Mas se eu não estivesse sendo pago para isso, ficaria desesperado com o que os africanos fazem nos seus países, o desmatamento, a desordem, a aids, meu Deus.

Ele pediu minha opinião, pois eu tinha visto o Antes e o Depois. Eu disse:

— Algumas pessoas que eu conheço, pessoas muito inteligentes, querem que seus filhos permaneçam aqui, não querem que emigrem. Falando como pai, isso é bom sinal.

Eu não tinha mais nada em que me basear, mas isso já era alguma coisa: aquelas pessoas acreditavam que seus filhos tinham futuro no país, o que era uma prova de confiança e um modo de dizer que o país tinha futuro.

Meu modo de viajar ficava caro, às vezes, porque era improvisado e sempre envolvia planos de última hora — mas a estadia em Kampala custou muito pouco. Eu levava uma vida tranquila, não como viajante, mas como morador da cidade, da qual já começava a gostar de novo. Revia velhos amigos, tinha refeições tranquilas, passeava, observava os pássaros às magens do lago. Na maioria das noites, trabalhava na minha longa narrativa erótica.

Dormir na mesma cama e escrever uma história, noite após noite, restauraram minhas energias. Em certos dias, eu não fazia nada senão caminhar, olhando as crianças brincarem com brinquedos caseiros, bolas de basquete feitas de plástico, carrinhos de arame, brinquedos de puxar e até insetos vivos — besouros que voavam amarrados em pedaços de barbante.

Uma das minhas caminhadas era sempre até o escritório da ferrovia, para saber se alguma barca estava de partida. Certo dia, fui lá à tarde. A secretária se levantou de sua escrivaninha e apontou para a porta, dizendo:

— Vá a Port Bell agora. Leve a carta do diretor Sentongo. Leve o passaporte. Leve suas coisas. A barca vai sair agora!

11 *Cruzando o lago Vitória no* MV Umoja

Passei três horas no atracadouro de barcas, em Port Bell, observando os pássaros tecelões, que construíam ninhos nos papiros às margens do lago. Eu deveria embarcar na barcaça *Kabalega.*

— Logo, logo — disse-me um oficial das docas. — Estão soldando o barco.

Uma águia pescadora mergulhou. Um homem que arremessava uma rede acabou capturando alguns peixinhos minúsculos, depois de muitas tentativas. Mais uma hora se passou. Perto de alguns barcos afundados, cerca de dez garotos pescavam tilápias com varas de bambu. Não o faziam por esporte, mas para garantir a próxima refeição. Mais uma hora.

Andando de um lado para outro, lembrei-me de que todos os livros que eu lera sobre a África continham longas passagens e, por vezes, muitas páginas sobre atrasos forçados. "Permanecemos na aldeia durante muitos dias, aguardando a permissão do chefe para retornar à costa" é uma frase que ocorre em muitas obras que tratam de explorações no continente africano. Os livros de viagem de Burton contêm protestos veementes contra os atrasos, assim como os de Livingstone e todos os outros. Livingstone acreditava que a "prisão de ventre, com certeza, provoca febres"; assim, ordenava a seus homens que fizessem longas caminhadas pela mata, porque o exercício faria seus intestinos funcionarem. "[Na África], com a mudança de clima, costuma surgir uma condição peculiar dos intestinos que faz com que o indivíduo imagine coisas a respeito dos outros." Para Livingstone, atrasos significavam prisão de ventre. *Coração das Trevas* é um livro sobre atrasos terríveis e enlouquecedores. Até a narrativa é arrastada, entrecortada e deliberadamente tangencial. Os atrasos podem ser, de vez em quando, uma forma de suspense, que aumenta a concentração. Bem mais frequentemente, no entanto, são aborrecimentos que nos fazem perder o juízo. Mas quem quer saber disso? Este parágrafo já está longo demais.

Às vezes parece que tudo o que se faz na África é esperar. Muitos africanos que encontrei disseram a mesma coisa, mas não em tom de reclamação; uma paciência fatalista faz parte de suas vidas. Os estrangeiros veem a África como um continente protelado — economias suspensas, sociedades indefinidas, política e direitos humanos em compasso de espera, comunidades refreadas ou obstruídas. "Ainda não" — foi o que os africanos sempre ouviram das autoridades, durante anos de colonização e independência. Mas o tempo africano é diferente do tempo americano. Uma geração no Ocidente equivale a duas gerações na África, onde adolescentes se tornam pais e os adultos já estão com o pé na cova aos 30 anos. Enquanto o tempo africano passava, conjeturei que o ritmo dos países do Ocidente era insano e que a velocidade da tecnologia moderna não realizava nada. Como a África seguia seu próprio caminho, em seu próprio ritmo e por suas próprias razões, tornara-se um refúgio e um lugar de descanso, o único território ainda disponível para quem quisesse cair fora. Eu conjeturei apenas, não costumo me sentir assim; sou impaciente por natureza.

— Quando essa soldagem vai terminar? — perguntei. E ouvi:

— Não é soldagem, *bwana*, eles estão consertando o motor.

— Há quanto tempo eles estão trabalhando nisso?

— Há alguns dias.

A noite caíra e as luzes foram acesas. Eu chegara há mais de cinco horas, sem fôlego, achando que estava prestes a tomar a barca. O sr. Joseph disse:

— Não se preocupe, senhor.

O agente alfandegário disse:

— Nós vamos cuidar do senhor.

Aqueles homens brincavam um com o outro, gracejavam como dois garotos, como fazem os homens cujo trabalho envolve grandes atrasos — nas docas, nos depósitos e nas plataformas de carregamento. Mas eu acreditei neles. As palavras deles me tranquilizaram.

Na noite sem lua às margens do lago, o fedor da lama parecia fazer parte da escuridão, assim como os mosquitos e as moscas do lago. Mais duas horas se passaram.

— Quanto tempo leva até o outro lado do lago? — perguntei ao agente alfandegário. Ele disse:

— Eu não sei, senhor. Eu mesmo nunca fui lá.

O sr. Joseph estava escutando. Sacudiu a cabeça e riu, expressando incompreensão, e disse:

— Dormir em cima da água. Eh-eh! Eu nunca fiz isso. Deve ser muito estranho.

Sete horas depois de eu ter chegado ao cais, o capitão Opio, do *MV Kabalenga*, comunicou-me:

— Parece que não vamos sair hoje.

— É mesmo? — meu coração ficou apertado: uma notícia terrível.

— É mesmo — disse ele solenemente. — Então me deixe apresentar o capitão Mansawawa, do *Umoja*.

— Você vai partir hoje, capitão?

— Sim, depois que o carregamento de vagões de trem chegar de Kampala, para ser embarcado.

Isso era detalhe. O mais importante, fosse uma barca ou qualquer tipo de embarcação, era subir a bordo, garantir um leito, e arranjar uma vaga na mesa do refeitório. Um atraso não tinha importância. Eu iria para a cama e, se a embarcação ainda estivesse no cais, no dia seguinte, leria um livro. Era melhor do que ficar sentado em um banco na alfândega, ou ficar andando pelo cais durante sete horas.

— Posso subir com você?

— *Karibu* — disse o capitão. O fato de ter falado em suaíli tornava sua resposta mais sincera.

O capitão era um homem sério e trabalhador, da cidade de Musoma, às margens do lago. Ele também falava chichewa. Eu tinha aprendido essa língua banto no Corpo de Paz, para que pudesse ensinar no Malaui. O capitão a tinha aprendido como oficial do *Rala*, um navio de passageiros que operava no lago Nyasa.

— Você é nosso convidado — disse o capitão, subindo a escadaria do costado. — Esse é o Alex, primeiro-engenheiro.

Um homem de boné estava de pé no topo da escadaria, sorrindo, um olho fixado em mim e outro vagando sem rumo. Seu olho preguiçoso lhe dava uma aparência desprotegida e cativante. Ele também disse *karibu* e pegou minha sacola. Apertou minha mão e disse:

— Você fica com a minha cabine. É na frente.

Andou depressa até a proa e destrancou a porta da cabine, que tinha uma placa de metal com os dizeres: Primeiro-Engenheiro. Não a abriu de imediato. Olhou para mim com um olho e me deu instruções.

— Primeiro, é preciso desligar todas as luzes. Esta e esta. — Ele apagou as luzes do convés. — É por causa das moscas-da-água. Elas gostam das luzes. Mas não mordem.

Abriu a porta rapidamente, empurrou-me para dentro, entrou também e bateu a porta. Ficamos no escuro.

— Não tenha medo — disse ele, ligando a luz da cabine.

O quarto estava cheio de insetos rodopiantes, do tamanho de mosquitos, colidindo com as paredes da cabine. Insetos mortos juncavam o leito. Alex varreu-os do lençol amarelo e do cobertor cinzento.

— *Doodoos* — disse eu, o termo genérico para insetos.

— Esses *doodoos* não vão incomodar você — disse Alex, varrendo mais insetos com a mão e colocando minha sacola em uma prateleira. Seus olhos descoordenados faziam com que parecesse mais eficiente, capaz de inspecionar dois lados da cabine ao mesmo tempo.

— Então eles não mordem?

— Não. Nós comemos os *doodoos* — disse ele, estalando os lábios. — Eles são muito doces.

— Os *doodoos* não mordem você, mas você morde os *doodoos*.

Ele riu e disse:

— Sim! Sim! — E então: — Esta é a sua cabine.

— Onde você vai dormir?

— Por aí! — Fez uma mesura e saiu.

Uma situação perfeita em uma barca de nome apropriado: *umoja* era a palavra suaíli para unidade ou uniformidade. Não importava que a cabine estivesse enferrujada e malcheirosa, a cama sem lavar e as moscas-da-água importunando. A sensação era de harmonia. Eu tinha privacidade e o tipo de conforto ordinário que procurava. A cabine era grande, com uma poltrona e uma lâmpada. Um relógio parado e o calendário do ano passado — uma foto de rinocerontes — estavam pendurados na parede. Havia uma mesa encostada em um canto. Na gaveta, um carimbo com os dizeres: *1º Engenheiro, M.V. Umoja*. Eu compartilhava um chuveiro de água fria com a cabine adjacente. Poderia ler, poderia escrever, poderia ouvir meu rádio. Não me importava que a travessia do lago levasse dois ou vinte dias.

Meia hora mais tarde, eu estava escrevendo minhas anotações — *Dormir em cima da água. Eh-eh! Deve ser muito estranho* — quando alguém bateu na porta. Era Alex me chamando para o refeitório. Os marujos, o segundo-engenheiro e o capitão se juntaram a nós, pois o carregamento de vagões ainda não havia chegado de Kampala.

— Você gosta de *nyama ya kuku?* — perguntou o capitão, colocando uma coxa de galinha em meu prato. Alex colocou arroz ao lado da galinha, com um pouco de abacate amassado.

— Vocês têm molho *pili-pili*?

— Muito — disse Alex, fazendo uma piada.

— Cerveja?

— Para você, sim.

— Eu estou no paraíso — e fiz um brinde a eles. Estavam de serviço e não podiam beber álcool.

— Seja bem-vindo, sr. Paul.

Alex era da tribo sukuma. Os WaSukuma viviam na extremidade sul do lago, no que era conhecido como Grande Unyamwezi. Esse povo me interessava. Em uma loja de Nairóbi, eu tinha visto uma gigantesca marionete de madeira. Uma boneca de 1,5 metro de altura, rechonchuda, com seios cônicos, olhos arregalados e um rosto assustador. Era um trabalho antigo e lindamente executado, com braços e pernas articulados. Pesava cerca de 20 quilos.

— É da tribo sukuma — informou-me o indiano dono da loja.

Ele comprara a boneca na Tanzânia, de um negociante de artesanato nativo. Eu a comprei dele sob a condição de que, depois que retornasse para casa, eu o notificaria e ele a enviaria para mim.

— Eles usam essa boneca nas aldeias — disse Alex.

Ele a chamava de *vinyago vibubwa* (boneca grande), uma figura benevolente, que era carregada pela aldeia, em procissão, nas épocas de colheita. Gostava de falar no assunto, mas tinha a tendência, comum aos africanos urbanizados do leste, de se dissociar de qualquer tipo de superstição.

— Isso é só na mata — disse ele. — Bem dentro da mata.

Sentado ali, ocorreu-me que ninguém no cais ou na barca tinha pedido para ver meu passaporte. Ninguém olhara a carta que autorizava minha viagem. Ninguém mencionara dinheiro, ninguém me pedira referências, nem um bilhete de passagem. Eu apenas fora apresentado. Só isso: "Suba a bordo" — como tinha dito o motorista do caminhão de gado ao norte de Marsabit, antes de sermos emboscados na estrada dos *shiftas*.

Todos os tripulantes eram tanzanianos — gentis e solícitos. Tinham passado vários dias em Port Bell, carregando a barca. Como resultado, estavam espetacularmente sujos de graxa, o que fazia da cerimônia de lavar as mãos, antes das refeições, algo digno de ser visto: todos se revezavam no uso da bacia e do sabão, enquanto um deles despejava água de um jarro. O carregamento de barcas era um trabalho sujo. Por mais imundo que alguém estivesse, no entanto, suas mãos deveriam estar limpas.

— Eu gosto de vir aqui — disse o capitão em suaíli. — Os ugandenses são nossos amigos. Os quenianos também são nossos amigos, mas a polícia queniana está sempre querendo *rushwa*.

Era uma palavra nova para mim.

— *Bakshish* — explicou o capitão. — Dinheiro extra. O Quênia é um lugar ruim.

Quando a refeição terminou, já era tarde. Ainda não tínhamos deixado o porto, mas e daí? Fui para a cabine terminar minhas anotações. Escrevia com uma das mãos e, com a outra, tirava as moscas-da-água de cima do papel.

Então deitei em meu catre e ouvi meu rádio de ondas curtas. As moscas pousavam em meu rosto. Eu as espantava. Senti o navio balançar e ouvi o barulho dos vagões sendo colocados a bordo. Havia trilhos no convés. Recebida a nova carga, a barca se aprumou, ao som do alarido dos marujos.

Cochilei, saboreando moscas-da-água a cada vez que bocejava. A barca estremeceu quando seus motores foram ligados, mas eu já estava dormindo quando saímos do cais. Cerca de uma hora e meia depois, cruzamos o equador.

Acordei diversas vezes, durante a noite, por causa de sonhos estranhos — os sonhos habituais em um leito diferente —, e não por causa do movimento do navio. O *Umoja* se mantinha bem equilibrado, sulcando o lago tranquilo, onde uma ligeira brisa do sudoeste provocava pequenas marolas. A temperatura era agradável — ar fresco penetrava pela escotilha e o ronco invariável do motor, nas profundezas da barca, produzia uma vibração que me embalava.

Quando acordei, não consegui avistar terra em nenhuma direção: era como se estivéssemos no mar. O lago Vitória é o maior corpo de água da África, com 70 mil quilômetros quadrados. Suas águas são cheias de peixes, além de crocodilos, esquistossomose, piratas, ilhas e embarcações primitivas. Os sesses, um povo ainda intocado, ocupam um arquipélago ao norte. Desde os tempos coloniais não se faz um levantamento adequado do lago, existem apenas velhas cartas hidrográficas. Portanto, muitas rochas e outros perigos ainda não foram detectados.

Nuvens de moscas-da-água voavam pelo convés. Quando saí da cabine, colidiram contra o meu rosto e entraram em meus olhos. A oeste, avistei uma mancha; ao nos aproximarmos, percebi que era uma ilha, plana e desmatada.

— Ilha Goziba — disse Alex.

— Quem vive aí?

— Todo mundo. Ugandenses, quenianos, tanzanianos, congoleses, ruandeses e outros. Eles vêm em pirogas, barcos a motor ou vela. Lá é ótimo. Não tem polícia, nem governo. Nem impostos. Uma ilha isolada.

A carta detalhada na casa do leme mostrava que o lago era pontilhado com diversas ilhas semelhantes, tanto perto das margens quanto na parte central. Algumas eram jurisdicionadas e tinham nomes, outras não; estavam abertas a quaiquer invasores que conseguissem remar até elas. Frequentemente, os crocodilos emborcavam as pirogas e devoravam os remadores. A ilha Sigulu, a nordeste do lago, tinha um recorde de 43 mortes por ataques de crocodilos nos últimos seis meses. A intensa atividade dos crocodilos parecia enfatizar o vale-tudo que imperava no lago Vitória.

O café da manhã era *ugali* — uma espécie de mingau fino — servido com chá doce. Ocorreu-me que a África que eu conhecia não era lugar para gourmets, mas a comida era palatável. Alguns lugares eram famosos por determinado produto, como os abacaxis do sul da Etiópia, as laranjas do Quênia, as bananas de Uganda. O lado tanzaniano do lago era conhecido por suas mangas, supostamente as melhores do mundo. Os abacates das margens do lago também eram grandes e saborosos. E estavam na estação, portanto nos banqueteávamos com eles.

Encontrei o engenheiro-chefe no café da manhã, lendo a última edição de *Notícias Náuticas e Reparo de Embarcações*. Era uma publicação britânica, editada pelo Real Instituto de Arquitetos Navais. Eu disse:

— Talvez fosse bom você deixar os engenheiros do *Kabalega* lerem isso.

O engenheiro-chefe olhou-me e disse:

— Aqui não há nada que possa ser útil a eles. O problema deles é que a água está contaminando a tubulação de combustível. Eles ainda não conseguiram localizar a origem do problema.

Pensei de novo sobre a gentileza do capitão. Se esses homens não tivessem me ajudado e me colocado a bordo, eu ainda estaria no cais de Port Bell matando tempo. E quem era eu? Só mais um *mzungu* maltrapilho, com medo de viajar de avião, que precisava ir de barco até Mwanza. Aqui, como em todos os lugares, eu era o único *mzungu*. Os outros não andavam de ônibus, tinham medo de ir ao Sudão e à Etiópia e — quando iam observar os animais — seguiam rotas preestabelecidas e viajavam em grupo. De modo geral, mantinham grande distância da população local. Entretanto, embora estivesse sozinho, tudo o que eu ouvia era *karibu, karibu*, bem-vindo, bem-vindo e "coma mais *ugali*".

O engenheiro-chefe era John Kataraihya, um homem de 40 e poucos anos. Como a maior parte da tripulação, crescera às margens do lago. Estudara, na Bélgica, engenharia naval e conserto de motores. Era um homem de olhar firme, amável, cordial e inteligente, que demonstrava uma serena confiança em suas opiniões. Já conhecia boa parte do mundo. Preferia o lago Vitória.

— Os belgas têm muitos problemas — disse ele. Eu ri, ao ouvi-lo tecer generalizações, assim como os próprios belgas tecem generalizações sobre os africanos.

Por irônica coincidência, John tinha passado bastante tempo na capital belga, especificamente a cidade que Marlow menospreza, em *Coração das Trevas*. Para Marlow, essa "cidade sempre me faz pensar em um sepulcro caiado".

É em Bruxelas, no escritório da empresa onde trabalha, que ele recebe a ordem de subir o rio Congo — para cumprir as brutais diretrizes do rei Leopoldo, retransmitidas por uma empresa aparentemente civilizada. Em um mapa na parede, Marlow observa a África Oriental Alemã, "uma mancha escarlate, para indicar o local em que os esfuziantes pioneiros do progresso bebem a espumante cerveja *lager*". A África Oriental Alemã se tornaria Tanganica e, depois, Tanzânia.

— Os belgas são infelizes porque têm um grande problema.

Ele dobrou sua cópia da *Notícias Náuticas e Reparo de Embarcações* e disse:

— O maior problema dos belgas é que eles não conseguem se dar bem uns com os outros. Os que falam flamengo odeiam os que falam francês. Pode-se dizer que é uma espécie de racismo, ou coisa assim.

Como se estivesse falando de uma primitiva povoação na mata, ele acrescentou:

— Antuérpia é ruim, nesse aspecto.

Ele passara a maior parte do tempo estudando engenharia naval, mas também tinha viajado — hesitantemente, a princípio. À medida que seu francês melhorava, foi aumentando seu raio de ação. Conhecera a maior parte da Bélgica e dos países vizinhos.

— Até aldeias pequenas, bem minúsculas — disse ele, fazendo-me pensar em Bombo e Bundibugyo, em Uganda, e no amontoado de gente na ilha Goziba.

— Algum problema nas viagens?

— Eu mesmo tive poucos problemas — disse John, a respeito de suas peregrinações na Bélgica. — Se eles acharem que você é um congolês, da antiga colônia deles, podem tratar você muito mal e insultar você.

— Não é uma atitude amistosa. Não é *karibu*.

Ele riu.

— Eu disse: "Eu sou da Tanzânia!" E ficou tudo bem. Eles disseram: "Então você é de Nairóbi?" Ha!

A ideia de que, depois de quase cem anos de colonização na África, aqueles ignorantes não soubessem a diferença entre o Quênia e a Tanzânia fez com que ele desse uma gargalhada zombeteira.

Isso era um bom assunto para meus bate-papos no refeitório, com John e outros tripulantes. Eu tinha lido recentemente, e gostado muito, o livro *King Leopold's Ghost* (O fantasma do rei Leopoldo), de Adam Hochschild, a história daquele bizarro período colonial na África. Era um livro que esmiuçava as selvagerias do imperialismo, as raízes patológicas da megalomania e o governo exercido por meio da intimidação — assim como as reações idealistas, as origens dos modernos movimentos de direitos humanos. Os belgas inspiraram o poema *O Congo*, de Vachel Lindsay, em que há o seguinte trecho:

> Ouçam o fantasma de Leopold gritar
> No inferno sofrendo uma dor sem par.
> Ouçam os demônios em deleite eterno
> Cortando suas mãos no meio do inferno.[1]

Eu disse que achava estranho o fato de os belgas serem rudes com os congoleses, pois foram os belgas que saquearam o Congo. No início, à procura de marfim; depois, de borracha e, finalmente, de diamantes, cromo e ouro. Isso foi feito, na maior parte, com trabalho escravo. Aldeias inteiras foram mobilizadas na busca de marfim, ou na coleta de látex. A punição para a negligência era a morte ou a amputação das mãos. Décadas dessa prática sangraram as riquezas de uma enorme colônia. Como o indignado irlandês, em *Ulisses*, de Joyce, diz no pub: "Estuprando mulheres e meninas e açoitando os nativos no ventre, para espremer de dentro deles toda a borracha vermelha."

Eu disse:

— O Congo inteiro pertencia ao rei belga. Era sua propriedade particular. O Congo era a própria *shamba* do rei.

Isso interessou os homens à mesa, pois era um fato assombroso. Durante 23 anos, iniciados em 1885, o Congo não fora uma colônia belga, mas um domínio privado do rei Leopoldo. O horror daquilo indignara Joseph Conrad, em sua viagem rio acima até Stanleyville, que havia inspirado *Coração das Trevas*.

— Todo o Congo era a *shamba* dele? — perguntou um dos tripulantes.

Com um riso de escárnio, John disse:

— Na Bélgica eles dão o nome de Leopold às ruas principais!

Os tripulantes do *Umoja* eram ouvintes atentos, entendiam as contradições do que Hochschild chamara de "um dos silêncios da história", e suas perguntas eram perspicazes. Quando finalmente tiveram que reassumir seus postos, disseram que gostariam de ler o livro.

— Venha, vou lhe mostrar o compartimento do motor — disse John.

---

[1] *Listen to the yell of Leopold's ghost / Burning in hell for hand-maimed host. / Hear how the demons chuckle and yell / Cutting his hands off down in hell.* (N. do T.)

Calor e ruídos subiam pela estreita escadaria, enquanto descíamos pelos degraus escorregadios. Os últimos lances eram finas armações de ferro. O martelar dos motores era tão alto que eu mal podia ouvir o que John falava. Ele estava me explicando que a barca fora construída na Grã-Bretanha e posta em uso em 1962. Nem seus motores a diesel, nem seus geradores, nem suas caldeiras tinham mudado em quarenta anos. A empresa que a construíra já não existia e os motores estavam obsoletos.

Acima do ruído ensurdecedor do compartimento, John gritou:

— É muito difícil conseguir peças sobressalentes! Temos dois motores, então sempre damos um jeito! Às vezes temos problemas de direção!

Entregou-me um par de tapa-ouvidos, do tipo usado por canhoneiros, para bloquear o barulho alto do motor. Depois me levou para dentro do forno.

Nos porões do *Umoja*, deparei-me com uma das cenas mais estranhas que tive o privilégio de observar durante os muitos meses em que viajei do Cairo à Cidade do Cabo. Na parte mais baixa do compartimento do motor, em meio a um barulho enorme, um calor horrível e tubulações superaquecidas — muitas delas sem revestimento, algumas esguichando vapor —, um jovem africano estava sentado em uma mesa de madeira resolvendo complexas equações matemáticas. À primeira vista, parecia estar nu. Seu polegar estava enfiado em um livro de tabelas logarítmicas. Outro livro, com texto normal, estava aberto à sua frente, assim como uma folha de papel cheia de equações algébricas — números e letras de cima a baixo. O calor e o barulho eram assustadores. Mas o jovem estava sereno. Usando apenas cuecas, com tampões de borracha rosada nos ouvidos, escrevia com um toco de lápis.

Estava tão entretido em seu trabalho, como se fizesse um dever de casa, que nem deu por nós. Apenas quando levantei a capa do livro para ler o título, ele olhou para cima e sorriu, mas retornou imediatamente ao trabalho. O livro se chamava *Princípios dos Motores a Diesel e de Alta Compressão.*

"O inglês é a língua dos imperialistas" — diziam, no passado, os funcionários do governo tanzaniano.

Uma das medidas instituídas pelo muito amado primeiro presidente da Tanzânia, o *mwalimu* (professor) Julius Nyerere, foi a tradução para o suaíli, com grandes despesas, de todos os livros escolares. Para provar que o trabalho poderia ser feito, ele mesmo traduziu a peça *Júlio César*, de Shakespeare. Ocorreu-me, no compartimento de motor do *Umoja*, que os *Princípios dos Motores a Diesel e de Alta Compressão* logo estariam disponíveis em suaíli.

Conversar, com aquele barulho, era impossível. Peguei um pedaço de papel e escrevi: *o que ele está fazendo?*

John balançou a cabeça, pegou a caneta e o papel, e escreveu: *ele está estudando.*

Para quê? — escrevi.

Suando com o calor e franzindo o rosto — pois não estava usando tapa--ouvidos —, John escreveu: *para aumentar suas qualificações acadêmicas para o emprego.*

Ainda em meio à barulheira, sentamo-nos no compartimento de controle e tomamos uma xícara do café que estava em uma garrafa térmica. Removi meus tapa-ouvidos por um momento, mas o estrondo do motor era insuportável. John riu com a minha reação — era como ser martelado na cabeça. Ele não parecia se importar, mas talvez os muitos anos que passara exposto ao ruído o tivessem tornado parcialmente surdo. Reparei que o compartimento do motor era mais bem arrumado e mais bem conservado do que as partes superiores da barca. Apontando para os mostradores, John me mostrou a pressão da caldeira, os níveis de combustível, a temperatura — e me chamou a atenção para o fato de que estávamos avançando a uma velocidade entre 11 e 12 nós, uma média muito boa.

Depois de vinte minutos bebendo café no compartimento do motor, não aguentei mais. Fiz sinal de que estava subindo. Lá em cima, no ar fresco e à luz do sol, vi que ainda não havia terra à vista.

— Vocês pararam de aceitar passageiros? — perguntei.

John disse:

— Isso aqui é uma embarcação de carga. Se nós transportássemos mais do que seis passageiros, seríamos classificados como embarcação de passageiros e teríamos que nos submeter a normas de segurança muito estritas. Número de salva-vidas. Botes de salvamento. Treinamento para botes de salvamento.

— É por causa do naufrágio do *Bukoba*?

— Sim. Nós vamos passar por ele. Ele estava indo para Mwanza.

Mais tarde, li que o lago Vitória nunca tinha sido propriamente vistoriado e que todos os dados a respeito de riscos foram coligidos em 1954, pelo governo colonial britânico. As informações disponíveis estavam desatualizadas. As únicas pessoas qualificadas para pilotar uma grande embarcação, no lago, tinham que possuir experiência e conhecimento do lugar.

John e o capitão trabalhavam juntos no *Umoja* desde o final dos anos 1970. Naquela época, era uma embarcação militar.

— Durante a guerra contra Idi Amin, conduzimos muitos soldados. Cinco mil deles, em pé, desse jeito — John enrijeceu o corpo, para mostrar como os homens iam espremidos. — Levávamos os homens até Jinja Port. Eles se escondiam depois que eram desembarcados.

— O que vocês levam para Uganda agora? — perguntei.

— Não sei. Vem tudo embrulhado e selado dentro dos vagões — disse John. — De Uganda, nós trazemos café e chá. Nós produzimos algodão, café, chá, castanhas de caju e, em Zanzibar, produzimos cravos.

— E tecidos?

— Só temos uma fábrica de tecidos hoje — disse John. — Nós vendemos o algodão, não transformamos o algodão em tecido.

Quarenta anos de independência e investimenos estrangeiros, quarenta anos de estultificante retórica sobre a *Ujamaa* ("A Família"), "socialismo africano", nacionalização, industrialização e neutralidade, tudo para que esse país vasto e fértil, com vinte milhões de habitantes, só possuísse uma fábrica de tecidos e estivesse à beira da falência.

Curiosamente, senti que havia encontrado um dos sucessos da Tanzânia: a barca *Umoja*, que vinha cruzando e recruzando o lago, incansável, ao longo das mesmas quatro décadas, na paz e na guerra, transportando cidadãos, soldados, gado, colheitas — as coisas necessárias para que Uganda funcionasse e a Tanzânia ganhasse dinheiro. A barca era uma funcionária de confiança, tripulada por homens sérios e dedicados, um dos quais estava nos porões, de cuecas, aprimorando suas qualificações acadêmicas.

Na extremidade sudoeste do lago, passamos por um arquipélago. Fui até a ponte de comando para usar o binóculo do capitão e verificar os nomes das ilhas. A maior delas era Ukerewe, e a terra distante, que se via detrás, era o litoral da Tanzânia.

Ukerewe era o nome pelo qual o lago era conhecido pelos árabes, quando Burton e Speke se encontraram, na expedição de 1858. Em Kazeh (Tabora), o viajado traficante de escravos Snay bin Amir informou que seriam necessárias "15 ou 16 marchas" até Ukerewe e que tribos hostis tornavam o percurso perigoso. Se as pessoas eram pouco amistosas, talvez fosse porque não quisessem ser escravizadas, acorrentadas e conduzidas até um porto conhecido pelo melancólico nome de Bagamoyo, ou "deixo meu coração para trás".

Os comerciantes árabes de Zanzibar e Áden já estavam na região há mais de um século, quando os europeus chegaram. Os árabes eram traficantes de escravos, mas também negociavam com marfim e mel, como faziam mais ao sul, na área do rio Zambeze. Eles saqueavam, claro, mas nunca controlaram a savana distante. Tinham se tornado malvistos em razão do tráfico de escravos e, portanto, restringiam-se às rotas mais seguras. Em muitos casos, contavam com os próprios africanos para abastecê-los de escravos, ou marfim, em troca de mercadorias.

O sinal mais impressionante da antiga ocupação árabe eram os muitos *dhows*, que vi no lago — *dhows* de tamanho considerável, com dez metros ou mais, muitos de velas enfunadas, alguns com as velas arriadas, carregando pescadores. Esse barco lento, mas estável, um emblema da navegação árabe, ainda percorria o lago que era o próprio coração da África.

No final da tarde, avistei Mwanza claramente, assim como a costa circundante, promontórios e ilhotas. A paisagem era composta por rochedos lisos e dispersos, muitos dos quais imensos, como prédios de dois ou três andares, tornando minúsculas as cabanas e fazendo as outras construções parecerem casas de bonecas. À primeira vista, o litoral lembrava Stonington, no Maine, com palmeiras em vez de abetos: litoral rochoso, pedras empilhadas, rochedos arredondados e casas de madeira, pequenas e baixas.

Eu estava na amurada com Alex, o primeiro-engenheiro, quando, ao olhar para a costa, vi uma lancha de resina branca passar a toda velocidade, com a proa levantada, fazendo um barulho enorme.

— *Mzungu* — disse Alex.

Outra lancha passou em seguida.

— *Mzungu* — disse Alex.

Talvez missionários, talvez negociantes, talvez fazendeiros, talvez médicos ou agentes da virtude: ninguém sabia. Eram apenas homens brancos em barcos brancos barulhentos.

Apontando para um promontório, Alex disse:

— Nós chamamos aquilo lá de Pedras de Bismarck. Por causa do inglês que descobriu as pedras.

Ou talvez por causa de Otto von Bismarck, que um dia governara esse distante bastião do germanismo, juntamente com Samoa, Nova Guiné e Camarões. Já nas proximidades do porto de Mwanza, passamos algum tempo andando em círculos, acelerando lentamente, marcando passo. Uma barca queniana, o *MV Uhuru*, estava descarregando vagões de trem e carga avulsa. O trabalho progredia lentamente.

A maior parte da tripulação, inclusive Alex, estava em seus postos — no compartimento do motor, no convés, nos cordames. Fui até o refeitório e encontrei o capitão, que estava comendo.

— Não se preocupe, *mzee* — disse o capitão. — Já vamos atracar.

Eu me juntei a ele na habitual refeição do *Umoja*: arroz, vegetais e um pedaço de galinha mirrado, tingido de vermelho com molho *pili-pili*.

— Muito obrigado por me aceitar como passageiro — disse eu. — Gostei desse navio. Todo mundo é atencioso e gentil.

— Eles são bons — disse o capitão.

— E gentis — repeti, para enfatizar minha gratidão. Eu estava sozinho, o único forasteiro, um passageiro não pagante, a pessoa mais ociosa a bordo, que ninguém sabia para onde estava indo, e era tratado como um convidado muito querido. Como poderia não estar grato?

— Eles são gentis — disse o capitão, cuidadosamente. — Mas eu não sou muito gentil com eles.

Ele ainda estava comendo, mas percebi que tentava me comunicar alguma coisa sutil, fazia questão de que eu a entendesse, parecia ser uma questão de liderança.

— Para mim, muito gentil é prejudicial — disse o capitão.

Não atracamos, nem ancoramos, ficamos marcando passo. O *Uhuru* continuava sendo descarregado. A costa estava repleta de navios naufragados e abandonados. Fui até o convés de popa, sentei-me em um barril e liguei meu rádio. A BBC transmitia um programa sobre um romance azerbaidjano chamado *Ali e Nino*. Eu tinha escrito o prefácio do livro e dera uma entrevista para o programa. Minha contribuição fora gravada, mas havia tanto tempo, que eu já me esquecera do fato. Enquanto eu ouvia fragmentos da minha própria voz, vindos de Londres, mais uma hora se passou no lago Vitória.

— Não se preocupe, *mzee* — disse o capitão.

— Não estou preocupado — disse eu, querendo acrescentar: eu não sou um *mzee*.

Que me importava se a barca iria atracar imediatamente, ou à noite, ou no dia seguinte, ou na próxima semana? O único plano que eu tinha era encontrar uma estação ferroviária em Mwanza e tomar um trem para a costa, para Dar es Salaam, onde ninguém estaria à minha espera. Enquanto isso, estava feliz no *Umoja*. Não queria, realmente, sair da embarcação.

Ao cair da noite, as coisas se aceleraram. A barca queniana se afastou do cais e o *Umoja* ocupou seu lugar, com o capitão e Alex trabalhando em coordenação, um na ponte de comando, outro no compartimento do motor — era uma manobra traiçoeira. Tão logo atracamos, a temperatura subiu e, sem a brisa do lago, o ar ficou abafado.

Eu não tinha pressa em partir. Mas, na tripulação, todos tinham pressa — estavam em seu país, ansiosos para encontrar suas mulheres e filhos. Mas não poderiam desembarcar até que a barca estivesse descarregada. Então me disseram adeus.

— *Kwaheri, mzee* — gritaram, enquanto eu desembarcava em solo tanzaniano. Adeus, velho!

12 O trem da savana até Dar es Salaam

— Alguma arma? — perguntou-me o inspetor alfandegário tanzaniano, no pequeno galpão em Mwanza, batendo em meus bolsos. Apesar das roupas sujas, era evidente que se tratava de um funcionário público, pelas canetas esfereográficas que manchavam de tinta os bolsos de sua camisa.

Embora uma fatia da Tanzânia se projetasse no lago Vitória, a extremidade sul do lago era a fronteira oficial.

— Nenhuma arma.

— Você pode ir.

Passei pela multidão que dava as boas-vindas à barca — as chegadas irregulares das barcas eram um dos destaques da vida em Mwanza. Andando na direção da cidade, pude entender por quê. Era um lugar abandonado, quase em ruínas, com lojas vazias e uma rua principal não pavimentada, quase intransponível pelo péssimo estado de conservação. Velhos ônibus oscilavam e quase tombavam, quando suas rodas caíam em buracos profundos. Mais um posto de fronteira sinistro, horrendo e interessante. Os turistas que desembarcavam no aeroporto internacional de Arusha jamais o veriam, só pretendiam ver animais selvagens e nativos coloridos.

Em Mwanza, os nativos não eram coloridos, apenas numerosos e maltrapilhos. Tantos deles se agarraram em mim que, quando apareceu um táxi, fiz sinal e embarquei nele.

— Quando é que parte o trem para Dar es Salaam? — perguntei.

— Hoje à noite — disse o motorista.

— A que horas?

— Talvez em uma hora.

Seguimos pela rua esburacada até a estação ferroviária, repleta de camelôs vendendo alimentos e pessoas carregando os pertences em embrulhos de plástico. Aquele alvoroço me pareceu estranho — pessoas bem-vestidas, algumas correndo —, pois ocorria em um lugar onde a pressa e a preocupação eram artigos escassos.

Interrompi o chefe da estação, que estava comendo amendoins em seu escritório, juntamente com a vendedora de amendoins, uma mulher de cócoras, que segurava uma grande bandeja.

— É muito tarde para comprar passagem para esse trem?

— Temos espaço para o senhor, *bwana* — disse ele.

E foi buscar o bilhete. A vendedora de amendoins sacudiu a bandeja e disse:

— *Njugu? Njugu?*

Uma hora depois de chegar a Mwanza, com o *adeus, velho!* ainda ecoando em meus ouvidos, eu estava no trem — num pequeno compartimento com um beliche, mas aparentemente sozinho, munido com as garrafas de água que comprara de um camelô na plataforma.

— O senhor está confortável? — perguntou o chefe da estação, parando em meu compartimento para solicitar uma gorjeta.

— Sim, obrigado — disse eu, estendendo-lhe o dinheiro imerecido. — Quando chegaremos a Dar?

— Domingo, a qualquer hora — disse ele, e seguiu seu caminho.

Era uma noite de sexta-feira, mas e daí? Eu tinha uma cama e uma janela para a África, em uma ferrovia cheia de africanos. Em pouco tempo, estaríamos na mata, atravessando o centro da Tanzânia na direção leste.

Por causa das luzes brilhantes da estação, as pessoas eram atraídas para o lugar, onde sentavam e conversavam. Uma enorme turma de crianças estava chutando uma bola sob as luzes. Não era um jogo para valer, mas as crianças mostravam tanto empenho, que seus risos e gritos atraíram minha atenção. A África estava cheia de crianças magricelas e vivazes, que gritavam enquanto brincavam. Seus jogos, geralmente, envolviam chutar uma bola. Não usavam uma bola de borracha, redonda, mas uma bola de pano deformada, forrada com trapos. O campo não era plano, nem liso, mas poeirento, pedregoso, cheio de lombadas. As crianças jogavam descalças. Havia mais de vinte delas — não havia times, era um vale-tudo.

Ouvindo seus gritos, enquanto brincavam naquela noite quente, levantando poeira no pátio da estação, fiquei impressionado com a dedicação e animação que demonstravam. O campo de jogo era um terreno baldio em parte imerso na escuridão. As crianças entravam e saíam das sombras, soltando gritos agudos. A escuridão não tinha importância, o campo irregular não tinha importância, a bola disforme não tinha importância. Aquelas crianças brincavam e riam em uma das províncias mais sem esperanças de um país semiabandonado. Mesmo depois que a locomotiva apitou e começamos a deixar Mwanza, eu ainda podia escutar seus risos estridentes. Então percebi por que aquele quadro feliz, ao mesmo tempo em que me fascinara, fizera com que eu me sentisse tão só.

Lembrei-me do final de um romance de Saki, *The Unbearable Bassington* (O insuportável Bassington), em que há uma cena parecida — crianças brincam animadamente, observadas por um homem solitário, Comus Bassington. O cenário também era a África, um lugar como Mwanza, "uma região selvagem, assolada pelo calor e pelas febres, onde os homens viviam como minhocas e morriam como moscas. Alguém que não tivesse uma mente saudável poderia acreditar em demônios; mas em um Deus bondoso e Todo-poderoso, nunca".

Bassington se sente tão só e miserável que não consegue olhar para aquela cena feliz.

> Esses filhotes de humanos representavam a alegria de viver; ele era o forasteiro, o alienígena solitário, olhando para algo de que não poderia participar, uma felicidade que não lhe cabia... [e] em sua inexprimível solidão, abaixou a cabeça e escondeu-a nos braços, para que não pudesse ver aquelas alegres travessuras na colina à sua frente.

O luar era suficiente para que eu pudesse ver a paisagem nas cercanias de Mwanza, tão rochosa quanto às margens do lago. Mas aqui era uma uma terra bem plana, interrompida por rochedos, alguns altos como colinas, outros tão baixos que pareciam túmulos.

As aldeias eram apenas choças de barro, no interior das quais tremulavam lâmpadas a óleo. Apesar da simplicidade, tinham uma inteireza que faltava às aldeias de Uganda. As aldeias de Uganda mostravam sinais de terem sido atacadas, abandonadas, retomadas, reconstruídas, melhoradas e dilapidadas de novo — resultado da guerra, das expulsões e das mudanças violentas. As cicatrizes das batalhas faziam com que Uganda parecesse um país forte. Na Tanzânia não havia evidências tão marcantes do passado, mas apenas decadência — decrepitude simples e linear. E, em algumas aldeias, colapso.

Rapidamente, menos de 30 quilômetros depois de Mwanza, entramos na mata: planícies cobertas de capim e árvores baixas — o grande vazio africano, tão vazio quanto o lago Vitória e, sob a luz aquosa da lua, com o mesmo aspecto marítimo.

Quando as nuvens cobriram a lua, dei uma volta pelo trem e encontrei um vagão-restaurante, dentro do qual estavam alguns africanos, já bêbados.

O atendente me perguntou, em suaíli, se eu estava com fome e, para me tentar, mostrou-me alguns pratos, dizendo:

— *Chakula, chakula* — comida, comida.

Para os novatos, aquilo poderia parecer uma carne misteriosa. Mas eu sabia do que se tratava. Um dos pratos continha, obviamente, um pastelão de amblongo púrpura; os demais, costeletas crumbobiliosas e tortinhas gósquias. Reconheci as iguarias porque suas receitas estavam em *The Book of Nonsense Cookery* (O livro da cozinha absurda), de Edward Lear. As costeletas tinham sido preparadas à perfeição, bem de acordo com a receita ("Quando terminar de picar, escove tudo rapidamente com uma escova de roupas nova"). O atendente ainda estava sacudindo os pratos à minha frente, mas eu recusei.

— Só uma cerveja — disse eu.

Levei-a para o meu compartimento. No caminho, avistei dois estrangeiros, os únicos além de mim dentro do trem. Eram pálidos e tinham a pele manchada, com queimaduras de sol — um rapaz e uma moça, ambos com cerca de 20 anos, embora suas formas volumosas os fizessem parecer mais velhos. Descobri que eram daqueles evangélicos rechonchudos, comedores de biscoitos e donos da verdade, que irrompem em lugares como Mwanza, com uma Bíblia nas mãos, uma mochila e as provisões de sempre: biscoitos, bolos e um livro de salmos em suaíli. Descobri isso porque as janelas do trem estavam abertas e, em um ponto em que o trem diminuiu a marcha, ouvi meu nome. *Paul.*

Meu Deus, teriam eles me visto? Iriam dizer que os pais deles gostavam dos meus livros e que não era mesmo uma coincidência incrível eles me encontrarem no trem?

Não, pois o homem dizia o nome de um modo pedante, com a boca cheia de biscoitos. "Paul nos diz, nos Gálatas..."

Pequenos relâmpagos no horizonte, a oeste, começaram a iluminar o céu. As explosões de luz se transformaram em enormes e recortados clarões de fogo, que iluminavam nuvens pesadamente carregadas. Surgiam de forma tão súbita quanto fogos de artifício e lembravam, em escala e violência, uma grande batalha — na qual bombardeiros e combatentes eram pequenos demais para enxergar alguma coisa, embora suas bombas fossem extremamente quentes e destrutivas. Era um temporal africano, a uma distância de 30 ou 40 quilômetros. De vez em quanto, todo o céu de nuvens escuras era convulsionado por um raio que perdurava, como um flash poderoso. Esse flash me permitia ver a terra com clareza — vi que estava vazia, a tempestade só fazia mostrar como era vazia e indestrutível.

— Outra orientação que ele nos dá, nos Gálatas — disse o homem, enquanto o céu se tornava incandescente e os trovões ressoavam, ecos longínquos da tempestade distante.

Procurem a verdade na natureza, gostaria eu de dizer aos missionários comedores de biscoitos que estavam no compartimento adjacente. Nada é completo, tudo é imperfeito, nada dura para sempre. Vão dormir.

* * *

Antes do alvorecer, chegamos à cidade de Tabora. Ainda estávamos lá três horas depois. Os missionários tinham deixado o trem, a maioria das pessoas tinha feito o mesmo. Mas novos passageiros encheram o trem. Um africano juntou-se a mim, em meu compartimento, para ocupar o leito de cima.

O trem era o único meio prático para se entrar e sair de Tabora, o elo de ligação entre esta grande cidade e a capital, a 1.300 quilômetros de distância. Décadas de abandono tinham deixado as estradas da Tanzânia em péssimo estado e muitas delas inutilizáveis. As exceções, como sempre, eram as rotas turísticas. O adepto de safáris, com suas calças de montaria e chapéu de caçador, que se dirige à cratera de Ngorongoro a bordo de um Land-Rover para se embasbacar com os javalis, pode ficar admirado com a modernidade da Tanzânia — grandes hotéis, estradas excelentes, abundande vida selvagem. Mas um pescador de Sukuma, tentando vender seus peixes em Shinyanga, a 100 quilômetros de distância, dificilmente encontrará uma estrada decente, muito menos um veículo, e só conseguiria chegar a Tabora neste mesmo trem.

A Tanzânia tinha chegado a um beco sem saída em sua estrada para o socialismo e, economicamente falida, tanto na indústria quanto na agricultura, andava se promovendo como um centro incomparável de reservas animais, convidando os estrangeiros a tirarem fotos das espécies ameaçadas e a gastarem dinheiro. Grandes áreas de mata em Loliondo — perto da fronteira do Quênia, uma das principais rotas migratórias de animais selvagens — tinham sido arrendadas como reservas particulares de caça a um nobre dos Emirados Árabes Unidos, que as cedia a gente rica que desejasse matar leopardos. Os habitantes da região, guerreiros massais, eram guias e faxineiros no hotel da reserva, mas se ressentiam da intrusão e afirmavam que, quando a caça escasseava em Loliondo, os caçadores matavam animais no Parque Nacional do Serenguéti.

A Tanzânia era uma meca turística. Os camaradas, maoistas, ideólogos, revolucionários e fidelistas matraqueadores de slogans agora disputavam empregos em hotéis e levavam turistas para passear nas reservas. Se fosse tanzaniano e sua povoação não estivesse próxima aos leões e aos elefantes — como era o caso de Tabora —, você estava sem sorte. Teria que se virar com escolas indigentes, estradas ruins e essa ferrovia inesperada, antes chamada de Linha Central, construída pelos alemães havia quase cem anos.

O homem do beliche superior apresentou-se como Julius, nome do pai da pátria. Tinha em torno de 45 anos. Era educado, bem-falante e demonstrava consideração — sempre saía do compartimento para fumar seus cigarros, por exemplo. Trabalhava para o Departamento de Utilização da Terra, ajudando os agricultores a ganhar dinheiro com plantações viáveis. Isso era coisa séria em Tabora. Seu destino era Dar es Salaam, onde participaria de uma reunião com o pessoal do departamento na semana seguinte. Estava saindo uma semana antes, para se assegurar de que chegaria a tempo.

— O único cultivo comercial da região é o tabaco para cigarros — disse Julius. — Já houve uma cooperativa de tabaco. O governo comprava as colheitas, o preço era justo.

— E o que aconteceu?

— Os gerentes eram corruptos. Eles administraram mal a cooperativa. A cooperativa faliu e as indústrias foram privatizadas.

Ele falava sem nenhuma emoção, em tom contido, quase derrotado. Os tanzanianos dogmáticos, repetidores de lemas, tinham sido humilhados. Ninguém mais falava de imperialismo, ou de neocolonialismo. Nem sobre os malefícios do capitalismo — embora pudessem fazê-lo, pois até o capitalismo tinha fracassado na Tanzânia.

— Em Tabora, existem várias fazendas de tabaco pequenas, meio hectare, ou um quarto de hectare — disse Julius. — Dois anos atrás, as empresas privadas compravam a produção. Os preços eram bons para o tabaco curado. Mas este ano o preço é um quarto do que era. Os agricultores, bem, nós os chamamos de camponeses, eles estão em dificuldades. Não conseguem pagar as contas.

Eu disse:

— No Quênia, os plantadores de café estão plantando milho.

— Aqui também — disse Julius. — Muitos começaram a plantar comida para si mesmos: milho, feijão e cebolas.

Depois de tanto tempo, uma volta à agricultura de subsistência. Um modo de vida, na África, que me era familiar. Eu tinha a forte impressão de que os lugares que eu conhecia não haviam piorado, mas também não haviam mudado. Após quarenta anos de experimentos com várias ideologias e indústrias, os tanzanianos estavam de volta ao cultivo manual, socando milho para transformar em farinha, vivendo de mingau e feijão. Nada era novidade, exceto que havia mais pessoas, mais prédios encardidos, mais lixo, menos árvores, mais caçadores clandestinos, menos animais selvagens.

Como o atraso se prolongava, saí do trem e dei uma volta por Tabora. As prateleiras das lojas estavam vazias, embora houvesse mercadorias — mulheres vendiam bananas, tomates e réstias de alho empoeiradas.

Deixamos Tabora no meio da manhã calorenta e entramos na mata, um vazio verde, com pássaros esvoaçantes. Pouca coisa tinha mudado desde a velha África inexplorada do século XIX. Burton e Speke, que marcharam da costa até aqui, havia 150 anos, teriam reconhecido facilmente a região. Era a rota de comércio árabe, a rota dos escravos. Julius me disse:

— Por que você não vai até Arusha para ver os animais: leões e elefantes?

Isso era o que os visitantes faziam, desembarcando no aeroporto internacional que fora construído perto dos animais, para a conveniência deles. Mas o enorme país não tinha nenhuma ligação com isso; em certo sentido, ainda não fora desenvolvido e nem mesmo descoberto. Por ironia, em 1967, Arusha foi o lugar onde o presidente Nyerere proferiu o eloquente discurso de afirmação nacional e autodeterminação, em que dizia que a Tanzânia seria autossuficiente. Essa chamada Declaração de Arusha afiançava que o governo iria erradicar "todos os tipos de exploração", de modo a "prevenir a acumulação de riqueza, incompatível com a existência de uma sociedade sem classes". Atualmente a questão — tanto aqui quanto em outros lugares — não era a exploração, ou as classes, ou as riquezas, mas como conseguir uma refeição.

O Zimbábue estava nos noticiários do rádio: fazendeiros brancos tinham suas propriedades invadidas por africanos que exigiam terras. O presidente Mugabe apoiava os africanos, que estavam violando as leis, além de, em alguns casos, assassinarem os fazendeiros brancos. Transmiti as notícias a Julius.

— Mugabe quer permanecer por mais alguns anos — disse ele. — Então fica fazendo discursos sobre a terra. Sim, eles vão tomar aquelas terras dos fazendeiros brancos. Isso aconteceu aqui, na Tanzânia. Parte das terras vai para os africanos ricos. O resto vai ser subdividido entre os camponeses, pequenos lotes. Eles vão cultivar o que quiserem e acabar onde nós estamos agora, camponeses dando duro em pequenas propriedades, plantando milho e feijão para alimentar suas famílias.

Muitas vezes, em trens ou nas aldeias, ouvi africanos fazerem afirmativas impiedosas como essa. Mas nunca ouvi dos políticos africanos, ou dos agentes da virtude estrangeiros, uma declaração de tão cortante bom-senso.

Ao meio-dia, paramos na estação de Kazi-Kazi, apenas um abrigo com teto de zinco, cercado pela mata. Por conta da estação do ano e da posição equatorial do lugar, o sol estava diretamente a pino. O capim atingia a altura de um homem, pontilhado de flores silvestres amarelas. Mais além, a imensa planície.

A imutabilidade de tudo era uma coisa assombrosa. Eu tinha passado por aqui, nos anos 1960, e vira a velha estação, o teto enferrujado, os postes e pilares, os grupos de árvores e os feixes de espinheiros — pontudos como arame farpado — que compunham a cerca. Esse ponto de parada não mudara em quarenta anos, nem mesmo desde que a ferrovia fora construída, cem anos atrás. Mas, se não melhorara, também não se deteriorara muito. Bem mais adiante, na estação de Kilaraka, um garotinho saiu de um aglomerado de choças e veio correndo até o trem, carregando uma tigela de ovos cozidos, na esperança de vender alguns para os passageiros. Assim que chegou perto, o apito soou e partimos — deixando-o para trás, aos berros.

Cruzamos a planície de Wagogo, o coração selvagem da Tanzânia: nenhuma estrada, nem cidades, somente a ferrovia. Quaisquer animais que houvessem existido, tinham sido caçados clandestinamente pelos wagogos, uma tribo de pastores. Se fossem tão coloridos quanto os massais, com os quais se pareciam — também enfiavam sarrafos nos lobos das orelhas e portavam lanças de aspecto letal —, os wagogos teriam recebido mais atenção. Costumavam limar os dentes da frente até ficarem pontudos e usavam contas, mas ninguém lhes prestava atenção. Poderiam ter prosperado por si mesmos. Mas, por causa da seca, animais mortos e negligência, estavam na mesma situação em que se encontravam na década de 1850, quando Sir Richard Burton passou pela região. Sir Burton se deteve rapidamente, para investigar, com o habitual rigor, os hábitos sexuais dos wagogos — fazendo perguntas às mulheres, tomando medidas dos homens. As mulheres eram "receptivas aos estrangeiros de pele clara" e o pênis de um dos homens, "em repouso, media exatamente 15 centímetros".

O vale do Rift estendia-se à frente, uma depressão visível na grande planície verde, mais rasa e menos impressionante do que no Quênia, porém mais arborizada, com florestas em alguns lugares, outro cenário da velha África e de sua savana aparentemente infindável. Flores silvestres de cor púrpura cresciam ao lado dos trilhos, sobrevoadas por andorinhas. A distância, apenas mato. A grandes intervalos, surgiam as árvores — mangueiras ou baobás — que indicavam aldeias wagogos. Mas nem chegavam a ser aldeias: não passavam de cinco choças em círculo, apenas a quantidade que cabia na sombra de uma dessas poucas árvores.

Havia wagogos em todas as pequenas estações, como Itigi e Saranda, alguns pedindo, outros apregoando comida e objetos de artesanato. Eles sorriam, exibindo seus dentes limados e, como eu era o único *mzungu* no trem, cercavam meu vagão, oferecendo pilões, esteiras de junco trançado, remos, colheres de pau e cestos. Comida também: galinha e peixe estragado.

A temperatura da tarde estava em torno dos 30 graus e o sol brilhava em um céu sem nuvens — o que era uma decepção para o povo local, que precisava de chuva para as roças de milho recém-plantadas. A luz do sol era como uma praga — as pessoas tentavam fugir dela, mas não era fácil.

Em uma pequena estação, naquele vazio estorricado, apenas uma árvore crescia, uma mangueira de tamanho acanhado, mas frondosa, com muitos galhos. Embaixo, um círculo de sombra. Dentro do círculo, trinta pessoas se comprimiam umas contra as outras, para se manter à sombra, observadas por um pobre bode, amarrado sob o sol. O que parecia ser a brincadeira de um grupo era, obviamente, uma rotina de sobrevivência durante as tardes. Tão interessante quanto o pessoal espremido em torno de uma árvore, para mim, era que ninguém, nesse lugar exposto ao calor, tinha pensado em plantar outras mangueiras, pela sombra que ofereciam. Era bastante fácil plantar uma árvore, aquela própria mangueira continha mil sementes; mas ninguém plantara nenhuma, ou, se isso fora feito, a árvore havia sido cortada. A visão daqueles africanos lutando para permanecer dentro da mancha de sombra, em um lugar minúsculo da Tanzânia central, ficou gravada em meu espírito como um vívido exemplo da falta de planejamento.

Além da estação, havia rochedos semelhantes aos que eu vira perto de Mwanza, mas ainda maiores, cinzentos e redondos. A distância, pareciam grandes traseiros de elefante, tantos que obscureciam a paisagem.

Os únicos indícios de vida humana eram os vagões de trem danificados e retorcidos, caídos ao lado da ferrovia, juntamente com alguns trilhos enferrujados — lembrança de algum desastre ocorrido há muito tempo. Eu estava relendo *Coração das Trevas* e me lembrei dessa cena quando li:

> Encontrei uma caldeira sobre o capim (...) e (...) um pequeno vagão de trem virado ao contrário, com as rodas para o ar. Faltava uma delas. A coisa parecia tão morta quanto uma carcaça de animal. Encontrei mais peças de maquinário danificadas, uma pilha de trilhos enferrujados.

Peças de maquinário quebradas e abandonadas ao lado da estrada era uma cena comum na África. Nada para se lamentar, não mais, pelo menos de minha parte.

Um dos temas recorrentes em *Coração das Trevas* era o canibalismo. Marlow se referia aos africanos, ocasionalmente, como "canibais". Kurtz, o idealista que se tornou bicho-papão, desenvolveu um gosto pela carne humana e usava crânios como acessórios domésticos, o que é razão suficiente para suas últimas palavras: "O horror! O horror!" Conrad faz um certo jogo de cena com suas fortes alusões à antropofagia. Mutilações, amputações e massacres eram práticas habituais dos belgas; mas o canibalismo nunca foi institucionalizado pelos africanos do Congo (como ocorreu, por exemplo, em Fidji). A sugestão de antropofagia foi apenas mais uma atitude racista, tal qual a do prefeito de Toronto, que se recusou a ir ao Quênia "porque eu não quero acabar em um caldeirão". Há zombarias semelhantes em *Coração das Trevas*.

Muito mais prosaicos, no livro, portanto mais aterradores, são os sóbrios exemplos de decadência e exploração abusiva — estradas que não vão a lugar algum, casebres desmoronados, esforços sem sentido, maquinário quebrado, metal enferrujado. Detalhes como esses, destinados a chocar o leitor em 1902, eram hoje, um século mais tarde, simples fatos da vida cotidiana na África. Muito tempo atrás, eu diria que esses destroços eram a representação de esperanças perdidas. Mas agora sei que as esperanças não eram africanas.

A estrada de ferro, construída pelos alemães, ligava Dar es Salaam a Kigoma, no lago Tanganica. A ideia, como a maioria das ideias coloniais, era saquear o país com mais eficiência. O ramal até Mwanza foi contruído pelos britânicos. Desde então, nem um metro de ferrovia foi adicionado e não se fez mais nenhuma melhoria. Dodoma, onde chegamos no início da tarde, era uma boa demonstração de que o período colonial fora o ponto alto da tecnologia de estradas de ferro, no interior da Tanzânia. A estação tinha cem anos e, embora dilapidada, ainda funcionava.

Dodoma (como Tabora, Dila, Marsabit e Nanyuki) era o tipo de lugar onde eu poderia ter vivido bastante feliz — desde que ocupado com alguma coisa útil, como ensinar na escola local; ou tentando fazer com que os moradores locais se interessassem, tanto quanto seus ancestrais, pela criação de abelhas (outra prática esquecida na África Oriental). As pessoas diriam a meu respeito, em tom de louvor, o que sempre dizem sobre esse tipo de gente: "Ele devotou sua vida à África!" Mas não seria isso, de modo nenhum, seria apenas uma versão de Rimbaud, em Harar: o exílio, um animal egoísta com modestas fantasias de poder, deliciando-se em segredo com uma vida dedicada a consumir cerveja, fazer garatujas no papel e elaborar mitomanias — tudo em um clima agradável, onde não haveria interrupções, como cartas indesejáveis, faxes ou telefones celulares. Um ideal excêntrico, uma vida fora do mapa.

Dodoma era o lugar onde a ferrovia leste-oeste cruzava a Grande Estrada do Norte, que atravessava as estepes massais. Se a ferrovia estava em mau estado, a importante rodovia estava em condições muito piores, uma estrada a ser evitada, por sua superfície ruim, seus buracos e, na atual estação, sua lama. Nuvens negras se agrupavam em torno de Dodoma, perturbando os fazendeiros com trovões e relâmpagos — que explodiam dentro das nuvens, iluminando-as durante alguns segundos e as tornando ainda mais negras. Vendo-me garatujar, Julius disse:

— O que você está escrevendo?

— Só um relato — disse eu.

Ele entenderia isso; mas não entenderia que eu estava escrevendo um conto erótico, no caderno, que aos poucos se transformava em uma história longa. Quando não estava ocupado com isso, eu olhava pela janela, tomava notas e ouvia o rádio. Comprei bananas e ovos cozidos de alguns vendedores à beira da estrada. Às vezes me arriscava a comer as costeletas crumbobiliosas no vagão-restaurante. Quando o trem parava por mais tempo, eu descia, caminhava um pouco e comprava um coco. Passei algum tempo conversando com o chefe da estação, em Dodoma, que fazia o que podia com os antiquados trilhos de manobras.

No final do dia, descobri que Julius fora instado a colaborar na solução de um problema.

— Foi uma coisa muito ruim — disse ele.

— Qual foi a história?

Ele não disse nada, a princípio. Houve um tumulto no corredor do vagão-dormitório. Um grupo de garotos grandes entrou, seguido pelo austero condutor. Os garotos eram os jovens maltrapilhos que eu vira no vagão-restaurante — o motivo que me mantinha a distância daquele vagão.

— Esses três rapazes — disse Julius, abaixando a voz. — Eles encurralaram uma garota no banheiro. Ela entrou e, quando tentou sair, eles entraram.

— O que eles queriam?

— Iam estuprar ela, mas ela gritou e alguém ouviu. Eles me chamaram porque eu conheço ela. Ela ficou muito chateada, e ainda está muito chateada. Eu vou relatar isso à polícia.

Eu esperava mais problemas, mas não aconteceu nada, só havia silêncio, um silêncio palpável. Perto da meia-noite, o trem se deteve. Em vez de entrarmos em Morogoro, a penúltima estação da linha, paramos na pequena cidade de Kimamba e não nos movemos mais. Ainda estávamos lá sete horas mais tarde, em uma manhã de ar quente, úmido, pegajoso e cheio de mosquitos.

Ouvi alguém murmurar a palavra *shauri* — que significa um problema, um reboliço. Então, alguém disse no corredor:

— Um descarrilamento.

A população de Kimamba se reuniu para olhar o trem. Embora fosse uma parada não programada, algumas pessoas empreendedoras vendiam bananas e chá; mas a maioria apenas observava. Em alguma mesquita distante, um muezim iniciou sua cantilena.

Nas fachadas das lojas abandonadas da rua principal, eu conseguia ler os cartazes desbotados, um deles falando de tratores, outro com os dizeres: *Hotel dos Novos Agricultores*. Olhando o cenário por algum tempo, era possível perceber que Kimamba já fora uma cidade real, talvez importante, com algo semelhante a uma economia. Agora, era como se fosse uma ruína antiga.

Julius, o perito no uso da terra, disse:

— Eles plantavam sisal aqui.

O sisal era uma fibra essencial para a confecção de cordas no mundo, até o aparecimento do náilon. Julius explicou que o sisal, na região, fora plantado por europeus e indianos, em grandes propriedades. Não havia pequenos proprietários. A produção da fibra atingiu o ponto alto na Tanzânia em meados dos anos 1960. Ávido para faturar com a valorização, o governo nacionalizou as propriedades e expulsou do país os proprietários estrangeiros. Entretanto, o preço do sisal despencou no mercado. A produção caiu para um quarto do que tinha sido e, durante a década de 1990, para menos de um décimo. Tentando reduzir os prejuízos, o governo vendeu as fazendas para particulares. A produção de sisal tinha voltado ao que fora quarenta anos antes, exceto que, para a Tanzânia, o mercado já quase não existia. Era a terrível economia tanzaniana, mais uma vez em ação.

Plantar sisal não oferece muitas dificuldades. A planta suporta secas, chuvas pesadas e manejo descuidado. Pouco afetada por pragas e doenças, é também à prova de fogo, exceto após repetidos incêndios. Seu cultivo pode ser combinado com o de outras plantas. Agricultores do Brasil, México, China e Filipinas ainda plantam o sisal comercialmente, em pequenas propriedades. Mas — ninguém sabe por quê — esse cultivo foi um fracasso na Tanzânia.

— Talvez por má administração — disse Julius. — As pessoas estão plantando alimentos para si mesmas.

Eu disse:

— Isso não é má ideia, não é mesmo? Se estivessem plantando sisal, teriam que usar o dinheiro para comprar comida.

As pessoas sobreviveriam. Em tais circunstâncias, era o governo que ficava em apuros, sem rendimentos, nem exportações, nem moeda forte.

Sentei-me à beira dos trilhos e liguei o rádio: a febre aftosa estava destruindo os rebanhos britânicos; havia guerra na Macedônia, mortes na Chechênia, em Bornéu, em Israel e no Afeganistão; Wall Street apresentava índices alarmantes de queda e "as ações das empresas de tecnologia estavam em baixa".

Kimamba era quente, suja e pobre. Mas conseguia sustentar a si mesma. Com o trem parado, seus habitantes aproveitavam a oportunidade para vender alimentos e bebidas aos passageiros.

Um menino com um grande bule de chá, leite quente e xícaras parou perto de mim.

— Bom dia, sinhô.

— Qual o seu nome?

— Meu nome é Wycliffe.

— Qual o problema, Wycliffe?

— O problema, sinhô, é dinheiro.

À medida que as horas passavam, nosso trecho de ferrovia ficava mais emporcalhado. Os banheiros derramavam dejetos no chão; os passageiros atiravam cascas de banana, papéis, latas e garrafas de plástico pelas janelas. Além da sujeira, havia barulho: a música rap, que se ouvia de vez em quando no vagão-restaurante, estava sendo tocada agora. O pessoal de Kimbala se aproximou para ouvir.

Os africanos bêbados, do trem, começaram a ficar turbulentos. Eu não estava gostando daquilo, nem um pouco.

Em busca de informações sobre o descarrilamento, encontrei um africano chamado Weston, que se identificou como contador. Estava a caminho de Dar es Salaam, para auditar os livros de alguém. Ele disse que a Tanzânia se encontrava em má situação.

— Estamos mais pobres do que o Malaui. Não temos economia. Não temos nada — disse ele. — Mas já foi pior, antes da "liberalização".

A liberalização ocorreu quando o governo tanzaniano decidiu liquidar todas as empresas deficitárias, vendendo-as ao setor privado. O país tinha agora mais ou menos o que tinha antes da independência: trens rangendo, agricultura simples, um bocado de leões e elefantes, e uma boa quantidade de gnus.

Por volta do meio-dia, o trem apitou diversas vezes, quebrando o silêncio em Kimamba e abafando a música rap. Depois de mais alguns apitos, os passageiros pularam a bordo e partimos — de forma mais repentina do que tínhamos parado durante a noite.

O trem chocalhou em meio a uma desolação de árvores raquíticas e planícies, onde não se via absolutamente ninguém. Povoados como Kimamba eram como ilhas planas em um mar verde. Algumas horas mais tarde, passamos por entre algumas colinas; eram como ilhas montanhosas no mesmo mar. Morogoro era nessas colinas. Eu gostaria de saltar na cidade, que era um entroncamento rodoviário. Dali, poderia viajar para o sul, evitando a aglomeração urbana de Dar es Salaam. Mas havia um problema. Como o escritório do departamento de imigração estava fechado em Mwanza, o funcionário da alfândega tinha me concedido um visto de quatro dias. Eu só poderia comprar uma extensão do visto em Dar, e teria que fazer isso no dia seguinte.

Depois de todos os trovões e presságios de chuva durante o caminho, a chuva finalmente despencou, ao nos aproximarmos da costa. Estávamos em terras planas e alagadiças, que eram aproveitadas para o cultivo de arroz. A estação de plantio tinha começado há pouco, com a chegada das chuvas. Julius juntou-se a mim na janela.

Lembrei-me de que desejava lhe perguntar alguma coisa.

— Já ouviu falar do Kwanza?[1]

— Você sabe que *kwanza* significa "primeiro" — disse ele, pronunciando "pimeiro".

— Sim. Mas eu estou falando do festival de Kwanza.

— Não há nenhum festival. *Kwanza* significa primeiro. — Ele alisou a parede do compartimento. — *Gari a kwanza.*

— Compartimento de primeira classe — disse eu. — Correto.

Mas essa classificação era um eufemismo. Tínhamos saído de Mwanza havia menos de três dias e o trem já estava imundo. Os funcionários limpavam todas as pias com poderosos desinfetantes, sabendo que a maioria dos homens, preguiçosamente, usava as pias de seus compartimentos como mictórios. Quem acabava de comer, lavava as mãos em um jarro e uma bacia, com um pedaço de sabão entregue pelo garçom. Mas não havia como tomar banho. A falta de chuveiros fazia o trem calorento feder a humanidade sem asseio. Os banheiros eram repulsivos. O vagão-restaurante estava imundo; não que ainda houvesse comida, depois de todos os atrasos. Mas eu estava gostando de estar no trem, pois este cruzava uma parte da Tanzânia em que as estradas eram intransponíveis. Um pouco de atividade com uma vassoura, um esfregão e uma escova — e a viagem seria bem agradável. Os atrasos não me incomodavam seriamente. Eu não tinha prazos a cumprir e ninguém me esperava. Mas a sujeira, o lixo, a bosta e os bêbados tornavam esse trecho da viagem difícil de suportar.

De qualquer forma, já era uma coisa admirável que o trem simplesmente funcionasse. O trem era uma necessidade. Como, senão por via aérea, esses mil e poucos tanzanianos poderiam viajar a partir de Mwanza ou Tabora? A pressão desses números e a manutenção deficiente tornavam impossível uma viagem sem obstáculos. Mas não havia desculpas para a imundície.

As colinas baixas e íngremes indicavam que estávamos perto da costa. Nas encostas viam-se entradas de cavernas, bem definidas.

— Caulim — disse Julius.

---

[1] Festival realizado nos Estados Unidos, para celebrar a herança afro-americana. Foi criado em 1966, sendo realizado de 26 de dezembro a 1º de janeiro. (N. do T.)

As colinas abrigavam depósitos do material e as cavernas, segundo ele, datavam da época dos alemães. Naquele tempo, a Tanzânia exportava caulim. Telhas, tijolos e vasilhames eram fabricados com esse barro de boa qualidade.

— Mas agora as pessoas entram nos túneis e roubam o material.

Mais uma indústria extinta, como a do sisal, do tabaco, do arroz, do algodão e dos apiários de Tabora, que um dia produziram mel de alta qualidade, criados por alguns voluntários do Corpo de Paz. Os voluntários tinham voltado para casa.

— O que aconteceu com os apiários depois disso?

— Faliram.

Dar es Salaam começava a quilômetros da costa, com campos de arroz esparsos, aldeias dispersas e casas de barro melhoradas — as construções cada vez mais próximas umas das outras. Casas de cimento de um só andar, na periferia, uniam-se para formar cortiços, abrigos pobres superlotados, espremidos em meio a poças de lama.

Mas a vida continuava. Naquela favela enlameada, sob uma chuva fina, um homem lavava os pés com um balde e uma escova. Algumas pessoas golpeavam a terra com enxadões, preparando uma pequena gleba. Mulheres mexiam colheres em panelas manchadas de fuligem, colocadas sobre fogueiras fumacentas — cozinhavam ao ar livre, embaixo da chuva. Pés de milho brotavam à beira dos trilhos, o milharal de alguém. A cena começou a ficar parecida com uma pintura de Paul Hogarth, até nos menores detalhes hogarthianos: pessoas bebendo, brigando, sentadas à toa, esvaziando penicos, um homem mijando num poste, uma criança chorando, ninguém levantando os olhos. Em uma passagem de nível, um garoto nervoso pulava em uma poça de lama e gritava para o trem.

Eu não tinha pressa — não era esperado em lugar nenhum — mas, sempre que chegava a uma cidade africana, sentia vontade de partir.

A vida urbana é horrível em todo o mundo, mas é mais horrível na África — antes um ano em Tabora do que um dia em Nairóbi. Nenhuma das cidades africanas que eu vira até o momento, do Cairo para baixo, parecia adequada à habitação humana, embora nunca faltassem forasteiros para cantarem louvores a esses ninhos de cobras — de como você poderia usar telefones celulares, enviar faxes, entrar na internet, comprar pizzas e telefonar para casa —, fazendo uma relação das próprias coisas que eu queria evitar.

Certo dia, li em um jornal africano: *No ano de 2005, 75% da população da África estará morando em áreas urbanas.* Faltavam poucos anos. Fiquei feliz por viajar agora, pois as cidades africanas estavam ficando piores — mais desesperadas e perigosas — à medida que cresciam. Não se tornavam mais densas, apenas se espalhavam mais, transformando-se em gigantescas aldeias. Nessas cidades, as mulheres ainda buscavam água em canos que pingavam, cozinhavam sobre fogueiras ao ar livre e lavavam a roupa em córregos imundos. As pessoas cagavam em latrinas abertas. "Citadino", na África, era o habitante de um lugar maior e mais sujo.

Assim como a pessoa que, de tão pobre e tiranizada, perdeu o autorrespeito e qualquer sentimento de vergonha, as cidades africanas não tinham a menor pretensão de serem algo mais do que grandes favelas. Antigamente, cada cidade tinha seu estilo próprio: a arquitetura de Nairóbi se caracterizava pelas casas de estuque, cobertas por telhas; colinas harmoniosas embelezavam Kampala; Dar es Salaam tinha um estilo colonial costeiro. Seus prédios de paredes grossas, destinadas a amenizar o calor, conferiam à cidade uma aparência de ordem, em que a esperança não estava ausente.

Atualmente, as cidades eram muito semelhantes entre si, pois uma favela é uma favela. A improvisação tomara o lugar do planejamento. Novas construções, baratas, eram erguidas, pois a renovação dos prédios antigos era vista como cara demais. E como nenhum prédio era mantido adequamente, todas as estruturas das cidades africanas estavam se deteriorando. Eu trazia comigo uma lista de hotéis em Dar es Salaam nos quais poderia ficar. Disse o nome de um deles para o motorista de táxi. Ele respondeu:

— Não existe mais.

Eu disse outro nome.

— Pegou fogo.

Outro:

— *Shenzi* (sujo).

E mais outro:

— Fechado. Não *tabalha* mais.

Os tanzanianos começavam muitas frases assim: "O problema, como você sabe..." A qualquer observação ou comentário casual que eu fizesse, a primeira reação dos tanzanianos que encontrei era transferir a culpa. Isso, apesar de estarem em uma época de paz — nenhuma guerra, nenhuma revolução, nenhum golpe de estado, nenhuma lei marcial. Uma ou duas vezes, em quarenta anos, os tanzanianos votaram em eleições livres.

Em Dar es Salaam, descobri que não existe melhor maneira de desperdiçar um dia do que passá-lo em uma repartição pública do governo tanzaniano. O desperdício de tempo já indicava o que havia de errado no país. Os tanzanianos reclamavam do desemprego — quase a metade da população, na capital, estava desempregada. Mas, se o Gabinete de Imigração puder servir de exemplo, os que tinham emprego não faziam quase nada. Com meu passaporte em mãos, cinquenta dólares em dinheiro e a requisição para o visto preenchida, permaneci uma hora na fila. Não fui o único. No grande escritório sem divisórias, com vinte funcionários, todos os que estavam na fila encontraram os mesmos obstáculos: apatia, grosseria e, finalmente, hostilidade.

A multidão, em que eu me incluía, limitava-se a olhar e esperar. O escritório estava sujo e as mesas em desordem. Um dos funcionários comia um pedaço de bolo; uma mulher com bobes nos cabelos lia o jornal da manhã em sua escrivaninha; outra olhava para o espaço; um homem apenas tamborilava os dedos. Tentei dissociar minha urgência pessoal desse enigma (na verdade, eu precisava do visto e do passaporte para comprar uma passagem de trem) e olhei as coisas como se fizessem parte de um documentário cômico.

— Volte mais tarde — disse-me uma mulher mal-humorada.

Mas eu queria monitorar todos os procedimentos para a concessão do meu visto. Assim, andei de mesa em mesa, sujando-me com chá e farelo do bolo. Seis pessoas examinaram e rubricaram o meu requerimento, que foi colocado em uma bandeja, onde permaneceu por vinte minutos. Foi então enfiado em uma ranhura na parede — um escritório ao lado.

Se eu tivesse reclamado, eles teriam respondido com justificativas como: "Qual é a pressa?" "Quem é você?" "Que importância tem isso?" "Por que deveríamos nos importar?" Nada jamais funcionara na Tanzânia, tudo o que aquelas pessoas conheciam era o fracasso, a retórica política vazia, as promessas quebradas. É verdade que o desemprego em Dar es Salaam era desesperador, mas mesmo quem trabalhava parecia se sentir lesado, com inveja e com raiva.

Seguindo meu passaporte, esgueirei-me até o escritório ao lado, abri a porta — fingindo que entrara no escritório errado — e vi o funcionário encarregado dos vistos. Vestia camisa branca, gravata azul e estava diante de uma bandeja de metal, segurando um pedaço de pão, que mergulhava em uma grande tigela de ensopado, derramando bocados de molho na pilha de requerimentos.

— Desculpe — disse eu, e saí para rir do lado de fora.

Lá, encontrei Christopher Njau. Tinha 22 anos e nível universitário. Estava desempregado e tentava obter um passaporte.

— O problema, veja você — começou ele, logo que comentei ter gasto duas horas e meia e cinquenta dólares para ficar esperando um visto de turista, em um país que estava implorando por turistas.

— O Banco Mundial não quer nos dar dinheiro — disse Njau.

— Não vejo a ligação entre este escritório ineficiente e um empréstimo do Banco Mundial.

— Também há muita corrupção aqui.

— Eu deveria ter oferecido suborno?

Ele deu de ombros.

— Nacionalizar os bancos foi um erro. Também temos uma superpopulação.

— Então, qual é a resposta?

— Eu quero sair do país — disse ele. — É por isso que estou aqui. Preciso de um passaporte para sair do país, mas já estou esperando há meses.

— Para onde você gostaria de ir?

— Minha irmã está no Texas. Está estudando. Ela tem um carro! Com o carro, ela dirige até o trabalho e até onde estuda.

Sacudiu a cabeça, como que não acreditando. Parecia quase inimaginável que sua irmã, uma mulher de 24 anos, pudesse ter um carro. Eu achava mais difícil de acreditar que ela tivesse obtido um passaporte naquele escritório.

Mais tarde, naquele dia, obtive o visto e comprei uma passagem de trem. O bilhete comum, de Dar es Salam até o meio de Zâmbia, custava vinte dólares; o bilhete de primeira classe, cinquenta e cinco. Na primeira classe, dividiria o compartimento com mais três pessoas — não era minha ideia de primeira classe, mas serviria.

Com tempo de sobra, tomei a barca para Zanzibar, que permanecia relativamente intacta, uma ilha com cheiro de cravos. As casas caiadas tinham parapeitos decorados e cortinas nas varandas. Havia blocos de apartamentos, também, tão feios quanto qualquer coisa construída pelos romenos — que estavam entre os primeiros benfeitores da Tanzânia.

Na parte litorânea, viam-se *dhows*, barcos, bancas de frutas e vendedores, além do costumeiro toque medieval. Naquele dia, um garoto se preparava para andar em uma corda estendida entre duas árvores. Tinha atraído cinquenta ou sessenta espectadores, garotos zanzibaritas, que nada tinham para fazer, senão serem entretidos pela tagarelice do acrobata — que valorizava o fato de não usar rede de segurança.

— Eu posso cair! Eu posso morrer!

Tão ofuscantemente branca quanto parecia vista do mar, Zanzibar era uma ilha com ruelas malcheirosas e muçulmanos carrancudos. Dei uma volta pelo bazar e encontrei um entediado mercador indiano.

— Os negócios estão fracos.

— E quando estiveram bons?

— Nos anos 1960.

— Quanto custam essas sandálias?

Eram duras, feitas de prata — para serem usadas pela noiva na noite do casamento, quando entrasse na semiobscuridade do quarto, onde o noivo a esperava no leito, para obter seu triunfo: a defloração.

— Tenho que pesar.

Eu ri, com o pensamento de que aqueles belos objetos eram vendidos a peso.

— A prata está a 2,20 por grama — disse ele, cotando o preço em xelins.

Calculei que o preço seria de 120 dólares. Regateamos um pouco, e eu lhe dei cem dólares em dinheiro; ele embrulhou as sandálias em um velho jornal e pôs um elástico em volta, com um estalo. Enquanto fazia isso, disse que seu avô viera para Zanzibar em 1885. Toda sua família estava aqui.

— Queremos ir embora, mas como?

— Você quer dizer, ir embora para a Índia?

— Não para a Índia. Nunca fui à Índia.

— Você quer dizer América?

— Sim. O que eu quero é América.

— Você já esteve lá?

— Não.

Nos dois dias seguintes, comprei mantimentos para a viagem de trem rumo ao sul. Era impossível estar em Dar es Salaam e não encontrar estrangeiros tentando resolver os problemas da Tanzânia. O que me surpreendeu foi a escala modesta de seus esforços. Ninguém mais estava distribuindo grandes somas de dinheiro. O que havia, principalmente, era o "microcrédito", um termo popular para uma atividade popular. Um americano que encontrei estava emprestando entre 200 e 300 dólares, para ser ressarcido em um espaço de tempo relativamente curto.

— Eu digo a eles: "Nem pense em outro doador. Nós vamos colocar vocês de pé. Nós somos os últimos doadores de que vocês irão precisar."

— Você acredita nisso?

Ele riu e disse que os africanos eram "peritos em doações". Estavam acostumados a receber doações e sabiam que a fonte secaria em dois ou três anos — e que teriam que procurar mais dinheiro em outro lugar, de modo a financiar seus projetos: processamento de leite em pequena escala, comércio varejista, capacitação do trabalho feminino.

— Talvez estejamos desperdiçando dinheiro, mas não é muito dinheiro — disse ele.

Certo dia, em um café, entreouvi a conversa de um pregador americano com alguns africanos, dois homens e duas mulheres, que pediam doações em dinheiro. Disseram que precisavam do dinheiro logo. O pregador respondeu que eles poderiam estar com pressa, mas ele não. Tinha 70 anos, talvez, com sobrancelhas densas e brancas, que lhe emprestavam um olhar severo como o de uma coruja.

— Eu estou aqui para avaliar a situação — disse ele. — Sim, nós temos recursos, mas eles chegam a nós pelo amor e pela consideração de Deus.

Um dos africanos mencionou uma escola, que precisava de dinheiro naquele momento.

Sem se impressionar, o pregador disse:

— Uma coisa que nós fazemos questão é de que não haja nenhum envolvimento do governo.

— Só uma orientação — disse o africano.

— Nossa orientação é a Bíblia.

— Parceria — disse uma das mulheres, apenas para acrescentar alguma coisa, estremecendo quando o pregador respondeu:

— Nós podemos avaliar parceiros, mas somente com base na fé, aqueles que compartilhem de nossos princípios — disse ele.

A segunda mulher mencionou dinheiro novamente.

— Façam suas propostas por escrito, para que eu possa estudá-las — disse o pregador. Então lhes falou sobre o privilégio que era interagir com eles e os guiou em uma oração, que fez de cabeça baixa. Os africanos o observaram com olhos suplicantes, pensando (foi o que me pareceu): nunca vamos ver o dinheiro desse cara.

Tantos doadores tinham sido logrados na Tanzânia, que as doações se tornaram difíceis — segundo me disseram. Os tanzanianos poderiam insistir em que o dinheiro era urgente, mas os doadores apontavam para o fato, incontestável, de que enormes quantias foram distribuídas no passado, com poucos resultados.

Era mais fácil deixar o país.

— Eu quero ir para a África do Sul — disse-me um jovem no mercado, antes de sua tentativa infrutífera de me pedir dinheiro. — Muitas pessoas têm ido para lá. Meus amigos só querem deixar a Tanzânia. Não tem nada aqui.

— Como eles vão para a África do Sul? — perguntei.

— De trem, daqui até Zâmbia, e depois de ônibus.

— Como é o trem?

Ele fez uma careta e franziu o nariz, talvez na intenção de me desencorajar. Mas não fiquei desencorajado. Eu também queria sair do país.

13 *O Expresso Kilimanjaro até Mbeya*

A ferrovia de Tazara, um presente dos chineses, foi inspirada pela Grande Revolução Cultural Proletária. Sua construção, durante o período 1966 a 1976, uma década desastrosa para a China, ficou a cargo de trabalhadores chineses — engenheiros, operários resmungões e guardas vermelhos. A intenção dos chineses, digna de apreço, era libertar tanto a Tanzânia quanto a Zâmbia da rota de suprimentos via África do Sul, país "imperialista" e dominado pelos brancos. A linha férrea era também uma demonstração do que se poderia conseguir quando camponeses determinados, trabalhando duro, tornavam-se parafusos inoxidáveis da máquina revolucionária (como diziam os maoistas). Infelizmente, não havia camponeses revolucionários no interior da Tanzânia, apenas plantadores de amendoim furiosos — pois suas terras tinham sido desapropriadas a troco de nada. Os guardas vermelhos, aparentemente, não repararam nisso. Completada antes do prazo, a estrada de ferro foi, sob quaisquer critérios, uma estupenda realização chinesa.

Para demonstrar sua gratidão à China, burocratas tanzanianos papagaiaram slogans durante anos, chamaram-se de "camaradas" e vestiram túnicas ao estilo maoista. Em meados dos anos 1980, os chineses declararam que a Revolução Cultural fora um erro terrível. A revisão não chegou a Dar es Salaam. Muito depois de os chineses terem deixado de considerar Mao como o Grande Timoneiro, passado a encarar seus lugares-comuns como coisas embaraçosas e a adotar gravatas e óculos escuros para combinar com o novo lema "Enriquecer é a glória", os africanos ainda cantavam: "Sirvam ao povo", embora isso fosse a última coisa que os tanzanianos desejassem fazer. Ainda eram plantadores de amendoim furiosos.

A ferrovia de Tazara começou a decair desde sua conclusão, embora ao longo dos anos tenham ocorrido surtos — convulsões, na verdade — em que foram feitas tentativas para restaurá-la. Alguns anos mais tarde, tornou-se inoperante. Os estrangeiros foram mantidos longe dela por uns tempos. Agora, pelo menos, voltara a funcionar, rebatizada com o nome de "Expresso do Kilimanjaro", embora não tivesse nenhuma ligação com a montanha.

— O trem está sempre atrasado — alguém me avisou em Dar es Salaam. Como se eu me importasse.

A estação central, por si só, era um indicador do descaso pela manutenção da ferrovia. O terminal de Dar es Salaam era o tipo de prédio em que eu passara um bocado de tempo comprando passagens e comendo macarrão, quando viajei através da China. Grande, despojado como um mausoléu marxista, sem salas de espera nem anexos, era totalmente aberto, bem ao estilo chinês, concebido para que todos ficassem visíveis e a polícia pudesse controlar as multidões com facilidade. "Nenhum lugar para se esconder" era o subtexto do planejamento urbano chinês. A estação era fruto de um projeto chinês e poderia estar no centro de Datong — havia uma estação idêntica na maioria das cidades chinesas. Embora parecesse fora de lugar, não era mais estranha que as construções em estilo arábico de Zanzibar, ou que antigas estruturas coloniais, como os prédios de escritórios alemães e os clubes britânicos no centro de Dar.

Presumindo que haveria atrasos, enguiços e escassez, levei uma caixa com alimentos e garrafas d'água — em número suficiente para durarem quatro dias. A viagem de dois dias até Mbeya costumava demorar três dias. Em Mbeya, eu tencionava ir de ônibus até o Malaui. De modo geral, estava satisfeito com minha jornada pela África. Eu não tinha deixado o solo desde minha viagem aérea do Sudão até Adis-Abeba.

Três africanos me aguardavam no compartimento. Michel, um congolês, Phiri, um zambiense, e um zanzibarita chamado Ali.

Ali disse:

— Você vai para o Malaui? Os malauianos são ótimos empregados domésticos. São educados. Falam inglês. Nós aqui preferimos vender coisas.

Phiri, de 53 anos, um ferroviário prestes a se aposentar, concordou com ele. E acrescentou:

— Eles gostam de trabalhar para brancos.

Fiquei com a impressão de que era mais uma crítica do que um louvor.

Partimos às 11 da manhã. Cerca de 30 quilômetros ao sul de Dar, chegamos a um túnel, o primeiro túnel que eu via na África Oriental. Era bastante longo e fora cavado sob uma grande colina, pois a filosofia chinesa de construção ferroviária era explodir os obstáculos, para que as estradas ficassem retas.

No outro lado do túnel, estava a mata, nada mais que capim alto e árvores de copas achatadas, verdejantes depois das pesadas chuvas recentes. O dia estava quente e ensolarado. Michel, o congolês, fazia pouco mais do que dormir. Era um sujeito grande e pesado, que ia visitar a mãe doente, em Lubumbashi. Os outros eram conversadores e bem-informados.

Três horas depois de partirmos, em direção ao sul, fizemos uma parada.

— Há alguma coisa errada. Nós não devíamos ter parado aqui.

Quatro horas mais tarde, ainda estávamos no mesmo lugar.

— Entendeu o que eu disse?

Parecia estar havendo um problema nos trilhos.

— O calor do sol fez os trilhos se expandirem e encurvarem. Temos que esperar até que esfriem.

Era uma explicação pouco convincente.

Para matar o tempo, dois jovens africanos musculosos plantavam bananeira ao lado dos trilhos. Caíam sobre os joelhos e davam cambalhotas para trás. Depois, um subiu nos ombros do outro e deu um salto mortal. Dois africanos com musculatura tão desenvolvida não era uma coisa muito comum de se ver na mata leste-africana. Eles me disseram que eram acrobatas profissionais.

— Estamos indo para Botsuana — informou-me um deles. — Aqui não tem trabalho para acrobatas.

Uma jovem loura estava sentada na linha férrea lendo um livro grosso, em edição de bolso. Reconheci o livro.

— O que você acha desse livro?

— Fantástico demais. É sobre um cara na África, transando com um monte de africanas.

— Mas é só um romance.

— Eu sei disso.

— Pode parecer engraçado, mas eu escrevi esse livro.

— Conta outra! Foi mesmo? — Ela tinha um lindo sorriso e um leve sotaque sul-africano. Então chamou alguém: — Conor, venha aqui!

Um jovem enérgico correu até onde estávamos e parou à minha frente.

— Kelli, esse cara tocou em você?

Então ele riu — acusar-me de bolinar sua esposa era seu modo amistoso de me cumprimentar. Ele era irlandês e sua mulher, da Cidade do Cabo; mas ambos viviam e trabalhavam em São Francisco. Estavam a caminho da África do Sul, disseram-me, e viajavam no vagão ao lado.

Fiquei observando os passageiros que tinham descido do trem. Eram africanos, em sua maioria, mas havia um punhado de mochileiros europeus, alguns prestadores de assistência internacional, uma mulher finlandesa com uma expressão chocada, um casal de missionários brancos viajando com seus filhos pequenos, que andavam descalços, algumas famílias indianas e muitos tanzanianos, saindo do país para tentar a sorte.

— Estão esperando que os trilhos esfriem — disse Conor. — Você acredita nessa porra?

Mas quando o ar esfriou, ao anoitecer, o trem apitou e partimos.

O crepúsculo na África Oriental é de tirar o fôlego, mas é tão breve que parece projetado em câmera rápida: o sol baixando em meio à poeira levantada durante o dia, enquanto as nuvens acima resplandecem. O céu a oeste se torna um dossel rosado, como ouro derretido, orlado de laranja e azul-purpúreo, formando rostos e filigranas, as cores se espraiando como jacintos esfarelados ou zabaione derramado — um espetáculo de luz derretida. Ou pode se tornar carnal, um céu encarnado, um grande fígado sanguíneo dividido em fatias que se descolorem e secam — fragmentos anelados de luz quebradiça, rodopiantes flocos de algodão esvanescentes. Só podemos observar uma parte do espetáculo, porque o todo é grande demais. Essa mágica nos encanta por poucos minutos e sua melhor parte, logo antes do anoitecer, dura apenas alguns segundos.

O sol se pusera, mas o céu estava iluminado. O pano de fundo celeste exibia a mesma cor azul-lavanda da tanzanita — a gema inigualável da Tanzânia — e era adornado por tranças amarelas, cuja espessa luz dourada iluminava a mata.

Olhei para as sombras ao lado da estrada. O que eu pensara ser uma árvore alta e delgada era uma girafa. Assim que percebi isso, escutei a palavra em suaíli vinda do corredor: "*Twiga*". Havia mais duas girafas, trotando por entre as árvores. Estávamos atravessando uma área selvagem, onde os animais se agrupavam em torno dos mananciais, sob a luz minguante — javalis, uma dupla de elefantes, alguns antílopes, todos lindamente pintados no inesperado arrebol púrpura e amarelo, javalis cor de malva e elefantes dourados.

Então a noite caiu, os animais se dissolveram na escuridão e reinou o silêncio, quebrado apenas pelo coaxar das rãs.

Perambulando pelo trem, mais tarde, deparei-me com um vagão-bar, onde se ouvia rap americano tocado a todo volume — obscenidades furiosas, acusações, gírias incompreensíveis. O local estava cheio de africanos bêbados, aos gritos. Um deles colocou seu rosto suado bem junto ao meu e me pediu que lhe pagasse uma cerveja.

— *Kesho, kesho* — disse eu; amanhã, amanhã. Meu modo de dizer isso afastou o perigo de um confronto.

Eu estava para sair, quando avistei Conor e Kelli bebendo Tuskers no canto mais afastado do vagão. Fui convidado a juntar-me a eles e à sua amiga, a finlandesa, que ainda parecia chocada. Era bonita, mas sua crispada expressão de desgosto tornava sua beleza um tanto quanto alarmante.

— Essa é a Ursula — disse Kelli. — Paul é escritor. O livro dele, *História Secreta*, é sobre um cara transando com garotas africanas.

Ursula estremeceu. Era um assunto delicado. Ela trabalhava em um projeto de combate à aids, na Zâmbia, e estava regressando ao país, mas não por muito tempo.

— Antes de deixar a Finlândia, eu entendi o problema da aids na Zâmbia e achei que tinha algumas boas soluções — disse Ursula. Ela se inclinava para frente e para trás enquanto falava, outro motivo de preocupação, mas, de certa forma, parte de seu ritmado sotaque finlandês. — Quando cheguei na Zâmbia, percebi que o problema é muito mais complicado do que eu pensava. Agora eu não entendo o problema com tanta clareza. É tudo muito complicado e eu não conheço nenhuma solução.

— O que você descobriu na Zâmbia que não sabia antes? — perguntei.

— O comportamento — disse ela, revirando os olhos. — Há tanto sexo. É tudo sexo. E tão jovens.

— Com que idade?

— Como se você não soubesse — disse Kelli, mexendo comigo.

— Dez anos de idade é comum — disse Ursula.

— Mas só fazem sexo com gente da mesma idade — disse eu, lembrando-me do que me dissera o samburu no deserto de Chalbi.

— Não com gente da mesma idade, todo mundo com todo mundo — disse Ursula.

Conor disse:

— Parece divertido. Só estou brincando!

Ursula sacudiu a cabeça.

— É horrível. Não existe educação sexual. Ninguém fala sobre sexo, mas todo mundo faz. Ninguém fala sobre aids, mas todo mundo está infectado. Nós recebemos um filme sobre a aids e mostramos para eles. Mas as pessoas nas aldeias disseram que aquilo era uma vergonha, muito indecente, então paramos de mostrar. O que nós poderíamos fazer?

— Você falou com eles sobre o assunto?

— Eu tentei.

— E o que aconteceu?

— Quiseram fazer sexo comigo.

Conor cobriu o rosto e soltou uma gargalhada entre as mãos.

— Os homens me seguem. Eles me chamam de *mzungu*. Eu odeio isso, ficam gritando na minha direção: "*Mzungu*! *Mzungu*!"

— Isso é discriminação racial — disse Conor, tentando alegrar o ambiente. — Se eu fosse você, não permitiria isso, de jeito nenhum.

Mas Ursula não sorriu. Para ela, era mais do que pudor ultrajado — era desespero, reconhecimento da futilidade de seus esforços, uma certa mágoa, além de raiva.

— Eles me pedem dinheiro o tempo todo. "Você me dá dinheiro." E só comigo, porque eu sou branca.

Ela ficou trêmula e calada depois disso, acuada pelo horrendo rap e pelos bêbados aos gritos.

Conor e Kelli estavam regressando de uma excursão pelas reservas de animais selvagens. O passeio não fora um sucesso.

— Eu quis ir embora de Arusha assim que cheguei lá — disse Kelli. — Vi uns homens perseguindo um ladrão. "Ladrão! Ladrão!" Eles derrubaram o ladrão no chão e, ali mesmo, espancaram ele até a morte. Aquilo me deixou doente.

Contei a eles como eu tinha visto a mesma coisa em meu primeiro dia em Nairóbi, um suspeito de roubo sendo caçado em um córrego lamacento.

— Então, o que você pensa disso? — disse Conor, para ninguém em particular.

— Eu vou embora para a Finlândia — disse Ursula, parando de se balançar, encostando-se na cadeira, abraçando a si mesma e se encolhendo como uma bola.

Os três africanos estavam roncando quando retornei ao meu compartimento. Enfiei-me no meu beliche e deixei que o movimento do trem me fizesse dormir. Com as persianas abaixadas e a porta trancada, para que ladrões não entrassem, a pequena cabine estava sufocante. O calor e o estranhamento me fizeram sonhar com máquinas perigosas e fedorentas. Os sonhos foram tão violentos e perturbadores que me fizeram acordar — rodas dentadas voando para todos os lados, pinos se transformando em projéteis.

O calor era igualmente forte do lado de fora, assim como o cheiro, já que, durante a maior parte da noite, atravessamos as terras pantanosas às margens do rio Kilombero. Ao amanhecer, tínhamos alcançado as terras altas, onde fazia frio. Cerca de uma hora depois, chegamos à estação de Makambako, onde diversos passageiros desembarcaram. Iam de ônibus até a distante cidade tanzaniana de Songea.

O trem não se moveu durante uma hora. Phiri, que era ferroviário, conversou com um dos funcionários e confirmou que se tratava de um atraso, um problema na linha.

Lembrando-me de que não tinha jantado na noite anterior, dirigi-me a uma loja cujo letreiro dizia *Cantina da Estação* e procurei por algum alimento seguro. Comprei um ovo cozido, dois pães *chapattis* e uma xícara de chá quente. Enquanto eu comia, Conor entrou no estabelecimento.

— Ele está mesmo comendo esses troços — disse, gracejando comigo. — É, parece que vai haver um atraso de três horas. Vamos dar uma caminhada?

Andamos cerca de um quilômetro até Makambako, que não era uma cidade, realmente, mas uma coleção de choupanas em um trecho de estrada pavimentada. Algumas pessoas estavam por ali, sem fazer nada. Garotos gritavam conosco em tom de escárnio e ameaçavam atirar pedras. Trinta anos antes, a convicção do partido era: *A ferrovia vai abrir a província para o progresso. As pessoas vão querer viver aqui. O trem permitirá que todos tenham acesso aos mercados. As pessoas plantarão. A vida vai mudar, as vidas das pessoas irão melhorar.* Assim como Livingstone tinha chamado o Zambeze de "A Estrada de Deus", esta linha férrea seria "A Estrada do Povo".

Isso não aconteceu. Eu tinha passado pela região antes, em 1965, e tudo me parecia quase a mesma coisa. O que tinha mudado? Agora havia uma imitação de cidade: um mercado, mulheres de cócoras à beira da estrada. E um posto de gasolina, desmantelado e abandonado. Poucas coisas feitas pelo homem são mais feias do que um posto de gasolina abandonado. Barracos construídos com refugos de madeira ocupavam o lugar onde antes se erguiam choças de barro. Os garotos eram maltrapilhos e insolentes. Homens adultos, ociosos, estavam parados na rua, conversando, apenas matando tempo. Mulheres velhas, que vendiam frutas e amendoim, inclinavam as cabeças contra o vento, que sibilava entre os espinheiros.

Compramos amendoim e algumas bananas. Encontrei um jornal de uma semana atrás e li as manchetes para Conor: "Desejo por nádegas mais bonitas leva à morte" e "Esposa (10 anos de idade) internada em hospital de doenças mentais em Dar".

— Mas a notícia que me assusta é essa — disse ele, apontando para "Nova queda do mercado de ações nos Estados Unidos".

Como ele era irlandês, perguntei-lhe se ouvira falar de *Killing Rage*, o livro que eu tinha lido no norte do Quênia, escrito pelo arrependido irlandês Eamon Collins, sobre sua vida como matador do IRA.

— Oh, claro. Ótimo livro. Foi uma pena o que aconteceu com Eamon.

— O que aconteceu?

— Ele foi morto na frente da família, alguns meses atrás, por um esquadrão do IRA. Por ter escrito o livro.

E talvez os pistoleiros — como os irlandeses, de modo geral — ainda fizessem comentários sobre a selvageria na África.

Sentei-me na plataforma, ao lado dos outros passageiros. Ninguém, realmente, estava preocupado com o atraso. Se havia alguma lição a ser extraída de uma viagem como esta, era que, na África Oriental, a urgência era um conceito estrangeiro. Embora existissem algumas palavras para "urgência" em suaíli, como *lazima*, *juhudi*, *shidda* e *haraka*, nenhuma tinha raízes bantas; eram todas empréstimos do árabe. Na cultura leste-africana, a pressa tinha conotação negativa, ilustrada pelo preceito rimado: *Haraka, haraka, haina baraka* — A pressa, a pressa traz má sorte. Alguns africanos, evidentemente, ficavam loucos com tanta falta de pressa e tentavam emigrar. Mas a complacência dominante tornava as pessoas pacientes, assim como explicava a total indiferença quando as coisas davam errado. Em um lugar onde o tempo parecia importar tão pouco, existia uma espécie de niilismo, que era também uma forma de serenidade e uma estratégia de sobrevivência.

Um homem com o nariz escorrendo vendia laranjas, entregando frutas cobertas de ranho aos compradores. Outro homem carregava uma grade com roupas de mulher fabricadas na China, sutiãs e calcinhas. Era seguido por meninos, que riam das mercadorias. Os filhos dos missionários — travessos e de bochechas rosadas — corriam descalços pelos campos ao lado da plataforma, pisando na poeira e em cocô de cachorro, enquanto seus pais os incentivavam. Não achei que fosse meu papel avisá-los sobre o perigo dos ancilóstomos. O prédio da estação, outro projeto chinês, estava vazio, a bilheteria vandalizada, o chão sem varrer e coberto de lixo.

Os acrobatas plantavam bananeira, para o deleite dos moradores locais. Eram de Zanzibar, um deles me disse. Estavam ansiosos para executar seus números em Botsuana.

— O sr. Morris nos convidou.

— Para um show?

— Alguma coisa assim. Nosso contrato é de três anos.

Sentiam-se felizes por estarem partindo e por terem obtido um emprego de verdade. Um jovem, que se dirigia ao Congo para comprar artefatos, disse que não era muito difícil chegar a Lubumbashi — ele pegaria um ônibus no norte da Zâmbia. Acrescentou que não sabia nada a respeito de máscaras e fetiches, mas que iria encontrar um homem da tribo dos lubas, em Catanga, que conhecia todas as tribos. E esta era a melhor época para comprar entalhes congoleses e antiguidades. O pessoal das aldeias estava vendendo seus melhores artigos.

— Qualidade de museu!

Eu ri, ao ouvir a expressão, usada pelos negociantes.

— Porque eles são pobres, eles vendem tudo.

No final da manhã, o sol ficou mais quente. As áreas que nos cercavam faziam parte da mata, mas o povoado de Makambako destoava. Perguntei a mim mesmo por que, com tantas terras vazias e selvagens em volta, uma cidade decrépita parecia não fazer diferença.

Em torno do meio-dia, um apito soou e partimos novamente, sacolejando e chacoalhando pela mata, sobre trilhos que pareciam soltos. Cruzamos uma grande planície ascendente, com colinas verdejantes a distância. Viam-se algumas glebas nas proximidades, plantadas com milho e girassóis. Mas na planície adiante não havia ninguém, nenhuma plantação, apenas a mata do sudoeste da Tanzânia, com grandes baobás, florestas densas e indícios de animais selvagens: marcas de cascos nas beiradas lamacentas dos mananciais, árvores com galhos quebrados e cascas carcomidas — sinais de elefantes famintos.

Muitos outros enguiços imobilizaram o trem. Os africanos, em meu compartimento, apenas bocejavam e dormiam. Eu ia até o vagão-restaurante, para me maravilhar com a sujeira.

— O que o senhor vai querer, *bwana*?

— Quero peru defumado em pão com sementes de gergelim, um pedaço de provolone, alface, tomate e um pouco de mostarda, mas sem maionese. Um copo de suco de laranjas, espremidas na hora, e uma xícara de café.

Ele riu, pois aquilo não queria dizer nada, era só tagarelice. Mas não tinha ele me perguntado o que eu queria?

— O que você tem aí?

— Arroz e ensopado.

Minhas reservas de comida tinham acabado. Então me sentei à janela, comendo arroz e ensopado, encantado com a paisagem magnífica, os vales compridos e enormes, o contorno das colinas e das montanhas.

Uma pequena aldeia, próxima ao povoado de Chimala, me fez pensar: em que essa aldeia de choças de sapê difere da mesma aldeia que estava aqui em, digamos, 1850, antes que os missionários e colonizadores europeus sequer se aproximassem da região? Era uma boa pergunta. Tinha até uma resposta. Sob muitos aspectos, era a mesma aldeia — o desenho das choças, as fogueiras, os pilões de madeira, as facas e os machados toscos, os cestos e as tigelas. O tecido da vida era o mesmo. Isso explicava sua perenidade. Os habitantes tinham trabalhado em suas pequenas glebas e garantido seu sustento, mas permaneceram mudos e esquecidos durante um século e meio de exploração, colonialismo e independência. Provavelmente eram cristãos, hoje em dia, e desejavam coisas como bicicletas e rádios, mas não havia sinais desses equipamentos, qualquer perspectiva de mudança parecia improvável.

Vamos salvá-los, diziam os agentes da virtude sobre esses agricultores — mas eles tinham salvo a si mesmos. A agricultura de subsistência já não era, para mim, uma coisa ruim. Se a atitude de cada um por si era prejudicial para o governo tanzaniano, afogado em dívidas, azar dos burocratas, que tinham desperdiçado o dinheiro dos doadores e administrado tão mal a economia. As pessoas dessa minúscula aldeia, claramente, tinham meios de sobreviver e até de triunfar. O ritmo em que estávamos nos arrastando até Mbeya indicava que iriam durar mais do que o Expresso Kilimanjaro.

A pequena cidade de Mbeya, nas encostas de uma colina, parecia bonita a distância, cercada de cafeeiros e campos arados. Ao visitar a cidade, em 1960, Evelyn Waugh escreveu: "Mbeya é um pequeno subúrbio inglês, ajardinado, sem nenhuma razão especial para existir (...) uma coleção de telhados vermelhos sob coníferas e eucaliptos." Cinco anos mais tarde, quando passei pelo local, ainda era uma cidade pequena e ordeira, cuja prosperidade provinha da cultura do café.

Ao nos aproximarmos de Mbeya, vi uma cidade arruinada, com casas desmanteladas, ruas esburacadas e lojas depauperadas. A maioria delas vendia mercadorias idênticas: envelopes empoeirados e canetas esfereográficas, roupas, tênis e rádios fabricados na China. As marcas piratas dos rádios eram "Philibs", "Naiwa" e "Sunny" — imitações muito sutis. Eu sabia que não prestavam, pois tinha comprado um "Sunny" no Egito, que tinha quebrado. Outras lojas melancólicas vendiam livros encalhados, uma espécie de biblioteca dos erros políticos da Tanzânia: *A Democracia de Um Partido*, *Qual o Caminho para a África?*, *Os Discursos de Mwalimu Nyerere*, *A Estrada Tanzaniana para o Desenvolvimento*, *Marxismo na África* e assim por diante. De pé, eu li um capítulo de um dos livros, chamado *Elections in Ugogo Land* (Eleições em Ugogo), escrito por um velho colega de Makerere, um irlandês jovial tão perseguido na época de Idi Amin, que ficou paranoico e enlouqueceu, convertendo-se ao islamismo e renunciando à bolsa de estudos em Wagogo.

Eu disse adeus aos meus amigos do Expresso Kilimanjaro, pois tinha decidido permanecer por alguns dias em Mbeya, um lugar que eu visitara 35 anos antes. Queria ver os resultados da passagem do tempo. No momento em que pus os olhos na cidade, percebi que o tempo não a tinha melhorado, embora certamente a tivesse modificado. Em vez do ajardinado subúrbio sob coníferas, Mbeya era hoje uma cidade grande, dilapidada, desmantelada, de aspecto assustador. Ainda estava repleta de indianos lúgubres. Uma das famílias indianas vendia fornos elétricos, ferros de passar, torradeiras e outros artigos do gênero.

— Mas quem é que tem eletricidade? — disse-me um dos indianos. Os ferros ainda vendidos eram os modelos antiquados, preenchidos com carvão em brasa.

— Eu fui enviado de Dar para melhorar as coisas — disse-me um jovem. — Mas as coisas ainda estão ruins. Os negócios estão terríveis.

— Panelas. Panelas de metal. Isso é a única coisa que os africanos podem comprar. Quem é que tem dinheiro? Eles não têm dinheiro.

Eu disse que estava indo para o Malaui.

— O Malaui também está mal. Ele está indo para lá — disse o primeiro indiano, apontando para o jovem.

— É cidade morta — disse o jovem.

— Qual cidade? Lilongwe?

— Todo o Malaui, cidade morta.

Eu considerava esse canto da Tanzânia uma das regiões habitadas mais remotas da África. Não ficava no meio do deserto, mas na mata — longe demais da capital e perto demais da Zâmbia e do Malaui para que merecesse algum investimento. A extremidade sudoeste do Congo era logo depois das colinas próximas, o que era outra desvantagem. Na década de 1930, Mbeya se tornara capital da província, mas estava agora esquecida e decadente, visitada apenas por contrabandistas e pessoas como eu, de passagem e sem propósito.

Na condição de ruína habitável, Mbeya atraía instituições beneficentes estrangeiras. Uma coisa mais deprimente do que auspiciosa, a meu ver, pois essas instituições estavam há décadas na cidade e a situação era mais patética do que nunca. Viam-se muitos prestadores de assistencialismo, aparentemente ocupados. Eram profundamente desconfiados, andavam aos pares, como catequistas mórmons, e nunca se misturavam. Pareciam representantes de uma nova religião, mas eram circunspectos, evasivos e pouco sociáveis. Só abriam a boca para aplicar reprimendas — como burocratas, o que eram de certa forma.

Como espécie, os agentes da virtude evitavam intimidades com forasteiros, especialmente os que não tinham nenhum vínculo, como eu. Pareciam considerá-los um perigo para sua missão. Devem ter enxergado dentro de mim, pois, a essa altura da viagem, eu já questionava seriamente a tal missão. Essas pessoas dificilmente faziam contato visual. Tinham o hábito inglês de desviar o olhar, inspirado pelo medo de que qualquer demonstração de afabilidade pudesse obrigá-los a fazer algum favor — como oferecer carona, por exemplo. Possuíam veículos bonitos e modernos, sempre Land-Rovers brancos, ou Toyota Land Cruisers, que dirigiam com arrogância ministerial.

Às vezes, esses veículos eram lavados e polidos, por africanos, no estacionamento do Hotel Mount Livingstone, onde eu estava hospedado. Era um hotel horrível, vazio, frio, úmido — e quase sem movimento, exceto pelo salão escuro que, às seis da tarde, enchia-se de bêbados africanos. O motivo da escuridão era a falta de lâmpadas.

Os prestadores de assistência tinham os melhores quartos e não se misturavam. Tentei me aproximar deles, para obter algumas informações sobre a estrada até o Malaui, mas eles se esquivavam, com uma expressão que parecia dizer: *Estou usando alguma coisa que lhe pertence?*

— Estou aqui para uma conferência — disse um deles, antes de se afastar.

— O Malaui não está na minha área — informou-me outro. — Com licença, tenho uma série de reuniões.

— Temos uma mesa-redonda esta tarde — foi outro argumento que ouvi.

Outro ainda:

— Vamos ter um seminário.

Eu começara a simpatizar com o ponto de vista dos livros contrários às doações — *The Lords of Poverty* e *The Road to Hell* —, segundo os quais a ajuda internacional tem sido destrutiva para a África. De fato, tem provocado prejuízos. Outro defensor dessa teoria, George B.N. Ayittey, escreveu dois livros em que, de forma documentada, atribui a decadência da África ao assistencialismo internacional: *Africa Betrayed* (África traída) e *Africa in Chaos* (África no caos).

Não me cabe avaliar o sucesso ou o fracasso das instituições beneficentes na África. Informalmente, eu diria que foi um impulso mal dirigido, pois seus resultados foram desprezíveis, embora tenha se prolongado por muito tempo. Se tivessem me pedido para oferecer uma explicação, meu raciocínio seria o seguinte: onde entram os africanos nisso tudo? A assistência foi um fracasso se, após quarenta anos, as únicas pessoas que ainda distribuem comida e dinheiro são estrangeiros. Nenhum africano está envolvido — não existe nem mesmo um conceito de trabalho voluntário ou projetos que envolvam o uso intensivo de mão de obra. Se você só faz gastar dinheiro, sem inspirar ninguém, a melhor lição que pode dar é virar as costas e ir embora.

Foi o que os africanos fizeram. A solução mais imaginativa que encontraram para a situação foi, simplesmente, ir embora — dar o fora, escapar, correr, desabalar, ir para a Grã-Bretanha ou para os Estados Unidos e abandonar seus países. Essa era a lição do Expresso Kilimanjaro — metade dos passageiros estava escapulindo, com a intenção de emigrar.

Em uma cidade como Mbeya, entendi a sensação de futilidade. Talvez fosse por isso que eu gostasse tanto da África rural e evitasse as cidades. Nas aldeias, via autossuficiência e agricultura sustentável. Nas cidades, grandes e pequenas (mas não nas aldeias), eu sentia todo o peso das promessas quebradas, das esperanças frustradas, do cinismo. E de todas as desculpas esfarrapadas: "O preço do café caiu... As enchentes prejudicaram a colheita de milho... A cooperativa foi nacionalizada... Os gerentes estavam roubando... Eles fecharam a fábrica... O problema, veja você, é que não há dinheiro."

O que eu sentia nessas cidades: nenhuma realização, nenhum sucesso, o lugar só ficou maior, mais escuro e pior. Comecei a fantasiar que a África era como um universo paralelo, a estrela negra em minha mente, na qual todo mundo era a contrapartida em negativo de alguém no mundo iluminado.

As roupas estrangeiras eram como uma prova dessa existência nas sombras. A maioria das pessoas não usava as novas roupas chinesas oferecidas nas lojas, e sim, as roupas usadas do mercado. As roupas de segunda mão tinham sido doadas, por pessoas bem-intencionadas, a igrejas ou a campanhas como Roupas para a África, ou Fundo para as Pessoas Necessitadas, que solicitavam "quaisquer artigos de vestuário utilizáveis". Na África, essas roupas eram separadas em grandes embrulhos: calças, vestidos, camisetas, meias, gravatas, jeans e assim por diante. Os embrulhos eram vendidos a preço vil para camelôs, que revendiam as roupas nos mercados. Isso estimulava minha fantasia. Eu via africanos vestindo camisetas com os dizeres: *Liga Amadora de Springfield*, *Jovens Voluntários de St. Mary*, *Universidade Gonzaga*, *Oficina do Jackman*, *Torneio de Verão da Universidade de Notre Dame*, *Wilcox*, *Saskatchewan*, e imaginava que o usuário de cada roupa era o *alter ego* de algum habitante daquele outro mundo.

Parei em Mbeya para ver como as coisas estavam depois dos 35 anos em que eu estivera ausente. A resposta era que as coisas iam muito mal, mas ninguém parecia se importar. Hora de ir embora.

Havia um ônibus de Mbeya até o Malaui. Comprei uma passagem. Quando procurei o ônibus, porém, fui informado de que o serviço não estava funcionando naquele dia, talvez nem no dia seguinte, e que eu não teria direito ao reembolso, porque o dinheiro já fora enviado para o escritório central, em Dar es Salaam.

— O problema, veja você... — alguém começou a dizer. Ao ouvir isso, afastei-me dali.

O garoto que tinha me enganado me seguiu e me pediu dinheiro. Disse:

— Compre uma soda para mim. Eu estou com fome. Eu não comi nada hoje.

— Você tem mãe?

— Sim.

— Então peça para ela alimentar você. Eu estou tentando ir para o Malaui e o bilhete que você me vendeu não tem valor.

Achando que alguns comerciantes indianos poderiam estar de partida para a fronteira com o Malaui, fui até uma loja onde dois deles estavam classificando pedaços de sabão. Eles nada sabiam a respeito do Malaui, exceto que contrabandistas, às vezes, vinham daquela direção. Não falavam suaíli. E, surpreendentemente, não eram de Mbeya — o recém-chegado Prasad e o antigo morador Shiva eram ambos de Bombaim.

— Sabão é um negócio fácil — disse o antigo morador de Mbeya. — Nós fabricamos o sabão em Dar, com óleo de palmeira e soda cáustica. Vendemos por pedaço ou barra. Nós cortamos, veja. Ninguém mais no mundo usa esse sabão, ninguém compra sabão assim. Nós vendemos o produto nas aldeias, mas os negócios estão parados.

— Falta de poder aquisitivo — disse o recém-chegado.

— Nada acontece na Tanzânia. Nada. Nada. E daqui a dez anos, nada.

— Havia uma fábrica têxtil aqui, dirigida por um indiano nascido aqui. Ia muito bem. Nyerere nacionalizou a fábrica e colocou gerentes africanos. Eles roubavam. A fábrica faliu. Foi fechada. Em 1987, a fábrica foi vendida: para um indiano! As máquinas ainda estavam boas. A fábrica está funcionando agora.

— Os africanos são maus administradores. Os operários são preguiçosos. Preguiçosos! Preguiçosos! Até os do meu povo, preguiçosos! Eu tenho que chutar esse pessoal! Chutar! Chutar! — Enquanto dizia isso, ele chutava o ar, lembrando V.S. Naipaul em sua primeira visita à África. *Eles têm que ser chutados — é a única coisa que eles entendem.*

O vendedor de sabão parecia histérico, eu tinha tocado em um ponto sensível. Quando o assunto dos africanos foi levantado, ele se lembrou de que odiava os africanos. Mas gostava de estar em Mbeya.

— Isso é como férias para mim — disse ele. — Aqui é tranquilo... nenhum problema. Meus filhos podem andar nas ruas. Os vegetais são bons e baratos. O arroz é ótimo, é plantado aqui. Em Bombaim, eu gasto tempo demais no trânsito, horas todos os dias. Aqui eu dirijo pela cidade toda em 15 minutos.

— Sabão é um negócio simples — disse Shiva. — Qualquer um com um pouco de bom-senso pode fazer meu trabalho. É tão simples que até fico envergonhado. Mas nenhum africano consegue fazer. Quem nós poderíamos contratar? Os africanos não conseguem nem vender um pedaço de sabão.

— Eles não ligam, porque só precisam de quê? Um pouco de comida, umas roupas e... o quê? Eles não pensam no dia de amanhã. Eles não precisam. A comida é barata. A vida é barata. Eles não pensam no futuro. O ano que vem é... o quê? O ano que vem não significa nada para eles.

Durante anos, ouvi indianos dizendo esses lugares-comuns. Ainda estavam fazendo isso! A diferença, agora, era que esses homens eram estrangeiros. Eram como os primeiros indianos que vieram para a África Oriental, um século atrás, para trabalhar no comércio ou construir ferrovias, importados, como cules, de vilarejos empobrecidos em Guzerate e Kutch — como os trabalhadores indianos das ferrovias em *Man-Eaters of Tsavo*, que Patterson chamava de *bahoos*. Como aquelas confusas almas pré-coloniais, esses indianos não tinham ideia de como ir até os países vizinhos, não falavam a língua do lugar, não conheciam nenhum africano, viviam nas trevas e obviamente pretendiam — depois de algum tempo — deixar o país.

Considerando minha paciência como uma forma de fatalismo desesperado, passei mais um dia em Mbeya; então, fiz mais um esforço para partir. Não havia ônibus, mas eu poderia tomar um micro-ônibus até a fronteira, um *matatu* enferrujado e fedorento.

Ao me verem com minha sacola, reconhecendo uma oportunidade, alguns garotos se juntaram ao meu redor, embora eu tentasse me afastar.

— Sim, esse *matatu* vai até a fronteira, mas quando você chegar lá, podem machucar você.

— Por que alguém iria me machucar?

— Tem gente ruim lá.

O pior tipo de aviso: mas que escolha eu teria? Nenhum veículo partiria antes do meio-dia. Tinha começado a chover. Afastei-me. Os garotos me seguiram para tentar me arrancar algum dinheiro e, eu senti, para me distrair e roubar minha sacola. Andei da estação de ônibus até a cidade e voltei. Então embarquei em um *matatu* imundo e de aspecto perigoso, inserindo-me entre 16 passageiros espremidos, que cheiravam horrivelmente. Pensei: devo estar maluco.

A rotina era: o motorista acelerava, dava uma guinada, desembarcava uma pessoa, recolhia duas e partia, descansando a mão na buzina. Todas as vezes que parava, havia uma discussão trivial, alguém sem dinheiro, alguém pedindo para ele esperar, alguém gritando em suaíli:

— Ei, eu estou andando aqui dentro!

Mulheres se comprimiam contra o micro-ônibus, nas paradas, oferecendo frutas e amendoim. O que mais me assustava era a chuva forte. Eu tinha um poncho, mas o problema não era esse. A estrada estava escorregadia, os pneus estavam carecas e o motorista dirigia muito mal.

Exatamente uma semana depois, naquele mesmo trecho de estrada, sob uma tempestade semelhante, dois veículos colidiram de frente: um micro-ônibus, com 18 pessoas que morreram — todos os passageiros —, e um ônibus maior, com 14 passageiros mortos e muitos feridos. O motorista do micro-ônibus, que vinha em velocidade, fez uma manobra brusca para não atropelar uma vaca, capotou e abalroou o ônibus maior. Segundo o jornal que eu li, um homem aparecera no local do acidente e começara a recolher "cabeças e outras partes dos corpos das 32 vítimas". Identificou-se como "curandeiro tradicional". Moradores das cercanias, que tinham ouvido a batida e estavam observando a cena, perguntaram-lhe o que estava fazendo. "O homem explicou que, no dia anterior, tinha lançado um feitiço para que o acidente acontecesse, de modo a obter partes de corpos para usar em seus tratamentos."

Ouvindo isso, os moradores locais o espancaram até a morte, no local.

Chegamos à cidade de Tukuyu. Todos desceram do micro-ônibus — 17 pessoas, grandes e pequenas. O motorista disse:

— Nós não vamos mais adiante.

Eu estava feliz em sair daquela arapuca mortífera. Encontrei Tukuyu em meu mapa.

— *Mista, Mista.* Você quer táxi?

Os malandros habituais, dois deles em um carro sovado. Acertamos um preço para cruzar a fronteira.

— Nós levamos você até Karonga.

Isso me parecia tão perfeito que fiquei desconfiado. Dirigimos durante 50 quilômetros em silêncio. Perto da fronteira, avistamos um quadro de desordem, lama, vendedores de frutas e pessoas em choças. Os malandros saíram da estrada (como eu achava que fariam) e pediram mais dinheiro.

— Precisamos comprar gasolina!

— Vamos discutir isso lá — disse eu. Desembarquei e comecei a caminhar.

Eles vieram atrás de mim, esperaram enquanto eu carimbava o passaporte no posto de controle tanzaniano e me pediram mais dinheiro. Enquanto eu caminhava em direção ao lado malauiano da fronteira, seguido por moleques, a chuva diminuiu. Acho que eu deveria estar aturdido — o dia chegava ao fim, garotos e cambistas me importunavam, e eu era xingado pelos malandros do táxi, que tinham tentado me extorquir.

Mas estava feliz. Mbeya ficara para trás, eu não tinha sido retido em Tukuyu e contornara a maldição de *há pessoas ruins lá.* A fronteira à frente me parecia adorável. Eu podia ver a República do Malaui, uma paisagem chã a distância, depois de uma cadeia de montanhas. Os garotos africanos ainda me importunavam, mas eu acelerei o passo e transpus o último portão, que eles não podiam cruzar, deixando-os para trás, agarrados à cerca. Pouco antes do anoitecer, o sol saiu e flamejou — uma barra de ouro pressionada contra a terra, que logo se derreteu e desvaneceu. Segui os últimos raios de luz até o Malaui.

14 *Pelos postos avançados do planalto*

Cruzei a fronteira em três ou quatro passos e entrei no novo país, feliz por estar em casa de novo, no despreocupado Malaui, terra de estradas empoeiradas e rostos mais empoeirados ainda, o oitavo país mais pobre do mundo. Aqui no Malaui, eu vivera dois anos, trabalhando no Corpo de Paz, tentando ser professor em uma escola ao pé de uma colina, na província do sul. Aqui, também, encontrei meu primeiro ditador, peguei minha primeira gonorreia e tive um revólver encostado no rosto, por um soldado idiota enraivecido com minha cor — três acontecimentos de certa forma relacionados, que me despertaram sentimentos de medo e desgosto. Mas eu tinha sido feliz aqui, também, e talvez pelas mesmas razões, já que o horror das experiências quase fatais pode incrementar nossa capacidade de amar, enchendo-nos de gosto pela vida.

O fuso horário do Malaui era uma hora atrasado em relação à Tanzânia. Era noite na fronteira. Não havia mais nenhum imigrante. Eu estava sozinho no posto de fronteira, um pequeno prédio numa estrada escura que levava a uma floresta. Esses elementos davam a impressão de que eu estava entrando no país pela porta dos fundos.

Saudei os funcionários na própria língua deles, usando a forma polida de tratamento, o formal "o senhor", e preenchi minha requisição. Em "ocupação", escrevi "professor", embora desejasse escrever "provocador". Paguei a taxa de visto e carimbei meu passaporte. Estava me dirigindo à porta, para o país, propriamente dito, quando um homenzinho sentado a uma mesa de madeira disse:

— Certificado de febre amarela, por favor.

Surpreendentemente, eu tinha um. Entreguei-o.

— Prazo de validade vencido — disse o homem. — Expirou no ano passado. Só é válido por dez anos.

— Eu não sabia.

— Você deveria ler o certificado. — Falando rispidamente daquele jeito, o homenzinho insignificante adquiriu traços precisos: um predador macilento, de olhos frios e cara de rato, vestindo uma camisa suada, com fragmentos de cotão sujo nos cabelos. — O seu atestado de vacinação também está fora da validade.

— Vocês têm febre amarela em Karonga? Porque é para lá que estou indo.

— Sim, nós temos febre amarela — disse ele, voltando seu rosto dentuço na minha direção. — Temos cólera. Temos varíola. Temos malária. Pólio, também. Temos muitas doenças.

— *Ntenda kwambiri. Pepani!* — disse eu: muitas doenças. Lamento!

— Isso é muito sério. Venha comigo.

Assim que falou isso, eu sabia que o verdadeiro sentido das palavras era *me suborne*. Ele achava que tinha a vantagem: a fronteira acabara de ser fechada, o escritório se esvaziara, exceto por uns poucos funcionários, a estrada era escura e estávamos no ponto mais remoto e mais ao norte do alongado país. Na primeira vez em que eu entrara no país, em dezembro de 1963, o funcionário do escritório de imigração sorrira para mim, dera-me as boas-vindas e me agradecera antecipadamente por eu ter vindo dar aulas no Malaui.

— Aqui dentro — ordenou o homem com cara de rato. Abriu a porta de um gabinete pequeno e desmazelado. O prédio era tão mal construído, com aspecto tão efêmero, que as paredes não alcançavam o teto. Eu podia ouvir murmúrios provenientes dos outros cômodos. Sentei-me em uma cadeira de plástico, enquanto ele assumiu seu lugar atrás de uma escrivaninha, sob um retrato do presidente do Malaui, o sr. Muluzi, um gorducho de óculos, com dentes separados. A primeira medida desse político, ao assumir o poder, foi colocar seu rosto rotundo e pouco atraente no dinheiro do país — de frente nas cédulas e de perfil nas moedas. A medida foi anulada, mas o dinheiro ainda circulava, e seu retrato intimidador estava pendurado nas paredes de todas as lojas do país. Uma de suas objeções ao seu predecessor era que este criara um culto à personalidade.

Sorrindo para o homem que, ansioso por uma propina, estava sentado atrás da escrivaninha, pensei: você não vai levar nada de mim, cara.

— Isso é muito sério — disse ele, manuseando um formulário oficial, talvez uma ordem de deportação.

— Vou me revacinar em Karonga. E também me imunizar contra a febre amarela.

— Isso não é possível em Karonga. Não tem hospital.

— Em Lilongwe, então.

— A profilaxia, por assim dizer, só faz efeito depois de dez dias. E se você ficar doente? Isso poderia ser sério.

Eu detestava aquela pomposidade e, todas as vezes que ele usava a palavra "sério", aquilo soava, insistentemente, como extorsão. Decidi não falar com ele em inglês.

— *Ndithu, bambo. Ndadwala ndikupita ku chipatala* — disse eu. Definitivamente, senhor, se eu ficar doente, vou para o hospital. Ele disse:

— Eu lamentaria muito se você ficasse doente.

— *Pepani, pepani sapolitsa chironda.* — Um velho provérbio malauiano: "Dizer 'lamento, lamento' não cura a ferida."

Ele não reagiu ao gracejo. Disse:

— A estrada está ruim por causa da chuva. Você pode demorar muitos dias para chegar a Lilongwe.

— *Mvula! Matope! Nzeru za kale, anthu anasema, "Walila mvula, malila matope!"* — Chuva! Lama! Há muito tempo, era sábio dizer: "Peça chuva e você pede lama!"

Minha conversa fiada o irritava, claramente, mas ele ainda estava me retendo, e não desistira de pedir uma propina. Acenou com meu passaporte na minha direção.

— Você tem que entender que isso é sério. Seu certificado está fora da validade. Não serve mais.

— Como você diria de um arco: *Uta wabwino wanga wagwa!* — Meu bom arco não serve mais.

Ao terminar a aliteração, pois o chichewa era uma esplêndida língua aliterante, ouvi um africano gritar em chichewa do outro lado da parede:

— Epa! Epa! O que é isso que eu estou ouvindo? Um homem branco falando essa língua. Onde está esse homem branco?

A porta se abriu e um homem gordo e careca, em uniforme de polícа, entrou no gabinete, estendendo a mão para apertar a minha. Trocamos polidas saudações em chichewa, ele perguntou meu nome, qual era o meu país e me deu as boas-vindas.

— Eu quero ir para a América — disse ele na sua língua e então: — Onde você aprendeu a falar chichewa?

— Há muito tempo, eu fui professor em Soche Hill.

— Por favor, volte a ser professor aqui. Nós precisamos de você, pai.

Enquanto o policial segurava minha mão com as duas mãos, para demonstrar respeito, eu disse:

— Eu quero ajudar. Mas eu tenho um problema.

— Qual é o problema? — disse ele, levantando a voz e se inclinado para olhar o homenzinho pelintra atrás da escrivaninha. Mas o homenzinho pelintra estava de cabeça baixa, escrevendo rapidamente, completando o formulário que tinha sacudido na minha direção. De modo furtivo e ofegante, ele me disse:

— Eu estou autorizando a sua entrada, com base em considerações humanitárias.

O policial me acompanhou até o portão, dizendo:

— Você teve algum problema lá dentro?

Eu o lembrei de outro sábio ditado do Malaui:

— *Matako alaabili tabuli kucumbana.* — Duas nádegas não podem evitar a fricção.

— Você deve ficar — disse ele, rindo. — Nossas escolas estão ruins hoje. Nós queremos professores.

— Eu não sou professor agora. Eu sou um *mlendo*. — Era uma palavra com vários significados, como "viajante", "nômade", "estrangeiro", "convidado".

Encontrei um micro-ônibus estacionado na estrada escura, ao lado de algumas barracas que vendiam frutas e bebidas. O veículo rescendia a óleo diesel e sangue de galinha, no calor da noite, e estava ocupado pela metade. Fiquei de pé ao lado dele, ouvindo a algazarra dos insetos noturnos. O mercado era decrépito, muito sujo, controlado por vovós e rapazes maltrapilhos. Um homem assava espigas de milho em uma fogueira fumacenta. A pouca distância, brilhando ao luar, estava um cacto de braços levantados, parecido com um saguaro.

— Quando esse ônibus vai partir para Karonga? — perguntei.

— Nós não sabemos.

Não me importei. Eu era tolerante e paciente, pois estava onde queria estar. Não me assustava com a escuridão, a estrada vazia, o mercado caótico, o lixo apodrecido, a fumaça, os farrapos, os fedores; eu me sentia reconfortado. Para começar, parecia que nada tinha mudado: o país mais simples que eu já conhecera ainda era simples.

Depois de algum tempo, o motorista embarcou. Após diversas tentativas com a chave, conseguiu ligar o motor e partimos.

Nos 80 quilômetros até Karonga, no ônibus desmantelado, fiz uma lista mental intitulada: "Você Sabe Que Está no Malaui Quando..."

as primeiras sete lojas que você encontra são funerárias;
um velho em uma estrada está usando um roupão feminino dos anos 1950, cor de rosa e debruado de pele;
o porta-embrulhos traseiro de uma bicicleta está carregado com dez peles de animal não curadas;
uma barreira na estrada é uma vara de bambu entre dois barris e o policial no controle está usando uma camiseta com os dizeres: *Winnipeg Blue Bombers*;[1]

[1] O Winnipeg Blue Bombers é um time de futebol americano da cidade de Winnipeg, no Canadá. (N. do T.)

dois policiais param seu micro-ônibus sem nenhuma razão e forçam os passageiros a desembarcar, sob a mira de armas (e olham meu passaporte durante um longo tempo);
a ótima estrada pavimentada, subitamente, transforma-se em uma trilha sulcada e lamacenta, quase intransponível;
as pessoas começam as frases com: "Mas nós estamos sofrendo, senhor";
as pessoas dizem, a propósito de nada: "O dia em que a velha desaparece é o dia em que a hiena caga cabelo grisalho";
no mesmo dia em que o Ministro das Finanças anuncia seu Plano Nacional de Austeridade, é revelado que 38 Mercedes-Benz acabaram de ser encomendados à Alemanha.

No ar frio e úmido, avançávamos lentamente por estradas esburacadas e lamacentas, passando por cabanas e choças iluminadas a lâmpadas de querosene. Fomos parados por policiais armados em algumas barreiras — e por jovens insolentes, em outras. Estávamos no escuro. Em alguns lugares, havia pessoas agachadas à beira da estrada, aguardando algum veículo que as transportasse até Karonga. Parecia o máximo do desespero, porque já eram mais de oito horas da noite, duas horas depois do pôr do sol, e dificilmente alguém dirigia à noite. Mas o micro-ônibus as recolhia e elas embarcavam, piscando, arrastando sacos e crianças.

O adolescente que recolhia o dinheiro das passagens estava me chamando de *mzungu* desde a fronteira. A princípio, eu o ignorei, pois aquilo era insultuoso e ele não merecia atenção. Mas o calhorda insistia, perguntando-me, em chichewa:

— Homem branco, aonde você vai?

A forma correta de tratamento seria *bambo* (pai), ou *bwana* (senhor), ou mesmo *achimwene* (irmão). No passado, nenhum malauiano sonharia em se dirigir a um estranho de forma tão rude.

Finalmente, como ele não desistia, eu o encarei — na escuridão do micro-ônibus lotado e fedorento, que chacoalhava na estrada esburacada — e disse:

— Você quer que eu chame você de "homem escuro"? (*mutu muda* — o adjetivo cobria "escuro", "negro" e "azul").

Ele ficou calado e amuado. O micro-ônibus seguia em frente. Eu ainda o encarava.

— *Kodi. Dzina lanu ndani?* — Com licença. Como é seu nome?

— Simon — disse ele.

— Ótimo. Não me chame de "homem branco" e eu não chamarei você de "homem negro". Meu nome é Paul.

— Sr. Paul, aonde você está indo? — disse ele em tom respeitoso.

Mas eu não fazia ideia da minha destinação. Entramos na pequena e escura cidade, onde a rua principal estava em condições ainda piores que a estrada — profundos sulcos, buracos e enormes poças de lama. A luz de algumas lâmpadas florescentes, que serviam como iluminação das ruas, revelou que a maioria das lojas estava fechada.

— Vou ficar no hotel — disse eu, presumindo que havia um hotel.

Pelo cheiro desagradável e a crescente umidade, eu sabia que nos dirigíamos para a margem do lago. Fui deixado em um desolado conjunto de prédios, feitos com placas de concreto, onde um letreiro dizia: Marina Hotel. Assim que saí do veículo, a chuva começou a cair, não de forma contínua, mas em jatos, como um barulhentro sinal de alerta, fazendo estalar as folhas das árvores e produzindo um estrépito no lago.

Conduziram-me até um quarto, em uma cabana com teto de palha, repleta de mosquitos. Era uma das suítes "de luxo", 15 dólares de diária, incluindo café da manhã. Pousei minha sacola, cobri-me com repelente de insetos e fui procurar alguma coisa para comer. Eu não conseguia me lembrar se tinha comido alguma coisa naquele dia — talvez algumas bananas, talvez alguns amendoins. Na Tanzânia e na Etiópia, as pessoas pareciam tão desesperadas que eu não sentia fome.

Mas havia um restaurante e um bar no Marina. Embora fosse uma noite tempestuosa, havia música alta e malauianos bêbados no local, alguns deles cantando, outros cambaleando, talvez dançando. A chuva começou a cair com força, vergastando a cobertura, molhando as mesas e inundando o passadiço. Dois homens queimados de sol, com o aspecto durão dos guias de safári, puxaram uma cadeira e me convidaram a sentar com eles. Um deles disse:

— Essa chuva não é nada. Na noite passada foi uma torrente. Foi a chuva mais forte que já vi na minha vida.

Ele levantava a voz para ser ouvido acima do barulho da chuva.

— O que você está fazendo por aqui?

— Estamos indo para o Quênia — disse o outro homem. — Você está sozinho?

— Sim. Acabei de chegar da fronteira — disse eu. — Na verdade, estou vindo do Cairo. Passei pelo Quênia. Vocês conhecem Moyale?

O homem mais jovem disse:

— Eu nasci no Quênia, vivi lá toda a minha vida e nunca fui a Moyale.

Isso me fez sentir que tinha realizado alguma coisa. E eu estava certo quanto a eles parecerem guias, pois dirigiam uma prestigiosa empresa de safáris, a Royal African Safaris. O nome trazia à mente safáris de luxo, em que os clientes usavam chapéus de caçador e unifomes cáquis, e acampavam em tendas elegantes, próximas a mananciais na mata. Uma África diferente daquela em que eu estava viajando.

O homem mais jovem era David Penrose. Seu parceiro — enorme, pele curtida, cabelos brancos — era Jonny Baxendale. Ambos pareciam joviais, destemidos e confiáveis. Tomamos cerveja e comemos peixe com batatas fritas, enquanto a chuva se tornava mais barulhenta. Eles tinham trabalhado no filme *Entre Dois Amores*. David vivia em Nanyuki e Jonny, em Karen, que, segundo ele, era segura atualmente.

— Nós expulsamos os pilantras.

Ele reconhecia que Nairóbi estava em franca decadência, com as pessoas se mudando para os subúrbios.

— Mas nosso negócio é na mata.

Eles estavam indo para o norte, tinham acabado de comprar um Land-Rover novo na África do Sul. Haviam dirigido através do Zimbábue e da Zâmbia.

— Você vai gostar da África do Sul. A Cidade do Cabo é ótima — disse David. — Você pensa que está na Europa.

— O que vocês acham do Malaui? — perguntei.

— É bom — disse Jonny. — Acabamos de atravessar o planalto. É completamente vazio. Tem alguns animais selvagens. É a África, realmente.

Enquanto conversávamos e bebíamos cerveja, o vento ficou mais forte e fez a chuva invadir a varanda, onde estávamos sentados. Nós nos movemos mais para dentro e estávamos nos preparando para entrar no salão, quando, após um pé de vento e um jato de chuva que nos molhou completamente, as luzes se apagaram, a música parou e os africanos começaram a gritar. Ficamos sentados sob a tempestade uivante, em completa escuridão.

— Temos que acordar cedo — disse David, levantando-se depois de alguns momentos.

Apertamos as mãos e nos separamos. O barman emprestou-me uma lanterna e me colocou na direção da minha cabana.

O interior do quarto estava úmido e cheio de insetos, mas havia uma rede de mosquitos atada sobre o leito. Eu desfiz o nó, arrumei-a e me enfiei dentro. Fiquei lá, ouvindo rádio — notícias de uma tentativa de golpe na capital, Lilongwe. Poderiam ser alarmantes, mas supus que fosse o ardil habitual, um pretexto para prender membros da oposição e para que a polícia extorquisse os viajantes nas barreiras das estradas.

Girando o botão, encontrei uma estação que tocava música country de um estilo que sempre fora popular no Malaui — Jim Reeves, Hank Williams, Flatt e Scruggs, boas e velhas canções. Mas, de repente, um pastor apareceu e começou a falar sobre pecadores, dizendo:

— Bem-vindos à Rádio World Harvest,[2] música country cristã.

Eu era como os mexicanos pagãos no conto *Pastor Dowe at Tacaté* (O pastor Dowe em Tacaté), tão encantados com a canção *Fascinating Rhythm*, tocada no velho toca-discos do pastor, que permanecem na capela para ouvir o sermão.

Então desliguei o rádio e fiquei deitado no escuro, ouvindo a chuva e me maravilhando com o fato de ter conseguido chegar ao Malaui sozinho em meu longo safári. Eu estava ansioso para passar meu aniversário aqui, e até tinha um plano. Pedira às Embaixadas americanas em Uganda e no Quênia para enviar um e-mail à Embaixada americana, em Lilongwe, dando conta de que eu estaria disponível para fazer palestras em qualquer escola ou universidade do país, ou para me encontrar com pessoas que desejassem se tornar escritores. Eu também visitaria minha velha escola, talvez levando alguns livros de estudo, e daria aulas, voluntariamente, durante uma semana — para demonstrar minha gratidão ao Malaui, depois de tantos anos: o filho há tanto tempo desaparecido que retorna no dia do aniversário, com uma retribuição. Eu queria destacar meu retorno com um gesto altruísta.

Depois da chuva, o dia amanheceu dourado em Karonga. As cores estavam bem nítidas — o lago cintilante, o límpido céu azul, sem nenhum vestígio de nuvens, as folhagens densas e verdejantes, a lama negra. Um entregador que estava no hotel me deu uma carona até a rua principal, para que eu tentasse conseguir transporte para o sul.

A rua principal de Karonga foi um choque para mim. As lojas escuras, que eu julgara apenas fechadas ao término do expediente, estavam totalmente vazias e abandonadas. Foi a primeira grande diferença que notei no país: as lojas que pertenciam a indianos tinham sido definitivamente fechadas. A segunda diferença era a abundância de funerárias. A fabricação de caixões, na África, é um negócio visível, exercido sobre cavaletes embaixo de árvores. A alta incidência de aids é a maior responsável pelo sucesso do negócio.

---

[2] A World Harvest Church (Igreja da Safra Mundial) é uma grande igreja pentecostal, sediada em Columbus, Ohio, nos Estados Unidos. (N. do T.)

Os indianos começaram a ser intimidados, oficialmente, nos anos 1960. O primeiro presidente do Malaui, Hastings Banda, esteve em Karonga, em 1965, e acusou os negociantes indianos de se aproveitarem dos africanos.

— Africanos deveriam estar dirigindo esses negócios! — berrou ele.

Mas muitos indianos permaneceram. Na década de 1970, o presidente retornou a Karonga e denunciou os indianos mais uma vez. Dessa vez, os indianos entenderam o recado e quase todos partiram; os poucos que hesitaram tiveram as lojas queimadas pelos Jovens Pioneiros, paramilitares do partido de Banda, treinados em Israel. Finalmente, todos os indianos deixaram Karonga e foram para as cidades do sul, ou emigraram. Banda esteve em outras cidades da área rural e fez o mesmo discurso, com o mesmo resultado.

O choque, para mim, não foi que os indianos tivessem ido embora, mas que ninguém tivesse aparecido para ocupar seus lugares. As lojas estavam em ruínas, ainda com nomes como Ismail e Gujarati escritos nos letreiros. Os estabelecimentos vazios e as funerárias davam a Karonga o aspecto de cidade assolada por uma praga — o que ela era, de certa forma.

No mercado principal de Karonga, encontrei um micro-ônibus indo para o sul e me comprimi entre os 21 passageiros — adultos e crianças — do veículo fétido e calorento. Quando o motorista começou a andar rápido demais, pensei novamente: por que estou arriscando minha vida em um calhambeque lotado e inseguro, dirigido por um garoto incompetente?

A resposta era simples: não havia outro jeito. Eu poderia ter ido de avião, é claro. Havia uma pista de aterissagem em Karonga e um avião semanal, mas isso era para missionários, políticos, agentes da virtude ou turistas, que desembarcavam em Karonga para ver o lago.

Mas, ao sair de Karonga, prometi a mim mesmo que jamais embarcaria em outro galinheiro, micro-ônibus ou *matatu*, em minhas viagens pela África; nem em caminhões de gado ou táxis superlotados. Se conseguisse sair dessa, nunca mais colocaria minha vida nas mãos de um motorista idiota em uma arapuca mortífera.

Com as janelas fechadas, os passageiros que se comprimiam no micro-ônibus estavam úmidos de suor.

Uma sinfonia de cheiros se unia à massa de formas humanas amontoadas. Fedentina azeda de sovacos, laranjas espremidas, cremes para a pele, água-de-colônia, bafo de alho, peidos fedorentos, opopânace, o suor honesto das mulheres casadoiras ou casadas, o fedor ensaboado dos homens.

Analisando a malcheirosa galeria superior da ópera de Trieste, James Joyce demonstrou que os cheiros dos corpos possuem uma humanidade em comum. Mas a forte fedentina dos ônibus africanos tinha, para mim, um cheiro de mortalidade que era como o bafo da morte.

A estrada ruim aumentava a segurança, pois, na maior parte dela, não havia como acelerar. Os buracos eram tão numerosos e profundos que o motorista tinha que diminuir a marcha e contorná-los, como em uma pista de obstáculos; ou, às vezes, mergulhava neles, chacoalhando, fazendo com que as crianças a bordo vomitassem. Mas corria muito nas partes planas e sua velocidade levava o ônibus a derrapar nos trechos lamacentos. Por duas vezes ficamos atolados; alguns homens saltaram e ajudaram a empurrar o veículo. Eu não. Atravessei o lamaçal a pé, com alguns outros velhos, e fiquei aguardando até que o micro-ônibus viesse recolher os idosos.

Enquanto caminhava, pensei: o que havia mudado? A estrada fora sempre ruim. As margens do lago foram sempre habitadas, esparsamente, por famílias que falavam o tumbuka, que moravam em choças de sapê e usavam pirogas e redes, que estendiam nas moitas para secar. Defumavam o pequeno peixe chamado *kapenta*, assim como o mais volumoso *chambo*, em grelhas feitas com galhos de árvores. Cultivavam arrozais às margens do lago, em terrenos inundados. Vi pescadores, pirogas, varais de secagem e campos de arroz, e pensei: qualquer um que tenha batido uma foto dessas margens há quarenta anos poderia tirar a mesma foto hoje.

Em um dos trechos lamacentos, passamos por um homem pequeno e um tanto deformado, talvez um anão, com certeza um corcunda, e os garotos no micro-ônibus berraram da janela, caçoando de sua deformidade. O corcunda gritou para eles:

— Vocês estão com problemas!

— Você está com um problema maior — provocou um dos garotos, e todos riram.

Eu tinha ouvido a palavra *mabvuto* — problema, transtorno — e o homem que estava ao meu lado me contou o que fora dito em tumbuka. Aproveitei para perguntar a ele por que as pessoas que caminhavam pela estrada gritavam tanto na nossa direção. Ele disse:

— Eles são obrigados a caminhar e, por isso, caçoam de nós.

— E vocês caçoam deles também.

— Só de brincadeira.

A brincadeira berrada do ônibus, no Malaui, era: continue andando, otário!

O lago era lindo, com suas águas cintilantes. No lado moçambicano, erguiam-se montanhas douradas; no nosso lado, estavam as escarpas elevadas que levavam ao planalto Nyika — a beleza natural da África. Isso é metade da história. A outra metade: os garotos fedorentos e hostis, no ônibus miserável, caçoando das mulheres carregadas e do homem deformado.

Chegamos a Chilumba, apenas uma aldeia de pescadores, onde um homem fritava batatas em gordura. As batatas eram tiras encrostadas e a gordura parecia óleo de motor. Comprei algumas e comi-as, enquanto o ônibus esperava por passageiros; como ainda estava com fome, comi duas bananas.

Subimos as escarpas por uma traiçoeira estrada de curvas fechadas, muitas delas com deslizamentos removidos às pressas — e de forma descuidada. Passamos por algumas minas desativadas e pela escarpa de Livingstonia, onde estava o povoado do mesmo nome, a mais antiga missão do país. A missão abrigara, no passado, uma igreja de tijolos, bangalôs, um hospital e algumas choças. Fora construída em um lugar alto, com temperaturas amenas, onde os expatriados podiam cultivar couves-de-bruxelas e crisântemos. O lugar tinha crescido e perdera muitas árvores; a escola parecia malcuidada. Mas, de modo geral, ainda era o mesmo.

Depois de Livingstonia, a planície se espraiava, verde, despovoada. Parávamos frequentemente, pois o ônibus era mais rentável se viajasse superlotado, recolhendo qualquer um que fizesse sinal para que parasse, com seus produtos e animais. Quando eu pensei que não cabia mais ninguém no pobre veículo, o trocador abriu a porta e a manteve aberta, com o ônibus em movimento, enquanto alguns passageiros pulavam para dentro.

As cidades de Rumphi e Ekwendeni — lugares que eu conhecera muito bem — também haviam perdido suas lojas indianas, sem substituí-las por lojas africanas. Isso me interessava: as lojas arruinadas e abandonadas, com seus nomes em letreiros desbotados: *Irmãos Patel, Bazar Bombaim* e *Mercado Alibhai.* Todas abandonadas, os tetos desmoronados, as janelas quebradas, muitas delas vandalizadas e com grafites. Em frente a elas, à beira da vala de escoamento da estrada, estavam mulheres africanas, vendendo, sobre um pedaço de pano, sabão, sal, fósforos e óleo de cozinha. Na Província do Norte, a vida comercial fora transferida de lojas movimentadas, nas ruas principais das cidades, para simples mercados ao ar livre, onde camelôs e vendedores de frutas se sentavam sobre a lama.

Seis horas depois de deixarmos Karonga, chegamos a Mzuzu, na extremidade do planalto de Viphya, onde eu conhecia algumas pessoas. Decidi desembarcar e me hospedar em algum hotel, para procurar por elas. A pessoa que eu mais queria encontrar era Margaret, viúva de um dos meus primeiros amigos no Malaui, Sir Martin Roseveare.

Após se aposentar do serviço público inglês, em 1962, Sir Martin viera para Niassalândia, incumbido de dirigir um instituto para formação de professores. Cavalheiro bem-humorado, fumante de cachimbo, era um vigoroso jogador de hóquei na grama, apesar dos quase 70 anos. Sir Martin tinha paixão pelos detalhes. A frugalidade imposta pela guerra, aos ingleses, tornara alguns deles avarentos. Mas despertara, em outros, uma incomparável engenhosidade, transformando-os em inventores e fura-vidas. As privações do período trouxeram à luz a inventividade de Sir Martin, que criou uma caderneta de racionamento à prova de fraudes. Pela realização, foi agraciado com o título de cavaleiro. Ele também se interessava pela educação, jardinagem e esportes. Essas paixões o trouxeram ao Malaui. Era um educador à moda antiga, não um catequista. Tratava-se de alguém que viera à África para servi-la, para chamá-la de sua casa, para morrer na mata.

Sua esposa, Lady Margaret, era jovial, inteligente e desembaraçada, capaz, por exemplo, de consertar a bomba-d'água que gerava a eletricidade. Eu às vezes a via, debruçada sobre a máquina besuntada de graxa — saia de *tweed*, cabelo em coque, meias estampadas e sandálias enlameadas —, brandindo uma chave de rosca e dizendo:

— Caramba!

Sir Martin morrera por volta dos 90 anos. Lady Margaret sobrevivera a ele e passara a dirigir a Escola Secundária de Viphya. Eu sempre admirara aqueles dois e os via como modelos, aposentados vigorosos, que poderiam me servir de paradigma em meus últimos anos. Eles me incutiram a ambição, que alimentei por muito tempo, de retornar à África, talvez na metade dos meus 60 anos, para fazer como eles tinham feito. Eu continuaria a escrever, evidentemente, mas justificaria minha presença no país criando ou recuperando uma escola. Devotar o restante de minha vida à minha escola, vendo-a produzir estudantes inteligentes e bem-educados, parecia uma realização perfeita. Não seria um martírio, nem um grande sacrifício, pois eu gostava do isolamento, da rusticidade, do cultivo de vegetais, da pedagogia tolstoiana. Viver desse modo positivo e cheio de propósito seria tão saudável que poderia até prolongar minha vida. Eu seria um chato de bochechas rosadas, usaria calções largos, escreveria alguma coisa, criaria abelhas no *bundu* e dirigiria uma escola de alunos acima da média, imaginando as fofocas.

O que aconteceu com o Paul?

Está em algum lugar na África Central. Simplesmente se levantou e partiu. Já está lá há anos.

— Lady Margaret, ela morreu — disse-me uma menina na escola. A escola parecia depauperada, de um modo que não teria agradado à sua escrupulosa ex-diretora.

Ela tinha falecido havia dois anos, com a idade de 87 anos.

— Onde ela está enterrada?

A garota deu de ombros — não tinha ideia. Os Roseveares não faziam proselitismo, mas eram frequentadores da igreja. Fui então até a igreja anglicana de Mzuzu e perguntei ao vigário se os tinha conhecido.

— Vigário-geral — disse ele, corrigindo-me.

Sim, ele os tinha conhecido. Eram maravilhosos, disse. Tinham ajudado a construir a igreja, onde estavam enterrados.

Os túmulos eram placas retangulares, colocadas lado a lado no pátio enlameado da igreja. A sepultura de Lady Margaret não tinha nenhuma inscrição; a de Sir Martin exibia os dizeres: *Amado por Todos*. Os túmulos estavam cobertos de mato e pareciam não simplesmente negligenciados, mas esquecidos. Jardineiros dedicados, que detestavam a desordem, Sir Martin e Lady Margaret teriam ficado consternados com a visão daquele emaranhado de ervas daninhas. Então me ajoelhei e, como forma de veneração, limpei as sepulturas, em homenagem aos velhos tempos.

Caminhando por Mzuzu, de volta ao hotel, parei em um bar para beber uma cerveja, já sabendo que um africano viria se juntar a mim, inevitavelmente, contando-me uma história e pedindo-me que lhe pagasse um drinque.

Seu nome era Mkosi.

— Nós somos *angonis*, zulus da África do Sul que vieram para cá.

— Como estão as coisas, Mkosi?

— Nós só sofremos, senhor.

— E por que isso?

— No meu caso, senhor, é que a minha mulher está andando com um soldado. Eu achei uma carta que ela escreveu para ele. Foi terrível. "Eu te amo, meu amor querido." Eu mostrei a carta a ela. Ela foi descarada. "Como eu posso amar você? Você não tem dinheiro. Eu não posso amar alguém pobre. Você é pobre."

— Ainda bem que você se livrou dela — disse eu.

Dois amigos de Mkosi apareceram, em busca de bebidas grátis. Mas eu resolvi ir embora. Eles me seguiram até o lado de fora, querendo conversar. Como eu vira prostitutas no bar, levantei a questão da aids. Eles disseram que as pessoas morriam o tempo todo no Malaui — como alguém poderia dizer, com certeza, que a causa era a aids?

— Se vocês levassem uma dessas mulheres para casa, vocês usariam preservativo?

Um deles respondeu energicamente, com gestos:

— Nós somos malauianos, nós gostamos de pele com pele — e os outros riram.

— Preservativos são borracha — disse outro. — Borracha tem um monte de furinhos. Os germes podem atravessar aquilo, até o ar pode atravessar.

Havia um táxi parado junto ao meio-fio.

— Se a borracha deixa o ar passar, por que esses pneus não estão arriados? — perguntei.

Eles ficaram por ali, discutindo e falando sobre os próximos leilões de tabaco. Mas, quando viram que eu não iria lhes dar nenhum dinheiro, foram embora.

No dia seguinte, procurei por algum veículo que fosse para o sul. Havia muitos em Mzuzu. Os mais caros, é claro, eram os carros brancos com os logotipos das instituições beneficentes — todas as que eu conhecia e algumas novas: People to People, Mission Against Ignorance and Poverty, The Food Project, Action Aid, Poverty Crusade.

Não fiquei surpreso quando os prestadores de assistência humanitária se recusaram a me dar uma carona — sabia por experiência que seriam as últimas pessoas a oferecer ajuda a um viajante. Mas fiquei aborrecido. Analisei então o aborrecimento. Achei que se devia ao fato de serem os veículos, frequentemente, dirigidos por africanos; os brancos viajavam como passageiros em assentos ministeriais. Tinham toca-CDs, muitas vezes com música em alto volume. De vez em quando, eu avistava um africano, ou um branco, dirigindo seu veículo Salve as Crianças com uma só mão, falando ao telefone celular e ouvindo música — a pessoa mais feliz do país. Para cada agente da virtude que eu via dando duro nas áreas rurais, via dois deles dirigindo por diversão.

Essa visível bem-aventurança sobre rodas, cortesia dos tolos do primeiro mundo e seus sentimentos de culpa, era uma das minhas objeções aos prestadores de assistencialismo — a menor delas. Mais substancial era a noção de que, após décadas de trabalho filantrópico, havia mais instituições beneficentes no Malaui do que nunca. As instituições beneficentes, os agentes da virtude e as ONGs constituíam uma parte da economia do Malaui, nos dias de hoje, com certeza uma das maiores partes. Mas eram promessas de felicidade que nunca se realizavam. Não fiquei surpreso quando soube, mais tarde, que os figurões que controlavam a assistência, em alguns países africanos, exigiam sexo das vítimas da fome, em troca de pacotes de alimentos.

Alguns micro-ônibus estavam de partida para Lilongwe, mas pareciam perigosos — superlotados, com pneus carecas, as portas amarradas com arame, pessoas viajando no teto, motoristas com os olhos vitrificados pela maconha. Procurei por alguma coisa maior e mais segura, mas não vi nada — apenas arapucas mortíferas e os soberbos Land-Rovers das instituições beneficentes.

— Talvez haja algum ônibus grande hoje à tarde.

Voltei para o hotel e refleti sobre minhas últimas semanas. Eu passara três dias no trem da mata até Mwanza, fora maltratado pelo pessoal da imigração em Dar es Salaam, ficara perplexo com o medonho trem até Mbeya, uma cidade imunda, onde eu pagara um preço exorbitante no hotel, fora logrado na compra da passagem de ônibus e esperara por um ônibus que não aparecia. Então veio a luta para chegar à fronteira, onde vagabundos tentaram me extorquir, assim como o fiscal sanitário. Depois, a viagem noturna através de barreiras até Karonga. E, finalmente, a longa jornada pelo planalto até aqui, a chuvosa Mzuzu.

Mas eu estava bem perto da capital, Lilongwe. Sabendo que deveria chegar lá nos próximos dias, decidi telefonar para a Embaixada americana. Eu tinha me oferecido para dar palestras a qualquer hora, em qualquer lugar, falar para estudantes, ser um membro do Corpo de Paz mais uma vez. Minha mensagem de boa vontade tinha sido enviada a Lilongwe, ou assim eu esperava.

Telefonei para o Gabinete de Relações Públicas, do meu hotel, em Mzuzu, e fiquei surpreso ao ser atendido por uma mulher melancólica, um tanto impaciente, que disse:

— Sim, sim, eu sei quem você é. Os e-mails chegaram há algumas semanas.

— Sobre as palestras — disse eu.

Interrompendo-me, e o fazendo de forma brusca, a funcionária disse:

— Eu não programei nada para você.

— Nada?

— Você não vai acreditar na semana que eu tive — disse ela.

Teria ela, como eu, sido maltratada, atrasada, aterrorizada, retida, atormentada, extorquida, picada, encharcada, insultada, exaurida, roubada, enganada, intimidada, envenenada, sufocada e passado fome?

Para não gritar com ela, desliguei o telefone. Sua reação preguiçosa à minha oferta de colaboração, no início, deixou-me desencorajado. Mas então, em um momento de maior compreensão, eu pensei: em uma cultura na qual os estrangeiros apareciam constantemente para oferecer ajuda material, seu tempo e até a si mesmos, a caridade não era nada especial. De fato, era mais uma rotina no Malaui — não filantrópica, mas uma permanente alimentação intravenosa, parte de um sistema de doações.

Ao oferecer-me para ensinar, ou dar palestras, eu era apenas mais um agente da virtude, sendo lembrado, por uma funcionária da Embaixada, de que ela estava mais ocupada do que eu. Impertinente, insincera, irresponsável e desorganizada que fosse, essa profissional incompetente — que devia ganhar bem mais do que merecia — provavelmente estava certa quando dizia:

— Pegue um número, meu filho. Entre na fila. Há muita gente igual a você.

A manhã no planalto de Viphya: chuvisco, árvores escuras em um nevoeiro pesado, estradas lamacentas e escorregadias, africanos cobrindo a cabeça com sacos plásticos para se protegerem da chuva. Às 6h30, na rua em frente ao terminal de ônibus de Mzuzu, abrigada pela cobertura de palha de um quiosque de bananas, equibrando-se em uma rocha para que os pés se mantivessem secos, estava uma mulher branca, de uns 60 anos, muito magra, muito pálida na escuridão da manhã úmida, arregalando os olhos para divisar, em meio ao nevoeiro da montanha, o ônibus para Lilongwe.

Ela embarcou nele e nos sentamos lado a lado, na parte da frente, com a chuva encharcando a janela dianteira, enquanto atravessávamos o planalto. O ônibus era velho, mas largo e alto o bastante para transmitir uma sensação de segurança. Cada passageiro tinha um assento, o motorista era um homem de meia-idade cauteloso, que usava os freios e as setas de direção.

A mulher ao meu lado era Una Brownly, uma enfermeira da Missão de Livingstonia. Ela e seu marido, Don, estavam na África havia 27 anos. Don, um médico, tinha permanecido na missão, por causa da grande quantidade de pacientes. Una tinha uma folga de duas semanas. Tomara o ônibus em Livingstonia no dia anterior e viajara o dia todo até Mzuzu. Passara uma noite no hotel sujo de Mzuzu. Tomara outro ônibus hoje. Iria demorar um dia inteiro para chegar a Lilongwe. Outro dia em Lilongwe, esperando pelo voo para Londres. Mais um dia para chegar em sua casa, na Irlanda do Norte. Ou seja: uma viagem de quatro dias, para passar uma semana em casa — antes de voltar e enfrentar a sequência reversa de aviões e ônibus. Um avião de Mzuzu fazendo conexão com um voo para Londres estava fora de questão, custaria caro demais. Una não era financiada por nenhuma ONG internacional, não tinha um Land-Rover branco, nem telefone celular, nem toca-CDs. Ela e o marido eram missionários médicos, que viviam do dinheiro coletado pela igreja de sua terra. Não eram bem pagos, nem mesmo pelos padrões malauianos. Muitos médicos africanos tinham sido convidados a trabalhar em Livingstonia. Todos sabiam que a região precisava desesperadamente de médicos. Todos recusaram o trabalho.

— Não há nenhum cirurgião ao norte de Lilongwe — disse ela.

Quarenta anos de independência e não havia, em toda a metade norte do país, nenhum cirugião para realizar as operações mais complexas, que seu marido não estava habilitado a fazer.

— O governo não paga o suficiente aos médicos — disse ela. — Eles deixam o país e vão para onde o salário é melhor.

— E o seu salário?

Ela disse:

— Os médicos africanos não trabalham pelo que nós recebemos.

Comecei a entender a futilidade das instituições beneficentes na África. Geralmente movidas pelas melhores razões, seu pior aspecto era não serem inspiradoras. Os estrangeiros prestavam assistência há tanto tempo e estavam tão profundamente entranhados na sociedade que os africanos perdiam o interesse — se alguma vez o tiveram — em fazer o mesmo tipo de trabalho. Não só não queriam realizar trabalhos voluntários, como também não tinham o menor desejo de substituir os prestadores de assistência em trabalhos pagos. Mas muitos africanos estavam desempregados, sem fazer nada, sentados embaixo de árvores.

— O governo do Malaui ajuda a financiar seu hospital?

— De forma nenhuma. Eles nem dirigem seus próprios hospitais.

— Como as coisas ficaram tão ruins?

— Eu não sei — disse ela. — Tem a corrupção, é claro. Os ministros querem uma fatia de toda a ajuda que chega. Mas eu não penso em política, de que adiantaria? E há um bocado de ajuda. Algumas pessoas acham que o problema é esse. Uns médicos daqui, Elspeth e Michael King, escreveram um livro argumentando que a África é atrasada por causa da ajuda internacional.

— O que você acha?

Eu ter pedido a opinião dela pareceu diverti-la, pois uma das características dos expatriados que cuidam da saúde, na África, é desempenharem suas funções sem nenhuma reclamação, sem nenhum cinismo. Qualquer um que se preocupasse com as contradições e com a repetição diária do mito de Sísifo acharia o trabalho intolerável — e as reclamações o tornariam ainda mais tedioso, senão desmoralizante.

— Há sempre segundas intenções na assistência — disse ela. — Isso não é uma coisa ruim, mas, em muitos casos, não há contribuição local. O doador determina o que é necessário. O povo local que adapte seus projetos para receber o dinheiro.

Propósitos contraditórios eram a explicação mais gentil; fraude, a mais brutal. Eu perguntei:

— Por que as estradas do norte são tão ruins?

— Essa estrada nas encostas tem cem anos de idade. Ela já foi bonita, mas você viu os desabamentos? — disse ela. — No passado, eles limpavam os desabamentos manualmente; isso exigia um bocado de gente, mas a mão de obra é barata. E fazendo o trabalho à mão, as valas de drenagem ficavam abertas. Nos últimos anos, eles têm usado as escavadeiras dos doadores para limpar os deslizamentos de rochas. Eles afastam as pedras para os lados e bloqueiam os drenos. Quando a chuva vem, a água não tem por onde escapar e provoca outro desabamento.

A solução dos doadores de escavadeiras tornara pior o problema, além de ter tirado o trabalho dos operários.

— O governo paga a cinco homens para eles manterem a estrada. Então parou de pagar. Desde esse dia, a estrada vem se deteriorando.

— A escola de Livingstonia me pareceu em condições muito ruins — disse eu.

— Eles precisam de 24 professores para funcionar. Só existem 14. O professor de inglês está saindo. Então, dentro de um mês, só vai haver 13 professores para cerca de seiscentos estudantes. Os salários dos professores são muito baixos, veja você.

Eu disse:

— Eu me pergunto por que um professor estrangeiro iria ensinar em Livingstonia, se os próprios malauianos não querem fazer o sacrifício.

Com o sorriso mais doce, ela descartou a pergunta, como sendo muito lógica.

— Que tipo de veículo vocês têm em Livingstonia? — perguntei, pensando nos Land-Rovers dos prestadores de ajuda internacional que eu via por todos os lados.

— Uma ambulância, mas já está com nove anos e, no momento, está em reparos — disse ela. — Uma história triste, eu acho. Nós estávamos em Lilongwe, um mês atrás, comprando peças para ela, ferramentas e um rolo de tecido para uniformes escolares. Nós tínhamos amarrado tudo, muito bem amarrado, na traseira de uma picape. Quando entramos no carro e começamos a andar, uns garotos pularam dentro da picape, cortaram as cordas e roubaram tudo.

Havia roubo e vandalismo por toda parte, segundo ela. Um garoto em Lilongwe tinha arrancado um cordão de ouro de seu pescoço. Ela tinha gritado:

— Ladrão! Ladrão!

Mas os homens sentados nos carros ao redor apenas olharam o garoto correr. O barco de Livingstonia tinha sido danificado por vândalos. As duas clínicas às margens do lago, que só podiam ser alcançadas de barco, ficaram às moscas.

— Mas meu marido é muito bom para consertar coisas.

Quando não estava operando pacientes, Don estava remendando barcos e reparando motores. E acabei descobrindo que ele tinha conhecido aqueles outros faça-você-mesmo, os Roseveares.

Conversamos sobre a aids. Una disse:

— Deve haver muita no país, porque estamos tendo muitos casos. E nós estamos em uma área bem rural.

Muitos funcionários de hospitais também estavam infectados e dois funcionários da clínica de Livingstonia eram soropositivos.[3]

— Nós não temos como tratar de pacientes com aids; não há remédios. Eles morrem em casa. Nós tratamos de um homem que tinha uma hérnia terrível. Nós o operamos, mas ele não melhorou. Fizemos um teste. Ele era soropositivo. Foi para casa e morreu.

— Por que tantas pessoas têm aids aqui? É só porque não usam preservativos?

— Eu fiz essa pergunta há alguns anos — disse ela. — Tem que haver contato de sangue com sangue. Muitos africanos têm as outras doenças sexualmente transmissíveis; são essas que criam a possibilidade de infecção. Mas nós também vemos muitas outras doenças. Muitas crianças malnutridas. Muita anemia. E a malária, ela destrói as células vermelhas do sangue.

Cruzamos a floresta do planalto, densos pinheirais que tinham sido plantados cinquenta ou sessenta anos antes, para produzir a polpa utilizada na fabricação de papel. Mas o projeto não funcionou — ficava caro demais transportar os troncos e muito cara a administração do negócio. As árvores, agora,

---

[3] Em janeiro de 2002, a OMS relatou que 60% dos pacientes dos hospitais do Malaui sofriam de aids. E que, como resultado da epidemia de aids, havia 2 milhões de órfãos no país. (N. do A.)

eram cortadas para fornecer lenha e carvão. Saindo da floresta, chegamos às terras pantanosas e aos postos avançados do planalto, aldeias isoladas na terra encharcada, choças cobertas de palha negra apodrecida. Descemos através da chuva e da neblina até um terreno mais plano, entremeado com grandes trechos de colinas rochosas, como as que eu vira na Tanzânia e no Quênia — típicas do vale do Rift, remanescentes da idade do vulcanismo. Alguns rochedos, em forma de ovo, tinham o tamanho de pequenas montanhas.

Em Mzimba, onde paramos para reabastecer, dei uma volta pelo mercado. Havia pouca coisa comestível à venda — algumas raízes cobertas de terra e vegetais murchos.

— É a época do ano — disse Una. — As colheitas ainda não foram feitas e os alimentos da última estação já foram comidos. A propósito, você sabe que as crianças, na África, não são uma prioridade. Nós vemos crianças em estágios muito avançados de desnutrição: barrigas distendidas, pele descamando. Algumas das crianças estão mortas quando chegam até nós.

Como aquela enfermeira, tão experiente, era uma ótima fonte de informações, perguntei a ela a respeito da higiene básica. Por que os ônibus, *matatus* e lugares fechados eram tão mais fedorentos do que no passado? Ou seria eu que estava mais melindroso, mais velho e mais implicante? Ao perguntar isso, atingi um ponto vital.

— Ah, o cheiro! — disse ela. — Na igreja, quando estão todos juntos... o cheiro na igreja! — Ela fechou os olhos e sorriu horrorizada. — Mas, veja você, não há água para se lavar. E eles não lavam pessoas doentes, acham que vai fazer mal para o paciente, ele pode ficar com frio e ainda mais doente.

Em Kasungu, paramos para recolher passageiros e eu saí para esticar as pernas. A chuva caía com tanta força que eu tive que me abrigar dentro da estação, onde reclamei da tempestade.

— É porque você é europeu — disse um africano, na garagem onde eu estava me abrigando, contemplando o aguaceiro. — Eu sou africano. Nós gostamos da chuva. Nós não gostamos do sol como os europeus. Os europeus ficam deitados embaixo do sol, quase nus. Os africanos... você já viu africanos fazerem isso? Hein? Não! O sol nos esquenta muito. Mas a chuva é boa. Ela nos dá uma boa temperatura. Faz as colheitas crescerem. Infelizmente, agora, estamos tendo inundações e as espigas de milho estão apodrecendo nos campos.

Isso me pareceu uma avaliação perfeita das diferenças culturais.

De volta ao ônibus, eu disse a Una:

— É uma luta tão ingrata. Você já se perguntou: "Qual o propósito disso tudo?"

— Nós fazemos o que podemos — disse ela. — E, como você sabe, Livingstonia é muito bonita. O lago é adorável. As pessoas têm bom coração.

— Mas tão pouca coisa mudou. É praticamente o mesmo país que eu deixei há 35 anos. Talvez pior. O governo nem se preocupa em ajudar vocês.

Era um assunto muito amplo. Com o que parecia hesitação, ela disse o que era, na verdade, uma declaração de coragem:

— Nós só... acendemos... uma pequena vela.

Passamos por cabanas de sapê, pequenas plantações de tabaco — algumas em fase de colheita —, campos encharcados. Não havia muito tráfego, embora muitas pessoas maltrapilhas andassem pela estrada.

— Meu marido tem 64 anos. Ele vai se aposentar daqui a pouco. O governo não tem nenhum plano de substituição para ele. Provavelmente, não vão enviar ninguém. — Ela estava bem séria. — Se nós não estivermos aqui, não vai haver ninguém.

— O que vai acontecer, então?

— Eles vão morrer — disse ela suavemente. — Eles só vão morrer.

Estávamos em campo aberto, nada a distância senão a mata verdejante e nuvens se acumulando no horizonte. Eu ficava reclamando dos problemas, mas Una, a otimista, tinha me lembrado de que Livingstonia era adorável e de que a mata era adorável também — a África vazia, que as chuvas intensas tornavam verde.

Mas ela estava pensando sobre seu afastamento. Depois de uma longa pausa, falou novamente:

— Foi o que aconteceu antes. Eles só morreram.

Ela voltou a contemplar a estrada à frente. Tínhamos entrado nos arredores de Lilongwe — choças precárias, algumas com paredes de barro, outras apenas barracos. Eu admirava aquela mulher, principalmente por sua humildade. Uma de suas grandes virtudes era não ter consciência de como era virtuosa. Não tinha pronunciado nem uma palavra que mostrasse beatice. Não fazia ideia de que eu era escritor. Sua compaixão era temperada com realismo, mas ela não reclamava da sorte. Nenhum médico ou enfermeira maluaiano chegaria perto deste ônibus público, nem enfrentaria a viagem de três dias, de Livingstonia a Lilongwe.

Não faltavam conhecimentos médicos e didáticos na África, nem mesmo em países desventurados como o Malaui. Mas a vontade de colocá-los em prática, muitas vezes, não existia. A pergunta era: os forasteiros deveriam continuar executando os trabalhos e assumindo os riscos evitados pelos africanos?

* * *

Decidi ficar em Lilongwe por uma semana, antes de prosseguir para o sul. Eu tinha que descansar de minha interminável viagem e comunicar à minha família que ainda estava vivo. Escolhi um hotel na rua principal. Os *resorts* de luxo, no Terceiro Mundo, são uma aberração; o Malaui tem alguns, às margens do lago. Mas os hotéis do Terceiro Mundo — que hospedam economistas, o pessoal da ONU, peritos em refugiados, oportunistas e políticos visitantes — não ficam atrás. O Malaui tinha os piores e mais dispendiosos hotéis que encontrei em toda a viagem. Todos cobravam dois tipos de diárias: uma módica, para os africanos; e outra exorbitante, para os estrangeiros. Em sua maioria, pertenciam ao Estado e eram administrados por empresas sul-africanas.

— O que é isso? — perguntei no Hotel Lilongwe, apontando para um acréscimo de 10% em uma conta.

— Taxa de serviço.

— Onde está o serviço? Não há ninguém para carregar malas, ninguém varre o chão, o quarto não está limpo, o banheiro está quebrado. Entende o que estou dizendo? Se não há serviço, por que a cobrança?

— É o nome. "Taxa de serviço". Dez por cento a mais.

Se as instituições beneficentes tinham uma atuação questionável no combate à miséria do país, eram positivamente destrutivas no que diz respeito a hotéis — pois suas despesas eram reembolsadas e dinheiro não era problema. Simples viajantes com orçamento controlado, como eu, eram punidos por sua prodigalidade. Mas decidi permanecer no hotel caro e ruim; não tinha escolha. Deitado na cama, esbocei este parágrafo. E durante as manhãs, na semana que passei em Lilongwe, ocupei-me em escrever meu romance erótico.

Lilongwe eram duas cidades. Uma delas era a velha cidade-mercado, com lojas, postos de gasolina e multidões de rapazes ociosos e maltrapilhos; a outra era a cidade adjacente, muito mais nova, a capital do país, a capital da nação, com ruas largas, repartições do governo, o palácio presidencial, residências oficiais, mansões e embaixadas. Soldados e policiais vigiavam todas as ruas da capital. Mas, na velha Lilongwe, com suas favelas e cortiços, todos reclamavam da criminalidade, principalmente os lojistas indianos.

Expulsos das áreas rurais pelos bandidos do partido de Hastings Banda, os indianos vieram para a velha Lilongwe comercial, onde a vida era mais segura. Uma característica do governo ditatorial de Banda era que a violência política era normal, mas os crimes comuns — roubo de carros, furtos, estupros, assassinatos — eram comparativamente raros. Isso tinha mudado. Na verdade tinha se invertido: estupros e assassinatos eram hoje mais comuns do que o terror político.

Após 35 anos no poder, Banda se fora. Seu nome tinha sido removido do estádio nacional, das estradas e dos hospitais. Com o novo presidente, Bakili Muluzi, o homem que tinha imprimido seu rosto gorducho no dinheiro, as ruas eram inseguras e os arrombamentos de casas, frequentes. Muluzi fora considerado populista, o anti-Banda. Mas estava se transformando em um déspota. Como era muçulmano, em um país predominantemente cristão, um dos seus mais entusiásticos patrocinadores estrangeiros era a Líbia de Muammar Kadafi. O provérbio malauiano que explicava alguém como Muluzi era: "Crie uma cobra e ela o engolirá."

— Antes, nós podíamos dormir à noite em nossas casas — disse-me um homem chamado Salim. Ele dirigia um restaurante e veio até minha mesa, enquanto eu comia uma de suas *samosas* (uma espécie de esfiha).

— Nós não conseguimos nos sentir seguros agora. Não agora. Há muitos ladrões!

— Eu já vivi aqui — disse eu.

— O que você acha? — disse ele, provocando-me.

— Diga você, Salim.

— Está pior, muito pior. E não está melhorando. Está ficando muito pior!

Mas, em estado de alerta, resolvi caminhar pelas ruas de Lilongwe. Explorei o mercado — um enorme empório de roupas de segunda mão, que aqui, como em outros lugares, eram vendidas por camelôs que as obtinham quase de graça das obras de caridade. Havia tão pouco trânsito que os africanos costumavam andar pelo meio das ruas. Eu tinha sido alertado pelos indianos sobre os roubos, mas estava pobremente vestido e, embora tivesse coisas valiosas na sacola (dinheiro, passaporte, aparelhos), não trazia comigo nada que valesse a pena roubar. A maioria das minhas roupas viera de mercados de roupas usadas como esse.

Até as prostitutas me evitavam, a menos que eu lhes pagasse bebidas, o que eu fazia por pura solidão, assim como esses excêntricos que vemos em ruelas, tarde da noite, alimentando gatos vadios. Todas aquelas conversas sobre aids me tiraram o ardor sexual. Geralmente, eu me sentava sozinho no bar que ficava ao lado do Hotel Lilongwe. Às vezes me sentava em uma mesa, onde as garotas faziam hora, e conversava com elas. Estavam sempre bem-vestidas, até com sobriedade.

— Nós somos estudantes. Somos todas primas.

— Eu estou estudando secretariado.

— Eu aqui estou estudando administração.

— Eu estou trabalhando para a loja Vale Tudo.

Elas tinham entre 15 e 19 anos, eram solteiras, sem filhos, e não bebiam cerveja, só refrigerantes. Rindo, murmurando e miando, falaram-me sobre si mesmas, fizeram-me perguntas, brincaram comigo.

— Você não é velho... o quê? Quarenta ou quarenta e cinco.

— Tome mais uma Coca, querida!

A música era suave, o local não era turbulento. Lâmpadas de Natal decoravam os galhos das árvores. Para um sofrido viajante, que andara em ônibus e caminhões pelo Grande Vale do Rift — da Etiópia ao Malaui — era uma novidade e um prazer ficar no mesmo lugar, comendo regularmente, tomando banho, tendo a roupa lavada, conversando fiado, escrevendo um romance e fazendo as palavras cruzadas do *New York Times*, enviadas de casa por fax.

— O que você está fazendo, sr. Paul?

— Só um quebra-cabeça. Preenchendo os espaços com palavras. Ah, a pista é "proibido".

Elas se debruçaram sobre mim, cheirando a perfume, pó facial e óleo de cabelo. Os corpetes de seus vestidos farfalhantes — que eram como as roupas de baile da minha juventude — estavam pressionados contra mim.

— Acho que é "tabu". Cabe aqui.

Quando terminei e guardava o papel dobrado, uma das garotas se debruçava sobre mim, roçava minha orelha com os lábios e sussurava com hálito cálido:

— Quero fazer uma massagem em você, sr. Paul. Por favor, me leve. Eu sou boa.

Mas eu ia castamente para o quarto e me deitava sozinho em meu leito úmido e mofado, olhando para os rostos formados pelas manchas do teto. E pensava: o que houve de errado aqui?

Os jornais traziam manchetes como: "Uma nova jornada da pobreza para a prosperidade" (reportagem sobre um discurso do ministro da Agricultura), "Um novo começo para o setor agrícola" (um projeto, com financiamento americano, para que os plantadores de tabaco passassem a cultivar feijão-guando e soja) e "Projeções para o tabaco levantam esperanças" (mas uma semana depois o preço da mercadoria despencou para um quinto do que valia no ano precedente). Pensei: o que está havendo?

Ainda aborrecido por ter sido rejeitado como palestrante voluntário, pedi para conversar com o embaixador americano. A prática habitual, em um livro como esse, seria descrever esse homem como "fonte bem informada", ou "diplomata ocidental de alto nível", ou "alguém que encontrei por acaso". Mas o encontro foi tão breve e anódino que não precisa de camuflagem. O fato de que aquele homem era um diplomata me fez sorrir, enquanto conversávamos.

Tive a impressão de que o embaixador não gostava de mim, não mais do que a funcionária da Embaixada, aparentemente sua aliada, que dissera: *Você não vai acreditar na semana que eu tive*. Ele tinha mais ou menos a minha idade e uma aparência benigna, de modo geral, mas, visivelmente, tentava ocultar seu enfado e irritação. Seria por causa das minhas roupas americanas de segunda mão, compradas em um mercado africano? Mais provavelmente, era por causa do meu olhar de selvagem frustração, meu descuidado criticismo, meu escárnio imprudente. Eu estava exausto de tanto percorrer estradas, em meu safári da estrela negra, e os destinos da África tinham se tornado uma obsessão para mim. Nos outros países, eu fora um observador imparcial; mas, absurdo como parecesse, eu encarava a situação do Malaui como coisa pessoal. Eu disse:

— Eu ensinei aqui. Conheço muito bem o país. Até falo a língua local. Eu me ofereci para fazer algumas palestras aqui, mas a sua assessora de Relações Públicas não se interessou e não fez nada para me ajudar.

O embaixador não se sentiu atingido. Eu disse:

— Acredito que vocês recebam muitas ofertas como essa.

O embaixador deu um gole na sua bebida e empurrou um pratinho de amendoins em minha direção, como se quisesse me apaziguar. Eu disse:

— Nada *melhorou* nesse país, pelo amor de Deus. Diga uma coisa que tenha melhorado.

O embaixador disse:

— Não há terror político. Antes havia.

Eu disse:

— Eu fui revistado e retido em vinte barreiras na estrada, de Karonga até aqui.

O embaixador disse:

— Estou planejando uma viagem para o norte.

Eu disse:

— As estradas estão horríveis. Tivemos que empurrar o ônibus.

O embaixador disse:

— As estradas estão bem melhores do que eram.

Eu bocejei e sacudi alguns amendoins que tinha na mão. O embaixador disse:

— Meu último posto foi no Congo. No Congo não há estradas.

Eu disse:

— Para que servem as estradas, se não existem veículos a motor?

O embaixador disse:

— Há ônibus.

Eu disse:

— Já tomou algum? — Mas isso era golpe baixo. Acrescentei: — E o tabaco é o cultivo comercial daqui. Tabaco!

O embaixador disse:

— O tabaco agora pode ser cultivado por pequenos proprietários. Antes era monopólio do governo.

Eu disse:

— É uma commodity em decadência.

O embaixador disse:

— A produção de café está aumentando.

Eu disse:

— O preço está baixo. O café também só dá prejuízo.

O embaixador disse:

— Isso é apenas uma impressão, é claro. Mas eu sinto no ar algumas mudanças para melhor.

Eu disse:

— Bem, como diplomata, você é pago para ser otimista.

Ao ouvir meu comentário atrevido, o embaixador olhou irritadamente para o copo. Não gostou nem um pouco da alegação.

Eu disse:

— Honestamente, estou bem deprimido aqui. Nada funciona, as escolas são péssimas, o índice de mortalidade infantil é o mais alto do mundo. Acho que o governo quer escolas ruins porque pessoas ignorantes são mais fáceis de governar.

O embaixador disse:

— O governo está comprometido com a melhoria das escolas. Mas os professores são mal pagos.

Eu disse:

— E daí? Ninguém se torna professor para ficar rico.

O embaixador disse:

— E há novos desenvolvimentos na tecnologia das comunicações, no Malaui, que são estimulantes. A tecnologia dos telefones celulares. Talvez para o próximo ano.

A credulidade espantosa da expressão que ele usou, "próximo ano", fez com que eu risse, assim como sua menção a telefones celulares. "Espero que no próximo ano, por essa época", diz a sra. Jellyby, sobre seu Projeto Africano para os nativos de Borrioboola-Gha. A intenção de Dickens é satírica. O embaixador tinha uma grande semelhança com o sr. Quale, o colega filantropo da sra. Jellyby ("com dois grandes calombos brilhantes no lugar das têmporas"), cujo projeto era "ensinar os colonos cafeicultores a ensinar aos nativos a tornear pernas de piano para exportação". Frentes de trabalho e indústrias familiares, iniciadas pelos Quales e Jellybys de hoje eram comuns na África. O que tinha parecido a Charles Dickens uma ideia loucamente sarcástica, há 150 anos, era considerado, atualmente, como uma sublime esperança para o Malaui.

Eu disse:

— Ah! Telefones celulares! Eles vão brincar com eles como crianças. Vão tratar os celulares como brinquedos!

Um homem calvo pode manifestar sua contrariedade com toda a cabeça. Minha galhofa pôs à prova a paciência do embaixador. Mas, mesmo com a pele do crânio enrugada de cólera, ele se manteve polido e confiante. Eu tinha que admirar sua equanimidade, mas podia perceber que ele estava louco para que eu partisse. Não tornou a encher meu copo, o que é uma indicação clara de que o tempo de alguém terminou. Quando ficou evidente para mim, mediante silêncios significativos, que a entrevista estava encerrada, caminhamos pelo jardim, admirando as palmeiras. Então fui embora, para meditar em meu quarto de hotel.

No dia seguinte, telefonei ao presidente da Universidade do Malaui, um homem que eu conhecia, um professor que tinha sido colega meu, muito tempo atrás. Ele disse que estava feliz em ter notícias minhas.

— Estou só de passagem — disse eu. Não mencionei a promessa de aniversário que fizera a mim mesmo: passar uma semana, ou mais, ensinando, ajudando, fazendo alguma coisa útil. — Quero oferecer meus serviços, fazer uma palestra na universidade ou mesmo dar umas aulas em Soche Hill.

— Isso é excelente. Venha a Zomba. Vou tentar arranjar alguma coisa. E bem-vindo ao lar, *achimwene*.

Achimwene era a palavra mais afetuosa para "irmão".

15 *De volta à escola de Soche Hill*

"Sua mãe é sua mãe, mesmo se tiver uma das pernas mais curta", dizem os malauianos, outro velho ditado; era o modo informal de perdoarem os defeitos do país.

A maioria das pessoas não se queixava. Alguns até se gabavam: "Melhores estradas", diziam. Bem, talvez aqui no sul. Mas os malauianos eram tão pobres que apenas os políticos possuíam carros adequados. Estes dirigiam Mercedes-Benz nas boas estradas, enquanto os demais caminhavam, ou andavam de bicicleta, ou pastoreavam animais. As crianças usavam as estradas principais para brincar — a pavimentação era boa para jogar bola ou puxar carrinhos de arame feitos em casa. Quanto aos ônibus, grande parte deles estava em estado tão deplorável, que as boas estradas faziam pouca diferença. Eu me sentia tão desencorajado com minhas várias viagens de ônibus, desde a extremidade norte do país, que aluguei um carro em Lilongwe. Foi a primeira e última vez que fiz isso, em toda minha jornada. Agora era eu o motorista, a quem os policiais importunavam nas barreiras das estradas.

— Abra o porta-malas, *bwana* — ordenou-me, em uma delas, um policial fortemente armado.

— Você está procurando o quê?

— Drogas e armas.

— Já achou isso alguma vez? — perguntei.

Dois de seus auxiliares estavam esquadrinhando minha sacola, no porta-malas, inspirando profundamente, como se fossem cães farejadores, procurando por maconha, ou *chamba*, como era conhecida no Malaui — um produto bastante barato, que se encontrava em qualquer lugar.

— Antes que o dia termine, vamos encontrar alguma coisa — disse o policial.

Barreiras à parte, a viagem de 300 quilômetros até Zomba foi um prazer. Eu dirigia devagar, desfrutando a liberdade proporcionada por meu próprio veículo e a visão dos montes de formato estranho, que se erguiam separadamente na planície verde. Eu os via como tipicamente africanos, tão únicos quanto os animais que pastavam sob eles. Estes rochedos do vale do Rift tinham uma tonalidade cinzenta e chamuscada, com se fossem balas disparadas pelo canhão de uma cratera vulcânica, em algum período turbulento da pré-história. Lisos e solitários, não chegavam a ser morros, nem mesas. Alguns tinham forma de ovo, outros, de frutas exóticas. Lembrei-me de como me sentira quando os vira pela primeira vez. A profunda impressão que tive foi a de que estava em um lugar especial, a estrela negra da África. Em outros continentes que visitei, nunca vi nada igual.

Estradas pavimentadas tinham ocupado o lugar das sulcadas trilhas de barro vermelho; o trem de Balaca, em que eu viajara em 1964, para visitar um leprosário em Mua, às margens do lago, fora desativado, assim como a colônia de leprosos. A barca em Liwonde, que atravessava o rio Chire, caudaloso e pardacento durante as enchentes, fora substituída por uma ponte. Tudo isso era progresso. Mas, nas novas autoestradas, os africanos ainda andavam descalços, com as nádegas aparecendo por entre os farrapos que vestiam.

Eu viajava despreocupadamente, parando para observar os pássaros ou conversar com os agricultores. Assim, só cheguei a Zomba após o anoitecer. Zomba ficava no alto de uma colina. A rua principal não estava iluminada e as pessoas que lá perambulavam tropeçavam no escuro. Eu tinha instruções para ir até o Clube Zomba e perguntar pelo meu amigo, que viria me encontrar para me levar até sua casa — difícil de encontrar, pois estava localizada nas escarpas do platô.

Zomba tinha sido a capital da Niassalândia — o nome do Malaui sob o domínio britânico —, um pequeno protetorado produtor de chá. Cidade ainda pequena, Zomba era uma coleção de prédios de tijolos vermelhos e tetos de zinco, aglomerados na extremidade do planalto homônimo. Da estrada principal, o planalto lembrava uma tábua de passar roupas forrada de verde, alto o bastante para ser avistado a grande distância — um de seus picos tinha quase 2 mil metros. Suas laterais escarpadas eram envoltas em neblina. Parte do planalto era ainda selvagem o bastante para abrigar matilhas de hienas, pequenos antílopes e alguns bandos de macacos e babuínos. Todos os traços característicos do domínio britânico estavam presentes nas partes mais baixas de Zomba: a casa do governador-geral, de tijolos vermelhos, a igreja anglicana, de tijolos vermelhos, os bangalôs onde moravam os funcionários públicos, de tijolos vermelhos, o clube, de tijolos vermelhos. Os telhados de zinco, agora enferrujados, tinham adquirido a mesma tonalidade dos tijolos.

O Clube Zomba de Gincanas fora o ponto de encontro dos colonos na época dos britânicos, onde os sócios, absurdamente, eram classificados pela pigmentação da pele. Os brancos predominavam, mas havia alguns indianos e mestiços de pele dourada, conhecidos como *coloureds*. Mesmo nos anos seguintes à independência do Malaui, o clube se manteve quase inteiramente branco — homens e mulheres aficionados por cavalos, praticantes de críquete e entusiastas de rúgbi. Nenhum jogador de futebol: chutar uma bola era tido como esporte africano.

Quando morei na cidade, eu não fazia parte de nenhum clube, mas era às vezes participante involuntário de bate-papos entre britânicos bebedores de cerveja, que usavam jaquetas e cardigãs ("Este foi feito no Reino Unido"), e diziam:

— Deixe os africanos entrarem aqui e eles vão rasgar o forro da mesa de bilhar, ficar bêbados e trazer seus pirralhos ranhentos para o bar. E as mulheres vão amamentar seus bebês no salão de jogos.

Um comentário rude e racista. Mas bastante presciente, pois os garotos turbulentos que estavam à mesa de bilhar raspavam seus tacos no feltro rasgado, o bar estava cheio de bêbados (nenhuma criança, porém), e uma mulher estava amamentando seu bebê sob o alvo de dardos. Mas, se a estrutura tinha se deteriorado, a atmosfera era quase a mesma.

Algumas relíquias permaneciam: os chifres de antílopes e gazelas montados na parede, empoeiradas moscas de pesca em um estojo de vidro, bem-arrumadas e classificadas em fileiras, as maiores para salmões e os mosquitinhos para peixes pequenos. O calendário estava meses atrasado, os retratos tinham desaparecido, o chão não estava varrido e as luzes, excessivamente brilhantes, faziam o interior parecer mais sujo e desmazelado.

Sentei-me para tomar uma cerveja e fazer estas anotações, enquanto esperava pelo meu amigo.

Ele logo apareceu e me cumprimentou calorosamente em duas línguas. Era David Rubadiri, a quem eu encontrara, pela primeira vez, em 1963, quando ele fora diretor da minha escola, Soche Hill — "Sochei" é a maneira correta de se pronunciar o nome. Devido à escassez de pessoas com diploma universitário, na época da independência, Rubadiri foi arrancado da escola e colocado no serviço diplomático. O primeiro-ministro, Hastings Banda, nomeou-o embaixador em Washington. Tudo correu bem para Rubadiri, até três ou quatro meses depois da independência, quando se iniciou uma luta pelo poder. Os ministros do gabinete denunciaram Hastings Banda como ditador, atacaram-no verbalmente e lhe deram um voto de desconfiança no parlamento. A distância, Rubadiri os apoiou. Mas Banda sobreviveu ao que foi uma tentativa de golpe de Estado e se voltou contra seus acusadores. Estes tiveram que deixar o país ou passaram a lutar na guerrilha subterrânea. Banda permaneceu no poder durante os trinta anos seguintes.

Rubadiri caiu em desgraça, por ter tomado partido, e perdeu seu emprego. Foi então para Uganda, ensinar em Makerere. Quando se soube que eu o tinha ajudado — levei seu carro até ele, dirigindo mais de 2 mil quilômetros, pela savana, até Uganda —, fui acusado de apoiar os rebeldes e estigmatizado como revolucionário. Deportado do Malaui, no final de 1965, e expulso do Corpo de Paz ("Você pôs em risco todo o nosso programa!"), arranjei emprego em Makerere, com o auxílio de Rubadiri. Na primeira semana, fui professor de segundo grau, na semana seguinte, virei professor universitário. Uma combinação de perigo físico, ativismo social, fervor revolucionário, política do Terceiro Mundo e ingenuidade caracterizou esse drama dos anos 1960.[4]

A carreira de Rubadiri e a minha ficaram, portanto, interligadas. Éramos amigos há 38 anos. Com a mudança de governo, no Malaui, sua sorte melhorou. Em meados dos anos 1990, foi nomeado embaixador nas Nações Unidas e, após quatro ou cinco anos, tornou-se vice-reitor da Universidade do Malaui. Tinha duas esposas, nove filhos e estava agora com quase 70 anos — grisalho, digno e venerável como o general Otelo, um papel que tinha desempenhado no teatro da escola, quando estudara na Inglaterra. Depois de alguns drinques, Rubadiri às vezes levantava a mão, erguia uma das sobrancelhas e dizia com voz profunda:

Calma, uma ou duas palavras antes de irdes.
Prestei alguns serviços à República...

Era maravilhoso vê-lo de novo no Clube Zomba de Gincanas, ainda vivo, um sobrevivente do passado distante. Seguindo o carro dele pela estrada sinuosa ao longo das escarpas do planalto — cães de guarda e vigilantes noturnos surgindo na escuridão —, tive um vislumbre da vida de um alto funcionário do governo. As antigas residências dos burocratas britânicos eram agora ocupadas pelos burocratas africanos. A casa de Rubadiri pertencera ao Alto Comissário Britânico, uma ampla mansão colonial, de um só andar (teto de zinco, paredes de tijolo e estuque), instalada em uma ladeira íngreme, acima de um jardim em terraços.

Apenas uma de suas esposas estava lá: Gertrude, que eu conhecia como pessoa inteligente e sensível. Ela me cumprimentou, deu-me as boas-vindas e fez com que me sentisse em casa.

---

[4] A história desse envolvimento é contada no meu ensaio "The Killing of Hastings Banda" (A morte de Hastings Banda), incluído na coletânea *Sunrise with Seamonsters* (Alvorecer com monstros marinhos). (N. do A.)

— O jantar vai ser servido daqui a uma hora.

— Dá tempo de você falar para alguns estudantes — disse Rubadiri.

Descemos a colina até o Clube Universitário, outro glorioso bar dos anos 1920. Falei para um grupo de estudantes e professores — uma palestra motivacional. Reconheci, quase imediatamente, um homem que fora meu aluno — o mesmo rosto gorducho, a mesma cabeça grande sobre ombros estreitos, os mesmos olhos solenes, de grandes pálpebras, que lhe davam um ar irônico. Seu cabelo estava grisalho; afora isso era o mesmo Sam Mpechetula, agora usando sapatos. Na última vez em que eu o vira, ele era um garoto de 15 anos, descalço, vestindo calções cinzentos. Estava agora com 52 anos, usava casaco e gravata. Disse que, por acaso, estava em Zomba. Ouvira dizer que eu iria fazer uma palestra e aparecera. Casado e com quatro filhos, era professor de inglês em uma escola do Malaui. Uma coisa desse tipo fora um de meus objetivos mais modestos.

— Você lembra alguma coisa da nossa escola? — perguntei.

— Era uma boa escola, a melhor. Foram os melhores dias da minha vida — disse ele. — Os caras do Corpo de Paz eram maravilhosos. Eles trouxeram o blue jeans e os cabelos compridos para o Malaui.

— Que legado — disse eu, pois Rubadiri estava escutando.

Sam disse:

— Eles falavam com os africanos. Você sabe que, antes deles, os brancos não falavam conosco.

Rubadiri disse a ele:

— Você se lembra desse homem, hein?

— Ah, sim. Ele foi declarado "IP" e nós ficamos tristes.

IP era Imigrante Proibido. Minha recompensa por ajudar Rubadiri.

— Naquela época Jack Mapanje também ensinava para nós. Você se lembra dele?

Outra perda provocada pela política: Jack Mapanje fora encarcerado durante dez anos, por escrever poemas considerados subversivos pelo governo malauiano. Sam me atualizou sobre os estudantes a quem eu ensinara — muitos estavam mortos, alguns tinham deixado o país, mas um bom número trabalhava em diversas partes do país. Em grande parte, eram mulheres.

Naquela noite, mais tarde, pude conferir de novo a força e a lucidez das mulheres do Malaui. David Rubadiri foi dormir e sua esposa ficou me fazendo companhia, bebendo chá e monologando. Gertrude era uma mulher pequena e sólida, com um rosto largo e braços poderosos. Sentara-se confortavelmente nas almofadas do sofá, ligeiramente inclinada para frente, e parecia atenta. Era uma mulher inteligente, para os padrões de sua geração, tinha frequentado a Universidade de Fort Hare, na África do Sul. Robert Mugabe, futuro guerrilheiro e instável presidente do Zimbábue, fora um de seus colegas. Conversamos um pouco sobre ele, que estava atormentando os fazendeiros brancos do Zimbábue, naquele mês — de tal forma que as pessoas me aconselhavam a ficar longe daquele país.

— Mugabe era tão estudioso... nós o chamávamos de "Traça de Livros".

Temendo ser insultuoso, pois era um hóspede, tentei sugerir que, em meu retorno ao Malaui, estava vendo um país muito diminuído. Mas Gertrude agarrou a oportunidade, pois também estivera fora por muito tempo — cerca de 25 anos.

— As coisas estão piores — disse ela resolutamente. — Quando eu voltei, em 1994, fiquei surpresa. A pobreza, aqui, realmente me chocou. Eu não conseguia acreditar que as pessoas fossem tão pobres. Vi um garotinho com umas moedas, tentando comprar um pouco de sabão. Ele precisava de um *kwacha* (1,3 centavos de dólar), mas não tinha a quantia, então foi embora. As pessoas estavam vestidas com trapos. As ruas cheias de lixo.

— Eu notei isso também — disse eu.

— Mas sabe de uma coisa? Depois de uma semana, parei de enxergar isso!

— O que mais a chocou quando você voltou?

— O jeito de os jovens falarem, aqui em casa, realmente me incomodava. Alguns eram meus próprios sobrinhos. Quando eu perguntava alguma coisa, eles respondiam com outra pergunta. Algumas vezes diziam: "*Si chapita?*" (E daí?) Isso não é uma coisa tradicional, mostra que não existe respeito. Se eu pedia açúcar, o menino dava de ombros e dizia: "*Si watha?*" (Não acabou?) Chocante!

"E o modo como as pessoas fofocam. Bem, você sabe que esta sempre foi uma sociedade invejosa. Alguém volta do exterior com um ph.D. e o pessoal diz que isso não quer dizer nada. Fazem mexericos acerca daquela pessoa e dizem que ele, ou ela, é orgulhoso. Eu fui a um enterro, recentemente, e ouvi as pessoas fofocando. Você pode imaginar... em um funeral?

"Nós ficamos tão sujos, ao jogarmos lixo nas ruas. Pessoalmente também. As pessoas estão menos limpas em seus hábitos pessoais. A gente percebe isso nos ônibus. O cheiro. E você viu como empurram? Nunca fizeram isso antes. Todo mundo junto, empurrando uns aos outros, isso não é parte da nossa cultura. Nossa cultura diz que nós precisamos de espaço. Um empregado dá espaço a você, ele sai do caminho. As pessoas fazem a mesma coisa entre si. Sempre foi assim. Então não é natural ser empurrado e apertado, mas isso acontece a toda hora. Ninguém respeita os velhos. Ninguém me oferece lugar. Talvez eu esteja falando isso porque estou velha!

"O que houve de errado? Foram todos esses anos de governo Banda, ele dizendo às pessoas o que deveriam fazer, tinham que ser asseados, tinham que ser respeitosos. Agora eles dizem: 'O velho foi embora. Agora eu posso ser bagunceiro, vou compensar todos esses anos.'

"E as instituições beneficentes estrangeiras estão fazendo nosso trabalho para nós, um monte delas! Que progresso elas trazem? Vão ficar aqui para sempre? Não havia tantas antes. Por que ainda precisamos delas depois de tanto tempo? David diz que sou pessimista, mas, para falar a verdade, estou um pouco envergonhada."

Fui para o quarto pensando: então eu não estou imaginando coisas. No dia seguinte, fui visitar minha escola; eram 70 quilômetros de Zomba até Soche Hill.

Algumas viagens significam tanto para nós que as ensaiamos obsessivamente em nossas cabeças, não para nos prepararmos, e sim pelo prazer da antecipação, da prelibação. Eu imaginara essa viagem de retorno a Soche Hill, pela trilha estreita, durante muitos anos. Era uma volta ao lar com um sentido mais profundo do que se eu regressasse a Medford, no Massachussetts, onde crescera. Em Medford, eu era um dos muitos indivíduos lutando para partir, para começar a vida; mas no Malaui, na escola de Soche Hill, eu estava sozinho, realizando minha vida.

Na África, pela primeira vez, vislumbrei a vida que teria — dominada pelo ato de escrever, pela solidão e pelos riscos. Ainda nos meus 20 e poucos anos, eu já saboreava esses prazeres ambíguos. E aprendi o que muitos outros tinham descoberto antes de mim: que a África, apesar dos perigos, representava a vida selvagem e a possibilidade. Na África, além da liberdade para escrever, eu tinha algo novo para servir de assunto.

O mundo africano que conheci não se restringia à vivência do turista ou do caçador, nem à sancionada e enganadora experiência do diplomata; era o universo de um homem ambicioso expatriado na savana. Eu não tinha dinheiro nem status. No Malaui comecei a me identificar com Rimbaud e com Graham Greene. O lado humano da África pode ser encontrado em uma visita vespertina a uma aldeia colorida.

Na África teve início minha antipatia vitalícia por Ernest Hemingway, por suas espingardas e por seu estilo afetado. Ernest era tanto turista quanto caçador. Sua visão da África começa e acaba com a matança de grandes animais, cujas cabeças expunha, para mostrar aos visitantes como era valente. Esse tipo de safári é fácil de ser encontrado. Você paga e lhe mostram elefantes e leopardos. Você conversa com africanos servis, que são nativos estereotipados, pouco mais que escravos obedientes.

De todos os tipos de viagem na África, o mais fácil de encontrar, e o mais enganador, é o safári ao estilo de Hemingway. Em muitos aspectos, a obsessão por distribuir comida, que move algumas instituições beneficentes, está relacionada a isso — os prestadores de socorro me lembram pessoas que jogam comida para os animais, como fazem os guardas-florestais nas reservas assoladas pela seca.

A experiência de ser professor na África, mais difícil de ser praticada, requer menos dinheiro, porém mais humildade. Eu tive sorte. Para escapar ao alistamento militar, juntei-me ao Corpo de Paz, em uma das primeiras levas de voluntários, e fui enviado à Niassalândia, um país africano que ainda não era independente. Atravessei os últimos suspiros do colonialismo britânico, o incerto período de mudanças e a esperançosa afirmação de um governo negro. Isso também foi sorte, pois assisti em primeira mão a esse processo. O governo africano no Malaui, embora necessário, foi uma tirania desde o início.

Ensinar em uma escola era um modo perfeito de entender como viviam as pessoas e o que elas queriam para si mesmas. Meu trabalho justificava minha existência na África. Eu jamais quisera ser turista. Queria estar no lugar mais remoto possível, entre pessoas com quem pudesse conversar. Consegui isso no Malaui. O que eu mais amava na África era que a África parecia inacabada, desconhecida, oculta, muda — no entanto imponente, como o grande obelisco na pedreira de Assuã. O lindo monumento defeituoso jazia preso à rocha; mas, se fosse colocado de pé, atingiria quase 50 metros de altura. Era, para mim, o verdadeiro símbolo da África.

O que eu gostava, naquela época, era o que ainda gostava agora: a vida nas aldeias, pessoas tenazes, montanhas de pedra em forma de selas e planícies onde os cupinzais eram mais altos que qualquer choça. A estrada de Zomba tinha tudo: uma paisagem que se estendia quase até Moçambique, a savana com árvores dispersas, pequenas aldeias, barracas nos acostamentos, onde pessoas vendiam batatas e cana-de-açúcar — uma dieta emergencial, pois o milho não fora ainda colhido. Eu gostava da doce sonolência da África rural, que encarava com uma sensação de segurança.

Em vez de dirigir direto até a escola, parei na cidade vizinha de Limbe, que se iniciava abruptamente, favelizada com negócios a céu aberto — conserto de bicicletas, reparo de automóveis, fabricação de caixões. O resto era caótico: lixo, multidões, pequenas lojas, uma proliferação de bares e clínicas de aparência duvidosa. Dirigi procurando algum ponto de referência e encontrei um bar onde costumava beber, o Coqueiral. Encontrei também o mercado de Limbe e o Teatro Arco-Íris, onde, até a independência, eu tinha que ficar em posição de sentido, enquanto o "Deus Salve a Rainha"[5] era tocado antes de cada filme.

As áreas rurais me pareciam mais vazias do que antes, mas a cidade estava mais cheia, maior e com aspecto mais ameaçador. Estacionei o carro e entrei em um banco, para sacar dinheiro com meu cartão de crédito. O funcionário disse:

— Essa transação vai demorar três dias.

Um africano atrás de mim suspirou, solidário, e disse:

— Isso não deveria levar mais de uma hora. É deplorável.

Abandonei a ideia de sacar dinheiro e conversei com o homem. Era um malauiano, o dr. Jonathan Banda, professor de ciências políticas na Universidade de Georgetown, em Washington D.C. Tinha deixado o Malaui em 1974, ainda novo, para trabalhar e estudar em vários países. Obtivera seu Ph.D. nos Estados Unidos, retornara ao Malaui e estava desapontado com o que via.

— É sujo... é horrível — disse ele.

Estávamos de pé, na rua principal de Limbe, em meio a uma multidão. Jonathan Banda devia ter menos de 40 anos e, tendo vivido tanto tempo no exterior, era mais bem alimentado, maior e mais forte que seus compatriotas. Tinha o aspecto de um atleta, com aquela confiança transmitida pela musculosidade e o porte ereto. A postura combinava com seu sorriso cético.

— Os indivíduos são gananciosos e materialistas — prosseguiu ele. — São preguiçosos também. Não têm respeito. Empurram e atropelam. São grosseiros uns com os outros.

— O que você está fazendo aqui?

— Visitando a família; mas gostaria de voltar para ensinar. Recentemente, fui entrevistado pela universidade.

Ouvi atentamente. Afinal, eu estava hospedado na casa do vice-reitor da universidade.

— O que aconteceu?

— Fui sabatinado por uma junta de funcionários. Eles me perguntaram sobre as minhas convicções políticas. Pode imaginar isso? Se eu estivesse ensinando ciências, ou geografia, não haveria problema. Mas meu campo é ciências políticas. Eu disse: "Eu não tenho nenhuma filiação partidária."

— O que eles disseram?

— Eles não gostaram. Eu disse: "Eu quero ensinar os estudantes a decidirem por si mesmos, a formarem suas próprias opiniões políticas. Isso é o que

---

[5] *God Save the Queen*: hino nacional do Reino Unido. (N. do T.)

me interessa mais." Eles olharam uns para os outros e um deles disse: "Não podemos lhe pagar muito."

— Eu tenho certeza de que seria menos do que em Georgetown — disse eu.

— "Eu não me importo", eu disse a eles. "Tudo bem. Eu estou aqui para aprender."

Mas o dr. Jonathan Banda não conseguiu o emprego. Ele tinha certeza de que as razões tinham sido políticas. Disse que, se tivesse elogiado o governo e o partido no poder, teria sido contratado.

Pensando no que ouvira do embaixador, eu disse:

— Um diplomata me disse que não há mais terrorismo político aqui. É verdade?

— Talvez. Mas existem pressões políticas muito insidiosas.

Ele parecia tão sincero que eu lhe fiz algumas perguntas sobre as instituições beneficentes e organizações de caridade, o assunto que andava me preocupando. Os agentes da virtude em seus Land-Rovers brancos estariam mudando alguma coisa?

— Não muito, porque toda assistência é política — disse ele. — Quando este país se tornou independente, tinha poucas instituições. Ainda não tem muitas. Os doadores não contribuem para o desenvolvimento. Eles mantêm o status quo. Os políticos adoram isso, porque detestam mudanças. Os tiranos adoram a ajuda internacional. A assistência os ajuda a permanecer no poder e contribui para o subdesenvolvimento. Não é uma coisa social ou cultural, e certamente não é econômica. O assistencialismo é uma das principais razões do subdesenvolvimento na África.

— Você é quem está afirmando isso, não eu — disse eu. — Há um bocado de organizações assistencialistas aqui.

— Todos esses veículos... para onde quer que você olhe — disse ele, o que era precisamente o que eu sentia.

— Então, como as coisas podem mudar para melhor?

Ele disse:

— Só vai haver mudanças se todos os velhos morrerem. Senão ainda pode levar mais uns quarenta anos.

— E se todos os doadores fossem embora?

— Isso poderia funcionar.

Eu lhe desejei sorte e caminhei pela rua principal, para confirmar uma antiga lembrança. Queria verificar se o Conselho de Censura do Malaui ainda funcionava normalmente. Funcionava. Era uma repartição do governo instalada em um grande prédio na extremidade leste da cidade. Os escritórios tinham diversos funcionários, com os nomes relacionados em um quadro no saguão: Diretor Executivo, Diretor Assistente, Contador, Equipe de Digitadores, Sala de Exibição e assim por diante. Cerca de trinta pessoas, ao todo.

Abri uma porta ao acaso e encontrei um africano, vestido em um terno risca de giz, sentado a uma escrivaninha arrumada, com uma Bílbia aberta nas mãos.

— Com licença, você tem uma lista atualizada?

Sem ter certeza do que deveria perguntar, fui deliberadamente vago.

— Eu posso lhe vender isso — disse ele, estendendo-me um panfleto intitulado *Catálogo de Publicações, Filmes e Discos Banidos, com Suplementos;* estava datado de 1991. — Por favor, são cinco *kwachas*.

Ele ajeitou a gravata. Então abriu um livro de registro, rotulado como *Conselho de Censura — Setor Contábil*, e preencheu laboriosamente um recibo em três vias, carimbou-o e destacou uma cópia para mim. Tanto trabalho por seis centavos de dólar.

— Você não tem nada mais recente do que 1991?

— Vou verificar. Qual o seu interesse?

— Quero escrever alguma coisa sobre censura — disse eu. — Estou estudando o assunto.

— Por favor, espere aqui. Vou precisar do seu nome.

Escrevi meu nome em um pedaço de papel; ele o pegou e deixou a sala. Enquanto estava fora, dei uma olhada em volta: lemas edificantes pendurados nas paredes, um retrato do presidente, o sr. Muluzi, alguns tratados religiosos em uma estante. A Bíblia do homem estava aberta no Livro de Ezequiel, os capítulos de punição com o fogo do inferno. As "ameaças contra os pecadores" eram como uma declaração de objetivos do Conselho de Censura do Malaui, mas também continham grande quantidade de descrições explícitas, que poderiam ser vistas como inadequadas para os leitores malauianos. Ezequiel 23:20: "Ooliba (...) multiplicou as prostituições, recordando os dias de sua juventude, quando se prostituía no Egito. Apaixonou-se por esses degenerados, cujos membros são como os dos jumentos, e o orgasmo como o de garanhões em cio."

O paradoxo era que o catálogo malauiano de livros banidos poderia fazer parte de uma lista de obras recomendadas nas escolas de qualquer país esclarecido. Folheando o panfleto, vi que continha romances de John Updike, Graham Greene, Bernard Malamud, Norman Mailer, Yukio Mishima, D.H. Lawrence, James Baldwin, Kurt Vonnegut, Vladimir Nabokov e George Orwell. *A Revolução dos Bichos* tinha sido banido, assim como — mais previsivelmente — livros com títulos como *Pauline Promíscua* e *Sexo na Escola de Meninas.* Salman Rushdie figurava na lista — o presidente era muçulmano, o que poderia ser uma explicação. Eu também figurava: *Jungle Lovers* (Os amantes da selva), meu romance ambientado no Malaui, ainda estava na lista, depois de tantos anos.

O funcionário não tinha retornado. Pareceu-me que a coisa mais certa a ser feita seria sair do Conselho de Censura, antes que ligassem meu nome ao do pernicioso autor relacionado na lista. Andando na ponta dos pés, saí da sala. Vi que o saguão estava vazio, os escritórios com as portas fechadas, e afastei-me depressa, enquanto nuvens de chuva se agrupavam sobre as colinas próximas.

Em meio a uma neblina fina, fria e densa, conhecida no Malaui como *chiperoni,* deixei Limbe por um caminho familiar: colina acima, através de uma floresta que já fora muito maior, passando por uma aldeia que já fora muito menor, em uma estrada pavimentada que já fora uma trilha lamacenta. Essa pequena estrada, estreita, mas boa, que subia até Soche Hill, encheu-me de esperanças. Presumi que, se a estrada melhorara, era porque a escola também tinha melhorado.

Mas me enganei, a escola estava quase irreconhecível. O que fora uma série de prédios escolares dentro de um grande pomar tornara-se um conjunto de prédios desmantelados em um terreno descampado e lamacento. As árvores tinham sido cortadas e o capim crescia até a altura do peito. O lugar era tão malcuidado que parecia abandonado: janelas quebradas, portas desconjuntadas, paredes cobertas de mofo e buracos nos tetos. As poucas pessoas visíveis — de mãos vazias — não estavam fazendo nada, a não ser olhar para mim.

Andei até a casa onde eu tinha morado. A edificação, hoje maltratada, fora cercada por sebes e arbustos floridos. As sebes e os arbustos haviam desaparecido, substituídos por uma mirrada plantação de milho e mandioca — quase oculta por elevadas touceiras de capim-elefante, símbolo da savana, que agora se comprimiam contra a casa dilapidada e manchada. A parede adjacente à caldeira estava coberta de fuligem e o teto da varanda, quebrado. Montículos de farinha tinham sido postos a secar em esteiras espalhadas pelo passadiço — mas as chuvas os estavam transformando em pasta. Achas de lenha jaziam empilhadas desordenadamente diante da cozinha.

Para alguém pouco familiarizado com a África, a casa era o próprio retrato da desordem. Mas não para mim. Uma transformação ocorrera: um bangalô inglês fora transformado em uma choça africana funcional, não muito colorida e, até mesmo, desgraciosa. Não me cabia censurar os ocupantes por encontrarem novas finalidades para o passadiço, por cortarem as árvores para fazer lenha, ou por cultivarem mandioca onde eu cultivara petúnias. Mas não podia deixar de me sentir triste ao observar que a tinta dos beirais descascara, que as janelas tinham caído de suas molduras, que a madeira apodrecera e que os tijolos estavam quebrados. As choças das aldeias eram mantidas em melhores condições. Não demoraria muito para que essa habitação malconservada desmoronasse.

— Sim, você está procurando por alguém?

O ocupante do que fora minha casa saiu de seu interior, descalço, vestindo calças manchadas e camiseta, limpando restos de farinha de suas bochechas. Estava no meio de uma refeição.

— Não. Só passando por aqui — disse eu. — Eu morei aqui. Nos anos 1960.

— Faz muito tempo! — disse ele.

Achei fascinante a observação, pois 35 anos não me pareciam um período longo; e no coração da África, ancestral e imutável, não significava nada. Mas fora antes que ele nascesse. O homem não se apresentou, nem me deu as boas-vindas, o que era, por aqui, uma coisa extraordinariamente pouco hospitaleira. Não perguntou por que eu vivera na casa, nem quis saber o que eu fizera durante todos esses anos. Lambeu restos de comida dos lábios e cruzou os braços. Era apenas um habitante de uma aldeia fazendo uma refeição em sua cabana. E eu o interrompera, vindo de outro planeta.

— É uma casa muito velha — disse ele. E virou-se para examiná-la.

— Nem tanto.

— Foi construída na época da independência — disse ele, como se estivesse se referindo a uma época remota do passado.

A independência fora em 1964. Mas, em um lugar onde as pessoas se casavam cedo, tinham filhos cedo e morriam jovens, isso representava duas gerações, muita coisa na escala africana.

A velha casa dos Roseveare, ao lado, muito maior, estava em condições ainda piores. Para jardineiros meticulosos como eles, jardins não capinados eram um pesadelo. Mas ocorrera uma transformação, também. Onde antes cresciam rosas e tremoços, havia um denso milharal. O que ilustrava vividamente a história africana — a história da sobrevivência, não da adaptação.

— Os Roseveare viviam aqui.

— Eu não conheço eles.

— Sir Martin Roseveare fundou essa escola. Ele e a mulher dele ensinaram aqui por muitos anos.

O homem deu de ombros, sem dar nenhuma pista do que pensava.

— Eles estão mortos — disse eu.

— Oh, sinto muito.

Mas parecia mais desconfiado do que pesaroso, como se eu estivesse contando uma história comprida para que ele abrisse a guarda e eu o roubasse.

— Você é professor?

— Comunicação e um monte de coisas — disse ele.

— Obrigado. Eu já vou embora.

— Tchau, senhor.

As casas dos outros professores: mais paredes manchadas pela chuva e cobertas de mofo, telhados afundados, janelas quebradas e varandas desmanteladas. A chuva fina estava engrossando, mas a chuva, a lama, as árvores gotejantes e o limo esverdeado das paredes de tijolos combinavam com a melancolia que eu estava sentindo.

Encontrei dois professores, conversando em pé na estrada molhada. Apresentaram-se como Anne Holt, de Fife, na Escócia, e Jackson Yekha, um malauiano — novos professores da escola.

— Já li alguns de seus livros — disse Anne. — Não sabia que você tinha ensinado aqui.

— Foi há algum tempo. Já ouviu falar dos Roseveares? Na verdade, fundaram a escola. Eles viviam ali.

Nada, nenhuma recordação deles. Comecei a pensar que o mato que cobria suas sepulturas, em Mzuzu, representava acuradamente a importância que se dava às décadas de trabalho e sacrifício de ambos. Parecia que jamais haviam existido, ou que eram apenas fantasmas. O que tinham ajudado a criar já quase não existia. Em certo sentido, poderiam nunca ter estado na África, embora eu ainda sentisse sua presença na escola.

Eu também era um espectro: uma aparição do passado, batendo nas janelas com os dedos ossudos, uma caveira cheia de dentes se comprimindo contra a vidraça e dizendo: *Lembram-se de mim?* Mas eu era tão obscuro e irreal que mal era visível para essas pessoas, apesar de vê-las, claramente, como uma repetição, outro ciclo, uma reencarnação, mais triste, do passado.

Anne Holt tinha 22 anos, a minha idade quando cheguei a Soche Hill; portanto, na condição de fantasma, eu estava visitando e assombrando meu eu anterior, vendo a mim mesmo como tinha sido: magro, pálido, de pé em uma estrada molhada na savana, segurando um livro manchado e mofado.

Enquanto conversávamos, a chuva aumentou muito, fazendo estalar as folhas das árvores e ameaçando nos encharcar. Abrigamo-nos na casa de Jackson Yekha, que parecia a mais sólida. Sua residência, por acaso, foi o lugar em que me hospedei enquanto minha futura residência estava sendo concluída. Pertencia a um dedicado professor escocês, da ilha de South Uist. Seu nome era John MacKinnon, um dos baluartes da escola, outro esquecido. A mesma mesa onde um dia descansaram garrafas de molho, um pote de mostarda e um vidro pegajoso de Branston Pickle (uma célebre marca britânica de picles) estava agora polvilhada com farinha de milho, derramada durante o preparo da *nsima*. Mais uma casa desmazelada e dilapidada, mais um bangalô que se tornara uma choça.

Enquanto permanecíamos lá, ouvindo a chuva martelar o telhado, foi Jackson Yekha, não eu, quem lamentou a pobreza e a desordem que imperavam no país. Eu disse:

— Quando eu estava aqui, as pessoas diziam: "Em cinco ou dez anos, as coisas vão melhorar."

— As coisas estão terríveis. O que nós podemos fazer para mudar?

Eu disse:

— Primeiro, vocês têm que decidir o que é importante para vocês. O que vocês querem?

— Eu quero que as coisas melhorem. Casas. Dinheiro. A vida.

— E o que está impedindo você?

— O governo não está nos ajudando.

— Talvez o governo queira impedir que as coisas melhorem.

Fiz um resumo da minha teoria de que alguns governos da África dependiam do subdesenvolvimento para sobreviver — escolas ruins, comunicações deficientes, imprensa frágil, povo maltrapilho. Precisavam da pobreza para obter ajuda internacional, precisavam de um povo passivo, ignorante e sem instrução para se manterem no poder durante décadas. Um excelente sistema educacional em uma sociedade aberta produziria rivais, competidores e uma oposição eficiente a pessoas que só queriam se aferrar ao poder. Era heresia dizer tais coisas, mas era como eu as via.

— Isso é tão deprimente — disse Anne. — Ninguém quer ser professor. Um professor de ensino fundamental ganha apenas 2 mil *kwachas* por mês. No nível universitário, em torno de 5 mil *kwachas*.

Essas cifras representavam cerca de 25 a 65 dólares — muito pouco; mas a renda anual per capita do Malaui era de 200 dólares.

— As ONGs levam os professores — disse Jackson. — Elas oferecem melhores pagamentos e condições.

Isso era interessante: as instituições beneficentes estrangeiras e os ativistas da virtude, tentando melhorar as coisas, cooptavam os professores malpagos e os transformavam em distribuidores de alimentos, a bordo de Land-Rovers brancos. E deixavam as escolas sem pessoal.

Vendo que a chuva tinha diminuído, pedi a Anne que me mostrasse a escola. No escritório principal, encontramos o diretor. Anne disse:

— Esse é o sr. Theroux. Ele dava aulas aqui.

O diretor encolheu o pescoço, como uma tartaruga assustada, e olhou para mim. Disse:

— Interessante — e continuou a escrever.

A biblioteca, um edifício grande e sólido, fora o coração da escola. Eu nunca tivera dificuldade em obter caixas de livros novos de agências do exterior. Minhas recordações da biblioteca da Soche eram de uma sala ampla, dividida por prateleiras altas e abarrotadas — cerca de 10 mil livros —, uma mesa com revistas e um setor de referência, com enciclopédias.

A biblioteca estava em escuridão quase total. Apenas uma luz acesa. Quase todas as prateleiras vazias. Os bocais das lâmpadas também vazios.

— Está um pouco escuro aqui.

— Você deveria ter visto antes — disse Anne. — Pelo menos conseguimos essa lâmpada. Pedimos ao ministério, não sei quantas vezes, que nos enviassem lâmpadas fluorescentes, mas nem ao menos responderam às nossas cartas.

— Vocês pedem lâmpadas e eles não mandam? — perguntei. — Acho que isso é uma mensagem de que não se importam.

— É bem possível.

— Essa já foi uma das melhores escolas do país.

— Sim, é muito triste, concordo.

— O que aconteceu com os livros?

— Os estudantes roubaram.

— Meu Deus.

— Nós estamos tentando desenvolver um novo sistema. Quando estiver em funcionamento, vamos conseguir evitar um bocado de roubos.

Pensei: nunca mais vou enviar um livro para este país. Pensei também: se você é um estudante africano e precisa de dinheiro, faz algum sentido, embora criminoso, roubar livros para vender. Era uma forma justificada de caça ilegal, como o morador de uma aldeia que captura um javali — um ato desaprovado pelas autoridades, mas talvez necessário. Não havia sanções tribais contra a caça ilegal, quando se destinava à sobrevivência.

Ao sair da biblioteca da Soche, senti-me como se estivesse emergindo de um buraco negro de ignorância e pilhagem. Andamos pelas salas de aula, tão devastadas quanto o resto, mas piores, em certos aspectos, pois as varandas não tinham sido varridas, a grama não fora aparada e havia lixo nas aleias. Qual seria a desculpa para isso?

— Há muita falta de dinheiro no país — disse Anne.

— Talvez seja verdade — disse eu. — Mas quanto custa uma vassoura? Os estudantes poderiam varrer o lugar e cortar a grama. Não acho que seja um problema de dinheiro. Acho que é alguma coisa mais séria. Ninguém se importa. Você está aqui para fazer o trabalho, você quer fazer o trabalho, por que alguém iria ajudar?

— Eu não estou apenas ensinando — disse ela. — Estou aprendendo muito.

— Com certeza, esse é um bom motivo para estar aqui — disse eu. — Por isso eu gostava daqui.

Caminhamos até o pátio, onde estavam alguns estudantes, que ficaram nos olhando. Era o local onde se realizavam as assembleias matinais, um espaço mais amplo do que o que eu conhecera, agora pavimentado com betume e cercado por outros prédios sujos, com manchas de umidade. Uma mulher gorducha, de vestido verde e aspecto confiante, saiu de uma sala, onde estivera obviamente comendo, pois estava lambendo os dedos. Era a subdiretora.

— Esse é o sr. Theroux. Ele dava aulas aqui.

— Obrigada. Isso é interessante.

Ainda com os dedos na boca, a subdiretora retornou à sala de aula, para sua refeição.

Anne e eu andamos pelo pátio. Olhei para a deprimente escola ao redor e pensei em como tinha desejado voltar aqui. Tinha planejado passar uma semana ajudanto, talvez ensinando, revivendo meus dias de voluntário. Essa era minha África. *Você está plantando uma semente*, algumas pessoas tinham dito. Mas a semente não tinha germinado, estava deteriorada e provavelmente moribunda.

Talvez lendo meus pensamentos, Anne disse:

— Eu tenho minhas dúvidas, às vezes. E digo a minha mãe: "E se a gente apenas fosse embora? Todos nós. Até o último de nós."

— O que você acha que iria acontecer?

— Então as pessoas daqui teriam que pensar por si mesmas. Teriam que decidir o que é melhor para elas, o que querem. Ninguém iria influenciar. Talvez digam que querem educação; então vão ter que ensinar. Vão ter que fazer o que nós estamos fazendo.

— Pelo mísero salário que você ganha.

— Certo — disse ela. — Ou talvez decidam que não querem mudanças. Podem deixar as coisas como estão. Muitas pessoas nas aldeias estão bem, não são miseráveis.

Essas sérias questões, levantadas por alguém que estava querendo trabalhar — a pessoa que eu fora —, deram-me esperanças. Não havia muitos africanos fazendo as mesmas perguntas.

Eu gostaria de ver alguns voluntários africanos interessados pelo lugar, varrendo o chão, cortando a grama, lavando as janelas, colando as lombadas dos poucos livros que restavam e removendo o limo das paredes das salas. Ou, se não era isso o que queriam, gostaria que incendiassem o lugar, queimassem tudo e dançassem em volta das chamas; então poderiam arar o terreno e plantar culturas de subsistência. Até que uma dessas coisas acontecesse, eu não voltaria. Eu não sentia a menor vontade de permanecer na escola, muito menos dar aulas. Desejei muita sorte a Anne Holt e deixei o lugar em suas mãos, sentindo que jamais retornaria e que esse era meu último safári aqui.

Eu não sabia as respostas; não sabia nem mesmo as perguntas. Mas senti uma espécie de iluminação: vi a falta de sentido, quase a trivialidade, de dar aulas no local. Seria apenas um esforço para agradar a mim mesmo. Não me sentia desesperado por não conseguir fazê-lo. Tinha apenas a solene percepção de que, se somente os africanos poderiam definir seus problemas, somente os africanos poderiam resolvê-los.

Talvez nenhuma dessas escolas fracassadas fosse o problema; talvez fossem apenas instituições estrangeiras, como as geringonças estrangeiras — máquinas e computadores — que eram distribuídas e usadas por algum tempo. Quando sofriam avarias, jamais eram consertadas. Eram trazidas em grandes tonéis de metal, que eu via espalhados por toda a África — sobretudo na periferia das cidades. Vazios. Qualquer que tivesse sido o conteúdo, o objeto mais valioso era o próprio tonel de metal. As cascas vazias se tornavam habitações resistentes, ocupadas por pessoas e animais.

Já de volta a Zomba, dirigi até Blantyre (batizada em homenagem à cidade escocesa onde nascera David Livingstone) e parei diante de uma loja em uma rua lateral — Supremos Fornecedores —, para visitar outro de meus estudantes, Steve Kamwendo. Steve era hoje o gerente da sucursal. Tinha 51 anos e seis filhos. Era um homem grande e saudável, com os mesmos traços fortes e presença marcante de Vernon Jordan, um dos auxiliares de Bill Clinton. Ele me abraçou, dizendo que estava feliz em rever-me. Eu lhe disse onde estivera. Seu rosto murchou.

— Você foi a Soche? — disse ele. — Derramou lágrimas?

Isso resumiu tudo. Se alguém achasse que eu fora um professor muito duro, poderia ser encaminhado a Steve, que lamentava a má situação da velha escola. Lamentava, também, que a criminalidade estivesse tão assustadora e a vida, em geral, tão difícil. Seu próprio negócio ia bem. Móveis fabricados no Malaui eram populares, assim como armações de cama e lâmpadas fabricadas na África do Sul. Móveis importados da África do Sul eram caros demais.

— Seus antigos alunos estão indo bem, mas o país não está indo bem. As pessoas estão muito mais pobres e não respeitam ninguém.

— E seus filhos, Steve?

— Estão nos Estados Unidos, quatro deles estão em uma universidade de Indiana. Um deles vai se formar em junho.

Sob qualquer ponto de vista, a história de Steve era uma história de sucesso. Todas as suas economias eram destinadas à educação dos filhos, no exterior. E embora estivesse pessimista a respeito do futuro do Malaui, encorajava os filhos a retornarem, para trabalhar no país.

— Agora é com eles — disse eu.

Retornei a Zomba antes do que esperava, com uma pergunta não respondida em minha mente: por que as escolas recebiam tão pouco dinheiro?

— Posso lhe dizer por quê — disse Gertrude Rubadiri. — O dinheiro foi surrupiado.

Dois milhões de dólares, doados por um país europeu para serem destinados à educação, segundo as evidências, tinham sido desviados pelo ministro das Finanças e dois outros políticos, em um esquema que envolvia a criação de escolas e professores fictícios. Havia outras quantias malversadas. Os homens estavam na cadeia, aguardando julgamento, mas o dinheiro desaparecera e jamais seria encontrado.

Então havia uma boa razão para as janelas quebradas, as lâmpadas inexistentes e paredes sem pintura, tanto na Soche quanto em todas as outras escolas do país. Uma parte grande e importante da verba destinada à educação fora roubada pelo funcionário do governo a quem fora confiada.

No dia seguinte, os Rubadiri convidaram alguns amigos para o jantar. Um deles, um homem gordo e tranquilo, fora embaixador do Malaui em países da Europa e, atualmente, era um burocrata que vivia em Zomba.

— Você viu tanta coisa do país, Paul! Diga para nós o que achou.

"O visitante traz sempre uma faca afiada", alguém já disse — outro provérbio. Os estranhos sempre têm uma percepção mais aguçada.

Eu não sabia por onde começar, mas por algum motivo estava vendo, em minha mente, a estrada que ligava as cidades do norte, os postos avançados do planalto: Karonga, Livingstonia, Rumphi, Ekwendeni, Mzuzu — as lojas indianas vazias, as mulheres acocoradas na terra, vendendo bananas e amendoins. Mencionei essa imagem de decadência rural, mas não disse "decadência", disse "mudança".

— Os indianos foram expulsos — disse o antigo embaixador. — Não foi uma lei, nem saiu nos jornais. Mas isso é detalhe. Assim que o presidente fez o discurso contra os indianos, em meados dos anos 70, eles fecharam as lojas. Foram para o Reino Unido e para a África do Sul.

Eu sabia disso, mas queira ouvi-lo de sua boca. Perguntei:

— Qual era o motivo por trás do discurso do presidente?

— Ele queria que os africanos tivessem uma chance de dirigir as lojas. Que os africanos pudessem entrar no negócio. As lojas foram cedidas. Eu mesmo comprei uma.

— E qual foi o resultado?

— Ah, ah! Não muito bom! Não funcionou. Todas fecharam!

Ele estava dizendo: nós expulsamos os indianos, tomamos suas lojas, falimos — e daí? Fim da história. Ele tentou mudar de assunto, mas eu estava interessado e lhe pedi que descrevesse o fracasso com um pouco mais de detalhes.

— Bem, como você sabe, os indianos são bons negociantes — disse ele.

Então, com um riso desalentado, como se tivesse deixado cair uma fatia de pão com o lado da manteiga para baixo, acrescentou:

— O que nós entendemos dessas coisas? Nós não tínhamos capital. As lojas faliram, quase todas elas! Ah! Foram abandonadas, como você viu. As que sobraram viraram bares de *chibuku* (cerveja).

O resultado, nas áreas rurais, foi: nenhuma loja e, 27 anos mais tarde, ainda nenhuma loja. O tiro saíra pela culatra. Quando eu destaquei isso, um dos outros convidados africanos começou, de forma petulante e em tom de troça, a denegrir os indianos, por seu tino para negócios.

— Eles sentam lá, veja você, e têm aqueles pedacinhos de papel e têm aquelas colunas de números. — Ele falava sobre os indianos de forma pomposa, como se estivesse descrevendo crianças retardadas com brinquedos quebrados. — Um dos indianos está mexendo na calculadora, o outro está contando sacos de farinha e latas de leite condensado. Um, dois, três, um, dois, três.

O que aquele africano, com voz melíflua, pretendia ridicularizar — o aparente absurdo da contagem — era a descrição de pessoas fazendo um simples inventário das mercadorias em uma loja. Eu disse:

— Mas é assim que se dirige uma loja. É um negócio normal. Você faz uma lista do que vendeu, para saber qual mercadoria precisa repor.

— Os indianos não conhecem outra vida! — disse ele. — Só essa vida isolada, só números, dinheiro e mercadorias nas prateleiras. Um, dois, três.

— Fazer inventário está na natureza dos pequenos negócios, não? — Eu não gostei de sua tentativa de menosprezar os comerciantes, mas me mantive calmo, para instigá-lo. — As margens de lucro são muito pequenas.

— Mas nós, africanos, não somos criados assim — disse ele, acenando com a cabeça para os outros, em busca de aprovação. — O que nos interessam as lojas e as contagens? Nós temos uma existência muito mais livre. Nós não nos interessamos por isso, lojas não são nosso ponto forte.

— Então por que fecharam as lojas?

Isso o confundiu, mas não por muito tempo.

— Talvez alguma coisa possa ser feita com elas. Vender não está na nossa herança. Não somos um povo de negócios.

— Eu vi mulheres vendendo sabão, fósforos e óleo de cozinha.

— Mas não em lojas.

— Não, elas estão sentadas na lama, em Mzuzu — disse eu, já nervoso.

— Eu vou lhe dizer por que essas lojas não deram certo — disse o antigo embaixador. — Quando os africanos ficaram com o negócio, suas famílias vieram ficar com eles e comeram toda a comida, viveram das lojas. Sempre que um africano tem sucesso em alguma coisa, sua família vem viver às custas dele. Não é?

— É verdade, irmão — disse o outro homem.

— E nós não fomos feitos para esse negócio de tomar conta de lojas, livros-caixa e — ele piscou para mim — ficar mastigando números.

Eu nunca tinha ouvido tantas bobagens. Bem, talvez já tivesse, sem prestar atenção. O homem estava dizendo: *Isso é muito para nós. Nós não conseguimos aprender a fazer negócios. Nós precisamos que nos deem dinheiro, precisamos de sinecuras, porque não sabemos como obter lucros.* Eu disse:

— Se vocês não são bons em manter livros de registro e controlar as despesas, como esperam que os países doadores continuem a lhes dar dinheiro?

Isso foi um tanto brusco e teve o efeito de terminar a discussão.

Como se para explicar minha irritação, Rubadiri, o anfitrião, disse:

— Paul teve uma experiência muito forte, quando retornou à sua velha escola. Isso é porque ele era um professor muito bom. A escola significava muito para ele.

Sentindo-me apadrinhado, eu disse:

— Não há luz. O lugar está caindo aos pedaços. Roubaram os livros. Eu sei o que vocês vão dizer, mas, ué, por que ninguém varre o chão?

— Há uma comissão estudando o sistema educacional.

Pensei: que besteira. Bebi mais uma cerveja e fiquei sentado na cadeira, enquanto eles conversavam sobre outras coisas.

Não ouvi o que estavam falando. Ouvia ratos correndo e fazendo algazarra no espaço sobre o teto de madeira da velha casa colonial. Libélulas de asas finíssimas, mariposas amarelas e besouros desajeitados entravam pela janela aberta.

O homem gordo estava olhando para mim. Eu não conseguia pensar em nada para dizer. Finalmente, perguntei:

— Em qual país você foi embaixador?

— Alemanha. Quatro anos.

— Ótimos museus — disse eu.

— Eu só fui a um museu uma vez — disse ele. — Deram um jantar no museu, dentro dele, veja você. Mesas e cadeiras na sala onde estavam os quadros. Nós comemos e olhamos os quadros. Foi muito bom. Eu nunca fui a outros museus.

— Ótima música — disse eu.

— Eu aprendi um pouco sobre música clássica. Até então, minha música favorita era *pata-pata* — música das favelas sul-africanas. — Mas ainda adoro *pata-pata*. É meu Mozart!

— Você viajou muito pela Alemanha?

— Ah, eu fiquei em Berlim, naquele hotel, o Adlon. Tão lindo. Diária de 300 dólares.

Eu resisti à tentação de dizer que o Mount Soche, um hotel medíocre e pretensioso, em Blantyre, cobrava uma diária de 250 dólares, porque era onde ficavam todos os economistas, prestadores de assistência humanitária e observadores políticos, que tinham as despesas pagas.

O antigo embaixador disse:

— Uma noite, eu estava tomando uma bebida no bar do Adlon, minha esposa estava com a senhora do sr. Presidente, que estava visitando a Alemanha. Eu olhei e vi James Bond, aquele cara, como é o nome dele, Pierce Brosnan. Fui até ele e disse: "Olá, gostaria de falar um pouco com você." Ele disse: "Sim?" Eu estava realmente falando com ele! Ah, ele foi bem legal. Eu não tinha papel, então ele assinou o menu. Minha filha ficou muito zangada comigo. "Por que você não me levou para ver ele, papai?" Sim, James Bond, o cara. Eu falei com ele. Em Berlim!

Depois que o jantar terminou e os convidados foram embora, sentei-me com David Rubadiri, sentindo-me irritado e doente. Bebi mais algumas cervejas. As correrias e a algazarra dos ratos no teto tinham diminuído, transformaram-se em arranhadelas e guinchos. As grandes libélulas de asas de seda ainda entravam pelas janelas; pareciam tão grandes e ligeiras quanto andorinhas.

Não tive coragem de falar sobre como me sentia perplexo por tanto esforço ter sido desperdiçado no Malaui, pois Rubadiri era gentil e, em seu humor mais expansivo, um romântico. Sobrevivera aos piores anos do país, ocupara altos postos, fora exilado e, agora, tinha poder novamente, dirigia a universidade nacional — embora a instituição estivesse devendo milhões e com os salários tão atrasados que as aulas tinham sido canceladas. Os estudantes ameaçavam fazer demonstrações em Zomba.

— Seus filhos estão se saindo muito bem — disse ele. — Quando estive em Londres, um deles tinha seu próprio programa de TV e o outro tinha acabado de publicar um romance. Garotos inteligentes.

— Obrigado, disse eu. — Embora me sentisse lisonjeado, achava difícil dizer mais alguma coisa. Tontura e náusea me tornavam lacônico. Meu aborrecimento tinha se transformado em desconforto físico. Eu me perguntei se teria comido alguma coisa estragada. — Sim, eles são bons garotos. Trabalham duro.

— O que eu gostaria — disse David, em seu modo enfático, com sua voz de Otelo —, o que eu gostaria muito, realmente, era que um de seus filhos viesse passar uns tempos aqui.

Depois do que eu vira semanas atrás, ao entrar no Malaui através de Karonga, achei a ideia chocante e inaceitável; era como se Deus Todo-Poderoso estivesse instruindo Abraão a sacrificar Isaac. O choque deu lugar à incredulidade e ao espanto.

— O que algum dos meus filhos viria fazer aqui, pelo amor de Deus?

— Iria trabalhar, ensinar, ser uma fonte de ideias e inspiração. — Era a velha canção, mas apenas uma canção.

Sorrindo com irritação e me dobrando ligeiramente, pois minha barriga doía, eu disse:

— Mas vocês têm muitas pessoas assim. Têm tido pessoas assim durante anos. Anos e anos.

— Eu quero seu filho.

O que ele pretendia que fosse um louvor, e talvez até lisonja, apenas me ofendia. Com sua insistência, ele soava como um dos executores mandados por Herodes, pouco antes do Massacre dos Inocentes. *Eu quero seu filho.*

Por que essas metáforas bíblicas estavam me ocorrendo? Talvez porque os malauianos fossem grandes frequentadores de igrejas.

— Quantos filhos você tem, David?

— Nove, como você sabe.

— Quantos estão ensinando aqui?

— Um está em Reno, um em Baltimore, um em Londres, um em Kampala, outro... — ele parou de falar e pareceu aborrecido. — Por que você está perguntando?

— Porque você está fazendo o que todo mundo faz: você está me pedindo para ceder um de meus filhos para ensinar no Malaui. Mas Marcel já ensinou na Índia e Louis foi professor no Zimbábue. Eles já tiveram essa experiência. Os seus filhos já tiveram?

Fui um tanto desmedido em minha resposta. Ele a aceitou bem, mas me viu como alguém mesquinho, alguém que não mais acreditava na causa. Achava que eu tinha me transformado no sr. Kurtz. Estava enganado. Eu era um apaixonado pela causa. Mas tivera uma revelação: embora a experiência de trabalhar na África pudesse ser enriquecedora para meus filhos, absolutamente nada mudaria como resultado da presença deles. Pensei no que meus amigos de Uganda haviam dito sobre seus filhos educados nos Estados Unidos: *Nós queremos que eles fiquem aqui. Nós dissemos: Voltem e procurem se afirmar. Arranjem um emprego decente. Tentem ser parte do processo.*

Ainda tentando controlar minha indignação, eu disse, tão calmamente quanto possível:

— E quanto aos seus filhos? Aqui é o país deles. Eles poderiam fazer diferença. Eles são as únicas pessoas, as únicas pessoas possíveis, que fariam diferença aqui.

Essa foi minha revelação malauiana. Somente os africanos seriam capazes de fazer diferença na África. Todos os outros, doadores, voluntários e banqueiros, por mais idealistas que fossem, eram apenas agentes da subversão.

No meu quarto, aquela noite, passei muito mal: cãimbras, náusea, estômago embrulhado, um sinistro gorgolejar nos intestinos. O *chimbudzi* era no final do corredor. Visitei o pequeno recinto de hora em hora durante toda a noite. De manhã, estava fraco e me sentia doente — pela primeira vez desde o Cairo. Dormi até tarde. Não havia ninguém em casa quando acordei. Reidratei-me com uma mistura de açúcar, sal e água, tomei algumas pílulas, entrei no carro e fui embora, colina abaixo. Passei por pessoas — quase escrevi "maltrapilhas", quase escrevi "descalças", quase escrevi "se arrastando". Mas não, eram apenas malauianos andando pela estrada, pessoas a quem eu não poderia ajudar.

Em Blantyre, hospedei-me em um hotel e permaneci no quarto, medicando a mim mesmo. Fiquei recurvado na cama por alguns dias e, depois, fui perambular pela cidade. O que eu não notara, em minha visita anterior, foi o grande número de lojas e igrejas dirigidas por evangélicos cristãos — inclusive pastores de Jimmy Swaggart.[6] O sistema educacional era apavorante, mas não faltavam beatos cantadores de hinos e pregadores que prometiam comida em troca de almas.

Percebi que perdera a compaixão por esse novo Malaui quando vi um homem na calçada, deitado, parecendo estar à minha espera.

Quando me aproximei, o homem sorriu e começou a fazer palhaçadas, sacudindo os braços para atrair minha atenção. Depois de mais algumas cabriolas, agachou-se à minha frente, impedindo minha passagem, e disse:

— Estou com fome. Me dá dinheiro.

Eu disse:

— Não. — Pulei por cima dele e fui em frente.

[6] Pastor evangélico norte-americano, pioneiro do chamado tele-evangelismo. (N. do T.)

16 *Safári fluvial até a costa*

A decepção com o Malaui e uma nova ânsia de "cair fora e ir para o mato" — outro mato — acabou me deixando doente. A doença que eu tive é tão comum entre os viajantes que não vale a pena descrevê-la. O efeito que teve em mim foi me deixar prostrado. O efeito nos outros foi torná-los mais persistentes e importunos. Os africanos, que pareciam perceber que eu estava fraco, perseguiam-me como os predadores perseguem as presas mais lentas ou inseguras. Pediam-me dinheiro como se soubessem que eu estava fraco demais para dizer não. Ao me ver de olhos fundos, arrastando-me pelas ruas de Blantyre, grudavam-se em mim. Eu andava devagar. Garotos me seguiam de perto, agarrando-me e gritando:

— *Mzungu! Mzungu!*

Um homem me abordou em frente a uma loja. Disse:

— Por favor, me dá dinheiro para comprar comida.

Eu disse na língua dele:

— Por que você está me pedindo dinheiro em troca de nada? Por que você não me pede trabalho?

Isso o deixou perplexo e sem palavras.

— Você não quer trabalhar? Se você trabalhasse, teria dinheiro todas as semanas.

Ele se ajoelhou e me implorou por dinheiro. Esse ato de rebaixamento devia funcionar bem para ele, pois o executou sem hesitação. Até segurou meus tornozelos, enquanto pedia.

— Levante-se — disse eu. — Você é um homem. Deixe de ficar ajoelhado. Fique de pé como um homem e me peça para trabalhar.

— Estou com fome — disse ele.

— Eu estou doente, não está vendo? — disse eu. — Por que você não me dá dinheiro por estar doente?

Minha agressividade inesperada e meu estranho pedido pareceram assustá-lo, e me deixaram surpreso também, pois eu não tinha planejado dizer nada disso. Ele se afastou às pressas.

Em meu estado de fraqueza, sentia-me irritado, contrariado e perseguido. Blantyre fora um dia uma comunidade heterogênea: padeiros gregos, plantadores de chá italianos, muitas famílias miscigenadas e diversos tipos de indianos:

muçulmanos ismaelistas, siques, guzerates. Até os piores deles tinham contribuído para o funcionamento da sociedade no Malaui — os atritos tinham sido necessários, os desafios fizeram com que as pessoas pensassem mais, o pluralismo forçou-as a ter consideração. Mas todos aqueles indivídos de aparência exótica tinham sido expulsos. Não havia diferenças raciais agora, com exceção dos agentes da virtude, todos brancos, todos transitórios. O funcionamento da sociedade estava nas mãos das instituições beneficentes, que dirigiam orfanatos, trabalhavam nos hospitais e elegiam prioridades no patético sistema educacional. Estavam salvando vidas — não se poderia censurá-las. Mas o simples fato de avistar prestadores de assistencialismo me deixava desesperado. Formavam a equipe de manutenção de um delírio que transformara os malauianos em mendigos choramingas e o desenvolvimento em um estudo de frivolidades.

O noticiário dos jornais dava conta de que a colheita de milho fora um fracasso. Esperava-se fome no próximo ano.

Um dia acordei bem. Sem o menor desejo de permanecer mais tempo no Malaui, discutindo o que saíra errado, decidi ir embora. Estava forte o bastante, agora, para seguir uma rota pouco usual, para cair fora e me mandar para o mato ao sul, uma terra quase desconhecida.

Seria o safári perfeito, um roteiro que eu mesmo concebera: desceria o rio Chire e entraria em Moçambique pelo rio Zambeze. Depois seguiria rio abaixo, até Caia. De lá, iria por terra até Beira, na costa. Então viajaria para Harare, pela estrada que atravessa o interior. Justifiquei o desvio dizendo, para mim mesmo, que iria compará-lo a uma viagem anterior, em que eu percorrera a mesma rota. Na verdade, era o modo mais tortuoso de se chegar ao Zimbábue. Mas seria um passeio, uma travessura, um antídoto a todos os ônibus miseráveis e a todos os choradores de miséria.

Tendo descartado os micro-ônibus arriscados, acertei com um taxista para que — por uma estrada lamacenta, com uma estranha cor ferruginosa — me levasse até Nsanje, a povoação mais ao sul do Malaui. Nsanje, conhecida no passado como Port Herald, era tão infestada de insetos, tão remota, tão assolada pela malária, que fora a Sibéria malauiana durante décadas, uma colônia penal para dissidentes políticos — aonde indivíduos indesejáveis eram enviados para apodrecer.

Mas Nsanje era uma dessas distantes áreas rurais que conservavam o aspecto e a atmosfera da velha África. Era habitada, esparsamente, pelos senas, um povo menosprezado por não ser moderno e permanecer isolado em suas terras baixas e pantanosas. Selvagem o bastante para possuir sua própria reserva de animais selvagens — a Reserva Natural de Mwabvi —, Nsanje ficava às margens de um grande rio navegável. David Livingstone alcançou a região, pela primeira vez, através do rio Zambeze e de um de seus maiores tributários, o Chire. De lá, seguiu para os labirínticos Pântanos do Elefante e as terras altas. Durante o caminho, observou que o algodão seria o cultivo ideal para aquelas terras. Cento e cinquenta anos mais tarde, o algodão ainda era plantado em torno de Nsanje. Mas não era um produto com grande demanda.

O nome do meu motorista era Hudson. Ele repetia o que os jornais haviam dito, que a região sul estava condenada à fome, pois as pesadas chuvas tinham chegado antes que o milho fosse colhido.

As chuvas tinham sido torrenciais no sul. O ciclo de plantio fora quebrado. O governo distribuíra sementes grátis (cortesia dos países doadores), 10 quilos por família, o suficiente para meio hectare. Isso era um problema, pois sugeria que a pequena agricultura autossustentável não era o padrão. Quando se planta um cultivo com sementes não modificadas, é possível destinar um canteiro para a produção de sementes. Mas como estavam utilizando sementes híbridas (plantas grandes, mas estéreis), os agricultores não podiam produzir sementes para o ano seguinte. Então esperavam pelas doações. Sem as sementes grátis, as pessoas passariam fome.

Os agricultores, normalmente, revolviam os campos em setembro, capinavam a terra em outubro e plantavam as sementes em novembro. Depois, rezavam pelas chuvas. Os pés de milho amadureciam em fevereiro, mas eram deixados nos campos, até secarem. Em abril, os plantadores faziam a colheita, debulhavam as espigas, e ensacavam os grãos — que seriam moídos e transformados em farinha. Junho, julho e agosto eram meses de abundância. A independência do Malaui fora em julho, quando as pessoas tinham bastante tempo livre e comida. Na primeira comemoração pela independência, Hastings Banda, em pé no Estádio Nacional, conduzindo os milhares de malauianos presentes, entoou um hino religioso bastante significativo para aquele mês: "Bringing in the Sheaves" (Trazendo as espigas).

A família média, de quatro ou cinco pessoas, necessitava de 12 sacas de milho (cada saca com 50 quilos), que eram mantidas em um silo (*nkokwe*) perto da choça. Ratos, podridão e parentes aproveitadores diminuíam as reservas. Para fabricar farinha para a *nsima*, o alimento básico no Malaui — a massa branca, servida com ensopado, que eu vinha comendo desde Karonga —, os grãos eram moídos em pilões ou moinhos comunais. De todas as atividades existentes no centro da África, o ciclo do milho era o mais vital, o único trabalho importante, a diferença entre a vida e a morte. Tudo o que pudesse interrompê-lo — guerra, condições climáticas, perturbações políticas, sementes estragadas, inundações, incêndios — significava catástrofe.

Naquela estação, as chuvas vieram tarde. Algumas sementes não germinaram. Muitas brotaram, mas as chuvas ainda estavam caindo em março, e o milho maduro, não colhido, apodrecia nos campos. Grande parte do sul tinha sido inundada. A colheita seria pequena. Por causa desse deficit, a fome era uma certeza, tanto em Nsanje quanto em outros lugares.

— Essas pessoas vão ficar com fome — disse Hudson, observando os campos molhados e os pés de milho enegrecidos, os restolhos em decomposição, os fardos apodrecidos, a palha, encharcada e afundada, que cobria as choças.

Dez meses mais tarde, a situação tornou-se desesperadora. O milho escasseou tanto que a África do Sul enviou ao Malaui um carregamento de 150 mil toneladas; outro carregamento foi encomendado a Uganda, que tinha algum excedente. Mas como o preço da saca tinha triplicado, esse milho ficou caro demais. Os jornais do Malaui relatavam casos de pessoas cozinhando folhas de mandioca, e desenterrando raízes e minhocas para comer.

— Vá um pouco mais adiante — disse eu, quando chegamos a Nsanje. — Quero ir a Marka.

— Você conhece esse lugar?

Eu conhecia. Estivera em Marka nos anos 1990, para pesquisar uma história sobre o rio Zambeze. Tinha meu próprio caiaque, na época, mas descobri que poderia contratar uma piroga para a viagem rio abaixo; e que, saindo cedo, levaria duas noites para chegar ao Zambeze, mais uma noite até Caia e cerca de 12 horas, por estrada, até a costa. Eu possuía o equipamento essencial — uma capa de chuva, um saco de dormir, que podia ser comprimido até o tamanho de uma bola de futebol, e repelente contra insetos. Também tinha dinheiro para comprar comida.

Hudson me deixou perto das choças do chefe da aldeia, a quem eu já conhecia. Algumas mulheres, com crianças atreladas às costas, estavam sentadas em círculo, conversando e catando feijão em bacias de metal. Eu as cumprimentei com as fórmulas usuais, equivalentes a "Posso entrar?" e "Posso ter permissão para falar?".

Elas me deram as boas-vindas e me ofereceram um banquinho bamboleante.

— Estou procurando pelo chefe Nyachicadza — disse eu.

Ele não estava lá, e isso era má notícia; pelos eufemismos delas e por seus modos circunspectos, temi que ele estivesse doente ou, possivelmente, morto. Em uma aldeia como Marka, no Distrito do Baixo Chire, no Malaui, ninguém morre. Se a pessoa parece deixar a existência corpórea, está apenas escapando para retornar como espírito, às vezes perturbando a ordem da vida cotidiana, às vezes colaborando com ela.

As mulheres me falaram sobre o filho do chefe, Karsten, que eu conhecera em minha visita anterior. Karsten vivia em outro lugar à beira do rio, mas por acaso estava em Marka — um lugar tão remoto que o policiamento quase não existia. Havia alguns policiais em Nsanje, que possuíam um barco a motor, mas o rio era muito largo e longo para que controlassem as idas e vindas das pirogas. Por conseguinte, o contrabando pelo rio era comum: açúcar e algodão eram levados para Moçambique; outros itens, como panelas de metal, bandejas esmaltadas, facas e facões eram trazidos para o Malaui.

O Baixo Chire, habitado pelos desprezados e dendrofóbicos senas, era negligenciado pelo governo do Malaui. A parte do rio que ficava em Moçambique, mais abaixo, era também negligenciada pelo governo daquele país. Quem poderia censurar os habitantes ribeirinhos por utilizarem métodos ilegais para garantir o sustento? Ninguém se preocupava com eles. Havia senas em ambos os países, ao longo do rio, mas a região era indefinida, como muitas áreas fronteiriças na África. E o rio, sinuoso, a tornava ainda mais ambígua, ora correndo no Malaui, ora em Moçambique, quilômetros e quilômetros de águas em movimento, uma coisa fluida, um rio da África.

Nem mesmo os limites do rio eram definidos, pois grandes fileiras de juncos ocultavam suas margens e, em alguns trechos, havia uma grande concentração de aguapés — muito bonitos, mas um transtorno para os remadores das pirogas.

As mulheres que haviam mencionado Karsten ordenaram a um garotinho que me levasse a ele. Andamos por entre as choças de barro, com as paredes erodidas pelas chuvas, e fomos até o desembarcadouro. Cerca de vinte pirogas estavam alinhadas na beira da água.

Alguns homens descarregavam sacos de plástico de uma enorme piroga. O plástico transparente me permitiu ver a carga, que eram sandálias de plástico. Presumi que teriam vindo de algum ponto de descarregamento clandestino rio acima, em Moçambique. Os sacos eram empilhados em suportes de madeira, para protegê-los da lama.

Um pescador estava desembaraçando suas redes. Pegara alguns peixes grandes, que colocara em um balde a seu lado. Outro homem estava tirando água de uma piroga, usando um galão de plástico, cortado para funcionar como vasilhame. Achei que reconhecera Karsten Nyachicadza: estava entre um grupo de homens em pé junto aos sacos de sandálias.

Fumante inveterado de *chamba*, Karsten tinha em torno de 35 anos — pequeno, de rosto fino e ossos miúdos. Apesar do físico franzino, era inesperadamente forte e tenaz. Conseguia remar durante um dia inteiro. Costumava acordar cedo, antes da alvorada, colocava o barco na água e só parava de remar, às vezes, para enrolar um baseado. Comia frutas: laranjas, bananas, tangerinas, o que estivesse na estação. Ao final do dia, preparava um prato substancial de *nsima*, que comia com vegetais cozidos e peixe defumado.

Embora tivesse os olhos vidrados pela erva, lembrou-se de mim. Saiu do grupo em que estava e veio apertar minha mão, gritando alguma coisa para os outros, explicando quem eu era, e rindo, ao se lembrar de minha viagem anterior.

— Eu quero ir até Caia no seu bote — disse eu.

Ele sorriu e sua expressão dizia *claro*. Ficou segurando minha mão, como se para selar o acordo. Suas mãos eram mãos de remador, escamosas, com palmas musculosas, tão endurecidas por calos que pareciam abrasivas.

— Quando?

— Que tal amanhã?

— Vamos hoje para minha casa. Dormimos lá. Partimos amanhã de manhã para Caia.

Ele estava mais ansioso do que eu para partir, o que me agradava. Mas havia preparativos a serem feitos.

— E comida? Eu quero levar água engarrafada. E vamos precisar de *ufa* — farinha para a *nsima*.

— A loja do mercado tem latas. Me dê dinheiro. Eu vou comprar farinha.

Fomos juntos até a loja, caminhando pela aldeia. Para mim, esse era um dos aspectos mais agradáveis de uma viagem: armazenar suprimentos, encher uma caixa com alimentos sólidos e coisas extras, como biscoitos e queijo em lata. Como o estoque de água engarrafada estava baixo, comprei uma caixa de fanta e outra de cerveja. Uma loja africana como essa era perfeita para encontrarmos alimentos desse tipo e coisas básicas para a sobrevivência — fósforos, velas, corda. Eu queria comprar panelas, colheres e apetrechos de acampamento, mas Karsten disse que tinha tudo de que iríamos precisar. Se chovesse, poderíamos usar como tenda o plástico que ele utilizava para cobrir o contrabando.

De volta ao desembarcadouro (seguidos por garotos com caixas de comida nas cabeças), acertamos um preço para o aluguel da piroga: cem dólares, em dinheiro miúdo. Karsten disse que precisaria de mais um remador, seu amigo Wilson Matenge. Mas quando encontramos Wilson, o sol tinha se escondido atrás das árvores e o dia estava escurecendo. Já estava tarde para andarmos até a casa de Karsten. Eu não me importava em caminhar ao anoitecer, mas o problema era que, quando escurecia, os mosquitos surgiam em nuvens. Eu só queria encontrar uma choça, uma fogueira bem fumacenta e dormir cedo, coberto de repelente para insetos.

Os cães da aldeia latiram durante toda a noite, ao redor do abrigo que me fora designado, provavelmente porque havia hienas à espreita. Ainda estava escuro, quando ouvi os passos de Karsten e sua voz já bem desperta:

— Nós vamos agora.

No rio Chire, os mosquitos atacavam também de madrugada. Quando começamos a viagem, zumbiam em torno da minha cabeça, formando revoadas densas e fervilhantes — como as moscas do Maine. Mas eu estava coberto de repelente e, assim que o sol se levantou, os insetos se dispersaram. A piroga fora escavada em um enorme tronco e media cerca de cinco metros, de ponta a ponta. Era também muito larga. Karsten remava na popa e dirigia; Wilson e eu nos revezávamos, remando na proa.

Durante a maior parte do tempo, eu me sentava no meio do barco, como Stanley no *Lady Alice*; ou então me agachava na proa. Como mestre da embarcação, Karsten relutava em ceder seu remo — até mesmo Wilson ficava mais feliz quando estava remando. E acho que só me deixava remar para me agradar. Eu gostava de remar, porque ajudava a passar o tempo. No meio da manhã tínhamos deixado para trás os aguapés e a área pantanosa. Chegamos à rápida corrente principal do Chire e seguimos rumo ao sul.

As chuvas recentes tinham enlameado o rio e o tornado mais fundo. Mas embora estivesse cheio até o limite, não transbordara, o que teria inundado as planícies e arruinado as plantações. Deixamo-nos levar pelo fluxo das águas, usando os remos para corrigir o rumo.

As pessoas às margens gritavam em nossa direção. Deviam perguntar para onde estávamos indo, pois Karsten berrava de volta:

— Zambeze!

Em alguns lugares, o rio se transformava em um pantanal assustador, dividindo-se em muitos canais separados, de águas lentas, perdendo seu aspecto fluvial e se tornando um remanso, com extensos aglomerados de juncos esponjosos. O pântano de Ndinde era tão densamente coberto de juncos e mato alto que não conseguíamos enxergar à frente — e tão atravancado pelos aguapés que nossa progressão se tornou lenta. Para conseguirmos avançar, às vezes, tínhamos que remar rio acima, lutando contra a corrente. Cheguei a pensar que o consumo de *chamba* tivesse prejudicado o discernimento de Karsten. Mas, depois de uma hora, conseguimos sair do pântano — e avistamos Moçambique.

Não havia aldeias, mas algumas concentrações de choças, aqui e ali, um pouco afastadas das margens do rio. Karsten parou em uma delas e comprou mangas; em outra, peixe seco. As pessoas o conheciam, o que aumentou minha confiança nele, pois apenas navegando intensamente pelo rio seria possível conhecer esses lugares semiocultos.

Uma ribanceira lamacenta era a fronteira de Moçambique. Nada indicava a existência de uma fronteira, mas viam-se destroços de barcos e veículos, sinais seguros de civilização. O povoado ribeirinho de Megaza compunha-se de duas canoas sovadas, um chassi de caminhão enferrujado, uma rampa escorregadia e alguns abrigos que vendiam o habitual: óleo, velas, fósforos, biscoitos, cigarros e sabão em pedaços. Alguns africanos ociosos e macilentos sentavam-se sob a sombra de outro caminhão destroçado. O lugar tinha tudo, exceto o sr. Kurtz e suas caveiras humanas. Um homem estava sentado a uma mesa, embaixo de uma mangueira. Era o oficial de imigração moçambicano. Puxamos nossa piroga para a margem. Enquanto Karsten saía à procura de água, Wilson acendeu uma fogueira.

Sentei-me à sombra da mangueira, em frente ao oficial de imigração, enquanto ele folheava meu passaporte, que finalmente carimbou. Então fui dar uma volta pelo lugar. Notei que o oficial de imigração estava me seguindo e deixei-o me alcançar. Andamos juntos em silêncio. Havia três construções à frente. Uma delas era uma repartição do governo — apenas uma sala. Outra, uma loja abandonada; espiei lá dentro e avistei prateleiras vazias e um longo banco. Gostei da largura do banco. A terceira construção era um bar, um simples balcão com cerveja quente nas prateleiras e música portuguesa em um rádio a todo volume.

— Você me compra *kachasu*? — disse o oficial de imigração.

Era gim malauiano, feito de bananas. Comprei duas doses. Bebemos. Eu disse:

— Quero dormir naquela sala hoje à noite, o.k.?

Ele deu de ombros, sem dizer sim ou não. Paguei-lhe outra dose e, quando já ia embora, ele falou.

— Venha. Você pode dormir.

Fervendo a água com farinha na panela enegrecida, Karsten preparou a *nsima*. Depois, esmagou peixe seco e vegetais. Eu abri uma lata de ensopado, aqueci-a no fogo e comi o conteúdo, juntamente com a *nsima*. Ficamos agachados ao redor do fogo, conversando.

— Até onde podemos chegar amanhã? Até o Zambeze, talvez?

Com uma expressão de dúvida, ele disse:

— *Mphepho* — vento.

Com vento contra, não chegaríamos tão cedo ao Zambeze, segundo ele. A piroga afundava tão pouco na água que era mais afetada pelo vento do que outras embarcações.

Eram quase sete e meia quando fomos dormir. Eu me reclinei em meu banco no abrigo, estrada acima. Embora escutasse a música idiota que vinha do bar, caí num sono tão profundo que só acordei quando Karsten veio me buscar, ao amanhecer.

Deslizamos para o rio e remamos durante uma hora, no silêncio que precedia a alvorada. O sol se levantou sem aviso — uma centelha e o céu se iluminou —, quente e brilhante. Adiante, eu podia ver Morrumbala, uma montanha isolada que lembrava um pão de forma. Meu mapa indicava uma cidade nas cercanias, também chamada Morrumbala, mas não vi sinais dela, nem nenhuma outra colina ou elevação. Só havia aquela elevação bela e arredondada, cujo topo se erguia a 1.200 metros acima das terras planas e pantanosas ao redor.

Andamos em sua direção durante toda a manhã quente. Quando Livingstone esteve aqui, em 1859, encorajou alguns de seus homens a subirem a montanha. O rio Zambeze e o rio Chire haviam permitido que Livingstone penetrasse no interior africano e descobrisse suas maravilhas — os lagos Shirwa e Nyasa, as terras que hoje conhecemos como Malaui, o pantanal labiríntico do Chire, com seus muitos elefantes, e a montanha de Morrumbala. Mas, para Livingstone, foi uma viagem terrível, em uma embarcação que tinha um calado fundo demais para o rio. Por esse motivo, levou muito tempo para atravessar os pântanos e contornar os bancos de areia. Era uma época de fome generalizada e o rio estava cheio de crocodilos. O veredito de um dos homens de Livingstone foi de que o Chire era um "rio da morte".

Monumento natural, esculpido como uma cidadela, a montanha de Morrumbala tem sido olhada como butim desde os tempos das conquistas portuguesas. Na década de 1640, a região era o pesadelo dos então chamados "sertanejos" portugueses — cada um dos quais governava uma região. Eram todos oriundos da terra-mãe, mas enquanto uns eram aristocratas, outros eram criminosos. Conquistadores, unidos pela cobiça e delírios de grandeza, transformaram-se em potentados provinciais. Viviam como pequenos reis, com séquitos e cortesãos. Possuíam e traficavam escravos.

Do século XVII ao XIX, os sertanejos transformaram o interior de Moçambique em uma série de reinos rurais, de onde extraíam prata, ouro e marfim. O Kurtz, de Conrad, é a versão belga de um "sertanejo". Com suas jaquetas e calções, portando um arcabuz, o explorador português de olhos ferozes é a ilustração do comentário de Sir Richard Burton: "Existe uma hora para se deixar o Continente Negro. É quando uma ideia fixa começa a se desenvolver. A loucura vem da África."

A área adjacente a Morrumbala, em meados do século XVII, pertencia a Sisnando Dias Bayão, autodenominado Senhor do Solar, que se estabeleceu em Sena, não muito distante da montanha. Os africanos que habitavam a região não eram belicosos, nem bem armados. Bayão não teve trabalho para escravizá-los, obrigando-os a procurar prata e ouro. Houve uma corrida do ouro na área, durante esse período. Quando o governo colonial fez objeções aos métodos de Bayão e começou a persegui-lo, ele se refugiou na montanha. As encostas arborizadas de Morrumbala, repletas de ravinas e cavernas, eram também um dos esconderijos favoritos de escravos foragidos — bem como de soldados em fuga, durante a violenta guerra de guerrilhas travada nas savanas de Moçambique durante o século XX, que durou 25 anos.

O vento aumentou à tarde, encapelando o rio e empurrando nosso barco para os lados. Para recobrar as forças, Karsten fez uma pausa, acendeu um charro e, com os olhos brilhantes, voltou a remar rio abaixo.

Como na última vez em que estivera aqui, pude ver Morrumbala durante muitos quilômetros. Por seu isolamento e estranheza — não havia nada ao redor —, eu olhava Morrumbala como inspiração. Fixei nela minha atenção e me deliciei com isso. Seu formato era mais o de um platô que o de uma montanha. Havia fazendas e pomares abandonados no topo, segundo nos disseram africanos que passavam em pirogas. Perguntei-me como os portugueses teriam subido e descido da montanha.

— Foram carregados pelos africanos — disse Wilson.

Imaginei um rosado português dentro de um palanquim, abanando-se, enquanto era transportado por quatro africanos pelas encostas íngremes da montanha. Casas e plantações abandonadas, remanescentes da presença colonial portuguesa, eram visíveis em muitos lugares às margens do rio. Tinham o aspecto melancólico de ruínas em lugares remotos, sinais mudos, mas sólidos, de um mundo perdido. Em alguns lugares, o rio tornava-se pantanoso, em outros, puro brejo — uma série de braços que derivavam entre densos caniçais. "Um pantanal habitado somente por búfalos, antílopes e mosquitos", escreveu um dos companheiros de Livingstone em 1863. "Nós quase desistimos de encontrar as águas do Chire, entre as várias correntes que lá se misturam."

Mas Karsten jamais tinha dúvidas sobre a direção a tomar. Havia percorrido o rio tantas vezes que conhecia todos os remansos e becos sem saída.

Chegamos a uma aldeia. Pensei que Karsten pretendia comprar peixes, ou frutas, e permaneci em meu posto. Mas ele pegou a caixa de alimentos e a jogou na margem.

— O que houve?

— Nós dormimos aqui.

Ainda restavam duas horas de luz solar, pelo menos, e o vento não era desfavorável. Eu podia ver, à frente, uma convidativa curva do rio, onde havia um remanso tranquilo. Perguntei por que não seguíamos por mais alguns quilômetros.

Mas ele apontou para a curva do rio.

— Pessoas ruins lá.

Ele ter dito isso em inglês fez com que o aviso parecesse mais sinistro.

Essa simples declaração foi o suficiente para me convencer a pular para a margem e me arrastar pela íngreme ribanceira, em meio a mulheres e crianças. Um aglomerado de choças erguia-se em um terreno mais alto, a certa distância do rio.

Enquanto carregávamos nossas caixas e embrulhos, as pessoas nos observavam. Mas eu sabia que não eram espectadores indolentes. Tudo o que não quiséssemos — pedaços de plástico ou papel, latas de alumínio, qualquer coisa reciclável — elas estavam prontas para apanhar. Um pouco mais tarde, depois de acendermos a fogueira, uma mulher agachou-se ao meu lado enquanto eu abria uma lata de feijão. Disse:

— *Wanga* — "isso é meu", significando que iria ficar com a lata, quando estivesse vazia.

Muitas pessoas olhavam para mim, crianças sentadas em semicírculo, meninas altas e magras em pé atrás delas, umas 12 mulheres e alguns homens a pouca distância. Trinta indivíduos no total, aproximadamente, observando Karsten, Wilson e eu, enquanto fervíamos a *nsima* e abríamos latas. Tinham comida suficiente, não se tratava de um lugar desprovido de alimentos. Era uma aldeia onde os homens pescavam e as mulheres aravam os campos. Observar-nos era seu divertimento noturno.

Percebi que os observadores estavam rindo e me voltei a tempo de ver um homenzinho feio capengando na minha direção. Por seu rosto horrendo, cheio de calombos, furúnculos e feridas abertas, e por seus dedos deformados, presumi que fosse leproso. Mas poderia ser epilético, pois os machucados recentes e o nariz amassado eram contusões associadas aos sofredores do *grand mal*, que costumam cair durante os ataques.

De quaquer forma, em função de suas deformidades, ele devia ser o bobo da aldeia — alguém a quem tudo se perdoa, objeto de galhofa, mas também galhofeiro, caso encontrasse alguém mais estranho do que ele próprio. No caso, esse alguém era eu, o *mzungu* que aparecera em sua aldeia.

Ele começou a enfiar o dedo no meu prato de *nsima*, fingindo que ia roubar minha comida — um dedo verdadeiramente repulsivo. Seu rosto era manchado e lustroso, por causa das feridas abertas, seu olhar era o de um demente, suas mãos eram escamosas, leprosas e muito sujas. Quando abriu a boca para rir, pude ver que seus dentes estavam quebrados.

Suas palhaçadas provocavam o riso dos moradores da aldeia. Mas alguns deles estavam preocupados, pois não sabiam como eu iria reagir à importunação. Concluí entretanto que o homenzinho aleijado, desventurado por suas deformidades e provavelmente retardado, era como o Louco em uma peça de Shakespeare, o bobo da corte, com licença para fazer ou dizer o que quisesse.

— Esse homem é estúpido — disse Karsten em *chichewa*, utilizando a inequívoca palavra *wopusa*.

Mas acenei para que o homem se aproximasse e, quando o fez, percebi uma espécie de medo em seus olhos. As pessoas que observavam, riram, enquanto ele manquitolava na minha direção com seus pés estropiados.

Eu disse:

— *Mukufuna mankhwala?* — "Você quer remédio?", e lhe dei alguns biscoitos de chocolate, que eu comprara na lojinha em Marka.

Para proteger seus biscoitos dos outros moradores, ele fugiu correndo. Então comemos em paz, embora observados o tempo todo. Com o tempo, as crianças se aproximaram mais de nossa fogueira, quase extinta.

Finalmente, com voz enrouquecida pela timidez, uma das crianças disse:

— Queremos remédio também.

Dei-lhes alguns biscoitos e mandei-as embora. Karsten entregou as panelas e os pratos a uma das mulheres, para que os lavasse no rio. Então se recostou e, como sobremesa, acendeu um baseado.

Como estávamos dormindo ao relento, a única pergunta em minha mente era se haveria hienas por perto. Hienas gostam de viver no meio de entulhos e, embora não entrem nas choças, às vezes mordiscam pés humanos que ultrapassam os umbrais; e houve casos em que morderam o rosto de pessoas que dormiam perto da porta.

— *Palibe mafisi* — disse Wilson. "Nenhuma hiena."

Mas eu queria ouvir isso de alguém da aldeia. Quando a mulher voltou com as panelas e os pratos lavados, eu lhe fiz a pergunta. Gostei da resposta, que me soou poética.

— *Palibe mafisi, alipo mfiti* — "Nenhuma hiena, muitos espíritos."

Curioso para saber a opinião política de Karsten, perguntei a ele:

— Você já pensou no presidente alguma vez?

— Não. Porque ele nunca pensou em mim — disse ele.

Pedindo que Karsten colocasse lenha na fogueira, para manter longe as cobras, cobri a cabeça e as mãos com repelente, enfiei-me no saco de dormir e caí no sono.

Hienas e cobras não eram problemas. Os maiores perigos, na região do Zambeze, não chamavam muito a atenção: o vento — que traz os mosquitos transmissores de malária; as moscas tsé-tsé; os frutos de aspecto inocente de uma planta ribeirinha, conhecidos como "feijão-de-gado", que provocam uma violenta urticária. Para não falar de aranhas, escorpiões e, em alguns lugares, grandes rãs que pulam sobre o rosto de pessoas que dormem ao relento.

Saímos antes que o sol surgisse, deslizando pelas águas calmas. Perguntei a Karsten se chegaríamos ao Zambeze naquele dia. Talvez, grunhiu ele. *Kapena*. Parecia concentrado em remar; então me juntei a eles, usando uma tábua como remo, impulsionando a piroga em silêncio. Só depois do alvorecer, lembrei-me do que ele dissera, na noite anterior, sobre o trecho que tínhamos acabado de atravessar: *pessoas ruins lá*.

No meio da manhã, estava eu sentado, comendo uma manga, quando Karsten disse:

— Alguns hipopótamos estão vindo.

Fizemos uma curva e lá estavam eles, bufando e parecendo ferozes. Depois dos humanos, eram as criaturas mais territoriais do rio. Tentei me lembrar dos bichos que tinha visto desde que saíra do Cairo, mas só consegui me lembrar das hienas, em Harar, diversas espécies de antílopes, na Etiópia e no Quênia, os flamingos no lago Naivasha e alguns grandes animais que vislumbrara do trem, na Tanzânia. Esses eram meus primeiros hipopótamos. Carne de hipopótamos era vendida em Moçambique, nos mercados às margens do Zambeze, segundo Karsten. Considerando o ritmo do desflorestamento e do crescimento populacional, os ambientalistas previam que não estava longe o dia em que todos os animais selvagens de grande porte iriam desaparecer.

Por volta do meio-dia, chegamos a um atracadouro. Uma barcaça se aproximava, vinda da margem leste, transportando uma picape. O homem branco ao volante do carro era um fazendeiro sul-africano. Cultivava pimentas-de-caiena nas terras que comprara, barato, de um português que fugira do país. Ele me disse que gostava de viver na savana remota de Moçambique.

— A África do Sul era assim — disse ele. — Eu não gosto de como estão as coisas por lá, agora.

Ele tinha um capataz africano para traduzir as ordens que dava e para administrar os trabalhadores, mas parecia totalmente desconfortável — um homem rechonchudo, queimado de sol, de bermudas e chapéu mole. Vendia as pimentas que cultivava a um laboratório farmacêutico holandês, que as transformava em remédio.

— Você não tem medo de que indivíduos venham da savana para invadir sua propriedade?

Ele encheu o peito, cerrou o punho e rugiu com autoridade:

— Eles é que têm que ter medo de mim.

Karsten e Wilson se aproximaram, hesitantemente, e me pediram dinheiro para comprar refrigerantes, vendidos por uma mulher que os mantinha em uma sacola molhada, para esfriá-los. Eu lhes dei algum dinheiro malauiano e eles se afastaram. Eram ambos magricelas, maltrapilhos, desgrenhados e estavam descalços.

— São seus amigos?

Era uma pergunta significativa: o momento em que um *mzungu* avalia os empregados de outro. "Meus africanos são melhores que os seus" era uma séria bravata colonial. Os africanos na picape do fazendeiro estavam vestidos com resistentes macacões e chapéus moles. Quase todos usavam sapatos e um deles calçava botas de borracha. Pelos padrões moçambicanos, estavam bem-vestidos.

As roupas de Karsten e Wilson eram puramente simbólicas. Karsten vestia uma camiseta rasgada e shorts descosturados. A camisa de mangas compridas usada por Wilson, esfarrapada, drapejava em seus ombros; seus shorts também estavam descosturados.

— Sim. Esses são meus rapazes — disse eu. E pensei: em países onde os políticos corruptos usam ternos risca de giz, as melhores pessoas andam totalmente nuas.

Mais abaixo, o rio se tornava mais largo, com baixios e barrancos lamacentos. Avistamos mais hipopótamos, além de garças, gaviões, cormorões e, nas margens enlameadas, ninhos de abelheiros — de plumagem carmesim e peito branco.

Karsten informou que o Zambeze não estava longe. Mas nada se via ainda, além da savana, parte dela transformada em pantanal. Nas aldeias locais, as choças eram dispostas em agrupamentos circulares. Nunca passamos por uma dessas aldeias sem ouvir o som do pilão no almofariz — mulheres fazendo farinha, muitas vezes se revezando para levantar o pesado instrumento. Homens pescavam com redes e armadilhas semelhantes a caixas, tecidas com junco. Em algumas árvores, havia toras de madeira penduradas, para servirem de suporte a colmeias de abelhas. Livingstone também notara esses traços culturais, tanto no Zambeze quanto no Chire.

O mel era valorizado pelos árabes, que estiveram na região, nos séculos XVII e XVIII, à procura de escravos e marfim. Ainda havia mercadores de escravos na época de Livingstone. Ele dizia que estava na África, em seu barco a vapor, o *Ma Robert*, com o objetivo de salvar almas para Jesus e acabar como o tráfico de escravos. Mas a verdadeira intenção desse homem estranho e deprimido era abrir a África ao comércio. Ele chamava o Zambeze de "Estrada de Deus". O impacto de Livingstone no tráfico escravagista foi insignificante, a savana da Zambézia era uma prova de que o comércio fracassara e ele só conseguiu converter um homem ao cristianismo — que mais tarde se desconverteu.

— Zambeze — disse Karsten.

A Estrada de Deus estava à frente. Um lençol de água com quase um quilômetro de largura, uma torrente lamacenta que carregava árvores inteiras, galhos e troncos enormes — belos fragmentos do coração da África.

Entendi algumas palavras da história que Karsten estava contando a Wilson: "indiano", "peixe" e "dinheiro". Enquanto remávamos pelo Zambeze, com nossa piroga entortada pela força da correnteza, ele também me contou a história.

Segundo ele, em uma região do alto Zambeze, na Zâmbia, negociantes indianos sequestravam meninas africanas das aldeias. Matavam as garotas e retiravam seus corações. Usando como iscas os corações recém-arrancados, pescavam um peixe que havia no Zambeze, recheado de diamantes.

— Por isso é que os indianos têm tanto dinheiro — disse Karsten.

Eu estava tão feliz por estar no Zambeze que lhes disse que a história era ótima. No final dos anos 1990, eu lera sobre levantes na Zâmbia contra os indianos, acusados de tráfico ilegal de órgãos humanos. O boato era que estavam matando os africanos, retirando seus órgãos e vendendo corações, pulmões e rins para hospitais do Ocidente, de modo a lucrar com o negócio de doação de órgãos. Até alguns ocidentais acreditavam nessa história implausível.

As terras às margens do rio eram planas e pouco características, uma planície de aluvião com florestas baixas a distância. Remamos por entre as árvores e os troncos que flutuavam no meio do rio, onde a correnteza era mais forte, os redemoinhos formando bolhas pardacentas como as que vemos em milk-shakes de chocolate. Embora tivéssemos que continuar remando, pois o rio se movia devagar, a corrente ajudava bastante. Assim, de vez em quando, eu tinha tempo para sentar e refletir.

Eu estava feliz. As aldeias ribeirinhas pareciam miseráveis, mas autossuficientes. O governo nunca as ajudara nem se metera com elas. Às vezes, eu hesitava em desembarcar em alguma delas. Mas no meio do rio, levado pela água lamacenta, observado pelas garças, pescadores e grupos de hipopótamos (dos quais se viam apenas as narinas e os olhos proeminentes), protegido por Karsten e Wilson, eu era a criatura mais próxima a Huckleberry Finn que existia. Realizara um dos meus maiores desejos no início da viagem — pois aqui era o mato para onde eu quisera me mandar. E descer pelo rio vazio, em uma piroga, era puro prazer à maneira Huck Finn.

Cerca de duas horas depois de deixar o rio Chire e entrar no Zambeze, ouvi um ruído alto de motor — uma barcaça se aproximando de um atracadouro no lado norte do rio.

Era a barcaça de Caia, grande o bastante para transportar caminhões. Uma instituição beneficente britânica chamada Os Mariners a tinha construído, utilizando 12 flutuadores e partes canibalizadas de oito motores. Os Mariners eram dirigidos por um inglês chamado Chris Marrow. Muitos de seus homens, assim como ele mesmo, eram militares transformados em prestadores de assistência. Essa barcaça era a única maneira de um veículo sobre rodas percorrer as centenas de quilômetros até o norte de Moçambique.

Caia era um povoado de choupanas, bares e moçambicanos de cócoras. Pulei para a margem e fiquei segurando o bote para Karsten, mas ele estendeu o braço e apertou minha mão.

— Vamos voltar — disse ele.

Para retornar, eles só precisavam dar a volta e seguir corrente acima, na direção do Chire. Ainda havia tempo de chegar à confluência com o Zambeze, mas teriam que remar contra a correnteza. Karsten olhou para os homens e garotos maltrapilhos que estavam em terra — e que o importunavam, perguntando-lhe de onde viera. Eu sabia o que ele pensava naquele momento: há pessoas ruins aqui. Qualquer um poderia perceber que o atracadouro de uma barcaça, em um rio importante, atrairia oportunistas, predadores, mendigos e almas perdidas. Em vez de ajudá-lo a descer, empalmei algum dinheiro, fora do campo de visão dos indivíduos à espreita, e o passei a ele, como gratificação. Depois, empurrei o barco de volta à correnteza.

Enquanto isso, a barcaça atracou e suas amarras foram fixadas. Um pesado caminhão, carregado de sacas volumosas, foi conduzido até o cais e se alinhou atrás de outros caminhões. Com garotos me seguindo de perto, oferecendo-se para carregar minha sacola, fui até onde os caminhões estavam estacionados — quatro deles, no momento. Um grupo de homens estava sentado na varanda de um restaurante, bebendo e comendo.

— O.k. *mista* — disse um deles, rindo com a aproximação de um *mzungu*.

— Bom dia — disse eu em português. Perguntei se algum deles estava indo para Beira.

— Nós todos estamos indo — disse-me um homem. Estava sentado com uma colher nas mãos, em frente a uma tigela de galinha e arroz.

— Você pode me levar?

Em vez de responder, ele fez um sinal com a cabeça, que tomei como um sim. Seu nome era João. Comprei duas cervejas, ofereci-lhe uma e me sentei com ele. Regateamos um pouco sobre o preço, pois eu tinha jurado, pela saúde da minha família, que não viajaria mais na traseira de nenhum caminhão. Após alguns momentos, ele limpou o rosto na camisa, pagou a conta e fomos embora. Éramos quatro, na cabine, e cerca de 15 africanos se agarrando às sacas de feijão na carroceria. Beira ficava a mais de 300 quilômetros, por uma estrada fofa, de areia e lama, que acompanhava a velha ferrovia portuguesa. Ferrovias e estradas já haviam interligado todas as províncias de Moçambique. Nos tempos coloniais, alvitrara-se a construção de uma ponte que atravessaria o Zambeze, em Caia, para servir à estrada de ferro. Partes das fundações tinham sido colocadas nas ribanceiras, mas a ideia fora prematura e, talvez, grandiosa. Em Caia e em seus arredores, viam-se vagões de trem caídos e locomotivas abandonadas, cobertas de ferrugem.

O acesso ao interior fora liberado apenas recentemente. Durante 25 anos, dois grupos guerrilheiros transformaram o interior de Moçambique em praça de guerra. O primeiro foi a Frelimo, que lutou uma década contra os portugueses. Após a independência, em 1974, foi organizado um movimento contra a Frelimo, chamado Renamo, apoiado principalmente por sul-africanos brancos e simpatizantes de direita, em Portugal e nos Estados Unidos. Na guerra promovida pela Renamo, milhões de pessoas foram mortas, ou desalojadas, pontes foram explodidas, sistemas de comunicação depredados, estradas fechadas, cidades e aldeias despovoadas por massacres. Por causa da guerra civil, a parte moçambicana do Zambeze, de Zumbo até o delta, no Oceano Índico, e seu principal tributário, o Chire, ficaram inacessíveis para forasteiros, asssim como para muitos moçambicanos. Durante a guerra, a savana de Moçambique fora um coração das trevas, igualmente perigoso, confuso e de acesso difícil.

Eram apenas quatro horas. Tínhamos, então, cerca de duas horas de luz solar. Nessas duas horas, pude verificar que todas as pontes ao longo da estrada de ferro tinham sido destruídas — explodidas ou queimadas; cada trilho fora quebrado e entortado. E todas as antigas casas coloniais eram agora ruínas sem telhados.

Em um lugar ermo, fizemos uma parada. Vendo-me sair da estrada, para me aliviar, João disse:

— Não!

E acenou para que eu voltasse para perto do caminhão. Apontou para a mata e disse:

— Minas terrestres.

No interior de Moçambique, o bom-senso recomendava que ninguém deveria se afastar da estrada principal, nem se desviar das trilhas, pois apenas os caminhos muito percorridos estavam a salvo das minas colocadas por diferentes soldados de todas as bem armadas facções.

A noite caiu. Viajamos pela estrada fofa, de uma só pista, seguindo o túnel de luz de nossos próprios faróis. Chegamos a Inhaminga. Na época dos portugueses, Inhaminga fora uma cidade de bom tamanho, com uma importante estação ferroviária, uma rua principal ladeada por lojas de dois andares e grandes casas com jardins. Mas as guerrilhas e a negligência a tinham transformado em uma povoação arruinada, de construções desmoronadas, maquinário enferrujado e rolamentos quebrados. Ao me verem na cabine, jovens gritaram em minha direção.

— Brancos nunca vêm aqui — explicou João.

— Que estranho.

Chegamos às cercanias da Beira, na costa, durante as primeiras horas da manhã. Desde que deixara Blantyre, no Malaui, eu não via luz elétrica, estradas pavimentadas, ou água encanada. Isso não me incomodava, era até tranquilizador, pois indicava uma região que não estava em decadência — essa parte, pelo menos, não poderia decair mais. Alguns meses atrás, os habitantes locais tinham sofrido a pior experiência que a natureza poderia colocar em seu caminho: inundações devastadoras. Eles sobreviveram, embora, como diziam todos, o pior aspecto das inundações não tenha sido a destruição das colheitas e das casas, e sim a exposição das minas, que flutuaram e se moveram para posições diferentes e desconhecidas.

A cidade da Beira estava em ruínas. João me deixou em um hotel, numa rua lateral. Dormi até o meio da manhã e, então, fui dar uma caminhada por entre construções abandonadas, em ruas nas quais crescia capim. O prédio mais interessante que vi foi o que um dia abrigara o Grand Hotel — o esqueleto de uma imensa estrutura, de frente para o Oceano Índico. O lugar, um antigo hotel-cassino, fora pilhado por saqueadores e tomado por invasores.

Pessoas sem moradia estavam vivendo nos quartos, cozinhando em fogueiras sobre os balcões e armando tendas nas varandas. Algumas esvaziavam baldes com dejetos por sobre os parapeitos. Roupa lavada pendia de cordas estendidas. O prédio era uma grande pilha de reboco quebrado e balaustradas enferrujadas, ocupado por gente maltrapilha. Fumaça saía da maioria dos quartos. Presumi que, para algumas pessoas, isso poderia lembrar o passado; mas, para mim, tinha o aspecto assustador de um futuro distante, uma sugestão de como o mundo poderá terminar, com hotéis de luxo do Terceiro Mundo transformados em abrigos de miseráveis.

No mercado, procurando um ônibus que me levasse a Harare, passei por um estacionamento de táxis decrépitos. Um homem, encostado em um carro velho, disse que me conduziria pelos 250 quilômetros até Machipanda, na fronteira de Moçambique e Zimbábue, por um preço razoável. E ainda me mostraria os pontos de interesse ao longo do caminho. Eu lhe disse que aceitaria a oferta, se partíssemos logo. Partimos uma hora depois. No meio do caminho, ele parou o carro em um cruzamento. Uma seta indicava: Nova Vanduzi. Eu disse:

— Não estou vendo nada.

Com expressão carrancuda, ele respondeu que, se eu não lhe desse mais dinheiro, não me levaria a Machipanda. Discuti por alguns momentos, mas depois concordei. Durante todo o caminho até Machipanda, ele choramingou e me pediu mais dinheiro, enquanto eu lhe dizia que meu problema era ser sempre vítima de minha natureza crédula.

17 *Invadindo a fazenda de Drummond*

Na época em que cruzei a fronteira de Moçambique com a Machonalândia, e tomei um ônibus até Harare, o Zimbábue tinha a medonha reputação de organizar massacres por motivos políticos. O país, segundo ouvi, estava muito mal e piorava cada vez mais: perigoso, dividido, prostrado, falido. Eu mal podia esperar para ver, por mim mesmo, as disputas internas que eram noticiadas. Poderia haver algum exagero da imprensa, uma dramatização dos fatos — "esses são os sortudos". O modo como as disputas tornam as pessoas tagarelas é uma bênção para quem quer escrever sobre elas. Fiquem longe das fazendas, advertia o boletim distribuído pela Embaixada dos Estados Unidos no Zimbábue. Isso me fez querer ficar em uma fazenda. Eu não tinha nomes, nem contatos, mas estava imbuído da confiança, inerente aos nômades, de que teria alguma espécie de revelação quando chegasse ao destino, que encontraria as pessoas certas e que tudo correria bem. Nesse estágio inicial, eu ainda não fazia ideia de como essas coisas iriam acontecer, pois não tinha um único amigo no país.

Não vá, disseram algumas pessoas. Mas também tinham me avisado para não ir ao Sudão — e eu adorara aquele país grande e poeirento. Sentado no ônibus de Harare, viajando através das Terras Altas do Zimbábue, a área rural que vai de Mutare a Marondera, vislumbrei sinais de dificuldades. Fiz uma anotação na capa do livro que estava lendo: *Não muitos carros.* Era uma linda região, de campos cultivados, gado e fazendas; mas parecia muito vazia, como se atingida por uma praga. Muito do que vi poderia ter servido como cenário para o filme *Vampiros de Almas*: alguns africanos, aqui e ali, e um que outro colono cor de presunto. Além desses indivíduos, o lugar me parecia curiosamente despovoado e inerte. O livro que estava em meu colo, que eu comprara em Mutare, ajudou-me a entender o que estava acontecendo. Era *African Tears: The Zimbabwe Land Invasions* (Lágrimas africanas: a invasão de terras no Zimbábue), escrito por Catherine Buckle, uma mulher que fora roubada aos poucos. Sua fazenda em Marondera lhe fora arrebatada ao longo de seis meses, em invasões parceladas e violentas.

— O problema é um único homem — explicaram-me diversos zimbabuanos brancos.

Dependendo de com quem falava, eu ouvia:

— O presidente está louco.

Ou:

— Perdeu o juízo.

Ou, ainda:

— Ele endoidou.

Até mesmo o arcebispo Tutu, vencedor do Prêmio Nobel, uma pessoa gentil, disse:

— Esse homem é pirado.

Os boatos acerca de Robert Mugabe, que eu colecionava religiosamente, retratavam o pobre sujeito como demente, por ter sido torturado em uma prisão controlada por brancos — longos períodos na solitária, muitas surras, choques nas partes íntimas e a humilhação final: as bolas arrancadas. Outro boato dava conta de que ele estava com sífilis, em estágio avançado; seu cérebro estaria fervendo. "Ele foi treinado pelos chineses, como você sabe", muita gente dizia. "Nós sabíamos que havia alguma coisa estranha quando ele começou a se chamar de 'camarada'." Ele tinha regredido, também — não tomava nenhuma decisão sem consultar seus feiticeiros. Sua aversão aos homossexuais era bem conhecida:

— São cães e devem ser tratados como cães.

Ele baniu as provas escolares no Zimbábue, pessoalmente, "para romper com o passado colonial". Alguns boatos eram bem simples: ele sempre odiara os brancos e sua maior ambição era expulsá-los do país. Sobre o primeiro-ministro britânico, disse:

— Não quero que ele meta o nariz cor-de-rosa nos nossos assuntos.

Mas, enquanto anotava tudo isso, eu ficava pensando no que Gertrude Rubadiri me dissera: "Nós o chamávamos de Traça de Livros." Não há, realmente, coisa mais mortífera do que um "traça de livros" megalomaníaco. Esse é, por exemplo, o estado de muitos romancistas e viajantes loucos.

As longas filas que eu via nos postos de gasolina contavam parte da história: faltava gasolina. O novo Aeroporto Internacional de Harare, que custara 500 milhões de dólares, estava sem combustível para aviões. A escassez de moeda forte provocara uma séria redução nas importações. Ocorreram tumultos em Harare, com a população reclamando comida. O índice de desemprego subiu para 75%, o número de turistas caiu em 70%. A irracionalidade do presidente tornou-se tão notória que suas acusações deixaram de ser publicadas na imprensa mundial, exceto as declarações mais estapafúrdias, como "Eu sou diplomado em violência". Integrantes dos partidos de oposição eram perseguidos por esquadrões de facínoras a serviço do governo. Jornalistas estrangeiros foram também atacados e alguns ficaram gravemente feridos; outros foram deportados, por terem tentado cobrir revoltas e atos de intimidação. Temendo a mesma sorte, escrevi na minha requisição de visto, dentro do campo *Profissão*: "professor de geografia".

O Zimbábue foi, durante anos, um dos países mais visitados da África. Além do Zambeze, *rafting* no rio e *bungee-jumping* na ponte sobre as cataratas Vitória, tinha tantos animais selvagens que a caça era permitida livremente. Caçadores disparavam à vontade sobre os Cinco Grandes: elefantes, rinocerontes, leopardos, leões e girafas. Um guia zimbabuano me disse que alguns caçadores estrangeiros eram tão exigentes que se recusavam a atirar em elefantes cujas presas medissem menos de um metro e meio. O Zimbábue era talvez o único país da África onde se podiam comprar legalmente aqueles cestos de papel feitos com patas de elefantes, que causam horror aos ambientalistas. Enormes presas de marfim, recentemente arrancadas, estavam disponíveis nas lojas de Harare, assim como peles de leões e leopardos, cintos de crocodilo, carteiras em couro de elefante, ou hipopótamo — além de curiosidades, como um fêmur de girafa, com cerca de um metro de comprimento e uma paisagem africana entalhada na parte central.

Mas os turistas e os colecionadores de curiosidades estavam mantendo distância do país. O problema eram as invasões de terra. O presidente encorajara os veteranos da guerra de guerrilhas — "camponeses sem terras" — a invadir, ocupar à força e tomar posse das fazendas dos brancos. Muitos zimbabuanos negros fizeram isso, alguns de forma violenta. Oito fazendeiros brancos foram assassinados pelos invasores, nenhum dos quais foi processado. Na verdade, receberam congratulações por terem alcançado seus objetivos, tornando-se proprietários de terra e fidalgos rurais. Quando um juiz da Suprema Corte questionou a legalidade das invasões, foi atacado pelo governo e acabou renunciando. Quanto às fazendas roubadas, em alguns casos, o governo deixou de suprir os invasores com sementes de milho gratuitas, fertilizantes e tratores. Os invasores abandonaram então as terras e retornaram às cidades. Quase duas mil propriedades foram invadidas e ocupadas; outras invasões estavam sendo anunciadas. Portanto, a ameaça era real.

Sempre que um jornal local criticava as invasões de terra, o autor da matéria era preso ou perseguido. Jornalistas estrangeiros foram expulsos do país ou tiveram o visto de trabalho cancelado. O editor do *Daily News*, um jornal independente, e dois de seus repórteres foram acusados de "difamação criminosa", depois de terem noticiado uma história, bem documentada, sobre suborno envolvendo a construção do novo aeroporto. O subornador, um saudita, reclamou publicamente que não recebera um retorno justo pela propina de 3 milhões de dólares que pagara.

O editor-chefe do *Daily News* sofreu uma tentativa de assassinato. Os zimbabuanos disseram que a maior prova de que o ato tinha sido instigado pelo governo foi a falta de competência dos bandidos. Ter sido um serviço malfeito era prova conclusiva da cumplicidade do governo, já que o governo não conseguia fazer nada direito. Outro jornal, *The Independent*, estava sendo processado por "desrespeito ao parlamento" por ter relatado, textualmente, um debate incriminador entre parlamentares. Uma lei foi promulgada, determinando que a música, o noticiário e os filmes transmitidos pela televisão e pelas rádios do Zimbábue teriam que ser puramente zimbabuanos "de modo a cultivar a identidade e os valores nacionais zimbabuanos". Considerando que os zimbabuanos são grandes inovadores da música africana e seus músicos tocam para grandes multidões nos Estados Unidos e na Europa, o único objetivo dessa lei era irritar os zimbabuanos brancos.

— Tudo o que Mugabe diz e faz tem o objetivo de expulsar os brancos — disse-me um zimbabuano branco.

Respondi que, segundo me parecia, os zimbabuanos negros também estavam atravessando uma época ruim, com elevado índice de desemprego, inflação alta, moeda instável e uma economia em ruínas. Os negros estavam indo embora também — muitos tinham fugido para a África do Sul.

Mas Harare não estava em ruínas. Mesmo falida, era a cidade africana mais agradável que vira até o momento — certamente a mais segura, a mais limpa, a menos poluída, a mais ordeira. Depois dos engarrafamentos do Cairo, do insuportável calor de Cartum, da desmantelada Adis, da criminalidade de Nairóbi, da desorganizada Kampala, da desmoralizada Dar es Salaam, da maltrapilha Lilongwe, da desesperada Blantyre, da bombardeada e arrasada Beira, Harare parecia limpa e bonita, o retrato da tranquilidade. E o interior do país era paradisíaco.

Muito da calma aparente de Harare devia-se à extrema tensão que havia na cidade, cuja ordem era uma espécie de paralisia, o silêncio artificial de alguém segurando o fôlego. Eu tinha o pressentimento de que alguma coisa estava para acontecer, em alguns meses, ou talvez um ano, e que o presente era um momento histórico de silêncio e inércia, antes de um enorme colapso, uma eleição violenta, uma convulsão social ou mesmo uma guerra civil. Seria um erro confundir esse silêncio com obediência e adesão, pois era mais como a prudência natural de um povo que já tinha atravessado grandes sublevações.

O domínio britânico terminou, abruptamente, com a Declaração Unilateral de Independência, promulgada pela minoria branca em 1965. Seguiram-se sanções internacionais e uma guerra de guerrilhas que durou dez anos — encerrada em 1980 com a ascensão ao poder da maioria negra, seguida por vinte anos de governo do camarada Bob.

Anos de sanções tinham tornado os zimbabuanos adaptáveis e autossuficientes. O Zimbábue era, no fundo, um país independente e orgulhoso, com sua própria indústria manufatureira. Quase não havia gasolina ou óleo diesel à venda, mas diversos outros produtos estavam disponíveis. Mesmo naqueles tempos difíceis, os zimbabuanos ainda produziam coisas como artigos de papelaria, roupas, móveis, sapatos, frangos congelados, feijão enlatado. Dispunham de leiterias, padarias e cervejarias. Havia muitos bons hotéis, embora em grande parte vazios.

Os zimbabuanos, pretos e brancos, resmungavam abertamente. Isso era novidade para mim. Os tanzanianos e malauianos pareciam muito mais resignados e evasivos, haviam se rendido. Tendo abandonado qualquer esperança de melhoria, ficaram reduzidos à mais despudorada mendicância, com um subtexto de reparação: meu país me abandonou, portanto você tem que me ajudar. Alguns zimbabuanos desesperados falavam em partir. O homem que me vendeu a passagem de ônibus perguntou-me de onde eu era e replicou prontamente:

— Eu quero ir para a América.

Outro disse:

— Três anos atrás, aqui era um bom lugar. Mas, ah, não é mais.

Uma mulher africana deu uns tapinhas na própria cabeça e me disse, com aquele sotaque peculiar dos negros zimbabuanos:

— Você vai apendê muitcho — aprender muito.

O Malaui me deixara desencorajado. O interlúdio nos rios Chire e Zambeze tinha me reanimado. No arrasado interior e na devastada cidade costeira de Moçambique, eu ficara de sobreaviso. Agora, em Harare, podia satisfazer minha paixão pelas caminhadas, pois era uma cidade com calçadas e praças. Eu me sentia estimulado, como se estivesse testemunhando alguma coisa que ainda não tinha nome. A própria ausência de dramaticidade, no entanto, indicava a aproximação de um período de mudanças históricas, repleto de suspense. Alguma coisa radical estava para acontecer — ninguém sabia o quê. Naquele momento, a catástrofe era apenas um eflúvio de advertência, um travo de amargor no ar, o tipo de aragem que faz as pessoas pararem e perguntarem, como se estivessem ouvindo ou farejando alguma coisa:

— Você não está sentindo um cheiro estranho?

Além das caminhadas, comecei a fazer boas refeições — uma grande novidade na viagem. Eu andava pelo mercado e me detinha nas lojas, para examinar mercadorias e anotar preços. Sempre encorajava as pessoas a falar sobre o que acontecia no país. A escassez de gasolina estava na mente da maioria, mas a inflação era de 65% e os salários permaneciam baixos. Uma greve recente, de funcionários públicos, foi interrompida pela polícia, com muitos grevistas feridos. Para a maioria dos zimbabuanos negros, o problema era dinheiro — a economia em colapso; para a maioria dos zimbabuanos brancos, o problema era a segurança, pois a ilegalidade das invasões de fazendas fazia com que se sentissem inseguros, mesmo os que moravam e trabalhavam nas cidades.

Logo depois que cheguei a Harare, o *Daily News* estampou em manchete: "GOVERNO VAI ADQUIRIR MAIS 95 FAZENDAS COMERCIAIS". O texto explicava que não se tratava de uma negociação — nenhum dinheiro trocaria de mãos. Seria uma "aquisição compulsória, como parte da reforma agrária e do programa de reassentamento em curso". Essas 95 propriedades elevavam para 3.023 o número de fazendas comerciais que o governo classificara, nos últimos três anos, como prontas para serem invadidas. Seguia-se uma relação com os nomes das fazendas.

O líder da atuante Associação dos Veteranos de Guerra era um médico soropositivo chamado Chenjerai Hunzvi, que apelidara a si mesmo de "Hitler". Histórias bem documentadas, que apareciam nos jornais do Zimbábue, davam conta de que o consultório de Hitler Hunzvi era usado para torturar homens que se negavam a apoiá-lo. Hunzvi ameaçava os brancos e enviava gangues para suas fazendas. A irracionalidade de Hunzvi era a de alguém que está condenado, sabe disso e destila ódio por estar doente. Mas o governo de Mugabe o apoiava em suas ações mais estouvadas.

Portanto, simplesmente por ser um zimbabuano branco (e existiam muitos), um fazendeiro — depois de horas trabalhando no campo — ia tomar o café da manhã em casa e, encontrando seu nome no jornal, já sabia que uma horda de veteranos de guerra iria acampar em suas terras antes do almoço. Se tivesse sorte, os invasores reivindicariam um pedaço de suas terras; senão, o ameaçariam com armas e o mandariam embora, gritando (como muitos faziam): "Essa fazenda agora é nossa!"

Foi exatamente o que aconteceu com Catherine e Ian Buckle, conforme narrado em *Lágrimas Africanas*, o livro escrito pela sra. Buckle, que acabara de chegar às livrarias. Em um dia de março de 2000, três dúzias de homens invadiram a fazenda do casal, cantando canções e gritando *"Hondo"* — a palavra chona para "guerra" e também o nome de uma canção popular do cantor e compositor zimbabuano Thomas Mapfumo. Os Buckle possuíam a fazenda há dez anos e, quando a compraram, haviam lhes garantido que aquela propriedade não estava na lista de reassentamento do governo. Mas isso era detalhe. Os acontecimentos se precipitaram. Um homem se apresentou:

— Sou eu que vou dormir na fazenda de vocês.

O motivo do cumprimento foi que ele precisava da ajuda dos Buckle: será que poderiam lhe dar uma carona até a cidade, para que ele fosse buscar dinheiro para pagar os homens que, junto com ele, estavam ocupando as terras ilegalmente? Isso, uma semana depois de hastearem uma bandeira do Zimbábue e de construírem uma cervejaria africana na propriedade, onde bêbados e cantorias logo se tornaram comuns. Além disso, a área ocupada pelos invasores começou a aumentar.

Fazendas vizinhas foram também ocupadas. Os fazendeiros que resistiam eram atacados. Alguns acabaram mortos. Os Buckle apelaram ao governo, para que os ajudasse a deter a ocupação ilegal de suas terras. Nada se fez. Nenhum policial apareceu. Mas apareceram outros veteranos de guerra, exigindo que a família lhes emprestasse seu caminhão, para que pudessem comparecer às reuniões políticas onde denunciariam os fazendeiros brancos.

Por fim, o líder da gangue de bêbados cantou:

— Esses são meus campos! Essas são as minhas vacas! Esse é o meu capim! Essa é a minha fazenda! — E mandou a sra. Buckle sair da casa. — Essa é minha casa!

Os Buckle resistiram à intimidação. Porém, logo depois, os veteranos de guerra provocadores atearam fogo nos pastos da propriedade. Quando o fogo ameaçou a casa, os Buckle cederam. Um homem de ar malévolo surgiu em meio à fumaça e disse ferozmente:

— *Siya* — Saia.

E assim, seis meses depois das primeiras ameaças, os Buckle partiram, temendo por suas vidas, depois de perderem tudo.

Em sua introdução a *African Tears*, Trevor Ncube, editor-chefe do jornal *Zimbabwe Independent*, descreveu a história como "a luta de uma família contra o terrorismo patrocinado pelo Estado".

Todas essas notícias eram bastante recentes. Menos de um ano depois que os Buckle foram expulsos de sua fazenda, eu passei perto do local, nas cercanias de Marondera.

E agora estava em Harare, dando um passeio a pé. Em uma rua lateral, numa loja que vendia artesanato africano, examinei alguns objetos que pareciam antigos. Qualquer entalhe coberto por pátina, ou alisado por anos de manuseio, ou que tivesse o cheiro enfumaçado do uso me atraía. Artigos de cozinha — tigelas, colheres, frigideiras — despertavam meu interesse, assim como instrumentos de madeira, como porretes, machadinhas, cavadeiras e banquinhos. Por acaso, eu estava segurando um estilingue esculpido em madeira. Virado para baixo, formava uma figura humana, com pernas bem separadas.

— Qual é a história disso? — perguntei à mulher que estava no balcão. — É antigo?

Ela disse:

— Está vendo como está escurecido? Foi chamuscado no fogo para endurecer a madeira. Acho que é *chokwe*. — Ela pensou por um momento e acrescentou: — Mas parto do princípio de que nada é antigo.

Essa afirmativa sábia e honesta de uma vendedora de artesanato me fez confiar nela. Era uma senhora com cerca de 60 anos, de cabelos brancos, muito sincera. Nascera na África, filha de pais ingleses. Seu filho tinha uma fazenda e, claro, ela se preocupava com o futuro dele, mas sua propriedade não fora invadida. Conversamos mais um pouco. Eu disse que gostaria de conhecer um fazendeiro cujas terras tivessem sido invadidas.

— Eu conheço um. Ele é muito franco. Pode conversar com você. Ele tem um telefone celular no caminhão.

Encontrou o número e ligou para ele, explicando meu pedido em poucas frases. Então ouviu atentamente, agradeceu e desligou.

— Ele está muito ocupado, mas vai estar nesse café mais tarde. — Ela escreveu o nome do café em um pedaço de papel. — Ele disse que você será bem-vindo.

Foi assim que me encontrei com Peter Drummond, um homem alto, de cabelos brancos, na faixa dos 50 anos, cujo rosto curtido era suavizado por irônicos olhos azuis. Fora envelhecido pelo serviço militar, pelo trabalho na fazenda e pela perseguição política, uma condição inerente aos fazendeiros brancos no Zimbábue. Era gentil, mas durão e cheio de projetos. Tinha o hábito de introduzir cada declaração com a frase: "Essa é uma história muito engraçada." Então contava alguma coisa horrível, envolvendo metralhadoras e sangue. "Muito engraçado" geralmente significava "escapei por pouco".

Ele possuía uma fazenda de 3 mil hectares, nas cercanias da cidade de Norton, a 80 quilômetros de Harare. Produzia sementes de milho, plantava hortaliças, criava gado e porcos, e possuía uma leiteria; dois de seus filhos o ajudavam. O próprio Peter dirigia um frigorífico para abate de frangos. Todas as semanas, importava dos Estados Unidos 23 mil pintos recém-nascidos, que criava e abatia para consumo local, congelando alguns, resfriando e vendendo o restante. Embarcava para Harare, todos os dias, 4.330 carcaças, algumas resfriadas, outras congeladas, abastecendo mercados, açougues, hotéis e restaurantes. Como outros grandes fazendeiros, ajudava a alimentar o Zimbábue, mas não estava achando fácil a tarefa.

O que preocupava Drummond eram os veteranos de guerra, que invadiam suas terras, geralmente embriagados, cortando árvores, matando os animais e assustando sua família com ameaças violentas. A escassez de óleo diesel era também um problema, pois impedia o funcionamento de muitos tratores. Naquela estação, ele não tinha arado nem plantado grande parte de suas terras. Ervas daninhas estavam crescendo no lugar de plantações.

— O engraçado é que eu dei uma entrevista para a TV japonesa, falando sobre a situação — disse ele. — Fui muito franco. Na tarde do dia em que a entrevista foi ao ar, eu recebi uma ameaça de morte.

— Verbal ou por escrito?

— O telefone tocou. Uma voz africana. "Você está instigando o MMD" (Movimento para Mudanças Democráticas). "Nós vamos matar você."

O Movimento para Mudanças Democráticas, e seu líder, Morgan Tsvangirai, criticavam o governo por sua política de sancionar as invasões ilegais de fazendas e por fechar os olhos à violência. O governo reagiu, acusando o MMD de estar mancomunado com os fazendeiros brancos e se recusou a permitir que o partido utilizasse os estádios nacionais em seus comícios. Qualquer crítica era suprimida.

— Eu gravei todas as entrevistas que apareceram na BBC, Sky News, South African News e CNN — disse Drummond. — Consegui vinte minutos de gravação, mostrando o que os correspondentes estrangeiros estavam falando do Zimbábue. Então mostrei a fita para os meus empregados; tenho uns duzentos. Eu disse: "Vocês olhem isso. Isso é o que a imprensa estrangeira está falando. Eu não estou dizendo uma palavra. Se eu me envolver, posso ser morto."

Ele comprara sua primeira fazenda em 1975, durante a guerra.

— Eu não tinha dinheiro, mas muitos fazendeiros estavam sendo assassinados, então as fazendas estavam baratas. Comprei uma fazenda com 1.200 hectares, numa região excelente.

Ele trabalhou a terra, presumindo que ficaria lá por algum tempo.

— Mas fomos atacados, em 1979, por um grupo de 15 homens. É uma história muito engraçada.

Era uma história terrível. Ele foi acordado pelo som de tiros, trinta tiros, todo o pente de uma AK-47 disparado contra a casa de seu cozinheiro.

— Não acertaram ele! Posso dizer que foi providencial!

Ele também tinha uma AK. Saiu então da casa, que era cercada por um muro.

— Era para nos proteger dos foguetes. Eles usavam foguetes RP-7, russos, que explodem quando batem num muro. Assim, iriam explodir no primeiro obstáculo e a casa ficaria intacta.

Ele tirou um tijolo do muro e esvaziou um pente da arma nos invasores.

— Dois de meus homens começaram a atirar. Todo mundo atirou.

Os 15 atacantes fugiram. Quando a Equipe de Apoio aos Fazendeiros acorreu ao local, encontrou um esconderijo de armas na propriedade dele — fuzis, explosivos e minas —, o suficiente para o ataque em massa que tinha sido abortado.

— Como eu disse, uma história muito engraçada — repetiu ele. — Meus filhos estavam com 1, 4 e 5 anos. Minha esposa foi acordar eles. Meu filho Garth disse: "Que barulho é esse?" "Não é nada", minha mulher disse. Garth se virou para o lado e disse: "O papai vai acabar com eles." Ele estava muito calmo, nós todos estávamos calmos.

Ele vendeu aquela fazenda e comprou outra, dividindo as pastagens com um amigo, uma larga faixa de terra. Ambas as fazendas foram vendidas depois ao governo, para o programa de reassentamento.

— O governo nos garantiu que, quando nós comprássemos outras terras, elas não seriam desapropriadas, nem haveria invasões.

Com o lucro da venda, ele comprou os 3 mil hectares da fazenda Hunyani, que possuía atualmente. Plantou árvores, construiu uma casa para viver, uma loja de equipamentos e iniciou o negócio de frangos. Destinou parte das terras à agricultura, outra parte para o gado e reservou um setor para animais selvagens: elandes e impalas. Para realizar esses investimentos, teve que tomar empréstimos: uma linha de crédito bancário no valor de meio milhão de dólares, além do financiamento da casa.

— Então fomos invadidos — disse ele sorrindo amargurado. — É realmente engraçado. O cara nem é veterano de guerra. Era motorista na época da guerra. Só está querendo terras de graça.

Durante todo o tempo, sentado no café, eu tomava notas em meu caderninho, que colocara em cima de um joelho. Drummond disse:

— Você não está com fome?

Eu disse que estava.

— Venha almoçar — disse ele. — Vou me encontrar com a minha família dentro de dez minutos, em um restaurante perto daqui. A comida é muito boa. Sou eu que vendo os frangos para eles.

Dez minutos mais tarde, eu estava sentado em uma grande mesa, comendo frango assado com a família Drummond: Peter, sua esposa, Lindsay, e dois de seus quatro filhos, Troy e Garth, além da namorada de Garth, Lauren.

Estar casualmente em meio a essa generosa família, em um dia quente de Harare, foi um dos episódios mais agradáveis da minha viagem. A hospitalidade dos fazendeiros das savanas do sul da África é bem conhecida, mas isso era mais do que hospitalidade. Eu era um estranho e estava compartilhando da refeição. O fato de me incluírem à mesa era como uma cerimônia de aceitação e boa vontade.

— Isso é um conselho de família — disse Drummond.

O propósito específico da reunião, decidir como passariam as férias de primavera, tornava a refeição ainda mais significativa. Eles conversavam sobre o que iriam fazer — acampar na savana, visitar o lago Kariba, no norte, dirigir até a costa de Moçambique, para nadar no mar, ou permanecer na fazenda.

— Tem que ser barato! Nós não temos dinheiro!

A discussão continuou e, para um solitário, em um safári pela África, essa terna manifestação de vida familiar era como o paraíso.

Depois de terem concordado com a viagem a Moçambique, Peter Drummond disse para seu filho, Garth:

— Eu contei ao Paul sobre aquela vez em que fomos atacados pelos 15 sujeitos.

— E você não ficou com medo — disse eu.

Garth disse:

— Eu nunca fiquei com medo.

Lindsay disse:

— Nunca fizemos da guerra um bicho de sete cabeças. Eu só dizia: "Se houver confusão, entrem embaixo da cama."

— É, mas 10% dos fazendeiros brancos foram assassinados e, dos que sobraram, metade deixou o país — disse Lauren.

Lauren era uma mulher de uns 25 anos, atraente e direta, criada em uma fazenda do Zimbábue.

— A fazenda do meu pai foi ocupada por invasores — disse ela. — O nome dela era Fazenda Chipadzi. Era do meu pai há anos. Tinha um cara do lugar que se chamava Chefe Chipadzi. Um dia ele chegou para o meu pai e disse: "Essa fazenda é minha." Reivindicou a fazenda para ele mesmo. O governo estava contra nós. O que podíamos fazer? Meu pai e minha mãe emigraram para a Austrália, Toowoomba, a oeste de Brisbane. Mas não possuem mais nenhuma fazenda.

— O que aconteceu com a Fazenda Chipadzi?

Drummond disse:

— É uma história engraçada. Conte para ele, Lauren.

— Nós passamos por ela há pouco tempo. Há umas plantações, mas não muitas, uns canteiros de milho pequenos, aqui e ali. Só subsistência.

Tinham voltado às enxadas e ao plantio manual. Mas a agricultura mecanizada do pai dela produzira milho suficiente para alimentar mil pessoas.

— O problema hoje é que nós não temos armas decentes — disse Drummond. — Nós tínhamos AKs e proteção das forças de segurança. Mas, se temos um problema agora, a polícia não ajuda.

— Temos veteranos de guerra andando com AKs em nosso jardim — disse Lindsay. — Eu os vejo o tempo todo. Tentando nos amedrontar. Eu me sentia mais segura antes, durante a guerra.

— Eu tenho cinco grandes amendoeiras — disse Drummond. — São nativas, muito bonitas. Eu adoro essas árvores. Bem, um domingo, estávamos chegando em casa, voltando da igreja, e eu vi um veterano de guerra lá, um bêbado do lugar. Ele tinha cortado uma das minhas árvores. Ficou uma lacuna enorme. Isso foi para passar uma mensagem, veja bem. Mas me deixou mais furioso que qualquer coisa. Vir até a minha casa e cortar minha árvore!

O bêbado tinha outro hábito irritante. Sempre que precisava de dinheiro, vendia lotes da fazenda de Drummond a africanos do lugar.

— Eles aparecem a toda hora e me mostram pedaços de papel dizendo que agora eles possuem um pedaço da minha terra — disse Drummond. — Você devia ver, é muito engraçado.

— Eu gostaria muito de invadir sua fazenda — disse eu. E combinamos o dia.

Como turistas, caçadores e até viajantes brancos estavam evitando o Zimbábue, eu tinha curiosidade em saber o que o ministro do turismo estava fazendo para apagar a impressão de que o Zimbábue era um buraco negro. Fingindo ser um inofensivo repórter, solicitei uma audiência com o homem que ocupava o cargo. Para minha surpresa, ele concordou em me ver. Chamava-se Edward Chindori-Chininga, membro do Parlamento e ministro do Ambiente e do Turismo.

Quando cheguei ao ministério, um secretário me recebeu e me pediu para esperar — "o ministro está atrasado". Sentei-me então no sofá de couro da antessala, recostei a cabeça e dormi. Acordei revigorado, meia hora depois, pronto para me encontrar com o homem.

Jovem, gordo e bem-apessoado, o ministro deveria ter menos de 30 anos. Usava um terno escuro, justo, e uma gravata de seda. Era de Kanyemba, na extremidade nordeste do Zimbábue, na região do Zambeze.

— Os va-doma de dois dedos não vivem lá? — perguntei.

Ele disse que minha informação era correta, mas nada tinha a acrescentar ao que eu já sabia: por uma característica genética, muitos indivíduos daquela tribo nasciam com um defeito nos pés — divididos ao meio por uma fenda. Isso os fazia mancar.

O ministro era da tribo chona e lembrou que os chonas estavam perdendo seus valores culturais e suas crenças tradicionais.

— As pessoas dizem que nossos valores são diabólicos e isso e aquilo. Mas não podemos fugir da nossa boa cultura.

— Me dê um exemplo da sua boa cultura.

— A crença de que nenhuma família pode existir sem respeito pelos ancestrais.

— Mas eu também acredito nisso — disse eu.

— Estou vendo como vocês, dos Estados Unidos, choram pelos mortos.

— Claro que fazemos isso. Todas as pessoas do mundo choram pelos seus mortos — disse eu.

— E eles devem ser sempre consultados, porque os ancestrais podem controlar e influenciar o nosso dia a dia.

— Não sei nada a respeito de "influência".

— Influenciam seriamente — disse o ministro. — Se há um problema de família, um garoto na prisão, uma garota infeliz, nós consultamos nossos ancestrais e descobrimos que podemos resolver o problema. Quando alguma coisa está errada, eu vou até a minha aldeia natal, para ver o meu *mondhoro* — o curandeiro, mas a palavra chona também significava "leão".

Esse curandeiro era o repositório de toda a história local e, principalmente, conhecia a árvore genealógica de todos na aldeia. O ministro enfatizou que o *mondhoro* não tinha livros, não tinha nada escrito: toda a história estava dentro de sua cabeça. Assim sendo, ao ouvir a respeito de alguma dificuldade enfrentada pela pessoa, ele a relacionava com alguma coisa ocorrida no passado — um ancestral, morto havia muito tempo, que estava exercendo uma influência maléfica sobre a pessoa. Eu gostava dessa crença, pela sua inteireza e pela sua convicção de que ninguém morria: os mortos estavam sempre presentes.

— Nós também temos animais que nos ajudam — disse o ministro. — Todos os africanos do Zimbábue têm uma ligação com algum animal. Quando as pessoas se encontram, aqui, elas perguntam: "Qual é o seu totem?"

Então perguntei a ele:

— Qual é o seu totem?

— Um tipo de rato — disse o ministro. — É o único animal que eu não posso comer. Para algumas pessoas é o elande, a zebra ou o elefante. O meu é um rato específico, o *nhika*, não sei o nome em inglês. É muito pequeno. Tem uma mancha branca na cabeça. Algumas pessoas comem, mas eu não.

Eu mencionei a ele que alguns ônibus, no Zimbábue, traziam a figura de um animal pintada na traseira.

— São totens — disse ele. — Para você ver como nosso povo respeita os animais, por causa dos totens.

— Como você explica, então, toda essa caça ilegal?

— As pessoas estão com fome. A economia está indo por água abaixo — disse ele. De repente, ficou alegre. — Mas isso traz benefícios! A situação nos mostra o que precisamos para sermos autossuficientes. Ninguém de fora do Zimbábue vai precisar nos socorrer. Nós temos que aprender a ajudar a nós mesmos.

Em grande contraste com o Malaui, a Tanzânia e o Quênia, o Zimbábue não era um ponto de destino para os Land-Rovers brancos, as instituições beneficentes e os agentes da virtude estrangeiros. Havia pouca coisa para o Hunger Project e o Save the Children fazerem por aqui, pois não havia fome e as crianças estavam bem. A história do país — primeiramente como colônia britânica, a Rodésia do Sul, depois como a renegada República da Rodésia, governada pelos brancos, e finalmente como Zimbábue — forçara as pessoas a aprender importantes lições de autossuficiência.

Quando o ministro mencionou que o governo de Mugabe estava sendo tratado como um pária, eu vi minha oportunidade para levantar o assunto dos veteranos de guerra e das invasões das fazendas. Eu disse:

— Essa situação não incomoda você?

— É tão complicado. Tudo está misturado. — Ele coçou a nuca e continuou a falar, constrangido com minhas perguntas diretas. — Sim, algumas terras foram tomadas e algumas fazendas foram desapropriadas para os invasores, como são chamados. Mas as pessoas que ficaram com as terras estão sendo produtivas. Não é como os jornais estão falando. Os repórteres deveriam ver por si mesmos.

— Eu vou ver. Ouvi dizer que as fazendas tomadas são muito menos produtivas e que há escassez de milho — disse eu. — Mas, mesmo assim, tomar as terras à força é ilegal, não é?

— Talvez você possa dizer que precisamos aumentar nosso nível de maturidade política — disse o ministro, o que eu considerei uma franqueza pouco habitual. — Partidos em conflito precisam conversar uns com os outros. Temos que entender que o país é mais importante que nossas filosofias. E talvez você possa nos ajudar.

Inclinei-me para a frente e disse:

— O que você gostaria que eu fizesse?

— Você poderia retratar os aspectos positivos da vida aqui — disse o ministro. — Poderia afastar a imagem de instabilidade.

— Vou fazer o que puder, senhor — disse eu.

Então, com muito gosto, ele começou a falar sobre as ambíguas proibições do povo chona.

No dia em que parti para a fazenda de Peter Drummond, ouvi no rádio que o governo britânico tinha interrompido a ajuda ao Zimbábue e cancelado um grande empréstimo, em decorrência dos "reassentamentos" — invasões de fazendas. Foram mencionadas duas razões para a atitude britânica: a terra não estava sendo doada aos pobres, e nada daquilo estava sendo feito legalmente. O noticiário colocou Chenjerai ("Hitler") Hunzvi no ar, berrando denúncias contra a Grã-Bretanha.

— Você pode ver por você mesmo — disse Peter Drummond, que foi me apanhar no hotel. — Converse com os invasores. Converse com meus empregados. Converse com quem quiser. Fique na fazenda.

Eu lhe falei a respeito das observações conciliatórias do ministro, que falara sobre a falta de maturidade política do Zimbábue e sobre a necessidade de que os diferentes partidos conversassem entre si.

— Talvez ele estivesse dizendo o que você queria escutar — disse Drummond. — Mas há muita gente razoável no governo. Eu tenho certeza de que você já ouviu que o problema é um único homem.

— Todo mundo diz isso.

— Ele nos odeia.

Naquele ano, no dia da independência, o presidente Mugabe se referiu aos brancos do Zimbábue como "cobras", dizendo:

— A cobra, que nós pensávamos que estava morta, está retornando. Os brancos estão de volta!

E o Movimento para Mudanças Democrática, partido de oposição, era visto por ele como uma "marionete" dos brancos, que eram contra o governo.

Os fazendeiros brancos do Zimbábue estavam tão acostumados com as adversidades que ofensas tolas — serem chamados de cobras — apenas os faziam dar de ombros.

Fora de Harare a estrada se tornava mais reta e mais estreita. Havia cercas e plantações de cada lado, além de grupos de árvores altas, a intervalos regulares, que assinalavam a presença das casas das fazendas. Depois de 30 quilômetros, estávamos em campo aberto, em meio a pastagens e, em alguns lugares, altos milharais secando e se tornando marrons, aguardando a colheita.

— Como estão os negócios?

Drummond riu.

— Poderiam estar melhor. Há roubos, é claro. Nós descobrimos que, entre novembro e março, alguns empregados nossos roubaram frangos. Uma boa quantidade. Então perdemos todo o lucro de três meses. Como foi um trabalho interno, os ladrões alteraram nossos livros.

— O que aconteceu com os ladrões?

— Eles ainda trabalham para mim. Eu não posso demiti-los, porque eles têm conexões políticas, haveria problemas. A polícia também não tem ajudado muito.

Empregados roubarem não era uma coisa incomum, disse ele — os mais antigos roubavam óleo diesel; sacas de milho desapareciam rotineiramente de caminhões a caminho do mercado; e ferramentas eram furtadas. Mas os frangos roubados foram tantos que os registros contábeis tiveram que ser alterados. As perdas o impediram de pagar os empréstimos bancários durante três meses.

— É engraçado — disse ele. Então fez um gesto, apontando para fora da janela: — Minha propriedade começa aqui.

Dirigimos durante quilômetros depois disso. Drummond explicou que soubera, recentemente, que uma mineradora recebera permissão do governo para procurar minérios em suas terras. Os mineiros descobriram um vasto depósito de platina perto de um grande dique, que cruzava sua propriedade. A má notícia era que, embora ele fosse o dono dos campos, dos chiqueiros, dos criadouros de frangos e do diesel — que estavam sendo roubados —, o depósito de platina não lhe pertencia.

— Eu não possuo o que está embaixo da minha terra. Isso é do governo. Eles podem fazer o que quiserem.

A casa de Drummond era em uma pequena colina, uma *kopje*, no final de uma estrada de terra. Durante o caminho, passamos por alguns de seus empregados — homens consertando cercas, cortando grama, mexendo nos encanamentos de água dos cochos. Drummond falava com eles em chona, ou no patoá conhecido no Zimbábue como *chilapalapa*.

Ele mesmo construiu a casa, com tijolos que calcinou em seu forno e cobriu com a palha obtida do capim que ceifou com as próprias mãos. A massa dos tijolos foi confeccionada com areia e barro dos cupinzeiros. Era uma casa não muito grande, quadrada, com uma sala de estar onde deveria ser o sótão, e diversos quartos repletos de livros e arquivos, muitos decorados com artesanato africano. Nas proximidades, estavam os estábulos, as casas dos empregados, bananeiras e um adorável jardim de roseiras. O conjunto era simples e confortável. O maior arrependimento de Drummond era não ter colocado uma lareira na casa.

— Aqui pode fazer frio. Temos geada em junho.

Suas terras ficavam às margens de um grande lago, o Manyame (antigo lago Robertson). Depois que ele me mostrou um pouco da propriedade, fiquei com a impressão de que esta era mais do que uma simples fazenda; parecia, de fato, uma pequena cidade, com uma sólida infraestrutura. Possuía boas estradas, um posto de gasolina, um depósito de combustível, uma loja de equipamentos, uma grande garagem, uma estrada principal, um chiqueiro, ovelhas nos campos, o frigorífico de frangos, gado pastando, muitas plantações e água em abundância. As diversas operações estavam em áreas diferentes e era preciso dirigir bastante para chegar até elas. Ele tinha duzentos empregados. Incluindo os dependentes, eram quatrocentas pessoas ao todo, morando na propriedade, em choças bem construídas numa aldeia de trabalhadores.

Reparei na plenitude do lugar e em sua aparência ordeira. Fiquei impressionado com o modo como ele reciclava os subprodutos dos frangos, usando o esterco e as penas para fertilizar os campos.

Mas ele descartou meus elogios. Disse que qualquer sinal de prosperidade era ilusório e que, desde que o diesel fora racionado, tivera que reduzir as operações.

— O que você está vendo é uma fazenda funcionando com metade da capacidade.

Enquanto visitávamos o frigorífico, ele disse:

— Uma mulher veio aqui há pouco tempo e disse que queria um pedaço das minhas terras. As mulheres do Zimbábue são espertas e têm uma boa ética de trabalho. Ela disse que queria construir uma casa ali — indicou um campo perto de um depósito. — A ideia dela era fazer uma ligação na minha rede elétrica. Dessa maneira, ela teria iluminação e eu pagaria a conta de energia dela pelo resto da vida. Bom negócio, hein?

— Ela era um veterano de guerra?

— Foi o que eu perguntei a ela — ele riu, ao se lembrar da mulher. — Ela disse: “De certa forma”. Eu disse: “Onde você lutou?”

— Você fala com os africanos sobre essas coisas?

— Ah, claro. Eu digo a eles que estava lutando pelo meu lado — disse ele. — Eu pergunto onde eles estavam lutando. Eu brinco com eles um pouco. Eles não ligam. Como ex-combatentes, nós temos muitas coisas em comum. A guerra é passado. Acabou. Foi bobagem nossa pensar que um pequeno número de brancos conseguiria governar milhões de africanos.

— Você entra em detalhes sobre a guerra?

— Sim. Muitas vezes eu digo: "Você estava em que setor? Eu estava nesse setor também. Provavelmente eu estava atirando em você."

— Qual a reação deles?

— Boa — disse Drummond. — Muitas vezes nós conversamos sobre as pessoas que não lutaram, os informantes. Eu digo: "Vocês tinham informantes no lado dos brancos? O que você acha disso?" Eles dizem: "A gente só usava eles." Nenhum apreço por eles, veja bem. Eu digo: "Bem, nós também tínhamos informantes africanos. A gente só usava eles, também." — Drummond olhou para mim, antes de fazer sua colocação. — Os informantes não estavam lutando. Eu não posso conversar com um informante, mas com um combatente, aí é outra história.

No carro, voltando para casa, ele ainda ruminava sobre o assunto — querendo que eu entendesse. Sem mais nem menos, disse enfaticamente:

— Existe uma ligação entre os ex-combatentes, os soldados. Cada um de nós lutava por um lado, mas compartilhava a mesma experiência.

Naquela noite, em sua casa, olhando atentamente o mapa de suas terras, Drummond me falou sobre os vários projetos que tinha para torná-las mais viáveis. Um deles era subdividir uma parte e vendê-la em lotes para zimbabuanos, que se tornariam pequenos proprietários, plantadores de flores ou hortaliças, fazendo do lugar uma espécie de cooperativa. A ideia era não ceder os lotes aos invasores, mas vender cada um deles, com um certificado de propriedade.

— Ou talvez chalés compartilhados — disse ele, destacando um canto com o dedo. — E em toda essa área seriam construídos retiros para aposentados. — Ele indicou alguns mananciais e disse: — Perfeitos para campings. Essa área já atrai elandes, cudos e impalas. Nós poderíamos colocar uma cerca e transformar parte da propriedade em reserva de animais selvagens.

Eu olhei para o mapa e imaginei os chalés, os bangalôs, as tendas e os animais de chifres longos.

— Ou eu poderia ir para a Austrália — disse Drummond. — Mas eu quero realmente ficar aqui. O problema é que eu tenho essa dívida. A inflação está em 65%. Eu trago meus frangos dos Estados Unidos, pagando em dólares americanos, e o dólar do Zimbábue está em queda.

A noite estava fria e clara, a lua brilhante se refletia no lago. Exceto pelo latido dos cachorros — um grande labrador e um *terrier* Jack Russel brincalhão —, o silêncio era total. Mas, todas as vezes que os cães latiam, eu achava que estávamos sendo invadidos e imaginava veteranos de guerra, ladrões, oportunistas e predadores.

— Vou ver o que há com esses cachorros — disse Drummond. Estaria ansioso também?

Mas eu preferia a fazenda a Harare, a estar em um hotel, em um vilarejo ou em uma cidade. Pensei em quanto isso se parecia com a velha Rússia, com a velha América também. E em como as histórias das quais eu mais gostava raramente eram ambientadas nas cidades, eram quase sempre ficções góticas ou tragicomédias da vida rural: *The Story of an African Farm* (A história de uma fazenda africana), de Olive Schreiner; *A Canção da Relva*, de Doris Lessing (ambientada perto da fazenda de Drummond); os dramas provincianos de Tchekhov; a obra dos escritores do Sul dos Estados Unidos — Faulkner e Flannery O'Connor; os melhores trabalhos de Mark Twain; o isolamento melancólico e cômico retratado em *Noites numa Fazenda perto de Dikanka*, o evocativo livro de contos de Gógol.

A manhã na fazenda de Drummond estava clara e brilhante, com frias gotas de orvalho cintilando nos altos capinzais. Eu fora acordado pelos cães e pelas idas e vindas de Drummond. No café da manhã, ele me disse que precisava ir até Karoi, quase 200 quilômetros ao norte, acompanhado por dois de seus homens, para construir uma sala de aulas — que seria o pagamento das mensalidades escolares de sua filha Misty.

Suas palavras de despedida foram:

— Meu filho Troy estará aqui para guiar você pela propriedade. Fale com quem quiser.

Troy tinha 26 anos. Era um windsurfista olímpico, que recentemente representara o Zimbábue em um torneio internacional na Nova Caledônia, no Pacífico ocidental, obtendo uma respeitável colocação. Modesto, sociável e de fala mansa, conhecia bem os modernos métodos de administração de fazendas. Ele e seu irmão, Shane, supervisionavam a produção de sementes de milho, os porcos, os cavalos e os veículos. Tinham plantado tabaco, mas não por muito tempo.

— Meu pai não fuma, o tabaco vai contra sua filosofia. Então desativamos o negócio.

Ele disse:

— Meu pai me disse para lhe mostrar o que você quiser ver.

— Eu gostaria de conversar com os invasores.

— Podemos fazer isso.

— Mas não me diga nada com antecedência. Quero conhecer tudo por mim mesmo.

Rindo, Troy disse:

— Eles até que são uns caras legais.

Dirigimos pela propriedade e, mais uma vez, admirei o tamanho e a complexidade do lugar, que agora parecia maior que uma cidade; parecia um município.

O primeiro invasor não estava em casa. Tinha colocado algumas estacas para demarcar suas terras — uma ironia, pois as estacas eram também um convite a novos intrusos. Não vi plantações. A choça não passava de um barraco e as modificações introduzidas eram ridículas.

— Não há muita coisa aqui — disse eu.

Entramos em outra estrada e, depois de uns 15 minutos, entramos em uma trilha estreita. Às margens da trilha havia um milharal cujos pés de milho tinham acabado de brotar — embora já fosse época de colheita. Não havia nada para colher.

— Isso não é um cultivo — disse eu. — Não há nada para se comer aqui.

Obedecendo às minhas instruções de não me dizer nada, Troy deu de ombros.

A distância, em frente a quatro choças bem construídas, de coberturas cônicas, estava um homem magricela, com cara de tartaruga, vestindo uma camiseta suja e sacudindo os braços.

— Esse é outro deles — disse Troy.

Tentando me tornar agradável, cumprimentei o homem em *chichewa*. Não fiquei surpreso quando ele me respondeu, já que o *chichewa* era falado amplamente fora do Malaui. Disse-me que tinha aprendido a língua na Zâmbia, onde vivera por 21 anos. Sua mãe era zambiana. Ele se chamava Reywa e tinha uma grande família. Todos viviam com ele, nas terras que tomara da família Drummond.

— O que você fazia na Zâmbia? — perguntei em inglês.

— Eu era motorista.

— Você é um veterano de guerra?

— Não. Nada de luta. Sou um sem-terra.

— Eu pensei que só os veteranos de guerra podiam invadir as terras.

— Um veterano de guerra disse que eu podia vir para cá — disse Reywa.

Eu disse a Troy:

— É só um cara querendo terras.

Troy disse:

— Certo.

— Reywa, sua plantação não está indo muito bem.

Ele começou a gritar comigo. Seu rosto crispado o tornava ainda mais parecido com uma tartaruga.

— A plantação não é nada! Porque eu plantei tarde demais! O governo prometeu sementes, fertilizante e um trator para usar. Mas não me deram! Eu esperei por eles até ficar tarde demais. Eles não me ajudaram! — Ele estava gemendo e choramingando. — Eu fiz tudo isso com minhas mãos, sim, eu mesmo!

— Mas não há nada para comer aqui.

— Perto do cupinzeiro, o milho está maior. — Ele indicou uma elevação a cerca de 40 metros, com algumas plantas altas. — Eu tenho algumas flores de abóbora para comer, uns tomates pequenos. — Virou-se para Troy e disse: — Eu preciso de uma cerca. Os animais vão comer minhas plantas. Diga ao seu pai para ele construir uma cerca ou então...

— Ou então o quê? — perguntei.

Seu rosto bicudo agitou-se e ele disse:

— Ou então vai haver guerra! Porque eu preciso de uma cerca! — Chutou suas plantas, frustrado. — No próximo ano, vai ser melhor. O governo vai me ajudar.

— E se não ajudar?

— Então o sr. Drummond vai me ajudar.

— Por que o sr. Drummond deveria ajudar você? Afinal de contas, você invadiu as terras dele.

— Porque eu não tinha terras.

— Agora você tem terras.

— O que adianta a terra, se eu não tenho um trator? O sr. Drummond tem um trator. Ele precisa me ajudar. Ele vai arar para mim.

— Por que ele deveria fazer isso para você?

— Ele tem dinheiro! — disse Reywa. — Eu sou pobre!

— Ele deve 22 milhões de dólares ao banco — disse eu.

— Isso não me interessa. Se o sr. Drummond não arar para mim, então... — Reywa fez uma carranca para transmitir uma mensagem a Troy. — Então nós não vamos nos entender.

Depois de invadir a terra, cercá-la e construir quatro choças grandes, ele agora queria sementes grátis, fertilizante grátis e os campos arados sob suas ordens, com sua vítima dirigindo o trator. Era como um ladrão que tivesse roubado um casaco, insistindo com sua vítima para que mandasse lavá-lo a seco e o levasse a um alfaiate para fazer os ajustes. Reywa estava bastante irritado, com a possibilidade de que suas reivindicações não fossem atendidas a tempo.

Sentamo-nos em frente à choça maior. Então esbocei um episódio imaginário. Era óbvio que a área invadida por Reywa era grande demais para que ele a administrasse. O que aconteceria, disse eu, se alguém percebesse que quase nada tinha sido feito nas áreas mais afastadas — pois "terra negligenciada" era uma das condições que sancionavam a invasão de uma fazenda. E se alguém quisesse invadir e construir uma pequena choça num pedaço da terra dele? O que Reywa faria com um invasor em sua fazenda?

Mas antes que eu acabasse de falar, Reywa já estava franzindo a testa agressivamente e bufando pelas narinas dilatadas.

— Não! Não! Eu não tenho nada! Eu expulsaria eles!

Ele não via nenhuma contradição; o pensamento de que alguém tomasse uma pequena parte de sua terra, que fosse, o enraivecia. Levantou-se e começou a andar de um lado para outro. Sacudiu o punho e apontou para seu milharal mirrado.

— Quase aconteceu isso. Um veterano de guerra idiota precisava de dinheiro, então vendeu uma parte da minha terra. Apareceram umas pessoas e disseram: "Essa terra é nossa."

— O que você fez, Reywa?

Ele cerrou os dentes e disse:

— Eu mandei eles embora!

O que eu apresentara como uma hipótese grotesca havia, então, realmente acontecido. Troy disse:

— Você quer ver os outros?

Eu disse que não. Não tinha muito estômago para tais absurdos. Voltamos para a sede da fazenda e fiquei por lá, olhando para o cavalo de Troy e para um Land Cruiser 1962, que ele estava restaurando ao esplendor original.

— Reparou nas marcas de bala na porta? São da guerra.

Perto do lago, mais tarde, conversei com um africano que dirigia uma cooperativa de pesca. Era Joseph, um malauiano. Ele me disse que as invasões das fazendas eram "um desastre". Perguntei-lhe o que achava de seu país natal, o Malaui.

— Sem esperanças — disse ele.

Acrescentou que raramente ia para casa, porque estava obtendo muito sucesso no negócio de pesca.

— Se eu voltar para o Malaui, meus parentes vão querer dinheiro emprestado, vão comer minha comida e me fazer ficar pobre.

Joseph explicou que proteger o que se conseguia era um sério problema nessa parte da África. Ele não estava falando dos fazendeiros brancos, cujas terras tinham sido invadidas, mas bem poderia estar. Se alguém tinha dinheiro, terras ou comida, os que não tinham tentavam tirar alguma coisa, achando ser um direito.

Mais tarde, naquele dia, Troy me levou de volta a Harare. No caminho, mostrou-me várias fazendas invadidas. Mostrou-me mais uma coisa: os atalhos que os africanos abriam nos milharais dos fazendeiros brancos — tanto por conveniência própria quanto por malevolência. Trilhas que corriam desordenadamente através do que, de outra forma, seriam bem organizados milharais.

Ao ver um homem e uma mulher africanos pedindo carona, Troy reduziu a marcha e lhes perguntou para onde iam.

— Harare — disse o homem, e Troy lhes disse para entrarem no caminhão. Estávamos em uma área rural. Era normal dar carona a pessoas que esperavam em pontos de ônibus.

Eu disse:

— Se eu estivesse pedindo carona aqui, um africano me daria?

— Provavelmente — disse ele. — Mas iriam esperar que você pagasse alguma coisa. Eles sabem que nós nunca pedimos nada. Mas eles pedem dinheiro uns aos outros.

Como seu pai, ele falava sem amargor. Prosseguimos em silêncio, pela estrada rural, sob o sol, sob o céu africano grande e azul, até que as pessoas na traseira bateram na janela, pedindo para desembarcar.

Fiquei em Harare por mais alguns dias, fascinado com a ordem aparente — crianças em uniformes escolares, guardas circunspectos controlando o pouco trânsito, lojas de departamentos grandes e vazias, cafés, pessoas vendendo flores, garis — e uma serenidade que era fruto, eu sabia agora, de uma extrema tensão.

Um dos americanos que encontrei em Harare era um antigo jornalista, que morava em uma casa nos subúrbios. Ele não pensava em partir. Disse:

— Esta é a melhor cidade da África. Este é um país maravilhoso. Só está atravessando um mau pedaço, no momento.

Outro, um diplomata, disse:

— Quero ficar aqui para ver como as coisas vão ficar.

18 O ônibus da savana até a África do Sul

Segui para a África do Sul em uma manhã quente, pela estrada reta e ladeada por cercas que saía de Harare, através das pastagens e propriedades dos fazendeiros brancos, batizadas com nomes como "Grandiosa" e "Sol Poente", e guardadas por uma sentinela em cada portão. Aves atentas estavam pousadas na maioria dos postes telefônicos, havia sempre alguém vigiando por aqui. Era um grande prazer deixar Harare em um dia ensolarado, sentado no confortável banco de um ônibus de longo curso, seguindo uma rota que se iniciara no Cairo.

Buganvílias altas como macieiras se agigantavam perto das construções baixas das fazendas. As terras planas, cortadas por pequenos regatos e riachos, fizeram-me pensar que eu poderia estar em uma estrada vicinal do Ohio. Mas, de vez em quando, surgia um vigoroso lembrete de que estava na África: um cupinzeiro do tamanho de um bangalô, um africano de terno azul e chapéu-panamá pedalando uma bicicleta, uma zebra barriguda e um cavalo macilento pastando lado a lado, uma avestruz sob uma árvore, com olhar desaprovador, um macaco palitando os dentes em um mourão e claros sinais das invasões — cabanas toscas, a bandeira do Zimbábue, estacas fincadas para uma nova cabana e, em vastas extensões de terra, alguns parcos pés de milho onde deveria haver um extenso milharal. Na luminosa e poeirenta cidade de Dryton, 22 automóveis se enfileiravam em um posto de gasolina, por conta da escassez de combustível.

A voz piedosa do motorista ecoou no alto-falante do ônibus:

— Deus Todo-Poderoso irá nos guiar em nossa viagem e estaremos seguros em Suas Divinas Mãos.

Eu teria rido? Talvez. Tudo o que eu pensava quando estava em um ônibus africano era a manchete habitual: "Muitos mortos em horrível acidente de ônibus." Fosse qual fosse o barulho que eu produzira, afetou o homem que estava a meu lado, folheando um panfleto religioso, que colocou seu rosto perto do meu.

— Você é cristão? — perguntou ele.

Descobri que esse tipo de impertinência era frequente na África.

— Digamos que eu tenho muitas perguntas.

— Eu já fui igual a você — disse ele.

Onde as pessoas aprendem a falar desse jeito? Eu podia ver que o homem acreditava ter a posse exclusiva da verdade. O mais estranho é que, por acaso, eu estava trabalhando na minha história erótica, do jovem e da mulher mais velha, que iniciara no Egito e da qual já escrevera mais da metade. Sorri para o evangélico, apontei para o meu trabalho e continuei a escrever, com o caderno sobre os joelhos.

Naquela noite sombria e estrelada, um espectro me estendeu uma taça de vinho; ainda usava luvas de renda. Bebi, toquei sua mão e fui surpreendido pelo calor da renda, pelo modo como sua carne aquecera as luvas. Ao estender a mão para tocar seus seios, fiquei surpreso pelo modo como seu corpo tinha aquecido a camisa de seda, o vestido, as mangas...

A terra estava seca, os capinzais eram de um verde empoeirado que os fazia brilhar ao sol. Uma hora se passou, mais outra, uma terceira, e o cenário não variava: lindas pastagens. De vez em quando, sinais de uma casa de fazenda — um caminho perpendicular à estrada principal, coberto de poeira branca, o fino talco do campo, com rastros paralelos de rodas, que desapareciam a distância.

O africano a meu lado sorria o sorriso triunfante e compassivo do verdadeiro crente.

— Que tipo de perguntas? — perguntou.

— Por exemplo, você come corvos? — disse eu, para manter as coisas simples. Citei o Deuteronômio, capítulo e versículo, e acrescentei outras abominações consideradas incomestíveis pela Lei Mosaica, que muitos zimbabuanos adorariam comer ensopadas, juntamente com o mingau *sadza* do jantar.

O homem respondeu com evasivas. Eu disse:

— Como você interpreta o capítulo dez dos Atos dos Apóstolos, quando Pedro tem uma visão dos animais impuros na casa de Cornélio?

— Eu lhe fiz uma pergunta simples e você está me fazendo outras que não são tão simples.

— Aqui está uma simples — disse eu. — Jesus nasceu há 2 mil anos. O que aconteceu com os milhões de indivíduos que nasceram antes de Jesus? Foram salvos?

— Foram condenados por adorarem falsos ídolos — disse ele.

— Entendi. Qual o seu nome?

— Washington — disse ele.

— Washington, qual é a sua tribo?

— Eu sou chona.

— Excelente — disse eu, pois o ministro do turismo me dissera que uma pessoa esclarecia as coisas e ficava tranquila depois que se consultava com um curandeiro tradicional, um *mondhoro*. O que Washington, na condição de chona, achava disso?

— A adoração aos espíritos é uma coisa pagã e os *mondhoros* são responsáveis pelas mortes de muitas crianças.

Ele explicou que os *mondhoros* conseguiam diagnosticar um problema, mas a solução frequentemente exigia o sacrifício de um menino ou de uma menina.

— A criança é estrangulada.

— Não olhe para mim — disse eu. — Muitas pessoas no seu governo, inclusive o seu presidente, acreditam que os *mondhoros* precisam ser consultados.

— Eles estão errados — disse ele. — Se você crê em Deus Todo-Poderoso, você será salvo.

— Se Deus Todo-Poderoso fosse um pato imenso, capaz de emitir um grasnido eterno, todos nasceríamos palmípedes, cada um de nós infalível como o papa. E nunca precisaríamos aprender a nadar — disse eu, citando o pai de Henry James um tanto erradamente.

Mas funcionou. Washington percebeu que estava perdendo tempo comigo. Voltou então às suas orações, enquanto eu escrevia mais um pedaço da minha história. Depois, olhei pela janela e avistei elevações regulares, como templos desmoronados, no topo de pequenas colinas arredondadas; as pedras eram como pilares esfacelados e lembravam os rochedos monumentais das planícies próximas a Mwanza, às margens do lago, na distante Tanzânia. Mas lembravam, mais ainda, as imponentes muralhas do Grande Zimbábue, que ficava depois da próxima colina, perto da cidade de Masvingo.

Quando chegamos a Masvingo, pensei em desembarcar e visitar as ruínas. Mas era contra o meu temperamento fazer turismo. Além disso, Washington descera aqui, o que era motivo suficiente para que eu permanecesse no ônibus.

Masvingo era uma simpática cidade do interior. Pensei que poderia viver em um lugar assim e logo me lembrei que, de fato, já tinha vivido em uma pequena cidade como essa. Masvingo, anteriormente Fort Victoria, era o local onde fora erguido o primeiro forte dos brancos. O nome tinha mudado, mas a cidade não, pois lá estavam o Hotel Victoria, a loja de tecidos, a loja de roupas Zubair for Flair, pertencente a indianos, a loja de bebidas e a loja de ferragens.

A rua, como todas as ruas principais do Zimbábue, era larga o bastante para permitir que um carro de bois fizesse uma volta.

A parada em Masvingo, já prevista, acabou se transformando em atraso, mas eu não me importava com isso. Havia todo o tipo de passageiros no ônibus: famílias de brancos, famílias de negros, mulheres indianas em grupo, seis garotas brancas de uniforme — integrantes do time de futebol feminino da escola —, africanos de terno e gravata, africanos vestidos como eu. O veículo se parecia com um Greyhound Bus,[1] e os passageiros eram como as pessoas que veríamos em um Greyhound de longa distância: os preocupados, os marginalizados, os esquisitos, os perfumados. Apesar disso, eu me sentia em outro planeta, um planeta que tinha uma semelhança marcante com a terra, mas que era, na realidade, uma estrela negra.

Passamos boa parte da tarde em Masvingo. Fui dar uma volta na rua principal, intrigado porque estava vazia, mas me lembrei de que era domingo. Depois, partimos novamente, por entre as colinas verdes e tranquilas de Matabeleland. Ao escurecer, chegamos a Beitbridge, onde mais uma fronteira era demarcada por um rio: o Limpopo, na divisa com a África do Sul.

Na noite escura — após as filas lentas, após a burocracia com passaportes e interrogatórios —, a viagem se tornou alucinante. Uma alta cerca de aço, encimada por arame farpado, erguia-se no outro lado do Limpopo. As luzes brilhantes que a iluminavam, davam-lhe o aspecto de um forte ou de uma penitenciária, onde entramos por uma ponte fortificada. Nenhuma outra fronteira africana era tão ameaçadora ou eficiente. Exceto pelas luzes ofuscantes, parecia uma prisão lúgubre e escura, com sentinelas e barreiras em um pequeno trecho de estrada. Na última barreira, um soldado branco, portando um rifle automático, entrou no ônibus e reexaminou todos os carimbos de entrada dos passaportes — polidamente, mas com um olhar estranho e nervoso.

Na cidade de Messina, uma jovem africana embarcou e se sentou ao meu lado, derrubando o caderno que estava em meu joelho.

— O que você está escrevendo?

— Só uma carta — disse eu. Mas era minha história erótica. — Falta muito para Jo'burg?[2]

---

[1] Greyhound Bus é uma companhia de ônibus que interliga muitas cidades dos Estados Unidos. (N. do T.)

[2] Abreviatura, em inglês, de Joanesburgo. (N. do T.)

— Doze horas — disse ela. — Mas para mim falta mais. Estou indo para Maseru.

Ela era do Lesoto. Chamava-se Thulo e fazia parte da tribo suthu. Disse:

— Meu país não produz nada. Nada. Nada.

Depois dormiu, por pouco tempo. Quando acordou, conversamos um pouco sobre o Lesoto, sobre como, às vezes, nevava por lá.

— Eu quero sair do Lesoto, sair da África do Sul — disse ela. — Não emigrar, apenas ir embora. Entende? Só sair do Terceiro Mundo, por uns tempos.

Lampejos indicavam povoações — nenhum outro lugar que eu vira na minha viagem era tão bem iluminado, à noite, quanto esse início de África do Sul. Nenhum outro país fora tão eletrificado. A luz era incômoda e perturbadora, pois ensejava brilhantes vislumbres de uma prosperidade não totalmente verdadeira: altas torres de alta tensão, casas grandes, lojas de carros usados exibindo veículos reluzentes, a ordem sinistra da urbanização, mais luzes, mais cercas, janelas iluminadas. Tanta luz elétrica era arrepiante, depois da escuridão a que meus olhos haviam se acostumado, pois a luminosidade provocava uma sensação distorcida de grandeza. E, na verdade, não havia muita modernidade aqui, pois o norte do Transval — com as cidades-mercado de Louis Trichardt, Bandelierkop e as colinas de Soutpansberg — era uma região agrícola, esparsamente povoada.

Por volta de meia-noite, em uma longa parada na cidade de Pietersburg, resolvi descer do ônibus e dar uma volta. O ar estava frio. Ainda havia gente nas ruas, mulheres vendendo bananas e laranjas, como suas congêneres no Malaui. Mas as daqui vendiam seus produtos em frente a uma grande loja de conveniência, ainda de portas abertas, que cheirava a tortas de carne, sabão e desinfetante. As pessoas da cidade estavam embrulhadas em todos os tipos de suéteres, xales, leggings, aventais e turbantes — que iam despindo à medida que o dia esquentava. Engordadas por todos aqueles agasalhos, pareciam criaturas de sonho, perambulando por uma rua larga, iluminada e vazia.

Caí no sono enquanto atravessávamos o trecho entre Springbok Flats e centenas de quilômetros de lugares com nomes africâneres: Potgietersrus, Vanalphensvlei, Naboomspruit, Warmbad e Nylstroom. Este último, cujo prefixo significa "Nilo", foi assim denominado pelos bôeres que, guiados pela Bíblia Sagrada, lá chegaram na década de 1840. O rio que encontraram, o Mokalakwena, corria na direção norte, o que só poderia significar uma coisa para eles: tinha que ser o Nilo, fluindo para o coração da África e para o Egito. Daí o nome que lhes pareceu lógico para a cidade que fundaram às suas margens: "Corrente do Nilo".

De vez em quando eu acordava e via, com olhos sonolentos, letreiros brilhantes à beira da estrada: Day's Inn, IBM, Xerox, DHL. Depois de tantos meses na savana, o simples aspecto desses letreiros me assustava, pois as coisas mais assustadoras em um sonho são as mais familiares.

As luzes acordaram Thulo. Ela disse:

— Acabei de sonhar que vou me casar com alguém das Filipinas. Acho que vou mesmo.

Mas ela tinha um namorado. Ele estava no Zimbábue.

— Ele quer ser *personal trainer*.

Ela tinha uma filha de 7 anos.

— Ela está vivendo com a minha mãe.

Cochilei, acordei. Luzes brilharam ao lado da estrada.

— Pretória — disse Thulo. — Dizem que os indianos nunca dormem. Eles ficam acordados, fazendo negócios dia e noite. Por isso é que eles são ricos.

Depois de eu ter cochilado e acordado de novo, Thulo disse:

— É legal. Mas eu quero sair do Terceiro Mundo.

Ela dizia isso como se fosse uma viagem de foguete para outro planeta.

Por volta de quatro e meia da manhã, depois de uma noite de imagens brilhantes e sonhos estranhos, como uma viagem psicodélica provocada por ácido ou ayahuasca, chegamos aos arredores de Joanesburgo. A pista era de um negro resplandecente e nosso veículo estava sozinho na estrada vazia, como que fazendo uma entrada triunfal em uma cidade de pesadelo, o ônibus zimbabuano lotado acelerando sob luzes ofuscantes. O motorista, mais uma vez, agradeceu a Deus por nos ter trazido em segurança.

— Jo'burg é tão perigosa — disse Thulo.

Passamos por um túnel, um estacionamento, uma garagem coberta, e chegamos a uma rodoviária vazia e iluminada. Todos no ônibus pareciam alarmados, as feições acinzentadas e preocupadas, recolhendo suas bagagens e descendo para a fria plataforma da estação. Não permaneceram lá; antes que eu pudesse me despedir de Thulo, ela já tinha ido embora. Havia luzes na estação, escuridão no lado de fora e nenhum táxi. Após quase vinte horas sentado em um ônibus, eu me sentia doente de cansaço. Pensando que, nessa cidade de má reputação, teria melhores chances durante o dia, sentei-me em um banco, mantendo minha sacola entre os joelhos, e cochilei até o sol se levantar.

Para matar mais algum tempo na Park Station, comprei o *Star*, um dos jornais diários de Joanesburgo. Foi uma das piores coisas que poderia ter feito, na condição de forasteiro, talvez a mais perturbadora. A primeira página estava repleta de histórias políticas sórdidas e uma longa matéria era dedicada à prostituição em Joanesburgo, um dos setores em crescimento na combalida economia do país. A reportagem era surpreendentemente otimista, com as mulheres falando de forma positiva sobre sua profissão. "Nesse trabalho, eu nunca vou ser demitida" e "Não vou precisar de curriculum vitae, nem de educação formal" e "A gente pode beber no trabalho" e "A gente trabalha quando quer".

Como que em apoio à escolha dessa carreira, metade de uma página dos classificados do *Star* era ocupada por anúncios explícitos de prostitutas, acompanhantes, bordéis, promessas de *ménage à trois*, masoquismo, sadismo, gays, negras, gregas, malaias, indianas, chinesas, "zulus", brancas, "europeias" e colunas intituladas "Estudantes Taradas" ou "Donas de Casa Entediadas". Presumi que o atendimento de tantas preferências sexuais fosse um símbolo de urbanização bem-sucedida, senão de civilização. Aliás, esses classificados sensuais também representavam a epítome do multirracialismo.

Mas as páginas internas — fato mais preocupante — eram todas dedicadas a histórias de crimes. Na pior delas, quatro indivíduos amarrados e vendados, dois homens e duas mulheres, foram encontrados mortos a tiros, "aparentemente executados", em uma van na periferia de Joanesburgo. Não havia pistas, nem identidades, nenhum indício. "O motivo parece ter sido o roubo." Em outra história, "mais uma testemunha" de um julgamento a ser realizado tinha sido encontrada morta — oito testemunhas executadas até o momento. Não sobrara mais ninguém para testemunhar. Havia também diversos casos de vingança racial, violência no trânsito, roubos de automóveis, invasões de fazendas, envenenamentos, criancinhas deliberadamente queimadas. E ainda um número assustador de roubos, mutilações e assaltos, agravados por violência gratuita. Na história mais estranha, um homem fora assaltado, tivera um olho arrancado, a garganta cortada e o pênis decepado. "A polícia suspeita que seus órgãos genitais — ainda desaparecidos — serão utilizados como *muti* (remédio) por algum *inganga* (curandeiro)."

O jornal da manhã, especialmente o relato da doação de órgãos forçada, fez-me pensar duas vezes antes de sair da Park Station. O que eu lera parecia fundamentar as estatísticas que deixam estarrecidos os visitantes que chegam ao país: há 20 mil assassinatos, por ano, na África do Sul, e 52 mil estupros notificados; quase um quarto dos estupros é contra crianças e até bebês. A mais grotesca explicação para os estupros de crianças era a odiosa crença de que ter relações sexuais com uma virgem poderia curar a aids. Até as pessoas que elogiavam o país, por ser o mais rico e bem-sucedido do continente, diziam que a África do Sul era também uma selva.

Fiquei fazendo hora, sentado na cadeira de plástico ou andando impacientemente para lá e para cá. Só me dispus a deixar a rodoviária depois que o sol já estava bem alto. Então, finalmente, senti que estava entrando na África do Sul.

19 *Os hominídeos de Joanesburgo*

— Essa gente! — berrou o taxista, assim que entrei às pressas em seu carro, por volta de sete e meia, diante da Park Station, em Joanesburgo.

A estação rodoviária ostentava um imponente friso de granito em sua fachada — elefantes, leões, árvores nativas e cenas típicas africanas. Era um pano de fundo apropriado, pois eu me sentia menor e mais desorientado aqui, nessa imensa cidade, do que no Pântano do Elefante ou nos rios ao sul do Malaui, a bordo de uma piroga, batendo com meu remo nos aguapés. A cidade era cinzenta e os únicos seres humanos que avistei estavam dormindo ao relento nas calçadas e no gramado em frente à rodoviária, como criaturas da savana.

O nome do motorista era Norman. Ele parecia ser um *khoisan* — moreno pálido, cabeça pequena, queixo minúsculo, olhos levemente amendoados. Os *khoisans* eram mais conhecidos como hotentotes, um nome descortês que lhes foi aplicado pelos africâneres que os tomaram por gagos, ao ouvirem os cliques de sua linguagem sutil (*hottentot* significa "gago" no dialeto africâner que originou a palavra).

Norman ainda estava xingando "aquela gente", as pessoas que moravam em tendas, abrigos de plástico, criativas cabanas, barracos feitos com madeira descartada — pessoas deitadas na grama, agrupadas como crocodilos, ou deitadas sozinhas, ou encostadas em postes, vagabundos, bêbados, desesperados, mal-intencionados, aparvalhados, indiferentes, perdidos —, que lotavam a entrada da estação rodoviária.

— Eles fedem, fazem bagunça, fazem cocô, brigam e não vão embora. E o governo não faz nada, então a coisa vai ficar pior. Eu detesto isso!

Ele disse que era de Soweto; estava indignado e furioso.

— Gente como você vai se afastar daqui. Nosso negócio vai sofrer!

— Quem são eles? — perguntei.

— Outras pessoas — disse ele, querendo dizer que não eram sul-africanos. — Em Yeoville e Hillbrow, existem muitos *tsotsis* — pilantras. — Congoleses e nigerianos. Por que eles vêm para Janesburgo? Eles só arrumam confusão.

Mas foi ficando mais alegre à medida que dirigia. Eu lhe perguntei por quê.

— O fim do mundo está chegando. Outro fim do mundo. A Espera acabou.

— Você acha isso.

— Eu sei.

Ele era, é claro, uma Testemunha de Jeová. Afirmava que a quantidade de crimes e a violência eram um sinal. Via claras indicações do Juízo Final por toda a África do Sul.

— Talvez você tenha razão, Norman — disse eu.

Em um sinal luminoso, um mendigo esquálido, de cabelos engordurados, estava em pé no meio da rua, segurando um cartaz que dizia: *Sem casa — Sem trabalho — Sem comida — Por favor, ajude.* As pessoas que dormiam ao relento, na rodoviária, não estavam pedindo ativamente. Portanto, o primeiro mendigo sul-africano que vi foi um homem branco, fisicamente capaz.

Meu hotel em Braamfontein não era longe da Park Station, ficava até perto, em um bairro com fama de perigoso. Mas o que significaria "perigoso" em uma cidade onde as pessoas eram assaltadas e tinham os carros roubados nos passadiços de seus condomínios cercados?

O câmbio tornava tudo barato. Depois de um banho e um café da manhã, saí para dar uma volta, sentindo-me feliz.

Eu estava feliz, principalmente por estar vivo. Antes de partir, tivera uma premonição de que iria morrer em algum tipo de acidente rodoviário ("Viajante morto em horrível desastre de ônibus"). Como isso não acontecera, poderia agora fazer planos e estabelecer um cronograma. Eu nunca soubera, precisamente, quanto tempo a viagem iria demorar. A África do Sul, no entanto, era um país com diversas ferrovias e horários confiáveis. Pensar que poderia comer bem também me animava bastante. Eu não tivera muitas boas refeições desde que deixara o Cairo, mas o café da manhã que acabara de tomar e um vislumbre do menu para o jantar me encheram de esperanças. Além disso, ao chegar à África do Sul, comecei a analisar minha viagem: pareceu-me que o safári valera a pena. Eu merecia um piquenique.

Finalmente, eu estava feliz porque meu aniversário seria no dia seguinte. Eu considerava meu aniversário como um feriado nacional, um dia para ser dedicado ao prazer e à reflexão, um dia em que não trabalharia. E como eu estava entre pessoas que não sabiam a data do meu aniversário, não haveria ninguém me forçando a festejar, ou fazendo comentários jocosos envolvendo a palavra "sexagenário".

Outra satisfação de estar na África do Sul era que muitas pessoas talentosas já tinham escrito sobre o país, entre elas Nadine Gordimer. Eu conhecia Nadine desde os anos 1970, quando ela costumava fazer visitas anuais a Nova York e Londres. Ao contrário de muitos outros escritores e ativistas sul-africanos, ela tinha resistido à ideia de se exilar. Permanecendo em Joanesburgo, onde vivera toda a vida, ela se tornou uma das testemunhas mais confiáveis da tormentosa transformação sul-africana. Pertencia a um grupo maravilhoso, o grupo dos escritores que, sendo honestos em sua arte, transcendem a nacionalidade: Borges, na Argentina, R.K. Narayan, na Índia, Jorge Amado, no Brasil, V.S. Pritchett, na Inglaterra, Shusako Endo, no Japão, Naguib Mahfuz, no Egito, e Yasar Kemal, na Turquia. Eram escritores que eu tentara encontrar, como viajante.

Meses antes, eu avisara Nadine de que iria até a África do Sul e gostaria muito de encontrá-la em Joanesburgo. Ela era uma escritora que pertencia ao mundo, mas, fiel à sua terra natal e à sua aptidão, fizera da África do Sul o seu tema principal. Mediante sua prosa, o complexo país se tornara humano e compreensível. Entre os poucos livros que conservei durante a viagem, havia um escrito por Mahfuz, a quem eu encontrara no Cairo, cujo título, aforístico, era *Ecos de uma Autobiografia*. Como amiga de Mahfuz e também laureada com o Nobel, Nadine escrevera o prefácio. Vê-la seria, além de um prazer, um modo de ligar as duas extremidades da África.

A verdade da ficção de Gordimer se tornou patente desde os primeiros dias que passei em Joanesburgo, pois seus livros estão repletos de imigrantes oriundos de vilarejos remotos em países distantes — portugueses, árabes, lituanos, russos, gregos, ingleses, indianos, judeus, hererós, suázis e *khoisans*. Joanesburgo estava cheia de imigrantes, também nômades como os primeiros hominídeos. Pouco depois que cheguei à cidade encontrei um lituano, um búlgaro, um português, um religioso senegalês e um negociante congolês. Logo aprendi que todos, na África do Sul, tinham uma história, geralmente muito boa.

Depois de alguns dias, acostumei-me com o sotaque anasalado das pessoas — ao mesmo tempo, áspero e amigável — e com a modificação das palavras. Joanesburgo era "Janesburgo" ou "Josi". Um claro sotaque escocês vinha à tona em algumas expressões. E quase todo mundo tinha tendência a usar palavras africâneres, como *dorp*, *bakkie*, *takkies*, *naartjies* e *dagga*. Mas essas palavras tinham se disseminado pela África central havia muito tempo; por ter vivido no Malaui, eu sabia que significavam "cidade", "picape", "tênis" (calçado), "tanjerinas" e "maconha". Se havia algum problema de pronúncia era que, em palavras como *dagga* ou Gauteng (nome da província onde se localiza Joanesburgo), era necessário pronunciar o "g" à moda holandesa, como um "r" forte, arrastado na garganta.

Voetsek significava "dê o fora" em todo o sul da África e era considerado rude. Termos proibidos pipocavam às vezes na conversa. *Kaffir* era o pior, *koelie* ("cule" — indiano) não ficava muito atrás, assim como *bushies* (para mestiços).

Piccanin era a palavra vulgar para crianças africanas, mas havia outras. Quando um juiz branco da Suprema Corte, talvez tentando se mostrar afetuoso, descrevia algumas crianças africanas como *klein kaffirtjies* (pequenos negrinhos), era suspenso de suas funções judiciais. O africâner era muito pitoresco, embora algumas gírias tivessem etimologias que precisavam de explicação, como *moffie* para homossexual, que era derivada de *moffskaep*, um carneiro castrado.

"Eu não chamo eles de *kaffirs*, eu chamo eles de corvos", declarou um porteiro de 72 anos, em uma história sobre racismo publicada em um jornal de Pretória. *Ek noem hulle nie kaffirs nie, ek noem hulle kraaie*, disse ele, rindo-se de sua facécia. A manchete de outra reportagem: "Romance improvável em uma cidade conservadora enfurece direitistas". Nessa história, Ethel Dorfling, uma rechonchuda mulher de 30 anos, mãe de quatro filhos, foi morar com Clyde Le Batie, um negro rechonchudo, vendedor de detergentes. Nenhum dos amigos dela lhe dirigia mais a palavra, senão para chamá-la de *kaffir boetie*, o equivalente a "amante de crioulos". Para uma esposa muito jovem ou para uma prostituta usando pesada maquilagem, havia um mesmo termo jocoso, de origem ídiche: *kugel*, um tipo de doce.

Mas os imigrantes mais recentes — e desprezados — tendiam a manter seu modo de falar.

— A África do Sul é um ótimo lugar, mas eu não gosto das pessoas — disse-me o homem do Senegal.

Esse homem alto e magro, usando um colorido boné rastafári, chamava a si mesmo de El Hadji e acreditava ter ascendência etíope.

— Olhe para meu rosto. Você nos encontra em toda a África. *Nous avons des boeufs*. Nós viajamos com nosso gado durante centenas de milhares de anos.

Ele vendia artesanato. Eu estava sempre procurando por entalhes e objetos de feitiçaria incomuns. Ele tinha alguns, mas em vez de descrevê-los, ficava resmungando sobre os sul-africanos.

— Quais são os indivíduos de que você não gosta?

— Todos eles: pretos, brancos, todos. Acho que é por causa da história deles. Eles brigam, eles se odeiam. Eles nos odeiam, nos chamam de estrangeiros. É um problema. Mas eu gosto do país. — Brandindo um amuleto, acrescentou: — E os negócios vão bem.

Ele viera no início dos anos 1990, quando Mandela, recentemente libertado da prisão, encorajou gente de todos os povos a emigrar para a África do Sul e ajudar na construção de uma nova sociedade. Essa política de portas abertas foi criticada e, depois, limitada; mas muitas pessoas que encontrei chegaram ao país quando fora instituída, dez anos antes.

Como Edward, o lituano. Magricela, agitado e de rosto redondo, seus cabelos já estavam rareando, embora só tivesse 30 e poucos anos. Costumava apertar os olhos e tinha aquela atitude antagônica, desconfiada e acabrunhada dos europeus do leste, criados em um sistema autoritário. Fora trazido para a África do Sul por seus pais, que emigraram quando ele tinha 21 anos e estudava engenharia civil em Vilnius.

— Mas eu não gostava de engenharia. Estava cheio.

Seus pais odiavam trabalhar por uma ninharia, odiavam ter que esperar para comprar os objetos mais simples, odiavam o confinamento e a penúria acarretados pela partida dos soviéticos. Ouvi Edward com atenção, mas ele não falou nada que sugerisse patriotismo lituano.

— Na Lituânia, ninguém tem nada. Você espera vinte anos por um carro. A vida na Lituânia é horrível. Eu vou lá uma vez por ano para visitar amigos. Eles não fazem nada. Só compram e vendem. Que tipo de negócio é esse? Aqui tudo é simples.

Eu disse:

— Mas aqui é a África. É longe da Lituânia. Você poderia ter ido para a Grã-Bretanha.

— O clima é péssimo lá.

Sempre atentos ao clima, os lituanos torceram o nariz para a qualidade de vida na Grã-Bretanha e desembarcaram em Joanesburgo.

— Meu pai é judeu, minha mãe é lituana — disse Edward. — Eu não quero ir para Israel, com todos aqueles problemas. Mas, mesmo se eu quisesse ir, eles não iam me querer. Em Israel, eu sou lituano. Em todos os outros lugares, eu sou judeu. O judaísmo vem da mãe. Ah! Minha mãe não é judia!

Eu ainda não entendia por que ele escolhera a África do Sul. Ele explicou que obter um visto para os Estados Unidos demorava dez anos, mas que tinha sido muito fácil conseguir vistos e permissão de trabalho para a África do Sul.

— Aqui, se você trabalha, você ganha dinheiro. Pode comprar coisas. Eu quero ter coisas.

— Como por exemplo?

— Roupas. Um carro. Um aparelho de som.

A África do Sul — que para muita gente é um lugar ermo, com animais selvagens, desertos e nacionalistas africanos — representava para Edward, o lituano, um mundo moderno, onde os bens materiais eram acessíveis. Enquanto outros vinham ao país para ver gnus, ele viera para comprar um aparelho de som. Um hominídeo à procura de objetos brilhantes.

— Eu faço *day trade* na bolsa de valores durante o dia. Dirijo um táxi à noite. Tudo bem, o mercado está em queda no momento, mas durante três anos nós ganhamos dinheiro. O pessoal da Nasdaq que está reclamando deveria calar a boca, eles ganharam muito dinheiro.

Edward, que era solteiro, não tinha amigos africanos, não falava africâner, nem nenhuma língua africana. Existem 11 idiomas oficiais na África do Sul.

O búlgaro que encontrei em Joanesburgo — Dave, o eletricista — estava na casa dos 30 anos. Era pequeno e pálido. Tinha o mesmo ar desconfiado de Edward e uma história semelhante. Deixara Sófia em 1991 e trabalhava em dois empregos. O principal deles era o conserto e o recondicionamento de aparelhos elétricos. Falava somente inglês e búlgaro, nunca saíra de Joanesburgo e não conhecia bem nenhum africano. Seus dois filhos frequentavam uma escola particular, onde havia poucos estudantes africanos. Ele dizia isso com satisfação.

— As mensalidades altas afastam os negros.

Como Edward, ele gostava do clima sul-africano, mas não estava feliz com a situação econômica.

— As coisas vão piorar aqui — disse Dave. — Eu devo ter 100 mil dólares americanos, meu apartamento, meu carro e minhas coisas. Quando o rand chegar a dez por dólar, eu vou embora. Não sei para onde. Não para o Canadá, não gosto do clima. Talvez para os Estados Unidos, se eu puder viver na Califórnia.

Ele não tinha nenhum conhecimento da história sul-africana, nem mesmo dos acontecimentos mais recentes. Quando falei sobre o assunto, sacudiu a cabeça, como se não acreditasse. Quando mencionei que os mais combativos e bem-sucedidos ativistas políticos sul-africanos tinham sido os comunistas, ele se encolerizou.

— Ah! Eles devem ser débeis mentais! Se você vive em um país democrático e é comunista, deve haver alguma coisa errada com sua cabeça. Você deve estar maluco.

Eu disse:

— Mas aqui não era um país democrático antes de 1994, que foi quando houve a primeira eleição livre.

— Aqui era bom antes, todo mundo diz isso.

Essa cínica visão, de que o *apartheid* era preferível a uma sociedade multirracial, ainda era defendida por alguns céticos, até mesmo por africanos. Mas de modo geral era a visão de minorias — os bôeres, os *khoisans*, os mestiços conhecidos como *coloreds*, ou os imigrantes dos países vizinhos.

Solly, um suthu do Lesoto, disse:

— Meus pais chegaram aqui vindos de Maseru. Meu pai veio trabalhar em fazendas. Às vezes tinha trabalho, às vezes não. Ia de fazenda em fazenda. Não era uma vida fácil, mas era melhor do que agora.

Perguntei:

— A vida de um trabalhador rural itinerante, durante o *apartheid*, era melhor do que a de um trabalhador com um emprego seguro na África do Sul livre?

— Era melhor — disse Solly, com uma entonação de não-discuta-comigo. — Há muito crime agora. Eu vejo isso todo dia. Eu gostaria de ir embora, mas para onde? O governo branco era melhor.

— Em que sentido?

— Não tinha tanto crime. Nem tanto lixo — disse Solly. — Eu não estou dizendo isso porque você tem um rosto branco. É verdade. O governo branco era melhor. Agora eu não sei o que fazer.

Conversando com pessoas, ao acaso, eu sempre me deparava com estrangeiros emigrados, pessoas que olhavam Joanesburgo com um misto de desgosto e assombro. Quase todos tinham vindo para ganhar dinheiro. Agora que o trabalho estava ficando difícil, pensavam seriamente se deveriam ficar. Os sul-africanos brancos também achavam que viviam em um país estrangeiro. Para muitos brancos, a África do Sul negra era uma terra onde haviam acabado de se estabelecer e com a qual ainda teriam que se habituar.

— Nós somos prisioneiros econômicos — disse-me um branco. Ele tinha um pequeno negócio. — Nós não temos como viver em outro lugar.

Mas, quando o pressionei, ele admitiu que, realmente, não queria ir para outro lugar. Estava chocado, disse, com o pouco que o governo branco fizera para educar os africanos ao longo de décadas. Como todo mundo, achava que a criminalidade era o pior problema da África do Sul. E que a polícia era parte do problema.

— Durante a época do *apartheid*, a polícia era terrível — disse ele. — Eles prendiam as pessoas sem nenhum motivo, por estarem em uma área branca, por não ter carteira de identidade. Eles matavam e torturavam pessoas, eram injustos. Ninguém respeitava eles. Agora todo esse passado voltou, só que ao contrário.

Um dos meus taxistas era um português, que tinha saído de Portugal e ido para a Espanha nos anos 1960. Saíra da Espanha e fora para Moçambique nos anos 1970. E viera de Moçambique para a África do Sul nos anos 1980. Agora não tinha mais para onde ir.

— Por causa da Comunidade Europeia, Portugal está cheio de estrangeiros.

Ele disse que a África do Sul tinha se tornado um lugar sinistro. Eu disse:

— Mas aqui não é um país do Terceiro Mundo.

— Ainda não — disse ele. E piscou para mim pelo espelho retrovisor.

Estávamos passando por uma rua ladeada de árvores, em uma bela parte de Joanesburgo conhecida como Parktown West. Os muros dos jardins, altos e caiados, escondiam as sólidas moradias que cercavam. Em muitos portões, juntamente com o número da casa, havia o nome de uma empresa de segurança, com a advertência: *Resposta Armada*. Era como se fosse Bel-Air ou Malibu.

— Mas se você viver nesta rua, você não vai ter problemas — disse o taxista.

Isso era uma suposição, pois Nadine Gordimer vivia aqui e tinha passado por muitas atribulações em seus 77 anos de África do Sul. Ela era uma joanesburguense da gema, tendo nascido em Springs, uma cidade de mineração a apenas 40 quilômetros de sua linda casa em Parktown. Tinha ascendência letã, por parte de pai, que deixara Riga, com apenas 13 anos, e viera para a África do Sul em uma das primeiras levas de imigrantes — sozinho — para escapar aos pogroms tzaristas. O garoto, que viria a ser o pai dela, viajara para encontrar o irmão. Não tinha nenhuma formação profissional. Tornou-se relojoeiro e ia de cidade em cidade, no Transval, consertando relógios de pulso. Depois, passou a vender relógios e, mais tarde, bijuterias, quinquilharias, anéis de casamento e joias, na cidade de Springs. Nadine escrevera sobre o pai em "Meu pai sai de casa", um conto de *Jump* (O pulo).

Eu gostara de seu estilo desde a primeira leitura, mas a descobrira apenas na década de 1960, embora ela escrevesse desde os anos 1940. Começara a escrever com a idade de 15 anos. Aos 24, *The New Yorker* passou a publicar seus contos. O primeiro deles, "A sentinela dos mortos" é uma história bem observada sobre o conflito entre o amor de uma filha e as exigências de um ritual, no caso um funeral judeu em Joanesburgo.

Bastante cedo, em sua carreira, Nadine demarcou seu território emocional: as apaixonadas relações entre homens e mulheres. E sua geografia: a África do Sul, Moçambique e a Rodésia dos colonos brancos, bem como o território proibido das aldeias e cidades africanas. Ela nunca deixou de ser política, em um sentido amplo. Em sua primeira coletânea de contos, *The Soft Voice of the Serpent* (A voz suave da serpente — 1952), essas características já estavam representadas. Os amantes viajando para Lourenço Marques, em "O fim do túnel"; o casal destoante em "O trem da Rodésia"; a mulher em "Os derrotados", que começa assim sua história: "Minha mãe não queria que eu chegasse perto das lojas da Concessão, pois elas fediam, eram sujas e os nativos cuspiam na terra os germes da tuberculose. Ela dizia que lá não era lugar para garotinhas." Nessa última história, a garotinha vai até uma loja africana e descobre a vitalidade e a tristeza.

Assim, desde o início — e a vida era perversamente dividida nos primeiros anos do *apartheid* —, Nadine escreveu sobre as relações raciais; seus personagens negros são tão cuidadosamente delineados quanto os brancos. Um dos traços distintivos de sua prosa foi sempre sua intensa carnalidade, os prazeres do sexo, da comida, da luz do sol — ou o oposto disso, a frustração, a fome e o mau tempo.

Era curioso pensar que eu nunca estivera em Joanesburgo, pois a cidade parecia bastante familiar. Havia uma razão. Os elementos presentes na obra de Nadine — as vozes, os rostos, os cheiros, o sotaque das pessoas, a incongruente combinação entre luz solar e conflitos, a cor local — faziam Joanesburgo parecer uma cidade para onde eu estava retornando. Era o mesmo efeito que os trabalhos de Mahfuz tiveram sobre mim, no Egito. Para um escritor, não há realização maior do que essa, a recriação bem-sucedida, na prosa, da textura e das emoções de um lugar real, transformando a leitura de uma obra em uma viagem, com muitos dos prazeres de uma visita. Como seria bom, pensei, se alguém que lesse a narrativa da minha viagem africana sentisse a mesma coisa, que aquilo era quase tão bom quanto estar no local, ou até melhor — pois ler sobre levar tiros, ser envenenado ou insultado é, geralmente, menos desagradável do que a realidade.

Nos jardins de Nadine erguiam-se pés de jacarandá em flor, em cujos troncos se enroscavam trepadeiras de folhas largas. Buganvílias e roseiras apoiavam-se nos muros, enquanto violetas aveludadas e prímulas esponjosas atapetavam os canteiros. Os trabalhos de Nadine estavam também repletos de observações sobre a flora.

Eu tinha ligado no dia anterior e a convidara para jantar. Ela escolheria o restaurante. Minha ideia era desfrutar de uma refeição agradável com uma boa amiga — uma comemoração secreta do meu aniversário. Fui até o portão de ferro do passadiço, onde um grande cachorro marrom ficou latindo para mim, até que uma mulher africana, à porta da cozinha, gritou para que ele parasse. Um africano de camisa branca e calças azuis veio abrir o portão. Por alguma razão, agradeci-lhe em *chichewa*, língua que era amplamente falada no sul da África, por causa dos malauianos que lá perambulavam em busca de trabalho.

— *Zikomo, bambo* — obrigado, pai.

Conversamos um pouco e perguntei qual era o seu nome.

Chamava-se Albino. Era de Moçambique.

A casa era muito limpa, despojada e bastante escura. Enquanto eu ia de um cômodo para outro, passando pela cozinha, onde estavam velhos criados (velhas sentadas, velhos em pé), e por corredores estreitos, pude discernir máscaras africanas, cestos escuros e uma chapeleira repleta de chapéus de abas largas.

Como se estivesse em um palco, fui introduzido em uma sala de estar, bem iluminada, com lindas pinturas e fotos de família penduradas nas paredes. Nadine estava lá, de pé, muito ereta, bastante pequena, olhos penetrantes. Beijou-me e me deu as boas-vindas com o primeiro abraço para valer — ela era forte para a idade — que recebi desde que saíra de casa.

— Aquilo me parece familiar — disse eu, enquanto nos beijávamos, pois vira atrás dela, acima da lareira, um quadro emoldurado, com três figuras desenhadas nitidamente, cabeças e ombros. Era possível perceber que fora pintado por Daumier, do mesmo modo que se sabe que um determinado parágrafo foi escrito por Gordimer.

Procurando um lugar para sentar, vi outro quadro, em cores brilhantes, uma litografia de Napoleão flanqueado por um lanceiro e um xeque árabe.

— Toulouse-Lautrec — disse Nadine. — Napoleão não é bonito? Sempre achei que ele se parece com Marlon Brando.

Foi quando eu vi a outra pessoa na sala — imóvel, sentado com um cobertor sobre os joelhos, tão quieto que eu não o percebera. Estava ligado, de algum modo, a uma máquina respiradora. Tubos entravam pelo seu nariz e ele estava sorrindo. Aparentemente estivera sorrindo o tempo todo, com a visita daquele grande americano malvestido, que ficara admirando seus quadros. Era Reinhold Cassirer, radiante, gentil e claramente frágil. Estava com 93 anos e doente, mas totalmente alerta e com boa cor. Embora estivesse em uma cadeira de rodas, pude notar que ele era alto.

— Ele veio do Cairo. De ônibus! — disse Nadine, em voz cristalina, para o marido.

Reinhold sorriu para mim, levantou uma das mãos, como saudação, e murmurou:

— Bom, bom, bom.

Ele tinha um belo sorriso, o tipo de sorriso que indicava grande generosidade e capacidade para o prazer. Estava sentado no meio da sala, parecendo gostar do calor, da luz, da conversa. Detestava o confinamento de seu quarto de doente e os cuidados da enfermeira. O que mais gostava, Nadine contou-me mais tarde, era o que ele sempre gostara, um uísque antes do jantar, ao final de um dia de trabalho.

Um jovem africano apareceu — Raks Seakhoa, poeta e antigo prisioneiro político. Eu disse:

— Eu gostaria de ouvir sobre a prisão. Venho encontrando ex-prisioneiros durante todo o caminho.

— Paul veio do Cairo. De ônibus!

— Com prazer, posso lhe falar sobre isso. Eu cumpri uma pena de cinco anos em Robben Island.

— Com Mandela?

— Sim. Nós trocávamos anotações, em segredo, sobre assuntos filosóficos.

Nadine disse, de repente:

— Não é o seu aniversário?

Tentei não parecer decepcionado. Disse:

— Como você soube?

— Alguém viu na internet.

— Ah, meu Deus. O mundo da informação inútil.

Raks Seakhoa disse:

— É o meu aniversário também.

A descoberta do meu segredo me pareceu, então, menos embaraçosa, pois quem compartilha nossa data de aniversário compartilha certa afinidade e algumas características. Raks estava completando 43 anos. Parecia mais velho — mais um prisioneiro político, cujo período na cadeia acrescentara anos à sua vida e o tornara descarnado, de cabelos grisalhos. Eu gostava de pensar que nós dois, ambos arianos, éramos como irmãos, mas ele sofrera muito na vida, enquanto a minha fora um piquenique.

Outra pessoa chegou, abraçou Reinhold, abraçou Nadine, abraçou Raks e me foi apresentada como Maureen Isaacson, editora de literatura do *Sunday Independent*, de Joanesburgo.

— Feliz aniversário — disse ela.

— Ele veio do Cairo. De ônibus!

Fomos até o restaurante em dois carros — eu com Maureen e Nadine com Raks. Maureen trancou cuidadosamente todas as portas, antes de partirmos, e disse:

— Já sofri tentativas de assalto. Mas me recuso a ficar intimidada pela violência. Fico vigilante.

— O que aconteceu?

— Pessoas entraram no meu carro, na ponte Queen Elizabeth. Um camarada bateu na janela e me distraiu, enquanto outro mexia na porta traseira. Logo eu fui rodeada por aqueles homens, seis a oito deles.

— Meu Deus. O que você fez?

Eu gritei com eles.

— Saiam daqui, porra! — disse Maureen, soando feroz. E acrescentou calmamente: — Agora eu tranco tudo.

O restaurante — adorável, mobiliado com antiguidades, bem grande — estava quase vazio, uma consequência da criminalidade no centro da cidade depois que escurecia, com assaltos e roubos de automóveis. De trinta mesas, talvez, apenas uma estava ocupada. Os proprietários receberam Nadine calorosamente. Ela se solidarizou com eles, falando sobre a criminalidade que mantinha o restaurante vazio. Então me apresentou:

— Paul veio de ônibus. Do Cairo!

Durante o jantar, Nadine disse que estava cansada por ter passado o dia conferindo as provas de seu novo romance, *The Pick-Up* (A caminhonete).

— Os revisores americanos muitas vezes tentam corrigir meu inglês — disse Nadine. — Eles seguem as regras. Eu não. Eu gosto das minhas frases.

Eu mencionei que estava encontrando joanesburguenses com histórias incríveis para contar. Ela disse que isso era uma característica dos sul-africanos, de modo geral, cujas vidas eram cheias de incidentes. Minha alusão aos imigrantes recentes despertou-lhe memórias de seu pai, de sua chegada aqui com 13 anos de idade.

— Imagine meu pai — disse ela, e sua voz ficou mais baixa.

Sua mãe era inglesa, de uma família judia estabelecida havia muito tempo em Londres. Nadine sorriu com a memória de sua mãe, uma pianista, torcendo o nariz para as origens de seu pai; e fez uma imitação de seu tom chocado:

— Eles dormiam em volta do fogo.

Há uma impiedosa descrição de seus pais em "Meu pai sai de casa":

Nas altercações entre marido e mulher, ela os via [os parentes dele] como ignorantes e sujos, devia ter lido alguma coisa, em algum lugar, que usava como insulto: "Vocês dormiam como animais em volta do fogo, fedendo a alho, vocês tomavam banho uma vez por semana." Os filhos sabiam o que era não tomar banho. Provocado até ficar furioso, ele se sentia parte da categoria mais baixa do país. "Você me trata como se eu fosse um *kaffir*."

— Soa como se fosse a sra. Morel, em *Filhos e Amantes*.[1]

— Sim. Essa era a minha mãe. A sra. Morel.

— Mas acho que eu não aguentaria reler o romance. O que você relê?

— Tudo. O tempo todo. Estou querendo reler Dostoiévski.

Perguntei:

— O que eu deveria ler para entender melhor a África do Sul?

— Há tantos bons escritores sul-africanos — disse Nadine. E encorajou Raks e Maureen a fazerem uma lista para mim.

Esta incluía *The Peasant's Revolt* (A revolta dos camponeses), de Govan Mbeki, *Bandiet*, de Hugh Lewin, *Ways of Dying* (Modos de morrer), de Zakes Mda, *Soft Vengeance* (Suave vingança), de Albie Sachs, e poemas de Don Mattera e Jeremy Cronin.

— E Raks também. Eu gostaria que ele escrevesse mais — disse Maureen.

Mas Raks recebeu um telefonema em seu celular e, enquanto Nadine suspirava de desgosto com a interrupção, deixou a mesa para atendê-lo.

— Estou feliz por ter lido seu livro sobre Naipaul — disse Nadine. — As críticas me desencorajaram. São sobre você, não sobre ele, e foram muito duras com você. É um livro tão bom. Eu fiquei feliz por você no final. "Ele está livre", eu pensei.

— Naipaul está sempre de cara triste — disse Maureen. — Mas *Uma casa para o sr. Biswas* não é maravilhoso?

— Vidia detesta quando as pessoas só mencionam esse livro.

Nadine disse:

— O livro meu que todo mundo sempre menciona é *July's People* (O povo de July).

— Patrick White reclamava que todo mundo elogiava *Voss*, que é um ótimo livro.

Nadine concordou e disse que, de White, admirava também *A Fringe of Leaves* (Uma tanga de folhas).

— Eu quero reler esse livro.

Seus generosos elogios aos colegas contemporâneos não eram, de modo geral, uma característica dos escritores.

Eu disse:

— Você ficaria muito aborrecida se eu lhe fizesse perguntas sobre *July's People*?

---

[1] Romance do escritor inglês D.H. Lawrence. (N. do T.)

Ela riu e disse que a razão pela qual as pessoas gostavam tanto do livro era que este retratava seus medos secretos; terem que fugir de um cataclismo político, perderem a casa, tornarem-se foragidos em seu próprio país, achando que o mundo tinha virado de cabeça para baixo. Era o maior pesadelo dos sul-africanos brancos — serem obrigados a viver em uma aldeia simples e remota, totalmente dependentes de seus criados negros.

— Eu estava escrevendo sobre o presente — disse Nadine, referindo-se aos anos em que trabalhou no livro, entre 1976 e 1980. — Era uma época muito ruim aqui. Estava acontecendo de tudo. Eu coloquei isso no livro.

Ela disse que, ao terminar *July's People*, sentiu-se comprometida a permanecer na África do Sul.

— Sentia que tínhamos passado por tudo.

Mas houve um período em que ela pensou seriamente em deixar a África do Sul. Foi no final da década de 1960, enquanto escrevia *A Guest of Honor* (Um convidado de honra).

— Nós viajávamos. Tínhamos amigos no Zimbábue e na Zâmbia. Achei que poderia viver em um desses lugares. Eu sou africana. Isso é a África.

Ela precisava estar perto da África do Sul.

— Ou eu pensava assim — acrescentou. — Eu examinava meus amigos com atenção. Eles eram, na maioria, brancos e expatriados, tinham lealdades em outro lugar. Que vida eu levaria? Eu seria uma simpática mulher branca, interessada nos africanos, mas vivendo em um mundo de expatriados. Eu não conseguiria isso. Então parei de pensar em partir.

Eu disse:

— Você fez parte de algum partido político?

Ela sorriu com a pergunta.

— Acho que poderia ter me filiado ao Partido Liberal, mas eles eram tão fracos. E quem eles representavam? Pensei muito no Partido Comunista Sul-Africano. Mas já era tarde para mim. Eu deveria ter entrado antes. Mas tenho o maior respeito pelos comunistas daqui. Nós nunca teríamos alcançado a liberdade sem eles.

Raks retornou à mesa e falou sobre como era ouvir sobre a luta política como prisioneiro político, enquanto cumpria pena em Robben Island. As notícias do mundo exterior chegavam em sussurros e mensagens garatujadas, pois os jornais eram proibidos.

Nadine estivera ruminando. Ela disse:

— Eu não fui embora. Eu fiquei. Eu vi tudo. As pessoas que partiram, bem, você não pode culpar os africanos. A vida era terrível para eles. Mas os outros, os brancos, os escritores — ela sacudiu a cabeça. — Depois que partiram, o que eles escreveram?

Maureen disse:

— Eu lamento por todos os que partiram e perderam os acontecimentos. Todos aqueles anos. E as coisas continuaram a acontecer durante muito tempo, mesmo depois da libertação de Mandela.

— As coisas não continuam a acontecer?

— Sim, continuam. Nós podemos escrever sobre isso — disse Nadine.

Depois disso, dirigindo o carro de Nadine — ela orientando —, perguntei sobre a saúde de Reinhold. Ela disse que estava péssima, mas sentia que tivera sorte por ter tido um casamento tão feliz.

— Reini fumava muito — disse ela. — Fumar é bom. Você já fumou *dagga*?

Ela lamentava que o centro de Joanesburgo estivesse tão vazio. Conversamos sobre nossos filhos. Finalmente, ela me desejou feliz aniversário e disse:

— Tenha uma boa viagem. Com segurança.

É bom ser como o Steppenwolf, ou o Mascarado Solitário, ou Rimbaud, ou mesmo eu. Você visita um lugar, examina-o de perto e vai embora, transformando o desligamento em uma virtude. Mas uma noite como essa, após meses de viagem solitária, lembrou-me que uma refeição com amigos melhora muito o humor, e que um aniversário não precisa ser uma provação. Mas eu ficara constrangido. Um dos muitos pontos fortes de Nadine era que ela percebia tudo. Os melhores escritores são observadores escrupulosos. E como um aniversário era uma ocasião para se recapitularem as coisas, para fazer um balanço anual, eu tinha certeza de que ela notara minha remendada jaqueta ugandense, minhas calças rotas, meus sapatos gastos, minhas tatuagens, meu cabelo rareando — como eu mudara nos vinte anos em que não nos víamos. Eu não podia reclamar: era a vida. No entanto, alerta, brilhante, interessada em tudo, engajada e divertida, ela não tinha mudado nada.

No dia seguinte, Raks Seakhoa me convidou para uma audição de poemas recitados no Windybrow Theater.

— Tome um táxi.

O teatro ficava em uma das áreas mais perigosas de Joanesburgo. Eu quase não compareci, pois, ao deixar o hotel, um homem me informou que o grande acontecimento da noite seria um jogo de futebol entre os dois melhores times da África do Sul, os Chiefs contra os Pirates. Como visitante, segundo ele, eu teria a obrigação de conhecer os grandes atletas locais. Ele disse:

— Você pode comprar ingressos no estádio.

Mas, em vez disso, encontrei-me com Raks no centro comunitário, que fora um dia a mansão de um milionário de Joanesburgo (cúpula, janelas apaineladas, pórticos, lambris de madeira). Depois da leitura dos poemas, ajeitando seus óculos de lentes grossas, Raks me contou sua história. Com a idade de 18, ele fora preso em uma cidade nas cercanias de Joanesburgo e levado sob custódia. Foi acusado de sabotagem e de pertencer a uma organização ilegal. Enquanto estava sob custódia, foi espancado e torturado. Isso aconteceu no final dos anos 1970.

— Eles queriam que eu lhes falasse sobre o CNA, mas eu não sabia muito — disse Raks. — O Movimento da Consciência Negra era o que me animava.

— E a acusação de sabotagem?

— Nós tínhamos participado de várias ações — disse ele suavemente. — Mas a polícia foi cruel. Primeiro, eles nos bateram. Nenhuma pergunta, só pancada. Nós apanhamos muito mesmo. Isso durou duas ou três semanas. Nós fomos colocados em sacos e jogados no rio. Pensamos que íamos morrer afogados. Nós conhecíamos gente que tinha morrido.

— Eles não interrogaram você?

— Depois disso, sim. Mas os espancamentos continuaram. Eles queriam saber quem eram nossos amigos, os detalhes. "Quem são os comunistas?" Esse tipo de coisa.

Raks falava sem muita raiva, mas com sentimento, como se aquilo tivesse acontecido há muito tempo, em outra galáxia, bem longínqua. Estava muito bem-vestido. Usava uma jaqueta e gravata, como no jantar de aniversário, mas havia alguma coisa nele — uma sugestão de fragilidade — que era perturbadora.

— Eles pararam de bater na gente quando perceberam que nós não tínhamos nada para dizer a eles — disse Raks. — Então fomos a julgamento. Foi um julgamento rápido. A tortura não foi mencionada, nada do modo como nos trataram foi levantado. Nós fomos condenados. Eu peguei cinco anos. Naquele tempo, a gente cumpria a sentença integralmente.

— Fale-me sobre Robben Island.

Robben Island, uma ilha a quase 2 quilômetros da Cidade do Cabo, tornara-se uma atração turística popular educativa. Os visitantes eram levados até lá em barcos. Antigos prisioneiros políticos guiavam as visitas.

— Eu cumpri toda a minha pena, de 1979 a 1984 — disse Raks. — Lá era frio, desconfortável e impossível de escapar. Como eu lhe disse, a gente via Nelson Mandela. Nós passávamos anotações a ele, que a gente garatujava em pedaços de papel e conseguia levar de um lado para outro.

Mas livros, papéis e lápis estavam proibidos e eram confiscados se fossem encontrados. Nem mesmo Mandela, o futuro presidente, era tratado com consideração — seus livros e material para escrever lhe foram tirados. Em vez de estudos, aperfeiçoamentos ou atividades intelectuais, só havia trabalho braçal.

— Nós consertávamos estradas — disse Raks, pois a ilha abrigara uma comunidade com casas, estradas, igrejas e uma colônia de leprosos. — Quase todos os dias, a gente pegava algas no oceano, três metros de algas marinhas. Isso era vendido em Taiwan e na Coreia.

Esse era um detalhe interessante: os chineses e os coreanos se deliciavam com os petiscos obtidos na Cidade do Cabo com o suor do trabalho escravo. Mas não havia recriminação contra eles, nem contra Margaret Thatcher ou Dick Cheney, que tinham declarado publicamente que Mandela era um terrorista. Nem nenhuma mágoa contra os belgas, que compravam diamantes, ou contra os israelenses que enviavam armas e alimentos para um governo racista, que matava, torturava e prendia alguns africanos e criava guetos para os outros. E só havia sorrisos para os japoneses, que foram declarados oficialmente brancos, para que pudessem comerciar com o governo supremacista branco — mas, sobretudo, para que pudessem jogar golfe nos clubes campestres exclusivos dos brancos.

Raks disse:

— Quando saí, fui deportado para Bofutatsuana.

Bofutatsuana era um bantustão — um pequeno gueto despojado, com terras estéreis e casas pobres —, uma área reservada ao Desenvolvimento Separado. Com a queda do *apartheid*, os bantustãos foram desativados e suas cercas derrubadas. Transformaram-se então em uma fonte de mão de obra e de emigrantes para as favelas nas periferias das grandes cidades.

Essa era a história de Raks. Ele não gostou de contá-la. Mas, ao ouvi-lo, percebi alguma coisa familiar em sua postura alquebrada e em seu rosto triste. Era o aspecto devastado de alguém que vira a morte de perto durante muito tempo: anos em uma cadeia. Eu vira a mesma expressão nos etíopes que haviam estado na prisão, em Adis, em meus amigos de Uganda, que sofreram a tirania de Amin, e em Wahome Mutahi, torturado com água em Nairóbi. Era um ar de abatimento, não por causa de um espírito vencido, mas sim, de um corpo fraturado e prematuramente envelhecido. Era um modo indireto de falar, uma aversão a olhar para trás. Em resumo: o espírito não fora quebrado, mas a saúde fora pulverizada.

Voltando para casa, naquela noite, percebi uma grande confusão nas ruas. O taxista estava exaltado, agitado, e seu rádio não parava de matraquear. Achei que fosse um distúrbio, algum tipo de desordem civil, pois havia o barulho de helicópteros acima e o som de sirenes de ambulâncias.

— Problemas no jogo dos Pirates — disse o motorista.

— Que tipo de problemas?

— Tumulto — disse ele.

Quinze mil torcedores tinham chegado atrasados ao jogo e ficaram entalados no túnel da entrada do estádio, onde foram esmagados. Não tinham por onde escapar, pois havia 60 mil espectadores no estádio. Quarenta e três pessoas foram mortas e centenas ficaram feridas. Com os primeiros gritos e a confusão que se seguiu, o jogo foi interrompido e, depois, suspenso.

— Alguém me disse para ir a esse jogo.

— Iria ser um grande jogo. Mas o tumulto. Ah. Foi terrível, cara.

Através de um amigo, conheci Mike Kirkinis, guia de sítios arqueológicos. Gostei dele imediatamente. Era enérgico, otimista e trabalhava duro. Não era esnobe. Disse:

— Os africanos em Jo'burg me dizem que vieram da savana. Que seus avós criaram cabras. Eu digo: "Ei, que coincidência! Meu avô criava cabras no Chipre." É verdade. É bom se lembrar de onde a gente veio.

Mike, de 40 e poucos anos, tinha um helicóptero. Organizava excursões aos sítios arqueológicos de Sterkfontein e Swartkranz, lugares repletos de ossos de humanoides, os lugares mais ricos em fósseis do mundo, os primeiros da África do Sul a serem classificados como Patrimônios da Humanidade. Combinei uma excursão com Mike para domingo de manhã.

— Vou levar minha namorada. Vamos fazer um piquenique.

Sua namorada, Sybilla, era uma veterinária alemã. Media 1,85 metro e era muito bonita. Possuía um *rottweiler*. Como veterinária, especializara-se na saúde dos elefantes. No ano anterior, estava em uma expedição no Mali, atirando dardos com tranquilizantes nos animais, para tratá-los, quando um elefante, que recebera uma dose insuficiente, levantou-se e jogou-a no chão, pisando nela, esmagando sua pélvis e suas pernas. Mike voou até Bamako, para ajudá-la. Ao longo do ano ela se recuperou. Não havia como alguém dizer que estivera perto de ser destruída por um elefante, a menos que cedesse à tentação, como eu fiz, de olhar atentamente para suas pernas. As pequenas cicatrizes e marcas de pontos não lhes diminuíam a beleza, pelo contrário: eram um lembrete da força e da coragem de Sybilla. Ela tinha cabelos longos, sedosos, e olhos azuis-acinzentados. Manobrava o helicóptero com destreza.

— Ela intimida as pessoas — disse Mike.

Eu disse:

— Não a mim. Quer dizer, se você quiser ir até o fim do mundo, ela é a companheira ideal.

Quando estávamos no alto, Mike explicou que o que víamos abaixo era a cordilheira onde se situava Joanesburgo — a Witwatersrand, cordilheira da Água Branca — claramente delineada porque, segundo ele, um asteroide atingira o planeta bem no local, há alguns bilhões de anos, e remanejara a paisagem, deslocando o mar interior e empurrando para dentro o recife rico em ouro, a grande língua de rocha junto à superfície. O ouro, descoberto em 1886, era a razão de ser de Joanesburgo (diamantes foram encontrados em Kimberley, cerca de vinte anos antes). Voar de helicóptero era um prazer culposo, pois, embora eu não gostasse de viagens aéreas, adorei voar sobre os subúrbios de Joanesburgo, olhando as mansões, as áreas brancas e as áreas negras. De cima, eu avistava os condomínios cercados, as casas imponentes com piscinas e estrebarias, as favelas adjacentes, as áreas ocupadas de forma ilegal, os bosques, as nuvens. Tudo era visível. Voar com Mike era também uma lição de linguística: o *vlei* (pântano), os *kloofs* (ravinas), os *kopjies* (pequenas colinas), as trilhas estreitas, conhecidas como *spoors*, que atravessavam os *velds* (estepes do sul da África), uma grande *wildtuin* (reserva de animais), a *snelweg* (rodovia) e a *vrymaak* (autoestrada); além dos detritos das minas de ouro, que possuíam nomes diferenciados e formavam grandes depósitos de cascalho e lama.

Aterrissamos em Swartkrans, onde não havia ônibus de turistas, ao contrário de Sterkfontein.

— Os ossos mais antigos da terra foram encontrados aqui — disse Mike, conduzindo-nos por uma passagem estreita através do sistema de cavernas. Ossos brancos, como fragmentos de pederneira ou calcário, projetavam-se das paredes. Observando de perto, pude distinguir, facilmente, alguns molares, vértebras, longos ossos ocos, garras, caninos e óbvios pedaços de crânios. Toda a superfície vertical estava coberta com fragmentos de ossos quebrados.

No fundo da caverna, Mike disse:

— Este sítio contém evidências de uso controlado do fogo por seres humanos, as mais antigas do mundo. Provavelmente, foi o ponto crucial da evolução humana, há um milhão de anos. Imagine a diferença que o fogo fez. Os humanos adquiriram a habilidade de dominar o meio ambiente e se tornaram a espécie mais destrutiva da história do planeta.

Restos de ferramentas pré-históricas foram também encontrados na caverna, assim com evidências de que os humanos que a habitavam eram presas de grandes animais. O sítio de Swartkrans era escavado desde a década de 1930, segundo Mike, e dois tipos de hominídeos primitivos coexistiam no local há quase 2 milhões de anos: o *homo erectus* e o *homo robustus*. A caverna fora ocupada de forma contínua. Durante a Guerra dos Bôeres, foi usada pelos soldados bôeres. Mais recentemente, foi o esconderijo de guerrilheiros africanos, que lutavam para derrubar o governo dos brancos.

Com Sybilla nos controles, voamos até uma ravina afastada e fizemos um piquenique ao lado de um riacho de águas frias, entre passarinhos que chilreavam, borboletas de cor ocre e gaviões vigilantes.

— Os seres humanos evoluíram aqui — disse Mike. — Bem aqui, onde estamos sentados. Encontramos instrumentos de pedra, ossos e tudo o mais. A África era perfeita para a evolução. Mas quer saber de uma coisa?

Sybilla, que estava penteando seus longos cabelos à beira do riacho, olhou para ele. Eu também desviei minha atenção dos cabelos de Sybilla e lhe dediquei toda a minha atenção.

— Provavelmente nenhum desses ossos é dos nossos ancestrais diretos.

— Eu pensei que eram Adão e Eva que moravam lá na caverna.

— O que você vai fazer amanhã? — perguntou Mike. — Você tem que conhecer um cara. Ele tem uma teoria incrível.

O homem a quem Mike me apresentou, no *sushi bar* de um shopping de luxo em Joanesburgo, era o professor Lee Berger, um americano cordial, com seus 30 e tantos anos. Era o chefe da Unidade de Explorações e Pesquisas Paleoantropológicas da Universidade de Witwatersrand. Um paleoantropólogo estuda seres humanos primitivos. O professor Berger dizia que essa ciência, que estuda os homens em um contexto mais amplo, era "um dos privilégios da condição humana". Uma profunda investigação de nossa discutida ancestralidade.

No ano 2000, ele publicou um livro, intitulado *In the Footsteps of Eve* (Nos rastros de Eva), em que apresentou os resultados de suas pesquisas. Sua teoria era que o ancestral direto da humanidade não se encontra, provavelmente, entre os fósseis desenterrados na África, ou em qualquer outro lugar. É verdade que as espécies humanoides encontradas até agora estão mais relacionadas a nós do que aos chimpanzés. Mas, apesar de extraordinariamente próximas, não têm uma conexão direta conosco. Nosso verdadeiro ancestral ainda não foi encontrado. Eu disse:

— E essas pessoas que dizem que fizeram descobertas incríveis? "O ancestral do homem". Houve um caso assim este ano.

— O "queniantropo" — disse o professor Berger. Estava sorrindo. — Imagine, nomear um novo gênero assim. E tão rapidamente, foram três semanas entre as descobertas e a aceitação.

— Então você não acredita nisso?

Ele disse:

— Os paleoantropólogos estão competindo por dinheiro e subvenções, por isso tendem a fazer declarações bombásticas a respeito de terem encontrado nossos ancestrais. Se você precisa de dinheiro para pesquisas, sair nas manchetes ajuda.

A franqueza e o ceticismo do professor Berger, sua insistência em apresentar os fósseis em seu verdadeiro contexto, seu hábito de duvidar e exigir provas haviam lhe granjeado muito admiradores e alguns inimigos. A paleoantropologia envolvia tantas interpretações e tinha tanto apelo emocional que as rivalidades eram inevitáveis. Havia muita competição entre cientistas e caçadores de fósseis. O professor Berger disse que os Leakey, que competiam dentro da própria família, não tinham encontrado Adão na garganta de Olduvai. E, segundo ele, o esqueleto de Lucy, com 3,2 milhões de anos, que eu vira em Adis Abeba, não era Eva — e sim um antropoide bípede, com um metro de altura, cujo queixo se assemelhava ao dos chimpanzés.

— Ela está em nossa árvore genealógica. Nós éramos antropoides há 2 milhões de anos. Depois nos tornamos *erectus*, adquirimos habilidades, controlamos o fogo, aprendemos a caçar, fabricamos armas. Mas o fóssil de Lucy, provavelmente, pertence a uma espécie extinta.

"Árvore genealógica" não era uma expressão que ele usasse muito. De fato, ele disse que esse conceito não representava nossa evolução. A noção de uma árvore era simples demais, por ser tão linear. O padrão de nossa ancestralidade, segundo ele, era mais parecido com uma "moita complexa".

Ao questionar as descobertas de fósseis, ele conquistou alguns defensores previsíveis, entre os quais os criacionistas, que acreditavam literalmente em Adão e Eva, no Dilúvio e em Ló se transformando em estátua de sal. Ao interpretar as palavras do professor Berger fora do contexto, os criacionistas citavam seus trabalhos como prova de que Darwin e suas heresias nada mais eram do que um golpe baixo para tirar Deus das escolas americanas.

Mas era compreensível que tão pouco se soubesse a respeito de nossos ancestrais, disse ele.

— O estudo das origens humanas só tem trinta ou quarenta anos. Antes disso, era como colecionar selos.

O professor Berger chegara à África do Sul, através do Quênia, na década de 1980. Tinha trabalhado com Richard Leakey em uma escavação no lago Turkana, no noroeste queniano. Naquela época, os fósseis da África do Sul ainda não tinham sido descobertos. Por causa do Partido Nacionalista — que chegou ao poder em 1948 — e o boicote acadêmico provocado pela política de supremacia branca, não foram feitas escavações na África do Sul durante quarenta anos. E de 1948 a 1989 não houve nenhuma descoberta, nenhum estudo de paleoantropologia. Além disso, grande parte do material fóssil descoberto anteriormente era inútil, pois não fora datado.

— Não é como na Europa, onde eles têm sítios arqueológicos em lagos. Sítios lacustres são facilmente datáveis. Aqui não houve vulcanismo. Nenhum sinal geoquímico. Ninguém sabia com exatidão o que tinha encontrado.

Em 1990, quando o professor Berger começou a procurar fósseis seriamente, só se conheciam cinco sítios com fósseis de hominídeos na África do Sul.

— Mas havia dúzias de cavernas, dúzias e mais dúzias — disse ele. — Eu comecei caminhando na savana em torno de Krugersdorp, Swartkrans era nas proximidades. Eu via uma caverna, começava a cavar e achava fósseis. Havia fósseis por todo lado. Começamos a cavar em Gladysville e, duas semanas mais tarde, encontramos fósseis de hominídeos. Em algumas cavernas encontramos hominídeos que tinham sido atacados por tigres-dentes-de-sabre, e não o contrário.

Ao falar sobre fósseis, sobre o grande significado dos fósseis, o professor Berger perdia sua circunspecção e começava a falar sobre "a incrível atração que os fósseis exercem", como eles unem as pessoas. A lição ensinada pela evolução na África não era a do tribalismo, mas a da cooperação.

— Todos os eventos cruciais no desenvolvimento do *homo sapiens* ocorreram na África — disse ele.

Em seu livro, *In the Footsteps of Eve*, ele escreveu:

> A humanidade é um produto da África. Somos o que somos hoje porque fomos moldados por nosso ambiente — e foi o ambiente africano que abrigou quase todas as grandes mudanças evolucionárias pelas quais passamos em nossa jornada para nos tornarmos humanos.

— A morfologia do rosto, como perdemos nossos grandes caninos, a própria definição de nossa humanidade — disse ele. — Nós fomos moldados pela paz e pela cooperação. Essas qualidades foram desenvolvidas aqui na África.

Éramos quatro no *sushi bar* — o professor Berger trouxera um amigo; e Mike tinha me trazido.

— Olhem para nós — disse o professor Berger. — Seria impossível conseguir que quatro estranhos, de qualquer outra espécie de mamíferos, ficassem tranquilamente na companhia uns dos outros, como nós estamos aqui. Essa é a prova de que somos uma espécie cooperativa.

Pegando um rolinho de atum, Mike disse:

— Então talvez haja esperança para o mundo?

— Nós somos, sem dúvida, uma espécie pacífica. Desenvolvemos um rosto pedomórfico, como crianças, não agressivo. Vá em frente, Paul, tente me ameaçar com o seu rosto.

Tentei fazer uma expressão feroz.

O professor Berger se curvou sobre a mesa.

— Estão vendo? Ele nem mostrou os dentes! Os mamíferos expressam ameaça mostrando os dentes, mas os humanos não. A hostilidade é simbólica; ou era até pouco tempo, em termos históricos. A ideia de extermínio em massa é bem recente.

Um evento recorrente na história, que sempre me fascinou, é o Primeiro Contato. Os exemplos mais marcantes provêm das viagens — explorações e descobertas. Imaginamos o Primeiro Contato, geralmente, como quando Colombo encontrou o primeiro aruaque e o chamou de índio. Mas vamos considerar o inverso — o aruaque encontrando um italiano pequeno e gorducho, segurando uma cópia das *Viagens*, de Marco Polo, no convés de uma caravela. Em 1778, os havaianos acreditaram que o capitão Cook fosse o deus Lono. Os astecas, em 1517, pensaram que os espanhóis fossem encarnações de Quetzalcóatl, a Serpente Emplumada, deus da Sabedoria e do Vento. Os inuítes (esquimós) se julgavam os únicos habitantes do mundo; quando viram o primeiro estranho branco, o explorador Sir William Parry, em 1821, perguntaram a ele: Você é do sol ou da lua?

Ainda recentemente, nos anos 1930, garimpeiros australianos, em busca de ouro, encontraram-se, pela primeira vez, com nativos das terras altas da Nova Guiné. Os gananciosos australianos acharam que os neoguineenses eram selvagens, enquanto os neoguineenses, tomando os australianos por espíritos de seus ancestrais em visita, ofereceram-lhes alimentos, pensando: "Eles são como pessoas que nós vemos em sonhos." Mas os australianos estavam procurando ouro e mataram os neoguineenses que não quiseram cooperar.

Conversamos sobre esses assuntos, civilizadamente, quatro estranhos discutindo os elementos de um encontro, a esperança implícita em nosso lanche amigável. O Primeiro Contato era um acontecimento marcante e recorrente para todo mundo — esbarrar em um estranho no metrô, ou no elevador, bater cotovelos com a pessoa no assento ao lado, em um avião, estar em uma fila sem conhecer ninguém, ou numa praia, na igreja, no cinema, ou em qualquer lugar aonde fôssemos. Como viajante, o Primeiro Contato era a história de minha vida e uma das razões de minha viagem, o safári que tinha me levado através do deserto sudanês, que me fizera subir em um caminhão de gado na fronteira etíope, em um vapor no lago Vitória, em uma piroga no Zambeze, que tinha me colocado à mesa com uma família em Harare e, agora, em um *sushi bar.*

— O Primeiro Contato demonstra que somos uma espécie pacífica — disse o professor Berger, resumindo tudo. — A agressão vem depois.

A África, antiga em termos humanos, era o melhor lugar para que estudássemos nossa ancestralidade, segundo ele. A humanidade se desenvolvera aqui, tinha perambulado por este lugar enorme e fecundo, com um bom clima e bons abrigos. A África tinha tudo. A Europa não muito, o que explicava por que havia humanos vivendo na África 160 mil anos antes que alguém remotamente humano existisse na Europa.

— Somos uma espécie costeira; vivemos, historicamente, com acesso ao mar — disse o professor. — Isso é especialmente verdadeiro na África. Fomos capazes de conquistar o ambiente marítimo. Quando não tínhamos animais para matar, nós nos voltávamos para o mar. Nunca há uma estação ruim se você sabe pescar.

Uma teoria que ele tinha discutido em seu livro era a de que o grande cérebro do homem primitivo poderia ser atribuído ao consumo de alimentos marinhos, ricos em proteínas, disponíveis na costa da África. Eu disse:

— Mas e as pessoas que vivem nas florestas africanas, na mata, e até nos desertos?

— As pessoas das florestas sempre foram historicamente isoladas — disse ele. — Veja os pigmeus na floresta de Ituri. Ou mesmo os árabes do deserto, os khoisans e alguns nativos americanos. As pessoas que vivem longe dos cursos de água são pessoas que ficam marginalizadas.

Ele pintara um quadro brilhante e persuasivo — nós, humanos, somos pacíficos, engenhosos, criativos e cooperativos. Mas havia um lado escuro. Não muito tempo depois desse almoço, um psicólogo de Joanesburgo descreveu a África do Sul como "uma sociedade que saiu de um abismo".

O nome do homem era Saths Cooper, um colega de Steve Biko, assassinado em 1977. O ativismo político de Cooper lhe valera uma temporada de nove anos na prisão, mais de cinco em Robben Island. Ele agora era médico. Dirigia a Junta Profissional Estatutária de Psicologia no Conselho das Profissões de Saúde da África do Sul. Ele disse:

— Ainda não encaramos, realmente, a profunda depravação que ocorreu aqui.

Sob seu melhor aspecto, a África do Sul era uma sociedade comprometida com a justiça, lidando de forma nobre com seu passado homicida, através da Comissão da Verdade e da Reconciliação, e tentando controlar seu presente cheio de conflitos. A pena capital fora abolida, clemência e perdão faziam parte do texto de qualquer sermão e da maioria dos discursos políticos. Mas, sob outro aspecto, algo semelhante à selvageria se revelava nas estatísticas criminais: 55 assassinatos por dia e um estupro a cada 23 segundos. Isso, considerando apenas os incidentes relatados; os números verdadeiros eram mais altos. A sociedade que existia na África do Sul — provavelmente a mais aberta da África — dispunha de uma imprensa livre, quase sem censura, e produzira uma notável literatura em duas línguas. Não havia terrorismo político. Pela própria liberdade vigente, cada crime, cada transgressão e cada lapso eram examinados em detalhe.

Em nível popular, uma cultura de shoppings começara a se desenvolver na periferia das cidades, em parte como resposta à insegurança e à alta incidência de crimes nos centros das cidades. Mas, também, porque havia consumidores com dinheiro para gastar em roupas novas e restaurantes. Os subúrbios de Rosebank e Sandton eram multirraciais e geralmente seguros — e seus shopping centers eram prósperos e tranquilos.

As palavras daquele sábio paleoantropólogo, que conhecia os hominídeos, tinham me deixado confiante: *Aqui estamos nós, quatro estranhos, sentados juntos à mesma mesa. Somos pacíficos. Somos uma espécie cooperativa.* Isso era uma declaração de esperança. E o fato de ter sido feita na praça de alimentação de um shopping center limpo e seguro da África do Sul tornava a esperança ainda maior.

20 *As criaturas selvagens de Mala Mala*

O que leva a maioria das pessoas a visitar a África é a possibilidade de observar animais perigosos no conforto e na segurança de um Land-Rover, usando um chapéu ridículo e segurando um cartão de controle. Ao final do dia, os Cinco Grandes têm que estar ticados no cartão. Eu marcaria apenas um deles: o *tembo* (elefante da savana) bamboleante, que vislumbrara do trem na Tanzânia. Apesar de abominar o turismo na África e de zombar do voyeurismo — que se resumia a importunar os animais da savana —, eu pretendia tirar uma semana, do meu safári improvisado, para observar os animais selvagens que tornaram a África famosa.

Eu tinha visto poucos — hienas estalando as mandíbulas em Harar, gazelas tímidas no Quênia, algumas girafas trotando, o elefante vislumbrado das janelas do Kilimanjaro Express, os hipopótamos mosqueados no rio Chire, uma avestruz que me encarou no Zimbábue, *dikdiks* e babuínos esparsos, e pássaros por toda parte. Nenhum rinoceronte, nenhum leopardo, nenhuma manada do que quer que fosse. Eu conseguia compreender o acanhamento dos animais, pois pareciam solitários e todos estavam mais ou menos fugindo. As gazelas corriam com os joelhos levantados, como em uma corrida de obstáculos.

As criaturas mais perigosas que eu vira até o momento, na África, haviam sido os bandidos *shiftas* que atiraram no caminhão onde eu estava, ao norte de Marsabit: homens selvagens. E as mais exóticas foram as prostitutas ugandenses em Kampala, encostadas nas árvores, exibindo sua plumagem noturna e assoviando para mim: mulheres selvagens.

Cerca de um ano antes da minha viagem africana, ocorreu um massacre em um safári para observação de gorilas, na fronteira entre Uganda e Ruanda. Em vez de deixarem em paz os pobres bichos, cujo número diminui pateticamente — e para poderem se gabar da suprema experiência de terem acariciado e apertado os dedos de animais de 300 quilos —, alguns excursionistas tentaram penetrar nos remotos, úmidos e cada vez mais exíguos habitats dos gorilas. Ofegantes, chegaram à Floresta Impenetrável de Bwindi, onde foram atacados — não pelos monos, mas por rebeldes hútus portando armas de fogo. Oito turistas foram mortos; os demais conseguiram escapar. Embora dissessem, com um risinho nervoso, que a África estava cheia de animais perigosos e imprevisíveis, os visitantes estrangeiros estavam mais preocupados com os perigosos e imprevisíveis africanos. Comparados com estes, os Cinco Grandes eram bastante tranquilos, inofensivos e retraídos.

Os turistas que chegavam à África costumavam ser rapidamente levados a uma reserva de animais selvagens e, poucos dias depois, já podiam se vangloriar de terem tirado fotos dos Cinco Grandes, sem terem passado por nenhuma experiência horripilante. Soando como os palermas privilegiados de um século antes, alguns visitantes estrangeiros analisam sua excursão ao final do safári, como li mais tarde em uma revista de viagens americana:[1]

"[Os funcionários africanos] tentam fazê-lo feliz (...) [Os funcionários africanos] fazem de tudo — você se sente realmente mimado (...) [Os funcionários africanos] o acordam gentilmente com um pequeno café da manhã servido no leito (...) Os garçons [africanos] estão prontos a preparar um piquenique onde quer que você esteja (...) Você não precisa se preocupar com insetos." Sobre uma pousada na Tanzânia, próxima à cratera de Ngorongoro: "Depois dos safáris guiados e dos passeios culturais, peça ao seu mordomo para lhe preparar um banho."

Era o típico safári asseado, com excursões à bacia do Okavango em luxuosos camarotes sobre lombos de elefante, grandes piqueniques no Parque Nacional de Amboseli ("Passe a pasta de anchovas, Nigel"), tendas luxuosas na reserva de Masai Mara e no Serenguéti. Isso era a África do "Sim, *bwana*", procurada pelos escapistas, pelos casais em lua de mel e pelos chamados "viajantes consumistas" em seus uniformes de grife. Essa África de Hemingway, onde rastreadores armados se transfiguram em mordomos, é acessível a qualquer um que, como Ernest, tenha montes de dinheiro e nenhum interesse nos africanos. Num momento de franqueza, em um ensaio escrito nos anos 1970, Martha Gellhorn, penúltima das quatro esposas de Hemingway e residente ocasional do Quênia, confessou sua indiferença pelos africanos. Escrevendo alegremente em *Travels with Myself and Another* (Viagens comigo mesma e com outrem), sem se preocupar em ser insultuosa, ela contou como seu amor pelo mundo natural africano não se estendia aos seres humanos da África e seus diferentes modos de vida.

O safári superficial inclui voos *charters*, africanos obsequiosos, comidas finas, jaquetas-safári do Departamento de Esportes da Harrods Field, chapéus de caçador da Holland and Holland, botas de 500 dólares da Gokey, "garantias contra mordidas de cobras" e camisas Elephant Cloth Bushveld, da Orvis, estas últimas descritas em um vívido floreado:

---

[1] *Condé Nast Traveler*, janeiro de 2002. (N. do A.)

Nosso Safári Ferroviário Africano levará você de Pretória até as Cataratas Vitória em nove dias, parando durante o caminho para caçadas na savana. Mais de cem batedores se encarregarão de espantar galinhas-d'angola e francolins na sua direção. No deserto, instalado em tradicionais esconderijos de pedra, você poderá atirar em mais de mil cortiçóis da Namáqua, que acorrem aos mananciais de manhã cedo. Esta camisa foi projetada para uma aventura assim.[2]

Isso está muito distante do meu penoso safári, que incluía transporte público, infecções fúngicas, pequenas extorsões, leprosos zombeteiros, quartos medonhos, comida ruim, intestinos desarranjados, animais fugidios, salas de aula decrépitas, atrasos injustificáveis e ameaças diretas: "Tem gente ruim lá" e "Me dá dinheiro!". Os viajantes consumistas ansiavam para ir ao Malaui passar alguns dias em uma pousada à beira do lago. Mas, no Malaui, eu ficara assombrado com "os anos de colheita comidos pelo gafanhoto", como diriam os piedosos malauianos. (Joel 2:25)

E embora eu detestasse aborrecimentos, não me importava com privações; se passei por infortúnios, descobri maravilhas, diverti-me com aventuras e descobri amigos. Cruzei muitas fronteiras, fiz piquenique ao lado da Sexta Catarata do Nilo, naveguei no lago Vitória, remei no Zambeze moçambicano e passei um dia com meu velho amigo, o primeiro-ministro de Uganda. Durante o percurso, quando alguém me pedia para resumir meu safári, eu apenas gaguejava e ficava mudo, pois este foi menos uma viagem do que a experiência de desaparecer — um longo período de minha vida em que abri caminho de improviso através do mais verde dos continentes. Eu me orgulhava de não poder dizer: "A África é ótima!", "Nossos criados eram limpos!", "Fiz um tratamento facial na pousada e a Wendy foi à pedicure!", "Comemos elande *bourguignon*!", "Havia, tipo, um tumulto na capital e nem soubemos!" ou "Meu mordomo me preparou um banho".

Eu estava tão mergulhado em minha viagem que raramente pensava sobre ela, mas depois de uma semana em Joanesburgo, já estava com apetite para mais. Olhando para o mapa da África, percebi que não estava longe da Cidade do Cabo. Então voltei-me para outra direção.

Mala Mala, uma reserva de animais selvagens adjacente ao Parque Nacional Kruger, fora-me muito recomendada por um amigo de confiança. Ficava ao norte do vilarejo de Nelspruit, cerca de 480 quilômetros a leste de Joanesburgo, tão perto da fronteira moçambicana que os elefantes de Moçambique iam

---

[2] *Catálogo de roupas Orvis*, primavera de 2002. (N. do A.)

até lá para mastigar as árvores. Uma das virtudes de Mala Mala, como reserva de animais, era estar num raio de 30 quilômetros de um grande rio, distante de qualquer aldeia e a salvo de caçadores ilegais: os grandes animais viviam mais felizes em meio à mata verdejante, perto de um manancial perene.

A caminho de Nelspruit, encontrei-me com Hansie, meio bôer e meio inglês. Ele demorava bastante para responder às minhas perguntas; talvez fosse distraído ou não encontrasse palavras. Ele me disse:

— Às vezes, meu cérebro trabalha mais depressa do que minha língua.

Eu lhe fiz algumas perguntas sobre ele mesmo e logo entendi a razão de seu alheamento e de seu modo atordoado de falar. Estivera no Exército sul-africano, lutara nas savanas durante cinco anos e passara por maus bocados.

— Eu era do *Koevoet* — disse ele e explicou que a palavra significava "pé de cabra", em africâner. — Era o braço militar do Serviço de Inteligência. Eu só tinha 18 anos.

— Como você ingressou?

— Eu não sei por quê. Acho que foi porque todo mundo estava ingressando. Era um grupo de gente durona — disse Hansie. — Nosso comandante foi para os Estados Unidos e fez um treinamento com os Navy Seal, a tropa de elite da marinha americana. Depois foi para a Grã-Bretanha e treinou com a SAS, a principal força especial do Exército britânico. Ele adaptou esses cursos para o nosso treinamento.

— Que parada dura deve ter sido — disse eu, pensando nas exigências físicas do treinamento. — Qual foi a pior parte?

— A pior? *Ach*, bem, eu não estava preparado para matar gente, quer dizer, tanta gente. Matar, de verdade, era a única coisa que nós não podíamos treinar, veja bem.

Ele tinha me entendido mal: eu pensei que estávamos falando sobre longas marchas, natação subaquática, o esforço físico exigido pelo treinamento dos comandos.

— Mas eram eles ou nós — disse ele, ainda falando calmamente. — *Ach*, nós tínhamos que fazer aquilo ou iríamos levar na cabeça. Nós estávamos na Namíbia, combatendo os guerrilheiros da SWAPO.[3] Eu fazia contrainsurgência. Acho que era bom no que fazia, mas mesmo assim era terrível, cara.

— Qual era a sua missão particular?

— Nós tínhamos que ir a um campo de guerrilheiros e destruir aquilo, sem deixar nenhum sinal de que tínhamos estado lá.

---

[3] Sigla em inglês para Organização Popular da África do Sudoeste (*South-West African People's Organization*). (N. do T.)

— Quer dizer, matar todo mundo.

— *Ach*. Sim. Todo mundo. E fazer tudo sozinho se perdesse o parceiro; às vezes acontecia. Quer dizer, eu perdi meu parceiro, mas não na savana. Ele era negro, um namíbio. Ele foi a um pub para comemorar seu aniversário. Um informante da SWAPO estava lá, chamou uns caras e disse que quatro de nossos homens estavam lá. Os caras da SWAPO vieram ao pub e começaram a atirar. Mas, veja bem, a festa de aniversário já tinha começado e uma mulher lá sabia que meu parceiro estava comemorando. Ela se atirou na frente dele para proteger ele.

— Incrível.

— É. Mas eles simplesmente atiraram nela, atiraram nele e atiraram nos outros. Quatro mortos e eles deixaram a mulher lá, para sangrar até a morte.

Era uma história horrível, sem nenhum ensinamento, mas, depois que a absorvi, perguntei a Hansie quantos anos seu parceiro estava comemorando.

— Isso é interessante — disse Hansie. — É, ele tinha visto toda a sua família ser assassinada por pistoleiros da SWAPO, então ele ingressou no nosso exército quando tinha 14 anos. Ele era um cara grande e eles não usam carteiras de identidade por lá, então ninguém sabia. Ele estava comemorando 16 anos.

— E a SWAPO chegou ao poder.

— Todas as pessoas que nós combatemos estão no poder agora, na Namíbia, no Zimbábue e aqui. — Hansie deu uma risadinha amargurada. — É loucura. Eles eram chamados de comunistas. Bem, eles eram? Eles eram treinados pelos russos. Ganhavam armas da China e de Cuba. Eles sabiam usar aquilo. E as minas terrestres! Eles tinham uma mina russa feita de baquelite que a gente não conseguia detectar. Era mortal, mesmo. Amigos meus foram explodidos desse jeito. Eu perdi tantos amigos, e para quê?

Depois de contar essa história triste e tortuosa, Hansie ficou bastante deprimido. Minhas perguntas o levaram longe demais no caminho das memórias ruins. Mas isso acontecia muito na África do Sul. Umas perguntas ao acaso despertavam reminiscências, traziam de volta o passado, e o passado, na África do Sul, era anuviado por martírios.

— *Ach*! Se eu perdesse um dos meus filhos em alguma coisa desse tipo eu ficaria maluco — disse Hansie.

Quanto mais perto chegávamos do campo principal de Mala Mala, mais as árvores estavam mastigadas e pisoteadas, como se um tornado tivesse passado por ali, descascando e esmagando a madeira.

— Elefantes — disse Hansie.

Ele explicou que, por causa dos caçadores, o lugar quase ficara sem elefantes na década de 1960. Havia agora mais de seiscentos em uma área que só poderia sustentar 150 — daí os estragos.

Ele apontou para uma manada de búfalos, que pastavam. Alguns pica-bois estavam sobre eles, bicando insetos, enquanto outros limpavam ferimentos. Vimos também uma dupla de javalis.

— Aquele maior está ferido. Provavelmente foi um leopardo. Alguns escapam, está vendo?

Os javalis, com suas presas recurvas, fizeram uma carranca para nós, em aparente indignação, que, na verdade, era estado de alerta.

Mas eu mal olhei e pouco escutei. Ainda estava pensando no que Hansie me dissera: *Ach, bem, eu não estava preparado para matar gente, quer dizer, tanta gente.* Eu ouvira histórias de agressões, espancamentos e facadas. Mas esse massacre de integrantes do grupo de contrainsurgência "Pé de Cabra" era muito pior. O garoto que se alistara com 14 anos porque vira toda a família ser assassinada; a festa de 16 anos, no pub; o informante; a chegada dos inimigos descarregando as armas; a mulher protegendo o garoto que fazia aniversário; e o remorso de Hansie. Era a forma mais extrema de loucura militar.

A essa altura da minha viagem, já tendo visto tanta coisa da África, era impossível me dirigir a uma pousada de safáris, sem comparar a sabedoria animal com a selvageria humana. Eu acreditava ter reduzido os riscos na África Oriental e Central ao aceitar que, na condição de estrangeiro branco, eu era uma presa, e ao evitar os predadores. Fizera o que fazem os animais, movendo-me rapidamente durante o dia, permanecendo alerta e não saindo à noite. Os predadores são, geralmente, noturnos; leões e hienas apenas dormem e ficam vadiando durante o dia. Com exceção do guepardo, todos os predadores da África são mais lentos que suas presas. Mais cautelosas, mais inquietas e mais ariscas, as presas evoluíram de modo a se tornar criaturas difíceis de serem capturadas.

Os africanos decentes, da mesma forma, tentavam enganar os malfeitores. Avisavam uns aos outros sobre os perigos — e avisavam os estranhos também. Roubos, assaltos e estupros costumam ser crimes noturnos na África. Não só porque a escuridão ajuda a camuflar o criminoso, como também porque o ladrão, ou estuprador, que for apanhado pode ser espancado impunemente até a morte, nos termos da lei africana não declarada que sanciona a justiça pelas próprias mãos.

O território definia o comportamento. Espécies diferentes podiam coexistir — girafa e zebra, javali e cudo. Mas dois rinocerontes não poderiam habitar a mesma área e sempre lutavam pela supremacia, como as gangues de Soweto.

Os grandes mamíferos, assim como os lindos pássaros — impressionantes por suas cores e tamanho —, eram previsíveis. Faziam o que fazem os animais: comiam, dormiam, procuravam água, acariciavam ou davam marradas uns nos outros, cantavam ou bufavam, competiam, lutavam; aprendiam a se sustentar e a salvar a própria pele. Mas nenhum deles lutava de forma tão cruel ou tão sem sentido quanto os seres humanos; e nenhum, nem mesmo os elefantes em seus retumbantes acessos de tristeza, possuía a redentora capacidade de se arrepender. Como dissera o professor Berger, os seres humanos são cruéis. Inventamos o extermínio em massa, mas também somos os animais mais pacíficos que existem: muito melhores e, ao mesmo tempo, muito piores do que qualquer outro mamífero.

De todas as criaturas que habitavam os 18 mil hectares de Mala Mala — e isso incluía o cobo real, a águia-cobreira-castanha, o ágil antílope-salta-rochas, o lagarto monitor e os majestosos Cinco Grandes — a que mais me fascinou foi Mike Rattray, proprietário e força motriz da reserva. Brandindo sua bengala e entoando alguma coisa, a distância, ele se parecia muito com os calaus pintalgados de vermelho que habitavam seu parque. Sempre acompanhado por sua atraente parceira, Norma, ele constituía uma nova espécie, ao mesmo tempo mais colorida, mais sutil, mais alegre, mais feroz, menos previsível e mais difícil de ser fotografada.

Mike nunca largava sua bengala. Usava-a para assinalar um ponto de vista, para apontar alguém na multidão ou, em uma situação ameaçadora, como arma. Parecia-se um pouco com o capitão Mainwaring,[4] as mesmas bochechas caídas e rosto inexpressivo, o mesmo modo arrastado de falar, sempre dizendo alguma coisa inesperada.

— Vai "lutar até a morte", é isso? — disse ele, com voz um tanto aguda. — Bem, vou lhe dizer uma coisa, toda vez que alguém diz que vai lutar até a morte, está pronto para se render. Está morto de medo. O que você faz? Arranje um pedaço de pau. Como esse — e sacudiu a bengala. — Dê umas pancadas nas costas do sujeito. Uma boa surra. "Pare de bancar o idiota." Logo ele vai deixar de besteira. Você sabe o que o niala macho faz?

---

[4] O capitão Mainwaring é o protagonista de *Dad's Army* (O exército de papai), uma série de TV muito popular na Grã-Bretanha. O capitão é interpretado pelo ator Arthur Lowe. (N. do T.)

Eu disse que não sabia muita coisa a respeito do grande antílope.

— O niala é um animal muito fininho — disse Rattray, colocando a bengala na posição vertical e apoiando nele a palma de sua mão livre, para demonstrar a finura. — Muito fino. Mas, quando quer assustar um inimigo, ele incha — fez uma carranca e encheu as bochechas, para parecer feroz, rubicundo e maior. — Incha a cara para parecer perigoso. É só ar!

Nos anos 1960, Mike e seu pai adquiriram terras que, em 1920, eram ocupadas por fazendas de gado, um pavilhão de caça e uma grande reserva de animais selvagens. Rica em animais, a região atraía caçadores. Em uma só temporada, eram abatidos até duzentos leões — por esporte e para proteger o gado. Mas o negócio de gado nunca fora muito bom, por causa dos insetos e do clima.

Após despontarem no mercado, Mike e o pai foram adquirindo propriedades adjacentes, que acrescentaram à área central. Duas pousadas foram construídas no luxuoso Campo Principal. Uma fazenda típica foi reformada para abrigar o Kirkman's Kamp e o agradável Harry's Camp, de preço mais acessível. Mala Mala empregava, no total, 250 pessoas. Em 1993, com as bênçãos de Rattray, foi derrubada a longa cerca que separava o Parque Kruger de Moçambique. Depois disso, os animais passaram a circular livremente e acabaram escolhendo viver perto do rio Sand, nas terras de Mike.

Na casa dos 60 anos e ainda vigoroso, Rattray criava e montava cavalos — possuía um haras na província do Cabo Ocidental. Tornara-se ambientalista numa época em que os caçadores ainda fuzilavam qualquer coisa que se movesse. Era um bon-vivant. Detalhista, tinha alguma coisa de capataz e um talento especial para dirigir hotéis. Às vezes financiava obras de interesse público: a ponte sobre o rio Sand, que mandara construir na Itália, resistira à terrível inundação de 1999. Era um grande contador de histórias e um manancial de boas ideias.

— Os rinocerontes estão sofrendo, não é? — disse-me ele certa noite, no bar, brandindo a bengala para dar ênfase. — Estão sendo caçados ilegalmente. E por quê? Porque um chifre de rinoceronte, no varejo, vale 75 mil dólares em Macau, ou foi o que me disseram. Qual é a resposta, Paul?

— Qual é a pergunta, Mike?

— Para onde vão os rinocerontes, o que vai acontecer com eles? Eu vou dizer: — sacudiu a bengala — fazenda de rinocerontes! Uma fazenda para produzir chifres de rinoceronte. As pessoas reclamam como o diabo quando eu falo isso, mas, veja você, o chifre de um rinoceronte é como uma unha. Você corta e ele cresce de novo. Então você estabelece uma fazenda de rinocerontes brancos, esqueça os negros, não valem nada. Então é só serrar os chifres. Assim, você elimina os caçadores clandestinos, os intermediários, e o chifre cresce de novo em três anos, pronto para ser cortado de novo. Mas alguém me escuta? Não, pensam que eu sou maluco.

Eu fiquei hospedado em uma adorável cabana coberta de palha no Campo Principal e ia observar os animais a bordo de um Land-Rover, acompanhado por um guia. Saía antes do alvorecer e voltava no meio da manhã. Depois saía ao entardecer, ou mesmo à noite, na hora em que o leão e o leopardo rastejam no alto capinzal, procurando por impalas amedrontados. Meu guia, jovem e bem treinado, chamava-se Chris Daphne. Seu assistente, John, que era zulu, sentava-se com um rifle sobre os joelhos.

A savana estava seca e poeirenta, durante o outono sul-africano. No primeiro passeio, avistamos búfalos e uma manada de elefantes, um casal de nialas, uma manada de cudos e algumas amíris maltratadas — maltratadas porque os elefantes adoravam o gosto da fruta oleosa, em forma de amendoim.

Mala Mala não era uma região selvagem, mas uma reserva. Ainda bem que era assim: não sendo caçados, os animais se habituaram tanto aos veículos e aos exultantes passageiros — mantidos sempre a uma distância razoável — que era possível observá-los em seu estado natural, à vontade, sem sofrerem nenhum tipo de intimidação. Os bichos eram geralmente tolerantes, bem alimentados e descontraídos. A reserva era tão bem administrada que turistas como Margaret Thatcher ou Nelson Mandela — que estiveram em Mala Mala — puderam descer lá, observar alguns grandes animais e ir embora, sem nenhuma inconveniência ou desconforto.

Uma manada de duzentos búfalos não era coisa incomum em Mala Mala; vinte elefantes mastigando árvores, placidamente, desflorestando a encosta de uma colina, também não.

Avistamos algumas hienas:

— São os predadores que reconhecem as fraquezas mais rapidamente — disse Chris.

Um par de rinocerontes brancos:

— Você sabia que o rinoceronte é parente do cavalo? — perguntou Chris.

Um elefante sem as presas:

— Provavelmente está mais agressivo porque não tem as presas — disse Chris.

Os pássaros eram espetaculares: o grande estorninho azul-brilhante, o abibe-preto-e-branco, com seu pio característico, o calau-de-bico-amarelo.

Certa noite, na savana, Chris ouviu pelo walkie-talkie que um leopardo tinha acabado de pular sobre um impala, mordendo e quebrando-lhe o pescoço. Dirigimos rapidamente até o local, a tempo de vermos o leopardo arrastando sua vítima — o impala pesava o mesmo que o leopardo, cerca de 50 quilos — até o galho de uma árvore a nove metros do chão, prendendo a carcaça firmemente em uma forquilha. Desse modo, o leopardo poderia devorar sua presa em paz, sem atrair animais oportunistas. Apesar da luz brilhante dos faróis, o leopardo começou a rasgar a carne do impala, mastigando e triturando os ossos da coluna e da pélvis. Em dez minutos, pela contagem do meu relógio, devorou uma perna traseira.

Naquele mesmo momento, os hóspedes do Mala Mala estavam jantando em círculo, sob as estrelas, saboreando churrasco de impala preparado na hora. Os caninos dos comensais brilhavam à luz do fogo e seus dedos brilhavam com a gordura da carne. Depois de engolir, suspiravam de satisfação, deleitando-se com o safári.

Por conta da observação do leopardo, cheguei atrasado para o jantar, mas encontrei um assento ao lado de Mike Rattray. Perguntei-lhe o que ele fizera para acabar com a caça em sua propriedade.

— Foi difícil! Os caçadores ficaram furiosos! Queriam continuar a caçar leões ilegalmente aqui — disse ele, que sorriu, talvez se lembrando da resistência, pois era um homem que gostava de desafios. — Aqui era uma área de caça muito popular. A princesa Alice! Matou um leão aqui!

Mas ele havia previsto o declínio da caça e o simples fato econômico de que caçar era um privilégio de poucos: os innomináveis que perseguiam os empalháveis. Mas a observação da fauna era um prazer para muitos. Fazia mais sentido e era mais lucrativo tornar-se conservacionista. Enquanto outras reservas ainda hospedavam grupos de caçadores, Mala Mala acabou com a caça, passou a controlar os animais, contratou guias com formação universitária e começou a lucrar. E os animais prosperaram.

— Veja você, o problema com os caçadores é que eles abatem os melhores animais, os exemplares excepcionais — disse Rattray. — Eles alteram o patrimônio genético, perturbam o equilíbrio natural. Eles gritaram comigo, mas eu gritei de volta. "Vocês querem caçar? Tudo bem, cacem! Mas vocês vão ter que abater os que tiverem vista fraca, ouvidos fracos. Matem os fracos, façam o que os carnívoros fazem."

— E qual foi a reação?

Até mesmo durante o jantar, Rattray tinha a bengala à mão para ilustrar um ponto de vista. Ele a agarrou e a sacudiu.

— Eles não gostaram! Mas eu disse: "Não matem os espertos." Você tem que ser esperto para viver na savana. No final de uma seca, você tem os melhores animais. Eles queriam troféus, queriam os melhores. Eu disse que não.

Foi uma decisão inspirada. Quando os machos dominantes são mortos, para que suas cabeças sejam montadas, os filhotes permanecem na alcateia, cruzam com suas mães e irmãs, e "alteram o patrimônio genético". Uma alcateia sem um líder agressivo se torna presa fácil de predadores. Na década passada, a população africana de leões caiu de 50 mil para cerca de 15 mil. Em 2001, Botsuana proibiu a caça aos leões durante um ano, para poder determinar a saúde e o número deles. Ao mesmo tempo, o Safari Club International, com base no Arizona — constituído por caçadores milionários e cabos eleitorais do Partido Republicano — fez um intenso *lobby* para que o governo Bush pressionasse Botsuana a suspender a proibição. Botsuana resistiu, mas acabou cedendo. Agora, qualquer sujeito que tenha 25 mil dólares pode ir a Botsuana para matar um leão e brincar de Francis Macomber, o personagem de Hemingway.

Nos dias subsequentes que passei em Mala Mala, perambulando o dia todo na savana quente, avistei três girafas bebendo em um tanque, com as longas pernas bem separadas, e o tronco bem inclinado. Um babuíno com o dedo na boca as espreitava por detrás, no meio de alguns rochedos em frente a uma *krans* — uma caverna. Avistei hipopótamos num poço escuro, chafurdando, afundando e olhando para mim, mostrando apenas os olhos e as narinas.

O poema "O Hipopótamo", de T.S. Eliot, contém uma dúzia de observações sobre os hipopótamos, todas erradas. Começando por "O hipopótamo de largo dorso / Deita-se na lama sobre o ventre" — coisa que esses bichos nunca fazem —, até a descrição incorreta de suas posturas.

Vi zebras com reflexos avermelhados nas crinas em forma de escova, uma mãe rinoceronte com um filhote de oito dias, cinquenta babuínos em um grande bando, muitos pássaros — barbaças, picanços, cucos, calaus, cormorões, martins-pescadores, águias e abutres ("o aperto da águia é muito mais forte que o do abutre", disse Chris). Vi 12 leões, grandes e pequenos, andando pela savana depois do escurecer, tocaiando um nervoso rebanho de impalas que estava em um matagal.

Tudo isso constituía uma soberba observação de animais — animais saudáveis e destemidos, senhores da situação na savana. Igualmente esplêndida e imponente era a agitada figura barriguda de Michael Rattray, inimitável. Histórias circulavam a respeito dele, sempre lisonjeiras, estranhos relatos da vida na savana, muitas vezes envolvendo hóspedes difíceis.

Havia o incrível casal alemão, por exemplo, personagens de uma história com um trágico final. O *Herr* e a *Frau* chegaram um dia, almoçaram um bom almoço e observaram os animais na companhia de um guia confiável. Mas reclamaram da comida, acharam defeitos no guia e ficaram desapontados com os animais. O *Herr* foi mais moderado do que a *Frau*, que reclamou em voz alta durante toda a excursão da tarde, intimidando o guia. A mulher era uma megera e me fez pensar em um picanço grisalho, piando reclamações: *Schlecht! Schlecht! Schlecht!*

No jantar, Mike Rattray foi até a mesa deles, batendo a bengala na palma da mão. Não, ele não deu uma surra neles, embora quisesse fazê-lo. A mulher começou a articular uma reclamação, mas antes que tomasse fôlego, Rattray disse:

— Vocês não estão se divertindo. Estão reclamando. Não precisam pagar.

O casal, apaziguado pela aparente submissão da gerência, voltou a manusear seus garfos e facas, quando percebeu que Rattray não se movera.

— Vocês vão embora amanhã, no primeiro avião — disse Rattray, e rapidamente virou as costas. Enquanto saía, podia ouvir a mulher reclamando.

Antes de ir embora, a mulher insistiu para que Rattray escrevesse uma carta descrevendo as circunstâncias da partida e declarando que eles estavam partindo contra a vontade.

— De jeito nenhum — disse Rattray. Ele supervisionou o carregamento das bagagens no veículo e virou-lhes as costas pela última vez.

Ameaças de ações judiciais chegaram da Alemanha logo depois, cartas de advogados alemães aludindo a prejuízos e a um dispendioso processo que colocaria Mala Mala de joelhos. A chicanice se prolongou por cerca de um mês. De súbito, tão rapidamente como tinha começado, a correspondência cessou. Alguns meses se passaram. O caso mergulhou em uma calmaria tão grande, que uma discreta investigação foi feita. Por que o silêncio? A resposta chegou. A alemã tinha se matado.

Os hóspedes masculinos nessas pousadas de safáris, com seus shorts e meias até os joelhos, podiam se comportar de forma estranhamente machista. As mulheres visitantes costumavam achar a experiência desconfortável, insuportavelmente infestada de insetos. Ou então eram contagiadas pela fantasia de musculosos garanhões em uniforme cáqui.

Em um lugar onde a caça era um modo de vida para os animais, as hóspedes caçavam também, e não podiam ser dissuadidas da caçada. Ouvi um certo número de histórias sobre esse tipo de paixão. Enquanto o marido ficava à toa na pousada, bebendo cerveja e contemplando placidamente os elefantes, que pisoteavam os juncos no rio, os guias eram alvo de cutucadas, piscadelas e propostas obscenas de esposas apatetadas. Esses guias acabavam na curiosa posição de perseguir caçadores, enquanto eles mesmos eram caçados por clientes amorosas.

— Depois, elas escrevem cartas — disse-me um guia. — Telefonam da América ou da Europa. Dizem que querem deixar os maridos e se mudar para a África. "Eu sonho com a África." Demora um tempão para que elas desistam. Mas ter esse tipo de relacionamento com uma cliente não é uma atitude profissional.

A caçadora, em uma história famosa em Mala Mala, era uma mulher em lua de mel. Murmurei "Chocante" e concentrei minha atenção na história do corno de roupa cáqui, casado há dois dias, cuja mulher se apaixonou pelo guia. Nada aconteceu, embora ninguém fizesse muita fé naquele casamento. Achei uma pena que a história fosse tão pobre em detalhes sórdidos.

Havia três casais em lua de mel em Mala Mala, enquanto estive lá. Sentavam-se juntos no bar. Jantavam juntos. Disputavam a atenção uns dos outros com histórias de confusões no dia do casamento. Pareciam-se muito com as criaturas da savana que se uniam por toda a vida e se acariciavam com as patas e com o nariz, ronronando afavelmente à sombra dos espinheiros, durante as tardes quentes.

Michael e Norma Rattray não demonstraram, mas eram afetuosos. Nunca se separavam. Tinham sete filhos adultos e numerosos netos. O trabalho de Michael era cuidar do gerenciamento e da infraestrutura. Norma se incumbia da decoração das pousadas. Eles trocavam ideias sobre fotos de animais e ficavam exultantes quando algum dos leopardos de Mala Mala aparecia na capa da revista National Geographic. Os leopardos da reserva não eram predadores imprevisíveis, que se arrastavam furtivamente pela savana para espalhar a destruição; eram criaturas conhecidas, com nomes, gatinhos mimados, alguém da família. Como disse Norma, com amor e admiração: "uns grandes exibidos".

— Já vai? — disse-me Michael, na manhã da minha partida.

— Infelizmente sim.

— De volta para os Estados Unidos?

— Vou chegar lá.

— Meu Deus — disse ele. Então concentrou-se, recordando a vida na cidade. — Tivemos uns hóspedes de Nova York. Amigos, mesmo. Quase todos os nossos hóspedes viram amigos. O cara disse para nós: "Procure a gente quando estiver em Nova York." Foi o que nós fizemos. Fomos para a casa dele naquele prédio alto. Eu não conseguia acreditar! Ele morava lá em cima. — Rattray espetou a bengala, para indicar a altura do arranha-céu. — As paredes eram de vidro, as janelas iam do chão ao teto. A Norma quase não conseguia olhar para baixo! A gente não via a hora de ir embora!

— Era como morar em uma árvore — disse Norma.

— Pior! O cara ficava enfiado lá como um ganso-patola em uma *krans*!

Essa vívida imagem de horror animal me fez rir. Eu estava triste por ir embora — sabia que iria sentir falta dele. Viver luxuosamente na savana era um modo adorável de passar o tempo — admirando animais grandes e destemidos, observando pássaros, lendo, hospedado em um chalé aconchegante, com uma escrivaninha onde eu podia sentar e dar seguimento à minha história erótica. Essa foi uma pequena parte da minha experiência de viagem — a contemplação privilegiada dos extraordinários animais da África do Sul. Eu conseguia entender por que os turistas ficavam arrebatados: era uma experiência agradável, simples, harmoniosa, segura, sem conflitos, sem fome, sem nada deprimente, sem muitos africanos. Nem parecia a África.

21 *Fé, esperança e caridade no trem do Limpopo*

De volta ao vilarejo de Nelspruit, entre laranjais, jaqueiras e pés de tabaco com folhas macias, olhei em meu mapa e vi que estava apenas a 100 quilômetros da fronteira moçambicana — mais ou menos a mesma distância entre Barnstable e Boston. Então tomei um ônibus que ia até Maputo, cruzando a fronteira. Eu sabia que teria que passar por dois postos de controle, ou quatro, considerando ida e volta, com suas longas filas. Mas qualquer coisa era melhor do que voar. Fiquei pensando em como Nadine Gordimer me apresentara: "Ele veio do Cairo! De ônibus!"

O ônibus estava cheio de africanos, muitos deles moçambicanos que tinham cruzado a fronteira para comprar, em Nelspruit, itens não disponíveis em Maputo. Dois indianos de boné ocupavam os quatro assentos dianteiros do andar superior. Haviam tirado os sapatos e estavam sentados de pernas cruzadas; o chulé de seus pés infestava o andar. Já que o ônibus fora anunciado como "de luxo", uma tela de TV, suspensa, estava exibindo um filme.

O filme era *Jack*, protagonizado por Robin Williams. Quando o vira pela primeira vez, em 1997, eu o achara uma comédia xaroposa e banal, com enredo rarefeito. Mas, cansado de viajar e com 60 anos nas costas, fiquei absurdamente comovido com a mensagem de "aproveite o que puder da vida" — transmitida por um Jack prematuramente envelhecido em seu discurso de formatura do segundo grau. Uma cena que envolvia um peido e uma explosão fez os indianos rirem às gargalhadas. Um deles chegou a cair no corredor, de tanto rir. Para obter uma dose de realidade, olhei pela janela, na direção de Piggs Peak, e observei as choças de barro dos *swazis*, que eram governados por Ndlovukazi, a rainha-mãe, a Grande Elefanta da Suazilândia.

Depois de uma extensão de colinas e montanhas de pedra, passamos pelos primeiros barracos. Eu sabia que estávamos próximos à fronteira. Ninguém parecia à vontade no lugar, eram pessoas que tinham acabado de chegar ou estavam esperando para partir — populacho, na maioria. O ônibus parou. Entramos na fila e passamos pelas formalidades. Os funcionários sul-africanos eram eficientes, mas os protocolos moçambicanos não funcionavam bem. Por exemplo, a tinta no carimbo do oficial de imigração, que carimbou meu passaporte, quase não foi suficiente para fazer uma impressão. Depois de uma hora e meia nisso, seguimos em frente, por uma estrada moçambicana que os sul-africanos tinham construído como presente. Passamos por Komatipoort, onde havia uma estação ferroviária, mas não havia trens naquele dia.

— Houve enchentes aqui, no ano passado — disse-me o africano sentado ao meu lado. — Tudo isso ficou debaixo d'água.

O fato fora noticiado pela imprensa mundial, como os desastres africanos sempre eram — terremotos, erupções vulcânicas, massacres, fome, filas de refugiados. *E esses são os sortudos!* Imagens de campos inundados e pessoas se agarrando às copas das árvores. Resgates em helicópteros foram exibidos na TV durante uma semana, antes de que a notícia caísse no esquecimento. O problema com tais desastres era que as imagens não mudavam — os telespectadores ficavam entediados porque não havia variedade, nem luz no fim do túnel. Para que uma catástrofe se sustente no noticiário, é preciso que tenha uma história, um roteiro com marcações — e de preferência um final feliz. O final das enchentes, em Moçambique, foram notícias de cólera e envenenamento da água, milhares de pessoas sem casa e centenas que se afogaram como ratos.

— E o pior foi quando as enchentes moveram as minas — disse o homem. — Tiraram elas do lugar e elas flutuaram por toda a área. Havia uma grade dizendo onde elas estavam, mas depois das enchentes as minas mudaram de lugar e não puderam ser localizadas.

Ray, o perito em minas que eu encontrara no Sudão, tinha me dito que isso era, na maior parte das vezes, um mito da África rural. Era raro que campos minados se movessem como paisagens fantasmas. De qualquer forma, os cães conseguiam farejá-las. Sugeri isso ao homem sentado ao meu lado.

— Eu vi uma mulher correndo atrás de um porco — disse ele, para me contradizer. — Foi perto da minha casa, na periferia de Maputo. De repente, houve uma explosão enorme. A cabeça da mulher foi parar no alto de uma árvore. Os braços e as pernas ficaram espalhados pelo local. Quer dizer, ela pisou em uma mina no seu próprio jardim, uma mina que não estava lá antes.

Maputo parecia uma sucessão de favelas. Logo estávamos viajando de um distrito para outro, sem que a aparência das coisas melhorasse. Maputo era a verdadeira versão de uma cidade africana: quilômetros de favelas e mercadinhos, que conduziam às ruas principais e às lojas do centro da cidade — algumas ruas iluminadas e alguns edifícios altos, cercados de decrepitude e perigo: a urbanização descontrolada.

Quando o ônibus parou e eu desci, fui assediado por mendigos, taxistas, camelôs mascando chicletes, garotos engraxates e oportunistas gritando: "*Mista!*"

Rendi-me a um motorista de táxi e lhe pedi para me conduzir ao Polana, um decadente bolo de noiva à beira-mar, que conseguira sobreviver, de alguma forma, desde os tempos coloniais.

— Algum conselho? — perguntei a Cândido, o motorista.

— Não ande à noite — disse ele.

Ele me atualizou sobre a taxa de câmbio da desvalorizada moeda do país, o metical. A corrida ficaria em 60 mil, uma refeição poderia sair por 175 mil e uma passagem de ônibus para a África do Sul custaria, provavelmente, meio milhão. Cem dólares equivaliam a 2,5 milhões de meticais. O câmbio tinha mudado para pior, desde a minha viagem à Beira.

— E tome cuidado com os moleques — foram as palavras de Cândido, ao despedir-se. — Eles vão roubar você.

Os sul-africanos iam para Moçambique assim como os americanos vão para o México: pela "cor local", um bafejo da sarjeta e da favela, comida barata — camarões gigantes principalmente —, a África "real", autenticidade e quinquilharias horríveis; e também para nadar, mergulhar e dormir com prostitutas.

Os locais de prostituição e prazeres ficavam no sul de Moçambique e na costa ao norte de Maputo. Beira e a província de Zambézia, onde eu estivera antes de ir ao Zimbábue, eram quase inacessíveis por terra, partindo da capital. O norte de Moçambique era como outro país, que fazia fronteira com a Tanzânia. Tinha uma cultura leste-africana, com aldeias remotas no interior, antigas comunidades pesqueiras na costa e alguns dos melhores artesãos e entalhadores da África: os *makondes*. Ninguém ia lá.

Em contrapartida, a extremidade sul de Moçambique era o sul da África em todos os aspectos — industrializado, destribalizado, superpopuloso e assolado pela criminalidade. A região fazia fronteira com a Suazilândia e a província sul-africana de Kwazulu-Natal, a meio dia de ônibus da próspera cidade litorânea de Durban.

Maputo era muito valorizada como destinação turística, mas era uma cidade sombria, de pessoas desesperadas que lá se esconderam durante o período de 25 anos em que a guerra devastou as províncias, destruindo pontes, estradas e ferrovias. Bancos, doadores e instituições beneficentes alegavam estar obtendo bons resultados em Moçambique. Eu suspeitava que tinham inventado esses sucessos, para justificar sua existência. Não via os resultados positivos desses esforços. No entanto, todas as vezes que articulava meu ceticismo com relação à economia, o desemprego ou mesmo os buracos nas ruas e os pequenos roubos, as pessoas em Maputo diziam: "Era muito pior antes." Eu sabia que, em muitos lugares, tinha sido muito melhor antes.

Era difícil imaginar o quanto um lugar precisaria piorar para que uma cidade arruinada, como Maputo, parecesse ter melhorado. Havia alguns hotéis, mansões, lojas e cafés, remanescentes da época dos portugueses, mas esse período terminara décadas atrás. O fato grotesco era que, desde 1482, quando o capitão Diogo Cão plantara a bandeira portuguesa na costa do Congo, os quinhentos anos em que os portugueses estiveram na África tinham constituído uma história de exploração — primeiramente com o tráfico de escravos, depois diamantes, petróleo em Angola e agricultura em Moçambique.

Gente de fora, que não tinha recordações, elogiava Maputo. Mas Maputo era uma versão mais decrépita de sua encarnação anterior, a decrépita Lourenço Marques. Os muros em torno das mansões estavam mais altos, havia mais arame farpado e mais estradas ruins. Tendo visto o interior do país, eu sabia o que havia além: pontes explodidas, cidades devastadas, estradas ridículas, ferrovias mortas, falta de luz, de água, de telefones, nenhum transporte público. Talvez a pobreza rural que eu tinha visto fosse a causa do grande afluxo de pessoas para as cidades. Era fácil verificar que Maputo possuía todas as características de muitas cidades africanas — favelas em expansão, mercados pobres, pessoas ociosas ou à espreita, uma vastidão espantosa e um aspecto de improvisação desesperada. Maputo não era uma metrópole, em nenhum sentido, mas — como a maioria das cidades africanas — uma aldeia gigantesca e inviável.

Não atendendo ao conselho de Cândido, e contra o meu hábito de não sair à noite, fui dar uma volta em Maputo, em busca de algum lugar para jantar. A longa viagem de ônibus, a partir de Nelspruit, fizera com que eu precisasse de algum exercício. Se eu andasse depressa, raciocinei, minhas chances de ser roubado seriam reduzidas.

Alguns garotos pequenos pularam das sombras como chacais e me seguiram de perto, gritando:

— Estou com fome, estou com fome.

Continuei a andar, encorajado pelas lojas iluminadas, os porteiros noturnos, os cafés. Eu estava na rua principal da parte alta da cidade. O porto ficava abaixo, no distrito comercial. Os garotos, quatro pequenas formas ossudas, com cheiro de rua, cercaram-me e agarraram meus dedos. Tinham rostos tristes, embriônicos, e pequenas mãos pegajosas.

— Me dá dinheiro — disseram.

Eu tinha me preparado para um encontro assim. Não havia nada em meus bolsos, estava usando um relógio barato e carregava muito pouco dinheiro. Eu disse não e acelerei o passo, mas eles continuaram a me seguir.

Esperando para atravessar a rua, eu estava ainda sacudindo as mãos, para que não fossem agarradas, quando um dos garotos, o mais seguro e persistente dos quatro, adotou um tom de reprimenda.

— Se você me der alguma coisa, eu vou embora e você pode ir — disse o moleque, com bom domínio de inglês. — Mas se você não me der dinheiro, ou alguma coisa, eu vou seguir você e não vou largar você e vou pedir e pedir.

Foi um belo ato de intimidação, que prognosticava para o garoto uma grande carreira na política ou na advocacia, mas eu lhes disse para irem embora. Enquanto eu falava, surgiram alvos melhores: duas jovens brancas, carregando bolsas a tiracolo, com aparência benévola e desorientada. Como se fossem mosquitos, os moleques zumbiram em direção às novas vítimas.

Encontrei um restaurante, encomendei a previsível refeição, sete dólares de camarões gigantes, e conversei com Chris, o proprietário. Como muitos outros empresários de Moçambique, ele era sul-africano. Começara como vendedor de ferro-velho. O negócio de ferro-velho aumentara muito, em Moçambique, em função das várias guerras que foram travadas, que produziam restos de metal, como vigas de pontes bombardeadas, chassis de caminhões explodidos, vagões de trem despedaçados, trilhos de aço, canos de ferro e fuselagens de aviões caídos.

— Fazíamos bons negócios. Comprávamos por quarenta e vendíamos por oitenta. Exportávamos para a Índia, Turquia, Cingapura.

Mas a destruição tinha exaurido o país. Tanta coisa fora destruída que pouco sobrara para ser destruído. O pai de Chris tinha voltado para a Grécia, para viver da aposentadoria. Chris abrira o restaurante, que não era tão lucrativo quanto fora o negócio de ferro-velho, mas tinha futuro.

Andando de volta para o hotel, percebi que, como era tarde, as ruas e as calçadas estavam cheias de gente ociosa, prostitutas, moleques, mendigos e gente fazendo o que muitos fazem nas cidades africanas durante a noite: dormindo nas soleiras iluminadas, por segurança, envoltas em cobertores esfarrapados, como se estivessem mumificadas.

A caminho da estação ferroviária de Maputo, no dia seguinte, parei no Museu de História Natural para ver o que havia, em termos de material etnográfico. A resposta era: não muita coisa. Entre os animais empalhados, com o enchimento de palha à mostra (um elefante entortado, um elande sarnento, um leão cheio de fungos), havia alguns entalhes incomuns, feitos pelos *makondes* — figuras de braços levantados, como se fossem piedosos devotos egípcios estilizados. Quanto ao mais, nada havia de extraordinário, apenas algumas lanças, escudos, canecas, tigelas, flechas e braceletes.

Nenhum dos objetos que eu vira em qualquer museu africano (Nairóbi, Kampala, Dar es Salaam e Harare) podia se comparar com as peças africanas expostas nos museus de Berlim, Paris ou Londres. É claro que muitos desses objetos foram saqueados ou arrebatados de chefes de tribos acovardados. Mas todos os anos, em todo o mundo, eram realizados os chamados leilões de "arte tribal". Tanto quanto eu podia dizer, esse material nunca era recambiado de volta à África. A própria África era um lugar desapontador para quem quer que estivesse procurando boas amostras de arte africana.

As fotografias do Museu Nacional de Etnologia mostravam pessoas com tatuagens e cicatrizes, rapazes risonhos, cujos dentes tinham sido limados para ficarem pontudos, mulheres e homens nus. A intenção era mostrar os costumes como coisas extravagantes, pois nas fotos havia também espectadores chocados, africanos com roupas de missionários rindo horrorizados ante as nádegas desnudas de seus congêneres moçambicanos. Os retratos haviam sido tirados nas províncias ao norte da Zambézia, em Nampula, Niassa e Cabo Delgado — lugares que se podia alcançar mais facilmente atravessando o lago Malaui, ou através de estradas vicinais do sul da Tanzânia.

Essa área rural — a maior parte de Moçambique — parecia-me convidativa. Era uma região enorme, sem estradas nem comércio, onde aviões de missionários às vezes aterrissavam. Afora estes, permanecia desligada do resto do país. Olhando para os artefatos, as fotos e o mapa detalhado que estavam no museu, pensei que, se um dia retornasse à África, iria viajar por essa região selvagem e esquecida. Em minha viagem pelo rio Chire e pelo Zambeze, eu descobrira que a África rural não era causa perdida, como as cidades pareciam ser — que havia na vida de uma aldeia tradições e vestígios de um estilo de vida cavalheiresco.

O nome de um dos lugares dessa região, Quionga, estava gravado em pedra em um memorial de guerra na Praça dos Trabalhadores. Por mais uma ironia africana, a praça estava repleta de desocupados. O memorial, em frente à estação ferroviária de Maputo, era um estranho monolito, gravado nos anos 1930 em um bloco de granito. Era uma representação em art déco de uma mulher com seios volumosos segurando uma espada, flanqueada por uma serpente ereta, com a inscrição *Força*, em um dos lados, e *Gênio*, no outro. Na base da estátua, estava escrito: *Aos combatentes, europeus e africanos, da Grande Guerra, 1914-1918*. Estavam relacionados os nomes das batalhas, todas travadas em lugarejos perdidos da África provincial, estranhas escaramuças entre portugueses e alemães nas remotas fronteiras de suas colônias, entre elas Quionga.

Era bem típico dos teimosos portugueses relacionarem Quionga como uma vitória, quando na verdade foi uma derrota — uma das muitas que os portugueses sofreram na África Oriental durante a Primeira Guerra Mundial. Portugal entrara na guerra apenas em 1916. Naquele mesmo ano, esperando reaver Quionga, alguns oficiais portugueses, comandando um exército de africanos, desfecharam um ataque no outro lado do rio Rovuma, na disputada fronteira norte da África Oriental Alemã.

Os alemães estavam prontos para eles e contra-atacaram, com o general Paul von Lettow-Vorbeck comandando a investida, com 2 mil africanos. As forças portuguesas recuaram. Depois se retiraram e continuaram a retirada por centenas de quilômetros através da savana, enquanto von Lettow-Vorbeck investia contra o sul, saqueando os colonos para se reabastecer e colocando os portugueses para correr com seu exército de africanos esfarrapados. No final da guerra, von Lettow-Vorbeck tinha avançado até a metade do território português, quase até o vale do Zambeze.

A guerra em Moçambique foi um dos episódios mais obscuros e terríveis do colonialismo. É fácil imaginar um enlouquecido Klaus Kinski de nariz aquilino e queimado de sol, ostentando um monóculo, no papel de von Lettow-Vorbeck. Um aristocrático general da África Oriental Alemã, com seus africanos bem armados, mas descalços, avançando pela savana para combater os indignados e indefesos portugueses, com seus africanos bem armados, mas descalços. Toda essa loucura africana por causa de uma guerra insana na Europa. A coisa toda poderia ser uma comédia se, ao final da guerra, os portugueses não tivessem alegado que 130 mil africanos foram massacrados, lutando por Portugal em Moçambique. Essa foi a razão do monumento.

O principal terminal ferroviário de Maputo, construído em 1910, pareceu-me a mais bela estação da África. Com seu característico domo de ferro, foi projetado por Gustave Eiffel. Era tão elegante quanto a torre em Paris, embora não mais funcional. Sua forma e suas linhas eram uma satisfação estética, enriquecedora para quem tivesse capacidade para apreciá-las. Afora isso, não servia a nenhum propósito, senão abrigar alguns funcionários malpagos da ferrovia — Caminhos de Ferro de Moçambique —, que rateava lentamente rumo à obsolescência.

Alta e ampla, construída com tijolos emboçados, pintada de verde e creme, com um rechonchudo domo de ferro e um relógio proeminente no alto da cúpula, a estação era uma maravilha da frivolidade arquitetônica. Era de se admirar que não tivesse sido posta abaixo, pois a África independente não demonstrava muita compaixão pelas estruturas coloniais. Como representavam a pomposidade e a riqueza dos senhores brancos, durante os anos de opressão, eram geralmente as primeiras construções a serem vandalizadas ou desfiguradas.

Na época em que foi contratado para projetar a estação (assim como a Casa de Ferro, perto do Jardim Botânico de Maputo), Eiffel havia caído em desgraça, por seu envolvimento com o escândalo na construção do Canal do Panamá. Embora tenha ingressado na Companhia do Canal do Panamá apenas para emprestar seu nome ilustre a um projeto em dificuldades, ele foi condenado em 1893, juntamente com Ferdinand de Lesseps e alguns outros, por malversação de fundos — especificamente, o suborno de políticos franceses para que aprovassem um empréstimo, de modo a garantir uma sobrevida para a debilitada empresa. A sentença foi anulada. Livre, mas envergonhado, esse pioneiro da aerodinâmica e inovador no uso de metais optou por ocupar um cargo pouco importante em sua renomada firma de projetos. Já tinha, então, realizado diversas obras-primas, como a torre em Paris, a ponte Maria Pia, em Portugal, a armação da Estátua da Liberdade. O que fora a estação ferroviária de Lourenço Marques — uma cidade distante em um país remoto — revelava ainda hoje, quase um século depois de construída, a mão de um mestre.

A estação de Eiffel era muito mais atraente e mais bem preservada do que qualquer uma do Egito ou da África do Sul. As estações da Etiópia eram pitorescas (embora os trens fossem lúgubres), as estações do Quênia estavam em ruínas, as de Uganda, destruídas, e as da Tanzânia eram apenas adaptações minimalistas de projetos maoistas. As ferrovias do Zimbábue ainda conservavam prédios sólidos, como as estações do interior inglês, mas estavam em declínio, assim como muita coisa naquele país combalido. Eu encontrara a estação de Maputo puramente por acaso e voltei nos dois dias seguintes, para admirar os lambris de madeira, os vidros decorados, o restaurante e as salas de espera. No terceiro dia, resolvi dar um passeio de trem.

Embora parecesse que ninguém na cidade sabia muito sobre a ferrovia de Moçambique, e quase ninguém tomasse os trens, alguns ainda funcionavam, pelo menos em três das linhas, inclusive um vagaroso expresso internacional, que ia até Komatipoort e Joanesburgo. Os horários não eram publicados. As chegadas e partidas eram garatujadas em pedaços de papel afixados em um quadro de avisos no interior da estação. Fiquei observando os nomes dos pontos de destino. Adorei Zona Verde, mas me decidi finalmente pelo Trem do Limpopo, apenas pelo nome.

O Trem do Limpopo, que seguia na direção nordeste até a cidade de Chokwe, era a encarnação de tudo o que eu gostava, assim como de tudo o que me exasperava na África que eu vira até o momento. O trem era uma máquina sólida e funcional, quase indestrutível em sua simplicidade, além de gracioso; mas estava malconservado, desapontadoramente sujo e mal administrado. Essa relíquia ambulante fora conservada porque o país era pobre demais para substituí-la ou modernizá-la. No auge de sua carreira o trem transportara muitas pessoas, confortavelmente, até a savana remota. As ambições do colonialismo português eram tais que, no passado, a linha atravessara a província de Gaza e fora até a África central, ligando Moçambique à Rodésia e à Niassalândia. Esses lugares vieram a ser o Zimbábue e o Malaui — hoje muito mais difíceis de serem alcançados por qualquer rota terrestre do que há quarenta anos.Uma das epifanias de minha viagem era a revelação de que onde o modo de vida tinha mudado de forma significativa, na África, mudara para pior.

O aspecto do trem na estação, às oito da manhã, deixou-me otimista, assim como os procedimentos para comprar a passagem e reservar um assento. Mas o trem era uma ilusão, e a distribuição de bilhetes, apenas um ritual vazio. Havia poucas pessoas a bordo, a composição estava caindo aos pedaços e parecia que os funcionários, de gestos afetados, estavam apenas cumprindo com os procedimentos. Uma finalidade, no entanto, era atendida: havia espaço para acomodar grandes volumes e engradados. Como trem de carga, era indispensável, constituindo um transporte mais simples e direto que qualquer ônibus.

Na primeira parada, Mavalane, o velho trem passava pelo novo aeroporto de Maputo. O contraste fazia com que parecesse um trem-fantasma, irrompendo chacoalhante do passado para assombrar o presente. Os nomes das estações estavam impressos em um cartão afixado na parede: Romão, Albasine, Jafar, Papucides, Marracuene, Bobole, Pategue, Manhiça. Eram nomes adoráveis, mas designavam vilarejos lamacentos.

Manhiça ficava a menos de 80 quilômetros de Maputo, embora tivéssemos levado toda a manhã para chegar lá. Pensei em desembarcar nessa estação e me dirigir a Xai-Xai, na costa, famosa por suas praias e belezas naturais.

— Houve enchentes aqui — disse um homem, enquanto passávamos pelos barracos na periferia da cidade. Ele percebera que eu olhava fixamente pela janela. — As pessoas foram reinstaladas. Outras pessoas vieram, esperando uma nova enchente, para ganhar casas do governo.

Mas o governo não pagaria por essas casas, que seriam custeadas pelo que um cronista americano da história recente do país chamou de "República dos Doadores de Moçambique".

Africanos rezando por um desastre, para que assim fossem notados, parecia-me uma lamentável consequência do modo como as instituições beneficentes dirigiam as mentes das pessoas para os infortúnios. Sem desgraças evidentes, os africanos eram invisíveis aos doadores.

O passageiro do trem que me deu a explicação usava gravata e manuseava seu telefone celular com ar importante; os demais passageiros usavam trapos. Em alguns assentos, mulheres amamentavam crianças. Em outros, crianças me olhavam de cara amarrada. Eu não poderia censurá-las, pois eu era o único alienígena do trem — ou assim parecia, até que resolvi dar uma volta pelos vagões.

O toque de um celular chamou minha atenção. Olhei em volta e vi uma jovem alienígena, de cabeça baixa, falando confidencialmente em português no pequeno receptor de voz. Continuei a andar pelos vagões que chacoalhavam no ritmo das rodas colidindo com as junções dos trilhos. O trem estava com menos da metade da lotação. Isso era um fato novo no que se referia a meios de transporte africanos — que pareciam viajar sempre com o dobro da capacidade: dez em um carro, vinte numa van, oitenta em um ônibus. Os trens tanzanianos viajavam lotados. Aqui, os passageiros sentavam-se em posição de repouso. Alguns dormiam. Outros mordiscavam talos de cana-de-açúcar. Contei 62 crianças — nenhuma estava incomodando; permaneciam sentadas em silêncio, observando as copas inclinadas das palmeiras, os campos lamacentos e as cabanas que passavam pelas janelas do trem.

Em meu caminho de volta, fiz contato visual com a mulher branca e disse alô. Ela me cumprimentou de forma tão amigável que parei e tagarelei um pouco, até que a oscilação do trem nas curvas me desequilibrou e me fez agarrar os encostos dos assentos, para manter o equilíbrio. Esse súbito movimento do trem acabou sendo útil, porque fez com que eu me sentasse naturalmente perto daquela mulher de aparência meiga.

— Meu nome é Susanna — disse ela.

— Paul — disse eu, e apertei a mão dela.

Ela era jovem, pálida, 20 e poucos anos, muito magra, corpo esbelto e os cabelos cortados tão curtos que a faziam parecer, à primeira vista, um rapaz bonito. Usava calças cáqui, largas, um suéter folgado e nenhuma pintura, como faziam as mulheres sensatas quando viajavam sozinhas na África, para não chamar a atenção sobre si mesmas. Mas o resultado, no caso dela, era uma aparência de androginia tão impressionante que atraiu a minha atenção. Ela era de Ohio.

— Estou indo para Manhiça.

— Que coincidência — disse eu. — Você é viajante?

— Estou em uma missão.

Gostei disso: poderia significar muitas coisas. Mas, no caso dela, era uma utilização tradicional da frase. Ela era uma missionária da Assembleia de Deus, que decidira um dia que iria para a África. Tinha frequentado a escola bíblica na África do Sul e, após algumas incursões em Moçambique, fixou residência em Maputo, com a ambição de obter conversões em massa, ou seja, engambelar os habitantes locais para que acreditassem no fogo do inferno e na penitência. Depois de convencer aquelas piedosas almas escuras, ela lhes ofereceria exemplos ocorridos em outras partes da piedosa África, declamando sermões de texto joyceano como: *E então, naquela terra fecunda, a mangueira de folhas largas floresceu excepcionalmente.*

— Como você decidiu que sua missão era aqui?

— Porque eu sou uma pecadora salva pela graça divina.

Às vezes as pessoas dizem: *Resolvi o problema do nosso periquito! Vamos jogar o bicho na privada e dar descarga. Assim não vamos ter que levar o porcalhão a Daytona esse ano!* E a gente não sabe direito o que responder. Eu disse:

— Como estão as coisas?

— Há muita coisa para fazer aqui.

— Eu pensei que Jimmy Swaggart estava cuidando de tudo. — Eu vira os livros e vídeos do homem à venda nos mercados de rua de Maputo. E no Malaui também.

Susanna disse:

— Ele é mesmo popular. As pessoas adoram Jimmy Swaggart aqui. É a música e os vídeos.

— Acho que eles não sabem que ele é Elmer Gantry — disse eu, mas não obtive reação. Talvez ela não tivesse lido Sinclair Lewis. Então acrescentei: — Um embusteiro, vendedor de milagres, um velho hipócrita.

— Ele é um pecador salvo pela graça divina — disse ela, fazendo a frase soar como uma só palavra. — Como eu. Como você.

— Obrigado, mas não como eu. Tenho meus defeitos, mas ser como Jimmy Swaggart não é um deles.

— Todos nós somos pecadores salvos pela graça divina.

O fato de ela me chamar de pecador não era tão ofensivo como poderia parecer, pois ela sorria enquanto dizia isso, o que a fazia ficar parecida com Peter Pan. E, claro, a insinuação tinha uma implicação de travessura, coquete e provocante, como se ela estivesse dizendo: Seu malvado! Então deixei passar. No que me dizia respeito, era apenas um bate-papo no Trem do Limpopo.

— Quanto tempo você acha que vai demorar a sua missão?

— O Senhor me guia. O Senhor me enviou aqui. Eu vou ficar o tempo que o Senhor quiser que eu fique.

— O que o Senhor quer que você faça em Moçambique?

— Ele quer que eu fale sobre Ele às pessoas, para que elas possam ser salvas.

— E quanto aos homossexuais? Você tem alguma opinião sobre eles?

— O homossexualismo é uma abominação. Está no Levítico.

Um infância cristã, uma vida de viagens, dormindo sozinho em quartos de hotel, sem nada para ler a não ser a Bíblia, além de muitos anos de intensa análise de textos para criar os pregadores em meus romances *A Costa do Mosquito* e *Millroy the Magician* (Millroy, o mágico) haviam me dado experiência suficiente, em escrituras, para responder a evangélicos como ela, que raramente esperam uma réplica. De qualquer forma, estávamos no Trem do Limpopo, em Moçambique, sem outra coisa para fazer.

— O Levítico diz muitas coisas com as quais nenhuma pessoa sensata pode concordar — disse eu. — As leis mosaicas são cheias de preconceitos estranhos. O capítulo 15 diz que a mulher é uma abominação impura quando está menstruada e que, nesse caso, ela deve dormir sozinha. Eu gostaria de saber quantos cristãos obececem a esse preceito. O capítulo 11 diz que peixes sem escamas, como o atum, são uma abominação. Aliás, por esse raciocínio, as lulas e os camarões também o são. Isso faz com que o molho marinara seja uma abominação. O Levítico 11:6 diz que os coelhos são ruminantes, então você não pode comê-los. Desde quando os coelhos são ruminantes? Mais adiante, o Levítico diz que um homem não pode se casar com uma mulher divorciada ou que não seja virgem, e que os sacerdotes não podem aparar suas barbas.

Susanna era teimosa e não se deu por vencida. Disse:

— Não é só no Levítico. Em Romanos, Paulo diz que o homossexualismo é um pecado.

— Você está usando calças — disse eu. — O que o Deuteronômio diz sobre isso?

Ela sorriu, parecendo uma menina, talvez já sabendo que iria ouvir isso.

— A Bíblia diz que as mulheres não podem usar roupas de homem — insisti.

— Às vezes, a gente tem que interpretar as escrituras — disse Susanna.

— Eu estava esperando que você dissesse isso. O Deuteronômio 22:5 diz que a mulher que usa uma peça de roupa masculina é uma abominação — disse eu. — Você está usando calças. Isso não é um problema para mim. Moisés diz que para o Senhor é.

— Acho que eu apenas interpretei isso.

— Isso é ótimo. Por que você não interpreta o que Paulo diz sobre os indívíduos gays?

— Eu não odeio os homossexuais, mas eles estão cometendo um pecado.

— Então por que não matá-los? O Levítico 20:13 diz que os sodomitas devem ser executados — disse eu. — E se você comer atum e usar roupas de homem está cometendo um pecado também, não está?

— Eu sei que sou pecadora — disse ela alegremente. — Todos nós somos pecadores salvos pela graça divina.

— Você acredita na evolução?

— Eu acredito na Bíblia.

Os campos elísios das mentes que perderam o equilíbrio não são as obras de Shakespeare (como diz Buck Mulligan),[1] mas a Bíblia Sagrada.

— Adão e Eva? O Jardim do Éden?

— Sim.

— Há quanto tempo os seres humanos estão na terra? — perguntei. — Você dira, o quê, 4 mil anos?

— Entre 4 e 6 mil anos — disse ela.

— Isso é um fato científico?

— Está na Bíblia.

Pessoas assim só têm um livro na biblioteca, contendo toda a história, toda a ciência, toda a geografia, toda a nutrição. Ela não estava sozinha. Teria concordado com a teoria absurda proposta pelo perturbado Philip Gosse, cristão fanático e sôfrego cientista, de "que quando ocorreu o catastrófico ato da criação, o mundo adquiriu, instantaneamente, o aspecto estrutural de um planeta onde a vida existia há muito tempo"; em outras palavras (as palavras são de seu filho Edmund em *Pai e Filho*, seu relato de uma estranha infância): "Deus escondeu os fósseis nas pedras para testar a fé dos geólogos."

A ignorância teimosa e complacente de Susanna dava vontade de chorar. Mas o que tornava tudo pior é que ela estava em Moçambique para disseminar o medo e a desinformação.

— Você pode chamar isso de uma insignificância racional — disse eu —, mas os seres humanos estão na terra há 2 milhões de anos. E a Mesopotâmia já estava estabelecida na data que você estimou, para a Criação.

No ano de 1498, Vasco da Gama aportou na ilha de Moçambique, na costa norte do território português. Padres foram enviados de Lisboa dez anos mais tarde e um ativo centro de comércio teve seu início, assim como um empreen-

[1] Personagem de *Ulisses*, de James Joyce. (N. do T.)

dimento missionário. Eram os antecessores de Susanna no trabalho de proselitismo — cinco séculos disso! Mas, por experiência, eu sabia que não havia como dissuadi-la de sua crença, nenhuma luz que eu pudesse trazer. Eu disse:

— Eu não quero discutir. Sei que nunca vou mudar sua cabeça. Eu só quero dizer que não concordo com você e que acho suas crenças inconsistentes. Diga-me o que você está fazendo em Moçambique.

— Ensinando as escrituras e tentando criar um centro para tirar as prostitutas das ruas — disse Susanna, uma resposta que ecoava por quinhentos anos de história nessa costa. — As famílias mandam as garotas trazerem dinheiro. E as pessoas vêm da Europa procurando por elas: alemães fazem turismo sexual em busca de prostitutas mirins, em Moçambique.

— Como você vai impedir isso?

— Nós temos uma missão nas ruas. Nós rezamos. Nós ajudamos as prostitutas.

— Os homens não tentam paquerar você?

— O tempo todo — disse ela. — Eles dizem coisas horríveis para mim. Mas eu digo: "Cristo é o meu marido, eu sou casada com o Senhor." — Ela deu de ombros. — Eles só ficam rindo.

— Pelo que eu estou vendo, a sua missão se dedica mais às prostitutas, não é?

— Bastante — disse ela.

Eu disse a ela o que tinha lido em *A Estrada para o Inferno*: os homens que encorajam a prostituição infantil são criminosos; mas, sob o ponto de vista econômico, entrar na prostituição é uma decisão racional para uma mulher africana. Era uma das raras chances que tinha de ganhar dinheiro. Susanna não ficou impressionada com o argumento.

Eu trabalhava em uma fábrica, sentada à frente de uma máquina e, de repente, percebi que estava sentada em uma mina de ouro, diz a prostituta, resumindo sua decisão. O problema de tentar persuadir as prostitutas de que sua profissão é uma coisa errada é a lógica cristalina desse raciocínio. O Levítico também tem muitas coisas a dizer sobre o meretrício — as que podiam e as que não podiam ser meretrizes do templo, como o casamento com elas era proibido, como o Senhor dissera a Moisés (Oseias 1:2): *Vai! Casa-te com uma mulher prostituta, gera filhos de uma prostituta!* Susanna disse:

— Não são só as prostitutas. Quer dizer, o sexo é terrível. As pessoas aqui fazem sexo o tempo todo.

— Os africanos tendem a fazer sexo dentro de sua faixa etária — disse eu, citando o velho samburu que encontrara no Quênia.

— Não — disse Susanna. — Garotos dormem com avós. Garotas com homens. Mulheres cometem adultério. Elas começam a fazer sexo com 6 ou 7 anos.

— Talvez de brincadeira — sugeri. E pensei: se estivermos procurando uma descrição viva, é mais satisfatório discutir sexo com uma cristã como Susanna do que com um empedernido libertino.

— Não, praticando a coisa — disse Susanna, com o rosto anuviado. — Eu estava em Nampula e conversamos com um chefe sobre preservativos. Ele disse: "Você não come doces com o papel. Você não come uma bala se estiver embrulhada. Você não carrega um guarda-chuvas se não estiver chovendo." Ele riu da gente.

— Eu não entendi a parte sobre o guarda-chuvas.

— Nem eu — disse ela. — Mas a aids é um problema porque ninguém faz nada a respeito. Muita gente da nossa igreja tem aids. Três de meus auxiliares têm aids. É terrível. Os indivíduos fazem sexo com crianças de 4 anos, pensando que isso vai curá-los. Eles rezam para os seus ancestrais!

— Eu acho uma boa coisa, que você esteja preocupada com a aids, mas quando você condena as pessoas por rezarem para os seus ancestrais você soa como se os estivesse condenando como pagãos. "Destrua seus ídolos bárbaros." Não é isso o que os talibãs dizem?

Os moçambicanos não eram infelizes o bastante, pobres o bastante, nem adequadamente iludidos: era preciso que se sentissem pior, mais execráveis, mais pecadores, censurados por haverem nascido, simplesmente, pois o Pecado Original era inescapável. Como todos os demais missionários, Susanna estava determinada a obrigar os africanos a abandonarem o antigo panteísmo, inspirado pelos animais e flores da savana, pelas estações, por suas esperanças e medos nativos.

Essa cristã impertinente e seus congêneres procuravam africanos em lugares remotos, como Nampula, para atemorizá-los com a ideia de que eram pecadores, para obrigá-los a adotar obscuras formas de expiação, como cacarejar hinos e pagar dízimos, e a destruir seus antigos objetos de veneração.

Falando de modo gentil, sugeri-lhe esses argumentos. Gostaria de acrescentar o que Henry James disse a um amigo reformista: "Só lhe suplico que não *generalize* demais em sua compaixão e ternura — lembre-se de que toda vida é um problema especial que não é seu, mas de outrem, e contente-se com a terrível álgebra de sua própria vida."

Ela manteve suas posições; depois deixou escapar que já tivera um marido. Relutantemente, revelou que fora casada por três anos e agora estava divorciada. Achei isso maravilhoso.

— A Bíblia diz que o divórcio não é uma opção — disse eu, no tom de voz reprovador que imaginei que ela usaria com uma pessoa gay. — Você não tem medo de incorrer na cólera do Senhor?

— Meu marido não me respeitava. Eu rezava. Ele me batia. "Você tem que me adorar!", ele dizia. Ele não admitia que eu amasse o Senhor. — Ela parecia atormentada. — Eu não sabia o que fazer. Só rezava.

— Acho que você fez a coisa certa deixando esse homem, se ele era horrível — disse eu. — Mas um cristão piedoso discordaria de mim. Um cristão diria: "Seja um mártir da sua fé! Ele bate em você... ele pode matar você por amar o Senhor, mas você vai para o céu. Você não pode perder. O pecador vai reconhecer seu pecado, sentir remorso e se arrepender. Assim, vocês dois vão terminar no céu." Não estou dizendo que concordo com isso, mas não é isso que se supõe que aconteça?

— Eu ainda não sei se fiz a coisa certa — disse ela.

— Você, definitivamente, fez a coisa certa, mas não como manda o seu figurino — disse eu. — Tudo o que eu estou dizendo é que você deveria ter a mente mais aberta ao lidar com gays.

Ela não disse nada. Pensei em mudar de lugar. Ela era totalmente intolerante no que dizia respeito a sexo não convencional. E ainda não tínhamos chegado a Manhiça. Mas permaneci no lugar e foi bom que o fizesse, pois, com tempo para matar, Susanna contou-me como dirigia um abrigo em Maputo — outro esforço admirável. Meninos de rua eram convidados a irem para lá, onde tomavam banho, recebiam roupas limpas e se alimentavam. Ela já estava fazendo isso havia dois anos e, ao longo desse tempo, ficou conhecendo os garotos. Certa noite, quando ela estava descendo de um carro, alguns meninos a abordaram e pediram dinheiro. Então, vendo que ela estava sozinha, cortaram sua bolsa e roubaram todo o seu dinheiro. Ela os reconheceu, pois lhes tinha oferecido banho, roupas e comida. E o que é pior: eles também a reconheceram; portanto, sabiam que seria um alvo fácil.

O abrigo, por sua vez, parecia mais um desses esquemas ineficazes — como recolher prostitutas das lucrativas ruas de Maputo, sendo a prostituição uma das poucas atividades, em Moçambique, que lhes permitia sobreviver sem terem que capinar roças de milho. Não pela primeira vez, lembrei-me da sra. Jellyby e de sua filantropia intrometida.

Chegamos a Manhiça. Susanna disse:

— Vou rezar por você. Pela sua felicidade, saúde, por sua família e pela segurança de suas viagens.

— Eu vou rezar para que você pare de usar o termo "abominação" para os gays — disse eu. — Também vou rezar para que você leia um livro de história e um livro de paleoantropologia. E para que você pare de chamar esses pobres coitados de pecadores. Como se eles já não tivessem problemas suficientes!

Tínhamos chegado tarde e eu perdera o ônibus para Xai-Xai. Não havia outro meio de ir para lá, a não ser de *matatu*, ou *chapa*, como os micro-ônibus superlotados eram chamados aqui. Agora que estava lendo regularmente os jornais sul-africanos, eu sempre me deparava com notícias sobre desastres envolvendo os micro-ônibus, com muitas mortes. Já os descartara como arapucas mortais. Tinha conseguido chegar ileso até aqui. Não queria pressionar minha sorte colocando-me em risco mais uma vez. Almocei em Manhiça — caldo verde, uma sopa de batatas amassadas, vegetais e alho, o dúbio legado culinário dos colonizadores. Vagamente irritado pela queda de braço com a missionária, que acreditava ter a posse exclusiva da verdade, decidi tomar um táxi de volta a Maputo.

O dia seguinte era o Dia de Samora Machel, um feriado nacional. Machel fora o presidente de Moçambique, desde a independência, em 1975, até sua morte em um desastre aéreo em 1986, acontecimento que parecera fazer parte de um sinistro complô. O feriado era o 15º aniversário do desastre. Ninguém parecia se importar com o fato de Machel ter sido o líder de um país caótico e falido. O fracasso econômico não era inteiramente de sua responsabilidade, mas ele o tinha presidido. Nos cartazes, era retratado como uma figura barbuda, em uniforme de combate e um boné ao estilo de Fidel. Embaixo, o slogan: *Samora — Nossa Inspiração.*

— Machel não era ninguém — disse-me, no Polana, um amargo português chamado Da Silva. — Ele era apenas um funcionário de hospital. Seu trabalho era transportar cadáveres. Eu sei! Minha mulher trabalhava no hospital!

Da Silva tinha razões para ser amargo. Sua casa, em Maputo, fora confiscada. Ele agora residia em Joanesburgo. Estava de volta a Maputo para tentar obter uma compensação. Seu exílio forçado, em 1974, fora uma coisa indigna.

— Disseram que minha esposa era prostituta. Eles nos transformaram em refugiados. Nós ficamos sem nada. Tivemos que fugir. Eu estou aqui, mas quer saber de uma coisa? Tenho vontade de chorar. Eles destruíram esse país. As únicas pessoas que ficaram foram os oportunistas e ladrões. Angola é melhor.

Isso era novidade para mim. Angola, dividida por uma guerra civil, parecia-me um lugar insuportável e perigoso. O caótico Moçambique era, pelo menos, pacífico. Da Silva disse:

— Meu filho está lá — piscou para mim e esfregou os dedos para mostrar que seu filho estava ganhando dinheiro.

Aproveitei os dois dias do feriado de Samora Machel para escrever, sentado à beira de uma encosta escarpada sobre o Oceano Índico. Já tinha quase terminado minha história erótica, agora um romance com mais de cem páginas. Era uma tarefa agradável — como entalhar um bloco de madeira em uma forma reconhecível. A certa altura, deixei de lado o trabalho, olhei para o oceano e pensei na minha viagem, em como eu tinha ido longe. E na parte que faltava: de Joanesburgo à Cidade do Cabo.

Eu contemplava o último trecho do meu safári com sentimentos contraditórios. Estava ansioso para tomar o trem e triste porque a viagem estava terminando. Não estava cansado. Esse tipo de viagem se adequava à minha índole. Eu mantivera as promessas que fizera pelo bem da minha paz de espírito: nenhum prazo, nenhum encontro sério, nenhum plano, nenhum negócio, nada de telefone celular, nada de e-mails. Se alguém me procurasse, eu estava inacessível. Tinha permanecido inacessível. Ninguém sabia que eu estava em Moçambique. Esse tipo de sumiço me tornava espectral e incorpóreo, como se eu tivesse me tornado um fantasma, sem a inconveniência de morrer.

Para fazer algum exercício, andei até a Praça da Independência, perto do Jardim Botânico, onde se realizava a celebração de Samora Machel. Passei pela Casa de Ferro, admirável, mais um projeto de Eiffel. Crianças estavam correndo e pulando sob a estátua de Machel. A placa na base da estátua fora vandalizada, tornando a inscrição indecifrável. Na praça, soldados dançavam uns com os outros, homens e mulheres vestidos do mesmo modo, saracoteando desajeitadamente em botas de combate, rindo quando se esbarravam.

Na manhã seguinte, cedo, deixei Maputo naquele ônibus confortável, zumbindo pela savana e serpenteando pelas colinas baixas. Nos postos de fronteira, os habituais contratempos e olhares estranhos. Depois, o insolente milagre das autoestradas sul-africanas, com suas casas bonitas e favelas sombrias, mas organizadas. Cheguei a Joanesburgo antes de escurecer.

22 *O Expresso Trans-Karoo até a Cidade do Cabo*

Após um período, mesmo que breve, na distorcida realidade de Moçambique — cuja ruína e reconstrução pareciam pertencer a uma quarta dimensão — era estranho estar de volta à balbúrdia da África do Sul urbana. Senti-me desconcertado com as ruas bem asfaltadas, sinais de trânsito, árvores bem-cuidadas nas calçadas e praças limpas — e com a visão de uma linda mulher, em Rosebank, que dirigia um conversível novo e tagarelava num celular. Talvez fosse uma negociante de pedras preciosas, monopolizando o mercado de tanzanitas. Era ainda mais estranho ouvir os constantes resmungos dos joanesburgueses, negros e brancos, sobre a falta de prosperidade do país, a economia em declínio e a falta de poder aquisitivo de sua moeda, que caíra pela metade em poucos anos.

O frequente comentário sul-africano "Este é um país do Primeiro Mundo, com uma mentalidade de Terceiro Mundo" poderia se aplicar a muitos países que eu conhecia. Portanto eu não o levava a sério. Era uma afirmativa que trazia à mente a Irlanda do Norte e algumas das regiões mais obscuras e pitorescas dos Estados Unidos e da Europa — irreconciliáveis, como algumas partes da África do Sul.

Para mim, a África do Sul era um lugar onde quase tudo funcionava, até mesmo o sistema político. Todo o imenso país era acessível por trem ou ônibus. Uma das consequências das décadas de paranoia do governo branco fora o ambicioso programa de construção de estradas, com propósitos militares, para manter a ordem. Essa malha rodoviária significava que o Exército poderia ir a qualquer lugar; os civis agora podiam fazer a mesma coisa. As universidades eram excelentes, o nível do debate político era impressionante e os jornais eram combativos: acompanhavam as histórias de crimes e analisavam com imparcialidade as políticas governamentais e os escândalos políticos — que muitas vezes, na África do Sul, estavam picantemente relacionados. Até o sistema educacional era elogiado por seus elevados princípios.

Pareceu-me de mau agouro, portanto, a manchete de um jornal, no dia em que cheguei: "GORDIMER 'RACISTA DEMAIS' PARA AS ESCOLAS." O romance de Nadine, *July's People*, fora banido do currículo escolar pelo Comitê de Seleção de Livros do Departamento Educacional da Província de Gauteng. Como essa província englobava Joanesburgo e Pretória, possuía a maior concentração de salas de aula do país. Esse plausível romance sobre o Juízo Final sempre fora leitura obrigatória. Mas foi classificado como "profundamente racista, superior e paternalista", "um anacronismo, porque projeta, para a África do Sul, um futuro que não ocorreu" e "inaceitável, pois não encoraja a boa prática gramatical".

Essas observações tolas foram uma desculpa para que eu relesse *July's People*, o que fiz com prazer. Certa manhã, escrevi um artigo para o *Sunday Independent*, de Joanesburgo, zombando da ignorância e do filistinismo do Comitê de Seleção de Livros, e me divertindo um pouco com o nome do principal perseguidor de Nadine, um comissário com o nome ridículo de Elvis Padayachee. Mencionei que o brilhante e imaginativo trabalho de Gordimer estava em completo acordo com a realidade — como nos comportamos, como falamos, como são nossas cidades, como funcionam nossos casamentos, como amamos, como morremos. E que o trabalho de alguém que escreve com fidelidade sempre parece profético. Considerando as incertezas e as mudanças na África do Sul, os eventos cataclísmicos de *July's People* ainda eram possíveis. Trinta anos antes, em *A Guest of Honor*, ela descrevera a crise entre rivais, reformistas agrários e racistas que estava em andamento no Zimbábue de hoje. Nadine me disse:

— Esse tipo de proibição me lembra da época do *apartheid*, quando os racistas suprimiam os livros de que não gostavam. Eu pensei que tínhamos superado isso.

Ela acrescentou que o banimento era mau sinal, mas não levou aquilo para o lado pessoal. A censura na África do Sul nunca fora coisa simples. Nos tempos paranoicos do governo branco, meus romances *Os Amantes da Selva* e *A Costa do Mosquito* também foram proibidos, juntamente com obras de outros autores, como *The Return of the Native* (O Retorno do Nativo), de Thomas Hardy, e *Black Beauty* (Beleza Negra), de Anna Sewell, por seus títulos que, supostamente, inflamariam o radicalismo negro. *A Costa do Mosquito*, entretanto, era hoje um título obrigatório nas escolas sul-africanas e minha defesa de *July's People* foi prontamente publicada. Eu não conseguia pensar em nenhum outro jornal, na África, que publicasse um artigo como o meu, que zombava da estupidez de uma diretriz governamental.

— Eu estou muito mais preocupada com Reinie — disse Nadine, a respeito de seu marido doente. — Ele está muito fraco. Ele é a minha preocupação no momento.

Sabendo de antemão que este seria o último trecho de minha viagem, hesitei em tomar o trem para a Cidade do Cabo. Eu procrastinava porque queria saborear a antecipação de ir, mas também porque, depois daquele trecho, meu safári chegaria ao fim. Fiquei deitado no hotel, em Joanesburgo, revivendo minha viagem através das boas pessoas que tinha conhecido. Vi o orgulhoso núbio, Ramadan, conduzindo-me pelos barrancos arenosos do deserto sudanês; Tadelle e Wolde, com roupas recém-adquiridas, ainda com as dobras que tinham nas caixas, e nossa triste despedida em Moyale, na fronteira etíope; Wahome, o escritor e ex-prisioneiro, em Nairóbi; Apolo, o improvável primeiro-ministro, gracejando comigo em Uganda; o hospitaleiro capitão, no lago Vitória, e o vesgo Alex, que estaria, nesse momento, na sala de máquinas do *Umoja*, mexendo no velho motor a diesel; Julius, no trem da savana que partia de Mwanza; Conor e Kelli, no Expresso Kilimanjaro; Una Brownly, a discreta enfermeira da missão de Livingstonia; meu aluno Sam Mpechetula, em Zomba; Karsten Nyachicadza, perito remador, na aldeia de Marka, no rio Chire, sorrindo para a vida através de uma névoa de fumaça azul; o fazendeiro Peter Drummond, nas cercanias de Norton, dando de ombros ao aparecimento de novos invasores; os prisioneiros africanos e motoristas de ônibus de longa distância e as mulheres dos mercados — pessoas alegres, fazendo seu trabalho contra todas as probabilidades. Eu era grato a todos, por tornar minha viagem agradável. Sentia falta deles. Desejava-lhes o melhor.

Na Park Station, certa manhã, enquanto aguardava na fila para comprar uma passagem de trem, entabulei conversa com uma jovem africana, que estava à minha frente. Disse-lhe para onde estava indo. Ela respondeu:

— Eu ouvi no rádio, outro dia, que existe um trem realmente luxuoso para a Cidade do Cabo. É caro, no nosso dinheiro, mas no seu deve ser barato. *Ach*, tenha uma boa viagem!

Mais uma pessoa gentil, ajudando-me em minha viagem.

Não era o conhecido Trem Azul, nem era um vagão de primeira classe. Era o Classe Premier, uma nova classificação no Expresso Trans-Karoo. Comprei a passagem e fiz uma reserva. O preço de 140 dólares incluía todas as refeições e um compartimento privado. Na banca de jornais da Park Station, comprei dois novos cadernos. Esperava ter tempo suficiente para fazer uma boa cópia da minha longa história. Era uma viagem de 27 horas, 1.300 quilômetros de Joanesburgo até a Cidade do Cabo, através do deserto, no altiplano conhecido como o Grande Karoo. Mais ou menos a distância entre Boston e Chicago.

Iniciei a viagem no dia seguinte. Esperando na plataforma que o trem chegasse, juntamente com outros passageiros, reparei nas diferentes posturas de antecipação. Os brancos, geralmente, ficavam de pé em pequenos grupos familiares, reunidos em torno de suas bagagens, parecendo atentos. Os negros se esparramavam nos bancos, aos pares, com as pernas estendidas, parecendo relaxados. Os outros, os miscigenados, *uitlanders* (estrangeiros) e indianos, mantinham-se em movimento, circulando cautelosamente em meio aos demais.

Por motivos de segurança, cercas de aço isolavam a plataforma; apenas os viajantes podiam transpor a barreira.

— Não é assim na Austrália — disse-me um homem branco, robusto, levantando sua bagagem. Chamava-se Bob e estava viajando com a esposa, Sylvia. Tinham cerca de 50 anos e pareciam tristes. — Anos atrás, você podia se despedir da família. Era uma coisa amistosa. Não havia nada dessa segurança. Nada dessas cercas.

— Diferente da Austrália — disse Sylvia.

Eles eram de Joanesburgo, nascidos e criados na cidade. Mas, dentro de oito meses, iriam emigrar para Brisbane e planejavam nunca mais voltar à África do Sul.

— É horrível demais o que aconteceu aqui — disse Bob.

Ele era operário e esperava encontrar emprego na Austrália, mas tinha dúvidas se iria conseguir. Seu ramo era a fabricação de dormentes para ferrovias. Não havia muita demanda por esses implementos na Austrália.

Um africano se aproximou de mim, selecionando-me em meio a um grande grupo de viajantes à espera. Disse:

— Sr. Theroux?

Ninguém jamais pronunciava meu nome de forma incorreta na África do Sul porque Leroux era um nome comum e o lugar estava cheio de descendentes de huguenotes franceses.

— Como você sabia que era eu?

— Eu sou o camareiro. Depois de algum tempo nesse trabalho, a gente começa a conhecer as pessoas. Geralmente, eu consigo associar um nome a um rosto.

Chamava-se Craig. Acompanhou-me até meu compartimento e me explicou como tudo funcionava — banho quente ao lado, bar no vagão seguinte, área de leitura e de lazer. Pinky, uma mulher zulu em um elegante uniforme, atenderia aos meus pedidos de bebida. O almoço seria servido em uma hora no vagão-restaurante.

O trem apitou duas notas ásperas e, com um solavanco, que soou como um martelo em uma bigorna, saímos da estação e nos dirigimos para oeste. Permaneci sentado, perfeitamente satisfeito, e olhei a cidade passar pelas janelas. As longas sombras dos grandes prédios foram substituídas por subúrbios iluminados, garagens, lanchonetes de fast-food, supermercados, bangalôs baixos e cercados, as microempresas que caracterizavam os pequenos povoados: *Açougue do Mohammed, Solly's Roupas Novas e Usadas, Dave's Automóveis, Prinsloo's Painéis.* Se não houvesse pessoas à vista, essas arcadas e terraços edwardianos poderiam ser australianos, pois tinham a mesma arquitetura colonial da virada do século XX, bangalôs de estuque debruados, com tetos de zinco — até mesmo os densos arbustos, as moitas de lantanas e os eucaliptos inclinados, com os troncos descascando. Mais à frente, surgiram pequenas indústrias: carnes em conserva, revendedores de pneus, cimento, ferro-velho, sabão. Os sul-africanos realmente faziam as coisas.

Cerca de 60 quilômetros depois de Joanesburgo, em Tshiawelo, passamos pelo enorme Cemitério de Avalon. Dois heróis de guerra estavam enterrados aqui, Joe Slovo e Helen Joseph. Mas tudo o que vi foram colinas e campos lamacentos, sem nenhuma árvore ou gramado, apenas túmulos. Cada um deles estava cercado por uma espécie de gaiola, como um berço de criança, mas feita de ferro, entremeada por uma malha de aço, de modo a manter do lado de fora animais como cães, hienas, doninhas — os animais que sabem cavar buracos. Em diferentes partes do cemitério, havia funerais em andamento, pessoas orando, ou de pé à beira de buracos recentemente abertos, em postura de luto, ninguém ereto, todos curvados em atitudes de dor.

Um pouco mais tarde, na estação de Roodepoort, George, o garçom, serviu-me filés de salmão do Cabo, no vagão-restaurante. Na plataforma, africanos carregados com embrulhos, cestos, engradados e cobertores enrolados me olhavam — ou estariam olhando para a família africana de quatro pessoas que estava sentada à mesa atrás de mim, servida por um alegre garçom branco?

As cidades da região eram pequenas e organizadas, a maioria construída perto de minas — fileiras de casas na rua principal, uma escola, uma igreja, um campo de rúgbi, colinas baixas, cidadezinhas de interior em campos auríferos, erguidas entre os refugos das minas, que lembravam colinas. Algumas dessas cidades pareciam ter sido construídas para durar. A estação de Krugersdorp, com modilhões, remates e ornamentos no severo estilo Cape Dutch (típico dos colonizadores holandeses), fora construída em 1899 — a data estava gravada em sua cúpula. Na periferia da cidade, erguiam-se cabanas de mineiros, de aspecto sólido e desconfortável, assim como albergues para mineiros, também com um século de idade e desabitados, parcialmente ocultos por cartazes que diziam: *Por Favor, Use Preservativos* e *Obrigado por Usar Preservativos.*

Mesmo nas cidades mais brancas do *veldt*, havia lembretes de uma África menos afortunada — um homem maltrapilho andando em uma trilha, um velho de bicicleta, uma mulher equilibrando um volumoso embrulho na cabeça, um pássaro extraordinário pousado em um mourão, choças africanas, meninos descalços, latrinas cobertas de zinco, miséria, milharais. O lugar que tomei por um campo militar — cercas de tela de arame, arame farpado, cães de guarda, holofotes em postes — revelou-se o perímetro de um clube campestre; a área que parecia ser um campo de treinamento era apenas um campo de golfe.

Chegamos a Potchefstroom. Lembrei-me da história que um venda chamado William me contara em Joanesburgo. Ele tinha crescido em Pietersburg, no que fora o Transval do Norte, e lá frequentara uma escola para negros.

— Era só uma escola do interior — disse ele. — Eu era muito jovem e não sabia nada. Mas, um dia, nós tomamos o trem para Potchesfstroom, onde íamos disputar uma partida de futebol contra outra escola. Depois do jogo, estávamos mortos de fome! Fomos até um restaurante. Vimos brancos do lado de dentro, mas eles não nos deixaram entrar. Eles disseram: "Vão para a janela." Ao lado do restaurante, tinha uma janela, onde fomos servidos.

Eu lhe disse que esse arranjo era comum no sul dos Estados Unidos até os anos 1960. William disse:

— Aqui os negros eram atendidos de pé e os brancos podiam se sentar. Nós não ficávamos zangados. Era a situação. Nós nos acostumamos, mas essa foi a minha primeira experiência. "Vão para a janela", nunca se sentem em um restaurante. Até hoje, é verdade, nós não sabemos usar um restaurante. A gente precisa de dinheiro, é claro, mas também tem que saber o que vai fazer lá dentro. Eu não me sinto confortável.

Os cartazes *Slebs blankes* — Somente brancos — subsistiram até o final dos anos 1980. Eu perguntei a William se ele tinha filhos. Ele disse que tinha, duas meninas, 16 e 13 anos.

— Minhas filhas sabem o que fazer em restaurantes. Elas não têm a menor ideia de como era a vida antes. Eu ainda não lhes disse. Eu vou dizer a elas quando elas tiverem 21 anos. Mas elas não vão acreditar. Elas acham que ir ao cinema, a um restaurante ou a um hotel não quer dizer nada. Quando eu era jovem, a gente não tinha a menor ideia de como era aquilo. Nós tínhamos medo. Ou às áreas brancas, a gente não ia. Nós não odiávamos os brancos. Nós tínhamos medo deles. Eles eram duros.

Eu lhe pedi para me dar um exemplo desse medo. Ele disse:

— Mais ou menos em 1981, eu ainda era adolescente e trabalhava para o sr. Longman. Eu fui até Durban com ele para um trabalho. Quando chegamos lá, eles não queriam me deixar entrar no hotel. Ele era carpinteiro e tinha um trabalho para fazer lá. Eu era o assistente dele. Ele disse para o pessoal do hotel: "Eu vou pagar o quarto dele." Mas eles disseram não. Não queriam me deixar entrar. Então dormi no carro. Depois de alguns dias, o sr. Longman conseguiu que eu ficasse na igreja. Você acha que as minhas filhas vão acreditar nisso?

O nome de Potchefstroom acionara minha lembrança dessa história.

Klerksdorp foi a primeira grande estação da linha. Um homem com sotaque inglês, que estava no corredor, disse para mim:

— Esse território é *terreblanche* — significando que ainda era ferozmente branco. Não apenas *verkramp*, irredutível, mas extremamente direitista e neofascista. Eugene Terreblanche, um demagogo barbudo com quase 60 anos, era o líder separatista branco do AWB, Afrikaaner Weerstands Beweging (Movimento de Resistência Africâner), um grupo de racistas bôeres, com base em Ventersdorp. Ele estava agora na prisão, cumprindo pena por ter agredido um negro (que ficara paralítico) e tentado matar outro. Dependendo de com quem você falasse, Terreblanche era um Moisés africâner ou um bêbado mulherengo e vigarista.

O fato de que, no lado sul dos trilhos, as casas eram boas não significava que Klerksdorp era toda próspera, pois havia barracos de metal no lado norte dos trilhos — cabanas em formato de caixas, construídas com velhas chapas de latão, sem janelas, com tetos planos, uma favela tão miserável quanto qualquer uma que eu tivesse visto na Tanzânia.

Markwassie, com seu letreiro malfeito — 270 quilômetros até Joanesburgo —, tinha o aspecto de uma cidade do Mississipi nos anos 1930, como nas fotos da época da Depressão: negros maltrapilhos, campos castigados pelo sol, pátios de manutenção da ferrovia manchados de graxa, armazéns com telhados de zinco, trilhos de manobras curvos e brilhantes. Markwassie era um entroncamento ferroviário, onde crianças negras macilentas gritavam e acenavam para o Expresso Trans-Karoo.

Nada havia de África no local, que se parecia com a velha, triste e quente América, até que, cerca de 15 quilômetros adiante, avistei um elande pastando e uma fazenda de animais selvagens. A distância, no ar parado, grandes nuvens rosadas e o trinar dos passarinhos anunciavam o pôr do sol nos altiplanos de Middelveld.

Usei as horas de escuridão para dar seguimento à minha história erótica, copiando e revisando, lembrando-me de que, por mais secretas e proibidas que sejam, imagens eróticas nos estimulam e alimentam nossa imaginação. Em seu livro sobre Hokusai, Edmond de Goncourt escreveu: "Todos os pintores japoneses fazem pinturas eróticas." Todos os grandes gravuristas japoneses se dedicaram à arte erótica e criaram um belo eufemismo para tais trabalhos. Eles os chamavam de *shunga* — quadros da primavera.

Em Joanesburgo, eu tinha comprado *Les Onze Mille Verges*, obra de Guillaume Apollinaire claramente pornográfica, coisa que não era do meu agrado, gótica e às vezes absurda — atlética demais e dolorosa demais, em sua maior parte, para ser plausível. Apollinaire, que inventara a palavra surrealismo, escrevera sobre as gravuras japonesas que eu tinha em mente. Li seu livro rapidamente e, a certa altura, descrevendo o movimento de um trem, ele alude aos versos de Alphonse Allais:

> O excitante movimento dos trens
> Faz o desejo correr por nossas veias.

A campainha do jantar soou. Sentei-me à mesa com um motociclista de cabeça raspada, chamado Chris, e um casal de ingleses idosos, que pareciam ranzinzas, mas talvez estivessem apenas nervosos. Não disseram seus nomes. Mas contaram que viviam na África do Sul desde a década de 1960 e acrescentaram:

— Não conseguiríamos mais viver na Inglaterra agora.

Iriam passar uns dias nos vinhedos do Cabo. O homem disse que era um aficionado por trens.

— Meu sonho é viajar no transiberiano. Mas eu tenho problemas de saúde.

Apesar da cabeça raspada, dos dentes faltantes e da loucura por motos, Chris tinha uma visão zen do mundo. E desencorajava qualquer crítica à situação mundial, inclusive da África.

— É isso aí... deixa pra lá.

Chris disse que era meio inglês e meio africâner.

— Então, é isso aí... eu também tenho problemas.

— Você deve participar desses grandes passeios de motoqueiros — disse o inglês, como se estivesse lascando pederneira com os dentes.

— É isso aí... muito legal. Como voar — disse Chris suavemente.

— Deve haver um bom número de neonazistas nesses passeios — disse o inglês.

— É isso aí... tem de tudo — disse Chris. — Mulheres. Ingleses. Africanos também.

— Eu também andei de moto por uns tempos — disse eu. — Mas parei. Achei que ia acabar virando doador de órgãos.

— É isso aí... eu também tenho uns bons órgãos para doar. Mas eu fumo tanto. Haha! Não tenho pulmões.

Enquanto conversávamos, comemos a refeição de quatro pratos: sopa, peixe, cordeiro do Karoo e musse, de sobremesa. Não comentei nada sobre as minhas viagens e estava com medo de falar sobre trens com um aficionado por trens. Em vez disso, perguntei ao inglês como ele tinha escolhido viver na África.

— Eu tinha 18 anos, tinha acabado de sair da escola. Entrei no Exército Colonial e disse à minha mãe que ficaria fora durante três anos. Ela ficou furiosa e disse: "Você nunca vai voltar para casa!" — O inglês sorriu. — E não voltei.

Ele trabalhara na Rodésia do Norte até que esta se tornou a Zâmbia; então foi para a Rodésia do Sul, até que a guerra pelo Zimbábue se tornou violenta. Finalmente, veio para a África do Sul. Fazer a pergunta que ficou no ar — ele pretendia permanecer? — seria indelicado e até impertinente.

De qualquer forma, ele mudou de assunto. Disse:

— Este aqui, na verdade, é o trem do navio. As pessoas vinham de navio da Europa até a Cidade do Cabo e pegavam o trem para Jo'burg. E voltavam para casa pelo trem, também.

Presumi que ele estava atormentado com pensamentos de emigrar para a Austrália.

Nessa noite, já tarde, chegamos a uma estação no desolado Karoo. Pulei fora do trem, para olhar o céu estrelado, os pequenos pontos luminosos. Havia mais estrelas do que escuridão ao redor delas. Avistei uma estrela cadente.

— Às vezes é possível ver a Via Láctea — disse uma voz incorpórea na plataforma.

De manhã, passamos pelas estações de Prince Albert Road e Laingsburg, onde começa a descida do Grande Karoo para o Pequeno Karoo. O Karoo é um altiplano, um deserto elevado. Ao atravessá-lo nesse trem agradável, eu tinha a arrepiante sensação de estar entrando na Patagônia, vendo o mesmo tipo de fazendas simples e arbustos inclinados pelo vento, rebanhos de ovelhas apertando os olhos contra o vento, tudo igual, com exceção dos colonos galeses e gaúchos. Mesmo naquele lugar desolado, de pastagens, pequenos arbustos e um horizonte de montanhas baixas, os colonos pareciam orgulhosos.

As terras eram, na maior parte, pradarias, com alguns trechos de matagal. Aqui e ali, surgia um grupo de árvores, como se fosse a bandeira de algum fazendeiro. Ao final de uma longa trilha de terra, erguia-se uma clássica casa caiada, com fachada em estilo holandês e um portão branco.

Umas batidinhas na minha porta: o camareiro. Ele disse:

— Estamos chegando a Touwsrivier e De Doorns, senhor. Por favor, verifique se suas janelas estão fechadas e trancadas. Já tivemos roubos antes. Pessoas que entram pelas janelas.

Ele tinha razão no que dizia respeito a Touwsrivier, uma comunidade indigente do Pequeno Karoo, casas pobres e africanos amarelados maltrapilhos. As pessoas eram da etnia khoisan, *"coloured"*, o povo marginalizado das províncias. Os campos estavam cheios de avestruzes, algumas acomodadas no chão, outras trotando ao lado do trem. Na plataforma, alguns homens vieram até minha janela, pressionaram seus rostos contra o vidro e apontaram para um prato de chocolates embrulhados em folha metálica, que estavam em uma pequena prateleira. Seus gestos indicavam: *Eu quero um.*

De Doorns era, em parte, uma favela de aspecto miserável em um vale na montanha — barracos de metal construídos com chapas corrugadas irregulares ou restos de madeira. No outro lado da linha férrea, o lado branco, uma grande igreja e boas casas. Pela aparência oriental e contrafeita dos homens que permaneciam ao lado dos trilhos, achei que eram khoisans, com seus rostos felinos. Alguns levantavam caixas de uvas maduras demais à altura das janelas do trem. Além da cidade havia vinhedos. Presumi que aqueles acampamentos improvisados deveriam abrigar os colhedores de uvas e os empregados das vinícolas.

Em certa época, apenas trabalhadores do sexo masculino eram admitidos no perímetro da cidade. Havia albergues e choças para esses trabalhadores, era a tradição de uma sociedade de homens solitários e beberrões. Todas as sextas-feiras, como parte do pagamento, cada empregado da vinícola recebia dois litros de vinho, um sistema que havia transformado muitos deles em alcoólatras. Talvez isso explicasse as favelas que abrigavam famílias inteiras, a maioria das quais brotou depois que Mandela assumiu o poder. No passado, as mulheres permaneciam nas aldeias, como Nadine descreveu de modo melancólico, mas perceptivo, em *July's People*:

> Ao longo das estações, havia a rotina diária de ficar sem homem; era o período de plantar e colher, dos verões chuvosos e dos invernos secos. Em épocas diferentes, embora com intervalos semelhantes para todas, sobrevinha a curta estação em que o homem voltava para casa. Por essa razão, embora trabalhasse e vivesse em meio às outras, como sempre, a mulher não permanecia no mesmo estágio dentro do ciclo cumprido por todas, por força de imperativos que superavam a autoridade da natureza. O sol se levanta, a lua se põe; o dinheiro tem que aparecer, o homem tem que ir embora.

Na próspera cidade de Worcester — belas mansões e casas bem-cuidadas, uma igreja com alto campanário, campos de futebol, quadras de tênis, gramados, jardins floridos — negros altos mendigavam nas janelas da primeira classe, apontando para as bocas e estômagos. Pediam dinheiro e diziam: "Estou com fome, estou com fome."

Encontrei o casal inglês no vagão de lazer. Sem que eu perguntasse, o homem me informou que não estava pensando em emigrar.

— Não vamos para lugar nenhum — disse ele. — Estamos aposentados.

Eles viviam em um subúrbio a 25 quilômetros ao norte de Joanesburgo. Ocorriam crimes lá, claro, havia crimes em todos os lugares. Ele me deu um exemplo.

— Há alguns anos, eu estava voltando para casa e parei na entrada de casa. Saí do carro para abrir o portão e fui cercado por três camaradas. Eles tinham pistolas. Gritavam comigo, queriam meu carro. Minha mulher escutou o barulho. Pensou que eu estava conversando com vizinhos. E saiu com nossos dois cachorros.

— Então você escapou? — perguntei.

— Nada disso. Os cachorros eram inúteis. Eles pensavam que iam dar um passeio. Estavam abanando os rabos. Minha mulher recebeu uma pancada com uma pistola e eu também recebi uma pancada forte. Nós dois precisamos levar pontos. Perdemos o carro. Mas, veja bem, isso poderia ter acontecido em qualquer lugar.

— Em qualquer lugar da África do Sul.

— Qualquer um.

Eles desceram em Wellington, para visitarem Paarl e as vinícolas. Wellington era outro lugar encantador com uma grande favela nas adjacências. Acres, talvez quilômetros, de barracos de telhado plano — mais simples, mais toscos e mais pobres quanto mais afastados estivessem da cidade. As favelas pareciam uma grotesca desfiguração, mas prometi a mim mesmo visitar uma delas quando tivesse uma oportunidade.

Durante horas, contemplei montanhas ao sul da ferrovia, grandes picos rochosos. Em Belleville, vislumbrei um planalto iluminado à frente, erguendo-se solitário ao sol. Então soube que estávamos nos arredores da Cidade do Cabo.

As rajadas de vento frio, o mar espumante e o sol deslumbrante, que incidia sobre o maciço impressionante da Table Mountain, tornavam a Cidade do Cabo a cidade mais limpa e radiante que eu já vira na vida. Mas isso era aparência, não a realidade. O vento forte era incomum na África pela qual eu viajara, mas não para essa costa, meu primeiro vislumbre do Atlântico. O vento aqui soprava geralmente a quase 40 quilômetros por hora e, às vezes, ia a quase 80, o bastante para arrancar os galhos menores das árvores e arrastá-los pelas ruas. A enorme montanha e seus despenhadeiros escarpados faziam a cidade parecer pequena e comportada. Ao contrário de Joanesburgo, em cujo centro perambulavam indivíduos cujo olhar dizia *eu posso te ferrar*, a Cidade do Cabo parecia provinciana e ordeira. A estação ferroviária parecia segura. Como eu queria ficar perto do mar, tomei um táxi e encontrei um bom hotel na orla.

Depois de fazer as perguntas habituais e de receber os habituais alertas, fui dar uma volta pela orla, pela cidade e pelos museus. Nas proximidades, ficavam os Company Gardens, que datavam de 1652, quando Jan van Riebeeck os plantou em nome da Companhia das Índias Orientais, com a ideia de aprovisionar os navios holandeses. Quando chegaram ao Cabo, os holandeses encontraram diversos grupos de pessoas, entre eles os khoisans, percorrendo a praia em busca de conchas e algas comestíveis. Eles os chamaram de "guarda-praias" e "hotentotes".

Alguns desses nativos falavam um inglês rudimentar, pois tinham estado em contato com os ingleses, que aportaram no lugar alguns anos antes. Desde o início, os "guarda-praias" foram postos para trabalhar, como van Riebeeck escreveu em um memorando, "lavando, polindo, buscando lenha e fazendo trabalhos diversos. Alguns deles até colocaram suas filhas pequenas, agora vestidas segundo nosso costume, a serviço de nossos casais".

Essa foi a razão da existência da Cidade do Cabo: constituir um porto para suprir de gado, hortaliças e água os navios da frota holandesa que se dirigiam à Batávia, ou às Índias. Depois de dez anos no cabo, o próprio Riebeeck viajou para as Índias Orientais, onde morreu. O interior da África, uma terra desconhecida, não tinha interesse para os holandeses, ou para quem quer que fosse. Esse interior foi chamado de "Kaffraria", uma tradução do termo "Quefreria", que estava em um mapa espanhol do século XVI. Os espanhóis o tomaram emprestado dos muçulmanos, que ocuparam a península Ibérica, e o usavam para designar infiéis ("pessoas que vivem sem nenhuma lei ou sanção religiosa"). A palavra aparece em todos os mapas antigos. Por exemplo, em um mapa francês do século XVIII, que comprei quando estava em Kampala, encontrei diversas descrições dos nativos — *peuples cruels, anthropophages, sauvages* e *hotentots*. A palavra *"CAFRERIE"*, impressa em letras grandes, cobre uma grande área entre o trópico de Capricórnio e o equador. Em 1936, o biógrafo de Riebeeck ingenuamente explicou: "O termo *kaffir*, com suas infames conotações completamente esquecidas, é usado somente para os bantos e, na realidade, nunca foi aplicado aos hotentotes de forma coloquial."

Quando chegaram os huguenotes, com seus melhoramentos enológicos que aumentaram as áreas dos vinhedos, a vida era quase perfeita para os brancos — bebedores de vinhos e espancadores de negros —, e assim permaneceu durante 150 anos. Os holandeses se deram por satisfeitos em permanecer no clima mediterrâneo do Cabo ocidental até o século XIX, quando os britânicos aboliram a escravidão e promoveram a ideia de igualdade racial. Sentindo-se pressionados pelos britânicos, insultados em sua crença de supremacia branca e privados de sua força de trabalho, constituída por servos e escravos, os bôeres decidiram abandonar suas terras férteis. Em 1838, no que ficou conhecido como "A Grande Jornada", os bôeres se dirigiram para o norte, para o interior, além dos rios Orange e Vaal, para tomar as terras dos negros locais e escravizá-los, criando novos estados brancos. Entre carteiras de pele de avestruz e almofadas em pelica de zebra, nas lojas de suvenires da Cidade do Cabo, encontravam-se flexíveis *sjamboks* de couro. Era impossível olhar para esses chicotes e não pensar neles como os verdadeiros símbolos da história da África do Sul.

O que me impressionou na Cidade do Cabo foi sua pequenez, o brilho do mar e o ar fresco. Cada rosto humano era diferente, cada história era diferente. Ninguém realmente concordava em nada, a não ser que a Cidade do Cabo, apesar de todas as suas grandes contradições, era o melhor lugar para se viver na África do Sul. Nem bem eu tinha decidido que o local era harmonioso e tranquilo, deparei-me com as estatísticas criminais — roubos de carros, estupros, assassinatos e invasões de fazendas, que terminavam com os fazendeiros estripados.

Algumas das favelas mais perigosas que conheci na viagem estavam na África do Sul — essa república de misérias e esplendores —, assim como alguns dos bairros mais bonitos que já vi na vida. Constantia logo me vem à mente, com suas mansões e jardins.

Logo depois que cheguei, telefonei para Conor e Kelli, colegas de viagem a quem eu vira pela última vez no decrépito Expresso Kilimanjaro. Estava curioso em saber o que acontecera com eles, depois que desembarquei do trem, em Mbeya.

— Paul, foi incrível. Venha aqui e vamos lhe contar tudo — disse Kelli. Estavam ambos na cidade, na casa da mãe de Kelli, em algum lugar nas encostas da Table Mountain.

A casa, em uma ladeira do Pico do Diabo, era assolada pelo vento, que fazia tremer sobre os pneus os carros estacionados e distorcia os reflexos das janelas fechadas — como espelhos de parques de diversão —, pois as rajadas pressionavam e deslocavam os vidros. As portas das casas se abriam e batiam, sacos de plástico voavam pelos ares e se prendiam nos galhos das árvores, tampas de lixeiras corriam pelas calçadas e colidiam com os muros da rua.

— Olha só quem está aqui — disse Conor. Ele estava recém-barbeado e mais arrumado do que estivera no trem; afora isso, continuava a ser o exuberante irlandês de sempre. — Meu Deus, depois que você desceu em Mbeya, a viagem foi por água abaixo.

A finlandesa adoeceu em Kapiri Mposhi e teve que ser hospitalizada. Eles ficaram presos no lugar por alguns dias. Depois, tomaram um ônibus para o sul que não parava de quebrar.

— Quando eu digo quebrar, quero dizer que atropelamos um jumento, ele passou pelo para-brisa e morreu no colo do motorista. E uns bôeres que estavam no ônibus disseram: "Ei, vamos fazer um *braai*, para assar e comer o bicho", você pode imaginar uma coisa dessas?

No sotaque dublinense de Conor, foi uma frase alegremente maníaca.

Em vez de assar o jumento, seguiram para Chinhouyi, onde ficaram retidos mais uma vez.

— Ninguém tinha dólares do Zimbábue, então ficamos encalacrados. Em Harare, nós desistimos e pegamos um avião para a Cidade do Cabo. Que se danassem os ônibus. E você?

Resumi minha viagem desde o sul da Tanzânia, mas minha conclusão também foi "que se danassem os ônibus". Eu disse que preferia os trens, principalmente o Expresso Trans-Karoo.

— Nós andamos no Karoo duas semanas atrás, num passeio de fim de semana — disse Conor, levantando-se de sua cadeira, para poder ilustrar o que dizia com precisos gestos irlandeses. — Um pequeno hotel dirigido por um casal gay. Nós estávamos contando dar umas caminhadas pelas colinas, comer boa comida e descansar um pouco. Jesus, aquilo acabou virando um pesadelo, desde a hora em que a gente chegou, Kelli, a mãe dela e eu. Eu disse: "Vamos ver o jogo de futebol no bar." Era um desses bares africâneres estranhos, um monte de fazendeiros bêbados num sábado à tarde. O barman era esquisito também, tinha sido soldado em Angola e ficou meio demente por causa disso. Tinha uns negros num canto, parecia que não eram bem-vindos. Bem, eu mexi na televisão e um grande fazendeiro bêbado cambaleou na minha frente e me olhou nos olhos.

Imitando o fazendeiro cambaleante, Conor me encarou de olhos esbugalhados.

— Futebol é esporte *kaffir*. Ou você olha a porra do rúgbi ou desliga esse negócio! Nesse bar não tem essa porra de esporte *kaffir*.

— Nós só estávamos lá há cinco minutos, veja bem. E ele não parava de gritar conosco porque eu não queria desligar a tevê. Então ele disse: "Olha, ele é um *kaffir*!" — e abraçou um dos negros lá do canto, que ficou totalmente sem graça. "Mas ele é meu amigo, meu amigo *kaffir*." E ele continuou: "Mas esse pessoal miserável está fazendo a gente sofrer. Novecentos e cinquenta fazendeiros foram assassinados desde 1994!" Enquanto ele dizia isso, a Kelli, que é muito impaciente, você sabe, colocou a mão sobre a boca e fingiu que estava bocejando.

"O bôer ficou alucinado! Ele partiu para cima da Kelli e eu tentei segurar ele.

"Então o barman — bem, o barman deve ter feito algumas coisas muito estranhas em Angola, porque ele era mesmo perturbado, quer dizer, ele nos mostrou suas pinturas, mais tarde. Você devia ver, como algum veterano do Vietnã com estresse pós-traumático. As pinturas eram realmente deprimentes. — O barman começou a dizer, '*Nie vrou! Nie vrou!* Ela é uma mulher, você não pode bater numa mulher!' Mas o africâner tinha enlouquecido e estava tentando bater na Kelli com um taco de bilhar e eu estava tentando arrastar ele para longe e a minha sogra estava gritando e a televisão estava alta demais.

"O barman maluco também ficou alucinado. Nisso, um dos gays entra na sala e diz: 'O que está havendo?' E essa foi a parte horrível, porque o bôer, estava gritando em africâner: 'Merda! Porra! *Kaffir*!' Ele errou a Kelli e atingiu o gay no rosto com o taco de bilhar. O gay começou a chorar. O barman pulou sobre o balcão, tirou o gay da frente e pimba! Bem no peito do bôer, que caiu no chão. Enquanto ele caía, nós corremos para o andar de cima."

— Que história incrível — disse eu, rindo, porque Conor a tinha representado no meio da sala, com o vento uivando e pressionando as janelas.

— Não acabou aí! — disse ele. — Quando estávamos no quarto, nós ouvimos o fazendeiro subindo as escadas.

Conor imitou uma espécie de Frankenstein pisando pesadamente nos degraus e no corredor do hotel, e rosnando: "Vou matar vocês! Vou matar vocês!"

— Eu tranquei a porta e, por precaução, peguei uma cadeira. Pensei: "Vou quebrar a cadeira na cabeça dele." Eu ouvi ele começar a berrar: "Eu sei onde vocês estão!" E ficou batendo nas portas. Mas não nos achou. Esses foram os primeiros 45 minutos do nosso fim de semana no Karoo. O resto eu conto para você outra hora. Tome uma cerveja. Saúde. Algumas pessoas estão vindo.

Eu esqueci de lhe dizer que essa é nossa festa de despedida. Vamos embora amanhã.

Os convidados chegaram para a festa, de todas as cores, uma boa amostra da população da Cidade do Cabo. Bebemos e ouvi mais histórias. Senti que estava entre amigos. Conor e Kelli conheciam os tortuosos caminhos da África central e oriental. Mas não viam futuro aqui. Estavam voltando para São Francisco, ondc tinham *green cards* e empregos.

Durante alguns dias, fiz o que fazem os turistas na Cidade do Cabo. Tirei um dia para visitar os vinhedos de Franschoek, Paarl e Stellenbosch; olhei as vinhas, as adegas e participei de sessões de degustação de vinho. Passei um dia em Constantia e uma tarde nas encostas orientais da Table Mountain, onde está situado o Kirstenbosch, o jardim botânico nacional, um luxuriante repositório de plantas sul-africanas, repleto de cactos, palmeiras e coqueiros, bem como de fragrantes variedades do pequeno arbusto chamado *fynbos*, característico dos terrenos pantanosos e purpúreos do Cabo. Uma sebe plantada por Jan van Riebeeck, em 1660, ainda florescia nos limites do Kirstenbosch.

Certo dia, fui até a estação com a intenção de tomar o trem até Simonstown. Mas cheguei tarde demais para isso. Entretanto, havia tempo para tomar outro trem — até Khayelitsha. Eu estava a fim de tomar qualquer trem. Sem conseguir localizar Khayelitsha em meu mapa, fui até o balcão de informações e perguntei onde era. O funcionário, um jovem mestiço afável, mostrou-me o lugar no mapa.

Então, debruçou-se sobre o balcão e disse:

— Não vá lá.

— Por que não?

— É muito perigoso — disse ele. — Não vá.

— Vou pegar o trem daqui a pouco. É perigoso como?

— O trem foi apedrejado ontem — disse ele.

— Como você sabe que ele vai ser apedrejado hoje?

Ele tinha um belo sorriso. Sabia que estava lidando com um alienígena ignorante. Ele disse:

— O trem é apedrejado todos os dias.

— Quem faz isso? Garotinhos?

Ele disse:

— Garotinhos, velhos, um monte de gente. Da cidade. Eles não estão brincando. Estão furiosos. E causam muitos prejuízos. Como eu sei? Porque ontem eu estava no trem para Khayelitsha. Com meu amigo, ele é o condutor. Estávamos na cabine do condutor. Então vieram as pedras. Ele foi atingido no lado do rosto. Ficou todo ensanguentado. Escuta só, ele está no hospital. Está mal. Ele só estava fazendo seu trabalho.

Isso me convenceu. Decidi não ir a Khayelitsha e lhe disse isso. O nome do funcionário era Andy. Conversamos mais um pouco. Khayelitsha, em xhosa, significa "nossa nova casa". Havia 700 mil pessoas morando lá, a maioria em barracos, na baixada do Cabo.

Enquanto conversávamos, uma funcionária permanecia sentada em uma cadeira, uma africana gorda de meia-idade, vestindo um suéter vermelho e um gorro de lã, com os pés escorados no balcão, fora do alcance de nossas vozes. Olhava diretamente para a frente, remexendo distraidamente um pedaço de papel.

— Eu não sou racista — disse Andy. — Mas os negros, neste país, acham que estão sendo preteridos nos empregos. Em lugares como Khayelitsha, eles não têm empregos, nem dinheiro. Eles pensaram que, depois do *apartheid*, teriam empregos. Quando isso não aconteceu, ficaram revoltados.

— Eu queria ver uma favela.

— Não — disse Andy, sorrindo e sacudindo a cabeça, ante a ideia louca, lembrando-me de todas as vezes em que eu ouvira: *Há pessoas ruins lá.* — Não vá a uma favela. Não vá a um povoado negro. Você vai ser roubado, ou pior.

No dia seguinte, fui a uma favela. Chamava-se New Rest. Eram 1.200 barracos que foram se acumulando, durante uma década, nas terras arenosas e estéreis da baixada do Cabo, ao lado da rodovia que levava ao aeroporto. Os 8.500 habitantes, em sua maioria, viviam na miséria, que era muito grande, mas não indescritível. Não havia água corrente, nem luz, nem mesmo árvores. Só vento frio. Eu nunca fora ao aeroporto internacional da Cidade do Cabo, mas podia imaginar os viajantes chegando, olhando a povoação grotesca e perguntando ao motorista:

— Vive gente, mesmo, nesse lugar?

New Rest era vizinha a uma outra povoação, igualmente miserável, porém mais antiga, chamada Guguletu, com casas de tijolo baixas e malconservadas. Guguletu estivera no noticiário, em 1993, quando Amy Biehl, uma estudante californiana de 26 anos, fora morta lá. Ela se formara em Stanford e estava vivendo na África do Sul, trabalhando como voluntária no serviço de registro eleitoral para as eleições livres, que seriam realizadas no ano seguinte. Como favor, dera carona a três amigas africanas, que moravam na favela. Ao ver seu rosto branco, uma turba de garotos africanos ("dúzias deles") urrou de sofreguidão, pois ela era uma presa branca num povoado negro. O carro dela foi apedrejado e parou. Ela foi arrastada para fora. Suas amigas negras suplicaram aos garotos que a poupassem: "Ela é uma camarada!" A própria Amy implorou aos agressores por sua vida. Mas foi atacada impiedosamente, espancada até cair no chão, teve a cabeça esmagada por um tijolo e foi esfaqueada no coração — morta como um animal.

Uma pequena cruz à beira da estrada, em Guguletu, perto de um posto de gasolina, assinalava o lugar do assassinato. Tratava-se de uma rodovia importante, deve ter havido diversas pessoas em volta que poderiam tê-la ajudado. Mas ninguém fez isso. Um letreiro borrado, atrás da cruz, dizia: *Última casa de Amy Biehl Seção 3 Gugs* — tão mal escrito e tão tosco que parecia um insulto.

Desafiando ameaças de morte, algumas mulheres de Guguletu, que haviam testemunhado o crime, apresentaram-se e disseram os nomes dos assassinos de Amy. Quatro jovens foram condenados pelo crime e sentenciados a 18 anos de prisão. Mas três anos após o encarceramento, compareceram diante da Comissão da Verdade e da Reconciliação. Tinham uma explicação: fora um crime político, não racial. Eram membros do Congresso Pan-Africano, disseram, e estavam apenas implementando a política do partido, que classificava todos os brancos como "colonos".

Os argumentos eram ridículos. Que esse crime pudesse ser considerado não racial não fazia sentido. Mandela tinha saído da prisão, as eleições estavam marcadas, o país fora quase totalmente virado do avesso pela maioria africana. Os assassinos tiveram motivações raciais, isso era claro, pois tinham selecionado Amy. Mas "se arrependeram" do que tinham feito, alegaram que estavam "com remorso" e pleitearam a própria libertação, nos termos da anistia geral. Tudo o que disseram me pareceu pouco convincente e sem nenhum mérito.

A libertação dos assassinos teria sido impossível sem o consentimento dos pais de Amy, Peter e Linda Biehl, que compareceram às sessões da Comissão da Verdade e da Reconciliação. Quando o filho descreveu o que fizera com Amy, a mãe de um dos criminosos ficou tão desgostosa e envergonhada que nem conseguia olhar para ele. Apesar disso, os Biehl abraçaram os assassinos. Disseram que sua filha teria desejado esse ato de compaixão, pois estava "do lado das pessoas que a mataram". Os Biehl não quiseram se opor à anistia.

Assim, os assassinos foram libertados. Dois deles, Ntom-beko Peni e Easy Nofomela, incrivelmente, foram empregados pelos Biehl. Ainda trabalhavam na Fundação Amy Biehl, uma instituição beneficente fundada pelos caridosos pais de Amy, em memória da filha. Em 1997, a fundação recebeu quase 2 milhões de dólares da Usaid, por se dedicar a "capacitar os oprimidos".

Os detalhes desse arranjo me deixaram estarrecido. Como pai, o pensamento de perder um de meus filhos dessa forma era aterrorizante — eu preferia morrer. O que eu teria feito nessas trágicas circunstâncias? Bem, eu iria querer tirar os assassinos das ruas. E se, por acaso, eles conseguissem a liberdade, duvido que lhes daria emprego. Ouvi-los choramingar e pedir desculpas me daria raiva. Eu esperaria ações da parte deles. Seria doloroso, para mim, olhar seus rostos. Os pais de Amy não compartilhavam meus sentimentos.

Mais tarde, perguntei a uma jornalista sul-africana o que ela achava da Comissão da Verdade e da Reconciliação. Ela disse:

— Se não fosse pelo conceito de perdão, que foi a força motriz por trás da Comissão da Verdade e da Reconciliação, onde estaríamos nós? Aconteceram coisas incríveis. Um general responsável por um bombardeio se encontrou com um homem que ficou cego na explosão e ambos apertaram as mãos. Um torturador foi obrigado a reviver suas ações. Às vezes os assassinos pediam perdão aos pais, que aceitavam ou rejeitavam. Muitas pessoas acharam que a Comissão da Verdade e da Reconciliação foi uma impostura, mas para mim foi uma coisa notável sempre que funcionou.

A extrema clemência demonstrada pelos pais de Amy Biehl é frequentemente mencionada — tão frequentemente que chega a parecer que foi uma provocação salutar. Muito do que disseram os criminosos e seus defensores foi apenas conversa fiada. Mas, embora ninguém na África do Sul pareça se lembrar, na época da anistia os Biehl os desafiaram, dizendo: "Vocês, na África do Sul, estão preparados para fazer sua parte?"

A desolação de Guguletu fazia parte de sua história como área proletária — com seus albergues e abrigos para homens. Os trabalhadores do sexo masculino, na África do Sul, podiam ser controlados com mais facilidade se estivessem longe das famílias. Por qualquer motivo, podiam ser mandados de volta para a aldeia. As minas eram notórias pelos albergues, controlados como se fossem presídios. A favela de New Rest, que crescera ao lado de Guguletu, depois de 1991, era constituída principalmente por mulheres, que queriam ficar próximas a seus maridos e namorados. Como se alastrara de qualquer jeito sobre 15 hectares de areia, não possuía comodidades e, por conseguinte, fedia e tinha um aspecto horrível. Os barracos eram abrigos feitos com restos de madeira mal encaixados, pedaços de latão e plásticos. As fendas entre as tábuas eram assoladas pelo vento arenoso.

— Eu tenho areia e poeira na minha cama — disse Thando, meu guia local.

Mas inesperadamente — para mim, pelo menos — havia um espírito otimista no lugar, uma vitalidade e até um sentido de propósito. A iluminação era inexistente, mas havia lojas que vendiam velas por alguns centavos. Garranchos em letreiros de papelão relacionavam outras mercadorias: *óleo, chá, açúcar, sal* — o básico.

Eu não fora à New Rest sozinho. Entrara em contato com um casal de brancos que levava até o local os estrangeiros interessados, como forma de colocá-los em contato com a vida na periferia da Cidade do Cabo. Os visitantes, espantados com a miséria, não deixavam de contribuir com um fundo comum. Uma creche para mães que trabalhavam tinha sido criada com esse dinheiro. Provavelmente era a única construção limpa e bem pintada no lugar, onde duas africanas bondosas tomavam conta de 35 crianças bem-comportadas.

A maioria dos barracos pertencia a mulheres. Mais da metade delas trabalhava em algum lugar da Cidade do Cabo, como domésticas, faxineiras ou atendentes. As lojas da comunidade eram dirigidas por mulheres, assim como os pequenos bares — conhecidos como *shebeens* em toda a África do Sul, uma palavra irlandesa (que originalmente significava "cerveja ruim") incorporada à língua através do jargão dos soldados. Entrei em vários desses *shebeens*, onde vi homens e garotos bêbados, sentados com as costas recurvadas, por causa do teto baixo. Bebiam garrafas de Castle Lager, fumavam, jogavam sinuca e bolinavam inutilmente pequenas prostitutas gordas.

A vida não poderia ser mais triste que isso, pensei: a favela urbana, sem vegetação, arenosa demais para se plantar alguma coisa, além de cactos e gerânios mirrados; pessoas obrigadas a buscar água em bicas, carregando baldes de plástico, usando velas para iluminar seus barracos — frios no inverno, extremamente quentes no verão, imundos, construídos à beira de uma importante autoestrada. O que poderia ser pior? A pobreza rural, ao menos, usufruía de plantas e animais; e dispunha das confiáveis choças tradicionais, construídas com barro e palha. A pobreza rural tinha suas próprias crenças, seus costumes e suas cortesias.

Thando me levou até o comitê, que também fora criado mediante contribuições dos visitantes. Era, é claro, constituído apenas por homens. Mas eram otimistas.

— Não há drogas nem gangues aqui — disse um homem. — É um lugar tranquilo. É a nossa casa.

Os moradores eram, na maioria, pessoas provenientes do leste do Cabo, das antigas regiões do Transkei e do Ciskei, assim como das favelas de East London, Port Elizabeth e Grahamstown, cidades industriais que não estavam se saindo muito bem na nova economia.

O comitê tinha objetivos. Um deles era abrir ruas na favela; outro era instalar água encanada.

— Queremos construir casas aqui — explicou-me um dos membros do comitê.

O projeto já fora delineado e impresso por alguns urbanistas voluntários da Universidade da Cidade do Cabo. Os barracos foram numerados e demarcados. Fora feito um censo.

— As melhorias serão feitas no próprio local — disse o porta-voz do comitê, desenrolando a planta em uma mesa.

A ideia de transformar uma favela em um bairro viável, melhorando as habitações existentes, fora concretizada no Brasil e na Índia, mas não tinha ido longe na África do Sul. A ideia era erguer uma pequena casa, ou choça, no lugar de cada barraco miserável. A motivação por trás disso era o orgulho que as pessoas sentiam por terem encontrado um lugar seguro para viver. A boa vontade dos visitantes estrangeiros havia contribuído para a construção da creche, para a aquisição de três máquinas para fabricação de tijolos e para o estabelecimento de um fundo fiduciário. O fundo era administrado gratuitamente por uma agência de viagens, a Wilderness Cape Safaris, que havia incluído a New Rest em seu itinerário. Algumas crianças eram apadrinhadas por visitantes, que regularmente enviavam dinheiro para a educação e compra de roupas. Era um arranjo estranho, da mão para a boca, mas o elemento de autossuficiência sempre me transformava em simpatizante.

Perguntei o que houvera no local antes da comunidade e obtive uma resposta interessante. Ali fora um matagal que abrigava os iniciados (*mkweta*) nas cerimônias de circuncisão (*ukoluka*) realizadas pelos xhosas. A operação era realizada com o gume de uma lança (*mkonto*) em rapazes — homens, na realidade — entre 17 e 25 anos. Ninguém sabia explicar por que a circuncisão era feita tão tarde, mas todos concordavam que era um ritual de iniciação necessário, essencial para o companheirismo masculino.

— Até hoje, eles usam o campo — disse um dos membros do comitê. — Em junho e dezembro, nós os vemos, às vezes muitos deles, escondidos no mato mais afastado.

Embora não fosse a savana, mas apenas um matagal com povoações miseráveis, o lugar deve ter tido alguma importância como refúgio, nos tempos antigos. Aqui, durante as seis semanas de convalescença, em que só usavam cobertores rústicos e cozinhavam em fogueiras, os jovens circuncidados aprendiam a ser fortes. Tinham os rostos pintados de lama branca, o que, na antiga cerimônia, os caracterizava como iniciados. Atualmente, permaneciam nas áreas mais afastadas da estrada.

À beira da estrada, estavam Guguletu e a New Rest, cujos habitantes eram tão gratos que só pensavam em transformar seus barracos em moradias permanentes, onde pudessem viver o resto de suas vidas.

Sendo aqui a África do Sul e, especificamente, a província do Cabo Ocidental, era curta a distância entre essa favela/campo de circuncisão e outros tipos de refúgio. Trinta quilômetros estrada acima, em Paarl, no sopé da montanha de mesmo nome, com seu aflautado monumento à língua africâner, entre aprazíveis colinas forradas de vinhedos, havia um magnífico hotel campestre, o Grande Roche Luxury Estate Hotel. Era uma mansão do século XVIII que, restaurada à sua antiga glória, agora recebia hóspedes. Fui almoçar lá. Os alojamentos dos escravos, reformados e redecorados, tinham sido transformados em suítes. Casamentos eram realizados em uma igrejinha tão atraente que seria difícil imaginar que aquele lugar lindo e esmeradamente limpo fora uma capela de escravos.

Uma piscina, um spa, um jardim de ervas murado, uma biblioteca e um restaurante de luxo: o Grande Roche tinha tudo. Almocei no Bosman's, o restaurante do hotel, que fora classificado como Relais Gourmand. O almoço: *caesar salad* com fatias de cordeiro do Karoo e molho de ervas; depois, dourada — uma espécie de pargo — servida com polenta, legumes e diversas taças de *sauvignon blanc* produzido pelo próprio Grande Roche. De sobremesa, morangos marinados, com creme de leite.

Sentei-me então ao sol, em uma espreguiçadeira, entre os botões de um jardim de rosas, bebendo café e mordiscando os bombons de chocolate que estavam em um pires de porcelana. Ao sul, uma fumaça enevoava o céu. Sob essa fuligem, na baixada do Cabo, estendia-se a favela — pessoas agradecidas morando em barracos — onde eu passara a manhã.

Acima de mim, oferecendo-me sua sombra, erguia-se uma adorável árvore, com grandes flores alaranjadas.

Uma mulher branca e esbelta passou por mim, com o perfil erguido de alguém que está respirando profundamente, talvez inalando o aroma das ervas que margeavam o passadiço. Usava um vestido de seda azul e um largo chapéu branco. Seus graciosos sapatos chacoalhavam no cascalho. Ela sorriu para mim. Eu disse alô. Conversamos um pouco.

— Que árvore é essa? — perguntei.

— É uma eritrina — disse ela. — Também é conhecida como *kaffir boom*, mas atualmente não se deve dizer essa palavra.

Meu destino, nesse safári africano, era a Cidade do Cabo. Mas, como sempre acontece em uma longa viagem, a chegada ao ponto final me oferecera uma perspectiva melhor e me acenara com outro destino tentador, mais à frente, que me estimulava a prosseguir. Então remanchei e procrastinei nessa cidade ensolarada e varrida pelo vento, no aconchego de um hotel limpo, aproveitando a grande novidade de estar na única província da África do Sul onde o Congresso Nacional Africano, de Nelson Mandela, não era maioria. O governo provincial estava nas mãos da Aliança Democrática, uma briguenta coalizão de partidos de direita e conservadores. Dessa forma, a Cidade do Cabo demonstrava que era diferente de qualquer outro lugar no país.

Felizmente, para mim, os sul-africanos diziam o que pensavam. Talvez como reação aos anos em que foram obrigados a sussurrar. Alguns eram tão veementes que pareciam caricaturas. Entre eles "Swanie" Swanepoel, um bôer grandalhão, pálido, de rosto largo, olhos azuis encolerizados, queixo do tamanho de uma escavadeira, grandes mãos de fazendeiro e suspensórios esticados sobre uma camisa que mal represava sua imensa barriga — presos em calças que ameaçavam cair. Sua voz, seus olhos, até mesmo suas bochechas e o modo como dobrava os dedos gorduchos, tudo nele enfatizava seu senso de indignação. Ele odiava o sistema, pelo modo como tinha provocado mudanças, e seu refrão era: *Onde está o mundo agora?*

Ele era de Upington, uma cidade agrícola na província do Cabo Setentrional, além do rio Orange — uma viagem de 12 horas a partir da Cidade do Cabo

— "Você não sabe o que é ser pobre", as pessoas me dizem. Mas eu sei! Eu era pobre! Nós não tínhamos nada — disse-me ele em sua loja de objetos de segunda mão, na Cidade do Cabo. — Minha mãe dirigia uma pensão. Ela acolhia negros pobres e dava comida a eles. Por causa disso, nós ficamos conhecidos como *kaffir boeties*. Mas o mundo não quis saber disso. O mundo exigiu que nós entregássemos nosso país. Faziam sanções contra nós. Então tivemos que fazer isso. O que aconteceu há dez anos foi um desastre. E onde está o mundo agora? Você sabia que estão matando fazendeiros?

— Eu ouvi dizer que mil fazendeiros, mais ou menos, foram mortos em dez anos — disse eu.

Ele urrou para mim:

— Duas vezes esse número! O mundo não liga. Eu digo aos judeus: "Esse é o nosso holocausto! É o nosso genocídio!" Eles dizem: "Você merece isso." Onde já se viu uma coisa dessas?

Ele abriu um volume de *Volksmoord/Genocide*, um livro com fotos de pavorosos desmembramentos, decapitações e mutilações. O texto, em africâner e inglês, era de Haltingh Fourie. Mas não era preciso muito texto para se entender o assunto: o assassinato de fazendeiros brancos por terroristas africanos. As fotos das cenas dos crimes eram tão horripilantes que tive que virar o rosto.

— Isso está acontecendo nas fazendas nesse momento — disse Swanie. — Eles pensam que podem me fazer ir embora, mas eu não vou a lugar nenhum. Não para a Austrália, muito obrigado. Minha gente está aqui há trezentos anos! Ninguém liga.

— Eu estou escutando você, não estou?

— Ninguém escreve sobre isso — disse Swanie.

— Você quer que as pessoas escrevam sobre o quê?

— O genocídio — disse ele, dando umas batidinhas sobre a foto de um fazendeiro decapitado e estripado, no *Volksmoord*. E deu uma risada amarga. — Eu conheço Mandela. Eu queria reclamar. Ele disse: "Telefone para a minha secretária." Foi o que eu fiz. A secretária disse: "Quem é você?" Eu lhe disse quem eu era, Swanepoel e coisa e tal. Ela disse: "Onde você estava durante os 27 anos em que nós estivemos na prisão?" Eu disse: "Madame, em que prisão a senhora esteve?" Ela disse: "O quê?" Eu disse: "Não fique falando 'o quê'!" Ela disse: "Vocês, bôeres", e desligou.

— Como você conheceu Mandela? — perguntei.

— Ele estava por aí — disse Swanie. — Ele não passou 27 anos na prisão. Ficou na Robben Island durante 19, e então teve uma época boa na Victor Verster, em Drakenstein — eu vira o lugar quando voltei de Franschoek, um presídio rural que mudara de nome, em meio à área dos vinhedos. — Mandela vivia na casa do carcereiro, como se fosse a porra de um local de veraneio. E ele mentiu para mim.

Como não havia como verificar se Swanie conhecia bem Nelson Mandela, mudei de assunto. Mas ele se sentia tão ultrajado que não havia assunto para o qual não tivesse um discurso na ponta da língua.

— Estamos sendo culpados por tudo — disse Swanie. — Sabe aquela marcha na Cidade do Cabo em 1992?

Eu disse que não sabia de nada.

— Eles estavam marchando e cantando: "Um bôer! Uma bala." Mandela não conseguiu parar esse pessoal! E aquela mulher de Jabavu! Conhece ela?

Eu disse que não. Mas ele estava com a corda toda. Nada do que eu dissesse importava muito.

— Uma indiana, ela escreveu um livro dizendo: "Se um negro estivesse esperando para ser atendido em uma loja e um branco entrasse, o negro tinha que dar lugar." Ela estava falando do Distrito Seis e talvez tenha alguma verdade nisso. Mas quem eram os donos das lojas? Os indianos! Os judeus! Os muçulmanos! Os bôeres nunca tiveram lojas. Nós éramos fazendeiros. Nós ficávamos no Karoo, no campo, nas fazendas.

Swanie ficou tão furioso que jogou no chão o *Volksmoord* e começou a fechar a loja, batendo as trancas, abaixando a grade de metal e colocando os cadeados nos encaixes.

— Eu lutei na guerra; quantos desses porras lutaram na guerra? — uivou ele. — É a mesma coisa de sempre, como quando fomos convidados a sentar no *kraal* do Dingaan. "Deixem suas armas, nós não vamos ferir vocês." Os bôeres pensaram que os zulus estavam sendo honestos, então concordaram. Agora é tudo o *kraal* do Dingaan. Os bôeres concordaram e foram massacrados!

Como ocorria com muitos outros sul-africanos, seu sentido da história era imediatista e emocional. Para ilustrar uma traição, ele desenterrara um episódio de 1838. Dingaan foi o filho e sucessor de Shaka, como chefe dos zulus. O que Swanie não disse foi que os bôeres, para vingar o engodo, massacraram três mil zulus na batalha do Rio de Sangue — assim chamado porque suas águas ficaram avermelhadas com o sangue dos zulus.

O Distrito Seis, que Swanepoel mencionara, fora um bairro poliglota, multirracial e colorido, um cadinho cultural que ocupava cerca de 15 quilômetros quadrados na Cidade do Cabo, não muito longe da loja de Swanie. Encontrei muitas pessoas que tinham vivido lá e que lamentavam seu desaparecimento. O Distrito Seis representava o que a África do Sul poderia se tornar sem as barreiras raciais. Uma comunidade grande e feliz que produzira uma literatura e uma música de grande vitalidade — e com um espírito libertário que incomodou o governo branco.

Um antigo residente do Distrito Seis, chamado Hassan, explicou-me:

— Um dia, em 1962, todos nós recebemos uma carta do governo. "Essa área foi classificada como área branca." Mas havia muitos brancos lá. Nós todos vivíamos juntos, felizes. Malaios, indianos, negros, mestiços.

— O que aconteceu?

— Nós fomos reassentados na baixada do Cabo, e o Distrito Seis foi derrubado — disse Hassan. — Todas as casas foram destruídas. Só deixaram as igrejas e as mesquitas. Você pode ver elas.

Mas a transformação do Distrito Seis em área branca foi uma decisão tão controvertida que a área permaneceu desocupada. As casas para os brancos, que tinham sido projetadas, jamais foram erguidas.

— Tivemos que viver em um lugar horrível perto de Muizenberg, a baixada Mitchell. Quente, poeirenta, muito vento — disse Hassan, com sua pronúncia peculiar. — Tinha sido uma área de prisioneiros de guerra. *Aitalianos*. Nós ficamos com os alojamentos desses prisioneiros. Nós detestamos o lugar.

Quarenta anos depois, Hassan ainda vivia na baixada Mitchell e o Distrito Seis ainda estava despovoado. Restava o Museu do Distrito Seis, onde percebi o grau de estupidez do *apartheid* e a irracionalidade da Lei das Áreas Separadas, que dispersara a harmoniosa comunidade multirracial do Distrito Seis. Seus habitantes foram despachados para povoações monocromáticas. Os mestiços, como Hassan, foram para a baixada Mitchell, os indianos para Athole, outro subúrbio da periferia, os negros para Langa, Guguletu e Khayelitsha. Em meados da década de 1970, a maioria dos moradores tinha sido reinstalada e o Distrito Seis foi renomeado como Zonnebloem — girassol —, embora o nome não tenha pegado.

No piso do museu, havia uma planta das ruas e das casas antes existentes, com fotos e notas escritas pelos antigos moradores, com detalhes, memórias e testemunhos, muitos bastante comoventes. Meu guia no museu foi Noor Ebrahim, um escritor que crescera no Distrito Seis. Seu avô chegara à África do Sul, proveniente de Bombaim, no final do século XIX, com suas quatro esposas e dinheiro para iniciar um negócio — a fabricação de cerveja de gengibre. Seu pai também trabalhara no negócio. Noor disse que eles eram guzerates.

— Fiquei curioso. Vocês falava guzerate em casa?

— Não. Falávamos uma espécie de "inglês de cozinha".

— Holandês de cozinha não?

— Tinha holandês também. Nós chamávamos a língua de *kombuis engels*. Todo mundo falava isso no Distrito Seis. — Noor me deu alguns exemplos, todos com base no holandês. — Mas nós falávamos inglês correto na escola.

A palavra *kombuis*, que significava "cozinha", era interessante por ser arcaica e obsoleta. Um linguista sul-africano me disse que provocaria risos na Holanda, pois significava "cozinha de navio". A palavra holandesa para "cozinha" era *keukaen*. De vez em quando, segundo ele, um holandês se espantava com alguma coisa dita em africâner, como aconteceu com alguns teólogos holandeses, que estavam em um ônibus e ouviram que poderiam desembarcar. A expressão "desembarcar", *aftrek* em africâner, quer dizer "masturbar-se" em holandês.

Os itens mais tristes que havia no museu eram os letreiros com avisos de uma era anterior, escritos sem maiores rodeios, como: "Uso Restrito aos Brancos" (*Vir Gebruik deur Blankes*). Ou, para bebedouros e portas de entrada: "Não Brancos" (*Nie Blank*). Ou ainda: "Somente Brancos" (*Slegs Blanks*). A era anterior não estava tão distante, pois tais letreiros haviam sido utilizados até os anos 1980. Avisos como esses eram comuns e onipresentes no sul dos Estados Unidos até a década de 1960. Como, por exemplo, "Brancos" e "Pessoas de Cor" ao lado de bebedouros. Qualquer americano que olhasse para esses símbolos do racismo sul-africano e não sentisse vergonha seria um hipócrita.

Em uma quente manhã de domingo, com relutância, pois o fato significava o fim do meu safári, iniciei a última parte da viagem. Era um dia de céu azul e ventos fortes. Comprei uma passagem de trem para Simonstown. Embora eu tivesse variado o percurso mediante caminhões de gado, ônibus galinheiros, micro-ônibus superlotados e *matatus*, era possível fazer uma viagem de trem entre Simonstown e Nairóbi. O plano de Cecil Rhodes era estender a linha até o Cairo. Mas ele sempre fora um sonhador. Outro desejo seu era que a Grã-Bretanha retomasse os Estados Unidos, de modo que voltássemos a ser governados por uma monarquia, com o pavilhão britânico tremulando sobre Washington.

A primeira e a terceira classes eram claramente demarcadas no trem, mas todos nos sentamos na primeira classe, independentemente dos bilhetes — negros, brancos e todas as outras variações raciais que caracterizam a população da Cidade do Cabo. Não se via o condutor em lugar nenhum e ninguém apareceu para conferir nossos bilhetes. Permanecemos sentados, sem falar nada, naquela manhã ensolarada.

Paramos em todas as estações — Rosebank, Newlands, Kenilworth, Plumstead, Heathfield. Apesar dos nomes bonitos, algumas pareciam pobres, com barracos cobertos por plásticos e grafites. Outras pareciam prósperas, com bangalôs cercados de relva bem-cuidada. Alguns desses lugares figuravam nos endereços fornecidos nos Classificados para Adultos do *Cape Times*: "Amy Depravada ao Extremo", "Nikki e Candy para Seu Ménage à Trois", "Abigail — Deixa Comigo" e "Candice — Venha Amassar Meu Para-Choque" e a anônima, mas também promissora, "Dona de Casa Entediada".

Silêncio total no trem chacoalhante, gente lendo jornal, crianças chutando os assentos, o grande torpor sonolento de uma quente manhã de domingo. Parávamos em plataformas descobertas, iluminadas pelo sol ofuscante, e seguíamos em frente. Logo estávamos no litoral, costeando as ondas encapeladas da Baía Falsa e Muizenberg, onde vento sudeste constante e cortante empurrava lustrosas tranças de algas negras, tão grossas que lembravam cordames de navios. As algas se disseminavam com tal profusão que impediam os surfistas de ultrapassarem a arrebentação.

Logo depois de Fishhoek, avistei algo estranho: uma cauda de baleia se agitando acima da superfície, a cerca de 20 metros da praia. Estava tão próxima que um nadador poderia facilmente bater nela. A cauda estava erguida e simétrica, como um grande objeto de borracha negra.

Uma baleia ereta, apoiada sobre a cabeça? Olhei em volta. Os adultos estavam cochilando e as crianças pareciam achar aquilo normal, uma baleia de ponta-cabeça em águas rasas. A cauda da enorme criatura brilhava ao sol e continuava na mesma posição quando a perdemos de vista.

— Elas fazem isso o tempo todo — disse-me um homem no vagão seguinte, quando comentei sobre a baleia. Perguntei-lhe sobre o assunto. Era uma baleia-franca-austral. — Isso que você viu é conhecido como "vela". Ninguém sabe por que elas fazem isso.

Em Simonstown, final da linha, andei pela pequena estação caiada até a estrada. Poderia ser uma estrada próxima a qualquer cidade costeira inglesa, com quitandas, farmácias e casas de tijolo de um verde-limão desbotado, que pareciam à prova de bombas e tinham nomes como "Belmonte", "Belvedere" e "Pinheirais". As arcadas e os terraços das lojas eram datados de 1901 a 1910, e a própria costa parecia inglesa — córnica, para ser exato, pedregosa e batida pelo vento, como se Penzance[1] estivesse logo adiante.

A base naval era a razão de ser de Simonstown; por isso não era estranho encontrar lanchonetes que serviam peixe com batatas fritas e pubs que anunciavam "Rosbife Tradicional com Yorkshire Pud".[2] O capitão Cook, Charles Darwin, Scott da Antártida, Rudyard Kipling, Mark Twain e muitos outros que contornaram o Cabo fizeram escala no belo porto. Essa pitoresca máquina do tempo, com bangalôs, casas de campo e pequenos chalés nas encostas acima da estrada, assim como os abrigos de ônibus e as cabines de telefone, imitavam os agitados vilarejos portuários do reino além-mar.

Caminhei até a praia de Boulders para observar a colônia de pinguins. Indiferentes à proximidade dos bangalôs e dos espectadores, as aves chocavam seus ovos, brincavam nas ondas e se bamboleavam pela praia como freiras perplexas.

Na estrada costeira, em um dos abrigos, fiquei aguardando um ônibus para o Parque Nacional do Cabo. Havia superado todos os percalços. Sentado em um banco, esperava por uma condução que me levasse até a extremidade do Cabo, o ponto final da minha viagem. Um homem, sentado em um banco à frente, fumava um cigarro e lia a edição do dia do *Star*, de Joanesburgo. Algumas palavras chamaram minha atenção. Estampada no alto do jornal, havia uma instigante manchete: "VIAJANTE PESSIMISTA GANHA O PRÊMIO NOBEL".

— Parece que eu tirei a sorte grande — murmurei, inclinando-me e chegando mais perto, para dar ao desconhecido algumas informações que iriam surpreendê-lo.

Mas ele não me escutara, nem me ouviu suspirar. O sentimento veio e se foi, como o barulho de um desses aviões de resgate, que não consegue encontrar o náufrago flutuando em um bote de borracha. Foi apenas uma breve palpitação de esperança. Mas ninguém perdeu nada, realmente, pois só há um vencedor na Loteria Sueca.

---

[1] Cidade turística na costa da Cornualha. (N. do T.)

[2] *Yorkshire Pud* ou *Yorkshire Pudding* é um bolinho semelhante a um sonho, mas salgado, que acompanha carnes com molho. (N. do T.)

O homem entretido com o jornal iria voar para casa, na Inglaterra, segundo me disse. Eu estava achando difícil prestar-lhe atenção depois da visão que acabara de ter. O nome dele era Trevor. Sentamo-nos juntos no ônibus e ele me contou sua triste história. Trevor fora tripulante de um navio mercante que carregara munição durante a Guerra das Malvinas. O navio estivera sob fogo e sofrera dias de bombardeio.

— O resultado foi que o capitão perdeu o controle, ficou maluco, e não queria deixar a cabine; teve que ser arrastado para o cais e foi declarado inválido. Mas isso não foi o pior.

— O que foi pior?

Eu ainda via as palavras, VIAJANTE PESSIMISTA, mas gostei do modo como Trevor, concentrando-se em sua história, manuseou seu jornal, dobrando-o em quatro, sentando sobre ele e amassando com as nádegas a manchete provocante.

— Eu desembarquei para pegar o correio. Havia uma carta da minha mulher para mim. Começava assim: "Caro Trevor..." Eles pensaram que eu ia enlouquecer como o capitão, então me deram baixa, antes que eu desse o fora do navio. Telefonei para minha mulher. Ela disse: "Não há nada para discutir, Trevor" e "Por que você está gritando?" Porra, ela desligou na minha cara. Então fui para casa e nos separamos. Agora o namorado dela anda por aí dizendo: "O Trevor se recusa a tomar uma bebida comigo."

A história de Trevor e o *Star*, de certa forma, deram um colorido à minha visão da península do Cabo. O ônibus atravessou uma charneca despovoada, cheia de mato, *fynbos* azul-purpúreos e arbustos baixos sacudidos pelo vento, tão aromáticos quanto os maquis da Córsega, quilômetros de vegetação ondulante. Alguns animais selvagens perambulavam por ali — elandes, avestruzes, crianças de uniforme escolar, babuínos e turistas.

— *Tutta la famiglia!* — guinchou uma italiana que estava no ônibus, avistando alguns babuínos mal-humorados à beira da estrada, arreganhando os dentes para ela.

No limite extremo da África, o ônibus parou e desembarquei. Trevor desceu comigo. Demorou algum tempo comprando um suvenir, um boné de beisebol onde estava escrito: *Pontal do Cabo*. Açoitado pelo vento, na tarde luminosa, caminhei por uma trilha estreita até o mirante. À minha esquerda, o despenhadeiro descia 60 metros até o oceano. Fui até o Pontal de Dias — Bartolomeu Dias esteve no local em 1488 — e segui adiante, até o próprio pontal, que se erguia como a proa de um navio sobre o mar brilhante, até chegar aos últimos letreiros: *É Proibido Ultrapassar esse Ponto*, *Não Atire Pedras* e *Fim da Trilha*.

23 *O Trem Azul*

Com intervalos de poucas semanas, o Trem Azul ligava a Cidade do Cabo a Pretória. Era descrito no folheto publicitário como "o trem mais luxuoso do mundo". Retornei nele a Joanesburgo. O epíteto talvez fosse verdadeiro. Mais espantoso, porém, era esse trem luxuoso ser operado pelo governo sul-africano, através do mesmo departamento que dirigia o Expresso Trans-Karoo, o empoeirado Trans-Oranjie até Durban e o sujo e hesitante trenzinho de Simonstown. Mordomos de camisas listradas me receberam na estação da Cidade do Cabo e me serviram salgadinhos, parecendo desapontados com minha sacola, pequena e surrada. Como poderiam saber que continha alguns adoráveis entalhes *chokwe*, um relógio caro, dinheiro de reserva e berloques de tanzanita, que eu comprara para agradar minha esposa, por ela ter suportado minha longa ausência?

Um grupo de turistas japoneses, homens e mulheres, andava a passos rápidos para embarcar no trem. Fui guiado até meu compartimento, forrado em madeira, onde havia um telefone e um aparelho de fax. Estremeci, imaginando que poderiam perturbar minha solidão, mas nunca tocaram.

— Meu nome é Dalton, sou seu mordomo.

Dalton me trouxe champanhe. Sentei-me para ler um livro, enquanto bebericava o vinho. Mesmo vista do melhor trem, a paisagem do Karoo era a mesma — grandes colinas azuis, vinhedos, matagais, avestruzes surpresas, bêbados embaixo de pontes, bangalôs verde-limão desbotados, brilhando no deserto pedregoso, favelas, acampamentos miseráveis e montanhas magníficas.

Meu livro era uma pequena edição dos ensaios de Montaigne, publicada pela Penguin, que eu guardava para emergências, quando não tinha mais nada para ler; era o meu livro de cabeceira, meu lenitivo. Eu acabara de recopiar minha história erótica e terminara minhas anotações. Então reli "Sobre os Canibais". Esse pequeno ensaio era como um texto sagrado para mim, pois nele Montaigne discutia a hipocrisia de se verem os estrangeiros como selvagens: "todos os homens chamam de bárbaras as coisas às quais não estão acostumados". Montaigne considerava o canibalismo como menos condenável do que muitas das crueldades francesas. A amplitude do mundo era ainda desconhecida. "O que nós precisamos é de topógrafos que possam fazer relatórios detalhados dos lugares em que realmente estiveram." No final, ele recordou seu encontro em Rouen, no ano de 1562, com três bem comportados nativos brasileiros, lembrando-se do senso de honra que tinham, da coragem que demonstravam e de sua dignidade de líderes.

Nada mal, isso. Ah! Mas eles não usam roupas...

Meu beliche no Trem Azul foi o leito mais macio no qual dormi em toda a minha viagem. A comida do vagão-restaurante foi a melhor e o conforto, incomparável. Esse conforto me fez prestar mais atenção nos africanos que vi da janela, labutando nos campos: a velha carregando duas malas surradas em uma estrada quente e seca, dirigindo-se para uma colina distante; um homem de macacão azul curvado sob o peso de um saco de milho — a comida do mês sobre seus ombros; uma criança nua em um quintal imundo.

Em Laingsburg, um casal abastado, que estava no trem, jogou maçãs de sua fruteira de cristal para as crianças que pediam esmolas perto dos trilhos. Em Leeu-Gamka, uma menina magricela, de uns 10 ou 11 anos, me implorou por comida, murmurando baixinho, timidamente, como se estivesse rezando. Era tão magra e sem curvas que seu vestido azul caía diretamente dos ombros até os joelhos, como se fosse a bandeira desbotada de um exército derrotado. Eu não consegui me decidir a lhe jogar comida. Ela desapareceu do meu campo visual e, quando o trem deu a partida, reapareceu com uma expressão feroz, e atirou uma pequena pedra pela janela, errando por pouco a minha cabeça. Outras pedrinhas chocalharam dentro do meu suntuoso compartimento, estatelando-se nas almofadas e batendo na parede — nada sério, mas significativo. Um apedrejamento simbólico.

O Trem Azul avançou pela tarde que findava, seguido por sua longa sombra negra. Ao anoitecer, uma escuridão aquosa dissolveu a luz. As altas planícies ficaram púrpuras, depois azuis, depois negras. Um filete de sol poente permaneceu no céu, tornando a paisagem mais negra.

No dia seguinte, paramos em Kimberley, uma cidade mineira batida por vento e poeira, com favelas na periferia e uma grande mina no meio, "o maior buraco já feito pelo homem no mundo". Bilhões de dólares em pedras preciosas haviam sido retirados dessa mina. Ainda assim, a cidade era apenas um *dorp* melancólico, montes de entulho e colinas de cascalho, bangalôs com tetos de zinco, salões de vídeo, galeterias, lanchonetes, revendedoras de carros usados e um medonho clima desértico — calor insuportável no verão e horrível friagem no inverno. Nada havia para se fazer no *dorp*, exceto cavar, peneirar e procurar gemas na terra. Tédio visível e trabalho mal pago eram a realidade por trás da maior vigarice do mundo: o comércio de diamantes.

De volta ao trem: *carpaccio* de avestruz, seguido por três pratos à escolha: peito de pato glaceado em mel, avestruz à Wellington ou congro-rosa assado; de sobremesa, musse de chocolate. Comi e olhei os povoados que passavam, alguns bem grandes, mas algumas favelas também, com barracos de latão e, em alguns lugares, bêbados deitados em bancos às nove da manhã, bebendo avidamente a ração grátis de vinho.

O trem era quase comovente, por ser tão agradável, pelo panorama que oferecia da África do Sul, tanto a miséria quanto o esplendor. Mas meu trabalho estava feito e meu safári terminado. Esta viagem era um último estertor; eu me agarrava à África porque não queria que o safári terminasse.

Huck jamais retornou do mato, tanto quanto saibamos. Mas o capitão Gulliver voltou para casa, mais sábio, porém revoltado — não com a viagem, mas com a situação doméstica, da qual se tornara crítico. Incapaz de suportar a cretinice da esposa e a boçalidade da família, confortou-se conversando com seu cavalo, achando companheirismo no estábulo. As viagens o tinham mudado.

Viajamos durante um longo período e, ao regressarmos, somos pessoas diferentes — jamais voltamos a ser exatamente como éramos antes. Como Rimbaud, pensamos: *Eu é outra pessoa.*

Diversos acontecimentos, na África do Sul, ajudaram-me a encontrar um senso de proporção. Pouco antes de sair de Joanesburgo, deixei na caixa-forte do hotel minha sacola trancada, juntamente com todas as coisas de valor que possuía. Fiz uma curta viagem até o litoral, carregando apenas uma pasta, meus apontamentos, minha história erótica e uma muda de roupas. Eu não queria o estorvo de uma bagagem ou objetos de valor. Retornei ao hotel quatro dias mais tarde e entreguei o cupom de depósito a um indeciso mensageiro.

— Não estamos conseguindo encontrar sua sacola, senhor.

A sacola fora roubada. E assim perdi tudo o que trouxera para a África: relógio, carteira, dinheiro, passagens de avião, assim como artefatos e preciosidades que comprara durante o caminho; tudo, exceto minha pasta e seu chocalhante conteúdo. Eu ainda tinha minhas chaves de casa, a coletânea de ensaios de Montaigne, a cópia passada a limpo da minha história erótica, uma muda de roupas, um pequeno fetiche congolês de madeira e contas, que era uma proteção contra trovões e — milagre — todas as anotações que fizera para documentar este livro.

— Isso é bem de Janisburgo — disse-me um joanesburguense. — Bem *jozi.*

Não muito tempo depois, enquanto eu ainda maldizia minha perda, o marido de Nadine, Reinhold, morreu. O funeral foi realizado em um dia agradável, aromatizado por teixos banhados de sol, no crematório de Braamfontein, uma velha construção de pedra no meio de um cemitério cercado. Entre os cento e tantos acompanhantes da cerimônia estavam antigos prisioneiros políticos, advogados de direitos civis, poetas, romancistas, jornalistas, ativistas e amigos da família.

Hugo, o filho de Nadine, falou com ternura sobre seu pai. Outros o enalteceram. Durante as exéquias, passei a conhecer melhor aquele homem notável, Reinhold Cassirer — conhecedor de arte, humanista, homem de negócios, enólogo, filantropo, cavaleiro, contador de histórias, grande amigo e marido amoroso.

Pequenina, mas forte, segura de si e espirituosa mesmo naquela ocasião, Nadine falou de seu amor pelo marido.

— A primeira vez em que o encontrei, pedi a ele que me servisse um uísque. Ele não aprovou e disse: "Uma mulher não bebe uísque no almoço." Mas eu bebi. E ele me serviu uísque pelos 48 anos seguintes. Eu queria um filho e um buldogue. Ele me deu os dois. Ele foi meu amante, meu amigo, meu defensor. Ele tinha um maravilhoso respeito pela privacidade do meu trabalho. Nós partilhávamos de um profundo comprometimento político contra o racismo e o *apartheid*. Quando as primeiras eleições foram realizadas, nós fomos votar juntos.

O fato de que uma das memórias mais ternas do casamento de Nadine tenha sido votar nas primeiras eleições livres sul-africanas, juntamente com o marido, dava uma boa medida de quanto a luta pelas liberdades políticas penetrara na vida das pessoas.

— Comparecer a funerais já se tornou um hábito nas cidades — disse um dos oradores. — Tenho comparecido a muitos funerais ultimamente.

— Nós sentíamos que éramos parte da família — disse outro.

Era o que o funeral parecia: um assunto de família. A longa luta política tinha transformado os sul-africanos em uma família — uma família clemente, embora às vezes turbulenta. As pessoas que compareceram ao enterro, onde se ouvia Mozart, eram de todos os tipos, de todas as cores, de todas as idades, pobres e ricos.

Nadine nos convidou a todos para almoçar em sua casa. E assim, no final da manhã, eu estava em seu jardim, bebendo vinho com os convidados, sendo parte da família. Alguns se solidarizaram comigo pelo roubo, até Nadine.

— Sinto muito pelo que aconteceu com a sua sacola.

Mas o funeral daquele homem bem-amado, em que todos se mostraram corteses e filosóficos, mostrara-me que a perda de meus haveres era insignificante.

Viajando quase sem bagagem, pensei que chegaria em casa sem outra coisa, a não ser minhas anotações. Para quebrar a longa jornada, decidi fazer uma parada na Etiópia. Fiquei lá por poucos dias, mas devo ter comido alguma coisa venenosa. Na manhã em que deixei Adis-Abeba, meus intestinos explodiram, não com uma simples diarreia, mas com uma infecção. Assim, cheguei em casa africanizado — roubado e doente.

— Parasitas — disse-me o médico. — Vamos tratar disso empiricamente.

Durante meses, nada aliviou minhas tripas doloridas. Aquela doença extravagante me deixava inerte e fraco, com uma náusea estranha. Sentia-me como o amaldiçoado explorador em *Lukundoo* — a história de terror de Edmund Lucas White —, que cai doente na África. Carbúnculos irrompem em sua pele. Cada protuberância putrefata contém uma cabeça africana do tamanho de uma ameixa, "horrenda e tagarela", com "olhinhos malévolos". Durante toda a elaboração deste livro, senti os movimentos e o gorgolejar gasoso dos parasitas em meus intestinos. A África se moveu dentro de mim por quase tantos meses quanto os que lá passei.

Mas para os africanos é muito pior. Os mais civilizados que encontrei jamais usavam a palavra "civilização". Os mais perversos acreditavam serem líderes vitalícios predestinados — e não abandonavam essa ilusão. Os piores roubavam os doadores estrangeiros e seu próprio povo, como ladrões baratos que roubam o dinheiro da igreja. Os melhores deles não mudaram em nada e, mesmo depois de todos esses anos, ainda andam totalmente nus.

markgraph

Rua Aguiar Moreira, 386 - Bonsucesso
Tel.: (21) 3868-5802 Fax: (21) 2270-9656
e-mail: markgraph@domain.com.br
Rio de Janeiro - RJ